BAND 66   2010

Schönheit wird die Welt erretten..
Tagung für Johanna Renate Döring

WIENER SLAWISTISCHER ALMANACH

HERAUSGEBER

Aage A. Hansen-Löve

REDAKTION DIESES BANDES

Aage A. Hansen-Löve

REDAKTIONELLE MITARBEIT

Sabine Merten, Nora Scholz

ANFERTIGUNG DER DRUCKVORLAGE

Tatjana Zaotschnaja

REDAKTIONSADRESSE

Institut für Slavische Philologie, Universität München,
Geschwister-Scholl-Platz 1, 80539 München
Tel. +49/89/2180 2373, Fax +49/89/2180 6263
e-mail: aage.hansen-loeve@slavistik.uni-muenchen.de

EIGENTÜMER

Gesellschaft zur Förderung slawistischer Studien (Wien)
Liechtensteinstraße 45A/10, A-1090 Wien
Tel/Fax +43/1/94 67 232

VERLAG

Verlag Otto Sagner, c/o Kubon & Sagner
Heßstraße 39/41, D-80798 München
verlag@kubon-sagner.de, Fax: +49/89/54 218-226

DRUCK

Difo-Druck GmbH
Laubanger 15
D-96052 Bamberg

© Gesellschaft zur Förderung Slawistischer Studien
Alle Rechte vorbehalten

ISSN 0258-6819
ISBN 978-3-86688-132-7

Inhalt

R. Lachmann (Konstanz), Anmerkungen zur ästhetischen
Terminologie in Rhetorik, Stilistik und Etymologie — 7

J. Murašov (Konstanz), Trügerischer Schein und gute Worte.
Zu einer Medientheorie des Ästhetischen in der russischen Kultur — 25

A. Niederbudde (München), Berechenbare Schönheit: Der goldene
Schnitt — 39

W. Schmid (Hamburg), Die Schönheit der Welt in Dostoevskijs
ästhetischem Gottesbeweis — 59

P.A. Jensen (Stockholm), Zur Situation als Embryo der Kunst — 73

W. Koschmal (Regensburg), Zur russischen Schönheit — 83

R. von Maydell (Heidelberg), Russlands verborgene Schönheit — 103

A. Hansen-Löve (München), „Ich bin ein Blatt Papier..".
Musen, Dichter, Poetessen — 115

E. Greber (Erlangen), Schönheitslob und Sonettlob im
Fin de Siècle — 161

R. Grübel (Oldenburg), „Schönheit" versus „Schönes".
Aleksandr Bloks und Anna Achmatovas poet(olog)ische
Zwiesprache von 1913-1914 — 175

S. Kazakova (München), Östliche Verortungen des Poetischen bei
Nikolaj Gumilev — 219

H. Günther (Bielefeld / München), Die Blumen des Schönen:
Sowjetische Paradiese — 239

N. Drubek-Meyer (Berlin), Über die Schönheit in Menschen, Frauen
und Romanen oder: *Der Idiot* als emanzipierter Text — 253

G. Penzkofer (Würzburg), Rubén Darío, „Blasón". Überlegungen
zum Schönheitsbegriff des spanischen Modernismus — 277

Ch. Zehnder (Fribourg), Segnung durch Licht: Gennadij Ajgis
‚Svečenie' — 293

I. Kukuj (München), Zwei Schönheiten, eine Rettung: Boris Pasternak
zwischen „Pique Dame" und Leonid Aronzon — 311

N. Scholz (München), Die Schönheit des Erwachens. Zum
ursprünglichen Licht in Vladimir Sorokins *Put' Bro*   325

Rez. Gudrun Lehmann, *Fallen und Verschwinden. Daniil Charms.
Leben und Werk*, Wuppertal 2010 (L. Sauerwald)   337

Rez. A. Haardt / N. Plotnikov, *Diskurse der Personalität. Die Begriffs-
Geschichte der ‚Person' aus deutscher und russischer Perspektive*,
München 2008 (R. Grübel)   343

„Schönheit wird die Welt erretten…"
(Russische) Konzepte einer Lebensästhetik
Tagung zur Verabschiedung von Renate Döring
6. Nov.-8.Nov. 2009, Kloster Seeon

Freitag, 6. November

17.15	Aage A. Hansen-Löve, München, *Musenküsse*
18.00	Hans Günther, Bielefeld, *Die Blumen des Schönen. Sowjetische Paradiese*

Abendessen ab 19.00

Samstag, 7. November Vorsitz: Hans Günther

9.15	Wolf Schmid, Hamburg, *Krasota mira spaset Boga – Dostoevskijs ästhetischer Gottesbeweis*
10.00	Peter A. Jensen, Stockholm, *Bachtins Ästhetik*
10.40	Sebastian Donat, Innsbruck, *Ljudoedka Ėlločka oder die Schönheit in der Satire (Il'f/Petrov: Dvenadcat' stul'ev)*

Pause 11.20-11.40

11.40	Swetlana Kazakova, München, *Nikolaj Gumilev: „Sachara"*
12.20	Renate v. Maydell, Heidelberg, *Russlands verborgene Schönheit*

Mittagspause 13.00-14.30

Vorsitz: Wolf Schmid

14.30	Renate Lachmann, Konstanz, *Ästhetische Konzepte in der rhetorischen Tradition*
15.10	Natascha Drubek-Meyer, Berlin, *Положительно хорош? „Schönheit" in Menschen und Romanen*
15.50	Gerhard Penzkofer, Würzburg, *Schwanengesang. Zur Ästhetik des spanischen modernismo*

Pause 16.30-16.50

16.50	Anke Niederbudde, München, *Der goldene Schnitt*
17.30	Il'ja Kukuj, München, *Zwei Schönheiten: Zu den Gedichten B. Pasternaks und L. Aronzons*
18.10	Christian Zehnder, Bern, *„Свечение": Zum Licht bei Gennadij Ajgi*

Abendessen ab 19.00

20.30	Konzert Dina Ugorskaja

Sonntag, 8. November

Vorsitz: Hansen-Löve

9.00 Anneliese Bieber-Wallmann, Münster, *Predigen, Dichten, Singen nach der Passionsharmonie von Luthers Freund Johannes Bugenhagen oder: Was man alles machen kann mit einem Text, der mit wissenschaftlicher Zielsetzung erstellt wurde"*

9.40 Walter Koschmal, Regensburg, *Welche Schönheit soll uns retten? Zur russischen Schönheit der 'bogorodica'*

10.20 Jurij Murašov, Konstanz, *Trügerischer Schein und gute Worte. Zu einer Medientheorie des Schönen in der russischen Kultur*

Pause 11.00-11.20

11.20 Veronika Halser, Šostakovič

11.40 Nora Scholz, München, *Die Schönheit des Erwachens. Zum ursprünglichen Licht in Vladimir Sorokins „Put'"*

12.20 Raoul Eshelman, München, *Konstruierte Schönheit. Die Rückkehr der Ästhetik nach dem Ende der Postmoderne*

13.00-14.00 Mittagessen

Renate Lachmann

ANMERKUNGEN ZUR ÄSTHETISCHEN TERMINOLOGIE IN RHETORIK, STILISTIK UND ETYMOLOGIE

„Schönheit" führt zugleich in ästhetische und moralische Gefilde, verbündet sich mit semantisch gleichgestimmten Begriffen und stellt sich vehement dem „Hässlichen" entgegen. Wenn man, um krasota und bezobrazie nachzuspüren, nicht nur etymologische Lexika, sondern auch etymologische Artikel konsultiert, wie sie *Logičeskij analiz jazyka*. *Jazyki estetiki* bietet, so trifft man zunächst auf die Koalition von wahr-gut-schön, die als „Velikaja triada Istina, Dobro, Krasota"[1] beschworen wird. Betrachtet man die griechische terminologische Szene, so erscheint kalokagathia als Präterminus für *dobro-krasivo*, das *kalos* wird dabei vom *dobro* gleichsam ein- und überholt.[2] Sowohl bei Plato wie auch bei Aristoteles ist die Verknüpfung der beiden Elemente so eng, dass von einem einheitlichen Konzept ausgegangen werden kann, das körperlich-moralische Vollendung, Harmonie, Entsprechung von Körper und Geist etc. meint.[3] Das dritte Element im Bunde, *istina*, hat im semantischen Verbund mit *pravda* eine separate, ältere Geschichte, deren Konnotationen, im Falle von *pravda* Gerechtigkeit und Wahrheit, in christlicher Zeit Anschluss an die griechischen finden.[4]

Trotz dieser Einbindung in das Wahre und Gute kann sich die Konnotation des Ästhetischen, die in *krasota* enthalten ist, durchsetzen, wenn es um die Benennung von Schönheiten der äußeren Form geht. Doch wird das Äußere zum Inneren, wenn die Schönheit der Seele ins Blickfeld rückt: *krasota* ist Kernbegriff der Ästhetik des Spirituellen.

---

[1] N.D. Arutjunova, „Istina. Dobro. Krasota: Vzaimodejstvie konceptov", *Logičeskij analiz jazyka. Jazyki estetiki: konceptual'nye polja prekrasnogo i bezobraznogo*, hrsg. N.D. Arutjunova, M. 2004, 5-29, hier 5.
[2] Vgl. die Übersetzung des Titels *Philokalia*, den die Sammlung hesychastischer Texte im 18. Jahrhundert erhalten hat, durch *Dobrotoljubie*, Titel der kirchenslavischen Version, die Archimandrit Paisij Veličkovskij 1793 in Petersburg veröffentlichte. Hier ist *kalos* zu *dobro* geworden.
[3] Zur Interpretation des Begriffs der *kalokagathia* vgl. A.F. Losev, *Istorija antičnoj estetiki: Itogi tysjačeletnego razvitija*, M. 1994, kn.2.
[4] Vgl. R. Lachmann, „Pravda-Krivda. Anmerkungen zu einem dualistischen Motiv in altrussischen Texten und dessen Tradition", *Norm und Krise von Kommunikation*, hg. Alois Hahn / Gert Melville / Werner Röcke, Berlin 2006, 371-396.

Dem Lexikon der Schönheitsprädikate mit diesen divergierenden Konnotationen sind die genannten etymologischen, bedeutungsgeschichtlich ausgerichteten Untersuchungen gewidmet. Sie gehen epochen- und genrespezifisch vor und zeigen auf, wie religiöse Konzepte die Darstellung des Schönen in altrussischen Texten einfärben, und welche Schönheitsattribute die Volksliteratur Dingen und Personen zuschreibt. Es fragt sich allerdings, ob man aus diesen lexikalischen Befunden und den Versuchen, den jeweiligen Kontext zu befragen, um das Bedeutungsfeld abzustecken, einen Begriff oder Begriffe von Schönheit destillieren kann, d.h. ob ein Unternehmen wie *Logičeskij analiz jazyka*, das ja keine philosophische Abhandlung über das Wesen der Schönheit zur Vorlage hat, sondern Texte, in denen es um das Prädikat des Schönen geht, auf Tautologien zurückgeworfen ist. Die Frage muss offen bleiben, wenngleich Versuche zur Formulierung eines Schönheitsbegriffs aufgrund der lexikalischen Erhebungen unternommen werden. N.D. Arutjunova macht im Eingangsartikel deutlich, dass ihr aufgrund der Befunde an der Entwicklung eines Schönheitsbegriffs gelegen ist, der sich nicht auf die sinnliche Wahrnehmung beschränkt, sondern einer Vorstellung des Schönen nachkommt, das nur mit einem „sechsten Sinn", und zwar in der Kunst, erfahren werden kann, wobei sie sich, eher unsystematisch, auf Äußerungen von Dostoevskij und Odoevskij bezieht (7). Trotz ihrer Privilegierung eines Konzepts abstrakter Schönheit gilt ihr Interesse auch den Bezeichnungen für das im „lebendigen Leben" wahrgenommene Schöne, d. h. der darin enthaltenen ästhetischen Beschreibung konkreter Phänomene. Diese entdeckt sie in Attributen wie *milyj, milovidnyj, prelestnyj, očarovatel'nyj, obojatel'nyj, blagoobraznyj, privlekatel'nyj, chorošenkij, nežnyj, izjaščnyj, slavnyj* etc (10). Diese allerdings sind, wie sie konstatiert, vornehmlich feminin konnotiert und eignen sich zweifellos nicht für die Qualifizierung von Kunstwerken. In Arutjunovas Nachzeichnung der Konnotationen von *krasota* geht es nach den Bezeichnungen für das Schöne sinnlich wahrnehmbarer Phänomene nicht nur um die Gewinnung eines Begriffs der Schönheit, wie er der Kunst innewohnt, sondern auch um eine Phänomenologie der *netlennaja krasota* und um eine religiöserhabene Interpretation der Schönheit, die in den anderen, nämlich den übersinnlichen, Bereich eingegangen ist: »Красота [...] перешла в область духа и воплотилась в образе Христа« (16). Es ist ihr Anliegen, die spirituelle Bedeutungsfülle von krasota in dieser Konstellation herauszustellen, so als habe die Schönheit nunmehr hier ihren einzig wahren Ort und ihr eigentliches Wesen gefunden. Erwartungsgemäß wendet sich Arutjunova der Hypostasierung der krasota bei Dostoevskij zu. Unter den Belegstellen gilt dem, wie sie kommentiert, zur Formel verkürzten Satz, besondere Aufmerksamkeit: »Красота спасет мир«. Auffällig ist, dass die stilistische Finesse, die darin besteht, dass Dostoevskij den Skeptiker (und Nihilisten) Ippolit zu diesem ‚Spruch' eine ausdrückliche Distanz einnehmen läßt, hier nicht im Sinne einer Depotenzierung des ihn prägenden Pathos verstanden wird. Dass Dostoevskij den Satz nicht direkt von Fürst Myškin äußern (d.h. der Leser ist nicht „Zeuge" dieser Äußerung), sondern ihn als geradezu verächtlich gemeintes Zitat von Ippolit vorbringen lässt, bleibt dabei unkommentiert, wenngleich der ironische Zug durchaus vermerkt wird: ,»Правда, князь, что вы раз говорили, что мир спасает ‚красота'? Господа, [...] князь утверждает, что мир спасет красота! А я утверждаю, что у него оттого такие игривые мысли, что он теперь влюблен. [...] Какая красота спасет мир?« (8, 317).[5]

Die spirituelle Karriere, die der Satz von der welterlösenden Schönheit gemacht hat, erweckt den Eindruck, als werde die stilistische Einkleidung als Tarnung gelesen. Es gibt andere Bestimmungen der Schönheit, die Dostoevskij Fürst Myškin unvermittelt äußern läßt, etwa beim Betrachten der Photographie von Anastasja Filippovna, wobei hier das synonymisch zu verstehende: *chorośa* als Prädikat erscheint, zum andern beim Nachsinnen über Schönheit und Leiden, zu dem ihn der Anblick Nastasjas bewegt, oder wenn er auf die Frage nach seiner Einschätzung der von ihm als *črezvyjčajnaja krasavica* bezeichneten Aglaja antwortet: »Красоту трудно судить; я еще не приготовился. Красота-загадка«. (8:66) Das Motiv des Dunklen und Verhängnisvollen tritt in der negativen Schönheitstheorie Dmitrij Karamazovs hervor, der die schreckliche Macht der Schönheit aufruft, die keineswegs Erlösung verheißt, sondern Gegenstand eines auf dem Schlachtfeld des menschlichen Herzens ausgetragenen manichäischen Kampfes zwischen dem Teufel und Gott ist: »Красота – это страшная и ужасная вещь [...] Тут берега сходятся, тут все противоречия живут. [...] Ужасно то, что красота есть не только страшная, но и таинственная вещь. Тут дьявол с Богом борется, а поле битвы – сердце людей« (14; 100). Der verhängnisvolle Doppelcharakter der Schönheit, ihr Sublimes und ihr Dämonisches, lässt dieses Glied der Triade als das unbeständigste und schwierigste erscheinen (Arutjunova, 14). In der Bestimmung der Schönheit, die Adelaida Epančina äußert, nachdem sie Anastasja Filippovna gesehen hat, klingt die Ahnung eines Unheils, die Möglichkeit von Umsturz und Chaos mit: „Такая красота-сила [...] С такой красотой можно мир перевернуть" (8, 69).

Arutjunova schließt ihren programmatischen Artikel mit der Anfangsthese von der engen Verbindung der drei ‚Instanzen', sie spricht vom *trojstvennyj sojuz* oder nochmals von der Triade *Istina-Dobro-Krasota* (28). Auf die spirituelle Dimension des dritten Gliedes schließt sie aus Christusworten, deren Bestätigung sie wiederum in Äußerungen Dostoevskijs sieht: »А так как Христос в Себе и в Слове своем нес идеал Красоты, то и решил лучше вселить в души идеал Красоты« (29, 2; 85), ohne zwischen der Rolle der Schönheits-

---

[5] Band- und Seitenangaben beziehen sich auf die Ausgabe F.M. Dostoevskij, *Polnoe sobranie sočinenij v tridcati tomach*, L. 1972-1990.

thematik im Kontext der fiktionalen Texte Dostoevskijs und deren Präsentation in seinen ‚Bekenntnistexten' zu unterscheiden.

Auch die meisten anderen Beiträge von *Logičeskij analiz jazyka* nehmen die Triade zum Ausgangspunkt, doch geht es auch um die Ermittlung von Grundlexemen, die sinnlich wahrnehmbare Phänomene qualifizieren. In den untersuchten Texten kommen sie als Substantive, häufiger als Adjektive vor. V. A. Matveenko führt anhand der Analyse altrussischer religiöser Texte[6] als positiv wertende ästhetische Bezeichnungen an: *krasota, lepota, dobrota, utvar', sladost', stroj* deren jeweilige Konnotationen mit Bezug auf den griechischen (Prä-)Terminus ausgefaltet werden. Matveenko hebt die ästhetische Komponente in *dobrota* hervor, ein Attribut Gottes, das zugleich *krasota* bedeutet, ebenso wie in diesen Texten die gute Schöpfung zugleich als schöne erscheint. Die Etymologie des zentralen Begriffs, *krasota*, macht Schwierigkeiten. Vasmers Herleitung aus altisländisch *hrosa*, sich rühmen, *hros* Ruhm, scheint nicht ganz zu überzeugen (68); in der Lautseite des Wortes überwiege das dem Auge Sichtbare, wird dagegen argumentiert. Mit Verweis auf Sreznevskijs *Materialy drevnerusskogo jazyka* (dessen diesbezügliche Belegstellen aus dem *Sbornik Svjatoslava* und einer Übersetzung des Gregor von Nazianz stammen) wird *krasota, krasovatisja* als Übersetzung für gr. *terpnotes, terpo* (im Sinne von Freude, sich freuen, genießen) angenommen (69). Auch in weiteren Begriffen sieht Matveenko Entsprechungen für griechische Begriffe: *utvar'* für *kosmos* im Sinne von Schmuck und Ordnung, aber auch – mit Verweis auf den von R. M. Cejtlin herausgegebenen *Staroslavjanskij slovar' X-XI Jahrhundert* – im christlichen Sinne der guten, schönen Schöpfung.

Lepota erscheint als Äquivalent von *kalos* in der Bedeutung körperliche und geistige Schönheit. (Vasmers Rückführung auf das Verb *lepit'* wird hier nicht angezweifelt.)

Das nur als Adjektiv vertretene *čudnyj, čudesnyj*, eine Entsprechung von *thaumasios*, erscheint vornehmlich als Attribut der Sterne und lässt sich als Steigerung von *krasota* verstehen. Matveenko hebt hervor, dass eine kontextbezogene Analyse wegen des Vorherrschens des Stils der Synonymie, der dem byzantinischen Vorbild folgt, hier schwer anwendbar sei (71). Er greift damit D. S. Lichačevs These von der spezifischen Stilistik altrussischer Texte auf, die eine Häufung von Begriffen zulasse, die demselben Bedeutungsfeld angehören, ohne deren semantische Unterschiede hervortreten zu lassen. Nicht um die Ausfaltung von Konnotationen gehe es dabei, sondern um die Erzeugung eines starken Eindrucks. (Damit erübrigt sich die Abgrenzung der sich synonymisch verhaltenden Begriffe *krasota-dobrota, dobrota-lepota, krasota-lepota*).[7]

---

[6] „Krasota mira v drevnerusskich religioznych kontekstach", *Logičeskij analiz jazyka*, 60-78.
[7] Matveenko führt eine Reihe zusammengesetzter Adjektive mit ästhetisch beschreibender Funktion an: *blagolep, dobrolepnyj, dobrokrasnyj, blagovidnyj, blagoobrazny, krasnovidnyj,*

Dennoch gelingt es Matveenko durch das Aufspüren von Verbindungen, die krasota in den altrussischen Texten mit anderen Lexemen eingeht, die Bedeutungsfülle zu ermitteln, die er als *ustroennost'*, *porjadok*, *soveršenstvo*, *celesoobraznost'*, ja sogar *pol'za* wiedergibt – die schöne Schöpfung ist zweckmäßig, geordnet, harmonisch und vollendet. Den für die altrussischen Texte charakteristischen spezifisch religiösen Inhalt von *krasota* sieht Matveenko mit Verweis auf N.O. Losskij einzig in der neueren russischen Theologie erhalten.[8]

In der Untersuchung von Personenbeschreibungen in altrussischen Texten[9] von I.I. Matveeva wird mit Verweis auf die *Ipatevskaja letopis'* und die *Lavrentieva letopis'* das Aussehen von Menschen, insbesondere Gestalt (Wuchs) und Gesicht, hervorgehoben. Sie vermerkt, daß das Äußere fast ausnahmslos mit Schönheitsbegriffen (wie *blagolepen*, *dobrolicen*, *krasen*, *lep*), beschrieben wird, während entsprechende Antonyme fast gänzlich fehlen. Dieser Umstand, so die Argumentation Makeevas, lasse vermuten, dass das Geschöpf Gottes im Mittelalter nicht negativ beurteilt werden durfte – was allerdings einige negative Charakteristiken des Äußeren nicht ganz ausschloss (428). Das Positivum taucht meist als Adjektiv auf: *krasen*, weniger häufig sind *dobr*, *predobr*, *lep*, *prelep*, *blagolepen* vertreten; erst seit dem 14. Jahrhundert ist auch *krasivyj* belegt, *prekrasnyj* allerdings taucht als Attribut des Gesichts bereits in der altrussischen Periode auf (431). Mit der *portretnaja leksika* versucht Makeeva, eine Art Charakterologie aus der Zuweisung von qualifizierenden Attributen zu erstellen, die Form und Farbe des Gesichts betreffen, den Gesichtsausdruck benennen, jedoch keine rein ästhetische Beschreibungsfunktion haben. Vielmehr besteht das Hauptanliegen des *slovesnyj portret* darin, eine Person durch Beschreibung identifizierbar zu machen. Die Angabe individueller äußerer Merkmale sollte das Wiedererkennen ermöglichen, so dass Wuchs, Gesichtsfarbe, Augenfarbe sowie Haar nicht mehr Gegenstand ästhetischer, sondern feststellender Beschreibung sind. Diesen Funktionswandel der Beschreibung sieht Makeeva auch im *Ikonopisnyj podlinnik* des 17. Jahrhunderts, der angibt, wie ein bestimmter Heiliger zu malen war. (Dieser Fall passt m. E. zum voran gegangenen nur insoweit, als es hier um die Individualität des Typus, d. h. seine Wiedererkennbarkeit, geht.) Hingegen übernimmt das historischen Gestalten geltende paradnyj portret wieder die deskriptive Aufgabe, die beiden Aspekte des Schönen zusammen zu führen: der ethisch hoch Rangierende verfügt über ein ästhetisch ansprechendes Äußere (433).

---

    krasnoobraznyj. Nicht produktiv ist *lep*: *lepota* hat im Gegensatz zu *nelepost* keine Karriere gemacht.

[8] Vgl. N.O. Losskij, *Uslovija absoljutnogo dobra*, Moskva 1991. Zum absoluten Wert *krasota* treten bei Losskij *istina*, *svoboda*, *nravstvennoe dobro*.

[9] „Èstetičeskaja ocenka v drevnerusskom slovesnom portrete", *Logičeskij analiz jazyka*, 428-436.

Auffällig ist, wie erwähnt, das Fehlen echter Antonyme: das Gegenfeld des Hässlichen wird durch Verneinungspartikel wie in *nekrasivost'*, *nelepost'*, *nelepota*, *nelepost'*, *nelepovstvo*, *nelepotstvo* oder Partikel für das Fehlen einer Eigenschaft, *bez*, bezeichnet. Letzteres führt zur Bildung der Opposition *krasota-bezobrazie*. (Im heutigen Gebrauch klingen in *nelepost'* Ungereimtheit, Unsinn, Abgeschmacktheit mit). Zu den Antonymen im weiteren Sinn kann man Begriffe zählen, die das Unförmige, körperlich und geistig Missgestaltete benennen: *urod, urodivyj* (davon *jurodivyj* für *slaboumnyj*). Das Unschöne wird offenbar als widerwärtig und abstoßend eingeschätzt, was Bezeichnungen wie *gadkost', merzost', skvernost', gnusnost'*, die ihre je eigenen etymologischen Geschichten haben, mit ihrer unüberhörbaren, moralischen Note verdeutlichen, es sind jedoch keine Antonyme in eigentlichen Sinn. Auch das Hässliche in *bezobrazie* geht mit Konnotationen wie Widerwärtigkeit, Unanständigkeit, Unverschämtheit oder Gemeinheit zusammen. Gerade in bezobrazie wird deutlich, dass das Ungeformte, Ungefügte (obraz als gemeißeltes, geschnitztes Werkstück, Bild, Gesicht) auch den Abfall vom Guten meint.

E.Ja. Šmeleva, die den Negativa nachgeht,[10] führt an, dass *bezobraznyj* als kirchenslavische Lehnübersetzung von *a-schemon* oder *a-morphos* zu betrachten sei (598) im Sinne von formlos, gestaltlos, wobei sie sich auf die Paraphrase in Djačenkos *Polnyj cerkovno-slavjanskij slovar'* beruft: „ne imejuščij obraza, vida, podobija". Als Epithet des Teufels zeigt *bezobraznyj* an, dass es hier um die Abwesenheit der Ebenbildlichkeit Gottes geht, die nur für den Menschen gilt. Bei Puškin ergibt sich aus der Gegenüberstellung von *prekrasnyj* und *bezobraznyj*, dass letzteres als *nekrasivyj, urodlivyj*, aber auch im Sinne von ohne Gestalt (ohne Form) verstanden werden kann (die Betonungsverhältnisse spielen dabei offenbar noch keine Rolle). Gestaltlosigkeit grenzt in bezobrazie auch an Gesichtslosigkeit, *bezlikost'*, worin ein Moment des Unheimlichen steckt.[11] Gerade in den negativen Epitheta treten die ästhetischen und ethischen Aspekte zusammen: *nekrasivyj, urodlivyj, bezobraznyj* kann sich sowohl auf das Äußere wie auf das Verhalten eines Menschen beziehen (Šmeleva, 600).

Diese lexikalischen Erhebungen sind letztlich auf Umschreibungen angewiesen, die das Lexikon der Gegenwartssprache zur Verfügung stellt[12] und lassen Konturen eines Schönheits- bzw. Hässlichkeitsbegriffs keineswegs als klare hervortreten. Dies ändert sich auch nicht mit dem allmählichen Aufkommen nicht

---

[10] „Ot nekrasivogo, urodlivogo, bezobraznogo – k prekrasnomu", *Logičeski analiz jazyka*, 597-602.

[11] Dmitrij Tschižewskij interpretiert das auf der Tabaksdose in *Šinel'* verwischt erscheinende Gesicht als das *bezlikoe*, das für den Teufel steht, „Gogol'-Studien": D. Tsch., *Gogol' – Turgenev – Dostoevskij – Tolstoj*, hg. U. Busch, H.-J. Gerigk u.a., München 1966, 57-126.

[12] Makeeva umschreibt die aus den altrussischen Texten exzerpierten, ästhetisch orientierten Bezeichnungen mit standardrussischen Begriffen: *blag* mit *prijatnyj, krasivyj, prekrasnyj*; *dobr* mit *krasivyj, milovidnyj*; *krasen* mit *krasivyj, prekrasnyj*; *lep* mit *krasivyj* (534).

religiös ausgerichteter Literatur. Mit der Rezeption, d.h. Übersetzung von Ritterromanen und Texten mit erotischen Sujets entsteht eine monotone Schönheitstopik, die ausschließlich weiblichen, stereotyp dargestellten Figuren gilt. *Prekrasnyj* und das ererbte *krasota* haben Konjunktur und figurieren als Epitheta des Äußeren, d. h. haben ihren Doppelaspekt eingebüßt und wirken wie mechanisch zugewiesene Attribute:

„Prekrasnaja kralevna Magilena na nego zrela";[13] „on že na nju zrja očima svoimi i na krasotu lica ee".[14] Die Schönheit wird personifiziert und zum erotischen Agenten: „Krasota tvoja streloju streljaet vo utrobu",[15] „ljutye strely krasota vaša v serdce moe vonzila.[16]

Im Grunde entwickelt sich keine Topik, die mit der in der westeuropäischen Dichtung entwickelten vergleichbar wäre, in die eine differenzierte Metaphorik des Schönheitslobs (aus unterschiedlichen Traditionen) eingegangen ist. Die Eintönigkeit im Bereich der ästhetischen Attribuierungen entspricht der Eintönigkeit der Liebestopik – beides ist genrespezifisch bestimmt.

II.

Arutjunova hat deutlich gemacht, dass die von ihr angeführten Bezeichnungen für das sinnlich wahrnehmbare Schöne sich zweifellos nicht für die Qualifizierung von Kunstwerken eignen. Implizit ist damit gesagt, dass eine eigene Terminologie für die Bestimmung des Kunstschönen hier keineswegs gegeben ist. Das berechtigt zum Versuch, für den Teilbereich künstlerisch bearbeiteter Sprache der Tradition eines Lexikons nachzugehen, das Termini versammelt, die in bezug auf ihren Objektbereich als ästhetische Metabegriffe fungieren.

Verengt man also den Blickwinkel auf Begriffe, die Sprache bzw. Stil ästhetisch qualifizieren, kommen Bezeichnungen ins Spiel, die zum einen mit der Rezeption der (griechisch-lateinischen) rhetorischen Tradition, zum anderen mit der damit verbundenen, aber ‚moderne' Termini einführenden Poetik des 18. und beginnenden 19. Jahrhunderts zusammengehen, wobei N. F. Ostolopovs *Slovar' drevnej i novoj poèzii* von 1821 einige Auskünfte erteilen kann. Bezeichnungen, in denen die Wurzel *kras* oder *lep* stecken, sind in den Qualifizierungen von Sprache bzw. Stil nicht auszumachen.

Die Antike hat differenzierte qualifizierende produktions- und rezeptionstechnische Termini mit der Funktion ästhetischer Meta-Begriffe hervorgebracht, wie sie insbesondere die aristotelischen Abhandlungen (*technai*) zu Rhetorik

---

[13] „Povest o Petre Zlatych Ključej", *Rycarskij roman na Rusi*, hg. V.D. Kuzmina, M. 1964, 280.
[14] „Povest' o Karpe Sutulove", *Russkaja povest XVII veka*, hg. M.O. Skripil', I. P. Eremin, L. 1954, 149.
[15] „Povest' o šljachetskom kavalere Aleksandre", *Russkie povesti pervoj treti XVIII veka*, hg. G. N. Moiseeva, Moskva-Leningrad, 1965, 244.
[16] „Povest' o Petre", 294.

und Poetik belegen, die allerdings nicht mit dem Terminus kalos zusammengehen. Der Schönheitsbegriff, den kalos verbürgt, bezieht sich offenbar nicht auf den sprachlichen Ausdruck. (Diese *technai* lassen sich als Vorstufen zu einer Disziplin lesen, die mit Alexander Gottlieb Baumgartens *Ästhetik* von 1750 etabliert wird.) Die Empfehlungen, die Aristoteles aus der Analyse gelungener Rede und Dichtung für die Herstellung neuer rhetorischer und poetischer Werke in seinen technai gibt, gelten deren Wirkung; genauer: einer beim Rezipienten zu erreichenden Verschärfung der Wahrnehmung, aisthesis. Es ist nun interessant zu verfolgen, dass Aristoteles Verfahren hervorhebt, die das Erwartbare, Übliche und Bekannte keinesfalls bestätigen, sondern Verwunderung, das *thaumaston*, hervorrufen sollen. D. h. es liegt diesen ein Begriff des Ästhetischen zugrunde, der nicht dem ‚reinen' Schönen verpflichtet zu sein scheint, sondern zulässt, dass ästhetische Effekte aus dem ‚Gegen das Gewöhnliche Gerichteten', *pan to para to kyrion*, erzielt werden. Das *xenikon* wird als selten gebrauchtes Wort (*glotta*), als besondere Metapher bezeichnet und ist auch Worten eigen, deren Laute gedehnt sind (*epektasin*) (*Poet.* Cap.22). Die Konnotationen des xenikon hat Šklovskij, der Neorhetoriker, in seiner Verfremdungstheorie zu entfalten verstanden – mit deutlicher ästhetischer Akzentuierung.

Wertende Kriterien werden in der antiken Stiltheorie insbesondere bei der Gegenüberstellung der beiden Stiltypen artikuliert, die in der weiteren Tradition (diese Kriterien beibehaltend) als ‚klassisch' (attizistisch) und ‚unklassisch' (asianisch-manieristisch) in Erscheinung treten, wobei epochenspezifisch der eine oder der andere Pol einen positiven Index erhält.[17] Cicero und Quintilian liefern die Begriffe: Cicero – ein heftiger Asianismus-Verächter – unterscheidet zwei Modi asianischen Stils, den künstlich-preziösen und den beflügelt aufreizenden (*Brutus* 325). Auch diese Unterscheidung ist traditionsbildend.

Quintilian spitzt die aus attizistischer Position entwickelte Kritik mit einem Tadel an Ovid zu (*Inst.or*, I, 67), der sein *ingenium* nicht durch das *iudicium* gezügelt habe. Dies ist womöglich der erste eindrückliche Beleg einer Konkurrenz zwischen diesen beiden Vermögen, wobei das letztere als Korrektiv fungiert – eine Funktion, die vor allem bei den nachbarocken Kritikern des Concettismus hervortreten wird.

Das semantische Feld, in dem sich Quintilian in seiner *Institutio oratoria* bewegt, enthält neben *ingenium* auch *imago*, *simulacrum* und *visio*. Auch diese Begriffe implizieren an Mass und Angemessenheit orientierte Wertvorstellungen, die sich bei Quintilian mit Lizenzen verbinden. Mit dem Vorschlag,

---

[17] Den Aspekt des 3. Stils, des Stils von Rhodos, klammere ich aus, da es hier um die beiden Extreme geht. Anders die Argumentation in R. Lachmann, „Die Rolle der Triaden in sprachbezogenen Disziplinen", *Die Figur des Dritten. Ein kulturwissenschaftliches Paradigma*, hg. E. Esslinger / T. Schlechtriemen u.a., Frankf./M 2010, 95-109.

phantasiai als *visiones* zu latinisieren, gelingt ihm der Anschluss an die griechische Theorie:

> Phantasiai nennen die Griechen – wir mögen dazu immerhin *visiones* sagen – die Seelenkräfte, vermöge deren wir Bilder abwesender Dinge, *imagines rerum absentium*, uns so lebhaft vorzustellen imstande sind, daß wir sie mit Augen zu sehen und leibhaftig vor uns zu sehen glauben. Wer solche Vorstellungen lebendig erfaßt, wird in der Erregung von Affekten sehr stark sein. Derjenige, der sich Dinge, Stimmen, Handlungen auf die wahrhaftigste Weise vorstellt, *secundum verum optime finget*, wird als mit starker Einbildung begabt, *euphantasiotos*, bezeichnet. Oft entstehen solche Bilder in der Langeweile und in eitlen Hoffnungen, *inanes spes*. Dieses seelische Laster, *animi vitium*, warum sollte man es nicht nutzbringend, *ad utilitatem*, anwenden?" (VI, 2, 29-31)

Quintilians Empfehlung, das *animi vitium* zweckmäßig einzusetzen, weist ihn als pragmatischen Attizisten aus, der zugleich, das zeigt der Kontext, den für die Genese der Phantasmen verantwortlichen irrationalen Zug hervorhebt. Dem korrespondiert in seiner anti-asianischen Stilkritik die Indizierung von Rednern, die schwülstig, *tumidi*, leichtsinnig, *temerarii*, verderbt, *corrupti*, mutwillig, *exultantes,* sind (X, 2, 16). Mit der Einführung des Negativbegriffs des *kakozelon*, der eine verwerfliche Affektiertheit, *mala adfectatio,* und damit alle *vitia* von Schwulst, Süßlichkeit, Überschwang, Abundanz und Gesuchtheit meint, verbindet er den Tadel an einem von seinem *iudicium* verlassenen *ingenium* (VIII, 3, 56). Die wertenden Kriterien Quintilians haben neben dem ästhetischen einen pathologisierenden Aspekt; der schlechte Stil, die übersteigerte Phantasie. (Diese Pathologisierung bildet eine Tradition bis in die romantische Diskussion um kranke oder gesunde Phantasie, wobei das Kranke immer auch das moralisch Verwerfliche ist). Konsultiert man Untersuchungen zur Kritik des 18. Jahrhunderts am Barockstil, dann fällt auf, dass die negativ wertende Begrifflichkeit fast ohne Abstriche auf die Phantastikkritik übertragen werden kann.[18] Der Aufstand gegen die Stilhypertrophie und deren Gründe – Geschmacksverlust, Urteilsarmut, Maßlosigkeit, Unverhältnismäßigkeit in der Zuordnung von *res* und *verba*, die Extravaganzen des *ingenium* – entspricht der Verurteilung der Normverstöße, die sich die Phantasie erlaubt. Korrupter Stil entsteht aus korrupter Einbildungskraft – das ist die Folgerung normativer Ästhetik, die der barocke Concettismus mit seiner normsprengenden Ästhetik provoziert hat. Diese beruft sich auf Aristoteles, dessen *thaumaston*, *atopon* und *alogon* für die Begründung der *acumen*-Lehre herangezogen werden. Die Ästhetisierung der *inventio* gipfelt in der Privilegierung von Witz und Scharfsinn, die Steigerung der Finessen der elocutio in der ‚kühnen' Metapher, der Über-Trope, die sich auf Nicht-

---

[18] Vgl. R. Lachmann, *Erzählte Phantastik*, Frankf./Main 2002, 29-45.

Ähnlichkeit zu verlassen scheint. Das Groteske, Abstoßende gewinnt an Reiz, die damit verbundenen Schockelemente werden erwartet und eingeordnet. Umberto Eco hat in seiner *Geschichte des Hässlichen*, die jener des Schönen nachfolgt, dessen positive Attribute insbesondere in der bildenden Kunst herausgestellt.[19] In seinem Beitrag „Ausserhalb der Schönheit. Außerästhetische Elemente in der slavischen Barockdichtung"[20] hat Dmitrij Tschižewskij in den slavischen Literaturen des Barock Züge hervorgehoben, die er im Kontext des Nicht-Mehr-Schönen dennoch als positive Qualitäten bestimmt, wobei ihn Ludismus und Formbezogenheit interessieren. Er hebt „das Spiel mit den formalen Elementen der dichterischen Sprache, ohne eine unmittelbare Rücksicht auf die semantische Seite der Werke" hervor (211). In seiner Stilcharakterisierung wird auf tradierte rhetorische Termini verzichtet (obwohl sich einige der angeführten Charakteristika auf die traditionelle Terminologie rückbeziehen lassen). Als Dominanten, nicht aber als Konstanten slavischer Barockdichtung sieht er „1. die Schilderung des Grausigen. – in diesem Zusammenhang geht er besonders auf Comenius ein, dessen Verfahren der Grausamkeitsdarstellungen wie Foltern, Hängen, Häuten, Vierteilen etc. (215 f.) und der Schilderung des dem Untergang und Verfall preisgegebenen Körpers im Kontext der Todes- und Vergänglichkeitsthematik in „Labyrinth der Welt und Paradies des Herzens"; 2. die Darstellung des Hässlichen 3. die ideologische Hyperbolik der Fanatiker; 4. die ‚anstößigen' Äußerungen über ernste, ideologische, vor allem theologische Probleme; 5. die ‚spielerische' Dichtung; 6. die beabsichtigt ‚dunkle' Dichtung" (212); Die Häßlichkeitsdarstellungen, häufig mit der Vergänglichkeitsthematik verbunden, erscheinen als antipetrarkistischer und stellenweise frauenfeindlicher Kontrapunkt zu den Schönheitsentwürfen der Renaissance.

Die oben genannten, den beiden Stilkonventionen geltenden Begriffe, die poetologisch-rhetorischer Tradition entstammen, funktionieren wie ästhetische Metabegriffe. Der Terminus „schön" als Bezeichnung für eine Stilqualität fehlt allerdings, fungiert aber als Attribut in einer Umschreibung von ars rhetorica, auf die man in der deutschen Tradition stößt: „die Kunst der schönen Rede".[21] Lomonosovs *krasnorečie* in *Predislovie k krasnorečiju* von 1747 schließt hier an, um den Terminus Ritorika zu russifizieren. Aber bereits ein die Frühgeschichte der Rhetorik in Russland markierendes Handbuch, die sog. Makarij-Rhetorik vom Beginn des 17. Jahrhunderts[22] zeigt Versuche, ritorika auf eine

---

[19] U. Eco, *Die Geschichte der Schönheit* (Storia della bellezza), München, Wien 2004; *Die Geschichte der Hässlichkeit* (Storia della bruttezza), München 2007.
[20] D. Tschižewskij, *Die Nicht mehr schönen Künste. Poetik und Hermeneutik*, Bd. 3, hg. H.R. Jauss, München 1969, 207-238.
[21] „Die schönen Künste", „les beaux arts" werden seit dem 18. Jahrhundert mit *izjaščnye iskusstva* wiedergegeben.
[22] *Die Makarij-Rhetorik* (Knigi sut' ritoriki dvoi po tonku v voprosech spisany...) *Rhetorica Slavica*, Bd. 1 hg. R. Lachmann, Köln / Wien 1980.

Weise zu umschreiben, dass Termini ins Spiel kommen, die *dobro, krasovito* mit *sladko* und *polezno* (das Horazische *dulce et utile*) zusammenführen und den Gegenstand der Rhetorik mit Komposita (aus *-slovie* und *-glasie* und *dobro, sladko, krasno*) benennen: „Ritorika est' jaže naučaet puti pravago žitija poleznago dobroslovija. Siju že nauku sladkoglasiem ili krasnosloviem naricaet. Poneže krasovito i udobno glagolati i pisati naučaet " (1v).

Dieses nur zwei Teile umfassende rhetorische Lehrbuch, das der von Melanchthon begründeten Linie folgt,[23] führt nach *inventio* (*izobretenie*) die *elocutio* als *ukrašenie slovesnoe* ein und expliziert: „ukrašenie slova est' kotoroe jasno i javno i sladkoju rečiju ili glagolaniem dela i vešči objavljaet" (27v); *jasno, javno* und *sladko* sind zweifellos ästhetisch wertende Attribuierungen einer gelungenen *elocutio, ukrašenie* (eigentlich Schmückung, Sprachschmuck), einer letztlich die auf den *ornatus* konzentrierten *elocutio*. Als ein Synonym von *ukrašenie* erscheint *vyobraženie*, das auf dem Einsatz von Tropen und Figuren beruht, wobei der Aspekt des Herstellens, Fügens, Formens hervortritt (28).

Die russische lateinische Tradition knüpft an die Antike an: In Prokopovičs *Ars rhetorica* von 1706[24] wird eine weit gefächerte *decorum*-Lehre entwickelt und die von Cicero und Quintilian entwickelte Stilqualifizierung übernommen, die in der Gegenüberstellung von *falsa eloquentia* und *vera eloquentia* verknappt zum Ausdruck kommt. In *De corruptae eloquentiae vitijs* (Cap. 5, lib. 1) führt Prokopovič die Fehler der verderbten, eigentlich dekadenten Eloquenz – wie sie für ihn die barocken polnischen Prediger mit ihrer Bevorzugung des *acumen* und des *lusus verborum* repräsentieren – in peinlicher Genauigkeit auf und geißelt sie als Verstoß gegen das alles bestimmende *decorum*, das ästhetische Maß jeder Rede. Die Laster des *tumidum, cacozelum, frigidum, puerile, parenthyrsum* sind es nicht allein, sondern die Lautspiele, das *obscurum*, der *tumor* des Übermaßes und der Unordnung, der Griff nach ungewöhnlichen Archaismen und die Tendenz zu sprachlichen Neubildungen werden – jeder Aristoteles-Rezeption trotzend – als Verderbnisse ausgestellt.

Dagegen wird (Cap. 3, lib. 1) die um den Begriff der *forma* kreisende (an die Antike anschließende) Dreistillehre, die auf der Entsprechung von Stilhöhe und Schmuck beruht, verordnet. In der höchsten Stilstufe wird das besonders deutlich: das *genus grande, grave, sublime* erweist sich als das perfekte Verhältnis von *res magna* und *magnifica forma*. Dazu kommen andere Instanzen, wie Tropen und Figuren, Ort, Anlass, Adressat. Das Ganze ergibt ein Entsprechungssystem, das den Regeln der Angemessenheit unterworfen ist. *Decorum*, bzw. *aptum* ist das Schlüsselwort für dieses Zusammenspiel von Affektklasse, Affekt-

---

[23] H. Steinkühler „Die Theorie der Rede in Rußland zu Beginn des 17. Jahrhunderts. Die Makarij-Rhetorik im europäischen Kontext", *Slavische Barockliteraur* II. Gedenkschrift für Dmitrij Tschižewskij, hg. R. Lachmann, München 1983, 153-178.
[24] *De Arte Rhetorica Libri X* (1706), *Rhetorica Slavica*, Bd. 2, hg. R. Lachmann, Köln 1982.

stufe, Redegattung, Redefunktion, Stilart, Tropen und Figuren, die Entsprechungsstilistik hat ein ästhetisches Ziel, das der Harmonie und der Formschönheit gilt. In Lomonosovs, Krasnorečie genannter, rhetorischer Abhandlung ist eine (gewissermaßen zurückgewandte) barockisierende Tendenz auszumachen, die sich den Rigoren des *decorum* entzieht und *ostroumie, vitievatye reči, vymysel* empfiehlt, wobei der Effekt der *vitievatye reči* in etwas besteht, das als *važnoe* und *prijatnoe* bezeichnet wird. Das *prijatnoe* wird auf einer späteren Entwicklungsstufe wiederum als ästhetische Qualität fungieren. Durch Lomonosovs Manier(ismus) wird die wertende Stilkritik auf den Plan gerufen, die sich mit Vehemenz in Sumarokovs *Vzdornye ody* artikuliert.[25] Hier wird zudem deutlich, dass nunmehr auch aufklärerische Kriterien ästhetische Urteile mitbestimmen. So kann es etwa nicht angehen, wenn Lomonosovs *sila sovobraženija* kühne Metaphern, Hyperbeln etc ersinnt und damit den Verstand, *razum*, beleidigt, oder wenn das strannoe, das Angemessene, *priličnoe*, das *črez''estestvennoe* das estestvennoe außer Kraft zu setzen versucht, und die *vitievatye reči* geradezu gegen den guten Geschmack verstoßen. *Vkus* figuriert hier in der Tradition klassizistischer Ästhetik im Sinne des *bon gout*, des *buon gusto*, der sich auch gegen *gromkost', toržestvennost'* und *mnogoglagolanie* verwahrt. Kürze, Einfachheit und Klarheit sind angesagt, und eine Qualität, *nežnost'* nämlich, wird hier beschworen, die zu einem der Stilattribute avanciert, die nach Etablierung der erotischen Genres ihre Rolle spielen.[26] In Trediakovskijs Vorwort zu *Ezda v ostrov ljubvi* wird gegen das *gromkoslovie* das *legkoe stichotvorstvo* gesetzt, wie es der Rokoko-Anakreontik entspricht. Zwar klingt in *nežnost', nežnyj sluch*, die klassische *suavitas* mit, doch gewinnt dieses Stilattribut – in Verbindung mit

---

[25] Zu dieser Stilkontroverse vgl. R. Lachmann, „Barockrhetorik in Russland und ihre Kritiker: Simeon Polockij, Lomonosov und Sumarokov", *Die Zerstörung der schönen Rede*, München 1994, 148-172.

[26] Vgl. folgende Gegenüberstellung

ostroumie	pronicatel'nyj um
sila sovobrazenija	razum
prevraščenie	neprinuditel'nost'
strannoe	priličnoe
neobyknovennoe	soglasnoe
črez''estestvennoe	estestvennoe
vitievatye reči	vkus
složennye idei	jasnost'
velikolepie	krasota
gromkost'	nežnost'
toržestvennost'	prostota
mnogoglagolanie	kratkost', čistota

Allerdings spielt bereits in Avvakums rhetorisch-antirhetorischer Theorie die Opposition zwischen *krasnorečie* und *vjakanie* eine entscheidende Rolle, wobei die Ächtung der schönen Rede und der religiös motivierte Rückzug in ein Stammeln die Ästhetik des Äußeren in eine des Inneren verwandeln.

prijatnost' und dem *interesnoe dlja duši* in der Stilkonzeption des Sentimentalismus bei Karamzin, Neledinskij-Meleckij und Dimitriev eine wirkungsbezogene Komponente. In N.F. Ostolopovs *Slovar' drevnej i novoj poezii*[27] wird die Tradition der Stiltypologie mit der etablierten Wertskala wieder aufgenommen und mit Rekurs auf französische Stillehren dargelegt. Zu *slog ili stil'* wird ausführlich der französische Poetiker André zitiert (III, 196-200), dessen poetologische Abhandlung unter dem Titel *Razsuždenie o prekrasnom v tvorenijach razuma* in der Übersetzung von Graf (D.I.) Chvostov, wie die Anmerkung angibt, 1821 offenbar vorlag. Der *lučšij* oder der *prekrasnyj slog* wird mit klassischen Idealattributen beschrieben, darunter *točnost' v oborotach i figurach*, *rod nekotoroj garmonii v izbranii slov*. Das Vermeiden von *lišnie slova* und eines Übermaßes an *blesk* wird als stilistischer, diesen *slog* auszeichnender Vorzug hervorgehoben. Aufschlussreich ist der Abschnitt „O pogrešnostjach v sloge", der stilistische Verfehlungen mit Prädikaten wie *temnyj*, *prinuždennyj*, *nadutyj*, *cholodnyj*, *nizkij*, *odnoobraznyj* versieht, die in die Tradition der Verurteilung korrupter Rede gehören. Im *prinuždennyj slog* wird insbesondere die Manier, das Gewöhnliche durch fremde Wendungen und Ausdrücke, *strannye oboroty i vyraženija*, angenehm zu machen, gerügt. Es scheint, als wirke hier Prokopovičs decorum-Anweisung nach. Ein eigenes Kapitel wird der *prinuždennost'* (II, 429-432) gewidmet, womit der Terminus, der als Äquivalent von *affectatio* erscheint, offenbar als Bezeichnung einer Negativ-Kategorie Bedeutung gewinnt. Der affektierte Stil bedient sich ausgesuchter Wendungen, versucht übermäßig natürlich, *natural'nyj*, oder übermäßig empfindsam, *čuvstvitel'nyj*, zu sein – *natural'nyj* geht hier vermutlich auf frz. *naturel* im Kontext der Poetik des empfindsamen Romans zurück. Stilqualitäten wie *nežnost'* und *prijatnost'* werden nicht eigens hervorgehoben.

In der von Puškin vorgebrachten Sentimentalismus- (insbesondere Karamzinismus-) Kritik[28] (die an Ostolopovs *prinuždennost'*-Beschreibung angeschlossen werden könnte) taucht eine die negativen Stilistika charakterisierende Terminologie auf, die sich nicht an den Wortlaut der Bezeichnungen für den korrupten Stil hält: *vjalye metafory*, *napyščennost'*, *čopornost'*, *žemanstvo*, während die idealen Qualitäten mit herkömmlichen Termini wie *jasnost'*, *kratkost'*, *točnost'*, *blagorodnaja prostota* bezeichnet werden. Gogol' hebt in den neuen, von Puškin herausgebildeten Stilqualitäten just die Abwesenheit der schönen Rede

---

[27] Zit. nach dem dreibändigen Nachdruck der Ausgabe Petersburg 1821, in *Slavische Propyläen*, Bd. 113, hg. D. Tschižewskij, München 1971.
[28] A.S. Puškin, *Polnoe sobranie sočinenij v desjati tomach*, M. 1956-58, Bd. 7: Kritika I publicistika (O proze), 15.

hervor: „zdes' net krasnorečija",[29] während Puškin die frühen Erzählungen Gogol's mit dem Lob „bez žemanstva", „bez čopornosti" auszeichnet.[30]

Obschon Rhetorik und Poetik ihre präskriptive Rolle längst ausgespielt bzw. an andere Instanzen abgegeben haben, an die Literaturkritik, an die Poetologie der Autoren, bestätigen die Bewertungsskalen – und deren Terminologie - den Fortbestand einer ästhetischen, auf der Oppositivität zweier konkurrierender oder einander ablösender Stile beruhenden Konzeption. Auch in Belinskijs Gegenüberstellung von *poezija ideal'naja* und *poezija real'naja*,[31] die den stilistischen Bereich einbezieht, ist letztere noch zu erkennen. Das stilistische Schönheitskonzept hat jetzt allerdings das gesamte *krasnorečie* als verlogen und rhetorisch aufgegeben („ne govori krasivo" sagt Bazarov).

Als Bezeichnung für eine neue literarische Strömung macht nun allerdings *natural'nyj* Karriere. Die von dem konservativen Kritiker und Autor Faddej Bulgarin als negative Chakterisierung der *novejšaja škola* eingebrachte Bezeichnung meint ein Ensemble von Verfahren, die den Gegenstand der Auseinandersetzungen der 40er Jahre bilden. Die kontroverse Aufnahme des Sammelbandes *Fiziologija Peterburga* von 1845 macht deutlich, dass sich eine neue Literaturästhetik durchzusetzen beginnt. Mit Belinskijs Umwertung des Negativbegriffs erhält die neue Richtung ihre Bezeichnung *natural'naja škola*.[32] Die stilistische Kontroverse ergibt sich einerseits aus dem Vorwurf, dass die Darstellung der Natur, *priroda*, in der ‚neuen Schule' ohne Hülle, bez pokrova, auskomme, was das Hässliche, Schmutzige, Niedrige zulasse, und andererseits aus der Zurückweisung der ‚alten Schule' als rhetorisch oder nicht-natürlich, d.h. künstlich und verlogen stamme: „staroj, retoričeskoj, ili ne natural'noj, to est' iskusstvennoj, ložnoj školy."[33]

Gegen die Ästhetik des Verhüllens tritt die Ästhetik des Aufdeckens, wie sie insbesondere die Gattung der Physiologischen Skizze in dem weitgehenden Verzicht auf das narrative und der Betonung des deskriptiven Moments entwickelt. Ästhetische Positiva sind nunmehr die Reduktion des stilistischen Aufwands und die Hinwendung zu stilistisch wenig bearbeiteten Sprachformen, woraus eine prominent werdende neue Form von Stilisierung entsteht, der *skaz*. Ästhetische Relevanz erhalten im sich entwickelnden Realismus neben dem Stil auch die für den Aufbau des Sujets, den Entwurf von handlungstragenden Figuren

---

[29] N.V. Gogol', *Sobranie sočinenij v semi tomach*, Bd. 6, Moskva 1967, Arabeski, „Neskol'ko slov o Puškine" (1832), 73.
[30] A.S. Puškin, „Pis'mo k izdatelju ‚Literaturnych pribavlenij k Russkomu Invalidu'", *PSS*, Bd. 7, 261.
[31] V.G. Belinskij, „O russkoj povesti i povestjach g. Gogolja", *Polnoe sobranie sočinenij v trinadcati tomach*, Bd. 1, M. 1953-59, 259-307, hier: 262.
[32] Vgl. V.I. Kulešov, *Natural'naja škola v russkoj literature*, M. 1965, 14-20.
[33] V.G. Belinskij, *PSS*, Bd. 9, 650.

gelten Kriterien, was zu kontroversen Positionen, insbesondere in der Frage der Typisierung, führt.

Dass die stilistischen Attribute weiterhin eine Rolle spielen und zur Charakterisierung sprachlichen Ausdrucks eingesetzt werden, macht deren sarkastische Zurückweisung bei den frühen Futuristen deutlich. Kručenych und Chlebnikov führen in *Slovo kak takovoe* von 1813[34] die beiden terminologischen Traditionen zusammen, die je einen der stilistischen Pole bezeichnet haben:

> До нас предъявлялись следующие требования языку: Ясный, чистый, честный, звучный, приятный (нежный для слуха), выразительный (выпуклый, колоритный, сочный) [...] мы заметим, что все их требования (о ужас!) больше приложимы к женщине как таковой, чем к языку, как таковому [...] язык должен быть прежде всего языком и если уж напоминать что-нибудь, то скорее пилу или отравленную стрелу дикаря (1929, 81) [...] Чтоб писалось туго и читалось туго неудобнее смазанных сапог или грузовика в гостиной. (80)

Šklovskij schließt hier an, zitiert das tugoe und führt dies im Konzept der zatrudnennaja forma weiter.[35] Das Sperrige, die erschwerte Form, das Knirschende lässt somit nicht nur die *prijatnost'* und *nežnost'*, sondern auch die *prostota*, *kratkost'* und *čistota* obsolet werden.

Nach deren Verabschiedung wird das stilistische Feld neu geordnet, jedoch kehrt (gewissermaßen regelhaft) die Zweipoligkeit, wenn auch anders besetzt, wieder auf den Plan, wenn man die *ornamental'naja proza* als den einen Pol und die konservativen Stilkonzepte des Sozrealismus bzw. die innovativen der Faktographie als den anderen betrachtet. Das Bild ist bekanntlich komplizierter, da die Konfrontation zwischen innovativen und traditionellen Stilformen zu beachten ist und die Faktographie den eigentlichen Gegenpol zum Ornamentalismus darstellt (wobei es Vermischungen der Stilhaltungen, etwa bei Babel und Pil'njak, gibt). Die ästhetischen Kriterien der russischen akademischen Stilstudien, die sich mit der ornamentalen Prosa, der Faktographie und dem Sozrealismus beschäftigen, lassen weiterhin auf die Geltung der Zweipoligkeit rückschließen.

Die Exzess-Stilistik, die die frühen Werke von Sorokin bestimmt, fällt aus der Zweipoligkeit heraus, d.h. die qualifizierende Terminologie ist überfordert; am ehesten noch ließe sich die antike Topik des ‚korrupten Stils' bemühen, aber nunmehr mit Begriffen aus der Affektstilistik bereichert. Damit wäre die Einschränkung auf das Negative zugunsten einer Orientierung auf den Effekt aufgegeben, der ekplexis, perturbatio, im Sinne von Schock, Bestürzung, hervorruft. Aber das Abjekte, auf bezobrazie Zugespitzte, das sich außerhalb von

---

[34] Zitiert nach der Ausgabe *Ot simvolizma k Oktjabru*, M. 1929, Tom 1.
[35] V. Šklovskij, *O teorii prozy*, M. 1983, 15.

Vorstellungen bewegt, die mit decorum etwas zu tun haben könnten, und die letztlich über das aristotelische thaumaston hinausgehen, lässt sich nicht mit den tradierten rhetorischen Begriffen fassen. Am ehesten noch wären Bachtins Bestimmungen der Groteske und des Phantastischen heranzuziehen, doch überschreitet die Greuel-Stilistik Sorokins den Raum, den Bachtins Semantik der Rekonziliation und des befreienden Lachens absteckt.[36] Dagegen bietet sich an, die (in Russland nicht rezipierte) *Ästhetik des Hässlichen* von Karl Rosenkranz von 1853 heranzuziehen.[37] Rosenkranz ist nicht nur an der Benennung von Phänomenen des Hässlichen gelegen, sondern auch an deren Interpretation. Für Rosenkranz ist die Groteske (im vorbachtinschen Sinn) die Verkörperung des „Naturhässlichen", des „Geisthässlichen", des „Kunsthässlichen" – und sie erscheint nicht nur als Analogon des Bösen und Kranken, sondern inkorporiert es. Es geht mir hier nur darum, eine neue Etappe in der Entwicklung der corrupta eloquentia und deren pathologisierender Charakterisierung zu zeigen. Rosenkranz stellt kulturmoralische Überlegungen an, die das Faszinosum des Abscheulichen mit einer degenerierten Gesellschaft verbinden: „Das Wohlgefallen am Hässlichen" tritt auf „krankhafte Weise" auf, „wenn ein Zeitalter physisch und moralisch verderbt ist" (55). Und es hat eine Funktion: „Um die abgestumpften Nerven aufzukitzeln, wird das Unerhörteste, Disparateste und Widrigste zusammengebracht. Die Zerrissenheit der Geister weidet sich an dem Hässlichen, weil es für sie gleichsam das Ideal ihrer negativen Zustände wird. Tierhetzen, Gladiatorspiele, lüsterne Symplegmen, Karikaturen, sinnlich verweichlichende Melodien, kolossale Instrumentierung, in der Literatur eine Poesie von Kot und Blut (*de boue et de sang*, wie Marmier sagte) sind solchen Perioden eigen" (62). Rosenkranz' Analysen gehen über die moralisierenden Urteile hinaus, die ohnehin weniger den Sittenverfall als die Hypokrisie betreffen: „Die unglaubliche Falschmünzerei der Geschichte der Literatur", die mit Prädikaten wie das „Edle, Reine, Schöne, Erhebende" etc. betrieben werde und die „Dezenz zum exklusiven Maßstab" (70) mache.

Die Rosenkranzsche ästhetische Ideologie liefert vorläufige Beschreibungsbegriffe für eine Tradition, als deren einen Höhepunkt man Sorokin bezeichnen könnte – ohne ihn Rosenkranz' Verdikt auszuliefern. In Rosenkranz' Ästhetik gehören von ihm nicht kommentierte vorangegangene Phänomene in der Literatur (und Bildenden Kunst), z. B. die Manierismen der römischen Antike und diejenigen des Barock, wobei der ästhetische Reiz, den Ecos Geschichte der Hässlichkeit herausstellt, zweifellos dem puristischen Ideal zum Opfer fallen würde, sowie die ‚dekadenten' Stilzüge des Naturalismus, die Rosenkranz noch nicht zur Kenntnis nehmen konnte. Wahrscheinlich wäre auch die auf Hyper-

---

[36] R. Lachmann, „Der Bachtinsche Groteskebegriff und die postsowjetische Literatur (am Beispiel von V. Sorokin)", *kulturrevolution* 48, 2004, 44-52.
[37] Neuveröffentlichung Leipzig 1990.

bolik angelegte Stilistik Dostoevskijs,[38] der die *zanimatel'nost'* über das *aptum* der *chudožestvennost'*, das *fantastičeskoe* über die *sorazmernost'*, die *ekplexis* über den Formgenuss stellt, in die Negativ-Ästhetik geraten.

(Es wäre zu fragen, ob in die ästhetische Lexik der Stilistik auch Begriffe gehören, die, aus nachrhetorischen Konzepten stammend, die Ästhetisierung des Semantischen anzeigen: Bachtins Konzept der Dialogizität und des dvugolosoe slovo, Jakobsons „anagrammatischer Wert" u.a.)

> Об André я мало что знаю (это какой-то малоизвестный французский классицист, о котором нет сведений даже в Брокгаузе), но история русского перевода занятна: его перевел Д. И. Хвостов. Сохранилось его письмо к редактору «Невского зрителя» Ивану Матвеевичу Сниткину с просьбой о публикации его перевода и о рецензии на него (ИРЛИ, ф. 322, (23, л. 40-42). В ответ на эту просьбу в «Невском зрителе» (выходившем с января 1820 г. по июнь 1821) был напечатан (в апрельской книжке за 1821 год) «Разбор рассуждения о прекрасном г. Андрэ» за подписью «Редактор». В майской книжке появилась анонимная «Антикритика» на этот разбор (принадлежащая, по всей видимости самому Хвостову), и примечания на нее, подписанные «Редактор» (т. е. тот же Сниткин). Следы неудовольствия Хвостова «Разбором» Сниткина сохранились в его переписке (ИРЛИ, ф. 322, (68, л. 142-143). В июньском номере было напечатано продолжение этого «Разбора», но из-за прекращения издания журнала окончания он так и не получил.

---

[38] Vgl. Renate Lachmann, „Isteričeskij diskurs Dostoevskogo", *Russkaja literatura i medicina*, hg. Konstantin Bogdanov / Jurij Murašov / Riccardo Nicolosi, M. 2006, 148-169.

Jurij Murašov

TRÜGERISCHER SCHEIN UND GUTE WORTE.
ZU EINER MEDIENTHEORIE DES ÄSTHETISCHEN
IN DER RUSSISCHEN KULTUR

In dem Maße, wie ästhetische Artefakte die wahrnehmungsphysiologischen und -technischen Bedingungen der Selbstbeobachtung von sozialen (bzw. nationalsprachlichen) Systemen transparent machen, verhalten sie sich stets indifferent gegenüber dem im Religiösen, Spirituellen, Politischen oder Ideologischen basierten Ethos kultureller Gemeinschaften.[1] Dass das Schöne und das Gute sich auf diese Weise wechselseitig ausschließen, autonome diskursive Geltungsbereiche beanspruchen und institutionell begründen – darin besteht der kulturelle Sinn von Kunst und Literatur seit der griechischen Antike. Diese Asymmetrie von Ästhetik und Ethik ist aber auch das Skandalon, mit dem jede kulturelle Gemeinschaft in jeder historischen Epoche von neuem zurecht kommen muss. Unter einem solchen medien- und kommunikationshistorischen Aspekt lassen sich die unterschiedlichen Epochenentwürfe (Romantik, Realismus, Moderne etc.) als strategische Arrangements beschreiben, die Asymmetrie von Ästhetik und Ethik diskursiv und institutionell zu bewältigen und zu kontrollieren.[2]

Sowohl historisch als auch regional betrachtet sind die Empfindlichkeiten der europäischen Sprachkulturen gegenüber der Asymmetrie von Ästhetik und Ethik sehr unterschiedlich. Im weiten Spektrum der Bewältigungsformen ist es dabei gerade die russische Kultur, die besonders gereizt auf den Eigensinn des Ästhetischen zu reagieren scheint; in all ihren historischen Entwicklungsphasen muss

---

[1] Systematisch wurde diese Überlegung von der Autonomie vor allem durch Kants entwickelt, in seinen Ausführungen zum „interesselosen Wohlgefallen" und zur „bloßen Form der Zweckmäßigkeit", dem einzig das ästhetische Urteil gelten kann, vgl. Immanuel Kant, *Kritik der Urteilskraft*, Hamburg 1974, 40 f. und 59 f.; zur ästhetischen Autonomie in der Moderne, vgl. Theodor W. Adorno, *Ästhetische Theorie*, Frankfurt a. M. 1972, 22, 209 ff., 374 - 376; als eine parallele Argumentationslinie lässt sich die formalistische Konzeption von der Eigengesetzlichkeit der „poetischen Sprache" und dann vor allem Mukařovskýs strukturalistische Bestimmung der „ästhetischen Funktion" ansehen, vgl. Jan Mukařovskýs, *Kapitel aus der Ästhetik*, Frankfurt 1970, zur „Ästhetischen Funktion", 11-34.

[2] Dem literaturwissenschaftlichen Teilbereich der „ästhetischen Wertung" kommt diese institutionelle Aufgabe zu, die Asymmetrie von Ästhetik und Ethik auszubalancieren und bildungspädagogisch zu präparieren.

sie immer wieder erhebliche diskursive sowie politische, institutionelle und juristische Anstrengungen mobilisieren, um die strukturelle Indifferenz des Ästhetischen gegenüber dem Ethos zu bändigen und moralisch zu vereindeutigen. Heftige Reaktionen und aufwendige Maßnahmen produziert dabei diese Indifferenz auf beiden Seiten der Unterscheidung - sowohl auf der Seite des Ethos als auch auf der des Ästhetischen.

Einerseits lassen sich da seit der Literalisierung der russischen Kultur ständige politische, ideologische oder religiöse Inanspruchnahmen des Ästhetischen beobachten, wie dies bereits in der *Povest' vremennych let* formuliert wird, wenn die Gesandten dem Fürsten Vladimir von ihren Erkundungen verschiedener Religionen berichten und dabei die „Schönheit" (*krasota*) als Kriterium bei der Religionswahl und der sich damit eröffnenden Heilsperspektive der *rus'* ansetzen:

> (...) ходихомъ первое в Болгары и смотрихомъ, како ся кланяють въ храмин, рекше в ропатѣ, стояще бес пояса: и поклонивься, сядет и глядить сѣмо и овамо, акы бѣшенъ, и нѣсть веселия у нихъ, но печаль и смрадъ великъ. И нѣсть добръ законъ ихъ. И придохомъ в Нѣмцѣ и видихомъ службу творяща, а красоты не видихомъ никоеяже. И придохом же въ Грѣкы, и ведоша ны, идеже служать Богу своему, и не свѣмы, на небеси ли есмы были, или на земли: нѣсть бо на земли такого вида или красоты такоя, недоумѣемь бо сказати. Токмо то вѣмы, яко онъдѣ Богъ съ человѣкы пребываеть, и есть служба ихъ паче всих странъ. Мы убо не можемь забыти красоты тоя – всякъ бо человѣкъ, аще преже вкусить сладка, послѣди же (...) не можеть горести прияти – тако и мы не имамъ сде жити.

Eben diese altrussische Kontamination von Schönheit und Heil feiert dann auch fröhliche Urstände im sowjetischen 20. Jahrhundert, in dem Literatur und Kunst des sozialistischen Realismus - wie Evgenij Dobrenko treffend formuliert - zur „Institution für die Produktion des Sozialismus" („institucija po proizvodstvu socializma")[3] avancieren, und sich das kommunistische Heilsversprechen als Sache der sozrealistischen Schönheit erweist. Aus einer solchen alles Ästhetische absorbierenden ethisch-moralischen Heilsperspektive heraus resultieren dann auch die zahllosen institutionellen Repressionen und juristischen Massnahmen gegen Literatur und Kunst seit den 1930er Jahren bis zum Ende der Sowjetunion, ja bis zu den Prozessen gegen Kunst im gegenwärtigen Putinschen Russland.[4]

---

[3] Evgenij Dobrenko, *Politėkonomija socrealizma*, Moskau 2007, 7.
[4] Die Strategien, mit denen juristische Verfahren und Urteil gegen die Kuratoren und Mitarbeiter der Ausstellungen „Ostorožno, religija!" (2003) und „Zapreščenoe iskusstvo" (2006) für politische und staatsideologische Ziele funktionalisiert werden, knüpfen an Praktiken der sowjetischen Rechtsprechung der 30er Jahre sowie an Formen der Kriminalisierung von Li-

Andererseits erweist sich der systemische Eigensinn auch auf der Seite des Ästhetischen selbst als unerträglich. Beispielhaft dafür ist die von Dostoevskij der Romanfigur Fürst Myškin in den Mund gelegte Vision[5], dass die Welt durch Schönheit errettet werden möge oder auch Lev Tolstojs ethische Disqualifizierung seines eigenen literarischen Werkes zugunsten einer moralischen, pädagogischen und auch religiös begründeten Literatur und Kunst.[6] Auf dieser Linie liegen letztlich ebenfalls die kulturosophischen Ambitionen der russischen Symbolisten, die politisch-ideologischen Ansprüche der künstlerischen Avantgarden der 20er Jahre und schließlich auch die ideologischen Interventionen im offiziellen Raum der sowjetischen, politischen Kultur, die der Moskauer Konzeptualismus mit seinen semiotisch-analytischen Verfahren unternimmt.[7]

Die nachfolgenden Überlegungen stellen nun den Versuch dar, diesen persistenten Unschärfen zwischen Ästhetik und Ethik in der russischen Kultur unter medientheoretischen Aspekten nachzuspüren und zu ermitteln, auf welche Weise dies durch eine spezifische Umgang der Kultur mit der für jede literalisierte Kultur primären, aisthetischen Erfahrung der Dissoziation von Sehen und Sprechen bedingt ist. Nach kurzen allgemeinen theoretischen Vorüberlegungen zur Differenz von Sprache und Schrift, soll an einigen Beispielen aus unterschiedlichen Epochen und künstlerischen Genres gezeigt werden, wie die russische Kultur mit der Differenz von Sehen und Sprechen verfährt und wie dabei auch eine spezifisches Verhältnis von Ästhetik und Ethik generiert wird.

1. Die Urszene der Schrift und die zwei Formen des Erzählens

Die Ausgangsthese besteht darin, dass diese systemischen Unschärfen zwischen Ästhetik und Ethik aus der Schwierigkeit einer sprachkulturellen Gemeinschaft resultieren, die Auslagerung des Ethos aus der Gegenwärtigkeit des Sprechens und die damit einhergehende, gesteigerte Unwahrscheinlichkeit von sittlicher (religiöser oder spiritueller) Heilserfahrung zu bewältigen, wenn durch Schrift und Typographie die synästhetische Einheit von Sprechen/Sprachhandeln und

---

teratur und Kunst an, wie sie in den Prozessen gegen Josif Brodskij (1964) und gegen Andrej Sinjavskij und Aleksandr Daniel' (1966) angewandt worden sind; zu „Ostorožno, religija!", vgl. Michail Ryklin, *Mit dem Recht des Stärkeren. Russische Kultur in Zeiten der ‚gelenkten Demokratie'*, Frankfurt a. M. 2006, bes. 85 und 205 ff., sowie Perečen' dokumentov: Posledstvija vystavki Ostorožno, religija!, Moskva 2004.

[5] Michail F. Dostoevskij, *Sobranie sočinenij*, Moskau, VI, 432.
[6] Zu dieser die moralischen Wendung Tolstojs vgl. seinen prominenten Essay, „Čto takoe iskusstvo?" (1898).
[7] Vgl. Boris Groys' Charakterisierung des Moskauer Konzeptualismus: „Nachdem die Künstler diesen ästhetische-politischen Willen zur Macht als Ausgangspunkt jedes, auch des eigenen künstlerischen Projekts begriffen hatten, wurde ihre Strategien zum Hauptgegenstand ihrer Reflexion." (B. Groys, *Gesamtkunstwerk Stalin. Die gespaltene Kultur in der Sowjetunion*, München 1988, 89)

Sehen aufgelöst wird und das Visuelle gegenüber dem Akustisch-Verbalen Autonomie erlangt. Diese Auflösung der synästhetischen und körperbasierten Einheit von Sprach- und Sinnerleben stellt eine mediale Primärszene dar, die im autopoetische System jeder Kommunikation[8] stets von neuem reproduziert wird. Diese Urszene der „Technologisierung des Wortes" wird durch die visuelle Schrift und die damit erfolgende Trennung von Auge und Ohr nicht nur präsent gehalten, sondern bürdet jeder Kommunikation gleichzeitig immer wieder eine Entscheidung über die Annahme oder Zurückweisung der Autonomie und Dominanz des Visuellen gegenüber dem Verbalen auf. Entsprechend kann es für die Kommunikation nur zwei diametral entgegen gesetzte, narrativ-textuelle Strategien geben: Die erste fortschrittsoptimistische Strategie besteht in der Orientierung an der Erfolgsgeschichte von Schriftcodierung, die den primären Medienwechsel vom Ohr zu Auge als schwierigen, aber letztlich erfolgreichen Gründungsakt reetabliert – und zwar insofern, als dass die schriftlich-visuelle Kommunikation in ihrer Leistungsfähigkeit für die Lösung kommunikativer Probleme erprobt und profiliert wird. Diese schriftoptimistische Orientierung und „Logik" ist voraussetzungsreich und ist im Rahmen der verschiedenen regionalen Frühformen der Literalisierung eher - aber nicht unbedingt - späteren historischen Phasen zuzuordnen.

Diesem Schriftoptimismus steht das Verlustnarrativ gegenüber, das vom Übergang von Sprache zu Schrift als einer Beschädigung der Kommunikation durch die visuelle Codierung und vom Ungenügen der Schrift gegenüber den synästhetischen Möglichkeiten und der Sinnfülle der verbalen Kommunikation kündet.

Diese beiden Haltungen stellen zwei strukturelle Möglichkeiten dafür dar, wie sich unter den Bedingungen von (alphabetischer und typographischer) Schriftlichkeit die Kommunikation auf sich selbst bezieht und damit ihren Status in der Welt und vor allem ihr Verhältnis zum (sittlichen) Handeln bestimmt.[9]

---

[8] „Die Kommunikation macht sich nur selber wahrscheinlich. Als Einzelereignis kann sie nicht vorkommen. Jede Kommunikation setzt andere Operationen gleichen Typus voraus, auf die sie reagieren und die sie stimulieren kann. Ohne rekursive Bezugnahmen dieser Art fände sie überhaupt keinen Anlass, sich zu ereignen." (Niklas Luhmann, *Gesellschaft der Gesellschaften*, Frankfurt a. M. 1997, 190.

[9] Nietzsches Unterscheidung des Apollinischen und Dionysischen hängt unmittelbar mit der hier unter medialen Voraussetzung entwickelten Unterscheidung zweier Typen der Narration zusammen; dazu ausführlicher, vgl. Jurij Murašov, *Im Namen des Dionysos. Zur Mythopoetik in der russischen Moderne am Beispiel von Vjačeslav Ivanov*, München 1999, 167 - 169, 310 - 313. Es lässt sich vermuten, dass die diversen Beschreibungen der Besonderheiten des russischen Erzählens von Walter Benjamins „Die Aufgabe des Übersetzers".(W. Benjamin, *Gesammelte Schriften*, Bd. IV/1, 9-21, Frankfurt/Main 1972. über Šklovskijs an Tolstoj entwickelten Verfremdungskonzept und Bachtins Polyphonie-Poetik bis hin zu Wolf Schmidts für das Erzählen in Russland stark gemachtem Begriff des „Ornamentalen" mit dem oben genannten medialen Typus des „Verlustnarrativs" zusammenhängen.

Wichtig ist hier zu bedenken, dass dieser Selbstbezug jeder Kommunikation inhärent ist, und dass diese dabei entweder auf das Erfolgs- oder das Verlustnarrativ hin disponiert wird. Dies gilt sowohl für die mündliche, spontane Alltagskommunikation wie auch für die elaborierten Spezialdiskurse in Ökonomie oder Wissenschaft und die elektronischen Formen von Kommunikation (Radio, TV oder Internet). In dieser Hinsicht stellen dann Literatur und Kunst Kommunikationen dar, in denen dieser Selbstbezug nicht nur implizit erfolgt, sondern eben jene „ästhetische Funktion" bildet, auf die hin alle übrigen pragmatischen Funktionen des Textes bezogen sind.[10]

Im Weiteren wird zunächst an drei Beispielen aus verschiedenen medialen Bereichen und Kunstgattungen der russischen Kultur des 19. Jh. zu zeigen sein, wie auf jeweils unterschiedliche Weise der schmerzhaften Verlust der synästhetischen Einheit von Sprechen und Sehen modelliert wird, um dabei aber die schriftbedingte (ästhetische) Autonomie des Visuellen zugunsten des Verbalen zu transzendieren und gleichzeitig das Ethos im imaginären Klangraum der russischen Sprache - gegen die Eigenmacht des Ästhetischen - zu restituieren.

2. Gogol's *skaz* wider der visuellen Schrift

Ein prominentes Beispiel für einen solchen Versuch, im Medium der Schrift die schriftbedingten Visualitätseffekte wegzufabulieren, stellt Gogol's Erzählung „Šinel'" dar. Der Text basiert auf einer Gegenläufigkeit zwischen der Entfaltung des Sujets und der Form des Textes. Auf der einen Seite wird vom Schreiber Akakij Akakievič erzählt, der seine Tätigkeit als Kopist solange ruhig bestreiten kann, solange er das Schreiben als Wiederholung und Nachbildung des körperlichen, artikulatorischen Sprechaktes erfährt, und nicht in den Bann jener Effekte der Individuation und des Erotisch-Libidinösen gerät, die von der Schrift als einem visuell-gegenständlichen Medium ausgehen. Auf der anderen Seite jedoch versucht der Text auf verschiedenste Weise, diese den visuellen Schriftzeichen eigenen Effekte der Individuation und des Erotischen abzuwehren. In dem Maße, wie sich der Text mit entsprechenden motivischen Anspielungen angereichert, wird der Bereich der Individuation und des Erotische gleichzeitig komisch-grotesk verzerrt und disqualifiziert. Eine solche komisch-groteske Disqualifizierung leistet vor allem die sprachliche Stilisierung als vermeintlich mündliche Rede, der *skaz*. Die dem Schriftsujet innewohnende Dynamik und die poetische Stilisierung sind auf diese Weise einander strikt entgegengesetzt.[11]

---

[10] „[...] die ästhetische Funktion strebt hier immer nach Vorherrschaft." (Mukařovskýs, *Kapitel aus der Ästhetik*, 113).

[11] Dazu ausführlicher, vgl. Jurij Murašov, „Orthographie und Karneval. Nikolaj Gogol's schizoides Schriftverständnis", *Wiener Slawistischer Almanach* 39 (1997), 85 - 105.

Diese zerrissene, hybride Struktur von Gogol's „Šinel'" tritt besonders deutlich hervor, wenn man zum Vergleich Texte von Gogol's Zeitgenossen E. T. A. Hoffmann heranzieht. Auch in Hoffmanns Erzählung Der Sandmann wird das Sujet vom Schreiben und speziell vom Kopieren von Schriftstücken bestimmt, aber in eine ganz andere Richtung entfaltet. Im Sujet der Schrift reflektiert und bestätigt der Text seine ästhetische Autonomie. Es ist die Schrift in ihrer imaginatorischen Potenz und ihrem sprachlich-klanglichen Zauber, die allen Beteiligten, den Figuren im Text ebenso wie dem Leser, eine phantastische Welt eröffnet, in der sich die Protagonisten mit ihren erotischen Versprechen und Verlockungen erleben und beobachten können. In Gogol's Text hingegen erweist sich das erotische Begehren als Bewusstseinskatastrophe und als Divianz, die durch eine metaphysische Instanz, durch einen deus-ex-machina-Akt am Ende des Textes gestraft wird. Während bei Hoffmann die Schrift in ihrer phantasmagorischen Leistungsfähigkeit entfaltet wird, bauen Gogol's Texte, je weiter sie sich von den folkloristischen Sujets des Frühwerks *Večera na chutore bliz Dikan'ki* entfernen und ihre Rückbindungen an mündlichen Erzähltraditionen lockern, verstärkte Vorbehalte gegen diese Selbstbetrachtung ihrer eigenen ästhetischen Literarizität auf. Die ästhetische Schrift zwingt Gogol' schließlich in eine Position, die er mit seinem Ethos nicht mehr vereinbaren kann und zur Konsequenz, sich von seinen eigenen ästhetischen Werken zugunsten moralisch-pädagogischer Schriften loszusagen.

Gogol's Schriftstellerschicksal hat Modellcharakter für die gegenläufigen Werkbiographien des russischen 19. Jahrhunderts, die weniger durch eine kontinuierliche Schärfung und Stilisierung der gestalterischen Mittel geprägt sind, als vielmehr durch Diskontinuität, die aus der zunehmenden Unlösbarkeit des Konflikts zwischen visualitätsbasierter, ästhetischer Freisetzung fiktionaler und imaginativer Potenziale einerseits und der Möglichkeit einer moralisch-sittliche Rechtfertigung und Rückbindung der ästhetischen Erfahrungen andererseits resultiert. Je sensibler und komplexer sich die ästhetische Arbeit von Autoren gestaltet und je intensiver damit auch die Selbstreflexion von Sprache im Medium der Schrift ausfällt, desto schärfer erleben die Autoren auch den Konflikt zwischen Ästhetik und Ethik. Diese Konfliktstruktur lässt sich gerade bei den „Leitfiguren" der russischen Prosaliteratur des 19. Jahrhunderts, bei Gogol', Tolstoj und Dostoevskij besonders deutlich beobachten. Auf unterschiedliche Weise geraten diese Autoren durch die ästhetische Arbeit in unlösbare Konfliktsituationen mit sich selbst, in unentscheidbare Zwischenlagen zwischen ästhetischer Schreiberfahrung und moralischer Selbstversicherung.

3. Dostoevskijs sprachgeleiteter, kunstkritischer Blick

Signifikant für die Konzeptualisierung von Visualität sind die vielfältigen Sujets der Malerei in den Werken Gogol's, Tolstojs oder Dostoevskij, die allesamt daraufhin angelegt sind, die visuelle Selbstgewissheiten als ethisch fragwürdig zu entwerten.[12] In diesem Zusammenhang ist es gleichfalls aufschlussreich, wie sich die Schriftsteller auch essayistisch auf die Malerei einlassen. Ein prominentes Beispiel dafür stellt Dostoevskijs kunstkritischer Essay zur Ausstellung der *peredvižniki* in Wien 1873 dar.

Zunächst ist in diesem Essay bemerkenswert, wie Dostoevskij mit und aus der russischen Literatur heraus die Werke der *peredvižniki* beschreibt und bewertet. So heißt es beispielsweise über Il'ja Repins Bilder, resp. über dessen Burlaki:

> [...] картины слишком трудно передавать словами. Просто скажу: фигуры гоголевские.[13]

Des Weiteren überrascht es auch nicht, dass Dostoevskijs Auswahl der herausragenden und für die russische Malerei charakteristischen Werke nun auf Bilder fällt, auf denen Sprechszenen und Sprachgesten dominieren und die von den gemeinschaftsstiftenden Effekten des klingenden Wortes erzählen. Dabei geht es Dostoevskij aber nicht um die Differenz von Hören und Sehen, sondern ganz dezidiert um den Sprachklang des Russischen, der in diesen Bildern vermeintlich festgehalten ist und der diese Bilder für das Auge anderer Sprachgemeinschaften unzugänglich macht. Dostoevskij erläutert diese Exklusivität des russischen Sprachsehens am Beispiel von Vasilij G. Perov's „Ochotniki na perevale" (1871, vgl. Abb. 1):

> [...] один горячо [...] врет, другой слушает и из всех сил верит, а третий ничему не верит, прилег тут же и смеется... Что за прелесть! Конечно, растолковать - так поймут и немцы, но ведь не поймут они, как мы, что это русский враль и что врет он по-русски. Мы ведь почти слышим и знаем, об чем он говорит, знаем весь оборот его вранья, его слог, его чувства. Я уверен, что если бы г-н Перов [...] изобразил французских или немецких охотников (конечно, по-другому и в других лицах), то мы, русские, поняли бы и немецкое и французское

---

[12] Vgl. bes. Gogol's Erzählung „Portret", die Themen und Motive der Malerei bzw. der Photographie in Dostoevskijs *Idiot* oder auch in Tolstoj *Anna Karenina*.
[13] F. M. Dostoevskij „Po povodu vystavki" aus *Dnevnik pisatelja*: 1873, in: ders., *Polnoe sobranie sočinenii*, 21, Leningrad 1980, Leningrad 1980, 68-77, hier: 74.

вранье, со всеми тонкостями, со всеми национальными отличиями, и слог и тему вранья, угадали бы всё только смотря на картину.[14]

Diese Meditation über die russische Lüge zeigt, dass es Dostoevskij weder um die semantische Dimension der visuellen Kommunikation und den visuellen Code von Malerei, noch um die Semantik des Russischen geht, sondern um die Erfahrung des Russischseins in performativen Sprech- und Körperakten des Lügens und Lachens.

Gleichzeitig impliziert Dostoevskijs Lügenbeispiel ein besonderes Verhältnis zwischen dem Visuellen und dem Akustischen, bei dem als Quelle für Sinn und Bedeutung einer moralischen Gemeinschaft die lautliche Sprachsphäre ausgemacht wird. Diese Quelle liegt gerade nicht in den semantische Strukturen, die durch visuelle, bildliche oder graphische Zeichen kodierbar wären. Und so ist auch das Visuelle bei Dostoevskij kein autonomer, systemisch geschlossener Bereich, der in sich lesbare, decodierbare Bedeutungsstrukturen generiert,[15] sondern die Darstellung fungiert als Anlass, um das Auge an das Ohr zurückzu-

---

[14] Ebd. 71f.
[15] Für Dostoevskij stellt Malerei in den Kategorien von Ephraim Lessings berühmten Laokoon-Aufsatz, der sich an der Differenz von Malerei und Dichtung abarbeitet, eigentliche keine „Raumkunst" dar, die über eigene, innere, Sinn produzierende Darstellungsgesetzmäßigkeiten verfügt.

verweisen und so Bestände aus dem Lautarchiv der Sprache aufzurufen. Raison d'être erlangt visuelle Kunst nur dann, wenn sie in einer solchen retrograden Bewegung funktioniert und (sprach)klangliche Gemeinschaftserfahrungen aktiviert.

4. Das russisches Ethos und der Blick der Fremden in der Malerei Vasilij Vereščjagins

Solche Vorbehalte gegenüber der Autonomisierung des Visuellen lassen sich auch im Medium der Malerei selbst ausmachen. Diese artikulieren sich bereits in der Motivwahl und den motivischen Strukturen. Gerade in der realistischen russischen Malerei des 19. Jahrhunderts kann man eine signifikante Dichte an Motiven feststellen, die sich auf Sprechakte und -gesten beziehen. Und bezeichnenderweise sind es gerade Bilder mit akustischen Motiven, die auch Dostoevskijs Aufmerksamkeit in dem im oben genannten Essay auf sich ziehen.[16] Während der Großteil der Bilder auf eine solche motivische Weise versucht, die Dominanz des Verbalen zu bekräftigt, findet sich eine Reihe von Bildern, die diesen double-bind von Sehen und Sprechen in ihren kompositorisch-narrativen Strukturen offen ausagieren, indem sie nun das Sehen selbst zum Thema machen, um dabei aber von einer trügerischen, dem russischen Ethos entfremdeten Visualität zu handeln. Zu diesen Bildern zählt ein Großteil des malerischen Werkes Vasilij Vereščagins.

Ein interessantes Beispiel für diesen double-bind von Auge und Ohr stellt Vereščagins Gemälde „Toržestvujut" von 1872/73 dar (vgl. Abb. 2), das zur Bilderserie „Varvary" gehört und eine Szene in Samarkand zeigt, bei der dagestanische Krieger ihren Sieg über die Russen feiern.

Das Bild weist eine hyperrealistische visuelle Prägnanz und Intensität auf und schwelgt gleichsam im Ornamentalen der islamisch-orientalischen Kultur. Gleichzeitig ist es aber kompositorisch so angelegt, dass der Betrachter in der Schar der „triumphierenden" Fremden miteinbezogen wird, um dann aber auf den zweiten Blick erst den Gegenstand des Triumphs zu erkennen - die auf den langen Stangen fixierten abgeschlagenen Häupter von russischen Soldaten, die das Objekt des „barbarischen" Triumphes darstellen. Das Bild ist so aufgebaut, dass es den Bildbetrachter auf die Seite der fremden, barbarische Betrachterschar versetzt und damit die ästhetische Augenlust des Betrachters als eine dem Russischen entfremdete, ja feindlich gesinnte entlarvt. In seiner Komposition erzählt Vereščagins Bild von der Differenz von Ästhetik und Ethik, bei der die

---

[16] Neben Vasilij G. Perov's „Ochotniki na perevale" (1871) handelt es sich noch um die beiden Bilder von Vladimir E. Makovskij, „Ljubiteli solov'inogo penija" (1872/73) und „Palomšči- ki" (1870)

Eigenwertigkeit des Visuellen als eine dem russischen Ethos bedrohliche Macht erscheint.

5. Liturgisches Schriftverständnis im Zeitalter der Typographie

Bedenkt man nun, dass erst ab den 1820er und 30er Jahren in Russland die Expansion und Ökonomisierung der Typographie und damit auch eine Freisetzung und Potenzierung der aisthetischen, semantischen und sozialen Effekte und kommunikativen Unwahrscheinlichkeiten von Typographie einsetzt, dann lassen sich die drei angeführten Beispiele als Versuche interpretieren, diese Effekte zu blockieren und die (ästhetische) Autonomisierung des Visuellen gegenüber dem Verbalen durch die Reaktivierung eines Sprach- und Schriftverständnisses abzuwehren, das in seinen Grundzügen einem im orthodoxen Religionskonzept verankerten liturgischen Schriftverständnis verpflichtet ist. In diesem liturgischen Schriftverständnis fungiert der Schreiber (oder auch Maler) selbst als Medium, durch das hindurch das göttliche Wort weitergegeben wird. Wie der Ikonenmaler so muss auch der Schreiber durch Gebet und Buße für diese Aufgabe mental und psychisch so disponiert werden, dass er nicht von den Effekten der Individuation, des Egoismus und des „sladostrastie" erfasst wird, die dem visuellen Medium der Schrift eigen sind. Im Unterschied zum kathartischen Prinzip, auf dem Augustinus' Confessiones basieren und bei dem das Subjekt sich dem Medium der Schrift gleichsam ausliefert, um darin seine Leidenschaften und moralischen Schwächen sowohl zu erkennen als auch zu überwinden, wird bei der liturgisch-rituellen, ostkirchlichen Form des kopierenden Schreibens das selbstreflexive und individualisierende Moment von Schrift ausgeschaltet. Wie dieses liturgische Schriftprinzip in der Sphäre säkularen Schreibens fortwirkt, lässt sich an Nikolaj Karamazins Essay „Čto nužno avtoru?" aus dem Jahr 1793/94 aufzeigen. Hier stellt Karamzin die ethische Selbstversicherung und Reinigung als Voraussetzung und Bedingung des literarischen Schreibens heraus. Ist die Reinheit des Gefühls nicht gegeben, so hat der Dichter vom Schreiben abzusehen.

Entscheidend für die drei angeführten Beispiele und für die Werkbiographien des 19. Jh. ist, dass so wie diese Abwehrversuche der Autonomisierung des Visuellen unter den Bedingungen eben der Typographie selbst erfolgen, sie permanent scheitern müssen und damit abermals Versuche stimulieren, die trennend-diabolische Macht des selbstgewissen Sehens zu bannen. Diese Dialektik bestimmt die eigentümlich modern anmutenden, komplexen Strukturen der literarischen Werke und bedingt auch die Entwicklungsdynamiken der verschiedenen Werkbiographien.

6. Die Elektrifizierung des Wortes und das sowjetische Schriftkonzept

Gerade jene Kulturen, die die pragmatischen Möglichkeiten von Schrift/ Typographie aufgrund historischer Voraussetzungen durch politische und/oder religiöse Rahmenbedingungen nur zu einem geringen Grade sozial institutionalisiert und mental internalisiert haben, tendieren im Bann der neuen elektroakustischen Medien der „sekundären Oralität (Lautsprecher, Radio, Tonfilm) zu einer Rückorientierung an Kommunikationsformen und -strukturen, in denen die Unmittelbarkeit ursprünglicher Mündlichkeit restituiert erscheint. Diesen Kulturen ist eine gegenläufige Dynamik eigen: Beherrscht vom technologischen Entwicklungs- und Innovationsdrang, tendieren sie gleichzeitig zu quasi oral-archaischen Formen der Gemeinschaftsstiftung und -versicherung.

Die oben angeführten Beispiele mit ihrem Befund, dass die Erfahrung von typographischen Abstraktions- und Differenzierungseffekten die bereits im liturgischen Schriftverständnis vorliegende Vorbehalte gegenüber dem Visuell-Ästhetischen im Laufe des russischen 19. Jahrhunderts erheblich verstärkt, bekommen ihre entwicklungstheoretische Brisanz im Blick auf die russische bzw. sowjetische Moderne des 20. Jahrhunderts. Unter dem Eindruck der technologischen Möglichkeiten der „sekundären Oralität" und im Namen des sozialistischen Fortschritts verdichten sich nun diese Vorbehalte gegenüber den (visuellen) Abstraktionsleistungen von Schrift zu jenem eigentümlichen sowjetischen Schriftkonzept, das ab den 30er Jahren alle kulturellen Selbstbeschreibungen dominiert und durch das eine massive „Sowjetisierung" der diskursiven Binnenstrukturen von Politik, Macht, Ökonomie Recht, Wissenschaft, aber auch von Liebe, Literatur und Kunst erfolgt.

Den Kern des sowjetischen Schriftkonzepts bildet die Annahme von einer genealogisch-historischen Abfolge von Stimme und Schrift. In diesem Modell werden zunächst die Revolution der alten zaristischen Ordnung und die Proklamation der neue sozialistischen Idee als ein historisches Ereignis von Lenins Stimme konzeptualisiert - ganz entsprechend den Versen Džambul Džabaevs:

---

[17] Džambul, *Izbrannoe*, Moskau 1949, 39.

Demgegenüber wird Stalin mit dem Attribut der Schrift ausgestattet, wie z. B. auf dem bekannten Plakat von Viktor Govorkov „O každom iz nas zabotitsja Stalin v Kremle" (1947, vgl. Abb. 3). Nicht durch stimmliche Proklamationen, sondern durch Akte der Schrift und der Verschriftlichung gestaltet Stalin Geschichte und verleiht der sozialistischen Kultur ihre staatlich-institutionelle Form. Paradigmatisch dafür stehen die von Stalin verfasste Parteigeschichte, der sog. *Kratkij kurs* (1938) und die neue Sowjetischen Verfassung, die 1936 in Kraft tritt und die in den Massenmedien zu einem Schenkungsakt des politischen Führers stilisiert wird.[18] In dieser historischen bzw. personalen Zuordnung von Stimme und Schrift liegt auch der medienpragmatische Clou der in der sowjetischen Kultur ab den 30er Jahren in Texten und Bildern gleichermaßen omnipräsenten Doppeldarstellungen von Lenin und Stalin.[19]

Auf den ersten Blick scheint mit diesem Modell ein Mediennarrativ vorzuliegen, das den zivilisatorischen Erfolg und die historische Leistungsfähigkeit von Schrift zu feiern scheint. Auf den zweiten jedoch wird deutlich, dass hier ein Konzept propagiert wird, das Schrift als Substitut der Stimme so zu fassen versucht, dass damit die Abstraktions- und Differenzierungsleistungen der Codierung von Sprache durch visuelle Zeichen unterdrückt wird. Dies lässt sich u. a. daran zeigen, wie Stalin als Vater der sowjetischen Verfassung mit Attributen der Schrift versehen und damit in die Nähe zum alttestamentarischen Moses gerückt wird. Gerade dieser Vergleich mit dem Gesetzesbringer und -hüter Moses ist es, der auch die Besonderheit der Stalinschen, sowjetischen Schriftkonzeption evident werden lässt.

Das alttestamentarische Narrativ bekräftigt die unbedingte, göttliche Autorität des Gesetzes, indem die individualisierte Figur des Moses, der das Gesetz nach Gottes Anweisung für sein Volk verfasst hat, zurückgenommen und der Text für die hermeneutische Arbeit einer Gruppe von Schriftkundigen freigegeben wird. Diese Bewegung findet ihren Ausdruck in der Verhüllung von Moses nach der Begegnung mit Gott übernatürlich strahlendem Antlitz, wenn er vor die Gemeinde tritt. Die personale Instanz des Moses wird aufgehoben, wenn es um den Gesetzestext und seine Auslegung geht. Die schrift- und gesetzesbasierte Gemeinschaftsstiftung konstituiert sich in der Trennung von Autor und Text sowie von Person und Institution. Ganz anders in der sowjetischen Schriftimaginologie. Hier erscheinen umgekehrt alle Schrifttexte vom Gesetz, der Literatur bis zur Wissenschaft und Philosophie einer in der Gestalt Stalins personalisierten

---

[18] Vgl. Michail Vajskopf, *Pisatel' Stalin*, Moskau 2002, auch Jurij Murašov, „Fatale Dokumente. Totalitarismus und Schrift bei Solženicyn, Kiš und Sorokin", *Schreibheft* 46/1995, 84 - 92.

[19] Riccardo Nicolosi, „Die Überwindung des Sekundären in der medialen Repräsentation Stalins. Versuch über die politische Theologie der Stalinzeit", J. Fuhrmann u.a. (Hg.), *Originalkopie. Praktiken des Sekundären*, Köln 2004, 122-138.

Auslegungsinstanz zugerechnet. Das übernatürliche Licht, das in den sowjetischen Darstellungen die Figur Stalins umgibt, wird nicht durch eine Verhüllung gedämpft, sondern befördert - im Gegenteil - die Repersonalisierung von schriftbasierter und entkoppelter Kommunikation. Die Zurechnung auf die Figur Stalin steht für jenen einen virtuellen Sinn, in dessen Versicherung sich die sowjetische Gemeinschaft konstituiert und sich der Ethos des Sowjetischen begründet.

Die Tragik dieser Mediengeschichte besteht jedoch darin, dass die sowjetische Kultur nicht umhinkommt, diesen einen Sinn weiterhin durch Schrift und Typographie zu kommunizieren – durch Medien also, die sich um den einen heilsversprechenden Sinn, auf dem das Lenin-Stalin-Mediennarrativ dauernd insistiert, nicht kümmern, sondern die als visuell-graphische Zeichensysteme weiterhin eigensinnig kontingente Bedeutungsfülle produzieren.

Die Graphomanie ebenso wie die psychischen und physischen Grausamkeiten resultieren letztlich aus diesem tragisch erfolglosen Bemühen der sowjetischen Kultur, den ästhetischen Schein durch gute Worte bannen zu wollen.

Anke Niederbudde

BERECHENBARE SCHÖNHEIT: DER GOLDENE SCHNITT

Schon Platon wendet sich bei der Erörterung der Frage nach dem Wesen der Schönheit auch der Mathematik zu. So versucht er etwa in *Timaios* zu zeigen, dass die Welt das sichtbare und fühlbare Abbild des Schönsten und Vollkommenen ist, und stellt dabei die Bedeutung von Ordnung, Maß und Symmetrie, aber auch von mathematischen Proportionen für die Schönheit heraus: „Zwei Dinge allein aber ohne ein drittes zusammenzufügen ist unmöglich; denn in der Mitte muss irgend ein beide verknüpfendes Band sein. Der Bänder schönstes aber ist das, welches sich als das Verbundene so viel als möglich zu einem macht. Dies aber auf das Schönste zu bewirken ist die Proportion da."[1]

Unter Proportion versteht Platon die stetige Proportion, die arithmetisch (9-5 = 6-2) oder geometrisch (2:4 = 4:8) sein kann, in jeden Fall immer in ganzen Zahlen ihren Ausdruck findet. In der Zahl offenbart sich für ihn der Kosmos als Ordnungszusammenhang.

Platon bezieht sich in *Timaios* auf einen wesentlichen Gedanken der Pythagoräer, wonach das Gesetz der Welt eine Zahlenordnung ist.[2] So ist für ihn das Wesen des Schönen (und Guten) im richtigen Maß enthalten und basiert – neben der Symmetrie – vor allem auf der ganzzahligen Proportion als der vollkommensten Art, zwei ungleiche Größen zu vereinen. Die Schöpfung beschreibt Platon als Weltseele, die Gott nach den Idealzahlen bildet.[3] Die harmonische Ordnung der Weltseele findet ein Abbild in der menschlichen Einzelseele. Weil der Mensch mit den Göttern verwandt ist, hat er einen Sinn für die Schönheit der Proportionen.

Die Schönheit der Natur (incl. Lebewesen) unterscheidet sich von der Schönheit geometrischer Figuren (Kreis, Linie, stereometrische Figuren etc.). Allein letztere sind für Platon „an sich" schön. In ihrer Schönheit erkennt er Strukturelemente, deren höchste Stufe das Reich der Urgestalten und Ideen ist. Für die Bestimmung

---

[1] Platon, *Timaios*, 32a.
[2] Vgl. Burkert 1962, Haase 1967.
[3] Die Idealzahlen der sog. Timaios-Tonleiter entsprechen den musikalischen Konsonanzen (1:2 – Oktave, 2:3 – Quinte, 3:4 - Quarte), vgl. Jahoda 1980.

des Verhältnisses von Idealem und Realem ist die Mathematik seit Platon in der Philosophie immer wieder herangezogen worden. Die Antwort auf die Frage nach der idealen Schönheit – der Schönheit „an sich" – wird aus platonischer Sicht gleichsam der Mathematik zugewiesen. Bestimmte Zahlenverhältnisse sind schön und ebenso die geometrischen Figuren, in denen sie in reinster Form Gestalt annehmen. Gleichzeit ist die sicht- und hörbare Welt für die Platoniker ein – wenn auch unvollkommenes – Abbild dieser idealen Welt und mit Hilfe der Mathematik lässt sich deren Schönheit erschließen. Ausgehend von dieser Überzeugung wurde und wird die Mathematik vielfach in Anspruch genommen, um Normen für Schönheit festzulegen (vgl. van der Schoot 2005).

Versteht man die Mathematik nicht als ideale Wissenschaft, sondern betrachtet sie unter dem Gesichtspunkt ihrer Anwendbarkeit auf die phänomenale Welt, stellt sich das Verhältnis von Schönheit und Mathematik anders dar. Mathematik dient hier als Hilfsmittel der Erkenntnis von Schönheit. Der subjektive Eindruck von Schönheit wird mit Hilfe von Zahlen objektiviert. Mathematik erhebt nicht den Anspruch, die Frage zu klären, was schön ist; allerdings ist es ohne Probleme möglich, die subjektive Erfahrung von Schönheit mit Hilfe von Zahlen zu erfassen.

Im Folgenden geht es um eine besondere mathematische Proportion, die gleichzeitig als die schönste und die natürlichste gilt – die Proportion des goldenen Schnitts. Anders als die von Platon bewunderten stetigen Proportionen ist sie nicht in ganzen Zahlen auszudrücken, sondern beruht auf einem irrationalen Zahlenverhältnis. Sie ist daher – im eigentlichen Sinne – unabzählbar.

Mathematische Schönheit: die „irrationale" Proportion des goldenen Schnittes

Von den verschiedenen Möglichkeiten, eine Strecke zu teilen, gilt diejenige als besonders vollkommen, bei der das Verhältnis von Teilen und Ganzheit in einer besonderen Proportion zueinander steht, nämlich eine Teilung, bei welcher der kleiner Teil sich zum größeren so verhält, wie der größere Teil zum Ganzen:

$$a : b = b : (a + b)$$

Seit der Renaissance-Zeit bezeichnet man ein solches Teilungsverhältnis als „goldene" und „göttliche" Proportion".[4] Schon die Griechen konnten ein goldenes

---

[4] Der Theologe und Mathematiker Luca Pacioli veröffentliche 1509 in Venedig eine Schrift mit dem Titel *Divina Proportione*; Pacioli bezieht sich in seiner Auseinandersetzung mit dem goldenen Schnitt vor allem auf Euklids *Elemente*, in denen zum ersten Mal das spezielle Teilungsverhältnis beschrieben wird (allerdings ohne Verwendung der Bezeichnung „goldener

Teilungsverhältnis mit Zirkel und Lineal konstruieren – es findet sich z.B. im Fünfeck (Pentagon) in mehrfacher Ausführung:

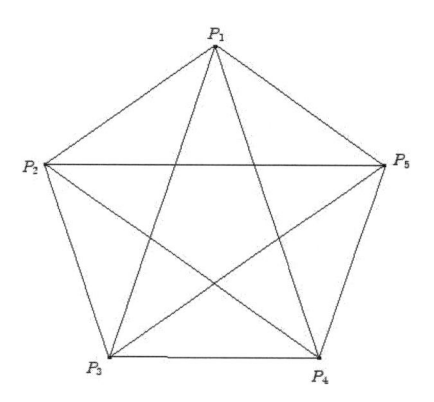

Abb. 1 Pentagon und Pentagramm

Eine der Grundeigenschaften des Fünfecks besteht darin, dass seine Diagonalen eine selbständige Figur bilden, das Pentagramm. Außerdem schneiden sich die Diagonalen auf solche Weise, dass die einzelnen Abschnitte jeweils im Verhältnis des goldenen Schnittes zueinander stehen.

Die mathematische Besonderheit des goldenen Schnittes besteht darin, dass das Teilungsverhältnis nicht in rationalen Zahlen auszudrücken ist. Das Verhältnis der beiden Strecken ergibt eine irrationale Zahl, nämlich $\sqrt{(5-1)}/2 = 0{,}618033989\ldots$ bzw. – als komplementäres Gegenstück – die goldene Zahl $\Phi = \sqrt{(5+1)}/2 = 1{,}6180339\ldots$ Die Stellen hinter dem Komma enden nicht, sondern gehen ins Unendliche, sie sind lediglich als unendlicher Kettenbruch darzustellen:

$$\Phi = 1 + \frac{1}{\Phi} = 1 + \frac{1}{1+\frac{1}{\Phi}} = \cdots = 1 + \cfrac{1}{1+\cfrac{1}{1+\cfrac{1}{1+\cdots}}}.$$

Schnitt"), und Vitruv. Illustrationen zum goldenen Schnitt in diesem Buch stammen von Leonardo da Vinci (van der Schoot 2005, 80-95).

Theoretiker des goldenen Schnittes, wie etwa Adolf Zeising, sehen gerade in der Unendlichkeit der Zahlenreihe ein mathematisches Merkmal für die Vollkommenheit des goldenen Schnittes, denn Schönheit als Vollkommenheit setzt die Verbindung der Eigenschaften der Einheit und der Unendlichkeit voraus: „Sofern wir die Schönheit als Vollkommenheit setzen, fordern wir von ihr, dass sie, wie das Vollkommene, weder in sich, noch außer sich ein Anderes gelten lasse. Sie muss also, wie die Vollkommenheit, einerseits die Eigenschaften der Einheit, andererseits der Unbegrenztheit und Unendlichkeit besitzen, und beide Eigenschaften müssen sich gegenseitig durchdringen d.h. die Einheit selbst muss sich als Unendlichkeit [...] und die Unendlichkeit als Einheit [...] darstellen, so dass sich die Schönheit auch als Harmonie des Einen und des Unendlich-Vielen, des sich selbst Gleichen und des von sich selbst Verschiedenen bestimmen lässt." (Zeising 1854, 134)

Streckenverhältnisse, die sich nicht in rationalen Zahlen ausdrücken lassen, gibt es viele. So folgt aus dem Satz des Pythagoras, dass die Diagonale eines Quadrats mit Seitelänge 1 Wurzel aus 2 ist ($1^2 + 1^2 = \sqrt{2}^2$). Die irrationalen Zahlen ($\sqrt{2}$, $\sqrt{3}$ etc.) sprengen den Bereich der natürlichen Zahlen (1,2,3...) und stehen damit im Widerspruch zur pythagoräischen Vorstellung, dass alles auf der Welt in ganzen Zahlenverhältnissen ausdrückbar ist.[5] Einer wissenschaftlichen Erklärung wurde das Problem des irrationalen Zahlenbereichs erst in den 70er Jahren des 19. Jahrhundert zugänglich gemacht. Karl Weierstrass, Richard Dedekind und Georg Cantors konstruierten die reellen Zahlen (auf jeweils unterschiedliche Weise) aus den rationalen Zahlen.[6] Demnach ist die irrationale Zahl ($\sqrt{2}$) identisch mit einer Reihe von Zahlen (Fundamentalfolge nach G. Cantor), die sich nach einer bestimmten Bildungsform verkleinern und einem bestimmten Grenzwert zustreben. Die Inkommensurabilität zwischen irrationaler Streckenlänge und rationaler Zahl wird durch eine solche mathematische Erklärung präziser gefasst.

Auch die Besonderheit der irrationalen Zahl des goldenen Schnittes ist Gegenstand mathematischer Forschung. Das Besondere an dieser Zahl ist, dass der unendliche Kettenbruch, aus dem sie sich ergibt, Bezüge zur sog. Fibnacci-Folge (1, 1, 2, 3, 5, 8, 13, 21, 34, 55,...) besitzt.[7] Die jeweils nächste Zahl in dieser Folge erhält

---

[5] Der lateinische Begriff „irrationales" ist nicht mit „unvernünftig", sondern mit „verhältnislos" (d.h. nicht in ganzzahligen Verhältnissen ausdrückbar) zu übersetzen. Heute spricht man vom reellen Zahlenbereich, der sowohl die rationalen als auch die irrationalen Zahlen umfasst.

[6] Vgl. Becker 1995, 245ff.

[7] Die Fibonacci-Folge wurde von Leonardo von Pisa (1175-1240), genannt Fibonacci (filius Bonacci), entdeckt. In seinem *Liber Abaci*, in dem er die Mathematik der Araber in Italien vorstellte, behandelt er unter anderem folgende Frage: Wie viele Kaninchen lassen sich in einem Jahr züchten, wenn man von einem Paar ausgeht und vorgegeben ist, dass jedes Paar jeden Monat ein neues Paar zeugt, beginnend im zweiten Monat nach der Geburt? Die Lösung dieses „Kaninchen-

man als Summe der beiden vorangehenden (1+1 = 2, 2+1 = 3, 3+2 = 5, 5+3 = 8, 8+5 = 13, 13+8 = 21, 21 + 13 = 34, 34+21 = 55...). Dividiert man die in der Fibonacci-Folge aufeinander folgenden Zahlen (also [5 : 8], [8 : 13], [13 : 21]...), so nährt sich das Ergebnis immer mehr der Zahl des goldenen Schnitts ($\sqrt{[5-1]}/2 = 0$, 618033989....) an. Die irrationale Zahl der goldenen Proportion lässt sich durch immer weitere Divisionen der Zahlen der Fibonacci-Folge approximieren.

Zahlentheoretisch lässt sich zeigen, dass die goldene Zahl zu den rationalen Zahlen einen weiteren Abstand hält als jede andere irrationale Zahl, das heißt der Kettenbruch nähert sich weit weniger gut an $\sqrt{(5-1)}/2$ als bei anderen irrationalen Zahlen. Begreift man die rationalen und die irrationalen Zahlen als Klassen, so verhalten sie sich, so Cramer und Kämpfer, wie Antipoden, wobei die goldene Zahl der beste Repräsentant der irrationalen Zahlen überhaupt ist: „Bei den rationalen Zahlen brechen die Kettenbruchentwicklungen allen ab, d.h. sie gehen auf, bei den irrationalen Zahlen gehen sie gegen unendlich. Die prominentesten Repräsentanten beider Klassen, nämlich 1 : 1 und 1 : g (goldene Zahl) stehen für extremale Konsonanz und Dissonanz, für die Kommensurabilität und Inkommensurabilität, für Ordnung und Chaos" (Cramer, Kaempfer 1992, 267).

Man kann den goldenen Schnitt nicht nur konstruieren, sondern auch überall in der Natur finden (im Körperbau von Menschen und Tieren, in der Form von Muscheln, im Muster von Schmetterlingen etc.),[8] jedenfalls näherungsweise. Denn da der goldene Schnitt eine irrationale Proportion ist, ist er mit dem bloßen Auge eigentlich nicht zu erkennen. Es gibt nämlich auch rationale Proportionen, die der Größe ($\sqrt{5-1}$)/2 sehr ähnlich sind, so etwa das Verhältnis 5 : 8, das 0,625 beträgt. Die Proportionen des goldenen Schnittes sind ein Ideal, das nach Meinung mancher Forscher gerade auch in der Körpergestalt des Menschen zu finden ist.

Natürliche Schönheit: der goldene Schnitt und der menschliche Körper

Schon in der Antike war man der Überzeugung, dass der menschliche Körper nach mathematisch bestimmbaren Proportionen gebaut ist und sich in diesen Proportionen seine Schönheit ausdrückt. Vitruv beschreibt in *De architectura libri decem*

---

problems" führt zu Fibonacci-Folge (1, 2, 3. 5, 8, 13, 21, 34...) (vgl. van der Schoot 2005, 96f.). Kepler war der erste, der die mathematische Beziehung zwischen dem goldenen Schnitt und der Fibonacci-Folge erkannte (van der Schoot 2005, 154).

[8] Das Auffinden des goldenen Schnitts in der Gestalt von Muscheln und Pflanzen lässt sich mit dem Zusammenhang der Proportion mit der Fibonacci-Folge erklären. Dass natürliche Fortpflanzungs- und Wachstumsprozesse im „Rhythmus" der Fibonacci-Zahlen verlaufen, zeigt schon das „Kaninchenproblem", an dem diese Folge zum ersten Mal nachgewiesen wurde (vgl. Fußnote 7).

aufs Genaueste die Maße der einzelnen Körperglieder in ihrem Verhältnis zur Gesamtkörperlänge: So ist der Fuß 1/6, das Gesicht 1/10 der Gesamtlänge, letzteres wird durch Nasenlöcher und Augenbrauen in drei gleiche Abschnitte geteilt (Vitruv 1981, 137). Wissenschaftlich popularisiert wurde die Meinung, dass der menschliche Körper nach den Proportionen des goldenen Schnittes gebaut ist,[9] erst im 19. Jahrhundert durch den deutschen Philosophen Adolf Zeising, ein Mitglied der Leopoldinisch-Carolinischen Akademie in Halle und Anhänger der Philosophie Hegels. Vor allen seine 1854 in Leipzig herausgegebene *Neue Lehre von den Proportionen des menschlichen Körpers, aus einem bisher unerkannt gebliebenen, die ganze Natur und Kunst durchdringenden morphologischen Grundgesetze entwickelt und mit einer vollständigen historischen Uebersicht der bisherigen Systeme begleitet* hatte eine umfangreiche Beschäftigung mit der Göttlichen Proportion zur Folge.[10] Das Buch stieß auch in Russland auf großes Interesse, wovon die 1876 in Moskau mit Anmerkungen erschienene russische Übersetzung zeugt.[11] Zu Beginn des 20. Jahrhunderts beschäftigt sich Pavel Florenskij intensiv mit dem Werk des deutschen Hegelianers (Florenskij, 1999, 610).

Adolf Zeising stellt in seinem Buch die Proportionen des menschlichen Körpers in den Mittelpunkt. Er beschreibt bis ins Detail die Verhältnisse der einzelnen Körperteile, die seiner Ansicht nach exakt dem goldenen Schnitt entsprechen.

Bei einem erwachsenen Menschen befindet sich der Nabel ziemlich genau im goldenen Schnitt. Oberkörper und Unterkörper stehen zueinander im gleichen Zahlen-Verhältnis wie der Unterkörper zum gesamten Körper. Auch darüber hinaus tritt in allen Teilen des Körpers die Proportionalität auf. Zeising unterteilt den Körper von Kopf bis Fuß in immer kleinere Abschnitte. So setzt sich die Kontinuität des Verhältnisses bis in die kleinsten Körperteile fort, wie sich schon am fleischlosen Skelett zeigen lässt:

---

[9] Der Wert von Symmetrie und Proportion als Schönheitskriterium ist in der Renaissance allgemein verbreitet, jedoch gibt es keine Untersuchung zum goldenen Schnitt in der belebten Natur. Pacioli beschäftigt sich mit dem goldenen Schnitt am Beispiel geometrischer Figuren, Polyedern und Darstellungen. Kepler war der erste, der den goldenen Schnitt mit Elementen der belebten Natur verband (van der Schoot 2005, 154).

[10] Zeising (1816-1876) schrieb auch mehrere Artikel zum goldenen Schnitt und stellt ihn in seinem Buch *Ästhetische Forschungen* (1855) dar (vgl. van der Schoot 2005, 154-171).

[11] Cejzing, A., *Zolotoe delenie kak osnovnoj morfologičeskij zakon v prirode i iskusstve (otkrytye prof. Cejzinga)* (s primečanijami i ob''jasneniem izložil Ju.F.V.), M. 1876. Hinter der Abkürzung Ju.F.V. soll sich der Name Vipper, Ju.F. verbergen (Florenskij 1999, 610).

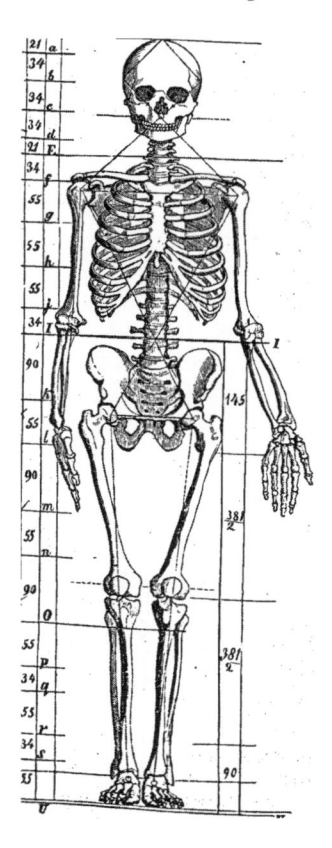

Abb. 2 Skelett in den Proportionen des goldenen Schnitts, Zeising 1854, 178.

Zeisings Zahlenangaben beruhen nicht auf empirischen Messungen einer realen Person; vielmehr geht er von einem Ideal aus, dem der menschliche Körper entspricht. Als Verhältniswert der Gesamtlänge des Körpers nimmt er die Zahl 1000, so dass sich für den Oberkörper (vom Nabel aufwärts) die Zahl 381, für den Unterkörper (vom Nabel abwärts) die Zahl 618 ergibt. Bei der Untersuchung der Einzelglieder sind Zeisings Zahlenangaben teilweise so detailliert (mit genauen Angaben hinter dem Komma), dass der Eindruck naturwissenschaftlich-mathematischer Exaktheit entsteht. Für die Hauptgliederung des ganzen Arms stellt Zeising etwa folgende Proportion fest:

$$437, 694\ldots \quad : \quad 270, 509\ldots \quad : \quad 167, 184\ldots$$
$$\text{Ganzer Arm} \quad : \quad \text{Unterarm mit Hand} : \quad \text{Oberarm}$$

Der Unterarm wiederum teilt sich in folgendem – ebenfalls „goldenen" – Verhältnis:

$$270,509\ldots \quad : \quad 167,184\ldots \quad : \quad 103,325\ldots$$
$$\text{Unterarm mit Hand} : \text{Unterarm ohne Hand} : \text{Hand}$$

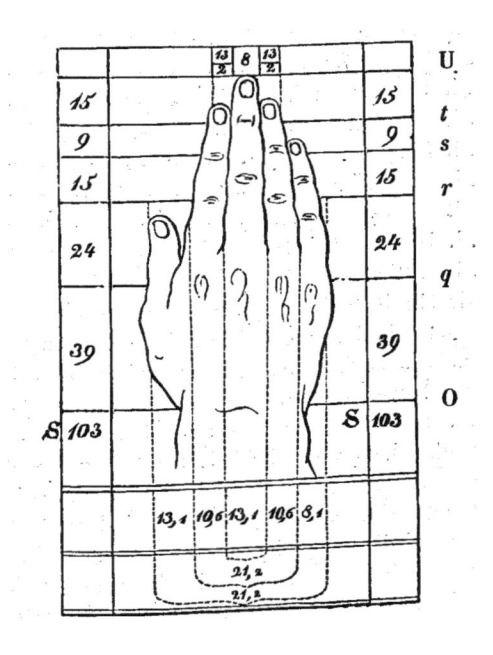

Abb. 3 Die Proportionen des goldenen Schnitts in der menschlichen Hand, Zeising 1854, 203.

Bei der Hand verhält sich die Hinterhand (von der Handwurzel bis zum Knöchel) zur Vorderhand (von Knöchel bis zur Spitze des Mittelfingers) wie diese zur ganzen Hand:

$$103{,}325\ldots\ :\ \ 63{,}858\ldots\ :\ 39{,}466\ldots$$
$$\text{Ganze Hand : Vorderhand : Hinterhand}$$

Die Proportion des goldenen Schnittes lässt sich auch bei den Fingern (hinteres Fingerlied, vorderes Fingerglied) nachweisen. Das Mittelglied des Zeige- und Ringfingers verhält sich zum Rest der Hand wie dieser Rest zu den beiden Vordergliedern des Fingers (Zeising 1854, 204).

Entsprechende Untersuchungen führt Zeising zu Gesicht, Bein und Fuß etc. durch. Die Proportionen des goldenen Schnitts findet er überall sowohl in den Längen- als auch in den Breitenmaßen des Menschen.[12] Nicht der menschliche Körper, sondern die Proportion des goldenen Schnitts gilt Zeising als Schönheitsideal. Ihn interessiert z.B. nicht die (experimentell zu untersuchende) Frage, ob die goldene Proportion am Menschen wirklich als die schönste wahrgenommen wird[13] und ab welcher Abweichung von ihr ein menschlicher Körper (bzw. ein menschliches Körperteil) nicht mehr als „schön" wahrgenommen wird. Stattdessen sieht er in der Verschiedenheit – und damit letztlich in jeder Abweichung – eine notwendige Voraussetzung für Einheit in Verschiedenheit (van der Schoot 2005, 296), eine natürliche Gesetzmäßigkeit, die gerade im goldenen Schnitt durch das besondere Verhältnis von Teilen und Ganzem garantiert ist.

---

[12] Zeising berücksichtigt bei seiner Untersuchung auch Unterschiede, die hinsichtlich des Geschlechts und Alters des Menschen bestehen (vgl. Van der Schoot 2005, 165). Der Mann realisiert die ideale Gestalt im Oberkörper, die Frau im Unterkörper. Beim Mann liegt die Betonung vor allem auf der Proportionalität, bei der Frau auf der Symmetrie im Körperbau.

[13] Mit dieser Frage beschäftigt sich der Psychologe Gustav Th. Fechner. In den 70er Jahren des 19. Jahrhunderts hatte er in mehrfach wiederholten Experimenten festgestellt, dass unter 10 verschieden proportionierten Rechtecken das dem goldenen Schnitt am meisten angenäherte mit dem Seitenverhältnis 21:34 von der Mehrzahl der Testpersonen als das schönste empfunden wurde. Die ästhetische Schönheit des goldenen Schnittes wurde so wissenschaftlich untermauert, vgl. Fechner, G. Th., *Vorschule der Ästhetik*, I-II, Leipzig 1876.

Die Schönheit der Kirche – der goldene Schnitt in der Architektur

Zeising versuchte, den goldenen Schnitt auch in griechischen Tempeln und mittelalterlichen (insbes. gotischen) Kirchen nachzuweisen.[14] Er konnte sich dabei auf Vitruv berufen, nach dem „kein Tempel [...] ohne Symmetrie und Proportion eine vernünftige Formgebung haben [kann]" (Vitruv 1981, 137).[15] Zeising war davon überzeugt, dass sich die Baumeister zu jeder Zeit gerade beim Entwurf von Kultbauten von der – als allgemeingültig angesehenen – Schönheitsvorstellung der goldenen Proportion leiten ließen. Allerdings bleibt er einen Nachweis schuldig, dass die Baumeister den goldenen Schnitt kannten und bewusst einsetzten.

Auch die Frage, ob der goldene Schnitt in der Architektur von orthodoxen Kirchenbauten zu finden sei, wird vielfach diskutiert.[16] Für Černjaev ist die versteckte Proportion das Geheimnis der Schönheit der Kirchenbauten:

> Особенно важным становилось для мастеров отображение потаенной пропорции в композиции духовных сооружений и в первую очередь церквей, соборов, храмов. Церковь как культовое сооружение является Храмом Божьим, Храмом Христа, объектом святости для верующих и даже неверующих. Святость – мерило церкви. Мерило же всегда выражается числом. Числом, за которым может скрываться качество, в том числе и значимость возводимого объекта. (Černjaev 2007, 108)

Auch wenn die religiöse Bedeutung von (ganzen) Zahlen in der Zahlenmystik des Mittelalters (etwa der Zahl 7) belegt ist, so ist bei der Frage nach der Bedeutung des goldenen Schnittes doch Vorsicht geboten, mathematische Kenntnisse vom goldenen Schnitt besaßen die Architekten der Kiever Rus' jedenfalls noch nicht.

Černjaev und andere Forscher zur Architektur des Mittelalters gehen in ihrer Argumentation für den goldenen Schnitt im altrussischen Kirchenbau von den Messinstrumenten in der Kiever Rus' aus: Diese Instrumente sind (im Mittelalter wie auch schon in der Antike) aus Körperteilen hervorgegangen. In Russland sind das die „sažen'" (etymologisch verwandt mit „sjagat' – den Arm ausstrecken"). Man weiß sowohl aus literarischen Quellen als auch aufgrund archäologischer Funde, dass es mehrere „sažen'"-Messinstrumente gab, die von verschiedenen Körperteilen hergeleitet waren – neben „lokot'" – Elle, „stopa" – Fuß und „pjad'" – Fußbreite. Da es noch kein kommensurables Maß (vergleichbar dem heutigen Me-

---

[14] Zeising 1854, 390-410; den goldenen Schnitt findet er z.B. im Freiburger Münster.
[15] Die Proportionen des Bauwerks sollen nach Vitruv den Proportionen des Körpers folgen (Vitruv 1981, 137).
[16] Vgl. Grimm 1935; Pileckij 1980.

termaß gab), waren die verschiedenen „sažen'"-Messinstrumente untereinander inkommensurabel. In der Relation der verschiedenen „sažen'" kann man die Proportionen des goldenen Schnittes finden. Der Architekt Pileckij etwa geht von 12 alten „sažen'" aus, von denen die 4 größten zu den 4 kleinsten im Verhältnis der goldenen Zahl stehen:[17]

Сажень городовая	284, 8 см.
Сажень без названия	258,4 см.
Сажень великая	244,0 см.
Сажень греческая	230,4 см.
Сажень казенная	217,6 см.
Сажень народная	176,0 см.
Сажень кладочная	159,7 см.
Сажень простая	150,8 см.
Сажень малая	142,4 см.
Сажень без названия	134,5 см.

Das Verhältnis der unterschiedlichen „sažen'" ergibt annäherungsweise die goldene Zahl φ: 284,8/ 176 ≈ 258,4/159,7 ≈ 244/ 150,8 ≈230,4/142,4 ≈ 217,6/134,5 ≈ 1,618.

Die aus der Länge von Körperteilen hervorgegangenen Messinstrumente bilden gleichsam ein „natürliches" Verbindungsglied zwischen den Körperproportionen und den Architekturproportionen. Am Beispiel des Gebäudes der großen Kirche des Höhlenklosters in Kiev kann man die Verwendung der verschiedenen „sažen'" nachvollziehen, die beim Bau verwendet wurden und die dem Gebäude die Proportionen vorgeben (vgl. Abb. 4):

---

[17] Vgl. die Darstellung bei Černjaev 2007, 25 ff. zu den zahlreichen Varianten der Mess-sažen', die zum Teil auch mit unterschiedlichen Bezeichnungen (als sažen' malaja, sažen' grečeskaja etc.) auftreten.

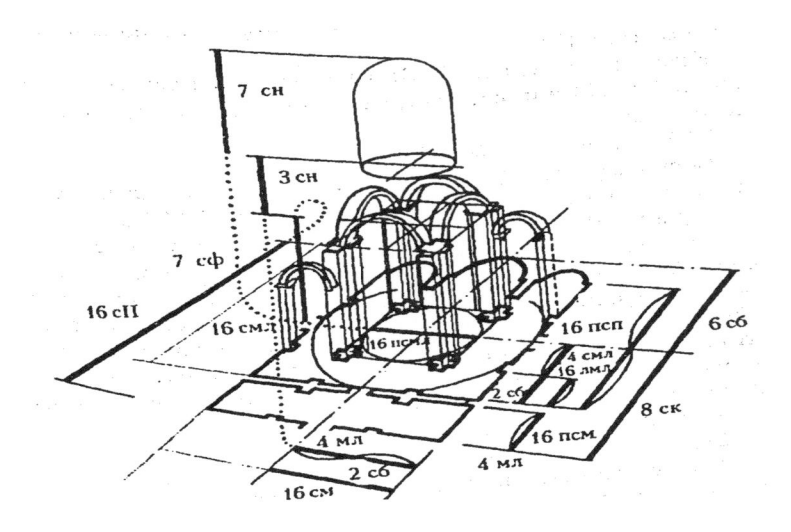

сн – сажень народная
сф – сажень фараоная
сП – сажень Пилецкого
см – сажень малая
сб – сажень большая
ск – сажень казенная

сг – сажень греческая
псп – полсажени простой
псмл – полсажени меньшей
лк – локоть кладочный
лмл – локоть малый

Abb. 4 Die Maßeinheiten des Gebäudes des Großen Höhlenkirche im Kiever Höhlenkloster[18]

Eine proportionale Gliederung ist der Kirche in ihren Bestandteilen nicht abzusprechen und die verwendeten „sažen'"-Messinstrumente schlagen einen Bogen zur „goldenen" Proportionalität der Körperteile. Allerdings ist die irrationale Proportion des goldenen Schnitts auch bei größter Messgenauigkeit kaum von rationalen Proportionen zu unterscheiden (vgl. oben). Es gibt nur wenige architektonische Gebäude, die nachweislich nach Vorgaben des goldenen Schnittes konstruiert wurden. Dies ist etwa dann der Fall, wenn eine Klosteranlage den Grundriss eines Pentagons

---

[18] Černjaev 2007, 111, unter Verweis auf das Buch Ševelev, I. Š., Marutaev, M. A., Šmelev, I. P. *Zolotoe sečenie*, M. 1990.

besitzt[19] oder wenn ein Architekt – wie etwa Le Corbusier[20] – explizit mit Fibonacci-Zahlen und goldener Proportion gearbeitet hat. Bei allen anderen architektonischen Bauten kann man den goldenen Schnitt lediglich als Ideal betrachten, an das sich die Bauten mehr oder weniger annähern.

Zeitliche Proportionen – der goldene Schnitt in der Liturgie

Unter den verschiedenen Aufzeichnungen von Pavel Florenskij zum goldenen Schnitt finden sich zwei Skizzen, in denen der Zeitablauf der orthodoxen Chrysostomos-Liturgie unter Gesichtspunkten des goldenen Schnittes untersucht wird. Grundlage für Florenskijs Darstellung sind Zeitmessungen, die ein Student der Moskauer Geistlichen Akademie (Vvedenskij) während zweier Eucharistiegottesdienste, die Florenskij am 17.4.1920 und 2.8.1920 in der Kirche *Mariinskoe ubežišče sester Miloserdija Krasnogo Kresta* im Sergiev Posad gehalten hat, durchführte. Der Ablauf der Gottesdienste wurde von Vvedenskij zum Teil auf die ⅓ Minute genau gemessen. Für den 2. Gottesdienst ergab sich folgender Zeitablauf:

н. 3-го часа	9 ч. 26 м.
н. 6-го часа	9 ч. 34 м.
н. литургии	9 ч. 41 м.
н. 1-го антифона	9 ч. 45 м.
н. 1-ой малой ектении	9 ч. 45 1/3 м.
н. 2-ой малой ектении	9 ч. 47 м.
Вход «Премудрость прости»	9 ч. 50 ½ м.
Прокимен «вонмем, мир всем»	9 ч. 53м.
Апостол	9 ч. 54 м.
«Премудрость, Аллилуя»	9 ч. 56 ½ м.
«Премудрость прости, услышим Святого Евангелия»	9 ч. 57 м.
Евангелие	9 ч. 57 ½ м.
Начало сугубой ектении	9 ч. 59 м.
Начало 1-ой ектении об оглашенных	10 ч. 2 м.
Н. 2-ой ектении об оглашенных	10 ч. 3 1/3 м.
Н. ектении о верных	10 ч. 4 м.

---

[19] So z.B. das Zisterzienserkloster Eberach (aus dem 12. Jh.), vgl. Naredi-Rainer 1999, 201.
[20] Le Corbusier legte den nach Fibonaccizahlen gegliederten menschlichen Körper seiner Architektur zugrunde (vgl. dazu Naredi-Rainer 1999, 180-191).

«Иже херувимы»	10 ч. 5 м.
Великий вход (самый вход)	10 ч. 10 м.
«Исполним молитву нашу»	10 ч. 12 м.
«Мир всем»	10 ч. 15 м.
«Двери, двери»	10 ч. 15 ½ м.
Благодать Господа нашего И. Х.	10 ч. 18 м.
«Победную песнь поюще, вопиюще...»	10 ч. 19 м.
Приимите, ядите	10 ч. 19 3/4 м.
Тебе поем	10 ч. 20 м.
Изрядно о Пресвятой	10 ч. 22 м.
Вся святыя помянувше	10 ч. 25 м.
И способи нас, Владыко	10 ч. 27 ½ м.
Святая святым	10 ч. 29 ½ м.
Со страхом Божием	10 ч. 36 м.
Прости, приимше	10 ч. 41 м.
Отпуст	10 ч. 45 м.
Конец обедни	10 ч. 46 м.
Конец прикладывания ко кресту	10 ч. 47 ½ м.
Начало благодарственных молитв	10 ч. 46 м.
Конец благодарственных молитв	
И отпуст после них	10 ч. 51 м.

Ausgehend von den Zeitmessungen versucht Florenskij im Zeitablauf der Eucharistiefeier die Proportionen des goldenen Schnittes zu finden. Während er beim Gottesdienst vom 17. 4. mit dem Ergebnis nicht zufrieden zu sein scheint – der goldene Schnittpunkt „wenn man die Uhr beachtet", stimmt nicht mit den wichtigen Handlungseinheiten des Gottesdienstes überein[21] – folgt in der zweiten Skizze (zum Gottesdienst vom 2.7.) der Ablauf der Liturgie dem goldenen Schnitt offensichtlich in gewünschter Weise (vgl. Abb. 5). In der Skizze sind die Steckenteilungspunkte nach dem goldenen Schnitt mit einem Kreis mit Punkt markiert. Der wichtigste Einschnitt ist die Wandlung, „presuščestvlenie". Die Zeitstrecke vom Beginn der Liturgie (15 min.[22]) bis zu ihrem Ende (80 min) wird durch die von Florenskij bei ca. 55 min eingetragene Wandlung tatsächlich annäherungsweise im Verhältnis des

---

[21] Florenskij zeichnet in der Skizze zum Gottesdienst vom 17.4. die reale Zeit neben die ideale, d.h. er zeigt, wie der Gottesdienst verlaufen müsste, damit die wichtigen Handlungen der Fibonacci-Folge bzw. dem goldenen Schnitt entsprechen (Florenskij 1999, 501).

[22] Die (in diesem Fall) 15-minütigen Stundengebete werden von Florenskij vollkommen zu Recht nicht zur Liturgie gerechnet.

goldenen Schnittes geteilt (40 : 25 ≈ (1+√5) : 2). Allerdings widerspricht das Ansetzen eines zeitlichen Punktes der Wandlung der orthodoxen Tradition, denn es gibt in der Orthodoxen Eucharistiefeier – im Unterschied zur katholischen – keinen Zeitpunkt der Wandlung.

Auch andere wichtige Handlungen der Eucharistiefeier stehen zueinander im Verhältnis des goldenen Schnittes und werden von Florenskij entsprechend eingetragen. So wird die Zeitstrecke von der Wandlung bis zum Ende der Eucharistiefeier durch die Austeilung der Kommunion an die Gläubigen („причащие мирян") ebenfalls im goldenen Verhältnis geteilt.

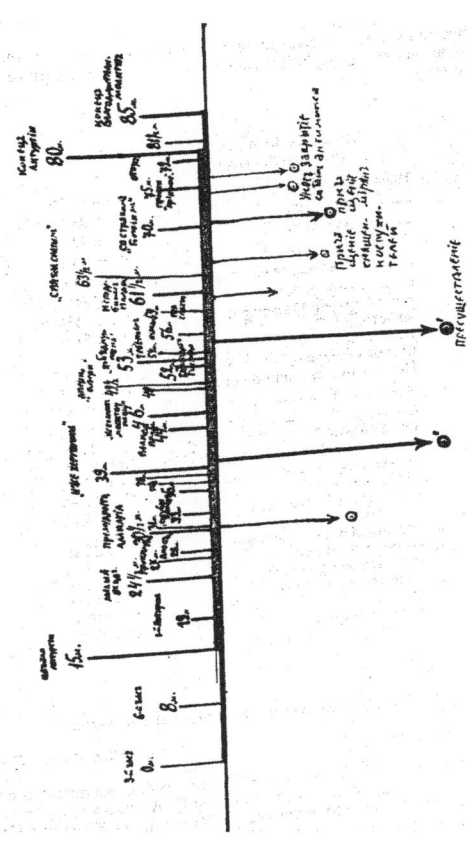

Abb. 5 „Razčlenenie liturgii zolotymi sečenijami" aus: Florenskij 1999, 499.

Florenskij beschäftigte sich im Zusammenhang mit einem im November 1917 an der Moskauer Geistlichen Akademie gehaltenen Spezialkurs intensiv mit Fragen des goldenen Schnittes. Seine Untersuchungen zu dem Thema sollten in das 1922 von ihm geplante Buch *U vodorazdelov mysli* (das nie fertiggestellt wurde) eingehen.[23] Aus der Veröffentlichung von Entwürfen ist zu entnehmen, dass der letzte Teil des Buches sich mit der Frage der Form beschäftigen sollte und in diesem Kontext das Hauptaugenmerk auf den goldenen Schnitt gerichtet wurde. Florenskij kannte die Arbeiten von Pacioli, Zeising und Camper[24] zu dem Thema und knüpfte daran an. Vor allem interessierte er sich für die Existenz des „zolotoe sečenie" in der Zeit, also für das Auffinden – des eigentlich räumlichen Phänomens der Göttlichen Proportion – in zeitlichen Abläufen:[25] „закон золотого сечения применим и к явлению целого *во времени*." (Florenskij 1999, 474).

Eine Verbindung zwischen Raum und Zeit ergibt sich mathematisch aus der Beziehung zwischen goldenem Schnitt und Fibonacci-Folge (vgl. oben). Florenskij zog aus dieser Verbindung philosophische Schlussfolgerungen – Handlungen, die entsprechend der Proportionen des goldenen Schnittes ablaufen, bilden eine Einheit (Ganzheit) und sind schön („ибо закон золотого сечения есть закон жизни, а жизнь прекрасна." Florenskij 1999, 485). Das Leben als ganzes muss daher nach den Gesetzmäßigkeiten des „zolotoe sečenie" „geordnet" sein. Die wichtigen Einschnitte in der Biographie entsprechen den Proportionen des goldenen Schnittes. In seinen im Oktober 1917 festgehaltenen Ausführungen in *Zolotoe sečenie v primenenii k rasčleneniju vremeni (Celoe vo vremeni. Organizacija vremeni. Cikly razvitija)* und *Smysl zakona zolotogo sečenija (signatura nerum. Formula formy)* ist der goldene Schnitt ein Ideal, das als Schönheits-Gesetz a priori jeder Erfahrung vorausgeht: „золотое сечение тем самым есть закон априорный – предшествующий опыту, а не из опыта взятый" (Florenskij 1999, 485). Die Frage nach der Verifizierung dieses Gesetzes in der physikalisch gemessenen Zeit stellt sich aus dieser Sicht überhaupt nicht. Florenskij, der sich des Problems einer exakten Bestimmung des irrationalen Verhältnisses bewusst ist, hält den goldenen Schnitt für ein „ontologisches Gesetz", das Gültigkeit unabhängig von seinem Vorhanden-

---

[23] Vgl. dazu das Vorwort von Igumen Andronik in: Florenskij 1999.
[24] Petrus Camper (1722-1789) schrieb ein Buch über die Unterschiede der Gesichtszüge von Menschen unterschiedlichen Alters und verschiedener Rassen. Auf ihn bezieht sich auch Zeising in seinen Untersuchungen (van der Schoot, 2005, 167).
[25] Gerade unter diesem Aspekt beschäftigten sich viele Künstler zu Beginn des 20. Jahrhunderts in Russland mit dem goldenen Schnitt. So verweist Chlebnikov in *Vremja mera mira* (1916) bei seinen Zeitrechnungen auf den goldenen Schnitt und Ėjzenštejn interpretiert 1939 rückblickend seinen Film *Bronenosec Potemkin* als filmische Umsetzung der Proportionen des goldenen Schnittes (zu Ėjzenštejn vgl. zuletzt Lenz 2008, 108 ff.).

sein in der Natur besitzt: „Пусть произведения искусства и даже природы не вполне точно подчиняются ему: все равно мы должны опираться на этот закон онтологии" (Florenskij 1999, 485). Dabei stützt er sich auf Überlegungen Zeisings, wonach auch die Abweichung von der Norm, letztlich im Bewusstsein des Menschen die Norm bestätigt.

Die Verifizierung der goldenen Proportion aufgrund empirischer Messungen ist von diesem Standpunkt aus eigentlich unnötig bzw. in jedem Fall zweitrangig. Aus welchem Grund versucht dann Florenskij 1920 die Richtigkeit seiner These vom goldenen Schnitt als zeitlicher Proportion durch Zeitmessungen nachzuweisen? Da die Skizzen zum goldenen Schnitt in der Liturgie in Florenskijs Handschriften nicht weiter kommentiert sind, ist es unklar, welche Bedeutung er ihnen beigemessen hat. Auch ist es möglich, dass Florenskij eine größere Anzahl von Gottesdiensten messen ließ, aber nur die beiden Skizzen erhalten blieben.

Florenskijs Vorgehen bei der Erforschung des goldenen Schnitts im Zeitablauf der Liturgie ist aus verschiedenen Gründen bemerkenswert. Zum einem dürfte dem Priester klar gewesen sein, dass jeder Gottesdienst zeitlich anders abläuft, weil mal mehr, mal weniger Fürbitten gelesen werden und die Gebete immer unterschiedlich lang ausfallen. Offensichtlich handelt es sich bei dem von Florenskij selbst gehaltenen Gottesdienst in Bezug auf die zeitliche Länge um ein Ideal, womöglich hat Florenskij die Liturgie in der Eucharistiefeier vom 2.7.1920 bewusst nach den Proportionen des goldenen Schnittes (also als exemplarisch-schönen Gottesdienst) konstruiert.

Die eigentliche Problematik aus der Sicht der Orthodoxen Kirche dürfte aber in dem Vorgehen liegen, die Zeit des Abendmahl-Gottesdienstes überhaupt zu messen: Für die Kirche ist nämlich die Zeit der Liturgie sakrale Zeit[26] und entzieht sich als solche der Messung. Demnach ist es natürlich widersinnig, Zeitmessungen während der Eucharistiefeier vorzunehmen. Florenskij bezweckt jedoch mit seinen Zeitaufzeichnungen letztlich dem Nachweis einer idealen Zeitproportion, die für ihn womöglich der sakralen Zeit entspricht.

Florenskijs Vorgehen lässt sich aber auch im politischen Kontext der Oktoberrevolution sehen. 1920 war er zum Leiter der Kommission zum Schutz der Kunstdenkmäler in Sergiev Posad bestellt worden. In dieser Funktion sollte er Vorschläge erarbeiten, wie die Lavra (die nicht mehr als religiöses Zentrum weiter bestehen durfte) sinnvoll genutzt werden konnte. Florenskij schlug vor, Sergiev Posad als

---

[26] Der Gottesdienst ist Vorgeschmack auf das Eschaton und Gedächtnis des Vergangenen im Lichte des Zukünftigen in einem. Der Einzug der heiligen Gaben entspricht der Enthüllung der Herrlichkeit des neuen Äons (vgl. Felmy 2000, 99f.).

eine „Art Versuchseinrichtung und Laboratorium zum Studium der bedeutendsten Probleme der modernen Ästhetik"[27] zu erhalten (Florenskij 1989, 112). In den Arbeiten dieser Zeit unterstreicht er auf unterschiedliche Weise den kulturellen und wissenschaftlichen Wert der Lavra. In diesem Kontext stehen sowohl seine Arbeiten zur umgekehrten Perspektive der Ikone als auch seine Studien zur Ästhetik des goldenen Schnittes.

Da Florenskij den geplanten Text über den goldenen Schnitt nicht fertiggestellt hat, muss die Frage, was er mit den Zeitmessungen eigentlich bezweckte, letztlich offen bleiben. Womöglich ging es ihm (auch) darum – entsprechend seiner Theorie vom „Kultakt als Synthese der Künste" – ein Bindeglied zu finden zwischen der Raumkunst des Kirchengebäudes (Architektur, Ikonen) und der Ästhetik der Zeitkunst der Liturgie. Der goldene Schnitt im zeitlichen Ablauf der Liturgie entspricht dem goldenen Schnitt im orthodoxen Kirchengebäude, und dieses wiederum dem Menschen (egal ob Priester oder einfacher Gläubiger), der ebenfalls nach den Proportionen des „zolotoe sečenie" gebaut ist. Es ist also möglich, eine Einheit des Gesamtkunstwerks „Orthodoxe Kirche" über den goldenen Schnitt zu begründen.

Literatur

Becker, O. 1995. *Grundlagen der Mathematik in geschichtlicher Entwicklung*, Frankfurt/Main.
Burkert, W. 1962. *Weisheit und Wissenschaft. Studien zu Pythagoras, Philolaos und Platon*, Nürnberg.
Černjaev, A. F. 2007. *Zolotye saženi drevnej Rusi*, Moskva.
Cramer, F., Kaempfer, W. 1992. *Die Natur der Schönheit. Zur Dynamik der schönen Form*, Frankfurt/Main, Leipzig.
Felmy, K. Ch. 2000. *Vom urchristlichen Herrenmahl zur Göttlichen Liturgie der Orthodoxen Kirche*, Erlangen.
Florenskij, P. 1989. „Die kirchliche Liturgie als Synthese der Künste", *Die umgekehrte Perspektive. Texte zur Kunst*, München.
Florenskij, Pavel, 1999. *Sočinenija v četyrech tomach*, tom 3 (1), hrsg. igumen Andronik, Moskva.
Grimm, G. D. 1935. *Proporcional'nost' v architekture*, Leningrad, Moskva.

---

[27] In dem Vortrag zur „kirchlichen Liturgie als Synthese der Künste" entwickelt Florenskij die Idee, das Kloster als eine Art „lebendiges Museum" (mit Mönchen, Messe) zu erhalten. Es sollten also nicht nur die einzelnen Gegenstände des Klosters (etwa Ikonen) als Forschungsobjekte archiviert werden, im Kloster sollte vielmehr eine Mönchsgemeinschaft als wissenschaftliches Experiment eingerichtet werden.

Haase, R. 1967. „Neue Forschungen über Pythagoras", *Antaios* 8, 401-420.
Jahoda, G. 1980. „Die Tonleiter des Timaios – Bild und Abbild", *Festschrift Rudolf Haase*, Eisenstadt, 43-80.
Lenz, F. 2008. *Sergej Eisenstein: Montagezeit. Rhythmus, Formdramaturgie, Pathos*, München.
Naredi-Rainer, von, P. 1999. *Architektur und Harmonie. Zahl, Maß und Proportion in der abendländischen Baukunst*, Köln.
Pileckij, A.A. 1980. *Sistema razmerov i ich otnošenij v drevnerusskoj architekture. Sbornik. Estestvennonaučye znanija v Drevnej Rusi*, Moskva.
Platon, 1994. *Sämtliche Werke*, Band 4. *Timaios, Kritias, Minos, Nomoi*, Reinbek bei Hamburg.
Van der Schoot, A. 2005. *Die Geschichte des Goldenen Schnitts. Aufstieg und Fall der göttlichen Proportion*, Stuttgart / Bad Cannstatt.
Vitruv, 1981. *Zehn Bücher über Architektur*, hrsg. von C. Fensterbusch, Darmstadt.
Zeising, A. 1854. *Neue Lehre von den Proportionen des menschlichen Körpers*, Leipzig.

Wolf Schmid

DIE SCHÖNHEIT DER WELT IN DOSTOEVSKIJS ÄSTHETISCHEM GOTTESBEWEIS

1

Dostoevskijs bekanntes Diktum *Die Schönheit wird die Welt erretten* stammt aus dem Roman *Der Idiot*. Dort kommt es in berichteter Figurenrede vor. Es sind Worte des Fürsten Myškin, die wiedergegeben werden von Ippolit, der sie vom 13-jährigen Bruder Ganja Ivolgins, Kolja Ivolgin, gehört hat. In der Kette Myškin > Kolja Ivolgin > Ippolit > Erzähler liegt die für Dostoevskijs Ideen- und Rededarstellung typische Einbettung, Brechung und indirekte Präsentation vor, die ich „Obliquisierung" nennen möchte. Die Obliquisierung relativiert die Auktorialität der Worte und damit ihre Autorität.

An der Relativierung hat im Fall des *Idioten* auch die Tatsache Anteil, dass Ippolit Myškins Worte mit Ironie, sogar Hohn intoniert:

Правда, князь, что вы раз говорили, что мир спасет «красота»? Господа, – закричал он громко всем, – князь утверждает, что мир спасет красота! А я утверждаю, что у него оттого такие игривые мысли, что он теперь влюблен. Господа, князь влюблен; давеча, только что он вошел, я в этом убедился. Не краснейте, князь, мне вас жалко станет. Какая красота спасет мир? (VIII, 317)[1]

Fürst, ist es wahr, dass Sie einmal gesagt haben, die Welt werde durch die Schönheit errettet werden? Meine Herrschaften, rief er allen laut zu, der Fürst behauptet, dass die Welt durch die Schönheit errettet werde. Und ich behaupte, dass er deshalb so leichtfertige Gedanken hat, weil er jetzt verliebt ist. Meine Herrschaften, der Fürst ist verliebt; als er soeben eintrat, habe ich mich davon überzeugt. Werden Sie nicht rot, Fürst, Sie werden mir leid tun. Welche Schönheit wird die Welt erretten?

Die letzten Worte sind übrigens das einzige Mal im Roman, da das berühmte Diktum in dieser Wortfolge (*Krasota spaset mir*) erscheint. Aber dafür steht es in rhetorischer Frage, die die Aussage wiederum in den Obliquus versetzt.

---

[1] Alle Zitate aus Dostoevskijs Werken nach *PSS v 30 tt.*, Leningrad 1972-1990, mit Angabe von Band und Seite.

Myškins Diktum wird noch einmal aufgerufen, mehr als 100 Seiten später, in den Worten Aglaja Epančinas:

– Слушайте, раз навсегда, – не вытерпела наконец Аглая, – если вы заговорите о чем-нибудь в роде смертной казни, или об экономическом состоянии России, или о том, что «мир спасет красота», то... я, конечно, порадуюсь и посмеюсь очень, но... предупреждаю вас заранее: не кажитесь мне потом на глаза! (VIII, 436)

Hören Sie, ein für allemal", hielt es Aglaja schließlich nicht mehr aus, „wenn Sie von so etwas wie der Todesstrafe oder der wirtschaftlichen Lage Russlands oder davon, dass *die Welt durch die Schönheit errettet werde*, zu sprechen anfangen, dann... werde ich mich natürlich freuen und werde sehr lachen, aber... ich warne Sie im voraus: treten Sie mir dann nicht mehr unter die Augen!"

Auch hier erscheint das Zitat in obliquer Form. Das vielzitierte Dostoevskij-Wort kommt im Roman also im Status rectus, in direkter Aussage des Ursprungs nicht vor. Gleichwohl ist Dostoevskij nach allem, was wir von ihm wissen, als Autor mit dem Diktum zu identifizieren.

Dostoevskij legte seine auktorialen Wahrheiten gerne Figuren, vor allem negativen Figuren, in den Mund, und errichtete ihrer Durchsetzung dadurch ein Hindernis. Nicht selten ist das in den *Brüdern Karamazov* zu finden: die negativen Helden Fedor Pavlovič Karamazov, Michail Rakitin und Pavel Smerdjakov dürfen Wahrheiten verkünden, hinter deren mehr oder weniger adäquater Formulierung ein auktorialer Ursprung erkennbar wird. Am deutlichsten wird die Obliquisierung bei der auf Blaise Pascals *Penseés*[2] zurückgehenden Kernlosung des Romans *Нет добродетели, если нет бессмертия* („Es gibt keine Tugend, wenn es keine Unsterblichkeit gibt"), die, von Ivan Karamazov in der Vorgeschichte formuliert, in mannigfachen Varianten von negativen Figuren berichtet wird, zunächst vom Liberalen Miusov (XIV, 64), dann vom gewissenlosen Seminaristen Rakitin (XIV, 76) und schließlich vom Vatermörder Smerdjakov: „Коли бога бесконечного нет, то и нет никакой добродетели, да и не надобно ее тогда вовсе" („Wenn es keinen unendlichen Gott gibt, dann gibt es keine Tugend, und man braucht sie dann auch gar nicht"; XV, 67). Im obliquen Status und in markiert figuraler Rede lässt Dostoevskij hier eine seiner Grundüberzeugungen aussprechen.

---

[2] Vgl. den Kommentar in *PSS*, XV, 536.

2

Die Schönheit, die nach dem Leitmotiv des *Idioten* die Welt retten wird, spielt auch in Dostoevskijs letztem Roman eine prominente Rolle. Es geht hier freilich um die Schönheit der Welt selbst, und an ihr soll sich die Existenz eines allmächtigen und allgütigen Gottes erweisen. Eine der zentralen Fragen, um die Dostoevskijs Denken in quälerischem Zweifel kreiste, war das Problem, das seit Leibniz' berühmter Abhandlung als „Theodizee" bekannt ist, die Rechtfertigung der Existenz und der Güte Gottes angesichts des in der Welt vorkommenden Bösen. Kann Gott das Übel nicht verhindern oder will er nicht?[3] Leibniz antwortet: er hätte gekonnt, hat aber nicht gewollt, um der *plénitude*, der Fülle der Phänomene willen. Die beste aller möglichen Welten ist die Welt mit der größten Vielfalt der Vollkommenheitsgrade der Wesenheiten. Leibniz postuliert, dass Gott, in seiner Güte die beste Welt schaffend, das Übel und das Leiden nicht eigentlich will, sondern nur zulässt, um die gewünschte Vielfalt zu verwirklichen, das höchste Gut eines Demiurgen.

Mit Leibniz' Idee der vom allmächtigen, allwissenden und allgütigen Gott geschaffenen Welt als der besten aller möglichen Welten hat bekanntlich Voltaire in seinem Roman *Candide ou l'optimisme* (1759) polemisiert. Nach einer Aufzeichnung von 1877 plante Dostoevskij in einem *Memento. Na vsju žizn'* („Für das ganze Leben"; XV, 409) einen „russischen *Candide*", allerdings einen Anti-*Candide*, zu schreiben, und diesen Plan hat er in den *Brüdern Karamazov*, seinem Vermächtnisroman, realisiert.

In diesem Roman sollte das atheistische Denken seiner Zeit, das im Zweifel an der Existenz eines allmächtigen und gütigen Gottes kulminierte und zu Zerstörung und Anarchismus führte, triumphal überwunden werden. Das Mittel war die Widerlegung Ivan Karamazovs, dem Dostoevskij die, wie er sich selbst äußerte, schärfste jemals vorgebrachte Gottesanklage in den Mund legte (XXVII, 86). Entgegen den ursprünglichen Plänen widerlegt Dostoevskij Ivans Gotteskritik nicht nur durch das Buch *Ein russischer Mönch*,[4] sondern durch den ganzen Roman, durch alle Figuren, positive wie negative.

---

[3] Einen guten Überblick über Systematik und Geschichte des Theodizeeproblems geben Peter Gerlitz, Melanie Köhlmoss u.a., Theodizee I-VI, G. Müller, H. Balz, G. Krause (Hg.), *Theologische Realenzyklopädie*, Bd. 33, Berlin/New York 2002, 210-237.

[4] In den Briefen an N. A. Ljubimov vom 10.5.1879 (XXX/1, 63-65) und an K. N. Pobedonoscev vom 19.5.1879 (XXX/1, 66 f.) kündigt Dostoevskij an, dass er die im Buch *Pro i contra*, dem „Kulminationskapitel" des gesamten Romans, dargestellte „Synthese des gegenwärtigen russischen Anarchismus", nämlich „die Leugnung nicht Gottes, sondern des Sinnes seiner Schöpfung" (XXX/1, 63), im folgenden Buch *Ein russischer Mönch* (an dem er, als er die Briefe verfasste, schrieb) triumphal widerlegen werde. Im Brief an Ljubimov vom 11.6.1879 (XXX/1, 68 f.) erklärt er, dass die Gestalt des „reinen, idealen Christen" ein „völlig originelles" Thema sei, das keinem der heutigen Schriftsteller und Dichter in den Sinn komme: „Um

Das Hauptargument ist das *argumentum ad hominem*.[5] Dostoevskij folgt dem biblischen Motto für das Erkennen falscher Propheten: „An ihren Früchten sollt ihr sie erkennen" (Mt. 7, 16). Ein Beweis für die Existenz eines guten Gottes ist das Handeln der positiven Figuren. Ethisches Handeln ist nach Dostoevskijs Überzeugung nur im Glauben an Christus möglich.[6] Sittliche Ideen entstehen im Gefühl. Das religiöse Gefühl ist die Schnittstelle für das s*oprikosnovenie miram inym*, für den Kontakt mit der Transzendenz. Verstandesgründe und weltimmanent-ethische Motive für das Handeln lässt Dostoevskij nicht gelten. Für eine ethische Begründung der Sittlichkeit fehlt dem Menschen die Kraft zur Brüderlichkeit. (Dieses letztlich auktoriale Argument, das in der Fiktion Ivan vertritt, kehrt – wieder ein Fall gestufter Obliquisierung! – in den Worten des Großinquisitors wieder.) Die Möglichkeit einer Ethik ohne Glauben an die Unsterblichkeit der Seele propagiert lediglich der gewissenlose Seminarist Rakitin, eine der negativsten Figuren des Romans.

Der Wert der Freiheit fordert allerdings, dass die Entscheidung für Gott durch das für den euklidischen Verstand Widersinnige (z. B. das Leiden der unschuldigen Kinder) erschwert werde. Damit stellt sich Dostoevskij (der für Ivans „schöne Kollektion" der Fälle gequälter Kinder [XIV, 218] seine eigene Sammlung von Zeitungsausschnitten ausgewertet hat) in eine bestimmte Tradition der

---

seinetwillen wird der ganze Roman geschrieben. Dass es nur gelingen möge. Das ist es, was mich jetzt beunruhigt!"

[5] Vgl. Valentina Vetlovskaja, *Poètika romana „Brat'ja Karamazovy"*, L. 1977, 78 et passim.

[6] Zur Position Dostoevskijs in der Frage einer weltimmanenten Ethik vgl. seine Polemik mit dem Kritiker seiner Puškin-Rede, dem liberalen Professor A. D. Gradovskij, im *Tagebuch eines Schriftstellers*, August 1880, Kap. 3 (XXVI, 149-174). In dieser recht umfangreichen Verteidigungs- und Streitschrift *Pridirka k slučaju* („Nörgelei aus gegebenem Anlaß") stellt Dostoevskij der falschen westlichen Aufklärung die wahre, die russische Aufklärung entgegen, die, wie der Name *prosveščenie* sage, die Seele erleuchte, das Herz erhelle und dem Verstand den Weg weise. In diesem Sinne ist das russische Volk schon lange aufgeklärt und bedarf keinerlei Unterweisung durch den Westen. Es ist zwar in der Religion selbst nur mangelhaft gebildet, hat aber die wesentliche Schule des Christentums durchlaufen, nämlich Jahrhunderte zahlloser und unendlicher Leiden. Das im Leiden erworbene Christentum, das ist die Grundlage der russischen Aufklärung. Die *gesellschaftliche* Vervollkommnung ist nur möglich als Produkt der *ethischen* Selbstvervollkommnung des *Einzelnen*. Die *sittliche* Idee aber geht immer aus *mystischen* Ideen hervor, aus der Idee, dass der Mensch ewig sei, also aus der Religion. Ohne Religion gibt es keine gesellschaftlichen Ideale. Wo die religiöse Grundlage verlorengeht, verschwinden sämtliche gesellschaftlichen Einrichtungen, alle Errungenschaften der Zivilisation. Das kann man an Europa beobachten, das kurz vor dem Fall steht, einem allgemeinen und schrecklichen Fall. Europa gleicht einem Ameisenhaufen, der, schon lange ohne Kirche und ohne Christus auf einem bis in die Grundfesten erschütterten ethischen Prinzip aufgebaut, ganz untergraben ist. Beim geringsten Anstoß durch den vierten Stand fällt das ganze Gebäude in sich zusammen. Vgl. auch die Notiz aus den Aufzeichnungen der Jahre 1880-1881: „Sittliche Ideen gibt es. Sie erwachsen aus dem religiösen Gefühl, aber allein durch die Logik können sie sich niemals rechtfertigen. Man könnte so nicht leben" («Нравственные идеи есть. Они вырастают из религиозного чувства, но одной логикой оправдаться никогда не могут. Жить стало бы невозможно»; XXVII, 85).

Theodizee-Theologie, die das Leiden als Prüfungs- und Erziehungsmaßnahme deutet.

Um Ivans Gottesanklage zu entkräften, griff der Autor neben dem *argumentum ad hominem* auch zum probaten Verfahren der Theodizee, dem Lobpreis der Schöpfung, der Kosmodizee. In den *Brüdern Karamazov* ist das schlagendste Argument für die Existenz Gottes die Schönheit der Welt. Dies wird ostinat in der Kettenreaktion der Konversionen gezeigt: Die Konvertiten werden jeweils inspiriert durch ein ergreifendes Erleben der Natur und ihrer Ordnung.[7] Das gilt sogar für Ivan, der, obwohl Rationalist, Aleša gesteht, dass er die „klebrigen im Frühling aus Knospen aufbrechenden Blättchen" und den „blauen Himmel" (XIV, 210) liebe. Hier gehe es nicht um den Verstand, nicht um Logik, sondern hier liebe man mit dem ganzen Inneren. Und wenn Aleša bekräftigt, man müsse das Leben mehr lieben als den Sinn des Lebens, hört ihm Ivan leicht amüsiert, aber durchaus aufgeschlossen zu. Es handelt sich freilich bei den *klebrigen Blättchen* um ein literarisches Zitat, eine Reminiszenz an Puškins Gedicht *Ešče dujut cholodnye vetry* (1828). Ivans Naturliebe wird – abgesehen von der Partialität seines Fokus auf die Natur – also auch durch seine Literarizität ein wenig relativiert. Diese Einschränkung entspricht der Unabgeschlossenheit seiner Konversion.

Die Konversionen ereignen sich also angesichts der Schönheit der Welt. Die Kettenreaktion der Konversionen geht von der geistigen Wiedergeburt des sterbenden Markel aus, des älteren Bruders Zosimas. Am Rande des Todes ist der junge Atheist zur Überraschung aller bereit, sich auf das Abendmahl vorzubereiten, um, wie er sagt, die Mutter „zu erfreuen und zu beruhigen". Darauf vollzieht sich in ihm eine seltsame Verwandlung. Er lässt nun zu, dass die alte Kinderfrau auch in seinem Zimmer die Lampe vor dem Heiligenbild anzündet:

Ты богу, лампадку зажигая, молишься, а я, на тебя радуясь, молюсь. Значит, одному богу и молимся. (XIV, 262)

Du betest zu Gott, wenn du die Lampe anzündest, und ich bete, indem ich mich über dich freue. Wir beten also zu ein und demselben Gott.[8]

Diese und ähnliche Worte Markels kommen allen „seltsam" vor. Der Sterbende macht in der Folge eine Reihe von Aussagen, die wir als Kernbotschaften

---

[7] Vgl. W. Schmid, „Ereignishaftigkeit in den ‚Brüdern Karamasow'", *Dostoevsky Studies. The Journal of the International Dostoevsky Society*, New Series, 9 (2005), 31-44.

[8] Für die Theologie des Romans ist bezeichnend: Markels Gebet besteht in der Freude über den Menschen. Wir beobachten hier die für Dostoevskijs positive Figuren charakteristische Immanentisierung der Transzendenz, die besonders deutlich an Zosima hervortritt. Das ist einer der Punkte, die Dostoevskij von der Orthodoxie entfernten.

des Romans interpretieren können. Eine dieser Aussagen drückt die emphatische Annahme des Diesseits aus:

> [...] жизнь есть рай, и все мы в раю, да не хотим знать того, а если захотели узнать, завтра же и стал бы на всем свете рай. (XIV, 262)

> Das Leben ist ein Paradies, und alle sind wir im Paradies und wollen das doch nicht wahrhaben, wenn wir es aber erkennen wollten, wäre morgen schon auf der ganzen Welt das Paradies.

Die Auffassung vom Diesseits als einem potentiellen Paradies wird dann auch Zosimas durchaus heterodoxes Credo.[9] Die Proliferation der Ansichten durch die Reihe der Konvertiten gilt auch für weitere Aussagen Markels, die Anerkenntnis der Schuld eines jeden vor allen und an allem und das Bekenntnis, er, Markel, trage größere Schuld als alle andern vor allen und an allem. Allen Konvertiten gemeinsam ist schließlich der Lobpreis von Gottes herrlicher Welt. Die Vögel beobachtend, beginnt Markel mit ihnen zu sprechen:

> Птички божии, птички радостные, простите и вы меня, потому что и пред вами я согрешил. (XIV, 263)

> Ihr Gottes Vögelchen, ihr frohen Vögelchen, verzeiht auch ihr mir, da ich auch vor euch gesündigt habe.

Das konnte, wie der berichtende Zosima hervorhebt, schon niemand mehr verstehen. Und schließlich bekennt Markel vor der Schöpfung seine Schuld:

> [...] была такая божия слава кругом меня: птички, деревья, луга, небеса, один я жил в позоре, один все обесчестил, а красы и славы не приметил вовсе. (XIV, 263)

> Es war ein solcher Ruhm Gottes um mich herum: die Vögelchen, die Bäume, die Wiesen, der Himmel, nur ich lebte in Schande, entehrte alles, und die Schönheit und den Ruhm bemerkte ich gar nicht.

Hier zeichnet sich unverkennbar das ideelle Design des Romans ab: die Liebe zu den Menschen ist untrennbar mit der Annahme von Gottes Welt verbunden, mit der ästhetischen Freude an der wohlgeordneten Natur und mit dem Bekenntnis zur eigenen Schuld. Es ist freilich nicht zu verkennen, dass der Glaube, den

---

[9] Vgl. Zosimas säkulare Utopie einer Welt, in der die Verbrechen „auf ein unwahrscheinlich geringes Maß" verringert sind (XIV, 59-61) und die Bekenntnisse des geheimnisvollen Besuchers, von denen Zosima erzählt (bes. XIV, 275, 280, 283). Auch Aleša, Zosimas Adept, träumt von einem „wahren Reich Christi" (настоящее царство Христово) auf Erden (XIV, 29).

Dostoevskij hier propagiert, weniger auf die Transzendenz als – ganz franziskanisch, ja pantheistisch – auf die Immanenz gerichtet ist. Das hat auch die russische Orthodoxie verstanden und entsprechend gerügt.[10] Im Glauben des sterbenden Markel figuriert Gott nicht so sehr als transzendentes Wesen, sondern verschmilzt mit der Liebe, der Schönheit und der Freude, in denen er sich manifestiert.

3

In Zosimas Vita, die Aleša im hagiographischen Stil erzählt, gibt es Hinweise auf einen prominenten Prätext für das Lob der Schönheit der Welt. Das ist das Buch Hiob, das für Dostoevskij, wie Anna Grigor'evna berichtet, von großer Bedeutung war. In seinen „Unterweisungen" (*poučenija*) gibt auch Zosima dem Buch Hiob Priorität unter den Büchern des Alten und Neuen Testament. Und wir können ahnen, warum Dostoevskij an Zosimas Präferenz gelegen war. Die Nacherzählung des Buches Hiob ist eine der Keimzellen des Romans. Im Buch Hiob wird die zentrale Frage der Theodizee gestellt: Wie kann der allmächtige und allgütige Gott das Böse und das Leiden zulassen? Dostoevskij, der Philosoph des Leidens, war natürlich an der in dem alttestamentlichen Buch gegebenen Antwort auf die Frage nach dem Sinn des Leidens höchst interessiert. In seiner Paraphrase des Buches Hiob antwortet Zosima auf die brennenden Fragen mit der finalen Zufriedenheit des Demiurgen:

> Тут творец, как и в первые дни творения, завершая каждый день похвалою: «Хорошо то, что я сотворил», – смотрит на Иова и вновь хвалится созданием своим. (XIV, 265)

Wie der Schöpfer in den ersten Tagen der Schöpfung jeden Tag mit dem Lob beschloss „Gut ist das, was ich geschaffen habe", so schaut er auf Hiob und rühmt sich von neuem seiner Schöpfung.

Betrachten wir Gottes Part im Buch Hiob näher. Der Klage des geschlagenen Menschen begegnet die Gottesrede aus dem Sturmwind. Diese Rede gibt aber im Grunde keine Antwort auf Hiobs Klage. Jürgen Ebach konstatiert in seiner

---

[10] Sofern sie weltlich hinreichend belesen ist, kann sie sich über eine pikante Parallele empören: Voltaires skeptischer Candide kommt, von allem Leibnizschen Optimismus geheilt, am Ende zu dem Schluss „Il faut cultiver notre jardin". Können wir in Zosimas auffälliger Gartenpflege nicht einen Reflex dieses Ratschlags erkennen? Nicht zufällig ist es der alte Karamazov, dem die hortensische Kultur um Zosimas Zelle auffällt: „Посмотрите-ка, […] в какой они долине роз проживают!" („Schaut mal, in welchem Rosental sie hier leben!"; XIV, 35). Der Erzähler bestätigt: „хоть роз теперь и не было, но было множество редких и прекрасных осенних цветов везде, где только можно было их насадить" („wenn es jetzt auch keine Rosen gab, so waren überall seltene und schöne Herbstblumen, wo man sie nur hatte setzen können").

zusammenfassenden Abhandlung zu dem Buch: „Das Leiden wird nicht erklärt und nicht begründet. [...] Die Gottesreden zeigen weder den Grund noch den Zweck noch die Notwendigkeit von Hiobs Leiden auf."[11] Statt dessen rühmt sich der Weltenschöpfer seiner demiurgischen Kompetenz und preist die Vollkommenheit seiner Schöpfung, die er, über die Schwäche des Klagenden triumphierend, mit der Wohlorganisiertheit von Rotwild, Wildesel, Vogel Strauß, Nilpferd und Krokodil anschaulich vor Augen führt. Betrachten wir eine kleine Probe aus der viele Verse umfassenden Rede aus dem Sturmwind (Hiob 40, 15-32), die Darstellung des Behemoth[12] und des Leviathan:[13]

> 15 Siehe da den Behemoth, den ich neben dir gemacht habe; er frisst Gras wie ein Ochse. 16 Siehe, seine Kraft ist in seinen Lenden und sein Vermögen in den Sehnen seines Bauches. 17 Sein Schwanz streckt sich wie eine Zeder; die Sehnen seiner Schenkel sind dicht geflochten. 18 Seine Knochen sind wie eherne Röhren; seine Gebeine sind wie eiserne Stäbe. 19 Es ist der Anfang der Wege Gottes; der ihn gemacht hat, der gab ihm sein Schwert. 20 Die Berge tragen ihm Kräuter, und alle wilden Tiere spielen daselbst. 21 Er liegt gern im Schatten, im Rohr und Schlamm verborgen. 22 Das Gebüsch deckt ihn mit seinem Schatten, und die Bachweiden umgeben ihn. 23 Siehe da, er schluckt in sich den Strom und achtet's nicht groß; lässt sich dünken, er wolle den Jordan mit seinem Munde ausschöpfen. 24 Fängt man ihn wohl vor seinen Augen und durchbohrt ihm mit Stricken seine Nase? 25 Kannst du den Leviathan ziehen mit dem Hamen und seine Zunge mit einer Schnur fassen? 26 Kannst du ihm eine Angel in die Nase legen und mit einem Stachel ihm die Backen durchbohren? 27 Meinst du, er werde dir viel Flehens machen oder dir heucheln? 28 Meinst du, dass er einen Bund mit dir machen werde, dass du ihn immer zum Knechte habest? 29 Kannst du mit ihm spielen wie mit einem Vogel oder ihn für deine Dirnen anbinden? 30 Meinst du, die Genossen werden ihn zerschneiden, dass er unter die Kaufleute zerteilt wird? 31 Kannst du mit Spießen füllen seine Haut und mit Fischerhaken seinen Kopf? 32 Wenn du deine Hand an ihn legst, so gedenke, dass es ein Streit ist, den du nicht ausführen wirst.[14]

Die mangelnde Abgestimmtheit von Gottes Rede aus dem Sturmwind auf die Fragen, Zweifel und Klagen des geschlagenen Menschen, die oft als genetisch bedingte Inkonsistenz dieses Buches aus dem Tanach betrachtet wird,[15] hat

---

[11] Jürgen Ebach, Hiob/Hiobbuch, *Theologische Realenzyklopädie*, Bd. 15, Berlin/New York, 1986, 370.
[12] Behemoth ist der Name eines Ungeheuers der jüdisch-christlichen Mythologie. Es trägt Züge eines Tiers und wird oft mit dem Nilpferd identifiziert (so auch in vielen Übersetzungen des Hiobbuchs).
[13] Leviathan bezeichnet ein Seeungeheuer der jüdisch-christlichen Mythologie, das häufig mit dem Krokodil identifiziert wird (so auch in vielen Übersetzungen des Hiobbuchs).
[14] Übersetzung nach M. Luther.
[15] Zur Genesis des Buches vgl. Ebach, Hiob/Hiobbuch.

Die Schönheit der Welt in Dostoevskijs ästhetischem Gottesbeweis 67

Dostoevskij nicht als Webfehler, sondern als intendierte Struktur gesehen. Die Klage des uneinsichtigen Helden wird mit der Wohlgeordnetheit der Welt, der Überlegenheit des Schöpfers und der Inkompetenz des Menschen beantwortet.

Der biblische Preis der Schöpfung hat in Dostoevskijs Roman ein Äquivalent. Auf seinen Wanderungen durch Russland trifft der junge Zosima auf einen jungen Bauern. Beide sind angerührt von der Schönheit der Natur. Wir haben in der Deskription durch Zosima eine der seltenen Naturbeschreibungen Dostoevskijs:

> Ночь светлая, тихая, теплая, июльская, река широкая, пар от нее поднимается, свежит нас, слегка всплеснет рыбка, птички замолкли, все тихо благолепно, все богу молится. (XIV, 267)

> Die Nacht ist hell, still, warm, eine Julinacht, der Fluss ist breit, von ihm erhebt sich Nebel, erfrischt uns, ein Fischlein plätschert leicht, die Vögelchen sind verstummt, alles ist still und großartig, alles betet zu Gott.

Von der Schönheit der Gotteswelt angerührt, bricht der junge Zosima in ein Lob der von Gott geschaffenen Teleologie aus, das an Gottes Rede aus dem Sturmwind im Buch Hiob erinnert. Zosima preist Gottes schöne und wohlgeordnete Welt im Diminutiv. „Jedes Gräschen, jedes Käferchen, die Ameise, das goldene Bienchen" (Всякая-то травка, всяакая-то букашка, муравей, пчелка золотая), sie alle kennen erstaunlich gut ihren Weg, obwohl sie doch keinen Verstand haben, und sie zeugen von Gottes Geheimnis:

> [Юноша] поведал мне, что лес любит [...] лучше того как в лесу ничего я, говорит, не знаю, да и все хорошо. «Истинно, – отвечаю ему, – все хорошо и великолепно, потому что все истина. Посмостри, – говорю ему, – на коня, животное великое, близ человека стоящее, али на вола, его питающего и работающего ему, понурого и задумчивого, посмотри на лики их: какая кротость, какая привязанность к человеку, часто бьющему его безжалостно, какая незлобивость, какая доверчивость и какая красота в его лице. [...] все создание и вся тварь, каждый листик устремляется к слову, богу славу поет, Христу плачет, себе неведомо, тайной жития своего безгрешного совершает сие. (XIV, 267 f.)

> [Der junge Mann] vertraute mir an, er liebe den Wald [...] „Etwas Besseres als das Leben im Wald kenne ich nicht", sagte er. „Alles ist schön." – „Wahrlich", antwortete ich ihm, „alles ist schön und großartig, weil alles Wahrheit ist. Schau dir das Pferd an", sagte ich, „dieses große Tier, das dem Menschen so nahesteht, oder den Ochsen, den ernsten und nachdenklichen, der ihn ernährt und für ihn arbeitet. Betrachte ihre Gesichter; welche Sanftmut, welche Anhänglichkeit an den Menschen, der sie oft unbarmherzig schlägt, welche Gutmütigkeit, welche Zutraulichkeit und wel-

che Schönheit liegt in ihren Gesichtern! [...] Die ganze Schöpfung und jede Kreatur, jedes Blättchen strebt nach dem Wort, singt Gottes Ruhm, weint zu Christus, und vollführt das alles unbewusst, durch das Geheimnis seines sündlosen Lebens.

Zosima offenbart hier einen ästhetischen Pantheismus, der der christlichen Doxa wenig gefallen hat. Ähnlich wie im Buch Hiob dient die Wohlgeordnetheit der Welt in den *Brüdern Karamazov* dem ästhetischen Beweis der Allmacht und Güte Gottes.

Dostoevskij setzt ja grundsätzlich nicht allein auf die Karte des Glaubens an die Transzendenz. Er federt eine religiös-transzendente Motivation immer durch eine realistische ab; er sichert die Transzendenz in der Immanenz ab. So ist Gott in der Schönheit der Welt zu erfahren. Der Mensch ist mit einem Sensorium für das Nicht-Euklidische ausgestattet. Wesentliche Rezeptoren sind das Gefühl und das ästhetische Empfinden. Mit beidem ist der Raufbold und Saufbruder Dmitrij Karamazov, der seinen Kumpanen schon mal die Bärtchen abreißt, reichlich ausgestattet. Ivan aber, der europäisch verbildete Denker, kann diese Kompetenzen nur in Ansätzen nachweisen.

4

Die Schönheit der Welt als ästhetischer Gottesbeweis muss allerdings relativiert werden unter dem Aspekt der Spaltung des abstrakten Autors in Dostoevskij I und Dostoevskij II.[16] Die Musterfunktion des Hiob-Buches gilt nur für Dostoevskij I, den mit aller Gewalt, gegen alle Verstandesgründe glauben wollenden Eiferer, der sich im Glauben *nadryvaetsja*, sich ‚überhebt', sich selbst ‚vergewaltigt'. Ein explizites Zeugnis der Spaltung des Autors in ein um jeden Preis glauben wollendes und ein tief zweifelndes Ich finden wir in Dostoevskijs berühmtem Brief an Fonvizina:

> Я скажу Вам про себя, что я – дитя века, дитя неверия и сомнения до сих пор и даже (я знаю это) до гробовой крышки. Каких страшных мучений стоила и стоит мне теперь эта жажда верить, которая тем сильнее в душе моей, чем более во мне доводов противных. [...] если б кто мне доказал, что Христос вне истины, и *действительно* было бы, что истина вне Христа, то мне лучше хотелось бы оставаться со Христом, нежели с истиной.

---

[16] Zu dieser Spaltung vgl. W. Schmid, „Die ‚Brüder Karamazov' als religiöser ‚nadryv' ihres Autors", R. Fieguth (Hg.), *Orthodoxien und Häresien in den slavischen Literaturen*, Wien 1996 (= WSA, Sonderband 41), 25-50.

Ich will Ihnen über mich sagen, dass ich ein Kind des Jahrhunderts bin, ein Kind des Unglaubens und des Zweifels, bis jetzt und sogar (ich weiß das) bis zum Grab. Welch schreckliche Qualen hat mich dieser Durst zu glauben gekostet und kostet er immer noch, der umso stärker in meiner Seele ist, desto mehr Gegengründe ich finde [...] wenn mir jemand bewiese, daß Christus außerhalb der Wahrheit ist, und wenn es *wirklich* so wäre, dass die Wahrheit außerhalb Christus ist, so würde ich lieber mit Christus bleiben als mit der Wahrheit. (Brief an Fonvizina 1854; XVIII/1, 176)[17]

In demselben Brief deutet Dostoevskij auch an, dass er die Gestalt Jesu Christi als ein Phänomen ästhetischer Vollkommenheit sieht:

[...] нет ничего прекраснее, глубже, симпатичнее, разумнее, мужественнее и совершеннее Христа [...] (ebd.)

[...] es gibt nichts Schöneres, Tieferes, Sympathischeres, Klügeres, Männlicheres und Vollkommeneres als Christus [...]

Dostoevskij II, der Zweifler, manifestiert sich in einigen unauthentischen Akzenten, die in Zosimas Nacherzählung der Hiobsgeschichte nicht zu übersehen sind. Betrachten wir zwei Motivkonstellationen.

Zosima führt in den monotheistischen alttestamentlichen Text das dort nicht existierende dualistische Motiv einer Wette zwischen Gott und dem Teufel als seinem Widersacher ein:

И похвалился бог диаволу, указав на великого святого своего. И усмехнулся диавол на слова божии [...] (XIV, 264)

Und Gott rühmte sich vor dem Teufel und zeigte auf seinen großen Heiligen. Und es lächelte der Teufel spöttisch über die Worte Gottes [...]

Diese Nacherzählung entspricht in einem doppelten Sinne nicht dem biblischen Text. Dort rühmt Gott vor Satan nicht sich selbst, sondern die Gottesfurcht seines Knechtes Hiob. Und indem Zosima Satan, der im Hiob-Buch als Staatsanwalt an Gottes Hof figuriert, „Teufel" nennt, begeht er einen Anachronismus. Im Alten Testament bezeichnet Satan lediglich den Gegner im Krieg,[18] dann den „Ankläger vor Gericht",[19] den „Ankläger vor Gott".[20] Erst in

---

[17] Für Dostoevskijs Technik der fiktionalen und dialogischen Obliquisierung eigener Ansichten bezeichnend ist, dass der letzte Satz in den *Dämonen* (X, 198) als Aussage Stavrogins figuriert, diese aber allerdings in der Diegesis nicht selbst macht, die ihm vielmehr von Šatov vorgehalten wird.
[18] 1 Könige 29:4; 3 Könige 5:18.
[19] Psalmen 109 (108):6.
[20] Sacharja 3:1; Hiob 1:6.

der – jüngeren, nachexilischen – Chronik (1 Chronik 21:1) erhält *Satan* die Bedeutung „Widersacher der Menschen, Verführer", und erst im nachbiblischen Judentum, in den alttestamentlichen Apokryphen avanciert Satan unter dem Einfluss des dualistischen Parsismus zur Verkörperung des Bösen, zum „Feind Gottes", der die Heilsabsichten Gottes zu durchkreuzen sucht.[21] Im Hiob-Buch finden wir noch keine Spur jenes impliziten Dualismus, der im nachbiblischen Judentum und im Christentum zum Konflikt mit dem expliziten Monotheismus führt. *Teufel*, *diabolos* aber ist der neutestamentliche Antagonist. Die Einführung des neutestamentlichen Teufels in die alttestamentliche Hiobsgeschichte bringt den dort noch gar nicht vorhandenen agonalen Dualismus allererst hervor.[22]

Der in Zosimas Nacherzählung des Hiob-Buchs subliminale Gedanke des Wettkampfs zwischen Gott und seinem Widersacher wird durch die „Spötter und Lästerer" expliziert, deren stolze Worte Zosima hört:

[...] как это мог господь отдать любимого из святых своих на потеху диаволу, отнять от него детей, поразить его самого болезнью и язвами [...] и для чего: чтобы только похвалиться пред сатаной: «Вот что, дескать, может вытерпеть святой мой ради меня!» (XIV, 265)

Wie konnte der Herr den Liebsten seiner Heiligen dem Teufel zur Belustigung überlassen, ihm seine Kinder nehmen, ihn selbst mit Krankheit und Schwären schlagen [...] und wozu? Nur um sich vor Satan zu rühmen: „Siehst du, was mein Heiliger um meinetwillen zu ertragen vermag?"

Die von den Spöttern und Lästerern herausgekehrte Selbstbezüglichkeit („um meinetwillen") und die Instrumentalisation des menschlichen Leidens für Gottes Ruhm finden im biblischen Text keine Stütze, aber diese Motive entsprechen dem Hauptargument Ivans, der Gott der Instrumentalisierung des menschlichen Leidens um der finalen Harmonie willen beschuldigt. Solche Veränderungen

---

[21] Vgl. Arvind Sharma, Satan, *The Encyclopedia of Religion*, Bd. 13, New York 1987, 81 f.; K. Koch u. a. (Hg.), *Reclams Bibellexikon*, 4. Aufl., Stuttgart 1987, 445 f.; Kirsten Nielsen, Teufel. II. Altes Testament, *Theologische Realenzyklopädie*, Bd. 33, Berlin/New York 2002, 115-117.

[22] Die inkorrekte Wiedergabe der Bibel prägt auch eine andere Nachdichtung, die die Diegesis des Romans enthält. Der Großinquisitor, Held der gleichnamigen von Ivan als Gedankenexperiment fingierten Legende, rekonstruiert die neutestamentliche Variante des Wettstreits von Gott und Widersacher, Jesu Versuchung in der Wüste, tendenziös falsch. Bei Mt. 4, 6 und Lk 4, 9 heißt es: „Bist du Gottes Sohn, so stürze dich hinab". Der Großinquisitor macht daraus: „Wenn du wissen möchtest, ob du Gottes Sohn bist, dann stürze dich hinab." (Esli xoçe,´ uznat´, syn li ty boẑij, to verzis´ vniz; XIV, 232).

und Akzentverschiebungen, die Zosima an dem heiligen Text vornimmt, bilden Ansatzpunkte für eine Gotteskritik, hinter der wir Dostoevskij II erkennen.[23]

5

Das Motiv der Kinder führt uns zu einer zweiten Konstellation, in der sich Dostoevskij II zu erkennen gibt. Im Roman figuriert eine Art Anti-Hiob. Das ist der verrückte Stabshauptmann a.D. Snegirev. In seiner Erzählung davon, wie Hiobs gestorbene Kinder durch neugeborene ersetzt werden, fingiert Zosima die – nicht-biblische – Frage der „Spötter und Lästerer":[24]

> Да как мог бы [Иов], казалось, возлюбить этих новых [детей], когда тех прежних нет, когда тех лишился? Вспоминая тех, разве можно быть счастливым в полноте, как прежде, с новыми, как бы новые ни были ему милы? (XIV, 265)

> Und wie konnte [Hiob] seine neuen Kinder liebgewinnen, wenn die früheren nicht mehr waren, wenn er sie eingebüßt hatte? Konnte er denn im Gedenken an jene mit den neuen vollkommen glücklich sein, wie lieb sie ihm auch waren?

Auf diese Fragen, die in obliquer Form jene Fragen stellen, die dem Autor am Herzen gelegen haben müssen, der gerade seinen dreijährigen Sohn Aleša verloren hatte, hat der fromme Zosima die Antwort sogleich parat: Ja, ja, er konnte es, denn der alte Kummer geht nach einem „großen Geheimnis des menschlichen Lebens" (великою тайной жизни человеческой) allmählich in „stille, gerührte Freude" (тихая, умиленная радость) über (XIV, 265).

Das Motiv des Ersatzes verstorbener Kinder taucht 240 Druckseiten später noch einmal auf. Der sterbende Iljuša Snegirev trägt seinem Vater auf, nach seinem Tode einen andern Jungen, einen guten Jungen zu nehmen, ihn Iljuša zu nennen und ihn an seiner Statt zu lieben. Aber der verrückte Snegirev will keinen lieben Jungen, will keinen andern Jungen, wie er mit zum Himmel erhobenen Händen und mit knirschenden Zähnen flüstert. Indem er dabei Worte aus dem Psalm 136 (137), V. 5-6, zitiert, „Wenn ich dich vergesse, Jerusalem, klebe mir..." (XIV, 507), beschwört er ein alttestamentliches Muster der Treue. Die Beziehung des in seinem Tod fürsorglichen Kindes und des kindischen Vaters wird in der Regel lediglich als Verkehrung der Rollen von Eltern und Kin-

---

[23] Im Hiobbuch kommt der Wette – wie Ebach, Hiob/Hiobbuch, darlegt – für das dort gestellte Problem keine „Erklärungsfunktion" zu. Deshalb werden weder sie noch Satan am Ende des Hiobbuches erwähnt.

[24] Die von Zosima fingierten Fragen der „Spötter und Lästerer" gehören im Grunde nicht in die von ihm erzählte Hiobsgeschichte, sondern entsprechen dem religionskritischen Kontext des Autors und der Position von D II.

dern betrachtet. Aber in der Relation zum Buch Hiob ruft die Motivik der Snegirevs eine Reihe von andern Fragen auf, die die Zufriedenheit von Dostoevskij I mit Hiobs finaler Zufriedenheit in ein neues Licht rücken: Wirft die Treue zu seinem Kind, die der von Gott mit allem Unglück geschlagene russische Hiob beweist, nicht einen Schatten auf die Zufriedenheit des biblischen Hiob? Kommt Hiobs Zufriedenheit mit den neuen Kindern nicht einem Verrat an den verstorbenen gleich? Und in Verbindung damit: Mindert das kritische Potential der Motivik Snegirevs als eines Anti-Hiob nicht die Kraft des ästhetischen Gottesbeweises? Dieser Beweis gründet ja auf der Parallele des Romans mit dem alttestamentlichen Buch. Leidet die von Dostoevskij I angestrengte Theodizee nicht eine gewisse Einbuße dadurch, dass die Kosmodizee dieses Romans durch die in der Gestalt Snegirevs verborgene Kritik an der Hiobsgestalt ein wenig entwertet wird? Und schließlich fragt sich, inwieweit das die Theodizee annullierende Potential Snegirevs vom Autor in aller Bewusstheit intendiert wurde oder seiner Selbstzensur nur entgangen ist. Es muss zu denken geben, dass die kritischen Fragen der „Spötter und Lästerer" zur Motivation Gottes und zur finalen Zufriedenheit Hiobs, die im biblischen Text keinerlei Grundlage haben, in Zosima Nacherzählung und in Dostoevskijs Roman eine prominente Stelle einnehmen.

Peter Alberg Jensen

ZUR SITUATION ALS EMBRYO DER KUNST

Einleitung

Ein prototypischer narrativer Text besteht bekanntlich aus zwei Komponenten, Situationen und Begebenheiten, die aneinander gereiht werden: eine Ausgangssituation („Es war einmal..") wird durch eine Begebenheit verändert („Eines Tages..."), die neue Situation wird durch eine zweite Begebenheit abgewandelt u.s.w. Beim traditonellen, nicht-literarischen Erzählen ist die Begebenheit die Hauptsache – es wird erzählt, wenn etwas Neues, Wichtiges, Interessantes oder Komisches etc. passiert ist. In den ältesten dichterischen Erzählgattungen waren die Begebenheiten denn auch der eigentliche Gegenstand des Erzählens, im Epos – die Taten der Helden, in der novellistischen Erzählttradition das unerwartete Ereignis, wie es die Bezeichnung Novelle direkt ausdrückt. Die Theorie der Prosa hat vom Anfang an zurecht der Begebenheit die zentrale Rolle im erzählenden Texte beigemessen und entsprechend Begebenheit und Handlung theoretisch modelliert. Aber bis heute noch hat sie die andere Hauptkomponente des narrativen Modus theoretisch vernachlässigt. Mittlerweile sind die Rollen von Situation bzw. Begebenheit in der modernen literarischen Prosa weitgehend modifiziert. Im Roman des 19. und 20. Jahrhunderts sind epische und novellistische Momente zumeist fragmentiert und unter situationellen Komponenten verstreut, weswegen letztere nicht mehr hintergründig, sondern eher dominant geworden sind. Die Entwicklung der Prosa ist weitgehend mit der Verschiebung der Perspektive vom Autor auf die Person gleichbedeutend, und diese perspektivische „Personalisierung" verlagert die Sicht mitten in laufende Situationen anstelle einer traditionellen Retrospektive.

Aber die wachsende Rolle der Situation in der Prosa der Moderne ist wahrscheinlich nicht nur eine Folgeerscheinung dieser Umstände. Wie ich unten argumentieren werde, kann sie auch von der Konstitution des Konzeptes Situation selber verursacht sein, denn diese Konstitution ist – so meine These – per se ästhetisch. Die Entwicklung der Prosa vollzieht einen Prozess fortschreitender Ästhetisierung. Solange sie begebenheitszentrierten Genres gedient hat (wie die Anekdote, Chronik, Geschichte) hat sie zum Teil fremden „Herren" gedient; denn im Unterschied zur Situation ist eine Begebenheit an sich kein ästhetisches

Konzept oder Gebilde. Die neuzeitliche Potenzierung der Situation ist mit ästhetischer Potenzierung gleichbedeutend: die Prosa ist als künstlerische Gattung „zu sich gekommen".

Michail Bachtins Formbegriff als Analogie zur Situation

Am Ende einer Analyse von Aleksandr Puškins Gedicht „Razluka" trifft Michail Bachtin eine prinzipielle Unterscheidung zwischen propositioneller Wahrheit und existentiellem Sinn:

> Единство мира – момент его конкретной единственности и необходимое условие нашей мысли со стороны ее содержания, т.е. мысли-суждения, но для действительной мысли-поступка мало одного единства. (Bachtin 2003a, 65)

Das wissenschaftliche Denken setzt die Ein[s]heit der Welt, während ein wirklicher, tatsächlicher Gedanke mehr als nur e i n e Einheit braucht. Die hier betonte Zweiseitigkeit des Sinnes ist ein Grundthema des philosophischen Fragments „K filosofii postupka", in dem die Gedichtanalyse uns begegnet. In dem größeren Fragment über Autor und Helden (anscheinend zum Teil als Fortsetzung des ersten geplant) dient die gleiche Idee als Grundlage einer Philosophie der ästhetischen Form (Bachtin 2003b): Künstlerische Form entsteht demnach als Vereinigung zweier Positionen, einer inneren Position des Helden im Werk und einer äußeren Position von jemandem, der dem Erlebnis des Helden Form verleiht und dadurch das Werk erstellt; die innere Position ist also diejenige einer aktuell erlebenden und handelnden, die äußere diejenige einer formgebenden Instanz; die künstlerische Form ist die Vereinigung von beiden.

Ein Grund, warum die Situation als solche unser Interesse verdient, besteht darin, dass dieses Konzept eine ähnliche Doppelheit aufweist und eben auch als ästhetisch per se, an und für sich, betrachtet werden kann. Die Analogie zwischen Situation und dem Kunstwerk habe ich anderswo dargestellt.[1] Im weiteren werde ich die doppelte Konstitution von Situation näher besprechen.

---

[1] Ich erlaube es mir, eine eigene Arbeit zu zitieren (Jensen 2007, 180): „Der Begriff Situation hebt eine Serie von Momenten hervor, fasst sie wertungsmäßig einheitlich zusammen und grenzt sie dadurch sowohl vom Vorhergehenden wie vom Nachfolgenden ab, erstellt also eine Einrahmung des Gemeinten. Die Verwendung des Wortes Situation kommt der Forderung gleich, sich das so Bezeichnete als Ganzheit vorzustellen, und beansprucht eine besonders aktive, imaginative Einstellung des Adressaten. Eine Situation verstehen heißt – sich in sie hineindenken bzw. sie sich als Ganzheit vorstellen. In diesen konstitutiven Zügen ist die funktionale Semantik des Konzeptes Situation derjenigen eines Kunstwerks erstaunlich analog oder gar gleich."

Die Situation als Vereinigung von Innen- und Außenbefindlichkeit

Die Situation ist kein einfacher Bestandteil der Realität, sondern ein komplexes Konzept. In dieser Hinsicht hat Käte Friedemann sich leichtsinnig ausgedrückt, wenn sie in ihrer bahnbrechenden Erzähler-Studie geschrieben hat:

> Die Wirklichkeit gibt uns nichts als Situationen, d. h. das Leben, von außen gesehen, ist nur eine Aneinanderreihung einzelner Momente. (Friedemann 1910, 125)

Nach meiner Ansicht ist das Konzept Situation im ersten Satz fehl am Platz, denn die Realität gibt uns keine Situationen. Letztere werden erst von uns konzipiert, weswegen das Konzept in Friedemanns Fortsetzung ganz präzis passen würde:

> Erst in einem betrachtenden Menschengeist werden diese zu Einheiten zusammengefaßt; hier entsteht ein neuer Maßstab für den Begriff der Wirklichkeit, indem das wahrhaft Seiende oft das genannt wird, was sich draußen nie findet, und was nur in der Verarbeitung und Bewertung der gegebenen Daseinsmomente liegt. (Ibid.)

Situation ist genau eine von „einem betrachtenden Menschengeist zusammengefaßte Einheit" und funktioniert eben als „Maßstab für den Begriff der Wirklichkeit". Auch der weitere Wortlaut im Zitat wäre ganz präzise auf den begriff der Situation anwendbar: diese „findet sich nie draußen", sondern entsteht erst „in der Verarbeitung und Bewertung der gegebenen Daseinsmomente".

Diese Konstitution der Situation durch ein erlebendes Subjekt ist von Wolf Schmid wie folgt konstatiert worden:

> Ohne Perspektive gibt es gar keine Situation. Eine Situation konstituiert sich immer erst im Bewußtsein eines die Wirklichkeit erlebenden, ihre Komplexität auf wenige Momente reduzierenden, latent geschichtenbildenden Subjekts. (Schmid 1995, 228)

Mit bewunderswerter Kürze und Präzision sind hier zwei Grundzüge der Situation bestimmt – die Vereinheitlichung der erfaßten Momente und ihr narratives Potential. Woher stammt dieses Potential?

Das Konzept der Situation enthält also eine Hervorhebung oder eine Auszeichnung: Indem wir eine Reihe von Momenten als Situation erleben bzw. bezeichnen, wird deren Wichtigkeit oder Interesse in irgendeiner Hinsicht beansprucht. Viele Lebensmomente werden als trivial und folglich gar nicht aktiv aufgefaßt, sie 'passieren' einfach. Situation dagegen drückt aktives Erlebnis aus und impliziert eine Betrachtungsweise, unter welcher das gegebene, ganzheitlich erlebte Moment relevant, wesentlich oder interessant erscheint. Eben diese implizite Hinsicht macht den Anspruch des Konzeptes narrativ; Situation ist selektiv und mit virtueller narrativer Selektion aufs engste verwandt („latent geschichtenbildend" heißt es dazu bei W. Schmid).

Hier kommt auch jene Doppelheit zum Vorschein, die als dem Bachtinschen Formbegriff analog betrachtet werden kann. Das Erlebnis eines gegebenen Moments als Situation setzt die aktuelle Befindlichkeit eines Subjekts innerhalb des Moments voraus, aber dessen Einschätzung a l s Situation bezieht Erfahrung und Wissen von außen ein. Das Konzept vereinigt also die Innenposition eines erlebenden und die Außenposition eines bewertenden Subjekts: genau so wie – nach Bachtin – die künstlerische Form.[2] Lässt sich das Konzept der Situation mit einem ästhetischen Embryo oder einer protoästhetischen Inhaltsform vergleichen?

Situationsverben als „Fiktionsstifter"

Ein weiteres Indiz des latenten Kunstcharakters von Situation ist die entscheidende Rolle der sogenannten Situationsverben in Käte Hamburgers Fiktionstheorie. Nach Hamburger sind es Verben, die die Fiktion erzeugen (Hamburger 1968, 69), und in einer ersten ausführlichen Analyse werden sie als 'Situationsverben' bezeichnet. Als Beispiel dient der Anfang der Rahmenerzählung von Gottfried Kellers *Züricher Novellen*:

> Gegen das Ende der achtzehnhundertzwanziger Jahre, als die Stadt Zürich mit weitläufigen Festungswerken umgeben war, erhob sich an einem hellen Sommermorgen mitten in derselben ein junger Mensch von seinem Lager [...]. (Ibid. 81)

Der Grund, weshalb diese Einleitung sogleich die Fiktion zustandebringt, steckt im Verb:

> Verben wie: sich (vom Lager, von einem Stuhl) erheben, gehen, sitzen, eine unruhige Nacht haben [...] wenden wir nicht an, wenn wir Aussagen über weit zurückliegende oder unbestimmte Zeitpunkte machen. Wir können sagen: gestern oder vor einer Woche radelte Peter nach der Stadt, aber

---

[2] Die Analogie zwischen Bachtins Bestimmung der künstlerischen Form und dem Konzept Situation könnte Søren Kierkegaards Auffassung von der ä s t h e t i s c h e n Konstitution der Situation erhellen. In Kierkegaards Frühwerk dient Situation nicht nur als Schlüsselbegriff sowohl in der Beschreibung der ästhetischen Lebenshaltung als auch in Analysen von konkreten Kunstwerken (Mozarts *Don Juan* in *Entweder – Oder* oder der Posse in *Der Wiederholung*). In Kierkegaard scheint das Konzept Situation an und für sich schon ästhetisch – Situation sei etwas Erschaffenes und als Ganzheit auch sinnlich Wahrnimmbares. Diese Idee war eine direkte Inspiration für meine hier vorgetragene Konzeption.

wir pflegen nicht zu sagen: vor zehn Jahren oder Anfang dieses Jahrhunderts radelte Peter nach der Stadt, oder gar: stand er vom Stuhle auf. In der Wirklichkeitsaussage bedienen wir uns solcher *Situationsverben* im Imperfekt nur in bezug auf kurz vergangene Zeitpunkte. Und zwar deshalb, weil diese Verben eine konkrete, von mir, dem hier und jetzt Aussagenden noch übersehbare, erinnerte Situation bezeichnen. (Ibid. 81f, Hervorhebung von P.A.J.)

Hamburger gibt keine explizite Definiton von Situationsverb, aber ein Grund, warum der Passus „erhob sich an einem hellen Sommermorgen [...] ein junger Mensch von seinem Lager" die Fiktion erzeugt, kann aus der abschließenden Erläuterung erschlossen werden: 1. Solche Verben bezeichnen „eine konkrete, von mir, dem hier und jetzt Aussagenden noch übersehbare, erinnerte Situation"; 2. da aber im 'epischen Präteritum' laut Hamburger gar kein „hier und jetzt Aussagender" vorhanden ist, muß die Bedeutung der Situationsverben – die Wahrnehmung einer „konkreten, noch übersehbaren, erinnerten Situation" – auf eine i m a g i n ä r e Instanz zurückgeführt werden.

Erschaffung von Situation ist anscheinend mit Erschaffung von Fiktion gleichbedeutend. Es geht eben um E r s c h a f f u n g der Situation. Alles oben Gesagte bezieht sich auf Situation außerhalb des Jetzt, außerhalb des Präsens eines kommunikativen Sprechaktes. Im Präsens ist die Situation vorhanden; jeder Sprechakt findet ja in einer Situation statt – ist eben 'situiert'; die Situation ist gegeben, weswegen jeder Teilnehmer am Sprechakt ohne weiteres situative Wörter oder Wendungen verwenden kann, wie z. B. deiktische Wörter – „hier", „jetzt" – oder Konstruktionen mit 'es' – „es kommt jemand!", „es klopft an der Tür!", „es ist kalt" etc. In der Vergangenheit ist auch die Situation vergangen, weshalb die Verwendung von situativen Elementen im Präteritum einen drastischen Effekt hat, wie in den Fällen: „es kam jemand!" „es klopfte an der Tür", „es war kalt". Situative Elemente, die eine Situation direkt indizieren, wirken in der Vergangenheitsform unmittelbar fiktional: sie suggerieren die Vorstellung einer Situation und dadurch auch deren Subjekt – jemanden also, der der gegebenen Situation ausgesetzt ist.

Käte Hamburger hat recht – bei der Erstellung der Fiktion spielen Situationsverben eine wichtige Rolle. Aber wie eben angedeutet gesellt sich an solche Verben eine Reihe anderer sprachlichen Elemente, die außerhalb des Präsens denselben Effekt haben. Die wichtigsten sind deiktische Wörter (von Viggo Brøndal Situationsbezeichner oder einfach Situative genannt; Brøndal 1928, 38f, 93), unpersönliche Konstruktionen und Partikeln.[3] Das fiktionale Potential dieser Wörter und Konstruktionen steckt in der gleichen situativen Bedeutung wie diejenige der Situationsverben: 1. Sie indizieren eine konkrete, aktuelle oder noch übersehbare Situation; 2. falls die indizierte Situation mit der präsentischen

---

[3] Über die Rolle der Partikeln, siehe Jensen 2006 (200-6) und 2009 (91f).

Situation des Sprech- oder Leseaktes nicht zusammenfällt, muß sie schlechthin imaginiert werden; in diesem Falle bewerkstelligen die situativen Elemente die Fiktion.

Aus dem eben Gesagten geht hervor, dass die Umstellung von Faktizität des kommunikativen Sprechaktes zur Fiktionalität direkt mit der Zeit zu tun hat. Sobald die zeitliche Referenz nicht vom Moment des Sprechaktes ausgeht, sondern außerhalb von ihm zentriert ist, entsteht Fiktion oder Dichtung oder Kunst. Die andere Zeit muß irgendwo stattfinden, wodurch auch ein alternativer Raum erschaffen wird. Setzen wir die andere Zeit mit ihrem anderen Raum in Verbindung, ergibt sich, was Michail Bachtin Chronotop genannt hat. Bachtins Konzept des Chrontops ist mit dem Konzept der Situation direkt verbunden, und das so Bezeichnete – ein erschaffener Zeitraum – ist eine Hauptkonstituente des Kunstwerks.[4]

Situation als Baustein der 'Architektonik'

Die mehrmals besprochene deutungsmäßige Doppelheit der Situation ist vorrangig zeitlich: Dabei wird ein Moment als wesentlich wahrgenommen und dadurch zeitlich perspektiviert oder vertieft. Anders gesagt ist die oben erwähnte H i n s i c h t , in welcher das Moment qua Situation bewertet wird, vor allem zeitlich. Welche sind die beteiligten Zeitdimensionen? In einer anderen Arbeit habe ich über „die entzweite Zeitlichkeit" in Čechovs Prosa geschrieben: Dort hatte ich die fortschreitende chronikale Zeit einerseits und die lebensweltliche Zeit andererseits im Auge;[5] erstere ist die physikalische Raumzeit, d. h. die Uhrzeit, mit der wir Veränderungen im Raume registrieren (durch die Bewegung der Erde um sich und um die Sonne herum bedingt); die andere ist eine Dimension, die durch die begrenzte Zeit des Menschenlebens konstituiert wird. Laut Bachtin verleihen wir unseren Äußerungen Sinn, indem wir sie aufgrund einer existentiellen zeitlichen Bewertung akzentuieren. Bachtin nennt diese lebenszeitliche Ordnung 'Architektonik'. Die einleitend zitierte Analyse von Puškins Gedicht „Razluka" dient eben als Illustration dafür, wie die innere Form des Gedichts durch und durch 'architektonisch' konstituiert ist. Im gleichen Zusammenhang schreibt Bachtin:

---

[4] Dass die Erschaffung eines anderen Zeitraums (als des Sprechaktes) die Fiktion sogleich etabliert bezeugt auch die Wichtigkeit dessen, was Jurij Apresjan 'sekundäre Deixis' genannt hat – d. h. eine Deixis, die nicht vom Redesubjekt ausgeht, sondern anderswo orientiert ist (Apresjan 1986). In der Tat reicht es, eine 'sekundäre Deixis' einzurichten, um Fiktion zu erstellen, und die Inhaltsebene von sekundärer Deixis ist fast mit Situation identisch im Sinne von erschaffenem, vorgestelltem Zeitraum.

[5] Jensen 2007, 183-88.

> Только ценность смертного человека дает масштабы для пространственного и временного ряда: пространство уплотняется, как возможный кругозор смертного человека, его возможное окружение, а время имеет ценностный вес и тяжесть, как течение жизни смертного человека, причем и содержательную временную определенность, и формальную тяжесть, значимое течение ритма. Если бы человек не был смертен, эмоционально-волевой тон этого протекания, этого: раньше, позже, еще, когда, никогда, и формальных моментов ритма был бы иной. Уничтожим масштабы жизни смертного человека – погаснет ценность переживаемого – и ритма, и содержания. (Bachtin 2003a, 59f)[6]

Anhand von dieser Passage kann man das Konzept der Situation als grundlegende Einheit der Architektonik im Sinne Bachtins begreifen. Mit anderen Worten könnte man auch sagen: Wenn man die Begrenzung des Menschenlebens aufheben könnte, würde der Situationsbegriff ganz anders ausfallen oder seinen Wert vollends verlieren. In Käte Friedemanns Worten könnten wir auch sagen: In der Verarbeitung und Bewertung der gegebenen Daseinsmomente ist Situation unser grundlegender lebensweltlicher Maßstab.

Die deutungsmäßige und zeitliche Doppelheit der Situation entspricht der doppelten Bedeutung des Wortes selber. Situation ist ursprünglich ein durchaus räumlicher Begriff (in Vl. Dal's Wörterbuch wurde „situacija" zuerst als Terminus der Landvermessung bestimmt[7]), der aber immer mehr zeitliche Merkmale angenommen hatte. Das Konzept wurde „existentialisiert", so daß damit weniger ein Ort im Raum als vielmehr ein Ort im Leben gemeint war.[8] Diese Verzeitlichung des Konzeptes der Situation ist es, die dem räumlichen Begriff mitsamt dessen eigener chronikalen Raumzeit einen lebenszeitlichen Stellenwert verleiht und dadurch dynamisiert und narrativ potenziert.

Indessen ist die räumliche Substanz der Situation entscheidend für ihr ästhetisches Potential, das sie von 'Begebenheit' unterscheidet. Begebenheit ist ein gänzlich relationales Konzept; sie kann einfach mitgeteilt werden, d.h. man muß sie sich nicht vorstellen, ehe man sie begreift. Situation dagegen ist eine sinnlich wahrnehmbare Ganzheit, die vorgestellt werden muß, um verständlich zu werden – verstehen heißt sich vorstellen; ihre ganzheitliche räumliche Konstitution läßt der ästhetischen Darstellung freien Raum.

---

[6] Ohne Kenntnis von Bachtins Erläuterung der Architektonik (die noch nicht veröffentlicht war) hat Paul Ricoeur eine ähnliche Idee sehr einfach formuliert – „le double mode de ne...plus et du encore" (Ricoeur 1984, 444).

[7] „Ситуáция [...], землемерное: местность, видоположение, местоположение" (Даль 1955, 166).

[8] Synonyme wie 'Lage' oder Ru. 'obstanovka', 'položenie' sind ebenso räumlich fundiert, aber haben die gleiche Entwicklung durchgemacht: Auf jugendlichem Schwedischen heißt die Begrüßung „Wie geht's?" heutzutage „Läget?", d. h. „Die Lage?" – und gefragt wird nicht nach dem Ort im Raume, sondern nach der Situation im Leben.

Čechovs situative Poetik: ein Beispiel

Meine Arbeit am Thema Situation wurden einerseits von Anton Čechovs Prosa und andererseits von Søren Kierkegaard veranlaßt. In seinem Essay *Der Widerschein des antiken Tragischen in dem modernen Tragischen* (Kierkegaard 1956) reflektiert Kierkegaard über die wachsende Rolle der Situation in der Moderne auf Weisen, die Čechovs Poetik schlagartig erhellen. Ich habe anderswo das Essay eingehend referiert (Jensen 2008, 144-46) und möchte hier nur ein Beispiel aus Čechov anführen.

Die Erzählung *Na podvode* (*Auf dem Wagen*, 1897) gilt zurecht als Beispiel der „fabellosen" („besfabul'nye") Erzählungen des Autors (Čudakov 1971, 133). Wie bereits im situationellen Titel angedeutet, passiert wirklich sehr wenig: Die Erzählung schildert die Rückkehr der Dorflehrerin Mar'ja Vasil'evna aus der Stadt, wo sie ihr Gehalt abgeholt und bescheidene Einkäufe gemacht hat, in das Dorf, wo sie seit 13 Jahren wohnt und arbeitet. Der Text entfaltet sich von der Abfahrt bis zur Ankunft, genauer vom Losfahren bis Anlangen – von „vyexali" im ersten Satz bis „priechali" als Schlußwort. Mit Ausnahme zweier Begegnungen mit einem benachbarten Gutsherrn (den Mar'ja Vasil'evna sehr mag) und der Mittagspause in einem Wirtshaus passiert fast nichts während der langen, mühsamen Fahrt – jedenfalls nicht an der Oberfläche des Geschehens. Aber in Gedanken läßt die Heldin ihr Leben Revue passieren. Die Erzählung entfaltet sich als kontrapunktischer Wechsel zwischen der fortschreitenden aktuellen Situation und den Gemütsbewegungen der Heldin. Auf diese Weise wird auch die oben betonte deutungsmäßige Doppelheit der Situation entblößt: Mar'ja Vasil'evna vereinigt die Rolle der innenbefindlichen „Erlebenden" mit derjenigen der außenbefindlichen „Bewerterin"; was passiert, ist gleichzeitig die Zeit eines Tages und die Zeit eines Lebens.

Im Zentrum der Geschichte steht charakteristischerweise die Mittagspause, wo denn auch der Gang der Sonne thematisiert wird. Ich zitiere dieses Stück unten und hebe situative Elemente hervor – unpersönliche Konstruktionen, eine lange Reihe imperfektiver Verbformen mit prozessueller oder aber iterativer Bedeutung, und auch die Partikeln 'vsë' und 'uže':

> Приехали в Нижнее Городище. [...] В трактире **было** много народа, всё извозчики, и **пахло** тут водкой, табаком и овчиной. **Шёл** громкий разговор, **хлопали** дверью на блоке. За стеной в лавочке, не умолкая ни на минуту, **играли** на гармонике. Марья Васильевна **сидела** и **пила** чай, а за соседним столом мужики, распаренные чаем и трактирной духотой, **пили** водку и пиво. [...]
> Марья Васильевна **пила** чай с удовольствием и сама **становилась** красной, как мужики, и **думала** опять о дровах, о стороже... [...]
> Дверь на блоке **все хлопала**, одни **входили**, другие **выходили**. Марья Васильевна **сидела** и **думала все** про то же, а гармоника за

стеной **все играла** и **играла**. Солнечные пятна **были** на полу, потом перешли на прилавок, на стену и совсем исчезли; **значит**, солнце **уже** склонилось за полдень. Мужики за соседним столом **стали собираться** в путь. Маленький мужик, слегка пошатываясь, подошел к Марье Васильевне и подал ей руку; глядя на него, и другие тоже подали руку на прощанье и вышли один за другим, и дверь на блоке провизжала и хлопнула девять раз. (Čechov 1977, 339f)

Die Situation der Mittagspause wird nicht als Statik beschrieben, sondern als Verlauf erzählt. Der Passus über den Gang der Sonne steht zentral und ist sehr charakteristisch: Die temporale Bedeutung der Verben kann nicht genau festgestellt werden (ob Plusquamperfektum oder Präteritum) aufgrund der situativen Perspektive, die denn auch in „značit" explizit wird: Innerhalb ihres Verlaufes macht die Zeit eben keinen Halt! Danach passiert letztendlich nicht nur die Zeit, sondern auch eine konkrete Begebenheit: Die Bauern verabschieden sich – einer nach dem anderen – von der Dorflehrerin. Aber die Perspektive bleibt innerhalb der Situation, denn das wiederholte Geräusch der Pendeltür wird genau gezählt! Die Retrospektive der perfektiven Verben hat nur momentane Geltung – auch der Minibericht ist in der Situation eingebettet. Der Wert des Erzählten wird einerseits begrenzt durch den situativen Erzählmodus – alles hat nur situationellen Stellenwert; andererseits wird der „Gesamtwert" eben daher beweglich und offen. Das hier Gezeigte beträgt im höchsten Grade auch die Dramaturgie Čechovs. Sein Spätwerk kann als ein mannigfaltiges situationelles Gefüge betrachtet werden.

Schluss

Die wachsende Rolle der Situation in der Prosa der zweiten Hälfte des 19. Jahrhunderts ist mit fortschreitender Ästhetisierung gleichbedeutend: Je mehr Situationen in den Vordergrund geraten, desto direkter kommt die literarische Prosa als künstlerische Gattung zu sich selbst. Die Existentialisierung der Prosa, die aus der Dominanz der Situation vor Handlung resultiert, bedeutet auch, daß das Leben des einzelnen Menschen in die Kunst Eintritt finden kann, wenn auch in so einem Leben recht wenig „passiert". Anton Čechov war ein narratives Genie, das über Beliebiges – egal ob Dinge, Tiere, Kinder, Erwachsene – eine Erzählung schreiben konnte. Sein Blick für v i r t u e l l e s   G e s c h i c k im Alltäglichsten hat ihm nicht nur den Lebensunterhalt verschafft, sondern auch einen besonderen Sinn gegeben für die Problematik der „Handlungsleere" im Leben vieler Menschen seiner Zeit. Čechov ist kein Alltagsschilderer geworden: Er bleibt Erzähler (sonst wäre auch seine Prosa viel umfangreicher). Aber es werden oft Lebenssituationen eher als Begebenheiten erzählt, weil der grundlegend situative Erzählmodus im   f o r t s c h r e i t e n d e n   L e b e n s v o r g a n g   b e f a n g e n bleibt. Und diese existentielle „Befangenheit" – die ständige indexale Referenz zur aktuellen, „fließenden" Situation – erweist sich als ein grundsätzlich ästhetischer Modus, einfach weil situative Ausdrücke ganzheitliche Vorstellungen hervorrufen. In Čechovs Werken erleben wir nicht, daß die Schönheit die Welt retten würde, sondern eher, wie die Schönheit in die Welt eingegangen ist, indem sie – im Sinne von ästhetischer Gestaltung – dem Einzelleben gehört. Unauffällig werden triviale Einzelleben universell.

Literatur

Apresjan, Ju. D. 1986. „Dejksis v leksike i grammatike i naivnaja model' mira", *Semiotika i informatika 28*, Moskva, 5-33.
Bachtin, M. M. 2003a. „K filosofii postupka", *Sobranie sočinenij, Tom 1, Filosofskaja èstetika 1920-ch godov*, Moskva, 7-68.
— 2003b. „Avtor i geroj v èstetičeskoj dejatel'nosti", *Sobranie sočinenij, Tom 1, Filosofskaja èstetika 1920-ch godov*, Moskva, 69-263.
Brøndal, V. 1928. *Ordklasserne. Partes orationis*, Studier over de sproglige kategorier, Kjøbenhavn.
Čechov, A. P. 1977. *Polnoe sobranie sočinenij i pisem v tridcati tomach*, T. 9, Moskva.
Čudakov, A. P. 1971. *Poètika Čechova*, Moskva.
Friedemann, K. 1910. *Die Rolle des Erzählers in der Epik*, Leipzig.
Dal', V. I. 1955. *Tolkovyj slovar' velikorusskogo jazyka*, T. IV, Moskva.
Hamburger, K. 1968. *Die Logik der Dichtung*, Zweite, stark veränderte Auflage, Stuttgart.
Jensen, P. A. 2006. „Problema izmenenija i vremeni u Tolstogo i Čechova. K postanovke voprosa", G. V. Obatnin, P. Pesonan (Hg.), *Istorija i povestvovanie*, Moskva, 196-209.
— 2007. „Čechovs 'Nicht-vom-Ende-Erzählen'. Am Beispiel von 'Nevesta'", *Thanatologien. Thanatopoetik. Der Tod des Dichters. Dichter des Tode, Wiener Slawistischer Almanach 60*, 175-96.
— 2008. „'Situation und Isolation' im Sinne Søren Kierkegaards als Grundzüge in Čechovs Poetik. Am Beispiel von 'O ljubvi'", R. Grübel, W. Schmid (Hg.), *Wortkunst. Erzählkunst. Bildkunst,* Festschrift für Aage A. Hansen-Löve, München, 144-152.
— 2009. „O situativnom povestvovanii Čechova. K postanovke voprosa", J. Lindbladh, T. Paulsson, K. Sarsenov, M. Slavičkova, B. Törnquist-Plewa (Hg.), *The Arts in Dialogue*. Essays in honour of Fiona Björling, Lund, 79-108.
Kierkegaard, S. 1956. „Der Widerschein des antiken Tragischen in dem modernen Tragischen. Ein Versuch im fragmentarischen Streben", S. Kierkegaard, *Entweder – Oder,* Erster Teil, Düsseldorf, 147-76.
Ricoeur, P. 1984. „Le temps raconté", *Revue de Métaphysique et de Morale*, 3, 436-52.
Schmid, Wolf 1995. „Textinterferenz, Äquivalenz und Ereignis in späten Erzählungen Anton Čechovs", Dorothea Kullmann (Hg.) *Erlebte Rede und impressionistischer Stil*, Göttingen, 221-38.

Walter Koschmal

ZUR RUSSISCHEN SCHÖNHEIT

> Tota pulchra es, Maria et macula originalis non est in te. Vestimentum tuum candidum quasi nix, et facies tua sicut sol. Tota pulchra es, Maria, et macula originalis non est in te. Tu gloria Jerusalem, tu laetitia Israel, tu honorificentia populi nostri. Tota pulchra es, Maria.

Das weite Thema „Russische Schönheit" verlangt Beschränkung. Ich beschränke mich auf die „Schönheit" der Frau, der russischen Gottesmutter, der „bogomater'" bzw. „bogorodica" (Gottesgebärerin). Sie ist in anderer Weise schön als etwa die in „weichem Stil" gehaltenen „Schönen Madonnen" des Prager Bildhauers Peter Parler und seiner Schule. Diese sind physisch schön. Die Thematisierung physischer Schönheit und Erotik hat im westslavischen Kulturraum eine lange Tradition, nicht aber im ostslavischen.

Das Thema der Schönheit bleibt dort weitgehend auf die Frau, d.h. zunächst auf die Gottesmutter beschränkt. In Russland, in der russischen Orthodoxie wird die Gottesmutter meist mit dem Ende der Welt, mit deren Errettung bzw. jener der Menschen verbunden. Die Gottesmutter hat eine eschatologische, ja apokalyptische Dimension (Meyer 2005, 287), verbindet sich mit dem Ende der Welt. Schon sehr früh kommen Maria die Funktionen ihres Sohnes, Christi, zu. In der russischen Orthodoxie gibt es keine Rettung durch eine ästhetisch geprägte Schönheit: Die rettende Schönheit der Gottesmutter, an die sich das Volk in Russland immer schon gewendet hat, ist eine ethisch bzw. religiös bestimmte. Ästhetik als Philosophie des Schönen, die sich schon in der Antike vom menschlichen Körper leiten lässt (Aertsen u.a. 1992,1343), bleibt in Russland über lange Zeit fremd. In der russischen Variante der Kalokagathia (vgl. Liessmann 2009, 15) ist das körperlich Schöne in der Einheit von Schönem und Wahrem in der Bedeutung reduziert, das Wahre zum religiösen Wahren verschoben.

Folgte man allerdings Bernhard Sterns „Geschichte der öffentlichen Sittlichkeit in Russland", das hier eher als kurioses historisches Dokument zitiert wird, so beschreibt er anhand zahlreicher Quellen ein ganz anderes russisches „Schönheitsideal", das im Wesentlichen aus dem Schminken besteht, zumal mit „Rouge". Die Identität von „schön" (krasivyj) und „rot" (krasnyj) ergibt sich bei ihm ganz und gar – unkommunistisch – aus der von russischen Frauen allzu dick aufgetragenen Schminke. Dabei werde die Schönheit gar nicht „nach dem Gesicht, sondern nach dem Gewicht" bemessen, wobei „fünf Pud" als das annehmbare Minimum gelte (1908 II, 350). Die „außerordentliche Dicke" der Schminke kennzeichne allerdings die Großrussin, nicht die durch ihre Polennähe hübschere Kleinrussin (353).[1]

Dass dies bis heute nachwirkt, mag Viktor Erofeevs Essay „Warum russische Schönheiten billiger werden" belegen. Erofeev konstatiert im gegenwärtigen „Sexparadies" Russland eine Trennung von Schönheit und Sittlichkeit. Wohl auch deshalb veröffentlichte er seinen Beitrag in einem Band mit dem Titel *Russische Apokalypse* (*Russkij apokalipsis*, 2006, deutsch 2009).[2]

Ausschließliche Bedeutung gewinnt für das russische Schönheitskonzept jener Aspekt des Schönen, den auch die Antike, jedoch als einen unter mehreren, kennt, nämlich die Verbindung des Schönen mit dem Guten, also das moralisch Schöne. Platon formuliert etwa in seinem Dialog *Timaios*, alles Gute sei schön. Diese Verwendung des deutschen Adjektivs „schön" kam – im Unterschied zum gr. „kalós" – erst im 18. Jahrhundert auf. Die Lexeme zum Ausdruck der Bedeutung „schön" spielen auch im Russischen eine wichtige Rolle. Fedor M. Dostoevskijs Bemühen, den „položitel'no prekrasnyj čelovek" (entschieden schöner Mensch; „Nabroski" zum Roman *Idiot*; Dostoevskij PSS IX, 358; 346-348) darzustellen, erweist sich schon sprachlich als schwierig. Wie lässt sich das ins Deutsche übersetzen, als „entschieden schöner Mensch", als „positiv schöner Mensch"? Im Russischen ist diese Formulierung ungewöhnlich. Sie erscheint ein wenig fremd. Es wird nicht das Adjektiv „krasivyj" (schön), sondern „prekrasnyj" (sehr schön) verwendet: Das Adverb „položitel'no" verweist jedenfalls auf eine geistig-geistliche Schönheit, nicht aber auf eine körperliche. Kontinuitäten deuten sich also bereits an.

Die Moderne des westlichen Europa begreift das Schöne – im Unterschied zur Antike – meist als Grenzbereich zum kognitiven Wissen. Vladimir Solov'ev grenzt sich davon in seinen Dostoevskij-Reden implizit ab, schreibt er doch vom „Fühlen" der Weisheit bei Dostoevskij, vom Gefühl für ein moralisch Schönes. Die „bogorodica" ist die (Mit-) Fühlende schlechthin, die verkörperte Empathie und eben dadurch schön. Das Sinnliche körperlicher Schönheit bleibt dieser Figur ebenso fremd wie eine darauf basierende Erotik.

---

[1] Dem lässt sich der Bericht eines westeuropäischen Reisenden anfügen, den ich mir hier lediglich wegen des Sachsenbezugs zu zitieren erlaube: Die Russinnen mit ihrem „meist fleischigen Hals" scheinen „das Schnüren und Busen-Heraufpressen" „nicht so wie die Obersachsinnen zu verstehen" (Stern 1908 II, 349).

[2] Viktor Erofeev (2009, 115) stellt fest: „Russland zählt zur Avantgarde exotischer Erotik.". Die Marktwirtschaft habe sich „als Falle für die russische Seele" erwiesen, so dass die junge Russin heute „keine philosophische Lebensgrundlage" mehr besitze (118), aber auch ihre Bereitschaft sich aufzuopfern verloren habe. Eine Schönheit ohne Sittlichkeit hat es in Russland nicht gegeben und darf es wohl auch nicht geben: Deshalb trägt Erofeevs Band auch den Titel „Russische Apokalypse".

Ältere Marien-Konzeptionen: ein weiblicher Messias?

Die Gottesmutter ist bekanntlich in der Gläubigkeit der Orthodoxie jene Instanz, von der allein man sich Rettung erhofft. Sie gilt in Not als „Fürsprecherin", als „Zuflucht" des Volkes („zastupnica", „pribežišče" u.ä.). Die Funktion der Rettung, also jene des Messias, wird ihr zugewiesen. Das mag durch die Spezifik des erniedrigten, machtlosen, kenotischen Christus bedingt sein. Vor allem aber wird ihr eine besondere mütterliche Empathie zugeschrieben. Sie allein, ihre sittliche Haltung vermag das Volk – in dessen Augen – zu retten. Darin vor allem liegt ihre Schönheit.[3]

Die im ostslavischen Raum auch gegenüber Byzanz deutliche Aufwertung der Gottesmutter dürfte heidnische Wurzeln haben.[4] Die ausnehmend hohe Zahl der Gottesmutterikonen in Russland spricht für die Breite und Tiefe ihrer Verehrung, wobei sie „in Russia a more lyrical and tender figure than her severe Byzantine model." (Grossman 1980, 36; vgl. Kondakov 1914 und 1915) sei. Fedotov sieht den in Russland so häufigen Ikonentypus des „umilenie" in diesem Kontext (vergleiche im Unterschied dazu die byzantinische Gottesfurcht und den Herrschergestus des Pantokrator). Da in der russischen orthodoxen Kirche im Grunde keine Frauen als Heilige verehrt werden, kommt der Gottesmutter fast ein Alleinvertretungsanspruch für das weibliche Geschlecht zu (Grossman 1980, 46). Die Verehrung der Theotokos ist für Benz (1971, 54) „einer der erstaunlichsten Vorgänge in der Geschichte der alten Kirche". Maria steht für das weibliche Prinzip, für Gnade und Hilfe, Christus für das männliche (Ebbinghaus 1987, 72f.). So gebe es – bis zum 17. Jahrhundert, dann aber unter westlichem Einfluss, – kein Marienmirakel, in dem Maria einen Sünder bestrafen würde. Die Konzeption der Gottesmutter ist wesentlich von der Ikone geprägt, geht es doch vielfach um Gnadenäußerungen („javlenie") durch das Bild. Der „sensual mysticim" (Fedotov) bezieht sich auf die Sinnlichkeit der Ikone, nicht auf die dargestellte Figur, die als spirituell erscheint.

Maria wird als Theotokos gleichsam vergöttlicht. In den Akaphisten figuriert sie erneut als Retterin, als weiblicher Messias wird sie doch mit „rette uns!" („spasi nas!") angerufen. So gibt es sehr viel mehr Marien-Akaphiste als Christus-Akaphiste (Smolitsch 1952, 194). In liturgischen Liedern ist meist von ihrer Mutterschaft die Rede. In der russischen Frömmigkeit (Smolitsch 1952, 197)

---

[3] Gleichzeitig wird sie – fast paradoxerweise – von den Mächtigen politisch vereinnahmt: D.h. Marienikonen, ihre (Fund-) Orte dienen der Legitimation von Macht. Das hat auch heidnische Wurzeln, denen gemäß die Gottesmutter mit der Erde, aber auch mit einer konkreten nationalen Erde, sei es jene von Vladimir, Novgorod, Počaevsk oder Vydoprusk, verbunden wird (Koschmal 1995/96).

[4] „Earth is the Russian ‚Eternal Womanhood', not the celestial image of it: mother, not virgin; fertile, not pure" (Fedotov 1946, 13); „the national source of Mariological religion was in Russian paganism" (Fedotov 1946, 361).

herrscht eine hohe Verehrung für die „ewige Jungfernschaft" (prisnodevstvo). Smolitsch (1952, 202) unterstreicht, dass im mystischen Leben der Asketen, wie es in russischen Viten niedergelegt ist, nicht Christus, sondern die Gottesmutter im Mittelpunkt steht, etwa bei Sergius von Radonež. Nikolaj Berdjaev bezeichnet die russische Religiosität als jene Mariens, nicht Christi. (72f.). Die „Bogorodica" steht vor allem für „pokrov" (Schutz) und ist Fürbitterin. Die Religion Christi sei in Russland eine „Religion der Gottesgebärerin". Die bogorodica rückt nicht nur in den Mittelpunkt der russischen Religion bzw. Religiosität und Gläubigkeit, sie übernimmt auch die messianistische, rettende Funktion Christi.

Die Muttergottes ist in Russland ein „Volksfetisch" (Koschmal 1995/96, 14). Auch geschichtliche Ereignisse werden als religiöse interpretiert. Die religiöse Funktion dominiert nicht nur die ästhetische, sondern auch die historische. Die Muttergottes ist eine öffentliche Gestalt. Sie braucht und verlangt aufgrund ihrer Funktionen Öffentlichkeit. Das Moment des Privaten, gar der Bereich des Intimen fehlt. In Privathäusern gab es auch keine wundertätigen Ikonen (Koschmal 1995/96, 19). So überrascht es nicht, dass auch das Erotische keine Komponente der orthodoxen Mariengestalt sein kann.

Aus der Weiblichkeit von Erde und Gottesmutter sowie aus der religiösen Dominanz gegenüber der historischen Funktion erwächst die Nationalisierung der Gottesmutter als „Mütterchen Russland" („matuška Rossija"). Synekdochen wie „Mütterchen Moskau" („matuška Moskva") erscheinen hierzu lediglich als Varianten. Unter den Ikonenlegenden gibt es den Typus der Entsatzlegende (Apotropäum): Das Bild Mariens erscheint auf der Stadtmauer und vernichtet bzw. vertreibt die Feinde. Ikonen der Gottesmutter wie die Novgorodskaja und die Vladimirskaja stehen für die ersten, national begangenen Feiertage: Beide Ikonen sind nationalrussische Heiligtümer. Nikolaj Berdjaev weist in „Duša Rossii" (Die Seele Russlands) darauf hin, dass sich die „matuška bogorodica" in die „matuška Rossija" verwandelt. Dabei ist für Berdjaev der männliche Logos durch das weibliche nationale Element gefangen. Die Gottesmutter ist Volksfrömmigkeit und Politik in einem.

Die körperliche Schönheit der Frau gestaltet in der russischen Kultur eigentlich nur das Märchen. Im Unterschied zur „Theotokos" büßt die Frau dort ihre Jungfernschaft ein: Im Märchen *Car'-Devica* wird Ivan Carevič von der Schönheit, auch Klugheit, eines Mädchens angezogen, die dabei aber ihre Jungfernschaft nicht bewahren kann. Das physisch schöne Gegenbild zu Maria, Eva oder Lilith,[5] spielt in Russland im Grunde keine Rolle. Im 17. Jahrhundert ist auch

---

[5] J. M. Langer beschreibt Lilith nach dem jüdischen Buch *Sohar* in „Der Satan und die Weisen des Talmud" so: „Lilith scheint es aber – trotz ihres bereits recht vorgeschrittenen Alters – auf schlafende keusche Jünglinge abgesehen zu haben und zieht galante Abenteuer augenscheinlich dem ehelichen Höllenfrieden vor. Darüber ist am schönsten im *Zohar* zu lesen: ‚Sie hat ein rosenrotes, herrlich gepflegtes Haar, der Teint interessant bleich, wenngleich bisweilen errötend. Ihre rosa Lippen sollen das allersüßeste auf der Welt sein und ihre Worte

nicht von der Inversion der Schönheit, also von einer etwaigen Hässlichkeit der Anti-Muttergottes, der besessenen Solomonija die Rede, die außerhalb der christlichen Gemeinde bleibt (Döring-Smirnov 1985, 106). Allerdings erscheinen die „rusalki" als physisch schön. Diese ‚Nixen' hat jedoch ihre Sünde zugrunde gerichtet, die letztendlich als religiös-ethische Hässlichkeit die physische Schönheit beherrscht und in den Hintergrund drängt (Moyle 1987, 222).

Zu den rhetorischen Anfängen der Ästhetisierung des Schönen (17./18. Jahrhundert)

Rein ästhetische Aspekte der Schönheit Mariens dürften in Schrifttum und Literatur bis zum 18. Jahrhundert kaum eine Rolle spielen. Noch Feofan Prokopovič (1681-1736; vgl. Härtel 1970, 162) betont hingegen die „Lehre der immerwährenden Jungfräulichkeit" (prisnoděva, 170). Im 18. Jahrhundert zeichnen sich, zumal im Kiever Raum, aber verstärkt westliche Einflüsse ab: Prokopovič erwähnt den Lobpreis des Schoßes und der Brüste Mariens, die den Sohn Gottes getragen und genährt haben, in einer Evangelienperikope zu Marienfesten. Hryhorij Skovoroda (1722-1794) geht noch weiter. Er wertet die Gottesmutter, ihr schönes Bild, ihre Hilfe und Fürsorge für die Menschen, als ein spezifisches ästhetisches Mittel um, das es ermöglicht, zum – göttlichen – Ursprung, zur Dreieinigkeit zurückzufinden. Dies setzt er mit der Schönheit der Schöpfung gleich. Schönheit begreift er damit aber nicht als menschliche, sondern als göttliche. Die Tatsache, dass im westlichen Europa bereits die Künstler der Renaissance die Schönheit aus theologisch-politischen Programmen befreien (Liessmann 2009, 55), verdeutlicht die Unterschiede in der Entwicklung der Schönheitskonzepte.

H. Skovoroda übersetzt gr. „prepon" als „krasota", „decorum" als „blagolepie" oder „blagopriličnost'" (Wohlanständigkeit): Beide hängen aber für ihn allein von Gott ab und bezeichnen die Schönheit der Schöpfung (Erdmann-Pandzić 2005, 132-133). Skovoroda schafft so seinen Begriff der Schönheit als „einen im *Ursprung* begründeten absoluten Begriff", der im Kontext des Analogiegedankens steht. Gott ist ihm der einheitliche, synkretistische Ursprung von Schönheit und Güte (Erdmann-Pandzić 2005, 185). „Die Realisierung des Urbilds im Bild und durch das Bild ist die Wahrnehmung seiner *Ähnlichkeit* und *Unähnlichkeit* mit dem *Ursprung*, wie er sie in seiner Lehre von den zwei *Naturen* fordert." (Erdmann-Pandzić 2005, 286). Auf der Suche nach dem Urbild sei es das Bild, das dazu Impulse der Erinnerung setze, einer Erinnerung an die

---

fließen wie wohlriechendes Öl. In Purpur gekleidet und mit einem sechsfachen Ohrenschmuck reich geschmückt erscheint sie und <die ganze Liebesmacht des Morgenlandes folgt ihr im Rücken>" (zitiert nach Koschmal 2010, 414).

Ewigkeit. „Plotin sieht in der Schönheit des Bilds den Impuls zur Rückkehr in den Ursprung durch die Wahrnehmung seiner selbst im Bild." (Erdmann-Pandžić 2005, 246). Auch diese intensive Rezeption griechischer Quellen lässt Skovoroda die Schönheit als Weg zum Göttlichen, nicht zum Menschen begreifen. Die Lehre vom „prepon" (decorum) unterliegt keinen menschlichen Gesetzen.

Mit Recht lässt sich demnach fragen, inwiefern nicht das religiöse Kunstschöne physische Schönheit, gerade jene der Gottesmutter, über lange Zeit kompensiert hat. Diese Frage wirft insbesondere die Vision des 1603 verstorbenen Mönchs Martirij (Buslaev 1861 II) auf. Sie erinnert in erstaunlicher Weise an eine von Pavel Florenskij (1993, 57-59) in „Die Ikonostase" („Ikonostas") erwähnte Vision des Malers Raffaello Santi, nach der er ein Madonnenbild gemalt hat. Donate d'Angelo Bramante erzählt in seinen Handschriften von einer dem russischen Mönch Martirij verblüffend ähnlichen Vision Raffaels. Bramante habe Raffael einmal gefragt, in welcher Welt er die Schönheit der Madonna, die er male, gesehen habe. Damit bezieht er die Gottesmutter und ihr Bild auf ein spezifisches Schönheitskonzept. Raffael gesteht ihm, dass er von Jugend an bemüht sei, die Schönheit der Madonna ins Bild zu setzen. Er wollte immer schon die Madonna malen, scheiterte aber daran. Raffael spricht von einem „geheimen Bild", das ab und an „seine Seele" besuche. Manchmal sei ihm das Bild so erschienen, wie er es malen wollte (1993, 59), doch seien seine Gefühle zu „dunkel" gewesen: Er sehe die Madonna immer nur zu kurz aufblitzen. Doch eines Tages sei er aus dem Schlaf aufgeschreckt (Florenskij 1993, 59):

> Vo mrake noči vzor Rafaėlja privlečen byl svetlym videniem na stene protiv samogo ego loža; on vzgljanul v nego i uvidel, čto visevšij na stene, eščë nedokončennyj obraz Madonny blistal krotkim sijaniem i kazalsja soveršennym budto živym obrazom.

> In der Dunkelheit der Nacht wurde Raffaels Blick von einer hellen Erscheinung auf der seinem Bett gegenüberliegenden Wand angezogen; er blickte sie an und sah, dass das Bild der Madonna, das an der Wand hing und noch nicht vollendet war, mit zartem Schein glänzte und ein ganz und gar lebendiges Bild zu sein schien.

Nach der Vision seien ihm die Tränen aus den Augen gestürzt. Stehen hier das schöpferische, das kreative Individuum, der Maler Raffael und sein Bild im Vordergrund, so ist es in der Orthodoxie nicht Sache eines Künstlerindividuums zu malen, sondern jene der „heiligen Väter" („svjatye otcy"): Die Ikone gilt „als Gegenstand, der nicht der willkürlichen Veränderung unterliegt" („predmet, ne podležaščij proizvol'nomu izmeneniju").

Der russische Mönch Martirij (Buslaev 1861, II, 391-394) täuscht sich in einer, jener Raffaels sehr ähnlichen Traumvision über die Identität der schönen

Frau, die ihm erscheint. Martirij, der wohl 1603 gestorben ist, war Mönch des Sergiev Monastyr' in Velikie Luky und ein Anhänger der Gottesmutterikone von Tichvin („Tichvinskaja"). Er begründete eine Einöde bzw. Wüstenei (pustynja), die als die „Grüne" (Zelenaja) in der Nähe des Tichvin-Klosters bekannt war. Schon Buslaev, der die Vision Martirijs im Bericht des Metropoliten Kornilij vom Ende des 17. Jahrhundert wiedergibt, bewertet diese als poetisch (1861, 391):

> Spal ja v svoej kel'e, v čulane – tak rasskazyvaet o sebe blagočestivyj starec: i uvidel vo sne Prečistuju Bogorodicu v devič'em obraze. Blagolepna byla ona videniem: ne vidal ja meždu ljud'mi takoj blagoobraznoj devicy; i umilenna licom i prekrasna obrazom. Dolgie zenicy i černye brovi; nos srednij i *pochil*. Na golove u nej byl zolotoj venec, ukrašennyj raznocvetnymi kamen'jami. I nevozmožno čelovečeskomu umu postignut' ee blagoobrazija, ni jazykom skazat'. Sidit že v kel'e moej, na lavke, v bol'šom uglu, gde ikony stojat. A ja, budto by, vyšel iz čulana, i stoju pered neju, smotrju na nee priležno, ne svodja očej s krasoty ee. Ona že, Carica i Bogorodica, na menja vziraet. I smotrel ja na nee neuklonno, i videl milostivoe ee lico; oči že eja byli polny slez, čut' ne kanut na ee prečistoe lico. I vdrug stala ona nevidima. Ja že prosnulsja ot sna i byl v užase. Vstal i vyšel iz čulana; zažog sveču ot lampady i chotel videt' Prečistuju Devu, ne sidit li ona v moej kel'e tam že, gde sidela. Vyšel ja na sredinu kel'i, no uže ne vidal ee. I podošol ja so svečeju k Prečistomu obrazu Odegetrija, i poznal, čto voistinu *javilas' mne Prečistaja Bogorodica tem obrazom, kak pisana ona na ikone moej kelejnoj.*

„Als ich in meiner Klosterzelle hinter dem Verschlag schlief, erblickte ich im Traum die Allerreinste Gottesgebärerin in jungfräulicher Gestalt. Schön war sie anzusehen: unter den Menschen habe ich keine so wohlgestalte Jungfrau gesehen; – hold von Antlitz und wunderbar von Gestalt. Lange Wimpern und schwarze Brauen; die Nase mittelgroß und *gebogen*. Auf dem Kopf hatte sie einen goldenen Kranz, mit verschiedenfarbigen Edelsteinen geschmückt. Ein menschlicher Geist kann ihre Wohlgeformtheit weder erfassen noch in Worte kleiden. Sie sitzt in meiner Zelle auf einer Bank, in der schönen Ecke, wo die Ikonen stehen. Doch ich habe gleichsam meinen Verschlag verlassen und stehe vor ihr, ich betrachte sie eingehend, ohne meine Augen von ihrer Schönheit zu wenden. Sie aber, die Herrscherin und Gottesgebärerin, blickt mich an. Und ich betrachtete sie unaufhörlich und sah ihr gütiges Gesicht; ihre Augen aber waren voller Tränen, die fast über ihr allerreinstes Gesicht gelaufen wären. Doch plötzlich wurde sie unsichtbar. Ich aber erwachte aus dem Schlaf und war voller Schrecken. Ich stand auf und verließ den Verschlag; ich zündete eine Kerze am Ikonenlicht an und wollte die Allerreinste Jungfrau sehen, ob sie in meiner Zelle immer noch dort sitzt, wo sie gesessen war. Ich trat in die Mitte der Zelle, aber ich sah sie nicht mehr. Ich trat mit der Kerze an das Allerreinste Bild der Hodegetria heran und erkannte, dass *mir wahrhaftig die Allerreinste Gottesgebärerin in jener Gestalt erschienen war, wie sie auf der Ikone in meiner Zelle gemalt war.*"[6]

Martirij erkennt, dass ihm die Gottesmutter auf der Ikone in der Gestalt der „schönen Frau" erschienen sei, dass es sich also nur um eine vorgestellte Schönheit handelt. Dennoch hat er sich, abgeleitet von der sakralen Ikonenschönheit, erstmals die Schönheit der Gottesmutter als konkret physische vorgestellt, bzw. ist sie als solche in seinem Unterbewusstsein erschienen. Auch diese Psychologisierung gehört zu den Umbrüchen des 17. Jahrhundert Doch wird die Wahrnehmung von körperlicher Schönheit noch als Täuschung entlarvt. Die tradierte orthodoxe Vorstellung des Eremiten von seiner Wüstenei (pustynja), Martirij, hat zudem mit der „Grünen Wüstenei" (Zelenaja Pustynja) eine eigene begründet, und klingt als identisch mit der „wunderschönen Mutter" („prekrasnaja mat'") noch an (Stammler 1939, 75). Die religiöse Vorstellung dominiert letztlich.

Den „Geistlichen Liedern" (Duchovnye stichi; *Kaleki perechožie* 1861 und 1863) des 18. Jahrhundert kommen im Hinblick auf die Konzeption der Schönheit der Gottesmutter zwei wesentliche Funktionen zu. Zum einen stellen sie die Tradierung überlieferter religiöser Vorstellungen sicher, zum anderen öffnen sie deren orthodoxe Vorstellungen gegenüber westlichen Schönheitskonzepten, die dem Physischen mehr Raum geben und die moralisch-praktische Dimension des Schönen hinter sich lassen. Die Mutterfigur, auch die heidnische, und die Gottesmutter spielen eine herausragende Rolle in den „Geistlichen Liedern". Die „Mutter feuchte Erde" („Mat'-syra-zemlja") werde – so wird dort berichtet – wiederholt von Übeltätern geschändet. Die gütige Gottesmutter erscheint ihrerseits als Retterin der Welt: „Der Gedanke der Selbstaufopferung wird in der Gestalt der Milostivaja Žena Miloserd(n)aja symbolisiert, die ihr eigenes Kind in die Flammen wirft" (Stammler 1939, 110). Viele „Duchovnye stichi" werden mit einem Gebet an die Mutter Gottes eingeleitet (1863, 117; „Milosljavaja žena miloserdaja"). Ihre Schönheit hängt wesentlich von ihrem Fühlen, ihrer Empathie ab. Als Maria zum Kreuz eilt (*Kaleki perechožie* 1863, 225), um ihren Sohn zu beweinen, wird sie davor gewarnt, durch ihre Trauer und ihr Weinen nicht ihre Schönheit zu beeinträchtigen:

> „Ne kroti, Mati, svoej krasoty,
> Ne skorbi svoe lice bělo,
> Ne slezi oči jasny!"

---

[6] Eine andere Quelle des 17. Jahrhunderts, die Dmitrij Rovinskij im Kommentarband der „Russkie narodnye kartinki" (IV, 1881, 668) zitiert, beschreibt die Gottesmutter so: „Vozrastom byla srednjaja, drugie-že govorjat vyše srednej, rusa, s želtymi volosami, i s černymi očami, blagozračna; černye brovi, lice kruglovatoe, dolgija ruki, i dolgoperstna, ispolnenna nepomyšlennago, nepostydna, nepreložna smirenija".

„Bezähme nicht, Mutter, deine Schönheit,
Trauere nicht zu sehr wegen deines weißen Gesichts.
Fülle die hellen Augen nicht zu sehr mit Tränen!"

Doch auch das Konzept körperlicher Schönheit dringt in dieser Gattung der geistlichen Lieder in die russische Literatur ein.[7]

In dem Gedicht *Egorij; Lizaveta prekrasnaja* (Duchovnye stichi 1861, 504-507) hat der Zar beim Würfeln verloren, so dass dem bösen Drachen geopfert werden muss. Seine Frau schlägt vor, sie sollten statt seiner das „nicht-liebe, helle Töchterchen" („dočka svět nemilaja", 505) Sof'ja opfern. In einer Textvariante figuriert sie zwar als „liebes Kind" („čado miloe"), doch ist ihr Manko nun viel grundlegender: „Sie hängt einem Glauben an, der nicht unserer ist / Nicht unser Glauben, der rechtgläubige" („Ona veruet veru nenašuju / Ne našuju veru, pravoslavnuju", 508). Sie wird sogar aufgefordert, ihren lateinischen Glauben zu verwerfen: „Bros'te vy veru Latynskuju, busurmanskuju" (1861, 523). Die ungeliebte Tochter zeichnet sich zwar durch Schönheit aus, doch ausschlaggebend für ihr tödliches Schicksal ist, dass sie dem fremden Glauben anhängt. Ihre physische Schönheit wird über ihre ganz und gar fremde („busurmanskaja") Religion entwertet, ja dämonisiert. Am entscheidenden Tag der Übergabe an den Drachen (1861, 596) wäscht sie sich ihr Gesicht „weiß", zieht bunte Kleider an („Umyvajsja ty, narjažajsja vo cvetnoe plat'e"), legt einen „Seidengürtel" („šelkov pojas") an und wird von einem schwarzen Pferd in der Kutsche zum Drachen gebracht. Mit dem Gürtel vermag sie jedoch dem bösen Drachentier das Maul zuzubinden und sich so zu retten. Dabei steht ihr der Heilige Georg (Egorij Chrabryj) helfend bei.

Die Geistlichen Lieder werden gleichsam zu einem Einfallstor für das Konzept körperlicher Schönheit als einem westlichen, jedoch über die dominante ka-

---

[7] Es bleibt aber der geistlich-ethischen Schönheit untergeordnet: Dieser ausschließlichen Dominanz steht etwa – neben jenem jüdischen Liliths – ein mittelalterliches tschechisches Schönheitskonzept gegenüber, das körperliche Schönheit integriert. In dem tschechischen Gedicht „Buchstabe M" („Slovce M") ist die Frau geistliche und weltliche Frau in einem! In Russland verschwindet hingegen die Weltlichkeit lange Zeit hinter der Geistlichkeit: Die Frau kleidet sich wie ein Mönch: Bei den weiten Kleidern durfte die Taille nicht zu sehen sein, kein Faltenwurf sollte die Körperform erkennen lassen. Damit ist aber auch der Wechsel zwischen der geistlich-ethischen und der körperlichen Erscheinung von Schönheit, ist das – ästhetische – Spiel nicht möglich. Es kommt in Russland zu keiner autonomen Ausprägung der physisch schönen und erotisch anziehenden Frau, anders als im tschechischen Kontext. Es dominiert ausschließlich ein einziges Schönheitskonzept, ein geistlich-ethisches. Herrscht hier Ausschließlichkeit, so im tschechischen Modell Ambivalenz, ein Sowohl-Als-Auch. Mit dem „Buchstaben M" kann eine geistliche wie eine weltliche Frau denotiert werden. Zwar wird Schönheit (chvála krásy a ctností milé) im tschechischen Mittelalter (Vilikovský 1948, 63) vorwiegend als „locus communis" gestaltet, ist die Frau meist nur „krásná", doch vermag die physische Schönheit neben der geistlichen zu bestehen.

tholische Religion dämonisierten Konzept. Dies findet sich zunächst in einem polnischen bzw. ukrainischen Kontext. Die sprachliche Gestaltung der Lieder lässt an dieser Zuordnung keinen Zweifel. Die Gottesmutter wird in Varianten von Texten Geistlicher Lieder, die mit Polonismen durchsetzt sind, als „Marija Panna" bzw. „Radujsja, Panno / Sličnaja" (1863, 14-15) apostrophiert. Bisweilen wird neben die russische Textfassung eine polnische gestellt. Die „Reine Jungfrau" („Čista Panna") wird tatsächlich regional und national in „Kleinrussland" (Malaja Rus', 1863, 30) oder in Polen angesiedelt. Nach und nach treten nationale Attribute hinzu.

Für den russisch-orthodoxen Kontext völlig neue, realistisch-physische Merkmale der Marienfigur dringen aus westlichen Texten, so etwa aus einem auch lateinisch wiedergegebenen Lied (1863, 95; Nr. 304): „Te lactant mea ubera" in der russischen Übertragung „Moimi kormlju soscami" ein. In einer Variante dieses Textes (1863, 96-97; Nr. 305) wird ein entsprechender lateinischer Satz jedoch nicht mehr übersetzt. Stattdessen wird ihm eine freie russische Variante als Äquivalent gegenübergestellt:

„Quem alta laudant sydera
Nunc lactant mea ubera."

„Tja vsi zvezdy pochvaljajut
Zemsti rodi ublažajut"

„Dich loben die hohen [lateinisch, *WK*]/ alle [russisch, *WK*] Sterne
Jetzt nähren dich meine Brüste (mit Milch) [lateinisch, *WK*]
Die irdischen Geschlechter verherrlichen dich" [russisch, *WK*]

Die physische Konkretheit der stillenden Mutter wird, anders als im – vermutlich polnischen – Original, in der ersten Fassung in der Übersetzung wiedergegeben, in einer weiteren Fassung – vielleicht im Kontext zunehmender Russifizierung – getilgt und durch eine ganz andere Aussage ersetzt. So viel erotisch anmutende Körperlichkeit konnte man offensichtlich im orthodoxen Konzept der Gottesmutter nicht zulassen. Das überrascht insbesondere deshalb, weil in der westlichen Malerei, besonders der Renaissance (Leonardo da Vinci, Bramantino u.a.) der Bildertypus der „Milchnährenden", der „Maria lactans" (gr. Galaktotrophousa) weit verbreitet war und dieser Typus – wenn auch nicht besonders häufig – selbst in die Ikonenmalerei (mlekopitatel'nica) eingedrungen, also im religiösen Kontext legitimiert war.

Die „Duchovnye stichi" verursachen gleichsam einen Schub der Nationalisierung des Konzepts der Muttergottes, die zunehmend auch als eine russische in Erscheinung tritt. Das Schönheitskonzept wird als ein weiterhin dominant religiöses national transformiert. Es bildet sich eine synkretistische russische Schönheit heraus, die im Unterschied zu der stärker differenzierenden polnischukrainischen den physischen Aspekt völlig ausschließt. In dem Lied „Tod, Begräbnis. Der Gang der heiligen Jungfrau" („Smert', pogrebenie. Choždenie Svjatoj Devy") (*Kaleki perechožie* II 1863 vyp. 4, 238-252) trifft die Gottesmutter auf ihrem Weg auf Juden, die ihr vom Tod ihres Sohnes erzählen. Ihr Weg führt sie hier bereits durch die „Heilige Rus'": „Chodila Děva po Svjatoj Rusi, / Iskala Syna svoego." (1863 II čast' II, vyp. 4, 243; Nr. 395). Von hier aus entwickelt sich Maria mehr und mehr zu einem nationalen Fetisch, wie wir ihn von den Marienikonen her kennen.[8]

Auf dem Weg von der älteren, religiös geprägten russischen Literatur, also etwa von den Geistlichen Liedern des 18. Jahrhundert, zur ‚modernen', weltlich ausgerichteten Literatur, kommt es zu keinem gravierenden Bruch in der Schönheitskonzeption, schon gar nicht im Hinblick auf die schöne Gottesmutter. Das liegt an der Kontinuität des synkretistischen Konzepts einer religiösethischen Schönheit in eben jenem 18. Jahrhundert, in dem Immanuel Kant das Schöne an das „interesselose Wohlgefallen" zurückbindet (Liessmann 2009, 35-36) und damit die alte Einheit von Gutem und Schönem auflöst. Diese Differenzierung findet unter den Bedingungen des russischen Synkretismus im 18. Jahrhundert nicht statt, wohl auch nicht im 19. Jahrhundert.

Direkte Kontinuitäten vielmehr offenbaren sich sogar beim Übergang von sakralen Frauenfiguren bzw. Mariendarstellungen zu profanen. So wird etwa die von Ikonen geprägte Schönheitskonzeption direkt von sakralen Figuren auf Porträts von Zarinnen übertragen: Als im frühen 19. Jahrhundert. hässliche Darstellungen einer dicklichen Zarin Elizaveta in Umlauf geraten, werden diese umgehend verboten, während z. B. ein Friedrich Schlegel in sein neues Konzept von Schönheit das Hässliche zu integrieren vermag. Die Bilder von der Zarin werden hingegen einer erneut umfassenden Kanonisierung und synkretistischen Normierung unterzogen, die mit dem Hässlichen die Physis tilgt. Es wird staatlicherseits ein – nunmehr weltliches – Urbild (proobraz) geschaffen, das künftighin alleine kopiert und verbreitet werden darf. Alles andere wird unter Strafe gestellt, also auch die Gestaltung der körperlichen Hässlichkeit, sei es auch die physische Realität, wie sie – wie man an Rovinskijs (1900, 77-78) Abbildung sehen kann – der Wirklichkeit entsprochen hat. Im Falle der Zarin Elizaveta ist es also allein der politische Rang, nicht mehr der religiöse, der die Herrscherin auch physisch schön erscheinen lassen soll. Vergleichbares findet sich in zahlreichen Oden der Zeit. Das körperliche Aussehen bleibt der symbolisch-synkretistischen ‚Schön-

---

[8] Wer etwa den Traum Mariens in reiner, d.h. schriftlicher Form in seinem Haus aufbewahrt, der wird von allen Dieben verschont bleiben. Er wird nicht ertrinken, nicht vom Schwert sterben. In der entsprechenden Familie werde Liebe und Einigkeit (soglasie) herrschen (*Kaleki perechozie* II, 1864, cast' II, vyp. 6, 222), die Viehhaltung werde „großen Gewinn" („velikaja pribyl'"; ebda, 234; Nr. 630) abwerfen. Wenn aber die Gottesmutter nicht für uns betet, dann wird uns der Tod vernichten: „I kogda by za vas nemolilas' Mati Moja Presvjataja Bogorodica i ne prosila, to davno by zloju smertiju pogubil."

heit' nachgeordnet. Die Politik hat unmittelbar die Funktionen der Religion übernommen.

Eine Kontinuität von sakralen und profanen Schönheitskonzepten lässt sich zu Beginn des 19. Jahrhunderts auch in der Sprache beobachten. Zu Beginn des 18. Jahrhunderts wird Liebe in einem eigenen „Liebesjargon" („žargon ljubvi") im Kontext eines religiös-weltlichen Synkretismus' thematisiert. Die Autoren von Liebesliedern meiden noch die Ausdrücke des einfachen Volks und verwenden stattdessen selbst in der frühen russischen Liebeslyrik eher Kirchenslavismen. Im 18. Jahrhundert musste das Erleben von Liebesgefühlen in ritualisierte Ausdrucksformen gegossen werden, etwa in Trediakovskijs Übersetzung („Le voyage de l'isle d'amour" von P. Tallemant) bzw. in dessen Adaption „Ezda v ostrov ljubvi": „Die sprachliche Gestaltung des Liebesthemas in Russland erforderte Mittel, die erst noch geschaffen werden mussten" (Klein 2008, 16). Bis dahin bediente man sich der tradierten – sprachlichen – Normen und Kanones. Die Wortbedeutung werde zur „Arena" eines „Kulturkampfes": „Liebe" („ljubov'") meint bereits nicht mehr himmlische Liebe, sondern irdische. Eine ähnliche Profanisierung erfahren Begriffe wie „Engel" („angel").

Die Kontinuität einer keuschen, ethisch-religiösen Schönheit, wie sie die Gottesmutter repräsentiert, kennzeichnet auch die Liebesthematik des sentimentalistischen Dichters Nikolaj Karamzin (1964 I, 650). In seiner Erzählung „Die Bojarentochter Natal'ja" („Natal'ja, bojarskaja doč'") schickt sich der junge Bräutigam in der Hochzeitsnacht an, die Braut zu entkleiden: „ihre Herzen schlugen" (serdca bili), „er nahm sie an der weißen Hand" („on vzjal ee za beluju ruku"): Das Madonnen-Attribut „weiß", aber auch die Wahl der Synekdoche Hand für den Körper der Braut, stehen für das russische Konzept der reinen, entkörperlichten Schönheit: Im Moment der erotischen Vereinigung schreibt der Erzähler: „Svjaščennyj zanaves puskaetsja, svjaščennyj i nepronicaemyj dlja glaz ljubopytnych" (Vgl. Koschmal 2004, 134ff.). Der von Karamzin in seinem Gedicht" „Poesie" (Poèzija, 1785) in der Klopstock-Nachfolge geprägte Begriff der „heiligen Poesie" lässt einen „quasi-religiösen Kult um die Dichtung" (Klein 2008, 296) entstehen, der dort auf eine besondere Kontinuität trifft. Die körperliche Schönheit bleibt – wie die körperliche Liebe – auf den tabuisierten Bereich des Heiligen und Religiösen beschränkt und mit diesem synkretistisch verwoben. Die Kantsche Differenzierung hat nicht stattgefunden.

F.M. Dostoevskij und die Schönheit

F.M. Dostoevskij greift im 19. Jahrhundert in erster Linie auf jenes Schönheitskonzept, das sich bislang kontinuierlich entwickelt hat und das Vladimir Solov'ev (1991) als jenes der rettenden Schönheit Dostoevskijs bezeichnet. Nur einzelne Momente seien dazu als Belege angeführt, wobei ich mich auf den

Roman *Idiot* beschränke. Analyseansätze wie jener von Nina Straus (1998) oder Olga Matich (1986) kommen in anderen Kontexten und auf anderen Linien der Argumentation zu dem Ergebnis, dass Nastas'ja Filippovna eine männliche Frau sei. Sie verbinde sich im Roman mit einer „feminisierten Erlöserfigur" („the idea of an feminized male savior figure"). Fürst Myškin sei hingegen ein Mann „with female attributes". Umgekehrt finden sich Momente der Kenose Christi in den weiblichen Figuren des Romans, figuriert in den Romanentwürfen auch ein weiblicher Narr in Christo (jurodivaja IX, 352). In den Entwürfen („Nabroski" XI, 352) wird Mignon als Repräsentantin einer „seelischen Schönheit" („duševnaja krasota") dargestellt, weil sie sich tiefer stelle als alle („niže vsech"). Eingangs war ausführlich von der Adaption zahlreicher Merkmale Christi durch die Gottesmutter in der russischen Religionsgeschichte die Rede.

In den ‚Plänen' zum Roman heiratet der Held, Fürst Myškin, „aus Mitleid" („iz sostradanija" IX, 352) eine Frau, die still sei, nicht schön. Sie sei „wunderschön" (prekrasnaja) und „still wie Holbeins Madonna" („ticha, kak Gol'bejnova Madonna"). Eine Selbstmörderin schreibt gar ihren Abschiedsbrief im „Stil" („v sloge") der Madonna Holbeins. Die Figuren und ihr Handeln in den Romanentwürfen werden auch sonst mit dem der „Madonna" Holbeins verglichen, ohne die der Idiot, wie er gesteht, nicht leben könne. Der Dostoevskij der Entwürfe nennt die Madonna (Nasta'sja) „still" („ticha"). Tatsächlich geht für ihn – wie später für S. Freud – vor allem von der Sixtinischen Madonna Raffaels (vgl. Kantor 2009, 181; 186) ein – wie es Freud 1883 formuliert – „Schönheitszauber" aus. Freud vergleicht seinerseits diese Madonna mit jener Hans Holbeins, die Dostoevskij in Dresden gesehen haben dürfte. Daher rührt wohl auch deren Erwähnung in den Romanentwürfen des „Idioten". Dostoevskij hat aber – ohne dies wissen zu können – in Dresden nur eine Kopie der Holbeinschen Madonna im Geschmack des 19. Jahrhundert zu Gesicht bekommen. Die Dresdner ‚Holbeinsche Madonna' wurde erst in späteren Jahren als bloße Kopie des in Darmstadt befindlichen Originals (1526/1528) entlarvt. Hans Holbeins Darmstädter Madonna bewertet S. Freud – im Unterschied zu jener Raffaels – als „nicht gerade schön". Dostoevskij nennt sie seinerseits „still". Es ist die Schönheit des Leids und des Leidens, die sich vor allem im Gesicht ausdrücke. Diese Frauengesichter, zumal jenes Nastas'jas, wird im *Idiot* wiederholt in die Nähe von Ikonenbildern der Gottesmutter gerückt. Myškin küsst das Gesicht Nastas'jas (Dostoevskij 1973 VIII, 66) fast wie das einer Ikone und sieht gerade in dessen Schönheit ein Rätsel: „Krasota – zagadka". Nicht das Körperliche, sondern das Geistige und Geistliche des Gesichts, dessen komplexer Synkretismus, verbinden sich mit dem religiös Numinosen.

Das Rätsel ist aber identisch mit der Kernidee des *Idiot*, den Dostoevskij im Brief an A.N. Majkov formuliert (VII, 358): „Diese Idee besteht darin, einen ganz und gar schönen Menschen darzustellen." („Ideja èta – izobrazit' vpolne prekrasnogo čeloveka"). Das sei eine „bezmernaja zadača". „Das Wunderschöne ist ein Ideal. Doch ein Ideal, das nicht unseres und nicht das des zivilisierten Europa ist, sondern eines, das noch lange nicht ausgearbeitet ist." („Prekrasnoe est' ideal, a ideal – ni naš, ni civilizovannoj Evropy – ešče daleko ne vyrabotalsja.")

Vladimir Solov'ev, dessen drei Dostoevskij-Reden, nicht aber dessen Sophiologie hier allein die Grundlage der Argumentation bilden, macht zweierlei deutlich: Zum einen sei Dostoevskijs Ideal der Schönheit ein synkretistisches. Zum anderen sei es – auch deshalb – ein nicht primär kognitiv zu erfahrendes, sondern ein – voraus – zu fühlendes. Der Synkretismus ist jener von Ethik bzw. Religiosität, Wahrheit und Schönheit, die russische Variante der *Kalokagathia*: „In seinen Überzeugungen trennte er nie die Wahrheit von der Güte und Schönheit" („V svoich ubeždenijach on nikogda ne otdeljal istinu ot dobra i krasoty", 1991, 244). Dostoevskij schafft so eine Kontinuität jenseits von Kant und Schlegel. Der Verzicht auf deren Differenzierung, die in der westlichen Philosophiegeschichte als Fortschritt gewertet wird, zeichnet Dostoevskij gleichsam aus. An anderer Stelle heißt es bei ihm: „die Schönheit ist eben jene Güte und eben jene Wahrheit, die in einer lebendigen konkreten Form verkörpert ist" („krasota est' to že dobro i ta že istina, telesno vološčennaja v živoj konkretnoj forme"). Deshalb glaubte Dostoevskij daran, dass die „Schönheit" („krasota") die Welt retten würde. Dostoevskij habe in seinem Konzept von Schönheit diese nie von Wahrheit und Güte getrennt. Die Geistlichen Lieder haben diese Trennung als dämonisches Prinzip westlicher Kultureinflüsse erkennen lassen. Nikolaj Nadeždin (1993, 68) betont seinerseits in seiner Diskussion der Muttergottesikone Anfang des 19. Jahrhunderts die „wahre Schönheit" („istinnaja krasota") der Muttergottesikone: Die Schönheit sei der Freund der Wahrheit („Krasota est' podruga istiny"). Solov'ev verbindet in seiner dritten Dostoevskij-Rede damit auch das Moment der Ganzheitlichkeit und Vollständigkeit („polnota"). Es bildet eine Dimension des in Russland weiterhin vorherrschenden Synkretismus.

Schönheit und – russischer – Synkretismus stellen eine unauflösbare Einheit in dieser Schönheitskonzeption dar. Dort, wo sie durch Trennung, durch Differenzierung gefährdet ist, macht sich auch im Diskurs Solov'evs sofort der Teufel breit, zunächst als Götze: Eine Schönheit ohne Güte und Wahrheit sei ein Götze („a krasota bez dobra i istiny est' kumir"). Dostoevskij habe diese „Sünde" der Trennung, der den Synkretismus destruierenden Differenzierung, so Solov'ev in seiner zweiten Dostoevskij-Rede, nie begangen. Der Schönheitsdiskurs ist hier immer ein religiöser. Für Dostoevskij gehören der Glaube an Gott, die Natur und den Menschen bzw. an Gott (Bog), „an den „Gottmenschen („v Boga-čeloveka") und die „Gott-Materie" („v Bogo-materiju"; „v Bogorodicu") unauflöslich zusammen. Alles andere seien „fruchtlose" („besplodnye"), „falsche Theorien" („ložnye teorii"), die aus der „Trennung dieser drei Glaubensgegenstände" („razdelenie etich trech ver") erwachsen. Dies sei eine „verderbliche

Trennung dreier Prinzipien" („pagubnoe razdelenie trech načal", 1991, 254). Die Auflösung des Synkretismus und die Differenzierung werden von Solov'ev mit den falschen Ansätzen der Aufklärung („prosveščenie") aus dem westlichen Europa gleichgesetzt. Kants Rückbindung des Schönen an das interesselose Wohlgefallen lässt diesen der ästhetischen Urteilskraft tatsächlich keine moralisch-praktische Bedeutung mehr zuschreiben, schon gar keine religiöse. Letztlich wurzelt damit die Schönheit, die die Welt erretten wird, in der altrussischen Religiosität und in einem religiös geprägten synkretistischen Schönheitskonzept, das sich von westlichen Vorstellungen dieser Zeit besonders weit entfernt. Dostoevskijs zutiefst russisches Konzept war vor allem jenem Friedrich Nietzsches (von 1888) diametral entgegengesetzt. Für letzteren sei es eine Nichtswürdigkeit, für die man einen Philosophen prügeln solle, der sage, das Gute, Schöne und Wahre seien eins (Liessmann 2009, 44). Kognitive, rationale Differenzierung kann in einem russischen Kontext nur der teuflischen Lüge zugeschrieben werden.

In dieser synkretistischen ‚Logik' wird Schönheit nicht mit dem Individuum, dem abgetrennten Unteilbaren korreliert, sondern mit dem Kollektiv, nicht mit der Individuation schaffenden Zentralperspektive, sondern mit der totalen, umgekehrten Perspektive. Das gilt sowohl für den Schöpfer der Schönheit, der in Russland nicht als kreativer Einzelner und Künstler, sondern im Kontext eines religiösen Kollektivs (vgl. „heilige Väter") schafft. Es gilt aber auch für den Gegenstand der Schönheit. Die Schönheit der gedient wird, ist nicht – wie in der tschechischen Dichtung des Mittelalters – die „hohe vrouwe" der Minnedichtung, ein verehrtes Individuum, sondern es ist – wie Solov'ev (1991, 243) in seiner zweiten Rede ausführt – ein Dienen („služenie") an allen Völkern.

Pavel Florenskij (1993, 62) erläutert dies später in seiner Schrift „Ikonostase" („Ikonostas"): Der wahre Künstler wolle nicht das Seine, das Subjektive darstellen, sondern das „Schöne, das objektiv Schöne" „a prekrasnogo, ob-ektivno-prekrasnogo". Damit meint er die künstlerisch verkörperte Wahrheit der Dinge. „Schönheit" („krasota") und Wahrheit („pravda") werden auch ihm zu Synonymen. Dieses synkretistisch-religiöse objektiv Schöne dürfte dem „entschieden schönen Menschen" („položitel'no prekrasnyj čelovek") Dostoevskijs entsprechen. Das objektiv Schöne verlangt aber im Unterschied zum subjektiv Schönen nicht nur keine individuelle Kreativität, sie lässt sie vielmehr gar nicht zu. Der Stellenwert individueller Kreativität ist in einer solchen Konzeption von Ästhetik völlig untergeordnet. Florenskij (1993, 66) kritisiert, dass viele – weltliche – Künstler, wie zum Beispiel Michail V. Nesterov (1862-1842), die Gottesmutter, ihre „Wahrheit" („istina"), mit „eigenmächtigem Agieren" („sobstvennym samočiniem", 66) verwechseln und so nur Lüge und „Unwahrheit" („nepravda") schaffen. Diese auf einer subjektiven „istina", nicht aber auf einer objektiven „pravda"-Wahrheit basierende individuelle Kreativität wird abgelehnt.

Das synkretistische russische Schönheitskonzept, das in der Gottesmutter dauerhaft Person wird, propagiert mit der Ablehnung kognitiver Differenzierung das Fühlen der Schönheit und den Synkretismus von Denken und Fühlen. Vladimir Solov'ev verkündet in seiner „Dritten Rede" „eine neue geistige Geburt Russlands" („novoe duchovnoe roždenie Rossii", 250), die eine „von oben" („svyše", 251) sein müsse. Der erste Schritt zur „Rettung" bestehe dabei darin, „die eigene Ohnmacht und Unfreiheit zu empfinden" („počuvstvovat' svoe bessilie i svoju nevolju", 252), d.h. die aus dem Roman *Idiot* bekannte Kenose zu fühlen. Die Gottesmutter steht auch am Anfang dieser zweiten Geburt Russlands aus dem Fühlen. Sie ist es, in der sich für Solov'ev die Materialität der Natur in die „Bogo-materiju" verwandelt („prevraščenie v Bogo-materiju"). Schon Nadeždin (1993, 67) betont das ästhetische Gefühl, die Sympathie für das Schöne am Beispiel der Gottesmutterikone: Die „Liebe zum Schönen" liege „in einem Gefühlsausbruch gegenüber dem Heiligen" („ljubov' k prekasnomu" „v poryve čuvstva k svjatoj"). Deshalb würden die Deutschen Kreuzigungsdarstellungen favorisieren, die vor allem vom „Gedanken" gelenkt seien („mysl'"), wohingegen die – italienischen – Madonnen „sanft" („krotkie") seien. Man sieht sich an jene „Sanfte" („Krotkaja") erinnert, die als Selbstmörderin mit der Muttergottesikone in der Hand in Dostoevskijs gleichnamiger Novelle aus dem Fenster springt, die aber auch in den Entwürfen zum „Idiot" ihren Abschiedsbrief „im Stil" der Holbeinschen Madonna schreibt.

Das weltliche und westliche Schönheitskonzept ist ein trennendes, differenzierendes, individuelles und kognitiv geprägtes. Das russische Schönheitskonzept ist religiös-synkretistisch und kollektiv bestimmt. Es setzt damit eine lange russische Tradition fort, die den westlichen Umbrüchen in der Vorstellung und Wertung von Schönheit, aber auch von Hässlichkeit fern steht. Dieses russische Schönheitskonzept verbindet sich wohl mit keiner Figur so eng wie mit der Gottesmutter. Sie ist auch deshalb Inbegriff des Fühlens und des Mitfühlens (Empathie). Ihre Empathie ist Teil ihrer Schönheit. Pavel Florenskij stellt in „Stolp" dem Konzept der Schönheit der Seele Mariens mit der Figur der „Sofija" das Konzept einer „rein geistigen Schönheit" gegenüber, nicht mehr jenes der Mutter, sondern der Trägerin der Ur-Jungfräulichkeit. Seine geistige Konzeption schließt aber erneut die Körperlichkeit der Schönheit aus. Die Unterscheidung der Schönheitskonzepte Mariens und Sophias, bei V. Solov'ev und Florenskij, sind aber nicht mehr Gegenstand dieser Untersuchung (vgl. Meyer 2005, 287).

Das russische Schönheitskonzept der Gottesmutter Maria, der „bogorodica", erfährt bei Dostoevskij und in Vladimir Solov'evs Dostoevskij-Reden in einem Konzept der gefühlten Schönheit, in einem Synkretismus von Schönheit, religiös geprägter Sittlichkeit und Wahrheit, zumindest im späteren 19. Jahrhundert eine Wiedergeburt, ohne dass dieses Konzept jemals an Bedeutung eingebüßt hätte. Es ist kaum vorstellbar, dass dieses stabile Konzept der russischen Schönheit selbst unter wachsenden westlichen Einflüssen nicht auch im 20. und 21. Jahrhundert tiefe Spuren hinterlassen dürfte. Denn es ist nicht auf ‚Kurzlebigkeit', sondern auf Ewigkeit angelegt.[9]

Literatur

Aertsen, J.A. / Most G. W. u.a. 1992. „Das Schöne", *Historisches Wörterbuch der Philosophie*, Bd. 8: R-Sc. Darmstadt, SPb.1343-1385.
Benz, E. 1971. *Geist und Leben der Ostkirche*, München.
Bezsonova P. 1861, 1863. *Kaleki perechožie. Sbornik stichov i issledovanie*, Čast' I und Čast' II, M.
Buslaev, F. 1861. „Istoričeskie očerki russkoj narodnoj slovesnosti i iskusstva", t. I-II. SPb., t. II, 391-394.
Davidson, A. 2000. „Inszenierung und Idolatrie? Zur Hermeneutik von Bild und Text in Marien->Bildern< der romantischen Literatur", Zimmermann, R. (Hg.), *Bildersprache verstehen. Zur Hermeneutik der Metapher und anderer bildlicher Sprachformen*, München, 193-214. (Übergänge Bd. 38).
Döring-Smirnov, J.R. 1985. „Dämonologische Vorstellungen in zwei anonymen russischen Erzählungen des XVII. Jahrhunderts", *International Journal of Slavic Literatures and Poetics*, vol. 31-32, 101-112.
Dostoevskij, F.M. 1973, 1974. *Polnoe sobranie sočinenij*, t. 8, Leningrad und t. 9, Leningrad.
Ebbinghaus, A. 1987. „Quellen und Typen der altrussischen Ikonenlegenden", Seemann, K.-D. (Hg.), *Gattung und Narration in den älteren slavischen Literaturen*, Wiesbaden, 71-84.
— 1990. *Die altrussischen Marienikonenlegenden*, Wiesbaden.
Erdmann-Pandzić von, E. 2005. *Unähnliche Ähnlichkeit: die Onto-Poetik des ukrainischen Philosophen Hryhorij Skovoroda* (1722-1794), Köln / Weimar / Wien.
Erofeev, V. 2006. *Russkij apokalipsis*, Moskva, [deutsche Übersetzung: *Die russische Apokalypse*, Berlin, 2009.]
Kievo-Pečerskij paterik, 1980. *Pamjatniki literatury drevnej Rusi*, t. I. XII vek, M.
Fedotov, G.P. 1946. *The Russian religious Mind. Kievan Christianity*, Cambridge / Mass.
— 1959. *Svjatye Drevnej Rusi* (X-XVII st.), New York.
Florenskij, P.A. 1993. „Nebesnye znamenija", *Ikonostas: Izbrannye trudy po iskusstvu*, SPb., 307-316.
— 1993. „Ikonostas", *Ikonostas: Izbrannye trudy po iskusstvu*, SPb., 1-174.
— 1926. „Sophia", *Ähren aus der Garbe. Christi Reich im Osten*, Mainz, 72-145.

---

[9] Vgl. dazu den bei Dmitrij Rovinskij „Russkie narodnye kartinki" in Band 3 („Pritči i listy duchovnye") unter Nr. 741 abgedruckten Text „Die kurzlebige Schönheit dieser Welt" („Malovremennaja krasota mira sego").

Grossman, J.D. 1980. „Feminine images in old Russian Literature and Art", *Califormia Slavic Studies*, vol. XI. Berkeley, Los Angeles / London, 33-70.
Härtel, H.-J. 1970. *Byzantinisches Erbe und Orthodoxie bei Feofan Prokopovič*, Würzburg.
Kantor, V. 2009. „Dämonen versus Madonna. Dresden als magischer Kristall der russischen Probleme", Ulbrecht, Siegfried und Helena Ulbrechtová (Hg.), *Die Ost-West-Problematik in den europäischen Kulturen und Literaturen. Ausgewählte Aspekte*, Praha / Dresden, 171-189.
Karamzin, N. 1964. *Izbrannye sočinenija v dvuch tomach*, tom 1, Leningrad, Moskva.
Kamann, E. 2007. „Nekotorye zamečanija obliku Bogomateri v russkich duchovnych stichach", *Studia Slavica Hungarica*, 52, Bd. 1-2, 181-186.
Klein, J. 2008. *Russische Literatur im 18. Jahrhundert*, Köln / Weimar / Wien.
Kondakov, N. P. 1914, 1915. *Ikonografija Bogomateri*, 2 Bde., Spb.
Koschmal, W. 1995/96. „Die Ikonenerzählung zwischen Dogma, Politik und Aberglaube", *Zeitschrift für slavische Philologie*, Bd. LV, H. 1, 6-26.
— 2004. „Das weibliche Individuum. Zur historischen Poetik des russischen Sentimentalismus", R. Hansen-Kokoruš und A. Richter (Hg.), *Mundus narratus. Festschrift für Dagmar Burkhart zum 65. Geburtstag*, Frankf./ M. u.a., 133-147.
— 2010. *Der Dichternomade. Jiří Mordechai Langer – ein tschechisch-jüdischer Autor*, Köln / Weimar / Wien (Bausteine zur slavischen Philologie und Kulturgeschichte NF, Reihe A, Bd. 65).
Liessmann, K. P. 2009. *Schönheit*, Wien.
Matich, O. 1986. „The Idiot. A Feminist Reading",A. Ugrinsky, , F.S. Lambasa, V.-K. Ozolins (Hg.), *Dostoevsky and the Human Condition after a Century*, New York, 55-58.
Meyer, H. 2005. „Enthaltung: Anna, ‚Anna', „Anna" und ihre Benennungsmodi („Lebensstadien in Brodskijs *Sretenie* und Dostoevskijs *Besy*)", >Lebensstadien< Symposium zum Geburtstag von Johanna Renate Döring, 11.-12. Juni 2004, *Wiener Slawistischer Almanach*, 55. München, 285-318.
Moyle, N.K. 1987. „Mermaids (Rusalki) and Russian Beliefs about Women", A.L. Crone and C.V. Chvany (Hg.), *New Studies in Russian Language and Literature*, Columbus, 221-238.
Nadeždin, N. 1993. „Izobraženie Božiej Materi (1846)", Gavrjušin, N. (Hg.), *Filosofija russkogo religioznogo iskusstva*, Moskva, 65-70.
Rovinskij, D. 1881. *Russkie narodnye kartinki, Kniga IV, Primečanija i dopolnenija*, Spb.
— 1900. *Russkie narodnye kartinki*.
Smolitsch, I. 1940/41. „Die Verehrung der Gottesmutter in der russischen Frömmigkeit und Volksreligiosität", *Kyrios*, 5. Jg., H. 3/4, 194-214.
Solov'ev, V. S. 1991. „Tri reči v pamjat' Dostoevskogo", *Filosofija iskusstva i literaturnaja kritika*, M., 227-259.
Stammler, H. 1939. *Die Geistliche Volksdichtung als Äußerung der geistigen Kultur des russischen Volkes*, Heidelberg.
Stern, B. 1907-1908. *Geschichte der öffentlichen Sittlichkeit in Russland* (zwei Bände).

Straus, N.P. 1998. „Flights from ‚The Idiot's Womanhood", Knapp, L. (Hg.) *Dostoevsky's ‚The Idiot'. A Critical Companion*, Evanston.
Vilikovský, J. 1932. *Latinská poezie žákovská v Čechách* (Sborník filosofické fakulty university Komenského v Bratislavě VIII), Bratislava.
— 1948. *Písemnictví českého středověku*, Praha.

Renata von Maydell

RUSSLANDS VERBORGENE SCHÖNHEIT

Vorstellungen von der Schönheit des Landes scheinen zu allen Zeiten eine wichtige Rolle in der Ideologie der russischen Einzigartigkeit zu spielen. Der nationale Identitätsdiskurs speist sich dabei aus Argumenten, die man den Bereichen Megalomanie, geographischer Determinismus und Kult des Organischen zuordnen kann. Es zeichnen sich gewisse Konstanten ab, um die sich die Beschreibungen von russischer Schönheit gruppieren lassen. Das Russische wird als groß und einfach gesehen und dem Nicht-Russischen als begrenzt und kompliziert organisiert gegenüber gestellt. Aus Eigenschaften des „Großen" und „Einfachen" – es könnte auch mit Anatole Leroy-Beaulieu „Ausgedehntheit" und „Fülle" heißen[1] – werden bisweilen Glieder einer Antithese (vgl. das Bild des „Mütterchen Rus'" bei Nekrasov: „Du bist unansehnlich" ↔ „Und du bist üppig"[2]), in der Regel ergänzen sie sich jedoch gegenseitig (vgl. das Bild der russischen Sprache bei Turgenev: „groß, mächtig" + „wahrhaftig und frei"[3]) oder werden völlig eingeführt (so erscheinen die Charakteristiken der „Grenzenlosigkeit" und der „Einfachheit" als Synonyme, wenn das russische Sozialwesen als nicht durch differenzierte und veränderbare Gesetze reguliertes beschrieben wird, sondern durch organische und beständige Traditionen).

Anhand der folgenden, zumeist sehr bekannten, Beispiele soll zu zeigen versucht werden, wie sich die Formel des „Großen" und „Einfachen" in Beschreibungen der russischen Heimat realisiert und wie sie einen Teil des nationalen Identitätsdiskurses bildet.

Zur Größe konstatierte Dmitrij Lichačev: „Die Begeisterung für ausgedehnte Räume besteht bereits in der altrussischen Literatur […] Seit jeher hat die russische Kultur den Raum und große Entfernungen als ein höchstes ethisches und ästhetisches Gut angesehen".[4] So wird im 13. Jahrhundert im *Slovo o pogibeli Russkoj zemli* unter der Schönheit des Russischen Landes seine Größe verstan-

---

[1] Leroy-Beaulieu 1884, 126ff.
[2] „ты и убогая" ↔ „ты и обильная", Nekrasov 1959, 301.
[3] „великий, могучий" + „правдивый и свободный". Für eine Einordnung der Worte Turgenevs in die Tradition des russischen Sprachnarzissmus siehe Pavlova, Bezrodnyj 2010.
[4] „Восторг перед просторами присутствует уже и в древней русской литературе <…> Издавна русская культура считала простор и большие расстояния величайшим этическим и эстетическим благом", Lichačev 1983, 53.

den (der Autor verwendet die Konstruktion „von... bis..." („от... до..."), um die an das Russische Land angrenzenden Territorien aufzuzählen) sowie die Reichhaltigkeit, mit der das Land gefüllt ist – vor allem mit geographischen Objekten und natürlichen Ressourcen: „O hell glückselige und schön geschmückte Russische Erde! Für viele Schönheiten bist du berühmt: für viele Seen bist du berühmt, für [breite?] Flüsse und örtlich verehrte Quellen, steile Berge, hohe Hügel, dichte Wälder, wunderbare Felder, mannigfaltige Tiere, unzählige Vögel, große Städte, wunderbare Dörfer, klösterliche Weingärten, Kirchenhäuser, schreckliche Fürsten, treue Bojaren, viele Edlen – von allem bist du erfüllt, russische Erde. [Ruhm sei dir?], (o) rechtgläubiger christlicher Glaube!"[5]

Mit eben diesen Qualitäten wird Russland in patriotischen Texten der folgenden Jahrhunderte dargestellt, z. B. in Feodosij Savinovs Gedicht „Rodnoe" (1885), das dank der von Sergej Lemešev vorgetragenen Liedform außerordentlich populär war: „Ich sehe die Berggiganten, / Ich sehe die Flüsse und Wälder... / Dies sind die russischen Ansichten, / Dies ist die russische Schönheit! / Überall fühle ich des Lebens Beben, / Wohin auch immer ich den Blick werfe... / Dies ist die endlose Weite / Von Mütterchen-Heimat!"[6]

Ab dem 18. Jahrhundert wurde das Bild Russlands feminisiert, das Land wurde zur Mutter, der man entstammte, zur Frau und Geliebten, die man gegen Feinde verteidigte, schließlich auch, wenn die Feinde stärker waren, zur Prostituierten. Russland wurde mit Körpermetaphern beschrieben, so verglich z. B. Cheraskov die Reduzierung des Territoriums in „Rossiada" mit dem Altern einer Frau: „Russland, nachdem es seine frühere Schönheit verlor / Und um sich Zwietracht und Leere sieht [...] Unter fremder Herrschaft Dwina, Dnepr, Wolga, Don... / Erhebt zum Himmel die verweinten Augen".[7]

In mancher Hinsicht gleicht die russische Tradition des Eigenlobs anderen Traditionen, z. B. der nordamerikanischen, die dem Raum ebenfalls eine große Rolle zuspricht. Eine Besonderheit der russischen scheint zu sein, dass das russische Volk als dem Raum immanentes angesehen wird, dass seine Aneignung

---

[5] Übersetzung von Ulrike Meyer-Steinhaus und Daniel Bunčić (http://www.daniel.buncic.de/slovo/). „О, свѣтло свѣтлая и украсно украшена, земля Руськая! И многыми красотами удивлена еси: озеры многыми удивлена еси, рѣками и кладязьми мѣсточестьными, горами, крутыми холми, высокыми дубравоми, чистыми польми, дивными звѣрьми, *различными* птицами, бещисленым городы великыми, селы дивными, винограды обительными, домы церковьными и князьми грозными, бояры честными, вельможами многами. Всего еси испольнена земля Руская, о прававерьная вѣра хрестияньская!", Begunov 1965, 154.

[6] „Вижу горы-исполины, / Вижу реки и леса... / Это – русские картины, / Это – русская краса! / Всюду чую трепет жизни, / Где ни брошу только взор... / Это – матушки отчизны / Нескончаемый простор!", Gusev 1963, 831-832.

[7] „Россия, прежнюю утратив красоту / И видя вкруг себя раздоры, пустоту <...> В чужом владении Двину, Днепр, Волгу, Дон... / Возносит к небесам заплаканные очи", Cheraskov 1961, 186.

neuer Territorien als Realisierung eines organischen Rechts verstanden wird: „Sollte man hier nicht Recke sein, wo es doch Raum gibt, sich zu entfalten und auszuschreiten?";[8] „A la grandeur vague et illimitée de ces horizons, à cette masse des eaux, si largement répandues et qui embrassent et mettent en communication une si vaste étendue de pays, on sent instinctivement que c'est bien là un berceau de Géant";[9] „Die Weite des Russischen Landes ermöglicht die Entstehung gleichartiger [heldenhafter] Charaktere";[10] „Gott, Du gabst uns gigantische Wälder, unermessliche Felder, tiefste Horizonte, und wir, die wir hier leben, müssen wahrhaftig Riesen sein";[11] „Gigantisch ist unser Land [...] Und wir sind Menschen von hohem Wuchs, kräftig und gesund".[12]

Dieser Überfluss an Territorium als Synonym von Schönheit in Verbindung damit, dass das Land als weiblicher Körper rezipiert wird, findet eine Parallele in dem volksverbundenen Ideal der weiblichen Schönheit, wie es z. B. in den Gemälden von Boris Kustodiev „Obnažennaja", „Russkaja Venera" und „Čaepitie v Mytiščach" dargestellt wurde: Es sind vor Gesundheit strotzende und üppige (oder, wie man im Volk sagt, glatte – „гладкие") junge Frauen.[13]

Das stolze „von... bis...", diese, wie Lev Pumpjanskij es nannte, „Formel der imperialen Ausgedehntheit" („формула имперской протяженности") bestand als Motiv des kollektiven Narzissmus schon lange bevor es das Land gab.[14] Offensichtlich schien die Apologie des Raumes deswegen den Ideologen der russischen Überlegenheit niemals einer speziellen Begründung zu bedürfen. Anders steht es um die Apologie der Einfachheit. Die Einförmigkeit des Raums wird als Vorzug verstanden, wenn es um den sozialen Raum geht, der vom ethischen Standpunkt bewertet wird (das russische Sozialwesen wird in seiner Idealform – von Peter dem Großen bis nach der Oktoberrevolution – als frei von der Einteilung in Schichten, als großer gemeinschaftlicher Körper gesehen). Aber die Einförmigkeit kann als Mangel betrachtet werden, wenn es um den physischen Raum geht, der ästhetisch bewertet wird.

---

[8] Übersetzt von Vera Bischitzky, Gogol 2009, 276, „Здесь ли не быть богатырю, когда есть место, где развернуться и пройтись ему?", Gogol' 1951, 221.
[9] F.I. Tjutčev an A.F. Aksakova am 27.06.<1868>, Tjutčev 1988, 337.
[10] „Ширь Русской земли способствует образованию подобных [богатырских] характеров", Fedorov 1995, 254.
[11] „Господи, ты дал нам громадные леса, необъятные поля, глубочайшие горизонты, и, живя тут, мы сами должны бы по-настоящему быть великанами", Čechov 1978, 224.
[12] „Громадна наша страна <...> И мы – люди большого роста, крепкие и здоровые" Osorgin 1955, 113.
[13] Auch die russische Landschaftsmalerei lässt sich zur Illustration der hier dargestellten Ideologie heranziehen, siehe dazu (mit einer Vielzahl von Zitaten, die sich eignen, um den Diskurs von Russland als Verkörperung des „Großen" und „Einfachen" zu bekräftigen), Ely 2002, 192-222.
[14] Für die russische Tradition dieser Formel siehe Dušečkina 2003.

Die mittelrussische Landschaft ist nicht die einzige, die als farb- und trostlos erlebt wird – man denke nur an Texte wie Theodor Storms „Die Stadt" –, aber die Wahrnehmung von Eintönigkeit bis zur Depression nimmt in russischen Selbstbeschreibungen einen besonderen Stellenwert ein. Selbst glühende russische Patrioten zogen es vor, ihre Reisen durch Westeuropa zu unternehmen,[15] und gaben zu, dass die eigenen Landschaften mit anderen, wie den Alpen, nicht konkurrieren könnten. Dieser Kontrast liegt z. B. Tjutčevs Gedicht „Na vozvratnom puti" zu Grunde: Im Gegensatz zu den fernen malerischen Landen – „wo regenbogenschimmernde Berge in lazurne Seen blicken..." – ist die Heimat unattraktiv, menschenleer, düster, monoton, bewegungs- und farblos, und sogar eine solche Charakterisierung wie die große Ausdehnung wird als negativ wahrgenommen: „Alles ist so nackt – und leer und unübersehbar / In stummer Einförmigkeit".[16]

Hier stellt sich die Frage, wie die patriotische Rhetorik mit dieser „Einförmigkeit" fertig wird. Erstens gibt es die Möglichkeit, sie einfach zu ignorieren. Das wird erreicht, indem geographische Objekte oder Naturerscheinungen aufgezählt werden, die den russischen Raum füllen (und danach wird behauptet, sie seien einmalig), z. B.: „Weit ist mein Heimatland, / Viele Wälder, Felder und Flüsse gibt es in ihm / Ich kenne kein anderes solches Land, / Wo der Mensch so frei atmet".[17] Oder: „Mal Birke, mal Eberesche, / Der Weidenbusch über dem Fluss... / Heimatland, für immer geliebtes, / Wo noch könnte man so eins finden!"[18]

Zweitens gibt es die Möglichkeit, die Tatsache der Einförmigkeit anzuerkennen – manchmal geschieht dies sogar in den gleichen Texten, in denen die Fülle und Mannigfaltigkeit aufgezählt wird – z. B.: „Überall ist das Leben frei und weit, / Ganz wie die angeschwollene Wolga fließt"[19] und: „Und wohin auch immer du schaust, / Das auf ewig geliebte Heimatland, / Blüht überall, wie ein Frühlingsgarten".[20] Aber in diesen Beispielen wird die Einförmigkeit als etwas eindeutig Positives wahrgenommen: überall ist Leben, überall blüht es. Die negative Bewertung der Eintönigkeit, die Farblosigkeit und Dürftigkeit wird nie als abgeschlossene Aussage gegeben; sie ist nur der erste Teil, der Nebensatz einer Konzessivkonstruktion, die gebildet wird mit „wenn auch..., so doch..."

---

[15] Über den in Russland wenig und spät entwickelten Tourismus siehe Ely 2002, 4 ff.
[16] „где радужные горы / В лазурные глядятся озера...", „Всё голо так – и пусто-необъятно / В однообразии немом...", Tjutčev 2003a, 93.
[17] „Широка страна моя родная, / Много в ней лесов, полей и рек! / Я другой такой страны не знаю, / Где так вольно дышит человек", Lebedev-Kumač 1960, 27.
[18] „То березка, то рябина, / Куст ракиты над рекой... / Край родной, навек любимый, / Где найдёшь ещё такой!", Prišelec 1961, 122.
[19] „Всюду жизнь и вольно и широко, / Точно Волга полная, течёт", Lebedev-Kumač 1960, 27.
[20] „И куда ни кинешь взгляд, / Край родной навек любимый, / Весь цветет, как вешний сад", Prišelec 1961, 122.

(„хотя..., но..."). Im Teil „wenn auch" wird anerkannt, dass es einen Mangel gibt, im Teil „so doch" wird die fehlende Relevanz oder die Fiktion dieses Mangels postuliert.

Diese Konzessivkonstruktion ermöglicht das Umschlagen der Kippfigur,[21] Minderwertigkeitsgefühle werden in Größenwahn transponiert: Wenn unser Land auch nicht so schön ist wie andere, ist es doch schöner als jedes andere.

Was wird dann im Teil „so doch" vorgebracht, wenn das heimatliche Land als eintönig, nackt und unschön dargestellt, oder auch das russische Leben insgesamt kritisiert wird? Häufig wird darauf verwiesen, dass die Liebe zur Heimat irrational sei – so bei Blok: „Ja, auch so, mein Russland, / Bist du mir teurer als alle Länder"[22] oder Esenin: „Unansehnlicher Weg, / so doch auf ewig geliebt".[23] Hier lassen sich auch zeitgenössische Beispiele anführen, denn dieses Argumentationsmodell scheint bis heute zu überzeugen. Ein Gedicht von Ekaterina Poljanskaja beginnt mit der Erklärung „Es gibt nichts, wofür ich mein Land lieben würde", danach werden die Gründe aufgezählt, warum man Russland tatsächlich nicht lieben kann, im Finale jedoch wird die Liebe erklärt: „Ich kenne die Wüsten, wo die Aasgeier sind, / Und die ewige Angst, und des Herzens Stocken... / Und doch bin ich mit dir. Ich – mit dir. / Meine Liebe... mein Vaterland".[24]

Diese Denkweise erinnert an die berühmte Formulierung: „My country, right or wrong". Chesterton machte sich über diese Haltung lustig, indem er schrieb: „'My country, right or wrong', is a thing that no patriot would think of saying except in a desperate case. It is like saying, 'My mother, drunk or sober'".[25] Im russischen patriotischen Diskurs verursacht eine solche Denkweise wenig Unbehagen, im Gegenteil: jegliche Kritik an der Heimat verbietet sich gerade weil die Begriffe Heimat und Mutter ineinanderfließen. Hierzu lässt sich Bunins Gedicht „Rodine" (1891) zitieren: „Sie spotten über dich, / Sie, o Heimat, werfen dir / Deine Einfachheit vor, / Das elende Aussehen der schwarzen Hütten... // Wie ein Sohn, ruhig und frech, / Sich seiner Mutter schämt – / Der müden, schüchternen und traurigen / Unter seinen städtischen Freunden, // Blickt er mit einem Lächeln des Mitleidens / Auf sie, die sich Hunderte von Werst schleppte / Und für ihn, zum Tag des Wiedersehens, / Den letzten Groschen sparte".[26]

---

21 Aage Hansen-Löve zeigt Čadaev als Vorbereiter für die „Kippfigur", die „in einer paradoxalen Wertschätzung des Negativen und Defizitären anhebt und mit dem Triumph des Mangels endet", Hansen-Löve 1998, 169.
22 „Да, и такой, моя Россия, / Ты всех краев дороже мне", Blok 1997, 185.
23 „Неприглядная дорога, / Да любимая навек", Esenin 1995, 291.
24 „Мне не за что любить свою страну" „Я знаю пустыри, где воронье, / Да вечный страх, да сердца перебои. / И все же я с тобою. Я – с тобою. / Любовь моя... Отечество мое", Poljanskaja 2005, 3.
25 Chesterton 1903, 125.
26 „Они глумятся над тобою, / Они, о родина, корят / Тебя твоею простотою, / Убогим видом черных хат... // Так сын, спокойный и нахальный, / Стыдится матери своей – / Усталой, робкой и печальной / Средь городских его друзей, // Глядит с улыбкой

Ähnlich wird die Liebe zur zerlumpten Heimat von Mandel'štam begründet: „Und doch liebe ich mein armes Land, / Weil kein anderes je ich gesehen".[27] Hier haben wir es bereits mit weiteren Formen der Konstruktion „wenn auch..., so doch..." zu tun – mit denen, wo nach dem „so doch" eine rationale Begründung geliefert wird.[28] Ist die Heimat auch unansehnlich, sie ist die Mutter, die einzige.

Aber es gibt auch andere Formen der rationalen Begründung. Gogol' führt Russland in seinen berühmten Worten aus der Perspektive der malerischen Fremde als unansehnlich vor: „Russland! oh Russland! ich sehe dich, aus meiner wunderbaren, herrlichen Ferne sehe ich dich: arm ist es in dir, weitläufig und unwirtlich; keine kühnen Wunderwerke der Natur, gekrönt von kühnen Wunderwerken der Kunst, erheitern oder erschrecken das Auge, auch keine Städte mit ihren in die Felsen hineingewachsenen vielfenstrigen hohen Palästen, nicht malerische Bäume oder Efeu, der im Getöse und im ewigen Staub der Wasserfälle die Häuser einhüllt; der Kopf wendet sich nicht zurück, um die endlos in die Höhe sich türmenden Felsblöcke zu schauen; auch funkelt nicht zwischen übereinander gehäuften dunklen Bögen, die von Weinlaub, Efeu und unzähligen Millionen wilder Rosen umschlungen sind, auch funkelt zwischen ihnen in der Ferne nicht die ewige Silhouette der schimmernden Berge, die sich in den silberhellen Himmelsweiten verliert. Offen, karg und flach ist alles in dir; wie Punkte, wie Zeichen ragen kaum merklich deine niedrigen Städte aus der Ebene empor; nichts betört, nichts schmeichelt dem Blick".[29]

Dies war der Teil des „wenn auch". Und auf ihn folgt das „so doch": „Was für eine unbegreifliche, geheimnisvolle Kraft aber ist es, die mich zu dir zieht? Warum klingt mir ohne Unterlass dein trauriges Lied im Ohr, das dich in deiner ganzen Länge und Breite, von Meer zu Meer durchtönt? Was hat es damit auf

---

сострадания / На ту, кто сотни верст брела / И для него, ко дню свиданья, / Последний грошик берегла" Bunin 1965, 78.

[27] „Но люблю мою бедную землю, / Оттого что иной не видал" Mandel'štam 1993, 35.

[28] Einen weiteren Versuch, die Liebe zur Heimat rational zu begründen, lieferte Nikolaj Nekrasov, als er feststellte, dass die Natur – der Trostlosigkeit zum Trotz – per se nicht hässlich sein könne. Nekrasov 1967, 159.

[29] Übersetzt von Vera Bischitzky, Gogol 2009, 275-276, „Русь! Русь! вижу тебя, из моего чудного, прекрасного далека тебя вижу: бедно, разбросанно и неприютно в тебе; не развеселят, не испугают взоров дерзкие дива природы, венчанные дерзкими дивами искусства, города с многооконными высокими дворцами, вросшими в утесы, картинные дерева и плющи, вросшие в домы, в шуме и в вечной пыли водопадов; не опрокинется назад голова посмотреть на громоздящиеся без конца над нею и в вышине каменные глыбы; не блеснут сквозь наброшенные одна на другую темные арки, опутанные виноградными сучьями, плющами и несметными миллионами диких роз, не блеснут сквозь них вдали вечные линии сияющих гор, несущихся в серебряные ясные небеса. Открыто-пустынно и ровно все в тебе; как точки, как значки, неприметно торчат среди равнин невысокие твои города; ничто не обольстит и не очарует взора", Gogol' 1951, 220.

sich, mit diesem Lied? Was ruft mich und schluchzt und greift mir ans Herz? Was sind das für Töne, die mich schmerzlich liebkosen, die in meine Seele dringen und mein Herz berühren? Russland! Was nur willst du von mir? Welch rätselhaftes Band verbindet uns insgeheim? Warum schaust du mich so an und weshalb hat alles, was in dir ist, erwartungsvoll die Augen auf mich gerichtet?... Und während ich noch stehe, reglos und voller Erstaunen, beschattet schon eine drohende Wolke mein Haupt, die schwer ist von den nahenden Regenfällen, und das Denken erstirbt angesichts deiner Weite".³⁰

Und schließlich die Begründung: „Was verheißt dieser unermessliche Raum? Sollte nicht hier, in dir, ein grenzenloser Gedanke geboren werden, wo du doch selber endlos bist? Sollte man hier nicht Recke sein, wo es doch Raum gibt, sich zu entfalten und auszuschreiten? Drohend umfängt mich der gewaltige Raum, mit furchtbarer Kraft spiegelt er sich in meinem Innern; eine übernatürliche Macht erleuchtet meine Augen: ah! Wie sie funkelt, diese herrliche, der Welt noch unbekannte Weite! Russland..."³¹

Hieraus ergibt sich das folgende Bild: Obwohl der heimatliche Raum einfach ist, ist er ausgedehnt und geräumig, und die anfängliche Unansehnlichkeit und Dürftigkeit ist nur das Unterpfand für den zukünftigen Triumph (Russland überholt – in der Zukunft – die anderen Völker und Staaten, die zur Seite weichen und Russland den Weg freigeben).

Die Verbindung des Großen und Einfachen als Objekte der Liebe treffen wir auch in Lermontovs Gedicht „Rodina": Nachdem er bekennt, dass er sein Gefühl für die Heimat nicht begründen kann: „Aber ich liebe. Weswegen? Ich weiß es selbst nicht" folgt eine Aufzählung der geliebten Objekte, und das sind die Bilder des weiten Raums: „Ihrer Steppen kühles Schweigen, / Ihrer Wälder end-

---

[30] Ebd., 276, „Но какая же непостижимая, тайная сила влечет к тебе? Почему слышится и раздается немолчно в ушах твоя тоскливая, несущаяся по всей длине и ширине твоей, от моря до моря, песня? Что в ней, в этой песне? Что зовет, и рыдает, и хватает за сердце? Какие звуки болезненно лобзают, и стремятся в душу, и вьются около моего сердца? Русь! чего же ты хочешь от меня? какая непостижимая связь таится между нами? Что глядишь ты так, и зачем все, что ни есть в тебе, обратило на меня полные ожидания очи?.. И еще, полный недоумения, неподвижно стою я, а уже главу осенило грозное облако, тяжелое грядущими дождями, и онемела мысль пред твоим пространством", Gogol' 1951, 220-221.

[31] Ebd., 276, „Что пророчит сей необъятный простор? Здесь ли, в тебе ли не родиться беспредельной мысли, когда ты сама без конца? Здесь ли не быть богатырю, когда есть место, где развернуться и пройтись ему? И грозно объемлет меня могучее пространство, страшною силою отразясь во глубине моей; неестественной властью осветились мои очи: у! какая сверкающая, чудная, незнакомая земле даль! Русь!..", Gogol' 1951, 221.

loses Schwanken, / Die Hochwasser ihrer Flüsse, die den Meeren gleichen" und des einfachen Raums: „Die zitternden Lichter der traurigen Dörfer".[32]

Als erstes hat die Formel „wenn auch..., so doch...", wahrscheinlich Lomonosov verwendet: „Wenn auch von ständigem Eis / Das nördliche Land bedeckt ist, / Wo von den gefrorenen Flügeln des Boreas / Aufwallen Deine Banner; / So ist Gott doch inmitten der vereisten Berge / Groß durch seine Wunder".[33] Entfaltet wurde die Strategie, bei der die Auserwähltheit Gottes durch die scheinbare Gottverlassenheit begründet wurde, von Tjutčev: „Diese armen Siedlungen, / Diese karge Natur – / Heimatliches Land der Langmut, / Du Land des russischen Volkes! // Der stolze Blick des Fremden / Begreift und bemerkt nicht, / Was in deiner demütigen Nacktheit / Durchscheint und verborgen leuchtet. // Niedergedrückt von der Kreuzeslast, / hat dich, heimatliches Land, / der himmlische Herrscher in Knechtgestalt / Segnend durchstreift".[34] Hier haben wir die Formel der wahren Schönheit – sie ist verborgen vor dem äußeren Betrachter, vor dem, der versucht, Russland mit einem allgemeinen Maßstab („аршином общим") zu bewerten. Es ist gerade die Schönheit, die die Welt erretten soll. Die äußere Erscheinung des Landes ist unansehnlich, aber umso leuchtender ist sein inneres Bild. Das Land sieht gottverlassen aus, aber in Wahrheit ist es von Gott auserwählt. Warum? Weil es das Wunder der christlichen Demut und Geduld vollzieht.

Das gleiche Konzept verfolgt ein anderer Sänger des russischen Imperiums (nun aber bereits in der sowjetischen Variante) – Majakovskij. Als Beispiel kann das Poem „Vladimir Il'ič Lenin" dienen: „Von oben wirf einen Blick auf Russland – / mit den Flüssen gebläut, als ob / tausend Ruten losgelassen wurden, / als sei es mit der Knute ausgepeitscht. / Und blauer als das Wasser im Frühling, / sind die blauen Flecken der leibeigenen Rus'. // Schau von der Seite auf Russland – / Und wohin auch immer du den Blick wirfst / Stemmen sich in das Firmament die riesigen / Berge, Arbeitslager und Gruben / Und noch schmerzlicher als in den Arbeitslagern war / die Knechtschaft an den Werkbänken der Fabriken".

Russlands Körper wird also von oben und von der Seite gezeigt und beschrieben als geschundener, als geschlagener und an der alle Kräfte übersteigen-

---

[32] „Но я люблю – за что не знаю сам? – / Ее степей холодное молчанье, / Ее лесов безбрежных колыханье, / Разливы рек ее подобные морям.... <...> Дрожащие огни печальных деревень", Lermontov 1936, 100.

[33] „Хотя всегдашними снегами / Покрыта северна страна, / Где мерзлыми Борей крилами / Твои взвевает знамена; / Но бог меж льдистыми горами / Велик своими чудесами", Lomonosov 1959, 203.

[34] „Эти бедные селенья, / Эта скудная природа – / Край родной долготерпенья, / Край ты русского народа! // Не поймет и не заметит / Гордый взор иноплеменный, / Что сквозит и тайно светит / В наготе твоей смиренной. // Удрученной ношей крестной, / Всю тебя, земля родная, / В рабском виде Царь Небесный / Исходил, благословляя", Tjutčev 2003b, 71.

den Arbeit leidender. Daraus folgt: „Es gab reichere Länder, / schönere und klügere hab ich gesehen. / Aber Länder mit einem größeren Schmerz / geschah zu sehen mir nicht".[35] Wie bei Tjutčev und anderen wird Russland als einmalig erklärt – und zwar gerade durch sein Leiden. Andere Länder sind schöner und klüger, aber Russland ist dank seiner Schmerzen näher an der Wahrheit. Die erlebten Leiden sind bedeutsamer als die äußere Schönheit und die äußere Klugheit.

Von der Langlebigkeit dieser Vorstellung zeugt ein 2005 publiziertes Gedicht von Vadim Kovda: „Mir ist all dies zu bekannt... / Die gewöhnliche Landschaft vor dem Fenster: / Eine Ziege neben einem weißen Haus / Und eine Frau mit einem gelben Fähnchen... / Verblasstes staubiges Gras. / Ein ungepflegter spärlicher Wald. / Und die nackte, nackte Wahrheit / Von der nackten Erde bis zum Himmel".[36] Hier wird die typische sowjetische oder postsowjetische Landschaft als unansehnlich charakterisiert, aber auch als ungeschönt, ungeschminkt. Ihre Nacktheit ist die Nacktheit der Wahrheit, der Echtheit. Und die Schönheit liegt gerade in ihrem Verborgensein.

---

[35] „Сверху взгляд на Россию брось – / рассинелась речками, словно / разгулялась тысяча розг, / словно плетью исполосована. / Но синей, чем вода весной, / синяки Руси крепостной. // Ты с боков на Россию глянь – / и куда глаза ни кинь, / упираются небу в склянь / горы, каторги и рудники. / Но и каторг больнее была / у фабричных станков кабала" „Были страны богатые более, / красивее видал и умней. / Но земли с еще большей болью / не довелось видеть мне" (die Graphik wurde verändert), Majakovskij 1957, 258.

[36] „Мне всё это слишком знакомо... / Обычный пейзаж за окном: / коза возле белого дома / и женщина с жёлтым флажком... / Поблекшая пыльная травка. / Неприбранный реденький лес. / И голая, голая правда / От голой земли до небес" zitiert nach Anninskij 2005, 28.

Literatur

Anninskij, L. 2005. „Obraz žitel'stva", *Evrejskaja gazeta*, Berlin, Avgust.
Begunov, Ju. K. 1965. *Pamjatnik russkoj literatury XIII veka: „Slovo o pogibele russkoj zemli"*, M. / Ld.
Blok, A.A., 1997. *Polnoe sobranie sočinenij i pisem v 20 tomach*, 3, M.
Bunin, I. A. 1965. *Sobranie sočinenij v 9 tomach*, tom1, M..
Čechov, A.P. 1978. „Višnevyj sad", *Polnoe sobranie sočinenij i pisem v 30 tomach*, tom 13, M.
Cheraskov, M.M. 1961. *Izbrannye proizvedenija*, M. / L.
Chesterton, G.K. 1903, „A defence of patriotism", *The Defendant*, London.
Dušečkina, E.V. 2003. „„Ot Moskvy do samych do okrain...': Formula protjaženija Rossii", P. E. Bucharkin (Hg.), *Ritoričeskaja tradicija i russkaja literatura*, SPb. 108-125.
Ely, Chr. 2002. *This Meager Nature: Landscape and National Identity in Imperial Russia*, Illinois.
Esenin, S.A. 1995. „Melkoles'e. Step' i dali...", *Polnoe sobranie sočinenij v 7 tomach*, tom 1, M.
Fedorov, N.F. 1995. „Filosofija obščego dela", *Sobranie sočinenij v 4 tomach*, tom 1, M.
Gogol', N.V. 1951. „Mertvye duši", *Polnoe sobranie sočinenij [v 14 tomach]*, tom 6, M. / L.
Gogol, N. 2009. *Tote Seelen*, Düsseldorf.
Gusev, V. E. (Hg.) 1963. *Pesni i romansy russkich poėtov*, M. / L.
Hansen-Löve, A.A. 1998. „Zur Kritik der Vorurteilskraft: Russlandbilder", *Transit: europäische Revue*, 16, 167-185.
Lebedev-Kumač, V. 1960. *Pesni i stichotvorenija*, M.
Lermontov, M.Ju. 1936. „Rodina" („Ljublju otčiznu ja, no strannoju ljubov'ju..."), *Polnoe sobranie sočinenij v 5 tomach*, tom 2, M. / L.
Leroy-Beaulieu, A. 1884. *Das Reich der Zaren und die Russen*, 1, Berlin.
Lichačev, D. 1983. *Zemlja rodnaja*, M.
Lomonosov, M.V. 1959. „Oda na den' vosšestvija na Vserossijskij prestol Eja Veličestva Gosuraryni Imperatricy Elisavety Petrovny 1747 goda", *Polnoe sobranie sočinenij*, tom 8, M. / L.
Majakovskij, V.V. 1957. „Vladimir Il'ič Lenin", *Polnoe sobranie sočinenij v 13 tomach*, tom 6, M.
Mandel'štam, O. 1993. „Tol'ko detskie knigi citat'", *Sobranie sočinenij v 4 tomach*, tom 1, M.
Nekrasov, N.A. 1959. *Sočinenija v 3 tomach*, 3, M.
— 1967. *Železnaja doroga*, *Polnoe sobranie stichov v 3 tomach*, tom 2, L.
Osorgin, M. 1955. *Vremena*, Pariž.
Pavlova, A. / Bezrodnyj M. 2010. „Wie fängt man ein Einhorn? Das Bild der russischen Sprache von Lomonosov bis Wierzbicka", Engel Chr., Menzel B. (Hg.): *Kultur und / als Übersetzung: Russisch-deutsche Beziehungen im 20. und 21. Jahrhundert*. [im Druck]
Poljanskaja, E. 2005. „Mne ne za čto ljubit' svoju stranu..." *Neva*, 3.
Prišelec, A. 1961. „Naš kraj", *Tancy i igry pionerov*, M.
Tjutčev, F.I. 1988. *Literaturnoe nasledstvo*, 97/1, M.

— 2003a. Na vozvratnom puti („Grustnyj vid i grustnyj čas..."), *Polnoe sobranie sočinenij i pisem v 6 tomach*, tom 2, M.
— 2003b. „Ėti bednye selen'ja...", *Polnoe sobranie sočinenij i pisem v 6 tomach*, tom 2, M.
Vajskopf M. 2002. *Sjužet Gogolja: morfologija, ideologija, kontekst*, M.

Aage A. Hansen-Löve

„ICH BIN EIN BLATT PAPIER..".
MUSEN, DICHTER, POETESSEN

1. Zwischen Leintuch und Leinwand: *Venus rising from the sea*

Jener amerikanische Maler, von dem das Titelbild dieses Bandes stammt, wird den meisten wohl ein Unbekannter sein, jedenfalls den Nicht-Kennern der Malerei des frühen 19. Jahrhunderts in den USA: Denn wer würde auch ein so subtiles Bild in einer Kultur vermuten, die zunächst anderes zu tun hatte, als weiße Leinwände zum Trocknen aufzuhängen. Der Maler heißt Raphaelle Peale und hat sein Bild 1823 gemalt. Wenn man das Bild bloß in einer schlechten Reproduktion kennenlernt, sieht man tatsächlich nicht mehr – aber auch nicht weniger – als eine Leinwand *als* Leinwand: und denkt dabei womöglich an jenes weniger als hundert Jahre später entstandene Leinwandbild mit dem tautologischen Titel „Weiß auf Weiß", das Kazimir Malevič 1917 in die Welt gesetzt hatte.[1]

Raphaelle Peale hat nicht nur eine Leinwand gespannt, ein Leintuch – oder ist es ein Tischtuch? – auf Leinen, das er zudem noch listig am rechten unteren Rand signiert hatte (also das Wäschestück, nicht die Leinwand des Bildes): Er hat nicht nur eine Wäschszene gemalt, sondern – und das lässt sich nur bei genauerem Hinsehen erkennen – oben und unten noch etwas: zarte Hände, welche die wohl nassen Haarsträhnen hochbinden – und am unteren Bildrand die „Füßchen" der Figur, umringt von einigen Blüten – aber das ist auch schon alles. Den restlichen Körper bekommen wir jedenfalls so gar nicht zu Gesicht. Wir sehen ihn bloß vort unserem inneren Auge als nackte Kopfgeburt hinter der Leinwand. Auf der Leinwand zeigt sich nichts als eine sich Verhüllende, Ver-

---

[1] Die mythopoetische Symbolik der Farbe Weiß begegnet überall dort, wo es um den archaischen Urzustand des Kreativ-Weiblichen geht: so auch in R.v. Ranke-Graves *White Goddess* (R. v. Ranke-Graves 1985, 76f.). Frazer sah gleichfalls in der Weißen Göttin eine Inkarnation der Demeter oder Persephone (ebd., 76); bei Apuleius gilt sie im *Goldenen Esel* als die „natürliche Mutter aller Dinge", d.h. als Isis, Proserpina-Persephone (82). Der weibliche Anteil des Heiligen Geistes kehrt dann wieder in den sophiologischen Spekulationen der Mystiker und der Ostkirche (180ff.). Die Priesterinnen der „Weißen Göttin weißten sich in alten Zeiten wahrscheinlich ihre Gesichter mit Kalk, um so die weiße Scheibe des Mondes nachzuahmen." (524) Zu Malevič in diesem Zusammenhang vgl. A. Hansen-Löve 2004.

bergende – mehr Kalypso als Venus.² Nicht Projektionsfigur eines Diapositivs oder Filmprojektors, sondern als B i l d , d a s s e i n V e r b e r g e n i n s z e n i e r t ; statt „Apo-kalypsis", also Entblößung, ein Anti-Striptease – „Kalyptik", Kunstverpackung, Verpackungskunst.³

Wir erinnern uns an Mandel'štams wunderbare Umschreibung des Dichtens als Prozess des Webens und der textilen Erotik, die hier ins Bild gesetzt wird: Textil und Text kommen zur Deckung – fast:⁴

> Поэтическая речь или мысль лишь чрезвычайно условно может быть названа звучащей, потому что мы слышим в ней лишь с к р е щ и в а н и е д в у х л и н и й, из которых одна, взятая сама по себе, абсолютно немая; а другая, взятая вне орудийной метаморфозы, лишена всякой значительности и всякого интереса и поддается пересказу, что [...] вернейший признак отсутствия поэзии: ибо там, где обнаружена соизмеримость вещи с прекрасным, там п р о с т ы н и н е с м я т ы, там поэзия, так сказать, не н о ч е в а л а. (Mandel'štam, „Razgovor o Dante", II, 363-364)

Dichterisches Reden – und auch Denken – kann nur sehr bedingt als klangvoll bezeichnet werden, da wir darin lediglich die K r e u z u n g z w e i e r L i n i e n vernehmen, deren eine, für sich genommen, absolut stumm ist, während die andere, unabhängig von der Verwandlung der Werkzeuge, jeglicher Bedeutsamkeit und jeglichen Interesses entbehrt, da sie ja nacherzählt werden kann, was meines Erachtens das verlässlichste Merkmal für die Abwesenheit von Poesie ist: denn dort, wo es zur Übereinstimmung zwischen Ding und Nacherzählung kommt, sind die

---

2   Zur symbolistischen Sicht der „Venus von Milo" vgl. auch D. Merežkovskij, „Venera Milosskaja" (1891) (vgl. V. Kafitz 1908, 24ff.). Venus bzw. Aphrodite verkörpern auf komplexe wie archaische Weise eine vorsexuelle Generativität, da sie ja dem Schaum des Uranos entspringen und damit allen Formen der „geistigen Liebe" (wie der Knabenliebe) als Schutzpatroninnen dienen. Zu antigenerischen Formen der Hervorbringung bzw. der „Geburt" der Kunstwerke vgl. A. Hansen-Löve 2011.

3   Zur „Kalpytik" als Gegenmotiv zur „Apokalyptik" vgl. A. Hansen-Löve 2001. Die Motive „Schleier" und „Textur" – auch in Verbindung mit Text und Poetik – behandeln: E. Greber; P. Oster 2002. Der „Schirm" – etwa in den Mystifikationen des Symbolisten Blok in seinen mystisch-erotischen „Minne-Gedichten" – „trennt und verdeckt gleichzeitig – der trennende Schirm wird gleichzeitig zur Projektionsfläche", womit eine „Rhetorik der Verschleierung" und der Mystifikation einhergeht (D. Rippel 1999, 147) Die symbolistische Devise der „Schönen Dame" Bloks bedeutet „Nichterkennbarkeit, Unerfüllbarkeit": Denn die Frau ist als Medium zugleich der Schleier und das Dahinter (vgl. E. Greber 2002, 195; D. Rippel 1999, 149. So auch der Isis-Mythos bei Vjačeslav Ivanov, der sich auf das okkultistische Konzept des „Isis-Schleiers" in der Theosophie der Blavatskaja (*Isis Unveiled*) berufen konnte (G. Obatnin 2000, 104f.). Der orthodoxe Feiertag mit dem schönen Namen „Pokrov" („Schleier") verbindet sich mit der Erwartung des Bräutigams (ebd., 107) – reflektiert in V. Ivanovs gleichnamigem Zyklus „Pokrov" (*Sobranie sočinenij*, Bruxelles, II, 428, II, 279).

4   Vgl. A. Hansen-Löve 1999.

Laken nicht zerwalkt, dort hat die Dichtung, sozusagen, nicht genächtigt. (O. Mandelstam, „Gespräch über Dante", 1937, O. Mandelstam, *Das zweite Leben. Späte Gedichte und Notizen*, 61; Hervorhebungen AHL)

Bei Mandel'štam ist es die Dichtung selbst, die mit dem Geliebten – also wohl dem Dichter – das Bett teilt oder jedenfalls das Leintuch zerknittert. Unsere Venus dagegen scheint ein lange schon gebügeltes Tisch- oder Leintuch aufzuhängen, dessen exakte Quadratfalten wohl etwas frische Luft benötigen. Wozu wohl?

Und dann noch der überraschend konkrete Titel, der scheinbar alles klar macht und einen unerklärlichen Wissensvorsprung des Malers vor dem Betrachter markiert: „Venus rising from the sea" – ein Sujet, das man ansonsten durchwegs als Triumph unverhüllter Nacktheit kennt (Botticelli!): hier aber ein Sieg – nein, nicht der Keuschheit – im Gegenteil: einer gesteigerten, kaum überbietbaren Raffinesse des zeigenden Verbergens und des verbergenden Zeigens. Während die Venus Botticellis alle Hände voll zu tun hat, ihre Scham zu verhüllen, sind es bei Peale gerade die Hände, die sichtbar werden, der Körper dagegen bleibt dem Betrachter zur Gänze entzogen.

Dass es gerade die Venus sein soll,[5] lässt sich mit dem bloßen Blick auf die Bildoberfläche nicht erkennen; ebenso wenig, dass sie gerade dem Meere entsteigt: denn wo ist das Meer? Wo ist das Aufsteigen? Das ikonographische Motiv – also ein historisches, kulturelles Standardwissen – muss von außen hinzugefügt werden – noch dazu schriftlich, damit das schöne Kind einen Namen hat: Denn die Präsentation der nackten Leinwand als Leinwand, das Bild als seine eigene Tautologie, das war erst (siehe Malevič) ein knappes Jahrhundert später möglich: als Unmöglichkeit demonstriert und ausgestellt und in die Kunstgeschichte eingerammt am Nullpunkt ihrer Geschichte, vergleichbar nur dem Jahr Null der christlichen Zeitrechnung, dem das Null-Jahr des Suprematisten Malevič korrespondieren sollte. Vielleicht sollte es gar an seine Stelle treten.

Peale dagegen zeigt gleich die nackte Leinwand – aber eben *keine* Nackte, genauer: die nackte Tatsache einer Verhüllten, deren Weiblichkeit aus dem Titel resultiert und der Zartheit der Händchen und „Füßchen"– jener *nožki*, die fast gleichzeitig Alexandr Puškin wortreich vergötterte: so etwa in seinem Versroman *Evgenij Onegin*.

Anstatt e t w a s Bestimmtes an der Oberfläche zu erkennen, wissen wir im Vorhinein, worum es sich handelt, wenn wir – wie zumeist in den Ausstellungen – zuallererst das Täfelchen darunter und dann erst die Tafel des Bildes ins

---

5   Ein Gegenbild der Venus bildet Sacher-Masochs *Venus im Pelz*, zu deren Verhüllungstaktik s. auch G. Deleuze 1980, hier: 187ff. (zum Pelz als Fetisch). Eine postmoderne Deutung liefert B. Groys 2004, 13f.

Auge fassen. Wir sehen nur, was wir wissen, ohne dass wir wirklich wüssten, was wir da sehen, da wir ja im Grunde nichts sehen, jenes „Weiße Nichts", von dem viel später dann der erwähnte Maler malend sprechen wird: „Ich habe den Pinsel durch die Feder ersetzt", verkündet er nach der Entdeckung des „Schwarzen Quadrats" 1913; das Schreiben über Kunst wird die Kunst zeitweilig verdrängen wie eine Mondfinsternis das Bild der Sonne.[6]

Die ausgestellte, zum Trocknen – oder als Blickschutz? – aufgehängte Leinwand ist das Medium und deckt dasselbe zugleich, weckt die Neugierde, was wohl dahinter steckt – und die errötende Scham einer Verweigerung, die doch umso mehr anzieht. All das evoziert die hohe Kunst des kaschierten Andeutens, der lächelnden Geste, des reinen Index, der auf Semantik und Inhalt verzichtet, um darüber hinaus die Intensität eines Verlangens auf endlos zu stellen.

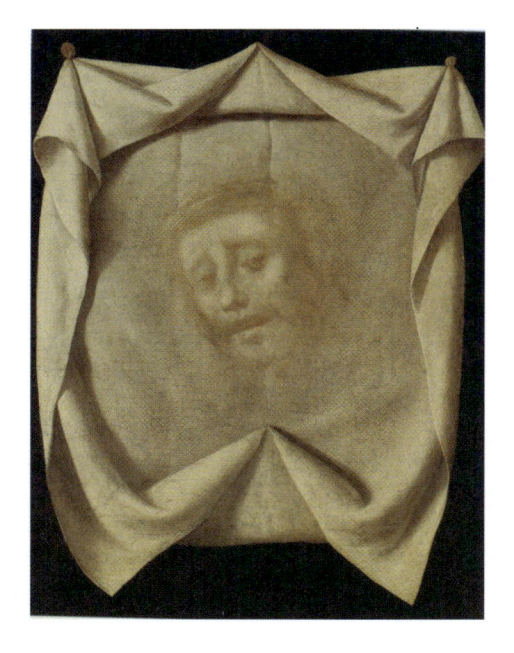

Francisco Zurbarán, *Schweißtuch der Veronika*, 1658

---

[6] Zur Rolle der futuristischen Inszenierung *Pobeda nad solncem* im Rahmen der kosmischen Symbolik des Futurismus vgl. A. Hansen-Löve 2005.

Wie es aussieht, wenn die Leinwand ein Bild trägt, genauer: den Archetypos des Inbildes selbst vergegenwärtigt, kennen wir von den zahllosen Ikonen des Typs „Acheiropoieton",[7] also eines „Nicht von Menschenhand gemachten Bildes". Auch westliche Beispiele dafür gibt es genügend: man denke an „Veronikas Schweißtuch" von Francisco Zurbaran aus dem 17. Jahrhundert – jenem Christusgesicht, das die Malerei im westlichen Sinne dem Fetisch einer Reliquie, einem metonymischen Index eines Abdrucks annähert, wie wir es mit dem Grabtuch von Turin vor uns haben:[8]

Der byzantinisch-orthodoxe Typus erhebt diesen indexikalen Abdruck aus der Sphäre der realistischen Mimesis in jene der *mimesis Theou* – also der *imitatio Dei* und verleiht damit dem Abbild die analoge Wesenhaftigkeit einer symbolischen Ikonik, die sich weder mit metonymischen Faktizitäten eines Abdrucks noch mit den bloß spielerischen Metaphern einer leeren Parabolik zufrieden gibt. Wir sehen jenes weiße Tuch, das wir von den Ikonen immer dann vorgehalten bekommen, wenn wir vollends ins Ungegenständliche verwiesen werden: das weiße Gewand Christi auf den „Verklärungs-Ikonen" („Metamorphosis"/„Preobraženie"), jenes des Auferstehenden – oder eben jenes weiße Grabtuch, das wir von den Pfingstikonen kennen:

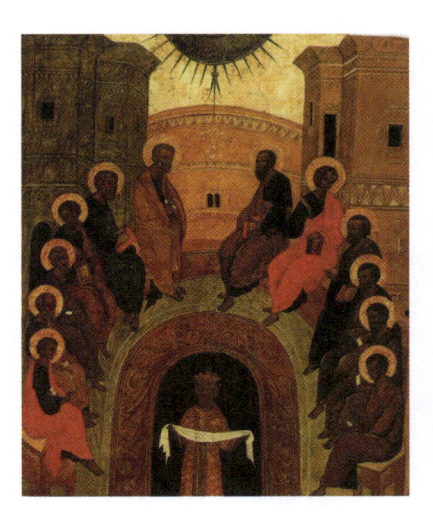

Pfingstikone mit dem Weißen Grabtuch des Auferstandenen

---

[7] R. Lachmann 2002, 236f.
[8] Zur Fetischisierung von Reliquien vgl. H. Belting 1990, 233ff., 331f.; H. Böhme 2006, 109ff.

2. Metamorphosen der Musen als Quellen der Inspiration

Insoferne Venus auf unserem Bild unsichtbar bleibt, tritt sie aus ihrer Sonnennatur im Geiste Botticellis heraus und beschränkt sich auf jenes Projektionsfeld, das ansonsten einzig den Musen vorbehalten ist.[9] Damit soll sie den Dichtern jenes Verlangen entlocken, das über den *horror vacui* der leeren Leinwand, des weißen Blattes Papier, der *carte blanche* triumphiert: Indem Venus sich verhüllt, nimmt sie die Minusgestalt der Muse an, die dem projizierenden Künstler das Äußerste abverlangt, ohne ihm das Objekt seiner Begierde in die Hand zu liefern.[10] Die Musen werden nicht schwanger, sie küssen die Stirn des Inspirierten – nicht den Mund.[11] Die Musen zeichnen sich ab – *hinter* dem Schleier, während sie gleichzeitig *auf* diesem tausendfach figurieren – und damit ihre Liebhaber zeichnen. Diese aber befruchtet sie mit einer Scheinschwangerschaft, deren Kinder die „künstlichen Paradiese" bevölkern.

Der Platz der Musen in der vorolympischen Religion[12] gehört ganz in die Sphäre der vorpatriarchalen Ordnung einer Frauen- und Mütterwelt, auch dann noch, als sie, unter die Herrschaft des Apoll[13] gestellt, zu Verwalterinnen

---

[9] Zu Etymologie des Begriffs „Musen" und ihrer Herkunft vgl. E. Barmeyer 1968, 53ff.; A. Gellhaus 1995; V.N. Toporov 1997, hier: 258ff. S. auch die klassische Darstellung bei W.F. Otto 1955; R. v. Ranke-Graves 1985, 462f. (Ableitung des Wortes „Muse" aus *mont*, d.h. Berg). Grundlegend zu den Musen als Quellen der Inspiration vgl. G. Neumann 1993.

[10] Ausführlich zu Muse und Anti-Muse (bei Nabokov) s. A. Stagl 2006: „Unter Muse verstehe ich das unkontrollierbare dichterische Potential, die Inspiration. Entstammt nicht dem Bewusstsein des Autors. Die Muse ist daher immer ein Gegenüber, nie das eigene Ich. Das bewusste Ich kann keine Inspiration geben, weil dazu ein Dialog notwendig ist. Es interagiert eine menschliche mit einer übernatürlichen (oder unbewussten) Instanz. Sie steuert das Material zur Dichtung bei; die Form ist Sache des Dichters." (ebd., 7)

[11] Dass der Musenkuss in der Antike gar nicht vorkommt, sondern eine Erfindung der lateinischen Dichtung des Humanismus darstellt, sei hier nicht verschwiegen. Vgl. dazu Ludwig 1996 und Chr. Senkel 2003, 247ff.

[12] Ausführlich zur Namengebung der Musen und ihrer Herkunft in der Antike vgl. V.N. Toporov 1997; E. Barmeyer 1968, 59ff.

[13] Zur Verbindung der Musen mit Apollon vgl. V.N. Toporov 1997, 264ff.; A. Gellhaus 1995, 9. Bei R.v. Ranke-Graves heißt es abschätzig: „Apoll begann anscheinend seine Existenz als Dämon einer Maus-Bruderschaft im [...] totemistischen Europa [...] stieg dann in göttl. Rang auf, Schutzpatron der Musik, der Dichtung und der Künste – verdrängte schließlich Zeus als Beherrscher des Universums." (R. v. Ranke-Graves 1985, 15) Jedenfalls erscheint aus dieser Sicht die von Apoll inspirierte Dichtung als „klassisch", handwerklich-technisch, rational und im Wesentlichen „höfisch" (532). Der apollinische Dichter wendet sich an die patriarchalen Machthaber (als „Höfling"), während der „wahre" Musen-Dichter „sich nur an die Muse wendet, nicht an den König oder das gemeine Volk [...]. Die Muse ist eine Göttin, aber sie ist auch eine Frau." (534), während nach Ranke-Grafes die Apolliniker beständig in Gefahr sind, „einer sentimentalen Homosexualität zu verfallen" (537): „Dann nimmt die Göttin Rache." Welche – erfahren wir freilich nicht. Wahrscheinlich bleibt es beim Inspirationsentzug.

verschiedener 'Ressorts' bzw. Medien degradiert und noch später zu reinen Attrappen und Kennzeichen einer veralteten Klassizität geschrumpft waren: Degradiert zum Spottbild eines verstaubten Dichtertums, dessen Berufung auf die Musen nur noch Spott oder bestenfalls Mitleid auslösen konnte.[14] An ihre Stelle trat in der an und für sich musenfeindlichen Römerzeit die „Apotheose der Cäsaren" und späterhin jene der Propheten, Jesu Christi oder der apostolischen Majestät. Einerseits also waren die Musen gestorben, anderseits führten sie ein geheimes Fortleben in Gestalt des Marienkultes oder aber im Rahmen einer Inspirationspoetik, die ihren ursprünglich mythisch-magischen Wirkungsradius auf den Problemkreis der Erfinderpsychologie bescheiden musste.[15]

Robert v. Ranke-Graves konstruiert in seinem mythoiden Schlüsselwerk *The White Goddess* einen Musen-Mythos der Degeneration, also einen des Verlustes weiblicher Dominanz im gesamten Kreativbereich – dem körperlich wie künstlerisch Kreativen (*Die weiße Göttin,* [1948] 1985, „Die Dreifältige Muse"). Die Dichter rufen die Musen an, um in den Genuss ihrer Energetik zu kommen, die zugleich enthusiasmierend und ordnend wirkt – ein Faktor, auf den auch Platon in seinen eifersüchtigen Musenspekulationen hinweist: Selbst in seiner gestrengen *Politeia*[16] reklamiert er die Wirksamkeit der Musen nicht nur als „musi(kali)sche Technik" für den menschlichen Kosmos des Staates, sondern vor allem für die übergeordneten Ansprüche der Philosophen, die mit den Dichtern in einen Wettstreit treten, wer von beiden mehr Anrecht auf den Musenkuss habe.[17]

---

[14] H.R. Curtius 1958, 233ff.
[15] Zur Christianisierung der antiken Musen- und Inspirationskonzepte vor allem in Dantes Beatrice (als Minneherrin) vgl. Chr. Senkel 2003, 247f. „Die *Commedia* erzeugt eine Poetik der Begnadung, in der eine vom Erzähler begehrte Frau die Musentopik überholt und die christliche Soteriologie auf höchst ungewöhnliche Weise verändert." (ebd.) Im russischen Symbolismus war es Aleksandr Blok, der in seinen Gedichten an die Himmelskönigin Merkmale des mittalterlichen Minne- und Marienkultes – ein „Marienphantasma" – russifizierte und gleichzeitig in seine hoch problematische Ehebeziehung zu Ljubov' Dmitrievna hineinprojizierte (D. Rippl 1999, 143ff.). Auch in diesem Fall zeigt sich, dass es wohl keine unbequemere Rolle für ein halbwegs selbstständiges weibliches Wesen gibt als die der Muse in Personalunion mit der Rolle als Ehefrau und Geliebte, die noch dazu sexuell brach liegt: „Aber ich war keine Funktion", schreibt dazu Ljubov' Dmitrievna, „ich war ein Mensch." (zit. ebd., 145). War es schon ein Problem, als Muse die Geliebte spielen zu müssen (und noch dazu eine himmlische), so war die Rolle der Ehefrau vollends „unmöglich" – und das im faktischen wie im symbolі(stі)schen Sinne als *éros nevozmožnogo* (vgl. die gleichnamige Darstellung von A. Etkind 1993. Vgl. auch ders. 1996).
[16] Zur Rolle der Dichtung in Platons *Politeia* vgl. A. Gellhaus 1995, 49ff.; A. Hansen-Löve 2010. Es fällt auf, dass aus einer dezidiert apollinischen Sicht Platons Musentheorie eher negativ bewertet wird (so bei Nabokov, vgl., dazu N. Stagl 2006, 9).
[17] Eike Barmeyer 1968, 141ff. Für Harold Bloom (1995, 54f.) sind die Musen der archaischen Dichtung der Ersatz für die Vorläuferschaft, die in der späteren Dichtung, zumal in der Moderne, die *Anxiety of influence* auslöste. In diesem Sinne ist die Urdichtung frei von Ein-

Die Inspiration besteht ihrem idealen Ursprung nach in einer magisch wirksamen Eingießung des „göttlichen Pneuma in den Dichter" (Demokrit), wodurch sich die enthusiastische Ergriffenheit des Sängers erklärt und damit die fortwirkende Begeisterung seiner Zuhörer.[18] Der Dichter kann also nichts direkt anstreben, nichts erlernen und kalkulieren, sondern er ist auf das „Geschenk", die „Gabe" Apolls bzw. der Musen angewiesen,[19] für die er freilich disponiert sein muss durch die musengerechte Ordnung seiner Seele. Was später als „Talent" eine quasi angeborene Fähigkeit und „Begabung" zu sein hatte, war zunächst eine Gabe, die, von den Musen vermittelt, das Schaffen zu einem Selbstgeschenk machte. Nicht zufällig verlieh Vladimir Nabokov seinem letzten russischen Dichterroman den schlichten Titel: *Die Gabe* (*Dar, The Gift*, 1937, 1963) und auch Derridas Spekulationen über die Unmöglichkeit eines totalen Geschenks verweisen auf den zutiefst paradoxalen Charakter von Geben und Nehmen, Empfangen und Gebären, Fremd- und Selbstschöpfertum (so in: *Donner le temps*, 1991). Eine Autorschaft, die an die Stelle Gottes tritt, bedarf keiner Muse; ebenso wenig wie „Gott keine Muse [hat], da er tot ist." (H. Bloom 1995, 21). Vielleicht auch umgekehrt.

Das Unwägbare der Musen und ihrer Gaben besteht eben darin, dass man sie nicht wirklich erwerben oder gar erzwingen kann, dass sie immer schon „gege-

---

flussängsten und damit auch frei von Originalitätsansprüchen und Neuheitszwängen. Doch seit Empedokles „gibt es keine Dichtung mehr als Divination, wo der Dichter selbst zu Gott wird" (ebd.) oder zu einem weissagenden Schamanen. Späterhin aber „liebten die Dichter die Musen überhaupt nicht. [...] die Muse war nie seine Mutter und der Vorläufer nicht sein Vater. Seine Mutter war sein eingebildeter Geist oder die Idee seiner eigenen Erhabenheit, und sein Vater wird erst dann geboren, wenn er seinen eigenen zentralen Epheben findet, der ihn retrospektiv der Muse einschwängern wird, die letztlich und erst dann seine Mutter werden wird." (ebd., 55) Im Zeichen des „Familienromans" der Neuzeit – zumal des 19. und 20. Jahrhunderts – die Muse gar nicht anders als irritieren: „Der junge Dichter liebt sich selbst in der Muse und fürchtet, daß sie sich in ihm haßt." (55) „Sollte er nicht selbst zum Opfer werden, dann muß der starke Dichter die geliebte Muse vor seinen Vorläufern »retten«. Natürlich überschätzt er die Muse, wenn er sie für einzigartig und unersetzlich hält." (ebd.) Eine scharfe Kritik an Blooms *Anxiety of influence* liefert J. Brodsky 1998. Eingehend zur Rolle der Musen als Trägerinnen der Inspiration (bei Nabokov) vgl. N. Stagl 2006, 7ff.; zu den Stadien der Inspiration vgl. Nabokovs *Strong Opinions*, 309; N. Stagl 2006, 11.

[18] Ausführlich zur antiken Inspirationslehre A. Gellhaus 1995, 11ff., 44f. und zum „Enthusiasmos" bzw. zur „Ekstase" 25ff., 32ff., 37ff. Platon (*Phaidros*) reklamiert den „Enthusiasmos" auch und gerade für die Philosophen (ebd., 52f.), während die Rhetoriker nur aus Eigennutz handelten und die Dichter das Wissen durch Affekte ersetzen (58).

[19] Zur „Begabung" des museninspirierten Dichters vgl. E. Barmeyer 1968, 92. Die „Gaben der Musen" behandelt eingehend E.R. Dodds 1970, 52ff.; A. Gellhaus 1995, 34: Die früheste Dichtung ist eine Art Dialog mit einer „gebenden Instanz", was die Dichter zu Empfangenden einer Gabe macht. Vgl. auch den Tagungsband: R. Grübel / G.-B. Kohler (Hg.) 2007; A. Hansen-Löve 2007, 263-282.

ben" sein müssen und sich doch nicht bloß passiv „er-geben".[20] Damit teilen die Musen das Schicksal aller unwillkürlichen Prozesse – vom Eros zum Thanatos, von der Absichtslosigkeit einer charmanten Geste zum Gelingen eines Hochsprungs, vom willentlichen Erinnern zur *mémoire involuntaire*. Es ist eben jene „Interesselosigkeit", die immer wieder aus Kants Ästhetik herbeizitiert wird, um die vielfach kritisierte Indifferenz einer *l'art pour l'art*-Gesinnung zu brandmarken. Nein, die Musen lassen sich nicht zwingen, ja nicht einmal bitten: wie ja auch der von Puškin favorisierte Gegensatz von „Mozart und Salieri" (1830) belegt. Mozart als „Liebling der Götter" (und damit der Musen) provoziert eben einen kunstethischen Neidkomplex, den Salieri umtreibt, wenn er die Gaben des Genies[21] letztlich für gesellschaftsbedrohend hält. Paarbildungen nach diesem Modell gibt es zahlreiche, man denke nur an jene von Dostoevskij vs. Černyševskij, Pasternak vs. Šolochov etc. Umso provokanter also Mandel'štams Ehrenrettung Salieris, den er samt dem Handwerklichen der Kunst hochleben lässt. Auch ein Beispiel jener erbarmungslosen Ironie, die jene Epoche mit steinernen Flügeln versah und die avantgardistischen Signale eben dort verbarg, wo man sie am allerwenigsten vermuten wollte.

Für Ranke-Graves bedeutet der Abstieg der Musen aus der lunaren Sphäre universeller Mutterschaft auch eine Verdünnung und Abstrahierung ihrer Funktionen: Ursprünglich war die Dreifältige Muse Symbolgestalt der Frau in der Fülle ihrer göttlichen Eigenschaften: „die Verzauberin des Dichters, das einzige Thema seiner Lieder." (Ranke-Graves 1985, 465) – dann aber geriet sie unter die „revolutionäre Institution der Vaterschaft"[22] (ebd., 466f.) und damit auch des Apoll, der zu ihrem Anführer – Musagetes – avancierte. Die Aufsplitterung der ursprünglichen weiblichen Musen-Trinität in die Neun Musen der Kunst-

---

[20] „Der Geber ist nicht die Gabe, und diese nicht jener, und doch gibt der Geber in der Gabe sich selber, insofern er liebt, und der Empfänger empfängt den Geber in der Gabe, insofern er ihn liebt." (F. v. Baader 1966, 117)

[21] Zur Verbindung von Geniekult und dem Prinzip der „Generation" vgl. A. Gellhaus 1995, 105 und ausführlich: vgl. O. Parnes, U. Vedder, St. Willer 2008.

[22] Die „Sprache der wahren Dichtung [...] wurde in spätminoischer Zeit verfälscht, als Invasoren aus Zentralasien die matrilinearen Institutionen durch patrilineare ersetzten [...] und die Mythen verfälschten und umformten." (R. von Ranke-Graves 1985, 120) Die griechischen Philosophen waren dieser Tradition überhaupt abhold und rationalisierten die einstmals magische Dichtung zu Ehren ihres Schutzgottes Apoll" (ebd. 10). Für H. Blooms Konzept seiner *Anxiety of Influence*, 36ff. besteht die größte Gefahr für den Dichter im „Koitus des Dichter-Vaters mit der Muse" (also seines Vorgängers mit der Poesie): Er muss selbstgezeugt sein, er muss sich selber in der Muse, seiner Mutter, erzeugen. Aber die Muse ist so gefährlich wie die Sphinx oder der Deckende Cherub und könnte sich mit beiden identifizieren, wenn auch häufiger mit der Sphinx. Der starke Dichter zeugt sich nicht selbst, er muß auf seinen Sohn warten, der ihn definieren wird, genau so wie er seinen eigenen Dichter-Vater definiert hat. Zu erzeugen bedeutet hier zu usurpieren und ist die dialektische Arbeit des Cherub. (H. Bloom 1995, 36)

formen[23] sieht Ranke-Graves letztlich als eine massive Abwertung,[24] wobei vor allem der Entzug ihrer Heil- und Zauberwirksamkeit beklagt wird. Die Inspiration der Dichter durch die Musen verfügt also nicht mehr über eine magische Kraft, sie beschränkt sich auf die Auslösung von Enthusiasmus bis hin zur Mania und Ekstase,[25] die bei Platon gleichwohl mit Misstrauen verfolgt wird, wie er ja überhaupt im Alter(swerk) – zumal seiner *Politeia* – zunehmend Kontrollzwänge die Oberhand gewinnen.

Es wird nicht weiter verwundern, dass im christlichen Mittelalter und danach die Jungfrau Maria zunehmend die Position der alten Musen einzunehmen hatte[26] – dies vor allem im Rahmen der Troubadour-Dichtung, wo sie zum Projektionsfeld für erotisch-mystische Wunschbilder hochgezogen wurde (Denis de Rougemont 1939).[27]

---

[23] E. Barmeyer 1968, 62f.; R. v. Ranke-Graves 1985, 471f.

[24] R. v. Ranke-Graves 1985, 15, spricht von einer „Entehrung der ursprünglichen Sinnbilder der Poetik" und damit auch der Musen. Die Profanisierung der Musengestalt setzte schon in der Antike ein – zumal bei den Römern (N. Stagl 2006, 9). Umso mehr gilt das für das 19. und 20. Jahrhundert: Die Muse „segnet das als genial und originell geltende Werk nur noch ab, legitimiert es, spricht ihm aber keinen göttlichen Odem mehr zu. Im 19. und 20. Jahrhundert sorgt sie dafür, dass der Autor sich auf das ‚Rauschen' in seinem Inneren konzentriert […] Sterbliche Frauen haben anstelle der Zeustöchter die helfende Rolle übernommen." (A. Werberger 2007, 257f.)

[25] E. Barmeyer 1968, 42f.; V.N. Toporov 1997, 263.

[26] Dazu R. v. Ranke-Graves 1985, 472f. (Maria als Muse). Vgl. auch den häretischen Marien-Kult der Troubadours (475) und die Übernahme der Vorstellung von romantischer Liebe aus dem Orient – vermittelt durch die Kreuzritter. Im Christentum werden die Schafe immer den Böcken vorgezogen […] die kirchliche Disziplin wird anti-poetisch. Die grausame, unbeständige Weiße Göttin und die milde, stetige, keusche Jungfrau sind unvereinbar miteinander, außer im Kontext der Heiligen Geburt." (512) Zur Entfaltung der Troubadour-Gestalt im russischen Symbolismus und seinem Kult der „Schönen Dame" vgl. D. Rippl 1999, 151: Im Spiegel der Himmelskönigin vollzieht sich das Spiel des Austausches, der Mann kann sich darin spiegeln, eine metaphorische Transvestie: Der Signifikant, die *Schöne Dame*, wird so lange auf das Signifikat, das lyrische Ich, verschoben, bis dieses keine Bedeutung mehr hat. […] Denn das Spiegelbild der Schönen Dame ist – leer." (ebd., 152). Vgl. auch die Interpretation von Bloks Drama *Roza i krest* mit Blick auf die Troubadour-Dichtung und die häretische Minne im Sinne Denis de Rougemonts (S.D. Cioran 1977, 222). Blok selbst war über seine Studien mit der häretischen Bewegung der Albingenser wohl vertraut.

[27] Für Denis de Rougemont wird bekanntlich das moderne erotische Bewusstsein geprägt von der häretischen, apokalyptischen Ausrichtung der Troubadours, die sich Liebe nur als unerfüllbares Verlangen denken konnten und damit das Abendland dazu verurteilen, Liebe und Erotik nur in Form des Ehebruchs denkbar" zu halten (D. de Rougemont 1966, 20; vgl. auch J. Evola 1962, 138f.). Zu ergänzen wäre freilich die allen apokalyptischen Häresien und Sekten (zumal der Katharer, Albingenser) gemeinsame Tendenz, die Fortpflanzung zu verhindern bzw. überhaupt einzustellen, damit die apokalyptische Ankunft des Reiches des Geistes umso rascher eintrete (vgl. dazu A. Hansen-Löve 1995). Zur sektantischen Tradition des symbolistischen Geschlechtsdenkens vgl. D. Rippl 1999, 95ff.; A. Etkind 1996, 59ff. und ders. 1998.

Dabei ist die Stellung der Jungfrau Maria zwischen Muse und Mutter durchaus prekär, ist sie doch das Objekt einer pneumatischen Einstrahlung ganz besonderer Art:[28] Im Akt der Empfängnis figuriert der Heilige Geist letztlich als Medium zwischen Gottvater und der Gottesgebärerin, die gleichzeitig als Jungfrau unbefleckt bleiben soll. Damit verbindet sie auf paradoxe Weise Mutter- und Jungfernschaft, das generische und das antigenerische Prinzip der sich reproduzierenden Gottheit. Eine ebenso deutliche wie wütende Darstellung dieser *Heiligen Familie* finden wir in Koschorkes gleichnamigem Werk, das sich freilich eher um das wunderliche Nachleben des Heiligen Josef kümmert.[29]

Einem weniger komplizierten Inspirationsmodell folgen die Evangelisten,[30] die ihre Einstrahlung gleichfalls „von links oben", d.h. aus dem Herrgottswinkel der Ikonographie beziehen: Im beiden Fällen ist es der Geist, dessen feminine Variante – die Sophia – schon in der vorchristlichen Antike jene Weisheit verkörpern sollte, die aus dem Denken und Wissen (der Noetik)[31] eine „Poetik" macht: also eine Neuschöpfung der geschaffenen Welt.

Zurück zu Platon und seinen massiven Zweifeln in seiner *Politeia* (X. Buch), ob denn der musische Enthusiasmus oder gar die „Manie" so völlig unkontrolliert ihr irrlichterndes Unwesen treiben dürfen – oder ob nicht gar der Anspruch der Dichter auf ihren Musenkuss nicht die übergeordneten Ansprüche der Philosophen in Frage stellt. Jedenfalls verfolgt Platon eine Doppelstrategie in der gleichzeitigen Rettung und Regelung der Musen: Für die gesellschaftlich grundlegende Ordnungsrolle der *musiké* bedarf es sehr wohl der Musen – nicht aber für eine unweigerlich täuschende, ja lügenhafte und völlig unprofessionelle

---

Zwischen dem lunaren Frauenbild de Rougemonts und jenem von R. v. Ranke-Graves besteht ein unübersehbarer Zusammenhang. Wohl auch zur weiblichen Sphäre des Lunaren in der Dichtung der frühen Moderne (so vor allem im dekadenten Frühsymbolismus Russlands, A. Hansen-Löve 1987, 223ff.). Insoferne kann die wahre Liebe nur unglücklich (also sexuell unerfüllt) sein, die wahre Dichtung nur – unsäglich, apophatisch, negativ: „Die verbotene Leidenschaft, die unbekennbare Liebe schaffen sich ein System von Symbolen, eine Hieroglyphensprache, zu der das Bewusstsein keinen Schlüssel hat [...]. So bleibt das Verbot bejaht, und der Gegenstand wird nicht eingestanden.." (D. de Rougemont [1939] 1966, 56). Daher sprechen Mystik und Erotik auch die gleiche Sprache (65f., 84f.), die aus dieser Sicht immer auch eine häretische Sprache ist (97ff., 102f., 142f., 171f.). Den Zusammenhang zwischen dem Wortflechten der Troubadours und jenem der altrussischen Wort- und Bildkunst behandelt eingehend E. Greber 2002.

28 Zur Position Mariens im Dreieck Gottvater – Gott Sohn – Mutter Gottes vgl. A. Koschorke 2000, 23f.
29 Am Ende dieser Entwicklung stand das Marienbegehren als Perversion in der Dichtung des Fin de siècle: A. Koschorke 2000, 207.
30 Zur Christianisierung des Inspirationsmodells im frühen Mittelalter vgl. N. Stagl 2006, 9. Ausführlich dazu auch der Artikel „Inspiration" in: G. Ueding (Hg.), *Historisches Wörterbuch der Rhetorik*, Tübingen 1998, Bd. 4, 423-433.
31 Zur Spezifik der „poetischen Erkenntnis" im Gegensatz zur wissenschaftlichen vgl. A. Gellhaus 1995, 17 und 132f.; 147 (zum Sprachcharakter des Denkens).

Mimesis dritten Grades, wie sie das poetische Schaffen (nach dem primären Weltschaffen und den sekundären Handwerkskünsten) „drittklassig" repräsentiert. Umgekehrt beansprucht der Philosoph die solchermaßen domestizierte, ja „verstaatlichte" Museninstanz, um sein eigenes – eben nicht abgeleitetes, mimetisches, sondern wahrhaft kreatives Denken als eine Überpoetik zu legitimieren.[32]

Worum es bei all dem geht, ist zunächst die ewige Verlustanzeige aller konservativen Kulturkritik: dass es nämlich vorbei sei mit der wahren, archaischen Kultkunst, die noch dem *poeta vates* vorbehalten war[33] – als ein magisch-mythisches „Singen" in einer von den Musen vermittelten Harmonie mit dem großen Ganzen des Kosmos und der Weltordnung. Darin gipfelte dereinst das Werk des *aoidós*,[34] also des *poeta vates*, der selbst zum Medium der Musen[35] ward – und sein ritualisierter Gesang zu ihrer Botschaft. Dieser ursprungshaft oralen Verfasstheit des musischen Singens folgt eine in Schrift und daher mediale Reproduzierbarkeit mündende Artifizialität einer *poiesis* nach, die das Werk als invariante Struktur, als Geschriebenes, Fixiertes einer Interpretation durch Vermittler und Leser überantwortet.[36]

Damit ist das Werk aber dem Geltungs- und Wirkkreis der archaischen Musenherrschaft entzogen und der freien Willkür unkontrollierter Kulturinstanzen überantwortet. Wir sehen hier die musischen Wurzeln jenes Konflikts zwischen Mündlichkeit und Schriftlichkeit, in dessen Rahmen Platon, ja die Antike insgesamt den Gesang als einen Ausdruck des Logo- und Phonozentrismus feiert,[37] während in der jüdisch-alttestamentarischen Tradition die Schrift jene Dominanz einnimmt, die ihr Derrida in seiner Medienphilosophie wiedererstatten möchte.[38] Daraus resultierte letztlich jener Medienmythos, der den Text selber zum Autor macht, genauer: zu Automaten seiner Selbstfortpflanzung.

---

[32] Zur Eifersucht der Philsophen auf die Muse der Dichter vgl. Platons Dichterkritik (E. Barmeyer 1968, 171ff.).
[33] Ausführlich dazu E. Barmeyer 1968, 9ff.
[34] Zum *aoidós* in der Antike vgl. E. Barmeyer 1968, 69ff. „Der Begriff 'poietes' war in der Blütezeit des altgriechischen Sängertums unbekannt und tauchte erst auf, als die musische Äußerung nicht mehr so eindeutig […] gewürdigt wurde." (ebd., 70). Den *poiétes* als „Macher" gibt es erst seit dem 5. Jahrhundert (83).
[35] Der Dichter im Sinne des *aoidos* figuriert als „Dolmetscher" (*hermeneus*) der Götter und sind somit nicht die eigentlichen Autoren ihrer Werke (A. Gellhaus 1995, 41). In diesem Sinne sind die Musen zugleich Medium und Sprache (als Medium) – vgl. N. Stagl 2006, 11.
[36] E. Barmeyer 1968, 86ff. (zu Schrift, Rezitation und Textualität).
[37] Eingehend zur Kritik der Schriftlichkeit Platons und zu dessen Phonozentrismus vgl. A. Gelhaus 54f. Die wahre philosophische Einsicht erfolgt sprachlos und schriftfern (ebd., 63).
[38] Derrida 1972, 259ff. verbindet die Idee der Inspiration mit dem Atem des Souffleurs (vgl. A. Gellhaus 1995, 12); zu Logozentrismuskritik und Schriftlichkeit bei Derrida vgl. ebd., 67, 127ff. „Durch genieästhetische Aneignung von nicht-männlich codierten Eigenschaften seien Frauen besonders effektiv aus dem künstlerisch-intellektuellen Betrieb ferngehalten wor-

Die Schrift macht den Musen ihre inspirierende, spontane, evidente Unmittelbarkeit und Originalität streitig, an deren Stelle die intertextuelle, relative Bedingtheit einer „écriture" tritt, die den Autor ebenso verdrängt (wenn auch nicht beseitig) wie den Originalitäts- und Einmaligkeitsanspruch eines musischen *enthusiasmós*: Daher auch die für die Postmoderne so wesentliche Abwertung der Plagiatsängste, die dem logozentrischen Originalgeniekult[39] auch in der Moderne noch anhafteten – man denke nur an die bis in die 50er Jahre immer wieder aufflackernden öffentlichen Plagiatsskandale, die in dieser Form nach Derrida – obwohl er doch unter vergleichbaren „Copy right"-Problemen zu leiden hatte – entsorgt wurden. Für eine solche Sicht ist ohnedies alles Plagiat, und ein jedes Werk resultiert nicht aus einer *inventio*,[40] sondern aus der (strategischen) Kombination vorgegebener Elemente, deren Sinn transtextuell wandert, gleitet, permanent auch auf der Flucht vor Festlegungen ist. Die Originalität der Autorschaft verlagert sich daher vom Erzeuger des Textes auf diesen selbst: der Diskurs wird autogen, er gebiert gleichsam seine eigene Muse, die den Leser inspiriert und diesen somit zum Mitautor macht, dessen Antwort im Fort-Schreiben resultiert.

Aus einer solchen Sicht wird das Hauptgewicht der Kreativität auf den Schaffensprozess und damit auf die Inspiration durch die Musen verlagert – dynamisch, performativ gedacht in der mythopoetischen Nachfolge des archaischen *aoidós*, während der *poietes* nicht performanzorientiert auftritt, sondern auf Werke, Artefakte, Texte pocht. Dass diese Position des Poietes zugleich nicht mehr „prinzipiell gesichert" erscheint, mag beklagenswert sein; eine Rückkehr zu ihr ist ebenso versperrt wie jede Regression ins Archaisch-Mythische und eine scheinbare Geborgenheit im Großen Ganzen.[41]

Das hängt auch mit der medialen Ausdifferenzierung zusammen, die den Text des Dichters unabhängig macht von seiner „Interpretation" durch einen vermittelten Instrumentalisten, Performator, Deklamator, Tänzer etc. Diese „Interpretationsinstanz" wird quasi privatisiert und dem Leser bzw. Hörer des Wortes überantwortet, der zunehmend auch die Vermittlerrolle von Kommentatoren, Interpreten, also schlicht: Philologen und Hermeneuten beansprucht, um mit den Texten zurecht zu kommen.

---

den." (128) Dass das Genie mit stark femininen Zügen ausgestattet wurde – oder jedenfalls doppelgeschlechtlich figurierte – war in der Romantik gängige Meinung (ebd., 133).

[39] Zur Rückverbindung des Geniekults auf der Basis einer neuplatonisch-christlichen Vorstellung von der Inspiration durch den Heiligen Geist vgl. O. Parnes, U. Vedder, St. Willer 2008, 121f.

[40] Die *inventio* impliziert eine *poiesis* als unmittelbare Hervorbringung eines Realen – so bei Schelling (A. Gellhaus 1995, 113).

[41] E. Barmeyer 1968, 13ff. (zu Muse und Inspiration), 43 (zur Differenz zwischen archaischem Dichter-Sänger und neuzeitlichem Dichter), 70f.

Seit dem Ende des 5. Jahrhunderts tritt die Bezeichnung *poietes* an die Stelle des Ursynkretismus der *musiké*, die den Sänger noch in den ritualisierten Rahmen von Festen und Kulten sicherstellte (ebd., 83): Jetzt wird der Poet zunehmend situationsunabhängig, was die Performanz und Reproduktion seiner (geschriebenen)Texte anlangt: „Die Schrift vermag nach Platons Auffassung die Substanz eines Wortes nicht festzuhalten, sie täuscht den Schein der Fixierfähigkeit vor: das Geschriebene ist, ohne wirklich 'sprechen' zu können, dem Zugriff eines jeden Beliebigen ausgesetzt." (Phaidros 275e)

Es muss also eine musische Bezauberung wirksam sein, damit aus dem „toten Buchstaben" der Schriften das „lebendige Wort" (Bachtin) erstehe – und zwar nicht nur im Bewusstsein des Rezipienten, sondern dialogisch z w i s c h e n Sprecher und Hörer, der seinerseits potentieller Sprecher wird. Bachtin interpretiert diese Interrelation primär logoshaft, polyphonisch, in *statu nascendi*: Der Gedanke des Romantikers Tjutčev wird hier ins Prozessuale verlagert, als „Werden des Gedankens bzw. Denkens" (im Sinne Michail Bachtins) aktualisiert, wirksam und daher wirk-lich. Dem steht das pneumatologische Modell einer apollinischen Poetik gegenüber, die das Monologische der Texte nicht als Nachteil versteht, sondern als Frucht des Spannungsverhältnisses zwischen Auktorialität und Personalität, Dichter und Figur einerseits und der Korrelation dieser Konfiguration mit den intendierten Leserinstanzen andererseits.[42]

Wenn der „Dichter-Sänger" noch die Produktion und Performanz des Werkes in Personalunion vollziehen wollte, führt die Arbeitsteilung zwischen Autor und Interpret (also Tänzer, Sänger, Deklamator, Rhapsode etc.) zur Abwertung dieser zweiten, sekundären Instanz. So sieht auch Sokrates in den „Sängern" bloß „Vermittler von Vermittlern" (Ion 535a).[43] Umgekehrt aber tritt der Rezipient ein in den Zirkel kreativen Mitschaffens, da er einen ebenso musengelenkten Zugriff auf den Text hat wie der Autor selbst: Die Schrift muss ja erst im Leser wirksam werden, um ihre eigentliche künstlerische Realität anzunehmen. Eben diese freie Verfügbarkeit des Werkes ist es, die Platon nachhaltiges Kopfzerbrechen bereitet, denn „als Vorlage ist das Gedicht unerschöpflich realisierbar" (E. Barmeyer, 111) und damit scheinbar jener Willkür ausgesetzt, die das Interpretieren insgesamt auszeichnet. Dieses besteht ja allemal in einem

---

[42] Vgl. U. Ecos *Lector in fabula*.
[43] In diesem Sinne ist es nur konsequent, wenn Nietzsche Sokrates als den Ursprung einer rationalen, apollinischen Verfälschung des ursprünglich dionysischen Dichter- bzw. Künstlertums diskreditiert. Vgl. auch R. v. Ranke-Graves 1995, 11f. zum „Vergessen der alten Mythen" bei Sokrates: „Wenn Sokrates die poetischen Mythen verachtete, verachtete er in Wahrheit die Mondgöttin, die sie alle inspirierte, dass der Mann der Frau geistig und sexuell Ehre erweise: was platonische Liebe genannt wird, nämlich die Flucht des Philosophen vor der Macht der Göttin in intellektuelle Homosexualität, das war eigentlich sokratische Liebe." (ebd., 12).

Angebot an mehreren Optionen, ja vielleicht gar einer unendlichen „Reihe von Aktualisierungen" (ebd.) des Werkes, das dann nicht nur zur Geschichte seiner selbst wird, sondern auch Geschichte „macht"; ja es macht vielleicht sogar „Staat" im Rahmen jener Kunstutopien, in der die „künstlichen Paradiese" der Dichter einen autonomen, ja übergeordneten Wirklichkeitsstatus beanspruchen sollten. Bei Schelling ist diese Dominanz der Kunst zur Spitze getrieben, bei den frühen Modernen (Baudelaire u.a.) als normale Praxis des Schaffens etabliert.

Die Vermessenheit des Poeten besteht also aus Platons Sicht darin, etwas zu schaffen, „was aus dem Nichtsein in das Sein tritt" (Symp. 205 bc) und damit dem Weltschöpfer Konkurrenz macht,[44] diesen gar als *deus in mundis* zu ersetzen trachtet: all das als Heldentat einer prometheischen Selbstelösung, die den Akt der Inspiration in und auf das Artefakt selbst verlagert. Dieses wirkt magisch, änigmatisch, rätselhaft auf den Rezipienten, der solchermaßen zum Mitautor aufsteigt, da er das Ingenium des Artefakts selbst aus den Fesseln seiner Verrätselung zu (er)lösen hat, um so den Prozess der Entschleierung des Bildes von Sais permanent fortzusetzen. Die Muse tritt ins Bild des Artefakts und stirbt dort den symbolischen Tod einer göttlichen Instanz, die selbst vom Medium zur Botschaft geworden ist („the medium is the message"). Nietzsche hat dieses Phänomen in folgende Textur gebracht:

> Die hellste Deutlichkeit des Bildes genügte uns nicht: denn dieses schien ebensowohl etwas zu offenbaren als zu verhüllen; und während es mit seiner gleichnisartigen Offenbarung zum Zerreißen des Schleiers, zur Enthüllung des geheimnisvollen Hintergrundes aufzufordern schien, hielt wiederum gerade jene durchleuchtete Allsichtbarkeit das Auge gebannt und wehrte ihm, tiefer zu dringen. (F. Nietzsche, *Geburt der Tragödie*, 129)[45]

Diese „Implosion" der Musen dokumentiert deren Tod ebenso wie ihre Auferstehung: Was den einen der vielbeklagte „Tod der Musen" (Vladimir Weidlé)

---

[44] Zum Dichter als Weltschöpfer und damit als gnostischer Konkurrent des Demiurgen vgl. Nabokovs *enchanter* bzw. „Zauberer" (*volšebnik*) – N. Stagl 2006, 11f. Die Verwandlung eines *enchanters* in einen *trickster* finden wir in Nabokovs Gedicht „K Muze / The Muse" (*Poems and Problems*, New York / Toronto 1970, 56-57; vgl. dazu N. Stagl 2006, 33).

[45] Vgl. parallel dazu Schopenhauers zahlreiche Assoziationen der Schein-Welt mit dem Schleier-Motiv: Nach Schopenhauer breitet sich im indischen Geist über die Urkraft des Willens der Schleier der Maja, der den gemeinsamen Urgrund alles Seienden in der Mannigfaltigkeit der Erscheinungen sichtbar macht. [...] dieses Sichtbarmachen verbirgt zugleich (M. Frank 1988). Für Schopenhauer ist – in der Nachfolge Nietzsches – der „Schleier der Maja" das eigentliche *principium individuationis* (ebd.).

war,⁴⁶ erscheint anderen als ihre Wiedergeburt im Geiste einer geläuterten Pneumatik, die den gesamten Kunst- zum Kulturbetrieb ausweitet und solchermaßen „musealisiert" (Boris Groys): Die „Kunst der Sammlung" als mystische Praxis einer kontemplativen Konzentration kippt um in eine „Kunst der Sammlung" als Medium jener Musen, die nunmehr im „Museum" herrschen und die Grenzen zwischen diesem Heiligtum und dem „Profanen" bewachen.⁴⁷

In Russland hatte der schon Dostoevskij und Solov'ev inspirierende Philosoph Nikolaj Fedorov eine vergleichbare Universalisierung des „Museums" gefordert und in seiner *Filosofija obščego dela* ein Denkmal gesetzt.⁴⁸ Als eigentliches Werk eines Anti-Ödipus hatten hier die Söhne die Väter nicht zu beerben, sondern vielmehr diese zu ihren eigenen Erben umzukehren, um damit dem Ver-gehen der Geschichte zu ent-gehen. Noch in der futuristischen Formel der „WeltVomEnde" spüren wir Nachwehen dieser karnevalesken Umkehrung des Zeitvektors.⁴⁹

3. Der Mann als Hebamme: Sokratische Maieutik

Sokrates führt seine Zuhörer – auf den Umwegen der Ironie – ad absurdum, indem er jene Aporien in seinen dialogischen *rites de passage* durchschreiten lässt, die im Dionysischen als Metamorphosen erfolgen, in der apollinischen Welt des Geistes und der Pneumatik jedoch als eine Selbstgeburt des schon A n g e b o r e n e n fungieren. In diesem Sinne ist eine jede Noetik eine Poetik und damit Anamnesis vorgeburtlicher Ideen und Schicksale – man denke an Platons Mythos des „Er" am Ende seiner *Politeia*.

Während jedenfalls Sokrates noch die verdächtig maskulinisierte Rolle der Hebamme⁵⁰ für sich beansprucht, um seine antigenerischen, also der heterosexuellen Zeugung und Natalität geschuldete Kreativitätsansprüche zu rechtfertigen, während also der Maieutiker die Rolle des bloßen Geburtshelfers scheinbar so bescheiden vorgibt, diskreditiert er letztlich die generische Zeugung einer

---

⁴⁶ W. Weidlé 1958.
⁴⁷ B. Groys 1992.
⁴⁸ B. Groys, „Das Museum, sein Sinn und seine Bestimmung", B. Groys, M. Hagemeister, [Hg.], 2005, 127-232.
⁴⁹ A. Hansen-Löve 1996, hier: 225ff.
⁵⁰ „Man kann […] anhand der wenigen Briefe [Bruno Schulz' an seine „Muse" Debora Vogel] schließen, dass die meisten der Freundinnen und Bekannten sich in der Hebammenkunst übten, also eine Art Maieutik betrieben, damit Bruno Schulz seine Textkinder auf die Welt bringen konnte. In dieser Auffassung von Kunst ist der Mann der Gebärende, die Kunst das Kind und die Frau nur noch die Hebamme.." (A. Werberger 2007, hier: 258)

ontologisch fundierten und personal gedeckten Hervorbringung von etwas, das es bisher nicht gab.[51]

Die Hebammen sind die geschicktesten Freiwerberinnen, indem sie gründlich zu unterscheiden verstehen, was für eine Frau sich mit was für einem Manne verbinden muss, um die vollkommensten Kinder zu erzielen?" [...] Denn wahrlich steht es den wahren Geburtshelferinnen auch allein zu, auf die rechte Art Ehen zu stiften." (ebd.); „...sie [meine Hebammenkunst] unterscheidet sich aber dadurch, daß sie Männern die Geburtshilfe leistet und nicht Frauen, und daß sie für ihre gebärenden Seelen Sorge trägt und nicht für Leiber. [...] ich gebäre nichts von Weisheit, und was mir bereits viele vorgeworfen, daß ich andere zwar frage, selbst aber nichts über irgend etwas antwortete [...] Die Ursache davon aber ist diese: Geburtshilfe leisten nötigt mich der Gott, erzeugen aber hat er mir gewehrt. Daher bin ich selbst keineswegs etwa weise, habe auch nichts dergleichen aufzuzeigen als Ausgeburt meiner eigenen Seele. Die aber mit mir umgehen, [...] machen alle [...] wunderbar schnelle Fortschritte [...] ; und dies offenbar ohne jemals irgend etwas von mir gelernt zu haben, sondern nur selbst aus sich selbst entdecken sie viel Schönes und halten es fest; die Geburtshilfe leistet dabei der Gott und ich." (150d)

Sokrates gibt vor, nur das schon Vorhandene in der Anamnesis des Gesprächspartners zu evozieren, während dieser so etwas wie eine Jungfrauengeburt praktiziert: also autogen, ohne eine Zeugung von Oben oder dem gegengeschlechtlichen Gegenüber ein Kind gebiert, das es gewissermaßen immer schon gab. „Denn du weißt doch wohl, daß keine [Hebamme], solange sie noch selbst empfängt und gebärt, andere entbindet; sondern nur die, welche selbst nicht mehr fähig sind zu gebären, tun es. [...] Das soll... von der Artemis herrühren, weil dieser, einer Nichtgebärenden, dennoch die Geburtshilfe zuteil geworden." (149b-e)

Dieser anamnetische Rückbezug ist ja überlicherweise das Werk der Musen – zumal ihrer Anführerin der Mnemosyne:[52] Hier aber dissimuliert Sokrates in

---

[51] Als Vergleichspunkt zwischen Sokrates und Hebamme dient in Platons „Theaitetos" (*Sämtliche Werke*, II, 574) die Strategie des „Sich-Unwissend-Stellens", das verglichen wird mit der Hebamme, die ja auch nicht sich selbst gebiert, sondern bei der Geburt anderer Frauen hilft: „Ich gebäre nichts von Weisheit". Freilich ist der Vergleich nur teilweise adäquat, da Sokrates doch etwas hervorbringen lässt, das ganz in s e i n e m Sinne ist: Er manipuliert die Geburt bzw. das Kind selbst. „S. Du hast eben Geburtsschmerzen, lieber Theaitetos, weil du nicht leer bist, sondern schwanger gehst." (Theaitetos 149b) Aus der Sicht das „mystischen" Platon ist das Wesen des Denkens an das der Mysterien gebunden – und diese bestehen allemal aus „Zeugen und Gebären im Schönen", und das als Folge einer Schwangerschaft, die vom Wirken des Eros zeugt: so figuriert Diotima als Priesterin weiblicher Mysterien im *Symposion*: „Die höchste Form dieser Geburt ist, wie Sokrates aus den matriarchalen Mysterien Diotimas lernt, die Selbst-Geburt in der »Wiederburt des Eingeweihten als göttliches Wesen.«" (E. Neumann 1979, 172).

seiner zugleich homoerotischen Usurpation der Hebammendienste wie in seiner Negierung von Vater- und Mutterschaft auch die Musendienste, wobei er diese subversiv von innen her aushöhlt. War es umgekehrt nicht Alkibiades, der Sokrates halb ironisch, halb im Ernst vorhielt, in seinem Inneren würde ein Dämon hausen.

Somit etabliert sich die Philosophie Platons als Leitdisziplin nicht mit einem Vatermord,[53] vielmehr mit einem Akt der Usurpation der Musen wie der Mütter durch den Meisterdenker bzw. Denkmeister, der sich letztlich mit den Machthabern – den Nomotheten, Sittenwächtern und Didaktikern – zu verbünden hatte. Dass er für diesen Pakt den guten alten Sokrates einsetzt, gehört zur grausamen Ironie dieser Ermächtigungsstrategie, die den Philosophen gibt, womit sie nichts anfangen können (nämlich Macht) – und den Politikern nimmt, was sie dringend brauchen könnten (also Weisheit).

4. Puškins Amme als Muse

Es gibt die einigermaßen abgegriffene Redewendung, jemand habe die Muttersprache mit der Muttermilch eingesogen, wobei hier der Archetypus der Inkorporierung in Gestalt des Trinkens verkörperlicht wird und zugleich gedacht ist als eine Aneignung generischer Art, d.h. durch direkten Transfer von Materie aus der Matrix in den Nachfahren.[54] Und doch verbindet sich dieses Bild der generischen Tradition von Genen der Sprache, des Körpers und der sozialen Gattung mit seinem Gegenbild – nämlich dem antigenerischen Prinzip einer Weitergabe nicht von den Eltern auf die Kinder – sondern auf einem Umweg über die definitiv *nicht* verwandte Ersatzmutter, also die Amme. Deren eigene, autogene Generik (sie muss ja, um Stillen zu können, eigene Milch aus ihrer autonomen Mutterschaft hervorbringen) wird überlagert durch ihren Ersatzcharakter: Die Amme ist eben nur eine Ersatzmutter, die ihre Milch anstelle der gene-

---

[52] Zu Musen und Mnemosyne vgl. E. Barmeyer 1968, 57ff., 113ff. Die Anführerin der Musen ist bekanntlich Mnemosyne, die als rhetorische Gedächtnistechnik der Memoria wiederaufersteht (S. Baumann 1999, 19ff.) Für die Puškin-Linie in der russischen Dichtung war nicht nur das Apollinische, sondern eben auch die Gedächtniskunst Ausgangspunkt einer jeden poetischen Gabe (ebd., 13ff., vgl. J. B. Foster 1993). Zur Muse als Mnemosyne vgl. auch H. Bloom 1995, 54 (der Dichter erinnert die Zukunft). Zur zentralen Rolle der Mnemosyne bei Nabokov vgl. auch N. Stagl 2006, 11f., Nabokovs Erinnerungsbuch *Speak Memory* sollte ursprünglich *Speak Mnemosyne* heißen (ebd., 200). Jedenfalls sind Nabokovs Erinnerungen an ein Du gerichtet, das unschwer als seine Frau Véra zu identifizieren ist (beide wurden sie zu Kunstfiguren der Mystifikation, ebd., 247ff.) Auch Ada figuriert als Muse nicht anders als Lolita (ebd., 212).

[53] E. Barmeyer 1968, 181f. zum pathetischen Inspirationserlebenis der Philosophen, bei denen der Eros mit den Energien des Pathos die Anamnesis auslöst.

[54] Die Amme – eine Rolle der Demeter (Triptolemos-Amme) – als eine Frau, die kürzlich ihr Kind verloren hat (Carl A.P. Ruck 1984, 135).

rischen Mutter spendet gegenüber einem nicht von ihr geborenen Kinde. Dieses ist denn auch immer verbrüdert oder verschwistert mit einem Milchbruder, mit dem er nicht den Samen, sondern die Brust der Nährmutter zu teilen hat. Erst unter diesem Aspekt wird der viel zitierte Satz Puškins in seinem Hintersinn verständlich, wenn er – nicht ohne Stolz – seinen adeligen (und daher patriarchalen) Anspruch, mit dem Sprachkörper des Volkes unmittelbar verwandt zu sein, am Beispiel einer radikalen Nicht-Verwandtheit demonstriert. Puškin prahlt gleichsam mit etwas, das sich bei näherer Betrachtung als eine geliehene, adoptierte, uneigentliche Fähigkeit entpuppt: Denn gemeint ist mit der Muttermilch ja immer eine generische Sprachvermittlung, die den Neugeborenen ans Mutterland der Zeichen und Körper bindet.[55]

Puškin bezieht diese Weitergabe aber nicht auf dem direkten Wege durch die leibliche Mutter – die hatte wie ihre Standesgenossinnen als Adelige alles andere zu tun, als Kinder zu stillen – , bezogen hat der Archipoeta der Russen seinen Mutterwitz aus der Brust der dem Volke direkt entstammenden Amme Ariana Rodionovna.[56] So wurde er zum Adoptivkind einer generativen Sphäre des „Volkskörpers" und der „Volksseele", die in der Milch der Amme ihr Symbol für die kollektiven Kleinformen des Volksmundes findet: Märchen, Redewendungen, Sprichwörter – das ganze Vokabular der *vox populi*. Solchermaßen versucht Puškin eine Zugehörigkeit (zum Kollektiv – also Russentum) paradoxal zu legitimieren, indem er einen Anspruch erhebt, der üblicherweise in jenen Zeiten die genau umgekehrte Stoßrichtung verfolgte: nämlich aus der „Illegitimität" einer niedrigen Geburt in die Legitimität eines wohlgeborenen Standes überzuwechseln.

Der Dichter gesteht also ein, dass sein legitimer Stand, dem er eine adäquate Seelennahrung verdanken sollte, ihn hungrig lässt, während der niedrige Stand des Volkes seine eigentliche, generische Erfüllung bereithält – noch dazu in Gestalt einer Amme, die allemal im Schema Herr und Knecht die subalterne Position der Magd einzunehmen hatte. Der Dichter maßt sich damit eine Legitimität des Illegitimen an, eine Teilhabe am Volkskörper, dem der Adelsstand seit langem schon entfremdet und auch generisch entrückt war. Dabei sollte eine

---

[55] Zur Redensart 'Etwas mit der Muttermilch einsaugen' – gemeint sind meist Sprachkompetenzen, aber auch die gesamte paralinguistische Aura des Kommunizierens – vgl. O. Parnes, U. Vedder, St. Willer 2008, 95. Schleiermacher verbindet mit der Milch der Ammen einen Einfluss auf den Charakter des Säuglings, wobei Milch als Medium der Übertragung fungiert zwischen den Generationen (ebd., 95).

[56] Die Idee von Haus und Häuslichkeit (*domašnost'*) bezieht sich bei Puškin nie auf das eigene Elternhaus, sondern nur auf die von der Amme Arina Rodionovna („Mamuschka") erzeugte Nestwärme (J. Lotman 1989, 19). Jedenfalls gedachte Puškin kein einziges Mal in seinen Werken seiner Eltern (ebd.). Vgl. auch G. Ziegler 1979, 66f. Zur Amme Puškins als Muse vgl. auch N. Stagl 2006, 160 (zur Einschätzung der Amme bei Nabokov, ebd., 161f.).

neue generische Verbindung etabliert werden zwischen der dem Volkskörper entstammenden Muttermilch, der primordialen Muttersprache der märchenerzählenden Amme und Puškins eigenen Bestrebungen in den 30er Jahren, entgegen den Anmaßungen einer negativen Poetik des Byronismus selbst seine Position als geschichtsphilosophische Instanz zu legitimieren.

Gerade Puškins Hinwendung zur Folklore, zur Historie, zur geschichtsphilosophischen Begründung des Dichtertums – gipfelnd etwa in seinem *Boris Godunov* oder in Erzählungen wie *Die Hauptmannstochter* – schien ihn dazu zu ermächtigen, seine Legitimierung durch das (eigentlich insgesamt illegitime) Volk gleichsam als Leihgabe zu erhalten, als selbstloses Geschenk des realen generischen Mutterbodens, aus dem der wahre Dichter hervorwachsen muss und wodurch er befähigt wird, jener im Grunde usurpierten Adelswelt – gipfelnd in der Gestalt des Zaren selbst – entgegenzutreten: Die Herkunft des Dichters aus der Schwarzerde des Volkes adelt ihn und macht ihn zum gefährlichsten Konkurrenten für den Zaren, der selbst den Gipfel des Adelsstammes verkörpert.

Es gehört zu den Spezialitäten der russischen Kultur, dass hier das Ammenwesen besonders reich ausgeprägt war – nebst den noch tief in die Moderne hineinragenden archaischen Wickelbräuchen russischer Mütter (oder Kindermädchen), was Generationen von Säuglingen das Gefühl einer fesselnden Fürsorge vermitteln mochte: Noch die der entschlafenen Muttergottes entnommene Seele in Gestalt eines fest gewickelten Babys (so der Typus der Entschlafungs-Ikonen) – oder ist es schon eine Larve, aus welcher alsbald der Schmetterling hochfliegen würde, dieses „Wickelkind" ist quasi die zweite Geburt der Mutter, die auf wundersame Weise ihre eigene Anima zur Welt – genauer: in den Himmel – bringt. Der Sohn ist geboren – nicht gezeugt; die Gebärmutter hat ihre eigene „Pupille" hervorgebracht. Der Dichter des dem Volke entfremdeten Adels – und Puškin blickte auf einen riesigen Stammbaum zurück oder hinan: der aus dem patriarchalen Zeugen und Schaffen herkommende Poet pocht auf seine andere Abstammung, die nicht einem generischen Schöpfungsakt erwachsen ist, sondern aus einer Leihmutterschaft, die der Matrix des Volkes entlehnt ist.

Dennoch lohnt es, den Rat Nabokovs zu beherzigen, die tatsächliche Amme Puškins mit Arina Rodionovna (1758-1828) zu verwechseln. Diese wurde in der Folge „a tremendous favorite with demophile Pushkinists. The influence of her folk tales on Pushkin has been enthusiastically and ridicously exaggerated. [...] Pushkin, who followed all the literary fashions of his time, romanticized her in his verse." (V. Nabokov 1964/1990, Dr. 2, 452-453)[57] Das Faktum selbst, Arina

---

[57] Eine solche Idealisierung von Puškins Verwurzelung im „Volk" durch die Amme findet sich noch bei Ju. Lotman 1989, 155f., wenn auch abgeschwächt durch die Wirksamkeit literarischer Schablonen, die dem Dichter eine bestimmte „Rolle" zuschrieben (158), die bei Puškin in einer Art „Rollenspiel" kulminiert (161). Jedenfalls bedeutete für Puškin die

Rodionovna wäre „extremly fond of the bottle", verleiht hier der Bezeichnung „Amme" eine unfreiwillig komische Färbung.. „our poet's own nurse, his *mamushka*, in the years if his infancy was not Arina, but another women, a widow named Uliana."

Ju.M. Lotmans Kommentare zu *Evgenij Onegin* lassen sich in vielem als Kontrafaktur zu jenen Nabokovs lesen. Die im 4. Buch, Strophe XXXV als „Freundin" bezeichnete Njanja – ebenso wie der gesamte *prostonarodnyj byt* des Milieus von Michajlovskoe – all das wird von Puškin als ein „poetisches" Phänomen behandelt, wobei die höfische Welt mit den Merkmalen einer „familiär-herabgeminderten Stilistik" ausgestattet wird. Analog dazu verlagert sich auch „die Charakteristik der Amme und des Nachbarn"[58].

Neben diesen „Ammen-Märchen" des autobiographischen Mythos 'Puškin' gibt es freilich auch den Danteschen Musenbezug – bis hin zu der von Vergil entlehnten Bezeichnung der „Musen als unsere Ammen" (*Purg*. 22, 56): Sie „ernähren die Dichter mit ihrer süßen Milch" (ebd., 23, 56) und werden an allen entscheidenden Wendepunkten der *Commedia* angerufen (E.R. Curtius 1958, 243).

Dass Puškin d e r Apolliniker der russischen Dichtung, ja Russlands selbst war, gehört nicht nur in die numinose Sphäre des Nachrufs, sondern war von Anfang an Programm, Selbstbestimmung, antigenerische Selbst-Setzung: Der apollinische Dichter verzichtet auf eine generische Werk-Zeugung, während der nackte Dionysiker, der kollektiven Begattung hingegeben, sich graphoman disseminiert. Puškin zitiert auf Schritt und Tritt den Musageten herbei – ja er selbst ist der eigentliche Dichter der Musen, die den Auftrag der Inspiration aus dem vatergöttlichen Thron verlagert in die paradoxale Sphäre einer doppelten Reflexion: der Apolliniker lebt ja immer in einer Spiegel- und Oberflächenwelt, in der er im Artefakt insgesamt seiner Muse – der antigenerischen Himmelskönigin und Herzdame – huldigt. Die Muse ist keine Verwandtschaft stiftende Gestalt, sie ist das körperlose, präsexuelle Weibliche für den Apolliniker, der ihr – im Sinne einer mystisch-erotischen Minne – ebenso unerreicht wie unerreichbar gegenübersteht, genauer: nachfolgt, nachjagt, schreibt.

Rückkehr nach Michajlovskoe – und damit zur Amme – eine Rückkehr auch in die Welt der Kindheit: Nicht zufällig bezog er im Elternhaus sofort sein ehemaliges Kinderzimmer, zu dem es durchaus bequemere Alternativen gegeben hatte. Zur „Njanja" Puškins vgl. auch das Gedicht von Jazykov „K njane A.S. Puškina" (1827); Jazykov war einer der zahlreichen Gäste in Michajlovskoe.

[58] Ju.M. Lotman 1983, 247; ders., 1989, 164f. (Puškin in Michajlovskoe mit Arina Rodionovna).

5. Schwangere Musen – Was tun mit den Poetessen?

Was immer man von der Herkunft der antiken Musen halten mag, klar scheint, dass sie der archaischen Sphäre der „Großen Mutter" (E. Neumann) entstammen und dann – wie das Robert von Ranke-Graves so eindrucksvoll vertritt – unter die maskuline Dominanz der Patriarchen gelangten und solchermaßen einen Prozess der Domestizierung, Spezialisierung und allgemein einer Reduktion durchmachen mussten.

Gemeinsam mit der Sphäre der Nymphen[59] und Sirenen,[60] der Eroten und Mänaden ist ihr vorpersoneller, kaum individualisierter Charakter, der sie im Übrigen eben zu jener Projektionsfigur prädestiniert, die sie unter der Dominanz des Apollon – in erster Linie für den schöpferischen Mann – zu spielen hatten. In diesem Sinne sind die Musen weder der generischen Mutter und Gebärwelt verhaftet – noch jener der abstrakten Ideen in ihrer vorgegenständlichen Zustandsform: Sie vermitteln, sie lösen aus, sie inspirieren und begeistern, sie ermöglichen die Invention, sie operieren eben nicht in der Zeichensphäre der Ikonizität, die allemal dem gezeugten Logos obliegt, sondern in der luftigen, ungreifbaren Sphäre der Indizes, der An- und Vorzeichen, die sich nur den Wissenden, den Gnostikern erschließen, welche über das entsprechende diagnosti-

---

[59] Lolita ist ein „Nymphchen" im erotischen Sinne und zugleich Verkörperung der lepidopterologischen „Entfaltungen" der Raupen zu Larven und Schmetterlingen: Sie ist ein unfertiger Schmetterling. Zugleich fungiert die Nymphe als Parallelmotiv zu den Musen (N. Stagl 2006, 131). „Psyche" bedeutet ja ganz konkret auch im Griechischen „Nachtschmetterling", inkarniert im „Amor and Psyche"-Märchen des Apuleius (im *Goldenen Esel*) (E. Neumann 1979, 171). Ausführlich dazu auch E. Rohde [1893] 1925.

[60] Zu den Sirenen vgl. R. Grübel 1982, 39ff., 45 (Sirenen und Musen). Bloks Gedicht „Sirin i Alkonist" (ebd., 140ff.) sowie Ivanovs „Sirena" (142f.) verweisen auch auf Nabokovs Pseudonym Sirin, das er für seine russischen Romane – mit Blick auf die symbolistischen „Sirenen"-Motive und zugleich in Selbstermächtigung als Muse des eigenen Werkes gewählt hatte.
Neben dem Eros tragen die Nymphen aber auch die Zikaden als Musen-Boten zum enthusiasmus der Inspirierten (Dichter, Philosophen) bei (E. Barmeyer 1968, 188). Zur Verwandtschaft der Nymphen und Musen vgl. „Phaidros" 278b, zum Zikadenmythos „Phaidros" 158e, 259d, 262cd (E. Barmeyer 1968, 190, 194f.). Die Zikaden sind Mittlerinnen zwischen den Menschen und den Musen. Nach dem Tode geben sie jeder Muse einen Bericht über jene Menschen, von denen sie besonders verehrt worden sind. Als „Prophetinnen", als „Sprecherinnen" der Musen besitzen sie selber die Gabe der Inspiration (E. Barmeyer 1968, 194). Sie besitzen auch die Fähigkeit, die Menschen zu verzaubern und in Schlaf zu versetzen. Hierin sind sie den Sirenen verwandt. Der Mensch kann den göttlichen Zauber passiv – also im Schlaf erleben – oder wie ein Philosoph als Wachender den Zauber standhalten und sich zu einem Gespräch inspirieren lassen. Der erste Zustand liegt den Dichtern näher, der zweite den Philosophen (E. Barmeyer 1968, 194f.). Der Philosoph hält den Zauber aus – er segelt bei den Sirenen vorbei – die Inspiration muss Bestandteil des Erkenntisprozesses bleiben. Die Zikaden finden sich wieder in der Mythopoetik Mandel'štams und verbinden sich dort mit der homophonen Rolle der „Zitate" (Mandel'štam, „Ariosto").

sche Rezeptorium verfügen. Es handelt sich um eine Signifikanz, die sich nur *sub specie aeternitatis* oder des vorweggenommenen III. Reiches des Geistes/der Sophia bekundet, manifestiert in eben jenem „Bekundungsaspekt", den Karl Bühler in seiner Sprachtheorie gemeint haben muss.

Die Musen zeugen nicht, sie k ü s s e n l e d i g l i c h a u f d i e S t i r n e und sind damit die großen Auslöserinnen, die Halbwesen einer Möglichkeitswelt der reinen Potentialität (frei von der Präpotenz der Zeuger und Gebärer). Der Musenkuss begegnet denn auch im fin de siècle der *décadence* als Erkennungszeichen einer asexuellen, antigenerischen, geistlichen Gemeinschaft, jener „chymischen Hochzeit", die nur Hermetikern und Wissenden vorbehalten ist – so im Russland um 1900 den hochnervösen Bewohnern von Erotischen Utopien einer selbstgewählten *décadence*. Dabei dominiert die Domina, die eine Herrschaft über die maskulinen Schöpfersphären anstrebt, ohne sich auf die generische Sexualität einer vollzogenen Ehe einzulassen.[61] Jedenfalls zielt der Musenkuss auf die Stirne (des Dichters) – eine Vorstellung, die freilich durch so gut wie keinen Beleg in antiken Texten bezeugt werden kann – ebenso wie das Motiv des Pegasus, den der Poet reitet. All das sind Vorstellungen des Spätmittelalters bzw. der Renaissance (ausführlich belegt durch den Latinisten Walter Ludwig: „...die Musen küssen Dichter erst seit dem 15. Jahrhundert"[62]); allgegenwärtig wird dieses Phänomen überhaupt erst im 18. und dann vor allem im 19. Jahrhundert. Da kommt es dann auch zu einer folgenschweren Vermengung von keuscher, erhaben-erotischer Muse und der blanken Sexualität einer Geliebten, die den Dichter in eben dieser Funktion inspiriert:[63]

> Nur wer der Muse hin sich gibt,
> Der weilet gern allein.
> Er ahnt, daß sie ihn wieder liebt,
> Von ihm geliebt will sein.
> Sie kränzt ihm Becher und Altar,
> Vergöttlicht Lust und Pein,
> Was sie ihm gibt, es ist so wahr,
> Gewährt ein ewig Sein.[64]

---

[61] O. Matich 2005; B. Groys 2004.
[62] W. Ludwig 1996, hier: 3f. Erstmals spricht der polnische Barockdichter Sarbiewski vom „Flug des Dichters auf dem Pegasus" (ebd., 58). Jedenfalls war der Musenkuss des Dichters eine sehr späte Entwicklung (ebd., 108ff.).
[63] Zur Auslösung der Inspiration durch die Muse in der Antike – in der Neuzeit – durch die Geliebte: zu diesem Paradigmenwechsel im 18. Jh. vgl. Begemann 2002, 59: „Die scheinbare Verkörperung der Muse in einer realen Frau verweist zwar noch darauf, daß zum Genie des Künstlers etwas hinzukommen muß, doch handelt es sich dabei vor allem um einen affektiven Impuls."
[64] Zu Bettina von Arnims „küssender Muse" vgl. dieses Zitat bei W. Ludwig 1996, 111.

Die meisten Darstellungen der Musen resultieren aus einem – z.T. fehlgeleiteten – Interesse an weiblichen Auslösern maskulinen Schöpfertums,[65] wobei nicht immer unterschieden wird zwischen der mythopoetischen Funktion der Muse als asexuelle, projizierte Schöpfungsinstanz und ihren konkreten Verkörperungen in jenen Frauengestalten, die ins Künstler- oder Dichterleben treten als: Geliebte, *femme fatale* oder gar Ehefrau. Es gibt wenige Beispiele für verheiratete Musen bzw. Musen als Gattinnen der dazugehörigen Dichter (eine rare Ausnahme bildet Vladimir Nabokovs Frau Véra).[66]

Die von Denis de Rougemont der abendländischen Liebe unterstellte Fixierung auf eine Liebessehnsucht ohne sexuelle Erfüllug – also Minne! – ist mit der mystischen Sehnsucht insofern eins, als auch diese ein nicht-sexuelles und vor allem ein irdisch nicht-realisiertes Verlangen (*désir*) meint: In beiden Fällen wird das Objekt der Begierde – das sexuelle Weibs-Bild – desexualisiert und erotisiert: hier wird die Muse mit der (himmlischen bzw. angehimmelten) Geliebten der erotisch-mystischen Minne in eins gesetzt.[67]

Der Widerspruch zwischen spiritueller und sexueller Fixierung auf die Geliebte als Muse und vice versa bestimmte die sophiologischen Projektionen der russischen Symbolisten – vor allem nach 1900: hier insbesondere in der Ästhetik Vladimir Solov'evs und der symbolistischen Dichtung Andrej Belyjs oder Aleksandr Bloks, die auf erotisch-mystische Weise eine Minne der „Wunderschönen Dame" darstellt.[68] Die Deutung dieser erotisch-mystischen Doppelgestalt in Hinblick auf die Figur der Muse steht noch aus.

Der Dichter-Ritter, wie ja auch Vladimir Solov'ev genannt wurde – zeugt keine eigenen Nachfahren, er lässt sie anamorphotisch entstehen im Widerschein seines wörtlichen „Sendungsbewusstseins", das sich, Sender und Empfänger in einem, musisch fortpflanzt, imaginär, geschlechtslos, unberührt. Der „zärtliche" (genauer: keusche) Joseph markiert das eine Extrem geborgter Vaterschaft – das andere die pervertierten Formen einer inzestiösen Vater- und

---

[65] Zum Paradigmenwechsel der Musen von der göttlichen Instanz zur irdischen Geliebten seit dem 18. Jahrhundert vgl. Ch. Begemann 2002. Die Verkörperlichung der Muse zur Geliebten gipfelt in der Romantik im Topos von „Der Tod und das Mädchen" bzw. der Verschmelzung von weiblichem Eros und Thanatos (vgl. dazu E. Bronfen 1992, dt. 1994. Zum Todestrieb der *femme fatale* im russischen Fin de siècle vgl. A. Hansen-Löve 1987).

[66] Ausführlich dazu N. Stagl 2006. Stagl unterscheidet bei Nabokov eine positiv inspirierende Muse und eine negative, trügerische Antimuse; diese entspricht dem Schöpfertypus des „Tricksters", jene dem des „Enchanter" (ebd., 2ff.; 77; 247ff. und B. Boyd 1999, 344ff.).

[67] D. de Rougemont [1939] 1966; vgl. auch R. v. Ranke-Graves 1995, 18 (zur poetischen Magie der Minnesängerdichtung und zur Rolle der Troubadours, deren Göttin die „Weiße Dame" war (ebd. 26), die dreifache Göttin (Mutter – Braut – Führerin). Im Grunde ist für Ranke-Graves ein jedes wahre Gedicht eine „Anrufung dieser Weißen Göttin oder Muse oder Mutter allen Lebens" (ebd.) – die „Leukothea" der Griechen (70), die „Albinka" Albions (76).

[68] D.M. Bethea 1989; Sch. Schahadat 1995; A. Hansen-Löve 2008, 2010a.

Geschwisterschaft, die das Werk auf schillernde Weise de-generiert, defamiliarisiert, dekonstruiert: Richtungen dieser Art gehören in die Anti-Tradition der Manierismen und Alexandrismen – gipfeln in der Dekadenz des Fin de siècle und strahlen von da aus auf die späteren künstlichen Paradiese, in denen die Urszene des Sündenfalls – die generische Fort-Pflanzung – rückgängig gemacht werden soll.

Während die Muse als weibliche Anima-Projektion des männlichen Schöpfers nicht selbst zeugt oder gebiert, sondern primär inspiriert und damit eine pneumatisierende Rolle spielt, passt die zeugende wie gebärende Potenz des Logos-Christus voll und ganz ins generische Bild einer heterosexuellen Fortpflanzung. Im ersten Falle dominiert – ganz im apokalyptischen Sinne – das Dritte Reich des Heiligen Geistes, das jenes II. Reich des Sohnes und sein Meganarrativ der Fremderlösung bzw. der Heilsgeschichte aufhebt. In diesem Reich herrscht der Zeichentypus des *sign icon* (Ch. S. Peirce) – und zwar vor dem Hintergrund einer Ikonentheologie, die das kultästhetische Abbild (die Ikone) *per analogiam* an das Urbild (den Archetypus) generisch anschließt. Im Sinne der Ikonentheologie in Byzanz und dann der Ostkirchen ikonisiert das Kultbild den Archetypus, der somit zugleich und gleichgewichtig in einer piktoralen wie in einer verbalen Gestalt in Erscheinung tritt. In diesem Sinne ist Christus, der Sohn Gottes, auch das Ebenbild des Gott-Vaters und vermittelt damit medial und sakramental dessen Stärke und Herrschaft den Menschen, die ja ebenfalls nach seinem Ebenbild geschaffen wurden. Ganz anders nach der Aufhebung dieses Zweiten Bundes unter dem Zeichen der Dritten göttlichen Hypostase – des Heiligen Geistes bzw. seiner weiblichen Variante – der Sophia.

Der zweifellos schwächste Punkt der jungianischen Anima-Psychologie ist die Folge, wie jener Symbolträger (bzw. jene göttliche Hypostase) auszusehen hätte, auf die sich die Projektionen der Frau zu beziehen hätten oder umgekehrt: in welchem projektiven Verhältnis dann der irdische Mann mit dem „Animus" (also etwa Christus) zu stehen hätte? Diese Frage erfährt bei Jung selbst (ebenso wenig wie bei Vj. Ivanov) keine eindeutige Antwort; sie wird nur in der Weise (z.T. auch unbewusst wohl) umgangen, dass Mann und Frau nicht auf einer Horizontalen der Gleichberechtigung (d.h. als bloß kommunikative „Opposition") einander gegenüberstehen, sondern eine komplementäre Polarität auf der Vertikalen (der Seinshierarchie) bilden. Diese eigenartige A s y m m e t r i e in der Beziehung zwischen Maskulin und Feminin ebenso wie in der Projektionsrichtung (Subjekt ⇔ Objekt) gilt für jede (monotheistische) Religionspsychologie, die primär von der *religio* des Mannes ausgeht, der zu seiner sublimen Anima in einem erotisch-mystischen Verhältnis steht, wobei im Erotischen das Sexuelle vergeistigt und im Mystischen das bloß Intellektuelle (also *nous, intellectus, duch*) emotionalisiert, animiert und entflammt ist (*psyche, anima, ogon' serdca*). Will aber der von himmlischer Liebe entzündete (irdische) Mann mit der weiblichen Lichtgestalt in Kontakt treten, dann muss er entweder selbst in die Position des der Anima gleichgeordneten Animus treten, d.h. er muss s e l b s t zum Messias werden (Automessianismus) oder aber den Status der himmlischen Anima h e r a b m i n d e r n auf eine erreichbare menschliche Sublimationsstufe (Konkretisierung der Anima als irdische Geliebte).[69]

Die Sexualisierung bzw. P r i v a t i s i e r u n g   d e r   M u s e n zur Geliebten der Dichter bzw. Angebeteten, denen das jeweilige Werk gewidmet bzw. „zugeschrieben" wird (klassisch bei Dante, Petrarca, Milton)[70], bewahrt zwar noch Elemente des alten Projektionsmodells, überschreibt aber die antigenerische Natur der Muse als pneumatische „Initiatorin" und „Auslöserin" durch ihre sexuelle Rolle als Geliebte, Modell, Angebetete, die auf quasi generische Weise das Werk im Autor mitzeugt.[71]

In Franz von Baaders „Erotischer Philosophie" ist diese Ambivalenz des Weiblichen Prinzips – gedacht als Sophia in der Nachfolge Jakob Boehmes – durchaus ambivalent: Als geistiges Prinzip trägt die Sophia Züge einer pneumatischen Muse, als leibliches Prinzip wird sie zu jenem „Heiligen Fleisch" (*svjataja plot'*), das Dmitrij Merežkovskij in seine Erotisierung des Religiösen integrieren wollte; bei Vasilij Rozanov ist die Baadersche Synthese im Alltag des Ehebettes gelandet:

> Man erzählt, daß die Trennung der Geliebten vom Liebhaber diesen zuerst zum Dichter und Bildner gemacht habe, und daß auf solche Weise Poesie und Bildnerei von den Menschen erfunden worden seien. [...] Wenn nämlich die durch unsere Schuld von uns gewichene *Idea (Sophia)* gleich einem abgeschiedenen, entleibten oder unbeleibt gebliebenen, somit unleibhaften Geist in der Nacht unseres Erdenlebens uns wieder als ein himmlisches Gestirn [...] als Ideal aufgeht, und gleichsam als *Revenant* (des verblichenen Gottesbildes) uns wieder *erscheint*, so ist diese wahrhafte nicht Geister- sondern Geisterscheinung (das Wort: Geist hier als die Sophia oder Idea bedeutend genommen und zwar in ihrem bezüglich auf uns noch unleibhaften, ihre Leibhaftigkeit nur anstrebenden Zustande) eine freie *Gabe* an uns [...], zugleich aber eine *Aufgabe*, nämlich durch tätige Auswirkung oder Formation ihres Leibes als ihrer (der Idea) Peripherie oder Brautkleides *ihr Niedersteigen in uns und ihre Beiwohnung* zu verwirklichen; denn das Zentrum realisiert sich durch Inwohnung seiner Peripherie [...] und die vollendete Peripherie zieht gleichsam als magischer Kreis das Zentrum in sich. (F. v. Baader 1966, 77-78)

---

[69] Eine umfassende Darstellung dazu in A. Hansen-Löve 2011, Kapitel „Sophia".
[70] Ch. Senkel 2003.
[71] Typische Beispiele dafür: G. Saint Bris / V. Fédorovski 1996. Zur Rekonstruktion des Poetessen-Musen-Mythos der Achmatova vgl. M. Basker 1999; zur Cvetaeva vgl. K. Asadowski (Hg.) 1992; A. Hansen-Löve 2008; vgl. auch E.M. Clauss 1999 zu Lou Andreas-Salomé.

Auf der einen Seite steht also der Musen-Mythos im Vollbesitz seiner metaphysischen Wirksamkeit als unabdingbarer Auslöser von Kreativität, auf der anderen Seite eine eher mediale, kommunikationsästhetische, interaktionistische Diskursivierung der Musen als Projektionsfläche von Kreationsphantasien.

Hauptprotagonistin dieser pneumatischen Bünde – zumeist waren es ja Triaden – war in Russland um 1900 Zinaida Gippius, die ihre Hosenrolle als „dichtende Muse" autoerotisch, autogen, autistisch radikalisierte und somit zu einem der produktivsten Schreib- und Lebensmodelle der russischen Moderne erhob.[72] Sie und die ihren waren die Verfechter einer Geschlechtsrevolution, deren Wurzeln in den apokalyptischen Sekten und Häresien immer schon existiert hatten und nun in der Moderne ästhetisiert, literarisiert und existenzialisiert austrieben. So entstand der Typus eines negativen Musenkultes, negativ nicht im wertenden Sinne, sondern im Geiste einer „negativen Ästhetik", die keine neuen Wesenheiten generiert, sondern vorhandene umdisponiert, manipuliert und zu Simulakren ihrer selbst verwandelt.

„Positiv ästhetisch" fungierte der Typus von quasi-generischen Musen etwa in der Projektionspsycholgie C.G. Jungs und seiner Anima-Animus-Konzeption.[73] Ihr entsprechen in der russischen Moderne die Symbolisten der „zweiten

---

[72] Vgl. D. Rippl 1999, 77f.; Sch. Schahadat 2004, 319ff.; O. Matic 2005, 162ff.

[73] Franz von Baader war nicht nur einer der Ahnherren der „erotischen Philosophie", sondern auch einer der frühesten Endecker der russischen Orthodoxie für die Komplettierung der christlichen Konfessionen (Katholizismus und Protestantismus; vgl. G.K. Kaltenbrunner 1966, 14ff.). In seiner Neuwertung des Weiblichen Prinzips war er auch einer der wesentlichsten Vorläufer der russischen Solphiologie im Geiste Vladimir Solov'evs, wenngleich Baaders Zugang sich als wesentlich konkreter und zupackender erweist. Vgl. Franz von Baader 1966, 27; dieser sah im Androgyn bzw. Hermaphroditen das Ideal einer komplementären Zweigeschlechtlichkeit verwirklicht, während er auf durchaus heterodoxe Weise Eros und Sexualität voneinander trennt. Im Anschluss an Jakob Boehme entfaltet er eine Philosophie der Sophia (49), wobei der „Zweck der Ehe, als Sakrament, [...] wechselseitige Wiederherstellung des inneren Himmels- und Engelsbildes im Manne und Weibe" darstellt (62). Das Schöpferische – in der Kunst wie im Leben – vollzieht sich somit als Herabkunft der Sophia in das Gefäß des Menschen und seine Fortpflanzungskraft. Diese Leibhaftwerdung der Sophia im Dichter und Bildner, die „das Brautkleid der himmlischen Sophia auswirken", vollzieht sich aber nicht ohne Geburtswehen (ebd., 80ff.): „Der Mann soll dem Weibe behilflich sein, sich von ihrer Weibheit als Unganzheit zu befreien, so wie das Weib dem Manne, damit in beiden das ganze *Urbild der Menschheit* wieder innerlich aufgehe, und damit beide aus Halbmenschen und insoferne aus Halbwilden wieder ganze Menschen werden, d.i. Christen.." (87) Die Fortpflanzung vollzieht sich hier weniger in der Zeugung leiblicher Kinder, sondern damit „sie beide selber sich innerlich zur Kindschaft Gottes wiedergebären." (89). Wie bei den gnostischen Sekten wird auch das generische Prinzip durch ein fortpflanzungskritisches der Wiedergeburt ersetzt: „Die Liebe selbst ist ein Kind der Liebe sich verbindender", d.h. sie ist „in ihrem Urstande selbst ein Kind, ein Kind, das die liebenden Eltern in sich empfangen und in sich, nicht wie das durch Fortpflanzung gewordene Kind von und aus sich gebären.." (90) Denn die Aufgabe des Menschen besteht darin, Gott in sich wiederzugebären (95).

Generation" (Vjačeslav Ivanov, Aleksandr Blok, Andrej Belyj) mit ihrer Mythopoetik und der Suche nach dem apokalyptischen „Weib, das mit Sternen gekränzt" am Ursprung wie am Ende der Zeiten steht. Wesentlich ist in diesem prekären Positivmodell einer nicht so sehr pneumatischen als sophiologischen Muse die fundamentale A s y m m e t r i e des Grundansatzes, der es zwar dem Animus, also den Männern, erlaubt, ihre Anima zu projizieren, während der umgekehrte Weg dagegen erschreckend schwach ausgeprägt bleibt. Genau das aber macht eine der Urszenen einer ästhetischen Gendertheorie aus – eben diese Asymmetrie im Schöpferischen, die sich besonders dort zeigt, wo die weibliche Künstlerin, die „Dame Dichterin" zugleich als Muse u n d als schaffende Autorin in Erscheinung tritt.[74]

Der spezifisch russische Typus der „Poetessa" (im Symbolismus die Gippius, daraufhin dann große Dichterinnen wie Marina Cvetaeva[75] oder Anna Achma-

---

Zur Idee des „dritten Geschlechts" im Symbolismus vgl. D. Rippl 1999, 71ff. und O. Matic 2004. Das Phänomen der „Drittheit" spielt in diesem Zusammenhang eine besondere Rolle, wobei in den mystisch-erotischen Triaden – zumal bei Ivanov – der „Dritte im Bunde" eine pneumatisch-sophiologische Funktion erfüllte: und zwar als Medium zwischen Ich und Du, in dem sich die „Selbstheit" (*samost'*) manifestiert. (M. Cimborska-Leboda 2004, 25, 44ff. zur Muse als Psyche in der Mythopoetik Ivanovs, ebd., 139). Zur Figuration des Christentums insgesamt in Dreiecken vgl. A. Koschorke 2000, 83 (Korrelation von Trinität und Familiendreiecken).

[74] Lidija Zinov'eva-Annibal war nicht nur Ehefrau *und* Muse ihres Dichter-Gatten Vjačeslav Ivanov: sie war auch selbst Dichterin, deren Bedeutung erst in den letzten Jahren so richtig erschlossen wurde: T. Nikol'skaja 1988; D. Rippel 1999, 101ff.; Lidija Zinov'eva-Annibal als Diotima bzw. Muse von Ivanovs Mittwochgesellschaften in: M.V. Michajlov 1996.
In ihrem Text *Tridcat'-tri-uroda* (Neuausgabe M. 1999) beschreibt Lidija Zinov'eva-Annibal „als Muse darüber, wie Männer Musen beschreiben" (101f.). Kompliziert wird die Position der Musen-Dicherin noch dadurch, dass sie eine lesbische Szenerie aufbaut, während ihr Gatte durchaus bisexuelle Anlagen auslebte (zur Idee der Zweigeschlechtlichkeit bei Ivanov vgl. G. Obatnin 2000, 120; D. Rippl 1999, 67 zur Androgynität bei Otto Weininger).
Bei den Symbolisten stieß das Werk der Lidija Zinov'eva-Annibal auf massive Ablehnung, zumal in diesen Kreisen lesbische Beziehungen verurteilt wurden (Rippl 1999, 105). Ob sich das schöperische Verhältnis zwischen Mann und Frau darin erschöpft, dass sich „die männliche Autorschaft über den Blick auf den [nackten] weiblichen Körper [konstituiert]" und „im Falle der weiblichen Autorschaft die Angst vor diesem Blick konstitutiv [ist]" (ebd., 111) bleibe dahin gestellt. Dass die Vereinigung der Rollen der Muse, der Geliebten, der Ehefrau – und all das noch dazu in beide geschlechtlichen Richtungen – eine massive Überforderung bedeuten mochte, wird nicht Wunder nehmen. Und all das noch dazu in Ivanovs (Elfenbein-)„Turm", dessen erotisch-poetische Gesellschaftsspiele kaum einer unbeschadet überstanden hatte (außer Ivanov selbst, der dann freilich im Römischen Exil eine jahrzehntelange Phase der Regenerierung nötig hatte). Jedenfalls fand sich die Muse in Ivanovs Dichtung (etwa in seinem „Orfej") stark aufgewertet und geradezu als Weltschöpferin wieder: N. Kotrelev 1999, hier: 219. Für Belyj ist es das Ziel des Dichters, das Antlitz der Muse zu finden, die gleichbedeutend ist mit dem „in Sonne gekleideten Weib", also der Sophia bzw. Himmelskönigin (S.D. Cioran 1977, 168)

[75] Zu den gegenseitigen Musen-Projektionen in der Relation Cvetaeva-Rilke vgl. K. Asadowski 1992; Ulrich Hepp 2000.

tova; in der Avantgarde waren es die Amazonen der abstrakten Malerei und des Konstruktivismus) – dieser „Poetessa"-Typ zeichnet sich dadurch aus, dass er (genauer sie) s e l b s t schöpferisch agiert und zugleich die Projektionsfigur für andere spielt.

Am komplexesten wurde diese Rolle in den erwähnten D r e i e c k s b e - z i e h u n g e n ausagiert,[76] in denen in der Regel zwei Dichter um ihre Musen-Dichterin buhlten und unweigerlich das katastrophale Ende dieses *trio infernal* in einer generischen Regression auflösen mussten – in Formen des Duells, in Exzessen der Eifersucht und eher traditionellen erotischen Besitzansprüchen. Die gesamte russische Moderne (und nicht nur diese und bis zurück in die Romantik) ist voll von Triaden, in denen letztlich das Scheitern eines solchen Ausweges aus den ödipalen Beziehungskerkern auch als Zusammenbruch des antigenerischen Musendienstes erlitten wurde.

Inszeniert wurden diese gescheiterten Utopien jedoch nicht bloß als biographische Katastrophen, sondern eben auch als ästhetische bzw. literarische Triumphe, wobei das Scheitern der Realutopien (einer ungeschlechtlichen und damit geschlechtsneutralen, Mann und Frau gleichberechtigt einschließenden Fortpflanzung von Kreativität) überhaupt den Treibstoff für künstlerische Prozesse, ja ganzer Genrekomplexe lieferte. Man denke an die großen Gedichtzyklen Alexander Bloks oder die Romanmythen Andrej Belyjs.[77]

---

[76] Vgl. die Darstellung bei O. Matich 2005; D. Rippl 1999, 61 (zur künstlerischen Hervorbringung der dem Symbolismus nahe stehenden Dichter[innen] als Ersatz für die biologische Fortpflanzung und umgekehrt die Tendenz der Umschaffung des „Weibes" durch den Götter-Mann). Der maskuline Künstler-Mensch wird in der Matrix des Texters bzw. der weiblichen Textur „wiedergeboren" (ebd., 71). Die asexuelle Dominante der Musen deckt sich hier mit ihrer antigenerischen – also gegen Ehe und Vermehrung – Tendenz; umgekehrt wird die weibliche Sexualpartnerin – die „Geliebte" – dadurch automatisch zum amusischen oder gar anti-musischen Weibs-Bild" gestempelt. Der maskuline Künstler-Mensch wurde solchermaßen massiv effeminiert (D. Rippl 1999, 72; zum effeminierten, hysterischen Mann, ebd., 141f.) und in seiner Geschlechtsidentität in Frage gestellt, was sich auch in den weithin öffentlichen bzw. literarisch ausgetragenen Dreiecksverhältnissen der symbolistischen Dichter (Blok, Belyj, Brjusov, Ivanov, Vološkin, Gippius etc.) manifestierte (vgl. dazu S.D. Cioran 1977, 109ff.; A.V. Lavrov 1995, 143ff., 196ff.).
Eine Zwischenposition entfaltete sich im russischen Symbolismus durch die (missbräuchliche) Verwendung der Geliebten als Roman- oder Gedichtheldin, die willkürlich manipuliert werden konnte. Krassestes Beispiel einer solchen missbrauchten Muse war Nina Petrovskaja (ebd., 164ff.), die in Brjusovs Roman *Ognennyj angel* in Gestalt der Renata eine fatale Hauptrolle zu spielen hatte, an der sie letztendlich zugrunde gehen sollte (zu Renatas Ende als „Tod der Muse", ebd., 199ff.; P. Davidson 1989, 47). Vgl. dazu die ebenso glänzende wie schonungslose Darstellung bei Chodasevič 1997 [1939], 5-184. Vgl. auch Sch. Schahadat 2004, 354ff.

[77] Belyj sah in der Sophia-Himmelskönigin definitiv seine „Muse", ja jene von ganz Russland (Belyj, *Arabeski*, 241ff.; S.D. Cioran 1977, 168).

Auf der anderen Seite stehen die Aktivposten der Musentradition und zugleich ihre Überwinderinnen – die A m a z o n e n d e r A v a n t g a r d e,[78] die in Russland besonders in der Malerei der 10er und 20er Jahre eine zentrale Rolle spielen: zu ihnen zählen Natalija Gončarova, Olga Rozanova, Aleksandra Ekster, Ljubov' Popova, Varvara Stepanova etc.etc. Allesamt waren sie nicht mehr bloß die Musen ihrer – vielfach auch malenden oder dichtenden – Männer, sondern eben selbst „Staffeleitäterinnen": Sie standen nicht mehr Modell als Models, sondern waren Modelle der Neuen Frau für eine Neue Menschheit.

Hierher gehören jene erstaunlich zahlreichen Frauentypen, die als „Russische Musen" ihrem Mutterland eine geradezu archetypische Prägung verliehen: Als wäre Russland besonders dazu prädestiniert, dem Westen Muse zu sein – eine nunmehr spezifisch weiblich gegenderte Variante des Slavischen Messianismus.[79] Wir denken hier an die Musen-Frauen Gala Dalí, an Olga (Chochlova) Picasso, Lou Andreas-Salomé,[80] Elsa Triolet, Lili Brik, Maria Pavlovna, Isa de Chirico, Nadja Léger oder Lidija Delektorskaja, das russische Modell von Henri Matisse. Und schließlich kann man die Achmatova auch als Muse Modiglianis sehen, während sie späterhin zur Muse ganz Russlands aufstieg.[81]

Die utopische Autonomisierung der weiblichen Kreativität mündete jedenfalls am Ende der Avantgarden in den Stalinschen Totalitarismus und in eine Maskulinisierung des Industrieweibes bzw. der muskelstrotzenden Sportlerin.

---

[78] Vgl. J. Bowlt 1999. Der Begriff Amazonen impliziert eine durchaus fragwürdige maskuline Sicht auf weibliches Schöpfertum, das, auf die Amazonen bezogen, einen eher peinlichen Beigeschmack im Sinne von Flinten- oder Mannweiber trägt. Außerdem erhält die Künstlerin dabei eine militante und eher „unweibliche" Konnotation.

[79] Das interne wie externe Russlandbild verfügt – wie oft bemerkt wurde – über stereotype Weiblichkeitsmerkmale, die zwischen sadistischer *femme fatale* und masochistischem „Mütterchen Russland" pendeln (zum interkulturellen Rahmen dieser Projektionen vgl. A. Hansen-Löve 1999b). Ausführlich zu den russischen Musen Gala Dali, Olga Picasso, Lou Andreas-Salomé, Elsa Triolet, Anna Achmatova, Dina Vierny u.a. vgl. G.S. Bris 1996. Lilja Brik wurde von Pablo Neruda als „Muse der russischen Avantgarde" insgesamt bezeichnet; Elsa Triolet war Liljas eifersüchtige und durchaus fatale Schwester und späterhin Louis Aragons Ehefrau. So trieb Aragon in die Hände der Stalinisten und wurde später die Geliebte des blutrünstigen Fadeev.

[80] Erwähnt sei in diesem Zusammenhang Lou Andreas-Salomés Konzept der „geistigen Schwangerschaft" im Rahmen ihres Nachdenkens über *Der Mensch als Weib* (O. Parnes, U. Vedder, St. Willer 2008, 136f.).

[81] Achmatova galt als Muse nicht nur gegenüber maskulinen, sondern vor allem weiblichen Leserinnen und Poetessen – so etwa für die Cvetaeva (wenn auch auf eine eher ambivalente Weise): Vgl. Cvetaevas Gedicht „O muza plača, prekrasnejšaja iz muz!.." (K. Borowsky 1993, 140; sowie Achmatovas akmeistisches Musen-Gedicht: „Muza ušla po doroge.." (1915), wo das Motiv der Vögel (Tauben) mit dem der Musen assoziiert ist. Das gleichgeschlechtliche Zeugungs- und Geburtparadoxon artikulieren Achmatovas Verse „Proplyvajut l'diny, zvenja.." (1918), wo das Geschenk der Kinder mit dem der Gedichte verknüpft wird („...keine Kinder willst du von mir, | und du willst von mir kein Gedicht. |..").

Eben dieses Weibsbild war aber auch das Produkt einer Regression zur Gebär- und Heldenmutter, die seit den 30er Jahren (übrigens auch im Faschismus) das Frauenbild prägte. Hier war kein Platz mehr für die Muse, deren Position insgesamt vom Großen Führer usurpiert wurde, der sowohl das Projektionsfeld des Thanatos wie des Eros in sich vereinte: Stalin wurde der Große Vater einer insgesamt ins Mütterliche regredierenden multinationalen, großrussisch dominierten Sowjetunion.

6. Marina Cvetaevas „Ich bin ein Blatt Papier für deine Feder.."

> Я – страница твоему перу.
> Всё прийму. Я белая страница.
> Я – хранитель твоему добру:
> Возращу и возвращу сторицей.
>
> Я – деревня, чёрная земля.
> Ты мне – луч и дождевая влага.
> Ты – Господь и Господин, а я –
> чернозём – и белая бумага!
>
> (1918)

> Ich bin ein Blatt Papier für Deine Feder.
> Nehm alles auf. Bin bloß ein weißes Blatt.
> Ich bin der Hüter Deines Hab und Gut:
> Ich lass es wachsen und vermehr es hundertfach.
>
> Ich bin Dir Land, die schwarze Erde.
> Du bist mir Strahl und regennasse Feuchte.
> Du bis mir Herr und Herrgott, aber ich –
> Schwarzerde bin ich – und ein weißes Blatt.[82]

Auf eine erschütternde Weise hat hier die ganz junge Marina Cvetaeva Puškins Tatjana (aus seinem *Evgenij Onegin*) in einer maßlosen Selbstüberbietung wie Selbstverleugnung – ja Umkehrung gerächt: Indem sie sich dem Griffel-Phallus des Mannes ver-schreibt und sich dabei das Schwarz-Weiß-Bild von Erd- und Papierwelt auf den Leib schneidert, versöhnt sie Tatjana und Onegin in und für sich selbst. Doch das nur im Gleichnis, wo Tatjana zur Dichterin wird, die ihre weibliche Nullform dem Geliebten hin- und aufgibt, damit dieser

---

[82] Übersetzung AHL; zit. nach: M. Cvetaeva 1965, 130. Das Gedicht ist Osip Mandel'štam gewidmet und wurde in Koktebel geschrieben, wo sich die beiden drei Jahre zuvor zum ersten Mal getroffen hatten. Vgl. auch A. Hansen-Löve 2008, 129f.

sie zu eben jenem Roman umdichte, den ansonsten kein Leben schreibt. Während die Dichterin sich in der matriarchalen Rolle als archaische Erd-Mutter anbietet, die sich vom „warmen Strahl des Zeus" (Homer) befruchten lassen will, tut sie dies doch in Gestalt eines Achtzeilers, dessen kunstvoll-chiastische Verschränkung die mythische Konstellation ebenso auflöst wie das patriarchale „Beschriften" der *tabula rasa* des Weibes, welches damit zugleich auch das „weite Land" (Russland und seine Seele) verkörpert.

Der für die Cvetaeva einschneidende *gender shift* besteht eben darin, dass die metaphorische Bewegung zwischen Mann und Weib,[83] Kreation als Schöpfertum und als Gebären, eine radikale Schubumkehr erfährt, wobei nunmehr die „Dame Dichterin" diktiert – freilich auf eine hoch subversive Weise. Sie selbst repetiert den archaischen Ergebenheitstopos, wobei sie ihre ansonsten der maskulinen Dominanz zugeschriebene Kreativität ganz in ihre Rolle als russische „Mutter-Feuchte-Erde" zurücknimmt. Indem sie dies aber nicht bloß diskursiv konstatiert, sondern poetisch realisiert, nimmt sie eben jenes poetische Schöpfertum in Anspruch, das ihr nunmehr zusammen mit dem Beschriftungspathos wortwörtlich in den Schoß fällt.

Was zunächst als ein Sich-Anbieten, ja Anbiedern erscheinen mag, erweist sich womöglich als Derealisierung einer Metapher, die nunmehr von ihrem eigentlichen Besitzer bzw. der Besitzerin, im doppelten Wortsinne „zurückgenommen" wird. Mag sein, dass der Mann die Mutter-Erde befruchtet, wie er die Frau als „carte blanche" mit seinem Griffel beschreibt: Der Text, das Gedicht, worin und womit dies alles geschieht, entstammt eben diesem Mutterschoß, aus dem die Frucht jener Insemination hervorwächst. Und diese Frucht ist nicht mehr nur das Kind im Manne, sondern jenes Werk, das nur sie – die Dame Dichterin – hervorbringen kann.

Üblicherweise, besonders aber in den patriarchalen Traditionen des 18. und 19. Jahrhunderts wird der Schaffensakt bzw. das Kreative mit Metaphern aus der Sphäre von Zeugung und Geburt beschrieben, wobei es in aller Regel der Mann ist, welcher mit Werken oder Ideen „schwanger geht" oder solche – oft in glücklicher Mühsal – „austrägt" und letztendlich „gebiert". Zugleich ist es aber auch der Dichter (bzw. Künstlermensch), der nicht „gemacht", sondern „geboren wird": „poeta nascitur non fit".[84]

---

[83] Aus der idiosynkratischen Sicht R. v. Ranke-Graves' ist die Muse zwar immer eine Frau (532f.), „aber die Frau ist kein Dichter: sie ist entweder Muse, oder sie ist nicht." (537).

[84] Im Zusammenhang mit Nabokovs Geniekult N. Stagl 2006, 10. Nachdem in den letzten Jahrzehnten Fragen nach dem Ende und Probleme der Finalisierung im Vordergrund standen (*Das Ende. Figuren einer Denkform*, Poetik und Hermeneutik XVI, 1996), richtet sich seit relativ kurzer Zeit erst die Aufmerksamkeit auf die „schwere Geburt der Geburtsphilosophie" (L. Lütkehaus 2006). Dabei sollen wir aber nicht übersehen, dass es sich doch um eine „Spätgeburt" handelt, zumal die Natalität als philosophische Kategorie von Platons Geburts-

Wie kompliziert aber die Hervorbringungsmodi von Kunst aus einer solchen Perspektive erscheinen können, belegt nicht zuletzt Nietzsches Debutwerk „Die Geburt der Tragödie" mit ihrer Duplizierung des Schöpferischen in die mythopoetischen Pole des Apollinischen und Dionysischen, zwischen denen kein Platz bleibt für weibliche Anteile am Kreativen: Diese verschwinden spurlos in der androgynen Natur des Dionysos. Gleich einleitend spricht Nietzsche denn auch davon, wie sich beide Pole „gegenseitig zu immer neuen kräftigeren Geburten" reizen (*Geburt der Tradögie*, 21). Der „ästhetische Zustand" wird hier letztlich nur als Zustand des dionysischen Künstlers beschrieben.[85]

Ende des 5. Kapitels lesen wir dann vom Künstlersubjekt, dass es selbst „gleichsam ein Medium" geworden sei (40), da es als Person ja gar nicht der eigentliche Erzeuger der Kunst wäre. Dies erschiene nur in der allgemeinen „Kunstkomödie" so (ebd.), die den Künstler als Schöpfer illusionär vorgebe. „Nur so weit der Genius im Aktus der künstlerischen Zeugung mit jenem Urkünstler der Welt verschmilzt, weiß er etwas über das ewige Wesen der Kunst; jetzt [im Schaffensakt] ist er zugleich Subjekt und Objekt, zugleich Dichter, Schauspieler und Zuschauer."[86] (ebd.) Unübersehbar ist hier also die Tendenz, das Zeugen und Gebären völlig aus der weiblichen Sphäre zu lösen und in eine Interaktion zwischen Kunst- und Weltschöpfer zu verlagern. Aus einer solchen Sicht ist die Geburt der Tragödie (und damit der Kunst selbst) immer schon eine „Wiedergeburt" (123), die ganz ohne das „Weib" auskommen kann. Unabhängig davon spricht Derrida von Nietzsche als „Denker der Schwangerschaft", der „von seinem Gedanken sprach wie eine schwangere Frau von ihrem Kind." (J. Derrida 1986, 140).

7. Kunstgeburten

Wenn es ums Schaffen geht oder gar ums Kreative, liegt nichts so nahe wie das unerschöpfliche Feld der Geburtsmetaphoriken. Das, was seit jeher die einzige Domäne des Weiblichen zu sein hatte, schien sich am allermeisten zu eignen für emphatische Steigerungen der maskulinen Potenz, die sich nun nicht bloß aufs Zeugen beschränken sollte, sondern gleich auch die Sphäre der Schwanger-

---

metaphern (s. J. Manthey 1983, 13) bis zu Hannah Arendts „Verwerfung der Geworfenheit" (ebd., S. 90) reicht. (Arendt [1929] 2003; Arendt [1958/1967] 2002; dazu J. Kristeva 2002). Und doch kann Peter Sloterdijk nicht zu Unrecht noch 1988 von einer „Geburtsblindheit" bzw. „Geburtsvergessenheit" sprechen (P. Sloterdijk 1988): „Während Frauen seit jeher zum Zurweltbringen von Kindern Zuflucht nehmen konnten, um eine Antwort für die *difficulté d'être* zu finden, ist das männliche Bewusstsein vom Zwang, selbst zur Welt zu kommen, gezeichnet." (ebd., 87).

[85] A. Gellhaus 1995, 124; vgl. auch D. Wellbery 2002, 30ff.
[86] A. Gellhaus 1995, 150.

schaft (man[n] geht mit einem Werk schwanger, einem Plan, einer Idee etc.) und letztlich die des Gebärens zur Welt bringt.

Das dem Manne zugeschriebene Schaffen begnügt sich nicht mit der Potenz einer Produktion, es usurpiert auch noch jene Ursprünglichkeit für sich, die in der Welt der Mütter patriarchal entsorgt bleiben sollte. All dies freilich auf der schlichten Folie der im 19. Jahrhundert zur Vollendung gesteigerten Formel:

> Die Kunst scheint das Gebären des Mannes zu sein [...] Das Weib gebiert Menschen, der Mann das Kunstwerk. [...] Der Mann geht aus der Liebe schwanger mit dem Kunstwerk, das Weib schwanger mit dem Kind hervor. Menschheit und Kunst sind zwei Geschlechter. (Johann Wilhelm Ritter, *Fragmente aus dem Nachlasse eines jungen Physikers*, 1810, zit. nach: Ch. Begemann 2007, 125)[87]

In der mythopoetischen Welt der Cvetaeva figurieren nicht selten Männer als Musen, so etwa in dem Poem *Molodec*, wenn es auch in der russischen Literatur so gut wie keine Tradition von Musen-Männern gibt. Wenn im Symbolismus das „Weibs-Bild" in all seiner mystisch-erotischen, ja nicht selten androgynen Ambivalenz dominiert, wird in der nachsymbolistischen Dichtung der Cvetaeva diese Ambivalenz auf die männliche Figur übertragen, genauer: auf die Korrelation von Dichter und Gott oder Dichter und Dämon.[88]

In Cvetaevas *Molodec* wird der erotisch-mystische Musenkuss zu einem großen Akt sexueller Vereinigung umgedeutet, die eine massive Verfremdung der gesamten Musenkonstellation nach sich zieht. In den Gedichten zwischen 1914-1926 experimentiert die Cvetaeva mit verschiedenen Typen maskuliner Musen – von *Čarodej* (1914) bis zum Poem *Na krasnom kone* (19120) und zum *Krysolov* (1924). Anders als im Falle des „Ewig-Weiblichen" bei den Symbolisten treffen wir bei der Cvetaeva auf ein „Ewig-Männliches". Im Poem *Na krasnom kone* begegnet schon im Prolog das Thema der männlichen Muse:

Не Муза, не Муза
Над бледною люлкой
Мне пела, за ручку водила.
Не Муза холодные руки мне грела,
Горячие веки студила.

---

[87] In: R. Konersmann 2007. Vgl. auch den Sammelband Chr. Begemann / D. Wellbery [Hg.], *Kunst – Zeugung – Geburt*, 2002; Astrid Herbold 2004. Zur genieästhetischen Aneignung von nicht-männlich kodierten Eigenschaften sind die Frauen jedenfalls besonders effektiv aus dem künstlerisch-intellektuellen Betrieb ferngehalten worden (O. Parnes, U. Vedder, St. Willer 2008, 1228f.) Vgl. schon Ch. Begemann 2002.
[88] Ch. Hauschild 2004, 200.

Вихор ото лба отводила – не Муза.
В большие поля уводила – не Муза.
Не Муза, не черные косы, не бусы,
Не басни – всего два крыла светлорусых.
– Коротких – над бровью крылатой.
Стан в латах.
Султан.

Wir haben hier den seltenen Fall einer „negativen Invokation der Musen"[89] vor uns (Ch. Hauschild). Ganz offensichtliche Anspielungen auf die Achmatova als der Urmuse der russischen Poesie ebenso wie auf Puškin bilden eine Brücke zum Epilog des Poems, wo die Muse wörtlich die Anfangsformel wiederholt, bei der es eben um die Projektion einer nicht-weiblichen Anti-Muse geht:

Не Муза, не Муза,
Не бренные узы
Родства, – не твои путы,
О Дружба! – Не женской рукой,. – лютой
Затянут на мне –
Узел. [...]
Доколе меня
Не умчит в лазурь

---

[89] Zum Genre der Museninvokation in der griechischen Antike vgl. A. Gellhaus 1995, 34; Chr. Senkel 2003, 249 (zu Musenanrufungen in Dantes *Commedia*. Dabei „intensivieren die Invokationen im *Paradiso* die Unsagbarkeitstopik nur, um sie zu verabschieden". Beatrice spielt die Rolle einer „persönlichen Gnadenhelferin des Erzählens" (ebd., 250). Zugleich verabschiedet sich Dante von den klassischen Musen, indem er Beatrice christologisch überhöht, wobei Christus nun selbst als Musagetes erscheint: So übertrifft Beatrice die Musen bei weitem (252). Die letzte Nennung einer Muse in der *Commedia* fällt mit der Unmöglichkeit einer Musenanrede zusammen. Dante sieht Christus – und sieht ihn doch nicht: „...durch das helle Licht ist durchgebrochen | Die leuchtende Gewalt mit solcher Klarheit, | Dass sie mein Auge nicht ertragen konnte." (Par. XXIII, 31ff., Senkel, 254). Auf halb häretische Weise hilft Beatrice dem apophatisch verstummenden Erzähler weiter – nicht der Heilige Geist. Beatrice lenkt Dantes Blick direkt auf die Wirklichkeit Gottes: „Beatrice erscheint somit als Muse der Verkündigung, deren *Musagetes* in einem unzugänglichen Licht wohnt. Im überhellen Vorüberziehen des Erlösers (via negativa) wird Beatrice zu dessen vollmächtiger pneumatologischer Agentin. Die Begnadung durch Beatrice überflügelt die durch die Musen, doch angesichts des trinitarischen Gottes reicht ihre Kraft erst recht unerhört weit. Die Muse Beatrice verhilft dem Erzähler, als Spiegel Christi, zur Gotteserkenntnis. Beatrice erlöst Dante aus der Trübsal – aber auch aus der Blendung durch das väterliche Gotteslicht. Sie ist eine einzige Häresie." (ebd., 254-255) Letztlich übertrifft „Beatrice [...] als begehrte, auch in den Gang der Erzählung eingreifende Frauenfigur den topisch domestizierten Musenruf durch eine Erotik der Ko-Autorschaft. [...] dass eine Chiffrierung von Weiblichkeit deutlich wird, die einer Selbstschwächung männlichen Schreibens zum Ausdruck verhelfen kann." (273) Zu Dantes Beatrice als häretische Musengestalt vgl. auch D. de Rougemont 1966, 215. Weiters zur Musen-Invokation vgl. G. Neumann 1993.

На красном коне
Мой Гений

Dieser Genius, der als Muse figuriert, bezeichnet den Tod des Subjekts im Gedicht, und zwar jenes weiblichen Subjekts, das im Bild der männlichen Muse ihren eigenen Tod symbolisiert. All dies lässt sich auch lesen als Kritik an der traditionellen Muse vom Typ der Achmatova. Freilich war für das Auftreten männlicher Musen die Zeit noch nicht reif.

In diesem Sinne kann dann die Poetesse als Muse ihrer selbst auftreten und möglicherweise den Mann aus seiner Projektionslust befreien, solange dieser Muse sagt – und Geliebte meint.

Daran schließt sich die doppelt komplexe Frage nach homo- bzw. heterosexuellen Musen- und Inspirationsmodellen.[90] Hier nämlich wird das Problem der männlichen Musen für die Dichterinnen nochmals kompliziert durch mögliche weibliche Musen für dieselben – und umgekehrt die Möglichkeit von maskulinen Musen für den männlichen Dichter.

Hierher gehört schließlich auch das nicht seltene Phänomen der Künstler-Paare, die einander wechselseitig als Musen ge- und auch missbrauchen mögen. Gerade in der Bildkunst begegnet wiederum die medienspezifische Variante der Relation von Maler und Modell, die zu den produktivsten Bildmotiven bzw. Darstellungsmotivationen zählt.

8. Musen als Medien

Während in der hermetikgesättigten Atmosphäre um 1900 die Medialität mit der weiblichen Vermittlerrolle des Mediums assoziiert wird und damit eine vertikale, transrationale und trance-hafte Übersetzung vom Jenseits ins Diesseits zu leisten hat, wird im analytischen Kommunikationsmodell der futuristischen, konstruktivistischen, funktionalistischen Avantgarden dieser vertikale Rapport „horizontalisiert", die Vermittlung erscheint damit der weiblichen, pythiahaften Prophetik und Mantik entzogen und wieder einmal direkt ins Maskuline und Mach(t)bare versetzt.

---

[90] So etwa im Falle der homoerotischen Komponenten im Verhältnis von T.S. Eliot und E. Pound (vgl. R. v. Ranke-Graves 1985, 500) Nach der „Begattung" Eliots (*The Waste Land*) durch seine Muse (E. Pounds Gedicht „Sage Homme") folgt gleich die Geburt ohne Schwangerschaft – Pounds „weise Frau" („sage-femme") bezeichnet gleichzeitig auch die „Hebamme". Hinweis durch: J. Genning im Rahmen eines Seminars zum Thema „Die wei(s)e Frau" (München, SS 2008/2009): „These are the poems of Eliot | By the Uranian Muse begot; | A Man their Mother was, | A Muse their Sire. [...] Ezra performed the *Caesarean Operation*." (Pound, *The selected Letters*, 170). Bei Eliots „uranischer Muse" handelt es sich um eine männliche Instanz.

Eine bedenkenswerte Zwischenrolle in dieser Polarität von weiblichem Medium und männlichem Mediengebrauch stellt der hegelianische wie späterhin bei Kierkegaard weitergedachte Begriff des „Mediierens" dar: Dabei geht es weder um eine vertikale noch horizontale Transmission, sondern um das Vermitteln von These und Antithese in einer Synthese, in der die Gegensätze nicht verschmelzen oder verschwinden, sondern eben „auf-gehoben" sein sollen.

Bei Hegel figuriert das „Medium" in seiner Rolle als Vermittlung zwischen den Polaritäten von Diesem und Nicht-Diesem und betreibt somit das Handwerk einer Aufhebung, das als „ein Negieren und Aufbewahren zugleich" erscheint, wodurch die Unmittelbarkeit überhaupt erst vermittelbar wird:

> „das Nichts, als *Nichts des Diesen*, bewahrt die Unmittelbarkeit auf und ist selbst sinnlich, aber eine allgemeine Unmittelbarkeit. [...] Die einfache sich selbst gleiche Allgemeinheit selbst aber ist wieder von diesen ihren Bestimmtheiten unterschieden und frei; sie ist das reine Sichaufsichbeziehen oder das *Medium*, worin diese Bestimmtheiten alle sind, sich also in ihr als in einer *einfachen* Einheit *durchdringen*, ohne sich aber *zu berühren*; [...] Dies abstrakte allgemeine Medium, das die *Dingheit* überhaupt oder das *reine Wesen* genannt werden kann, ist nichts anderes als das *Hier* und *Jetzt*, wie es sich erwiesen hat, nämlich als ein *einfaches Zusammen* von vielen. [...] das Weiße [des Salzes] affiziert oder verändert das Kubische nicht, beide nicht das Scharfe usw., sondern da jede selbst einfaches *Sichaufsichbeziehen* ist, läßt sie die anderen ruhig und bezieht sich nur auf das gleichgültige *Auch* auf sie. Dieses *Auch* ist also das reine Allgemeine selbst, oder das Medium, die sie so zusammenfassende *Dingheit*. (Hegel, Georg Wilhelm, *Phänomenologie des Geistes*, Leipzig 1937, 90-91; Kursiva von Hegel).

Die Musen sind nicht Spenderinnen einer ästhetischen Substanz, sondern eher etwas Mediales, Intransitives, Vermittelndes:[91] Sie lassen sich also nicht direkt „anzapfen" oder willentlich verpflichten, sie erscheinen vielmehr oder erscheinen nicht, sie kommen und gehen – und g e h ö r e n i n s o f e r n e in

---

[91] Aus dieser Sicht teilen die Musen die mediale Natur der Engel und die technische Kultur der „Medien" als spezifische Kunstformen und Kommunikationssysteme. „Im Mittelalter hieß „Medientheorie Engelskunde, Angelologie (was deren schwarze Seite, die Dämonologie, einschloss." (A. Koschorke 2000, 217; 220) So wird denn überhaupt für Nietzsche ein jeder schöpferische Mensch vom Medium angesteckt, ja selbst ein solches: Insofern aber das Subjekt Künstler ist, ist es bereits von seinem individuellen Willen erlöst und gleichsam Medium geworden, durch das hindurch das eine wahrhaft seiende Subjekt seine Erlösung im Scheine feiert." (F. Nietzsche, *Geburt der Tragödie*, 40) Hier herrscht die „Vorstellung, bloß Mundstück, bloß Medium übermächtiger Gewalten zu sein [...] Man hört, man sucht nicht.." (Nietzsche, *Ecce homo, Also sprach Zarathustra*, 3; vgl. E. Barmeyer 1968, 182f.; vgl. auch A. Gellhaus 1995, 130). Zu den spiritistischen Medien und den technischen Kommunikationsmedien besteht ein zumindest indirekter Zusammenhang (R. Lachmann 2002, 330f.).

eine pneumatische Sphäre, wo das Wehen des Geistes die Wehen der Mutterschaften ersetzt.

Diese Unwillkürlichkeit teilen die Musen – wie wir gehört haben – mit allen anderen schöpferischen Prozessen, die dann misslingen, wenn sie absichtsvoll erzwungen werden – sei es in *eroticis* oder dann, wenn es um ein Ein-Fallen geht. Denn man kann sich nichts willentlich einfallen lassen, da eben im Lassen der Absicht und des Wollens jenes „wunschlose Glück" der Invention sich einstellt (oder eben nicht). Der Musenkuss kommt als Gabe, als Geschenk – und eben nicht als etwas im Salierischen Sinne Erworbenes, Erarbeitetes, Erstreb(er)tes.

Es ist daher auch kaum möglich, etwas Konkretes über das Wirken der Musen im Schaffensprozess selbst zu erfahren – außer eben ein Murmeln über das Dahinfließen, Strömen eines „Einflusses", eines fließenden Lichtes von oben, das als reine Medialität selbst keine Signifikanten im Sinne von *sign-symbol* oder *sign-icon* vermittelt, sondern eben nur indizial bzw. inizial wirkt. Klassisches Beispiel dafür ist Nietzsches Schwärmen über seine Inspirationserfahrung, die in *einem* Absatz alle wesentlichen Ingredienzien dieser kreativen Urszene versammelt – nichtsdestoweniger aber, in der Tradition apophatischer Diskurse stehend, das Los aller negativen Mystik teilt: Ihr Objekt der Begierde ist einfach zu groß, zu erhaben, schrecklich-schön und wahnwitzig zugleich, als dass man es denotieren könnte oder wollte. Was bleibt, ist eine Gestik der Großartigkeit bzw. des Größenwahns, von Hybridität und Hybris: „Hat jemand, Ende des neunzehnten Jahrhunderts, einen deutlichen Begriff davon, was Dichter starker Zeitalter Inspiration nannten?" Nietzsche begreift die Inspiration „in dem Sinne, dass plötzlich mit unsäglicher Sicherheit und Freiheit etwas sichtbar, hörbar wird, etwas, das einen im Tiefsten erschüttert und umwirft... wie ein Blitz leuchtet ein Gedanke auf, mit Notwendigkeit, in der Form ohne Zögern, – ich habe nie eine Wahl gehabt [...] Dies ist m e i n e Erfahrung von Inspiration; ich zweifle nicht, dass man Jahrtausende zurückgehen muss, um jemanden zu finden, der mir sagen darf »es ist auch die meine«." (Nietzsche, *Ecce homo*, Bd.6, 339).[92]

Worum es also ginge, wäre eine medientheoretische Reanimierung der Musen als Medien, die nicht nur auf okkultistischen Séancen als weibliche „Medien" zwischen Jenseits und Diesseits pendeln, sondern als Verkörperungen von „Kunst-Medien" Instanzen einer postmythischen Produktionspoetik werden.

Was offen bleibt, ist ein Diskurs der Ungegenständlichkeit, der die unkenntlichen Qualitäten der Musen in Intensitäten umsetzt, die ja selbst über nicht Greifbares oder gar Individuelles verfügen. Die Musen sind Mittlerinnen (also Medien) und Auslöserinnen zugleich: Ihr Kuss zielt auf die Stirn des Dichters –

---

[92] Dazu A. Gellhaus 1995, 154f.

nicht auf den Mund. Der ist für die Geliebte reserviert, die nur zu gerne mit der Muse verwechselt wird. Zugleich ist die Muse eine Projektionsfigur, die substanziell aus eben jenen Elementen besteht, die der Projizierende selbst beisteuert: In diesem Sinne verfügt sie über nichts Eigenes auf der Ebene der Essenzen, sehr wohl aber unter dem Aspekt ihrer Funktionen und als prozessuales Interaktionsfeld, wo es um Intentionen geht, um Übertragungen und Symbolisierungen, die von Epoche zu Epoche sehr unterschiedliche Genderordnungen, Institutionen und Diskursnormen zur Verfügung hat. Immer aber wirken die Musen erotisch – und nicht sexuell, jungfräulich und nicht zeugend, imaginär und nicht auf fiktionale Identifizierung fixiert. Sie sind jener Wald (der Symbole), aus dem das herausschallt, was man in ihn hineinruft; sie bieten jenes Geschenk, das sich nicht kompensieren lässt durch den „Begabten", sondern das erst durch sein Annehmen evident zu machen wäre.

Die Annahme, es gäbe Musen, verweist auf eine andere Annahme, die darin besteht, die Sender auf Empfang zu stellen, um der eigentlichen Sendung gerecht zu werden. Hier scheiden sich denn auch die Geister, wenn es um die Frage geht, ob die Dichter aus Eingebung schaffen (auf Anrufung, *invocatio* der Musen) – oder aber selbstschaffend agieren: als Künstlerdemiurgen alles „neu machen". Woran sich die Frage anschließt, ob die Dichter in ihren Werken etwas (ontologisch Niedagewesenes) e r - f i n d e n (wie im manieristischen Kunstwollen und seiner Tradition) – oder aber alles v o r - f i n d e n im Kosmos der Schöpfung, die sie – bioästhetisch – rekreieren, oder aber bloß f o r t - s c h r e i b e n , was im Korpus der zeitlos archivierten Diskurse schon präexistiert und in immer neuen (intertextuellen) Konfigurationen jeweils neu arrangiert und inszeniert wird.

Nachsatz

Zuletzt werfen wir nochmals einen Blick auf unser einleitendes Weibsbild, die als Venus mit uns Verstecken spielt. Was aber mit Musen passiert, die „schwanger werden", darauf gibt uns möglicherweise ein wenig bekanntes Bild von Edgar Dégas eine Artwort, die uns nicht kalt lassen kann.

Während Raphaelle Peales nackte Venus schamhaft hinter der glatten Leinwand ihr Goldhaar zurechtrichtet, ist bei Degas eine ganz andere Schönheit dabei, ein solches Tuch mit dem Bügeleisen zu plätten: Hier herrscht dann weder Kalyptik noch Apokalyptik, sondern eine dienstbar gemachte Muse, die auch so noch den Stoff der Kunst bereitet und durch ihren Betrachter hindurch sieht..

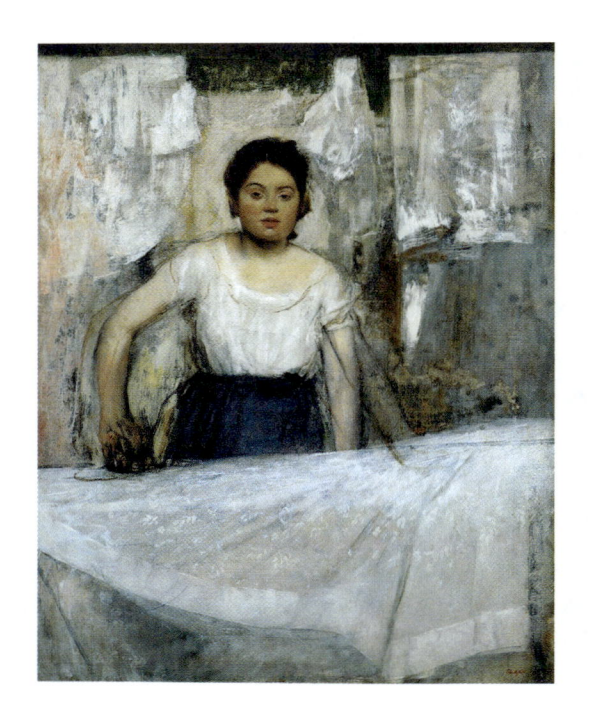

Edgar Degas, *Die Büglerin* (1869)

Literatur

Arendt, H. (1929) 2003. *Der Liebesbegriff bei Augustinus. Versuch einer philosophischen Interpretation*, Berlin / Wien.
dies., (1958/1967) 2002. *Vita Activa oder Vom tätigen Leben*, München / Zürich.
Asadowski, K. 1992. *Rainer Maria Rilke und Marina Cvetaeva. Ein Gespräch in Briefen*, Frankf.a.M.
Baader, F. v. 1966. *Sätze aus der erotischen Philosophie und andere Schriften*, Frankf.a.M.
Barmeyer, E. 1968. *Die Musen. Ein Beitrag zur Inspirationstheorie*, München.
Basker, M. 1999. „Fear and the Muse: An Analysis and Contextual Interpretation of Anna Achmatova's «Voronez»", Special Issue of *Russian Literature* 45/3, Amsterdam, 245-360.
Baumann, S. 1999. *Vladimir Nabokov: Haus der Erinnerung. Gnosis und Memoria in kommentierenden und autobiographischen Texten*, Frankf. a.M.
Begemann, Ch. 2002. „Der Körper des Autors. Autorschaft als Zeugung und Geburt im diskursiven Feld der Genieästhetik", H. Detering (Hg.), *Autorschaft. Positionen und Revisionen*, Stuttgart, 44-61.
Belting, H. 1990. *Bild und Kult. Eine Geschichte des Bildes vor dem Zeitalter der Kunst*, München.
Bloom, H. (1973) 1995. *Anxiety of Influence*, Oxford 1973; *Einflußangst. Eine Theorie der Dichtung*, Basel / Frankf.a.M.
Böhme, H. 2006. *Fetischismus und Kultur. Eine andere Theorie der Moderne*, Hamburg.
Borowsky, K. 1993. *Und nun ist das Wort aus Stein gefallen. Russische Lyrikerinnen des 20. Jahrhunderts*, Frankf.a.M.
Bowlt, J. / M.-Drutt (Hg.), *Amazonen der Avantgarde*, New York / Berlin.
Boyd, B. 1999. *Vladimir Nabokov. Die russischen Jahre 1899-1940*, Reinbek/ Hbg.
Brodsky, J. 1998. *Pis'ma k Goraciju*, CXXII-CXLV. M.
Bronfen, E. 1992. *Over her dead body. Death, femininity and the aesthetic*, Manchester; dt. 1994. *Nur über ihre Leiche. Tod, Weiblichkeit und Ästhetik*, München.
Bethea, D.M. 1989. *The Shape of Apocalypse in Modern Russian Fiction*, Princeton
Chodasevič, V. (1939) 1997. „Konec Ren*aty"*, *Nekropol'. Vospominanija. Pis'ma*, Moskva
Cimborska-Leboda, M. 2004. *Eros v tvorčestve Vjačeslava Ivanova. Na puti k filosofii ljubvi*, Tomsk-Moskva.
Cioran, S.D. 1977. *Vladimir Solov'ev and the Knighthood of the Divine Sophia*, Waterloo / Ontario.
Curtius, H.R. 1958. *Europäische Literatur und lateinisches Mittelalter*, Bern.
Cvetaeva, M. 1965. *Izbrannye proizvedenija*, M.-L.

Davidson, P. 1989. *The Poetic Imagination of Vyacheslav Ivanov. A Russian Symbolists Reception of Dante*, Cambridge.
Deleuze, G. 1980. „Sacher-Masoch und der Masochismus", in: L. von Sacher-Masoch, *Venus in Pelz*, Frankf.a.M., 163-181.
Derrida, J. 1972. *Die Schrift und die Differenz*, Frankf.a.M.
— 1986. „Sporen. Die Stile Nietzsches", in: W. Hamacher (Hg.): *Nietzsche aus Frankreich*, übers. von Richard Schwaderer, überarb. von Werner Hamacher, Frankf.a.M. / Berlin, 129-168.
Dodds, E.R. 1970. *Pagan and Christian in an age of anxiety. Some aspects of religious experience from Marcus Aurelius to Constantine*, New York.
Eco, U. 1987. *Lector in fabula. Die Mitarbeit der Interpretation in erzählenden Texten*, München.
Etkind, A. 1993. *Eros nevozmožnogo. Istorija psichoanaliza v Rossii*, SPb.; dt. *Eros des Unmöglichen*, Leipzig.
— 1996. *Sodom i Psicheja. Očerki intellektual'noj istorii Serebrjanogo veka*, M.
— 1998. *Chlyst. Sekty, literatura i revoljucija*, M.
Evola, J. 1962. *Metaphysik des Sexus*, Stuttgart.
Foster, J.B. 1993. *Nabokov's Art of Memory and European Modernism*, Princeton / NY.
Frank, M. 1988. „Dionysos und die Renaissance des kultischen Dramas (Nietzsche, Wagner, Johst)", in: M. Frank, *Gott im Exil. Vorlesungen über die Neue Mythologie*, Frankf.a.M., 9-104.
Gellhaus, A. 1995. *Enthusiasmos und Kalkül. Reflexionen über den Ursprung der Dichtung*, München.
Oster, P. 2002. *Der Schleier im Text. Funktionsgeschichte eines Bildes für die neuzeitliche Erfahrung des Imaginären*, München.
Greber, E. 1993. „Mystifikation", *Wiener Slawistischer Almanach* 32, 175-206.
— 2002. *Textile Texte. Poetologische Metaphorik und Literaturtheorie. Studien zur Tradition des Wortflechtens und der Kombinatorik*, Köln / Weimar / Wien.
Groys, B. 1992. *Über das Neue. Versuch einer Kulturökonomie*, München.
— 2004. *Die Muse im Pelz. Die 'Venus im Pelz' als Muse der Massenkultur*, Graz / Wien.
Groys, B., Hagemeister, M. (Hg.) 2005. *Die Neue Menschheit. Politische Utopien in Russland zu Beginn des 20. Jahrhunderts*, Frankf.a.M.
Grübel, R. 1982. *Der Gesang der Sirenen. Essays zur modernen Literatur*, Frankf.a.M.
Grübel, R., Kohler, G.-B. (Hg.) 2007. *Gabe und Opfer in der russischen Literatur und Kultur der Moderne*, Oldenburg.
Hansen-Löve, A. 1995. „Allgemeine Häretik, russische Sekten und ihre Literarisierung in der Moderne", in: R. Fieguth (Hg.), *Orthodoxien und Häresien in den slavischen Literaturen*, Wiener Slawistischer Almanach, Sonderband 41, Wien, 171-294.

— 1996. „Diskursapokalypsen: Endtexte und Textenden. Russische Beispiele", in: K. Stierle, R. Warning (Hg.), *Das Ende. Figuren einer Denkform, Poetik und Hermeneutik XVI*, München, 183-250.
— 1999a. „Entfaltungen der Gewebe-Metapher. Mandelstam-Texturen", in: O. Egger (Hg.), *Anschaulichkeit (bildlich), Der Prokurist*, 16/17, Wien / Lana, 71-152.
— 1999b. „Zur Kritik der Vorurteilskraft: Russlandbilder", *Transit. Europäische Revue*, 16, 167-185.
— 2001. „Eine Ästhetik der «Kalyptik». Apollinische Motive bei Vladimir Nabokov", in: S. Frank, E. Geber et al. (Hg.), *Gedächtnis und Phantasma. Festschrift für Renate Lachmann*, (*Die Welt der Slaven*. Sammelbände, Bd. 13), München, 524-555.
— 2004. „Die Kunst ist nicht gestürzt. Das suprematistische Jahrzehnt", in: Kazimir Malevič, *Gott ist nicht gestürzt! Schriften zu Kunst, Kirche, Fabrik*. Hg., eingeleitet und kommentiert von A. H.-L., München, 255-603.
— 2005. „Im Namen des Todes. Endspiele und Nullformen der russischen Avantgarde", in: *Am Nullpunkt. Positionen der russischen Avantgarde* (hg. gem. mit B. Groys; Kommentare A. H.-L.), Frankf.a.M., 700-748.
— 2007. „Die Gabe des Glaubens / das Opfer des Verstandes: Daniil Charms' Geschenk-Artikel", in: R. Grübel / G.-B. Kohler (Hg.), *Gabe und Opfer in der russischen Literatur und Kultur der Moderne*, Oldenburg, 263-282.
— 2008a. „Zum medialen Ort des Verbalen – mit Rückblicken auf russische Medienlandschaften", J. Paech / J. Schröter (Hg.), *Intermedialität analog / digital. Theorien – Methoden – Analysen*, München, 155-180.
— 2008b. „Das Buch als solches: Russische Beispiele von Puškin bis Mandelstam", in: Ph.A. Häcker, Th. Mundi, B. Rath, M. Wiefarn (Hg.), *textern. Beiträge zur literaturwissenschaftlichen Kontext-Diskussion*, München, 173-198.
— 2010. „Der Schein trügt. Kunstlügen und Lügenkünste: Dissimulationen", *Wiener Slawistischer Almanach*, Sonderband 78, Wien / München / Berlin, 109-134.
— 2011. *Der russische Symbolismus. System und Entfaltung der poetischen Motive, III. Band: Mythopoetischer Symbolismus, 2. Lebenssymbolik*, Wien
Hauschild, Ch. 2004. *Häretische Transgressionen. Das Märchenpoem «Molodec» von Marina Cvetaeva*, Göttingen.
Hepp, U. 2000. *Untersuchungen zur Psychostilistik am Beispiel des Briefwechsels Rilke-Cvetaeva-Pasternak*, Wiesbaden.
Herbold, A. 2004. *Eingesaugt und Rausgepresst. Verschriftlichungen des Körpers und Verkörperungen der Schrift*, Würzburg.
Kafitz, V. 1908. *Sprachartistische Lyrik.Gemälde- und Skulpturgedichte des russischen Symbolismus*, Köln / Weimar / Wien.
Kaltenbrunner, G.K. 1966. Einleitung zu: F. von Baader, *Sätze aus der erotischen Philosophie*, Frankf.a.M.

Konersmann, R. (Hg.) 2007. *Wörterbuch der philosophischen Metaphern*, Darmstadt, 121-134.
Koschorke, A. 2000. *Die Heilige Familie und ihre Folgen*, Frankf.a.M.
Kotrelev, N. 1999. „K probleme dialogičeskogo personaža (M.M. Bachtin i Vjačeslav Ivanov)", V. Ivanov. *Archivnye materialy i issledovanija*, M., 201-210.
Kristeva, J. 2002. *Le génie féminin*, Paris.
Lachmann, R. 2002. *Erzählte Phantastik. Zu Phantasiegeschichte und Semantik phantastischer Texte*, Frankf.a.M.
Lavrov, A.V. 1995. *Andrej Belyj v 1900-e gody. Žizn' i literaturnaja dejatel'- nost'*, M.
Lotman, Ju.M. 1983. *Roman A.S. Puškina «Evgenij Onegin», Kommentarij*, L.
— 1989. *Alexander Puschkin*, Leipzig.
Ludwig, W. 1996. *Der Ritt des Dichters auf dem Pegasus und der Kuß der Muse – zwei neuzeitliche Mythologeme*, Göttingen, 57-111.
Lütkehaus, L. 2006. *Natalität. Philosophie der Geburt*, Zürich.
Manthey, J. 1983. *Wenn Blicke zeugen könnten. Eine psychohistorische Studie über das Sehen in der Literatur und Philosophie*, München.
Matich, O. 2005. *Erotic Utopia. The Decadent Imagination in Russia's Fin de Siècle*, Wisconsin.
Michajlov, M.V. 1996. „Lidija Zinov'eva-Annibal: sotvorčestvo žizni", *Vjačeslav Ivanov. Materialy i issledovanija*, M.
Nabokov, V. 1964. *Eugene Onegin. A Novel in Verse by A. Pushkin. Translated, with a Commentare*, vol. 2, New York.
Neumann, E. 1979. *Amor und Psyche. Deutung eines Märchens. Ein Beitrag zur seelischen Entwicklung des Weiblichen*, Olten / Freiburg i.B.
Neumann, G. 1993. „L'inspiration qui se retire. Musenanruf, Erinnern und Vergessen in der Poetologie der Moderne", A. Haverkamp, R. Lachmann (Hg.). *Memoria. Vergessen und Erinnern*, München, 433-455.
Nietzsche, Fr. 1954. „Die Geburt der Tragödie", F.N., *Werke in Drei Bänden*, Hg. von K. Schlechte, Bd. 1, München.
Nietzsche, F. *Ecce homo*, Kritische Studienausgabe, Bd.6, München / Berlin.
Nikol'skaja, T. 1988. *Tvorčeskij put' L.D. Zinov'eva-Annibal*, Tartu.
Obatnin, G. 2000. *Ivanov-mistik. Okkul'tnye motivy v poe᾽zii i proze Vjačeslava Ivanova (1907-1919)*, M.
Otto W.F. 1955. *Die Musen und der göttliche Ursprung des Singens und Sagens*, Düsseldorf / Köln.
Parnes, O., Vedder, U., Willer, St. 2008. *Das Konzept der Generation. Eine Wissenschafts- und Kulturgeschichte*, Frankf.a.M.
Prose, F. 2004. *Das Leben der Musen: Von Lou Andreas-Salomé bis Yoko Ono*, München.
Ranke-Graves, R.v. 1985. *The White Goddess*. Dt. Übers. *Die Weiße Göttin. Sprache des Mythos*, Reinbek/Hamburg.

Rippl, D. 1999. *Žiznetvorčestvo oder die Vor-Schrift des Textes. Eine Untersuchung zur Geschlechter-Ethik und Geschlechts-Ästhetik in der russischen Moderne*, München.

Rohde, E. (1893) 1925. *Psyche. Seelencult und Unsterblichkeitsglaube der Griechen*, 1. Bd., Tübingen.

Rougemont, D. d. (1939) 1966. *L'Amour et l'occident*, Paris.

Saint Bris, G., Fédorovski, V. 1996. *Russische Musen (Gala Dalí, Olga Picasso, Lou Andreas-Salomé, Elsa Triolet, Anna Achmatowa, Dina Vierny)*. Hamburg

Schahadat, Sch. 1995. *Intertextualität und Epochenpoetik in den Dramen Aleksandr Bloks*, Frankf.a.M.etc.

— 2004. *Das Leben zur Kunst machen. Lebenskunst in Russland vom 16. bis zum 20. Jahrhundert*, München.

Senkel, Chr. 2003. „Gott und die Muse. Setzkasten für eine Poetik der Begnadung", K. Huizing, Ch. Bendrath, M. Buntfuß, M. Morgenroth (Hg.), *Kleine Transzendenzen*, Münster – Hamburg – London, 246-273.

Sloterdijk, P. 1988. *Zur Welt kommen – Zur Sprache kommen*, Frankf.a.M.

Stagl, N. 2006. *Muse und Antimuse. Die Poetik Vladimir Nabokovs*, Köln / Weimar / Wien.

Toporov, V.N. 1997. „Mousai 'Muzy': soobraženija ob imeni i predistorii obraza", T.M. Nikolaeva (Hg.), *Iz rabot Moskovskogo semiotičeskogo kruga*, M., 257-299.

Vowles, Judith 2002. "The inexperienced muse (Russian women and poetry in the first half of the nineteenth century)." Adele Marie Barker / Jehanne M. Gheith (Hg.). *A history of women's writing in Russia*, Cambridge.

Weidlé, W. 1958. *Die Sterblichkeit der Musen. Betrachtungen über Dichtung und Kunst in unserer Zeit*, Stuttgart.

Wellbery, D. 2002. „Kunst – Zeugung – Geburt. Überlegungen zu einer anthropologischen Grundfigur", Chr. Begemann / D. Wellbery (Hg.) 2002, 9-36.

Werberger, A. 2007. „Nur eine Muse? Die jiddische Schriftstellerin Debora Vogel und Bruno Schulz", I. Hotz-Davies, Sch. Schahadat (Hg.). *Ins Wort gesetzt, ins Bild gesetzt. Gender in Wissenschaft, Kunst und Literatur*, Bielefeld, 257-286.

Ziegler, G. 1979. *Alexander S. Puschkin. In Selbstzeugnissen und Bilddokumenten*, Reinbek/Hamburg.

Erika Greber

SCHÖNHEITSLOB UND SONETTLOB IM FIN DE SIÈCLE

In der Geschichte der neuzeitlichen europäischen Lyrik hat sich das Lob der Schönheit eng mit der Form des Sonetts verbunden: Sonette Petrarcas und unzählige petrarkistische Sonette preisen die Schönheit der Geliebten (seltener des Geliebten), meist unter Bezug auf den topischen Schönheitskatalog, wie er sich aus den Traditionen des Hohelieds, der Minnedichtung und des *blason* herausbildete.[1] Während diese Verbindung in den westeuropäischen Literaturen infolge der sich verfestigenden Sonettvorliebe der Petrarkisten seit Renaissance und vor allem Barock florierte, ist sie in den osteuropäischen Literaturen wesentlich schwächer ausgeprägt, weil dort der Petrarkismus nie so mächtig war und das Genre des Sonetts erst spät zur Blüte kam. Insbesondere gilt dies für die Slavia Orthodoxa mit den gänzlich anderen Bedingungen für Ästhetik und Rhetorik und für den Liebesdiskurs.

So wurde in Russland, das keine Tradition des Frauenlobs besaß, die Rezeption petrarkistischen Gedankenguts erschwert durch die Unvereinbarkeit der westeuropäischen höfisch verfeinerten Liebessprache mit der aus dem kirchenslavischen Mittelalter überkommenen Misogynie und Derbheit.[2] Einen eigentlichen Petrarkismus oder echten Petrarkisten gibt es nicht, wohl aber petrarkistische Motive. Am breitesten ist der Einfluss um 1900, wo es es zu einer intensiven, auch philologisch gestützten Petrarca-Rezeption kommt (neuerliche Übersetzungen, erste Forschung). Zugleich überlagert sich in der russischen Moderne das Petrarkistische mit anderen aktualisierten Traditionen: Anakreontik, orientalische Liebesdichtung (Hafis), französischer Symbolismus (bes. Baudelaire),[3] ostkirchliche Mystik, Theorem der Ewigen Weiblichkeit[4] (Hesychasmus, Sophiologie); dies alles bildet eine synkretistische Grundlage für ganz spezifische Neukombinationen oder auch Entkopplungen von Schönheitsidee

---

[1] Die kanonischsten Muster finden sich bei Spenser und Shakespeare (vgl. Nünning 1996 zum elisabethanischen Schönheitskatalog) sowie bei Bembo und Hoffmannswaldau (dazu Rädle 1998).
[2] Vgl. Lachmann 1994, Kap. IX.
[3] Zur Beschäftigung der russischen mit den französischen Symbolisten vgl. Rinner 1989 und speziell zur Baudelaire-Rezeption Wanner 1996. Die von Rinner (1989, 193) noch festgestellte Unklarheit über Bal'monts Baudelaire-Lektüren ist mit Wanners Studie behoben.
[4] Vgl. Time 2001 und Kling 2005.

und Liebesdiskurs. Insofern das Sonett ein dominierendes Genre wird – angeregt durch die Sonette der französischen Moderne sowie durch den Sonettenkranz der slovenischen Romantik[5] – und sich endlich völlig einbürgert,[6] bietet es sich von neuem als Medium des Schönheitspreises an. Somit wird es nicht überraschen, dass der russische Symbolismus extraordinäre Beispiele von ‚Schönheitssonett' und ‚Sonettschönheit' hervorgebracht hat.

Im Zentrum dieser Konstellationen steht Konstantin Bal'mont (1867-1942): innerhalb der ersten Symbolistengeneration ein Vertreter der Décadence, der produktivste Sonettdichter der gesamten russischen Literatur,[7] als Kenner von etwa 40 Sprachen auch ein sehr breitgefächerter Übersetzer, seit Mitte der 1890er Jahre der wichtigste Vermittler von Baudelaire (Edition, Nachdichtungen, Studien). Ganz einschlägig ist natürlich die Übertragung von Baudelaires Sonett *La Beauté* (*Les Fleurs du Mal* XVII). Hierbei war Bal'mont nicht der Einzige und nicht der Erste, vielmehr hat dieses Sonett zahlreiche Dichter – und bekanntlich nicht nur russische – zur Nachdichtung inspiriert und ist auf diese Weise wahrhaft ein Zeugnis des Fin de Siècle geworden. Zehn russische Übertragungen sind zwischen 1895 und 1915 entstanden, darunter die der bedeutenden Petersburger Symbolisten Lev Kobylinskij-Ėllis (publ.1904), Vjačeslav Ivanov (publ. 1905, rev. 1911), Valerij Brjusov (publ. 1909) und eben Konstantin Bal'mont (teilpubl. 1904, publ. 1908). Einen gründlichen interpretatorischen Übersetzungsvergleich hat Andrea Meyer-Fraatz (1993) vorgenommen, mit Fokus auf den formästhetisch-stilistischen Aspekten und den Weisen der Aneignung des Prätextes für die jeweilige Poetik (gesteigert erhabener Stil und Rätselhaftigkeit, Idee des Dichter-Priesters, die Schönheit als dämonisch-göttliches Wesen u.a.). Auf Bal'monts Übertragung wird zurückzukommen sein; Baudelaires *Beauté*-Sonett (mit der deutschen Prosaübersetzung von Friedhelm Kemp)[8] soll hier nur als Hintergrundtext figurieren.

---

[5] Der durch F.E. Korš 1889 ins Russische übertragene und 1901 als Separatum publizierte *Sonetni venec* (1833/34) des slovenischen Nationaldichters France Prešeren löste eine Welle von russischen Sonettenkränzen aus, besonders in den 1910er Jahren, bis in die 1920er Jahre und weit in die Sowjetzeit hinein.

[6] Das Sonett wurde zur dominanten Versgattung des russischen Symbolismus, jede/r hat wenigstens ein paar Sonette geschrieben, mancher auch sehr viele: Vjačeslav Ivanov mehr als 250, Valerij Brjusov über 100, Maksimilian Vološin etwa 75, die Spitze bildet Konstantin Bal'mont mit fast 550 – und zwar verschiedenste Sonettmodelle mit abwechslungsreichen Reimschemata, Strophengliederungen und Metren (vgl. Višnevskij 1989, 460, und Šiškin 1999, 221). Für die optische Präsentation ist meist das tradierte kontinentaleuropäische Modell in Quartetten und Terzetten 4-4-3-3 gewählt.

[7] Von Bal'monts 543 Sonetten sind viele erst in der Zeit des Postsymbolismus entstanden; 255 Sonette umfasst der große Band *Sonety solnca, meda i luny / Sonette der Sonne, des Honigs und des Mondes* (1917).

[8] Aus der zweisprachigen Werkausgabe (Baudelaire 1975, 90-91).

Schönheitslob und Sonettlob im Fin de Siècle 163

LA BEAUTÉ	DIE SCHÖNHEIT
Je suis belle, ô mortels! comme un rêve de pierre, Et mon sein, où chacun s'est meurtri tour à tour, Est fait pour inspirer au poëte un amour Éternel et muet ainsi que la matière.	Schön bin ich, o ihr Sterblichen! wie ein Traum aus Stein, und meine Brust, an der noch jeder, einer um den andern, sich zerschunden, sie ist geschaffen, dem Dichter eine Liebe einzuhauchen, die ewig und stumm ist wie der Stoff.
Je trône dans l'azur comme un sphinx incompris; J'unis un cœur de neige à la blancheur des cygnes; Je hais le mouvement qui déplace les lignes, Et jamais je ne pleure et jamais je ne ris.	Ich throne in der Bläue gleich einer unverstandenen Sphinx; ein Herz aus Schnee schlägt unter meiner schwanenweißen Haut; ich hasse die Bewegung, die die Linien verschiebt, und niemals weine und niemals lache ich.
Les poëtes, devant mes grandes attitudes, Que j'ai l'air d'emprunter aux plus fiers monuments, Comsumeront leurs jours en d'austères études;	Die Dichter vor meinen großen Haltungen, die ich den stolzesten Denkmalen zu entlehnen scheine, werden in strengem Forschen ihre Tage verzehren;
Car j'ai, pour fasciner ces dociles amants, De purs miroirs qui font toutes choses plus belles: Mes yeux, mes larges yeux aux clartés éternelles!	Denn mein sind, diese gefügigen Liebhaber zu bannen, zwei reine Spiegel, die alle Dinge schöner machen: meine Augen, meine weiten Augen voll ewiger Klarheiten!

In den frankophilen und frankophonen Symbolistenkreisen wurde der Text natürlich hauptsächlich im Original gelesen. Ebenso kann man die seltener übersetzte *Hymne à la Beauté* (*Les Fleurs du Mal* XXI) voraussetzen.

An dieses Werk gemahnt der 1899 erschienene Gedichtband *Gimn krasote / Hymnus an die Schönheit* des heute weniger bekannten, damals aber beliebten Literaten Apollon Apollonovič Korinfskij (1868-1937). Darin findet sich das allererste mit dem Schönheitsbegriff betitelte russische Sonett. Doch hat dieses ganz und gar nichts Baudelairianisches; auch von Modernität findet sich kaum eine Spur, geschweige denn von Décadence. Vielmehr repräsentiert es eine ganz andere Strömung der russischen Kultur. Korinfskijs *Krasota* gehört, wie einige seiner anderen Sonette, zum Bestand der Sonettistik des Silbernen Zeitalters, ist aber bisher nicht übersetzt und wird hier mit einer Interlinearfassung präsentiert:[9]

KRASOTA	DIE SCHÖNHEIT
»Krasota spaset mir...« Dostoevskij (Posvjašč. S. S. Trubačevu)	»Schönheit wird die Welt erretten...« Dostoevskij (S. S. Trubačev gewidmet)
Da, krasota, – i tol'ko krasota, – Spasaet nas ot gibeli pozornoj... Ona odna ostalas' nepokornoj Tebe, žitejskaja slepaja sueta! Ni čuvstva meločnost', ni mysli ničeta,– Ničto ne zatemnit ee – nerukotvornoj;	Ja, Schönheit – und nur Schönheit – / Errettet uns vor schmählichem Untergang... / Nur sie allein blieb unbotmäßig / Gegenüber dir, alltagsweltliche blinde Eitelkeit! / Nicht des Fühlens Nichtigkeit, nicht des Denkens Armseligkeit, – / Nichts wird sie verdunkeln, die nicht von Menschenhand Gemachte; / Nein, nicht durch das Gift

---

[9] Übersetzung von Vf., russ. Text nach der Sonett-Anthologie zum Silbernen Zeitalter (Fedotov 1990, 93f). Die Widmung gilt dem befreundeten Literaturredakteur Sergej S. Trubačev und bietet keine besondere intertextuelle Bedeutung.

Net, ni otravoj lži, ni klevetoju černoj Ee ne zapjatnat'! Ona – vsegda čista. V prirode l', v žizni li, v idee l' vdochnovennoj Tvorca-chudožnika, – vezde o nej mečta: Vo vsem ona gorit ognem ljubvi netlennoj. Pod tjažkim bremenem svoej sud'by kresta Ja pered nej stoju, kolenopreklonennyj. O, Krasota! Svjataja Krasota!..	der Lüge, nicht durch schwarze Verleumdung / Ist sie zu beflecken! Sie ist immerdar rein. / Ob in der Natur, ob im Leben, ob in der inspirierten Idee / Des Schöpfer-Künstlers – überall gelten ihr die Träume: / In allem brennt sie mit dem Feuer unvergänglicher Liebe. / Unter der schweren Bürde meines Kreuzesschicksals / Stehe ich vor ihr, mich knietief verneigend. O, Schönheit! Heilige Schönheit!..

Das Motto nimmt affirmativ das geflügelte (vom komplexeren und skeptischeren belletristischen Kontext, dem Roman *Idiot*,[10] abgelöste) Diktum von der rettenden Kraft der Schönheit auf, und das Gedicht selber zelebriert deren Apotheose. Mit dem Dostoevskij-Verweis ist der Schönheitsbegriff in jenen ethischen Rahmen gerückt, in dem sich das Konzept der *krasota* mit dem sittlich Wahren und Guten berührt und deckt (*istina - dobrota - krasota*[11]). Einen aktuell epochentypischen Akzent bringt das erste Terzett durch den Begriff des Träumens und vor allem durch die metapoetische Verknüpfung mit der Künstlerpersönlichkeit. Die allegorische Überhöhung im Schlussvers, die sakralen Motive, der sublime Stil mit stellenweise kirchenslavischer Anmutung (bes. *kolenopreklonennyj* in Vers 13) rufen ostkirchliche Religiosität auf. Ein Schlüsselwort ist im 6.Vers *nerukotvornaja*, Lehnübersetzung von griech. *acheiropoietos*, ‚nicht von Menschenhand gemacht', womit in der orthodoxen Ikonologie die Erlöserikone, das ‚wahre Abbild' Christi bezeichnet wird (*vera icon, obraz nerukotvornyj*). Das heißt, Schönheit ist hier als eine gottgeschaffene, absolute und numinose Qualität gedacht.

Zu den Acheiropoieta rechnet in der russischen Kultur auch der große Gottesmutterhymnus, der Hymnos Akathistos, als ein ‚nicht von Menschenhand geflochtener Kranz' (*nerukopletennyj venec*[12]). Dieses Prädikat erklärt sich durch die außergewöhnliche Sprachkraft des Hymnus mit seinen vielfachen Wiederholungen, Parallelismen und Synonymenreihen. Ein leichter Anklang an diesen Sprachduktus findet sich im obigen Sonett in den Amplifikationen des zweiten Quartetts und natürlich in der hymnischen Epanalepse von „krasota", am Anfang nur als Thema und Redeobjekt, am Schluss als Person für die anbetende Apostrophe. Der Akathistos war im 12. Jhd. im Zuge des byzantinischen Einflusses nach Russland importiert worden, wo er in kirchenslavischer Übersetzung intensive und nachhaltige Wirkung entfaltete, nämlich im Rahmen der östlichen Mystik des Hesychasmus und aufgrund der (mit der literarischen Strömung des Wortflechtens, *pletenie sloves*, einsetzenden) fortwährenden Neuschöpfung abgeleiteter Akathistos-Hymnen, sodass das Genre noch im

---

[10] Zur ironischen Distanz von Dostoevskijs literarischer Darbietung vgl. Lachmann, im vorliegenden Band.
[11] Zur ethischen Konnotation der ästhetischen Termini in der russischen Begriffsgeschichte vgl. Arutjunova 2004.
[12] Stichwort *nerukopletennyj* im *Slovar' akademii rossijskoj* von 1822.

18./19. Jhd. produktiv war.[13] Das zeigt sich auch an der Übertragung des Terminus, insofern Vladimir Solov'ev 1886 seine Nachdichtung von Petrarcas Marienhymnus (*Canz.* CCCLXVI) als Akathistos titulierte;[14] bezeichnenderweise wählte er für die Übersetzung einen byzantino-slavischem Hymnenstil und ersetzte die petrarkischen Epitheta der Jungfrau durch charakteristische kirchenslavische Epitheta (womit sich die Kreise schließen, hatte doch der bereits im 6. oder 7.Jhd. entstandene griechische Akathistos für die spätere lateinisch-katholische mariologische Hymnographie Modell gestanden).[15] Solov'evs stark beachtete Nachdichtung dürfte, natürlich ebenso wie die italienische Vorlage, dem jungen Korinfskij bekannt gewesen sein, der selber in seinem ersten Gedichtband einige Petrarca-Sonette nachdichtete.[16] Gegenüber dem hochrhetorischen Akathistos wirkt das kleine Schönheits-Sonett deutlich nüchterner, aber es will offensichtlich an der spirituellen Aura partizipieren und gemahnt an das tautologische Sprechen der Mystik. Dieser Tautologie ist sogar das Reimschema unterworfen: Es besteht aus nur drei Reimklängen aBBaaBBaCaCaCa, bei identischem Reim im Anfangs- und Schlussvers. So wird die Sonettform mit in den Dienst des sakralen Schönheitskultus gestellt.

Dem ungebrochen idealistischen Schönheitsdiskurs von Korinfskijs *Krasota* steht nun in Bal'monts Sonettistik eine diffizilere Schönheitskonzeption gegenüber, die zudem noch enger und ganz wesentlich an die Sonettästhetik gekoppelt ist.

Das Lob des Sonetts haben viele Dichter vieler Sprachen gesungen; Bal'mont hat eins seiner Metasonette so betitelt: *Chvala sonetu* (im Gedichtband *Gorjaščie zdanija / Brennende Bauten*, 1900) – und da fällt der Lobpreis des Sonetts mit dem Schönheitspreis zusammen. Auch hierzu erstmals eine komplette Verdeutschung:[17]

---

[13] Vgl. Kozlov 1989 und Bodin 2007, zum Zusammenhang von Hesychasmus und Wortflechten Hébert 1992.
[14] *Chvala i molenija Presvjatoj Deve / Lobpreis und Gebet an die Hl. Jungfrau* (in Dančenko 2006, I, 166-168).
[15] Vgl. Mureddu 1981, 151ff; Dančenko 2006, I, 168 u. 242, Bodin 2007, 107f.
[16] Es handelt sich um sehr freie Nachdichtungen von *Canz.* VIII, XVII, XXXII, nämlich stark verschoben zu Liebesgedichten mit viel direkterer Wortwahl und -wiederholungsfrequenz (publ. 1894, nachgedruckt in der russischen Petrarca-Anthologie von Dančenko 2006, I, 182f.
[17] Russischer Text nach der klassischen Ausgabe Bal'mont 1975, 123 (neuere unkommentierte Ausgaben wie Bal'mont 1990, 43, und 1992, 75, und 1994, I, 281, bringen keinen Mehrwert) und in der Sonett-Anthologie von Fedotov 1990, 93f.
Interlinearversion von Vf., teils angelehnt an die Auszüge in Hansen-Löve 1984, 308f; dort ist das zweite Quartett ausgelassen.

CHVALA SONETU	LOB DES SONETTS
Ljublju tebja, zakončennost' soneta,	Ich liebe dich, Vollendetheit des Sonetts,
S nadmennoju tvoeju krasotoj,	Mit deiner hochmütigen Schönheit,
Kak pravil'nuju četkost' silueta	Wie die regelrechte Klarheit der Silhouette
Krasavicy izyskanno-prostoj,	Einer erlesen-einfachen Schönen,
Čej stan vozdušnyj s grud'ju molodoj	Deren luftige Gestalt mit junger Brust
Chranit sijan'e matovogo sveta	Den Glanz des matten Lichts bewahrt
V volne volos nedvižno-zolotoj,	In der reglos-goldenen Welle der Haare,
Č'ej pyšnost'ju ona poluodeta.	Mit deren Pracht sie halbverhüllt ist.
Da, istinnyj sonet takov, kak ty,	Ja, ein echtes Sonett ist wie du,
Plastičeskaja radost' krasoty, –	Plastische Freude der Schönheit, –
No inogda on mstit svoim napevom.	Doch manchmal rächt es sich mit seiner Melodie.
I ne odnaždy v serdce poražal	Und nicht nur einmal traf ins Herz
Sonet, nesuščij smert', gorjaščij gnevom,	Das Sonett, den Tod bringend, vor Zorn brennend,
Cholodnyj, ostryj, metkij, kak kinžal.	Kalt, scharf, treffsicher, wie ein Dolch.

Dieses Sonett gehört zu den programmatischen Gedichten Bal'monts, an denen sich, wie Aage Hansen-Löve (1984, 299ff) gezeigt hat, exemplarisch das Programm des russischen Frühsymbolismus der ersten Symbolistengeneration herausarbeiten lässt. Charakteristisch für den „Ästhetismus" (*estetizm*) jener frühen Phase bis 1900 ist die Auffassung vom autonomen Rang des Ästhetisch-Künstlerischen als eigenwertige Wirklichkeit, einhergehend mit einem non-essentialistischen Begriff von Schönheit und einer hocharistischen Vorstellung vom Kunsttext als Artefakt, bei besonderer Wertschätzung des apollinischen Maßes, kristalliner Strukturiertheit und graphischer Linie (ebd.). Entsprechend relevant ist die Selbstdarstellung des ästhetistischen Texts, hier also in Form des autoreflexiven Sonetts über das Sonett. Wie sehr die Bal'montsche Sonettauffassung jenen ästhetistischen Prinzipien entspricht, wird bereits in der dichten Anfangsstrophe deutlich. Alles in allem werden in *Chvala sonetu*

> [...] die kristallinen Merkmale des ästhetistischen Artefakts zusammengefaßt, wobei das Kunstwerk (zugespitzt auf die Idealgattung des Sonetts) ebenso wie die Verkörperung des weiblichen Prinzips (*Krasavica*) die Absolutheit und Vollkommenheit (*zakončennost'*) des Ästhetischen realisiert. In jeder Hinsicht *spiegeln* die weibliche und poetische Schönheit (*krasota*) einander bis zur Austauschbarkeit wider, wobei [...] *Linearität* und *kristalline Strukturiertheit* einander wechselseitig bestätigen (*pravil'naja četkost' silueta, plastičeskaja radost'*); und ebenso [...] tritt diese *Linearität, Spitze* und *Schärfe* des Kristallinen als *todbringende, giftige* Treffsicherheit des *Gedicht-Dolches* (der andernorts als *kinžal'nye slova* bezeichneten immanenten Diabolik des Ästhetismus) in Erscheinung. Unter der glänzenden Oberfläche und vollkommenen Ebenmäßigkeit lauert eine todbringende Kraft, [...] als gleichsam gegenstandslose ungreifbare Korruptheit einer diabolischen Perfektion, deren luziferischer Stolz (*nadmennaja krasota*) und demiurgischer Machtanspruch sich *rächt* (*mstit*) [...] Die Destruktivität geht auch hier von jenen Eigenschaften des ästhetistischen Artefakts aus, die der gesamten Kunstwelt des Ästhetismus einen diabolischen Charakter verleihen: *Strukturiertheit, Maß, Richtigkeit, lineare Klarheit* [...] – alle diese scheinbar undynamischen, triebfernen, erstarrten Qualitäten tragen

den Tod (*Dolch*) in sich, indem sie sich am *Leben rächen*, das *Herz* (durch Ansteckung) vergiften. Die totale Schönheit kippt – im Zenit ihrer Vollkommenheit stehend – um in totale Destruktion; [...] in der ästhetistischen Diabolik [sind] *Tod* und *Schönheit* ein und dasselbe [...].[18]

Auf diese Weise vertritt Bal'monts Gedicht grundlegende Züge des frühsymbolistischen ‚diabolischen' Denkens. Betrachtet man nun, jenseits seiner repräsentativen Qualitäten, den Text für sich selber, als einzelnes poetisches Werk, so rückt seine spezifische Verfasstheit stärker in den Fokus – und damit seine Sonetthaftigkeit. Das Sonett figuriert hier in der Tat als Idealgattung, erschöpft sich aber nicht in dieser Funktion.

Nicht nur thematisch wird der poetologisch gefasste Schönheitsgedanke auf die vollkommene Gattungsform projiziert, sondern er ist auch strukturell und sprachästhetisch daran gekoppelt: ein in Sonettform gesprochenes Sonettlob. Somit erhebt sich zum einen die Frage nach dem performativen Verhältnis von Inhalts- und Ausdrucksebene: wie schön, wie vollkommen ist das vorgelegte Sonett gestaltet? Zugleich ist damit Historizität gesetzt, was folgerichtig den Schönheitsbegriff als non-essentialistischen fundiert und vorführt. Das heißt, das Sonett ist nicht an einem idealischen überhistorisch verabsolutierten Modell orientiert, sondern ist sehr konkret individuell verankert. Deshalb bringt eine Zuordnung zu Intertexten und zur Gattungsgeschichte weiteren Aufschluss.

Mit dem (gänzlich unkanonischen, allenfalls aus französischen Usancen kombinierten) Reimschema ist ein grundsätzliches Statement verbunden: Die Folge AbAb bAbA ccD eDe ist weit entfernt von sonettischer Regularität und Vollkommenheit. Mit dieser seiner Melodie kehrt sich das Sonett vom klassisch beschworenen Schönmaß ab und setzt die Rache, das Aber um (Vers 11). Es stellt sich also eher in den modernistischen Sonettdiskurs Baudelaires, der in den *Fleurs du Mal* und auch sonst eine Vielzahl ungewöhnlicher Reimschemata gebrauchte. Der Baudelaire-Bezug, der bei Bal'mont wie gesagt grundsätzlich naheliegt,[19] kann hier sehr genau spezifiziert werden. Der ausgefallene Paarreim an der Gelenkstelle zu Beginn der Terzette, der die Schönheit anspricht: *ty – krasoty*, korrespondiert mit der gleichen Paarung in Bal'monts Hommagegedicht *K Bodleru* (im selben Lyrikband),[20] die dort Baudelaire apostrophiert als einen Kenner dämonischer Weiblichkeit und Schönheit und selber *daimon*. Dies ruft

---

[18] Hansen-Löve 1984, 309f; Kursivdruck signalisiert Primärzitat, original russisch oder übersetzt.

[19] „Balmont uses Baudelaire's poems for the production of decadent ‹dream-texts›. In endless permutations, he combines and recombines the cliches of the decadent universe, similar to the rampant growth of the ‹poisonous plants› which he evokes in his hallucinatory paraphrase of Les Fleurs du Mal, adding yet another variation to the never-ending, ongoing ‹supertext› of his own poetic oeuvre." (Wanner 1996, 82)

[20] Baudelaire-Hommagen der anderen Symbolisten sollten folgen (vier Texte bei Fonova 2009).

die Implikation des ‚Bösen' auf: des Sonetts „hochmütige/anmaßende" Schönheit umfasst wie die Schönheitskonzeption in den *Fleurs du Mal* auch die problematische, negative Seite, Melancholie, Aggression, Schmerz, Tod. Die Sonettform ist entsprechend komplex phrasiert (durch Widerstreben und Überlagern der strophischen, syntaktischen und semantischen Gliederung): Verse 9-11 bilden die syntaktische Einheit eines semantisch gespaltenen Terzetts, zugleich gehören 9-10 thematisch noch zu den Quartetten als Résumé und 11 bildet eigentlich mit 12-14 in Reim und Thema ein Quartett.

Motivische Spuren von Baudelaires *Beauté*-Sonett konzentrieren sich im zweiten Quartett, wo die Figur der schönen Frau, die eingangs mit dem Begriff der Silhouette visualisiert ist, deutlicher als Skulptur modelliert wird, mit erotischem Busen („comme un rêve de pierre", „sein"). Wie im Prätext ist das bildhauerische Charakteristikum die Bewegungslosigkeit der Linien. In der späteren Nachdichtung zu *Beauté* wird Bal'mont es auf die Formel „Nedvižna Krasota" (mit den Majuskeln der Personifikation: „Bewegunglos [ist] die Schönheit") verknappen;[21] hier in seinem Sonettsonett investiert er es anschaulicher. Wo die französische Beauté spricht: „Je hais le mouvement qui déplace les lignes" (Vers 7), bekommt die russische Krasavica das Attribut der regungslosen Haarwellen (ebenfalls Vers 7).

Medienästhetisch erinnert dieses Oxymoron an die Debatten um die Bildenden Künste am Laokoon-Exempel. Die Schriften von Winckelmann und Lessing waren auch in Russland intensiv rezipiert worden (deutsch und in Übersetzung) und hatten weitere kunsttheoretische Erörterungen, auch zum Ekphrasis-Problem, angestiftet.[22] Bal'monts poetische Reaktion gilt wiederum der Schönheitslehre klassizistischer Prägung. Die Rede von der „erlesen-einfachen" Schönen (Vers 4) scheint ein Echo der Winckelmannschen Floskel von der „edlen Einfalt" zu sein, und Vers 10 greift vermutlich eine Variation durch den russischen Ästhetiker Belinskij auf, der von „edler Einfalt und stiller plastischer Schönheit" spricht („blagorodnoj prostoty i spokojnoj plastičeskoj krasoty"[23]). Von dieser klassizistischen Position, die das Sonett zunächst zu beherrschen scheint und so etwas Essentialistisches wie ein „echtes" Sonett (Vers 9) zu denken erlaubt, rückt der nachfolgende Vers mit seinem „Aber" jäh ab. Er bringt eine Störung und einen Wechsel auf ein ganz anderes, gar nicht stilles Medium: die Musik.

---

[21] In der Nachdichtung arbeitet Bal'mont überhaupt die bildkünstlerische Konzeption scharf heraus und akzentuiert sie gleich eingangs, wo er das originale „Je suis belle" abwandelt zu „Strojna ja", also: „Gutgebaut bin ich". Beim anderen Vorkommen des Schönheitsbegriffs vermeidet er ebenfalls das russische Äquivalent: nicht „verschönernd" („plus belles") wirken die Spiegel, sondern „transformierend" (Vers 13).
[22] Vgl. Lappo-Danilevskij 2007 (online in der Google-Books-Version sind die zahlreichen Fundstellen zu „Laokoon" leicht zu finden).
[23] Belinskij 1843, 225, in einem seiner Puškin-Artikel, in dem es u.a. um die *skul'pturnost'* der Dichtung (bezogen auf Batjuškov) geht.

Hier kommt also der Abgesang auf die im Fin de Siècle obsolet gewordenen Ansichten eines Winckelmann oder Belinskij. Und während im Paradigma der Skulptur eine Plastik ekphrastisch imaginiert wird (als Vergleich von Sonett und Frauenstatue), bezieht sich das neue Paradigma der Musik auf Literarisches: auf die Verbalmusik des Sonetts. Dies unterstreicht den Rang der Musikalität im Frühsymbolismus und speziell die damals schon berühmte Macht des Melos in Bal'monts Dichtkunst.[24]

Die Schönheitsattribute geben intertextuell Aufschluss über Verortungen in der Gattungstradition. Aus dem kanonischen Schönheitskatalog hat Baudelaire für seine *Beauté* die schwanenweiße Haut gewählt und mit dem ebenfalls klassisch petrarkistischen Motiv des schnee- bzw. eiskalten Herzens der abweisenden Dame kombiniert, alles im kühlen Farbton Weiß (Vers 6). Wie hier die Schönheit in persona über sich selbst spricht, wirkt geradezu wie eine Schönheitsdrohung. Bei Bal'mont handelt es sich hingegen um den positiven Schönheitspreis und das gefällige Frauenlob, und er gestaltet die Schöne farbiger, luftig und licht (Verse 4-7). Das Motiv der goldenen gewellten Haare bildet ein Zentralmotiv im petrarkistischen System (vgl. etwa die Sonette „Crin d'oro crespo" von Bembo, „Onde dorate, e l'onde eran capelli" von Marino, oder das XV. Sonett von Spensers *Amoretti*) und geht zurück auf Petrarcas paronomastische Namensspiele mit *Laura - l'oro - l'aura*, z.B. im berühmten Sonett „Erano i capei d'oro a l'aura sparsi" (*Canz.* XC). Bal'mont verzichtet in dieser Passage ganz auf ingeniöse Concetti, auch sind die hier erwartbaren Oxymora verhalten (erlesen/einfach, Glanz/matt, reglos/Welle). Berücksichtigt man nun, dass sein Frauenlob uneigentlich ist und im Dienste des Sonettlobs steht, so bekommen natürlich alle Attribute einen poetologischen Nebensinn. Die Haarpracht wird dann zur Wortpracht, und der Begriff *pyšnost'* (Vers 8) konnotiert just die Schreibweise der genannten Sonette des Manierismus/Barock. Selber hat das Sonett einen vergleichsweise prunklosen Stil. Am auffälligsten ist noch die Fülle der Adjektive mit Klimax in den Schlussversen (incl. Doppeladjektiven und attributiven Partizipien sind es 16), die den Erfordernissen des enkomiastischen Genres Rechnung trägt.

Die *gender*-Codierung des Sonetts erweist sich bei genauerem Hinsehen als intrikat. Die panegyrische Ausrichtung auf weibliche Schönheit entspricht der dominanten Tradition und erscheint daher normal; sie ist indessen mit wohlüberlegten grammatisch-rhetorischen Finessen erzeugt. Feminin geprägt ist die

---

[24] Den Aspekt des Musikalischen hat Markov (1988, 117) in seinem zweibändigen Bal'mont-Kommentar herausgegriffen: Er bringt *Chvala sonetu* mit dem vorangehenden Sonett *Propovednikam / An die Propheten* in Verbindung, wo im Schlussterzett das „Volltönende" des Sonetts pleonastisch betont wird („zvučnoj polnoglasnost'ju soneta"). Eine exemplarische Analyse der Lauttextur des im selben Gedichtband 1900 publizierten Sonetts *Put' pravdy / Weg der Wahrheit* bringt Seemann 1982, bes. 242ff. Spezieller zu Bal'monts euphonischen Verfahren vgl. Weststeijn 1980.

Atmosphäre bis zur Wende im Terzett; mit dem „Aber" gewinnt das Maskuline die Oberhand. In der ersten Domäne (Vollkommenheit, Klarheit, Schönheit, Pracht, Freude) überwiegt das weibliche Genus, in der zweiten (Rache, Tod, Zorn, Dolch) das männliche. Beim Übersetzen lässt sich das natürlich wegen der Sprachunterschiede nicht ganz abbilden. Entscheidend ist nun, dass das gepriesene Sonett an beiden Domänen teilhat – obzwar die russische Vokabel dafür maskulin ist. Der *sonet*-Begriff ist innerhalb der weiblichen Domäne eigens feminisiert, und zwar semantisch durch das Frauenlob plus grammatisch durch eine Verschiebung: nicht dem Sonett, sondern der Vollkommenheit des Sonetts (*zakončennost' soneta*) gilt die anfängliche Liebeserklärung, und so kann die Weiblichkeit des Liebesobjekts gesichert werden. Erst in den Terzetten wird das Sonett selber Subjekt und tritt maskulin in Erscheinung (*istinnyj sonet*; *on*), es ersetzt das vorige Agens, das jetzt verschwundene lyrische Ich, und wird zum Protagonisten. Objekt seiner männlichen Aggression ist das Herz; aufgrund der Isotopie zur weiblichen Brust könnte es das Herz einer Frau sein, aber das bleibt offen; letztlich sind die Herzen aller Adressaten und Leser von Sonetten, egal welchen Geschlechts, gemeint.

Verschiebung kennzeichnet beide Apostrophen: Sonett-Vollkommenheit und Schönheits-Freude (und überhaupt ist der Wechsel des apostrophierten Du merkwürdig, immerhin gelungener als bei Korinfskij). Vers 10 klingt nach einer Hypallage: sinniger als „plastische Freude" wäre „plastische Schönheit". Solche tropologischen Komplizierungen meidet der viel direktere, geradlinigere ‚männliche' Part.

Das Wortkünstlerische besitzt in *Chvala sonetu* einen besonderen medialen Status. Dies zeigt sich auch beim Analysieren der zentralen Vergleichsbildlichkeit. In dreifachem Simile wird das Sonett explizit (*kak*) verglichen mit Silhouette, Plastik, Dolch (Vers 3, Verse 9/10, Vers 14). Die Musik aber kommt implizit und metaphorisch ins Spiel, nicht als Thema. Das heißt, das Sonett performiert seine „Melodie" (*napev*), es praktiziert sie medial, ohne sie als poetisches Medium zu thematisieren.

Die Vergleichsbereiche gehören verschiedenen Sphären (Künste, Lebenswelt) an, und unterschwellig ist darin etwas Adversatives zu spüren. Verbindend ist das Körperhafte: zuerst wird das Sonett einem skulpturalen Kunstkörper gleichgesetzt, dann soll es dem in den Körper dringenden Ding gleichen. Der intermediale Wettstreit der Künste (zwischen Poesie und Bildhauerei) wird gleichsam thanatopoetisch mit einem Dolchstoß beendet.

Das Dolchmotiv ist sowohl intertextuell als auch autotextuell aufgeladen, mit dicht vernetzten Subtexten, worin es als Kunstmetapher fungiert. Sehr charakteristisch ist es gerade für den Lyrikband *Gornye zdanija*, denn Bal'mont präsentiert da genau zur Jahrhundertwende eine neue Poetik der Härte, die er bereits im Vorwort mit poetologischen Metaphern des Metallischen ankündigt.[25] Das oben schon erwähnte Gedicht namens *Kinžal'nye slova / Dolchwörter* bringt dies programmatisch auf den Punkt, wobei die enge metaphorische Verknüpfung von Waffe und Sprache per Zitatmotto auf Hamlets Ausspruch „I will speak daggers" zurückgeführt wird. Im Programmgedicht und vollends im diabolischen Metasonett ist dies natürlich keine Ersatzhandlung wie im Drama („I will speak daggers to her, but use none", *Hamlet* 3.Akt 2.Szene), sondern eine performative Sprachhandlung: Wortgewalt. Als metapoetischer Prätext kommt Lermontovs Gedicht *Poèt / Der Dichter* (1838) in Betracht: es ruft den Dichter, dessen Dolch nurmehr Spielzeug sei, dazu auf, sich wieder seiner Rolle als Prophet anzunehmen, die Stimme der Rache zu erheben und seine poetische Klinge zu ziehen.[26] Dem Spätromantiker hat Bal'mont übrigens im selben Lyrikband auch ein Hommagegedicht gewidmet, direkt hinter jenem an Baudelaire (und ein Verbindungsglied zwischen beiden ist ihm die Figur des Dämons, nunmehr im Décadence-Rahmen). In Lermontovs Dichtergedicht findet sich sehr konkret das in Bal'monts Sonettsonett wiederkehrende Detail, dass der Dolch nicht nur einmal tödlich in die Brust eindrang.[27]

Wendet man die metapoetische Aussage des Schlussterzetts auf das Sonett selbst zurück, so müsste es selber wie ein scharfer Dolch getroffen haben – und mehr als einmal. Tatsächlich enden beide Terzette mit trefflicher Pointe. Das eine bringt den Dolchstoß fürs Winckelmannsche Schönheitsideal. Das andere erklärt das Sonett zur todbringenden Waffe – und so gesehen bereitet sich dieses Sonettsonett performativ selbst das Ende, als Konsequenz aus der jetzt im Fin de Siècle thanatopoetisch grundierten diabolischen Schönheitskonzeption. Die Schlussstrophe exerziert dies mimetisch sprachkünstlerisch durch: mit einer langgedehnten, in fünf gereihten Attributen ansteigenden Klimax kommt der jähe Dolchstoß im Wort *kinžal*; metrisch noch akzentuiert durch die Reimklausel, die bei der ersten Pointe einen sanfteren ‚weiblichen', am Ende aber einen harten ‚männlichen', endbetonten Reim setzt.

Mit dem wohlkalkulierten Schluss zielt der ansonsten ja erstaunlich unmanierierte Text nun doch noch auf den Diskurs der ingeniösen alten Sonettdichtung. Die Bildlichkeit des scharfen-spitzen Dolchs gehört natürlich zur concettisti-

---

[25] Vgl. Schneider 1970, 24f. In Verknüpfung mit dem Rachemotiv sieht Pogrebnaja 1995 eine Parallele zu Bal'monts *Don Juan*-Sonetten.
[26] Im Drama *Maskerade* hat Lermontov den Hamlet-Ausspruch dramaturgisch umgesetzt: der Protagonist beschließt, seinen Widersacher nicht mit dem Dolch, sondern mit Worten zu vernichten („Sprache und Gold – das sind uns Dolch und Gift", 2.Akt 3.Szene 2.Aufzug). Von dem ebenfalls virulenten Puškinschen Subtext sei nur an den Quatrain *Zoloto i bulat / Gold und Damaszener Stahl* erinnert, ein Paradebeispiel für die „Poesie der Grammatik und Grammatik der Poesie", das Jakobson einer sehr luziden Strukturanalyse unterzogen hat (in der neuen kommentierten Ausgabe Jakobson 2007).
[27] „Не по одной груди провел он страшный след / И не одну прорвал кольчугу." (2.Strophe)

schen Topik.[28] Einem vollkommenen Concetto gebührt der pointierte Platz am Schluss, und so gibt es gerade bei der Sonettform mit ihrer bemessenen Struktur eine besondere concettistische Ausrichtung auf den letzten Reim, auf das Ende. Dass im russischen Vokabular Vollkommenheit und Vollendung koinzidieren – ganz wörtlich bedeutet *zakončennost'* ‚Vollendetheit' –, bekommt unter dem Zeichen der „zakončennost' soneta" programmatische Bedeutung: das scharfsinnig vollendete Sonettsonett bekräftigt die generische Lobformel von der Vollkommenheit und Schönheit des Sonetts.

Literatur

Arutjunova, N.D. 2004. „Istina. Dobro. Krasota: Vzaimodejstvie konceptov", dies. (Hrg.), *Logičeskij analiz jazyka. Jazyki ėstetiki: konceptual'nye polja prekrasnogo i bezobraznogo*, Moskva, 5-29.
Bal'mont, Konstantin D. 1975. *Izbrannye stichotvorenija i poėmy*, hrg. V. Markov, München.
— 1990. *Stozvučnye pesni: Sočinenija (izbrannye stichi i proza)*. Jaroslavl'.
— 1992. *Svetlyj čas. Stichotvorenija i perevody*, hrg. V.Krejd, Moskva.
— 1994. *Sobranie sočinenij v dvuch tomach*, Možajsk.
Baudelaire, Charles. 1975. *Sämtliche Werke, Briefe in 8 Bänden*, hrg. F. Kemp und C. Pichois, Bd. 3: *Les fleurs du mal / Die Blumen des Bösen*, München.
Belinskij, V.G. 1843. „Stat'i o Puškine: Čast' tret'ja", ders., *Polnoe sobranie sočinenij*, Moskva 1954, t.7: *Stat'i o Puškine 1843-1846*, 223-265.
Bird, Robert. 2004. „Konstantin Dmitrievich Bal'mont", J.E. Kalb / J.A. Ogden (Hrg.), *Russian Writers of the Silver Age, 1890-1925*, Detroit/MI, 54-62.
Bodin, Per-Arne. 2007. „The Akathistos Hymn in Russia", ders., *Eternity and Time. Studies in Russian Literature and the Orthodox Tradition*, Stockholm, 95-109.
Dančenko, V.T. (Hrg.) 2006. *Petrarka v russkoj literature*, 2 Bde., Moskva.
Fedotov, Oleg I. (Hrg.) 1990. *Sonet serebrjanogo veka. Russkij sonet konca XIX - načala XX veka*, Moskva.
Fischer, Christine. 2011. „Sonett und Skulptur im russischen Silbernen Zeitalter", E. Greber / E. Zemanek (Hrg.), *Sonett-Künste: Mediale Transformationen eines klassischen Genres*, Dozwil (im Druck).
Fonova, Evgenija. 2009. „Hommage Bodleru: K. Bal'mont, Ėllis, V. Brjusov, I. Severjanin", *Voprosy Literatury* No. 5, 438-447.
Hansen-Löve, Aage A. 1984. „Zum ästhetischen Programm des russischen Frühsymbolismus", *Sprachkunst* 15, 293-329.

---

[28] Das Wort *ostryj* ist seit dem Barock ein Kernbegriff der Concetto-Rhetorik (lat. *acumen* bzw. lat. *argutia* oder ital. *acutezza*, russ. *ostroumie*, vgl. Lachmann 1994, bes. Kap. IV-VI).

Hébert, Maurice L. 1992. *Hesychasm, Word-Weaving, and Slavic Hagiography*, München.
Jakobson, Roman. 2007. „Die Faktur eines Vierzeilers von Puškin" [1978], S. Donat, H. Birus (Hrg.), *Roman Jakobson. Poesie der Grammatik und Grammatik der Poesie. Sämtliche Gedichtanalysen. Kommentierte deutsche Ausgabe*, Bd.2, Berlin, 55-62.
Kling, Oleg. 2005. „Mifologema ‹Ewige Weiblichkeit› (Večnaja Ženstvennost') v gendernom diskurse russkich simvolistov i postsimvolistov", E. Cheauré, R. Nohejl, A. Napp (Hrg.), *Vater Rhein und Mutter Wolga. Diskurse um Nation und Gender in Deutschland und Russland*, Würzburg, 173-184.
Kozlov, M. 1989. „Akafist kak žanr cerkovnych pesnopenij", N. Lukin (Hrg.), *Akafistnik*, Moskva, t.1, 3-11.
Kuprijanovskij, P.V./ Molčanova, N.A. 2003. *‚Poèt s utrennej dušoj': Žizn', tvorčestvo, sud'ba Konstantina Bal'monta*, Moskva.
Lachmann, Renate. 1994. *Die Zerstörung der schönen Rede. Rhetorische Tradition und Konzepte des Poetischen*, München.
— 1992. „Anmerkungen zur ästhetischen Terminologie in Rhetorik, Stilistik und Etymologie", im vorliegenden Band.
Lappo-Danilevskij, Konstantin Ju. 2007. *Gefühl für das Schöne. Johann Joachim Winckelmanns Einfluss auf Literatur und ästhetisches Denken in Russland*, Köln, Weimar, Wien.
Markov, Vladimir. 1988. *Kommentar zu den Dichtungen von K.D. Bal'mont*, Köln, Weimar, Wien, Teil 1: *1890-1909*.
— 1992. Teil 2: *1910-1917*.
Meyer-Fraatz, Andrea. 1993. „Die ‹Schönheit› des Symbolismus: Baudelaires Sonett «La Beauté» in russischer Übersetzung", *Zeitschrift für Slawistik* 38, 584-603.
Mureddu, Donata. 1981. *The Influence of the Poetry of Petrarch on Russian Culture 1900-1930*, Diss. Univ. of Essex.
— 1984. „Petrarch and Vjačeslav Ivanov", *Scando-Slavica* 30, 73-101.
Nünning, Ansgar. 1996. „Edmund Spensers «Sonnet 15» als Beispiel der petrarkistischen Sonett-Tradition. Der elisabethanische Schönheitskatalog", ders., *Uni-Training Englische Literaturwissenschaft*, Stuttgart etc., 99-112.
Pogrebnaja, Jana V. 1995. „Koncepcija vremeni kak žanroobrazujuščij faktor v sonete o Don Žuana perioda ‹Serebrjanogo veka›", [undatiert, ca. 1995 oder später], <conf.stavsu.ru/_WordDocs/1218.doc> [29.12.2010]
Rädle, Karin. 1998. „«Schwanen-Schnee und Haar aus Gold»: Petrarkistischer Schönheitspreis bei Pietro Bembo und Christian Hoffmann von Hoffmannswaldau", *Barocklyrik - kontrastiv / Erlanger Liste*. Upload: 13-May-1998. <http://www.erlangerliste.de/barock/hoffmann.html> [29.12.2010]
Rinner, Fridrun. 1989. „Variationen des Schönen. Ein ästhetisch-weltanschauliches Modell. Zur theoretischen Auseinandersetzung der russischen Symbolisten mit den französischen Vorläufern und der deutschen Romantik", dies., *Modellbildungen im Symbolismus. Ein Beitrag zur Methodik der Vergleichenden Literaturwissenschaft*, Heidelberg, Kap.VI.

Slovar' akademii rossijskoj po azbučnomu porjadku raspoloženyj, Sankt Peterburg 1822.
Schneider, Hildegard. 1970. *Der frühe Bal'mont*, München.
Seemann, Klaus Dieter. 1982. „K.D. Bal'mont's «Put' pravdy»", ders. (Hrg.), *Russische Lyrik. Eine Einführung in die literaturwissenschaftliche Textanalyse,* München, 237-55.
Šiškin, Andrej. 1999. „Vjač. Ivanov i sonet serebrjanogo veka", M.Capaldo (Hrg.), *Il sonetto nelle letterature slave. Un capitolo di poetica storica* (=*Europa orientalis* 18. No.2), 221-270.
Time, Galina. 2001. „‹Ewige Weiblichkeit› als erhebendes und zerstörendes Ideal für die russische Liebe und Ehe (von Dostoevskij bis Rozanov)", U. Jekutsch (Hrg.), *Selbstentwurf und Geschlecht*, Würzburg, 103-124.
Višnevskij, K.D. 1989. „Raznoobrazie formy russkogo soneta", B.P. Scherr / D.S. Worth (Hrg.), *Russian Verse Theory. Proceedings of the 1987 Conference at UCLA*, Columbus/OH, 455-471.
Wanner, Adrian J. 1996. „Balmont: The Music of Decadence", ders., *Baudelaire in Russia*, Gainesville/FL, 73-82.
Weststeijn, Willem G. 1980. „Bal'mont and Chlebnikov: A Study of Euphonic Devices", *Russian Literature* 8, 255-296.

Rainer Grübel

„SCHÖNHEIT" VERSUS „SCHÖNES".
ALEKSANDR BLOKS UND ANNA ACHMATOVAS
POET(OLOG)ISCHE ZWIESPRACHE VON 1913-1914

Für joh(-)anna renate zum 1.6.2009

1. Bloks Arrangement poet(olog)ischer Zwiesprache über Schönheit: Literatur statt Leben

„И я и сейчас не понимаю. И никто не понимает. Одно ясно, что оно написано так, – она сделала ладонями остраняющее движение: «не тронь меня»." (Čukovskaja I, 217f.)

„Auch ich verstehe es auch jetzt nicht. Und niemand versteht es. Eines ist klar, dass es so geschrieben ist", sie machte mit den Handflächen ein abwehrende Bewegung: «Rühr' mich nicht an»."
(Anna Achmatovas Kommentar zu Bloks an sie gerichtetem Widmungsgedicht in der Niederschrift Lidija Čukovskajas vom 13. November 1940)

Als Aleksandr Blok am 18. Januar 1914 Anna Achmatova in einem Brief vorschlug, beide Gedichte, die sie einander jüngst gewidmet hatten, in der von ihm zu betreuenden Lyrikabteilung der elitären Kunstzeitschrift *Die Liebe zu den drei Orangen. Journal von Doktor Dapertutto*[1] zu veröffentlichen, entwarf er eine zugleich poetische *und* poetologische Zwiesprache. Dieser Dialog erschien mit dem Titel „Briefwechsel zweier Dichter" („Perepiska dvuch poėtov") im Erstheft des vom Regisseur Mejerchol'd unter dem Pseudonym Doktor Dapertutto in 200 bis 400 Exemplaren herausgegebenen Journals, stellte die beiden Widmungsgedichte unter die Überschriften „Für Aleksandr Blok" und „Für

---

[1] Die Zeitschrift *Ljubov' k trem apel'sinam. Žurnal Doktora Dapertutto* erschien 1914-1916 in neun Ausgaben. Sie propagierte Mejerchol'ds „Bedingtes Theater" (Uslovnyj teatr). Der Titel ist Carlo Gozzis Theaterstück *L'amore delle tre melarance* (1761) entlehnt. (Sergej Prokof'ev komponierte 1919 eine gleichnamige Oper, die er 1921 in Chicago uraufführte.) Den Namen „Doktor Dapertutto" hatte Michail Kuzmin nach der Figur aus Jacques Offenbachs Oper *Les Contes d'Hoffmann* vorgeschlagen, da Mejerchol'd nicht nur in Staatstheatern Regie führte, sondern (unter diesem Pseudonym) auch Bühnenexperimente aufführte.

Anna Achmatova", verwandelte (den Dativ beibehaltend) die Adressur der *Widmung* in eine des *Titels* und führte so die private Gabe über in eine öffentliche.

Dieser Funktionsschub der Widmungsadressen hin zu Gedichttiteln formte die Namen der beiden Privatpersonen Achmatova und Blok um in „literarische Fakten" wie Tynjanov (1924) solche Erscheinungen zehn Jahre später nennen sollte. Sie traten damit aus der Privatsphäre über in jenen Bezirk, den Boris Èjchenbaum (1927) „Literarisches Leben" („literaturnyj byt") nennen wird und Pierre Bourdieu (1992) – „Literarisches Feld" (*champ littéraire,*). Der Ort der Veröffentlichung stellte die Widmungsgedichte beider Autoren zugleich in ein programmatisches Licht.

Ins Auge stechen in Bloks Brief an die Autorin zwei inhaltliche Eigenheiten und eine stilistische Unbeholfenheit. Der Dichter beruft sich auf Mejerchol'd als Erfinder des Vorhabens, stellt Achmatovas Gedicht bei der Nennung im Brief dem seinen voran und formuliert die Bitte mit dem befremdend umständlichen doppelten Ersuchen „*Gestatten* Sie, Sie zu bitten zu *gestatten* [...]":

> Позвольте, просить Вас (по поручению Мейерхольда) позволить поместить в первом номере этого журнала – Ваше стихотворение, посвященное мне, и мое, посвященное Вам. (Černych 1987, 577)

> Gestatten Sie, Sie (auf Empfehlung Mejerchold'ds) zu bitten zu gestatten, in die erste Ausgabe dieser Zeitschrift zu platzieren – Ihr Gedicht, das mir gewidmet ist und meines, das Ihnen gewidmet ist.

Die Berufung auf den Zeitschriftenherausgeber vertuscht jenes Eigeninteresse des Arrangeurs an dem ins Auge gefassten Arrangement, das in der doppelten Bitte um Erlaubnis gegen seine Absicht jäh aufscheint. Die Reihenfolge der genannten Gedichte – erst Achmatova, dann Blok – mag dem ersten Blick als Höflichkeit erscheinen, bezeugt bei genauem Hinsehen aber einen massiven Eingriff Bloks in die historische Abfolge der Korrespondenz: ihre Umkehrung!

Nach der Krise des russischen Symbolismus von 1911 und der Entstehung des mit ihm gezielt konkurrierenden, zu seiner Ablösung bereitstehenden Akmeismus / Adamismus im Folgejahr lanciert hier einer der bedeutendsten Symbolisten, zumal ein Vertreter ihrer jüngeren Generation, einen Dialog, der an der Schwelle der frühen russischen Moderne zur Hochmoderne das Ende des Symbolismus als Kunstperiode gegen den Druck ästhetischer Innovation aufzuhalten sucht. Die Botschaft lautet: Wir können miteinander reden. Aber was hatten die Vertreter so unterschiedlicher Ästhetik-Programme einander zu sagen?

Die Bedingungen, unter denen, und die Reihenfolge, in der diese Widmungsgedichte entstanden, sind von Belang, weil sie den Eingriff des Arrangeurs ihrer Erstveröffentlichung belegen. Am 15. Dezember 1913 hatte Anna Achmatova Aleksandr Blok in seiner Petersburger Wohnung Ecke Prjaža und Oficerskaja ulica 57 aufgesucht – es war dies wohl die einzige Visite der mit ihrem im März

1912 im akmeistischen Verlag „Dichtergilde" (Cech poėtov) erschienenen Gedichtband *Abend* (*Večer*) bekannt gewordenen Autorin bei dem berühmten Dichter. Sie brachte mehrere seiner Lyrik-Bände mit, die sie ihn zu unterschreiben bat und ließ diese bei ihrem bald auf die Heimkehr von Bloks Frau, Ljubov' Mendeleeva, folgenden Aufbruch zurück. Blok hat wohl bereits am selben oder am nächsten Tag in sie und eines oder mehrere weitere seiner Bücher meist kurze, aber im Detail stets andere Widmungen eingetragen,[2] in den letzterschienenen dritten Band der *Gesammelten Gedichte* indes das oben genannte, ihr gewidmete, am 15. begonnene und 16. Dezember vollendete Gedicht.[3] Am Kopf dieses Textes steht dort die namentliche Widmung „Für Anna Achmatova", am Fuß neben dem Datum „16. Dezember 1913" die Unterschrift „Aleksandr Blok". Der Umstand, dass er die poetische *consecratio* gerade in den zuletzt veröffentlichten, im März 1912 herausgekommenen dritten Band seiner *Gesammelten Gedichte* eingetragen hat, bezeugt: Es geht um den gegenwärtigen Stand seiner Dichtkunst, wie sie dort auf Seite 140 in dem programmatischen Gedicht „Widmung" („Posvjačšenie") zusammengefasst ist, das nur dort einen – und gerade diesen – Titel trägt. Durch ihn reimt es sich mit dem Widmungsgedicht für Achmatova thematisch und generisch, rundet es sich durch Anfangs- und Endposition zum Kreis. Blok trug Achmatova keinen biographischen, sondern einen *ästhetischen* Roman an: Es ging um die – womöglich gemeinsame – Zukunft (in) der Kunst Russlands!

Der Segen („blagoslavljaju") des lyrischen Ich im Gedicht „Widmung" gilt dem eigenen künstlerischen Weg und mündet mit dem gesamten Text in die bestätigende Zukunftsschau „Und das Herz [...] wird seinen richtigen/wahren/ treuen Weg fortsetzen" („I serdce [...] prodolžaja svoj vernyj put'"; Blok 1997, 1, 97). Die Mittelstrophe verweist auf die Beziehungsschwierigkeit des lyrischen Ich mit dem Du, hinter dem Bloks Frau, Ljubov' Mendeleeva, zu erkennen ist, betont aber ihre Zweisamkeit: („Nam byt' vdvoem") und wiederholt so jene Grundeinstellung der Zusammengehörigkeit trotz Außenbeziehungen, die schon die Briefe Bloks vom 21. und 24. Juni 1908 an sie artikulierten.

Blok hat in diesem Buch das eigene Tun unter die kosmische Aufsicht der Solov'evschen Sophia[4] gestellt: Die ästhetische Tätigkeit wirkt mit am Schicksal des Universums. Nur tat sich jene Kluft auf zwischen der künstlerischen Geradlinigkeit und dem Lebens-Zick-Zack, die den Anspruch auf „Lebenschaffen" („žiznetvorčestvo") konterkarierte: Gegen alle Utopie erwies sich das

---

[2] In *Stichi o Prekrasnoj dame* (1905): „Anne Achmatovoj", *Nečajanna radost'* (1907): „A. Achmatovoj. Aleksandr Blok", *Nočnye časy* (1911): „Anne Achmatovoj. Aleksandr Blok. 1913", im zweiten Band der *Gesammelten Werke* (1911): „Anne Achmatovoj. 1913".

[3] Vgl. zum Datum die beigefügte Reproduktion der Handschrift Bloks.

[4] Vgl. die intertextuelle Anspielung auf Solov'evs Gedicht „Liš' zabudešsja dnem il' prosnešsja v polnoči..." (1898), vgl. dazu den Kommentar in Blok, 1997, 1, 789.

Schöne als nicht (mehr) eins mit dem Guten. Die Genderordnung Dichter-Muse ist gefährdet, so nicht gestört.[5]

Wohl noch im Dezember 1913 hat Blok seine Bücher mit den Widmungen an das Haus in der Tučkov-Gasse Nummer 17 (Tučkov pereulok) auf der Vasil'evskij-Insel getragen, in dem Achmatova damals wohnte. Am Ziel angekommen, entschied er sich aber (die Realbegegnung meidend) nicht zu klingeln und überreichte die Bücher dem Hausmeister. Da er zudem (Freud hätte seine Freude daran gehabt) eine falsche Wohnungsnummer angegeben hatte, gelangten sie erst am 5. oder 6. Januar 1914 in die Hände der Adressatin. Achmatova hat ihrem Dankesbrief vom 6. oder 7. Januar 1914 ihr an Blok gerichtetes Widmungsgedicht beigelegt. *Sein* Gedicht ist also *drei Wochen vor* Achmatovas Text entstanden, und es war bereits in ihrem Besitz, als sie *ihr* Gedicht verfasste.

Blok nimmt bei der Veröffentlichung der beiden Texte neben der Wandlung der Widmungen in Überschriften einen weiteren Eingriff in den eigenen Text vor. Statt des Datums *16. Dezember 1913* der Buchwidmung setzt er unter sein Gedicht nun das Entstehungsjahr *1914*. Erst diese Umdatierung rechtfertigt die Umkehr der Text-Reihenfolge im Druck: Achmatovas Gedicht stellt er voran und erweckt so den Eindruck, als folge (wie bei veröffentlichten Briefwechseln) ihrem Text der seine. Bloks ‚Höflichkeit', Anna Achmatovas Gedicht dem eigenen bei der Veröffentlichung voranzustellen, erweist sich als Schachzug: Es entsteht der Eindruck, die Initiative sei von *ihr* ausgegangen; er selbst habe auf ihr Widmungsgedicht geantwortet.[6] Anna Achmatova wird so zur Muse Bloks. Zugleich behält der Arrangeur in diesem poet(olog)ischen Zwiegespräch das letzte Wort, wenngleich er es in seinem Text – wie zu zeigen sein wird: (nur) zum Schein – Achmatova erteilt.

Mit dem Eintrag der beiden Gedichte in eine Korrespondenz-Miniatur erzeugte Blok somit eine die historische Abfolge der Gedichtentstehung und -zusendung auf den Kopf stellende minimalistische Erzählung: Achmatova schrieb, Blok antwortete. Damit pflanzte er selber jenes Samenkorn ein, das bald aufging und als Achmatova-Blok-Legende in der russischen Kultur ein wucherndes Leben entfalten sollte. Diese poetische Korrespondenz, mehr noch ihre beiden Verfasser als die Hauptfiguren dieser Kürzest-Geschichte und vor allem ihr wechselseitiges Verhältnis, umgibt in der russischen Kultur ein auf mehrere Hunderte

---

[5] Vgl. zum „zweigeschlechtlichen Wort" Briefwerken der russischen Romantik Döring-Smirnov 1992.

[6] Diesem von Blok ausgelösten Eindruck erliegen der Biograph Vladimir Orlov (Blok 1960, 550: „Achmatova [...], Autorin des Sendschreibens ‚An Aleksandr Blok' [...], auf das dann Blok geantwortet hat") und Jurij Lotman (1972, 223: „[...] stichotvoreniem, na kotoroe Blok otvečal analiziruemom proizvedeniem" – „mit dem Gedicht, mit dem Blok auf mit dem analysierten Werk antwortete") Überzeugung der *frühere* ist und Anna Achmatova als Widmungstext mit dem Datum „16. Dezember 1913" übersandt wurde. Ihr Gedicht bildet die poet(olog)ische Antwort darauf. In Achmatova 1990, 1, 410, ist die Reihenfolge richtiggestellt.

Seiten angeschwollener legendärer Achmatova-Blok-Diskurs.[7] Der erfindet die Bohème mit ihren *ménages à trois* wieder und wieder als Gegenbild kleinbürgerlicher Zweierbeziehungen...

3. Probleme der Leben-Kunst-Relation und ihrer Analyse

Wie die vielen, die sich über Vladimir Majakovskijs Verhältnis mit Lilja und Osip Brik ereiferten,[8] haben die zahlreichen Beiträger zum Achmatova-Blok-Diskurs viel Recherche-Eifer, hermeneutischen Spürsinn und spekulative Phantasie an den Tag gelegt. Dabei ist einzuräumen, dass die Autoren, denen diese kulturelle Arbeit zur Klärung künstlerischer (Liebes)-Beziehungen galt, das Ihre beigetragen haben, über ihr Verhältnis nachzuforschen, nachzugrübeln und es/ihm in Memoiren, Feuilletons und sogar wissenschaftlichen Forschungen nachzustellen – haben sie doch beide mitgewirkt an der Ausbildung des modernistisch-synkretistischen Kunstmodells des „Leben-Schaffens" („žiznetvorčestvo").[9]

Jeder Künstler-Generation fällt es zu, das Verhältnis von Kunst und Leben auf ihre Weise neu zu erfinden. Die Symbolisten waren Meister in der Kunst, die Ästhetik der Werkproduktion auf Lebenspraxis zu übertragen. Diesem Vorhaben ist jenes Leben-Schaffen gewidmet, das die *Welt der Kunst* (*Mir iskusstva*) als Kunst-Welt erzeugt. Die Symbolisten unterschieden sich beim Überschreiten der Grenze von der Kunst zum Leben von den Vertretern der Avantgarde, die diesen Grenzübertritt gegenläufig vom Leben her in die Kunst vornahmen. Waren jene bemüht, die Korrespondenz-Welt der Kunst ins Leben zu tragen, so suchten diese, das Leben in die Kunst zu verlängern.[10] Die Symbolisten lebten nach dem Modell der Kunst, die Avantgardisten entwarfen die Kunst als Teil des Lebens.

Auch innerhalb der Avantgarde zeigten die Leben-Kunst-Modelle Unterschiede. Ist dieser Übersprung bei den Futuristen zukunftsgerichtet (die Künstler leben bereits *jetzt* die *kommende* Welt), so ist sie bei den Akmeisten gedächtnisgestützt: Das Künstlerleben präsentiert *Vergangenheit* als *Gegenwart*. Als Blok für Vers 16 seines Widmungstextes die Variante erwog „Um zu vergessen, dass

---

[7] Achmatova hat diesen Diskurs mit Irritation beobachtet und u.a. auf das Missverständnis ihres wohl Nikolaj Nedobrovo (1882-1919) gewidmeten Gedichts „Die Vorstellung ist mir gefügig / Als Darstellung von grauen Augen" („Покорно мне воображенье / В изображеньи серых глаз", Achmatova 1998, 1, 126) gegründet, das man wieder und wieder irrtümlich auf Blok bezog.

[8] Z.B. Vaksberg 1999, Katanjan 2007.

[9] Vgl. zum Projekt des Leben-Schaffens Byčkova 2001 und Schahadat 2004.

[10] So war Blok überzeugt von der lebensprägenden Wirkungskraft der rhythmischen Wiederkehr von Daten. Chlebnikov dagegen übertrug sein ‚historisches' Zeitgesetz auch in seine Lyrik.

das Leben schrecklich ist" („Чтобы забыть, что жизнь страшна"), hat er mit der Absage ans Vergessen eine akmeistische Denkfigur zugleich erwogen und – verworfen! Im Ausdruck „wissen" („znat'") ersetzte er dann zielgerichtet akmeistische *Erinnerung* durch symboli(st)ische *Kenntnis*.

Analog unterscheiden sich die Leben-Kunst-Relationen in Symbolismus und Akmeismus[11]: Vergegenwärtigt im symbolistischen Kulturmodell das zeitgebundene Leben zeitloses Kunst*wissen*, so erzeugt im akmeistischen Kulturmodell das *erinnernde* Leben durch Einfuhr von Vergangenheit in die Gegenwart zeitliche Kunst. Aleksandr Blok suchte Anna Achmatova zur Teilhabe am symbolistischen Wissen über Schönheit zu gewinnen. Sie antwortete, indem sie die Begegnung durch ihre Überführung ins Präteritum erinnerungsfähig machte. Sie wies damit allerdings auch Bloks Ästhetik der Vergangenheit zu. Das konnte und hat der Symbolist sich nicht bieten lassen!

Auch der Literaturwissenschaftler muss sich bei der Betrachtung literarischer Texte der Provokation des Leben-Kunst-Projektes stellen.[12] Während Boris Tomaševskij 1923 überzeugt war, Bloks Biographie sei „ein lebendiger und unvermeidlicher Kommentar zu seinen Werken"[13], „die Blok-Legende ein unvermeidlicher Begleiter seiner Dichtung", und forderte, „die Elemente des intimen Geständnisses und der biographischen Anspielung in seiner Poetik notwendig zu berücksichtigen", befand Viktor Šklovskij (1927, 15) es „unnötig, sich mit der Biographie des Dichters zu befassen"; der suche erst im Nachhinein Motivierungen. Es schreibe die Zeit, es schreibe das „Schul-Kollektiv".

Viktor Žirmunskij (1977, 325) hat sich 1970 bei der Besprechung der Achmatova-Gedichte und ihrer Poetik ausdrücklich jedes zusätzlichen Verweises

---

[11] Vgl. zur Rolle des Gedächtnis bei Achmatova Lachmann 1990, 380-390.

[12] In der russischen Kultur geht das Konzept der literarischen Biographie zurück auf Konstantin Leont'ev: er taufte seine Memoiren *Literarisches Schicksal* (*Literaturnaja sud'ba*). Vladimir Orlov (1989, 398) hat der Blok-Achmatova-Episode vom Dezember 1913 nur ein kurzes Zitat aus Achmatovas Gedicht zum Besuch in Bloks Zimmer gewidmet, seinen Roman mit Ljubov' Aleksandrovna Delmas dagegen in einem ausführlichen, „Musik und Licht" überschriebenen Kapitel ausfaltet (413-431). Der Blok-Biograf A. Turkov (1969) hat die Begegnung von Blok und Achmatova ebenso verschwiegen wie A. Pavlovskij 1966 in: *Anna Achmatova. Očerk tvorčestva*.

[13] Tomaševskij 1923, 4, 9. Im Kontext des Verhältnisses von Leben und Kunst Puškins handelte derselbe Wissenschaftler allerdings vom „imperativen Biographismus des Textes" (Tomaševskij [1925] 1990, 24) und wehrte so den Biographismus G.O. Geršenzons (1919, 155: „Puškin ist ungewöhnlich wahrhaftig, im elementarsten Sinnen des Wortes; ein jeder persönliche Vers enthält ein autobiographisches Bekenntnis von völlig realem Wesen – man muss diese Verse nur aufmerksam lesen und Puškin glauben." («Пушкин необыкновенно правдив, в самом элементарном смысле этого слова; каждый его личный стих заключает в себе автобиографическое признание совершенно реального свойства – надо только пристально читать эти стихи и верить Пушкину») ab. Vgl. zur Leben-Text-Relation bei Puškin Surat 1998.

auf biographische Details enthalten: „Wir halten es nicht für nötig, uns in die intime Biographie des Künstlers zu vertiefen."

Eine analoge Entscheidung fällte Jurij Lotman, als er 1972 Bloks Widmungsgedicht im Rahmen seiner exemplarischen Gedichtinterpretationen in der *Analyse des künstlerischen Textes* besprach: Er räumte ein, dass die Rücksicht auf „die Geschichte der Bekanntschaft von Blok und Achmatova, des biographischen Kommentars zum Text, sein Vergleich mit dem Gedicht A. Achmatovas ‚Ich zum Dichter kam als Gast' […]" bis hin zu Bloks Verhältnis zum entstehenden Akmeismus „völlig unverzichtbar ist für das volle Verständnis des Textes", um dann jedoch ausschließlich die *Binnen*struktur des Blok-Gedichts zu untersuchen; dies mit der Begründung: „Um in ein komplexes System äußerer Beziehungen einbeschlossen zu werden, muss das Werk ein Text sein, das heißt, seine spezifische innere Organisation haben". Dem russischen Semiotiker der 1970er Jahre lag das Problem des hermeneutischen Zirkels im Zugang zum Verhältnis des Ganzen zu seinen Teilen offenkundig sehr fern...[14]

Boris Ėjchenbaum (1981, 361), der Achmatovas Gedichte 1921 angesichts ihres thematischen Zusammenhangs in einer Rezension treffend „Roman-Lyrik" („roman-lirika") genannt hat, arbeitete 1923 zum ersten Mal die konstitutive Differenz zwischen dem biographischen Material und seiner poetischen Realisierung in dieser Lyrik heraus. Von der intimen Biographie hebt sich ihr poetischer Entwurf demnach ebenso ab wie der Schauspieler von der dargestellten Figur:[15]

> Den Gedichten einen konkreten biographischen und sujethaften Charakter zu verleihen, ist ein künstlerisches Verfahren, das mit der abstrakten Lyrik der Symbolisten kontrastiert. Bal'mont, Brjusov, V. Ivanov waren weit entfernt von diesem Verfahren, bei Blok finden wir es bereits. Das Gesicht des Dichters ist in der Dichtung – eine Maske. Je weniger Schminke darauf liegt, desto schärfer ist das Gefühl des Kontrastes. Es ergibt sich ein besonderes, etwas unheimliches, der Zerstörung von Bühnenillusion ähnliches Verfahren. Doch für den tatsächlichen Zuschauer wird die Bühne dadurch nicht etwa zerstört, sondern im Gegenteil bestärkt.

> Придать стихотворениям конкретно биографический и сюжетный характер – это художественный прием, контрастирующий с абстрактной лирикой символистов. Бальмонт, Брюсов, В. Иванов были далеки

---

[14] Allerdings verweist Lotman (1972, 224) in einer Fußnote (2) auf die Spezifik des „Du" im Gedichts, das „abstrakter" („bolee abstraktno") sei als das der Alltagskommunikation. Es gestatte im Gedicht eine Intimität, die im realen Leben zwischen den Personen möglicherweise gar nicht gegeben sei.

[15] Blok (1961, 20) hatte in der *Schaubude* (*Balangančik*, 1906) solches Spiel mit der Illusion auf der Bühne vorgeführt: Der Harlekin springt aus dem „Fenster", das sich als bemaltes Papier erweist und die Raumillusion zerstört.

от этого приема – у Блока мы уже находим его. Лицо поэта в поэзии – маска. Чем меньше на нем грима, тем резче ощущение контраста. Получается особый, несколько жуткий, похожий на разрушение сценической иллюзии, прием. Но для настоящего зрителя сцена этим не уничтожается, а наоборот – укрепляется. (Ėjchenbaum 1923, 53)

Analog forderte Vladimir Toporov (1981, 46) erneut die Einfuhr biographischer Details in die Textanalyse, Er sprach indes präzisierend statt von persönlicher von „poetischer Biographie" („poėtičeskaja biografija"): „Die unmittelbare Aufgabe des Forschers, der den poetischen Text auf der Ebene der Autor-Absicht dechiffriert, führt ihn unausweichlich zur Rekonstruktion der poetischen Biographie". Dieser Lebenslauf ist poetisch, nicht so sehr infolge der Art seiner (sprachlichen) Gestaltung, wie durch seine ästhetische Habitualisierung. Als öffentlich thematisierte Teilhaber am poetischen Zwiegespräch Blok – Achmatova sind die beiden Namen literarische Tatsachen und bezeichnen Kunstfiguren. Durch die Veröffentlichung des Dialogs findet das poetische Gespräch nämlich vor Zeugen statt – vor dem russischen Publikum. Und dieses Gespräch greift seinerseits ein in den literarischen Prozess, es findet statt im Literarischen Feld.

Gustav Špet (2007, 192), für den Schönheit notwendig „zweifach geboren, zweifach erschienen" ist, da ihr Bedeutung *und* Sinn eigne, hat seine Reflexion über die Rolle der Biographie für die Autorschaft geknüpft an Puškins Onegin-Vers von der befristeten Zärtlichkeit („mgnovennaja nežnost'") der Augen des Titelhelden beim Blick auf Tat'jana, die in Achmatovas Text relevant ist.[16] Der (implizite) Autor („poėt"; Špet 2007, 484) biete mehr als solche vorübergehende Zärtlichkeit. Da er sich nicht in einer spezifischen Situation an einen bestimmten Menschen richte. In seiner phänomenologischen Fundamentalanalyse trennt Špet den Menschen als Reflexions-Gegenstand überhaupt von der Einzelperson. Gerade diesen Sprung nehmen beide Gedichte beim Übergang vom Titel (von der Widmung) zum Text vor: Bloks Dialektik und Achmatovas Dialogik entwerfen eine je eigene Anthropologie.

Als Beispiel für den Unterschied zwischen privatem und poetischem Ich kann die Anspielung in Bloks Text (8) auf die Mutterschaft Achmatovas dienen (über die Bedeutung des futurischen Tempus wird weiter unten die Rede gehen): „Sie verhüllen werden's Kindlein." („Vy ukroete rebenka"). Am 18.9.1912 hatte sie Lev Gumilev geboren, den sie ihrer Schwiegermutter zu Pflege und Erziehung überließ. Da anzunehmen ist, dass bei dem Gespräch, in dem Blok, seiner Gewohnheit folgend, Anna Achmatova zum Erzählen ihres Lebens bewogen haben

---

[16] Špet (2007, 194f., 197-201) hat Bloks Revolutionspoem „Die Zwölf" („Dvenadcat'") eine positive Deutung gewidmet, die Lyrik Achmatovas dagegen infolge „vielversprechender Form" bei Inhaltsleere als „ästhetische Verlogenheit" („ėstetčeskaja lživost'") (198) verurteilt.

dürfte,[17] auch ihre Mutterschaft[18] Thema war, meint das mehrdeutige Verhüllen des Kindes (auch) den Gestus ihrer (weiblichen) künstlerischen Daseinsform, ihren poetischen Habitus: Der Verzicht auf die praktizierte Mutterschaft ist keine Verweigerung gegenüber dem Kind, sondern die Ermöglichung von Kunst.

Blok und Achmatova hatten sich am 22. April 1911 kennengelernt, als sie erstmals vor der Gesellschaft der Förderer des künstlerischen Wortes in der „Akademie" vortrug. Sie begegneten sich erneut am 12. Oktober 1911, dem ersten Akmeisten-Abend in St. Petersburg. Zu ihm hatte Sergej Gorodeckij Aleksandr Blok als „Klassiker" zur „Jugend" ins Haus Nummer 143 an der Fontanka eingeladen. Anders als die Poetik der Akmeisten, die dem Symbolisten fremd und feindselig erschien, gefiel ihm die Begegnung mit den jungen Autoren. Trotzdem war es der letzte Abend der „Dichtergilde" (Cech poėtov), den er aufsuchte.

Am 7. November 1911 traf Blok erneut auf Anna Achmatova, diesmal im „Turm" Vjačeslav Ivanovs, und er lobte ihre Gedichte in seinem Tagebuch: „Anna Achmatova (sie las Verse, womit sie mich bereits in Erregung versetzte: Verse, je weiter desto besser)"[19]. E. Ju. Kuz'mina-Karavaeva (1891-1945) gibt in ihren Erinnerungen wieder, wie Aleksandr Blok auf die Aufforderung reagiert habe, sein Urteil vor dem „Gericht" über Anna Achmatovas Verse abzugeben:

Blok errötete – er verstand es erstaunlich, aus Verlegenheit zu erröten – blickte ernst um sich und sagte: „Sie schreibt ihre Verse wie im Angesicht ihres Gatten, aber man muss schreiben wie im Angesicht Gottes".

Блок покраснел – он удивительно умел краснеть от смущения – серьезно посмотрел вокруг и сказал: «Она пишет стихи как бы перед мужчиной, а надо писать как бы перед Богом».[20]

Anna Achmatova hat die faktische Richtigkeit dieser Erzählung im Gespräch mit D.E. Maksimov in Abrede gestellt und das Argument beigezogen, Blok sei für eine solche Sottise viel zu gut erzogen gewesen. D.E. Maksimov und Z.G.

---

17 Vgl. zu diesem Habitus Alla Marčenko 2009.
18 Da im russischen Adel die Kinder der Kinderfrau (Njanja) zur Pflege überlassen wurden, legt Anna Achmatova in gewissem Sinne ein aristokratisches Verhalten an den Tag – nur übernahm die Mutter des Mannes die Aufgabe der Kinderfrau. Man vergleiche das Verhalten Marina Cvetaevas, die ihre zweite Tochter in ein sowjetisches Kinderheim gab, da die Versorgung zweier Kinder der Alleinerziehenden die künstlerische Tätigkeit unmöglich machte. Dem in diesem Kinderheim an Unterernährung zugrunde gegangenen Kind blieb bezeichnenderweise auch der Eingang in Cvetaevas poetisches Werk verwehrt (vgl. Grübel 2007).
19 «[…] читала стихи, уже волнуя меня; стихи чем дальше, тем лучше», А.А. Блок, *Собрание сочинений в 8 т.*, M-L., 1960–1963, т. 7, с. 83.
20 Kuz'mina-Karavaeva 1968, 259-260.

Minc hielten für möglich, Blok habe diese Worte in Abwesenheit der Dichterin im Haus von A.V. Tyrkova geäußert. Ob er nun (so) gefallen ist oder anders oder gar nicht, dieser Satz Bloks, wurde nun selbst zum ‚literarischen Faktum' im Sinne Tynjanovs, zum Faktor im Literarischen Feld. Er hat seinen doppelten Sinn darin, dass er zum einen Bloks religiösen Maßstab für die Dichtung anlegt:[21] Statt der Welt und Ivanovs Gericht ist Gott selbst Richter über die Kunst. Zudem ist auf der Ebene der Kunst aus Sicht des Sprechers Nikolaj Gumilev der falsche Dialogpartner für die Dichtung Anna Achmatovas. Mit wem sie Zwiesprache über Kunst zu führen habe, eben dies zeigt das Gedicht, das er ihr als Widmung in seinen Gedichtband *Schneenacht*[22] einträgt.

Aleksandr Kušner (2000) hat das Argument beigesteuert, für einen Dichter sei es, anders als für den nicht-schreibenden Mann, kaum schmeichelhaft, Held eines Zyklus von Liebes-Gedichten zu werden. Achmatovas nachfolgende Verse aufs Ende ihrer Beziehung zu V.G. Garšin machten dies begreiflich:

| …А человек, который для меня
Теперь никто, а был моей заботой
И утешеньем самых горьких лет, –
Уже бредет как призрак по окраинам,
По закоулкам и задворкам жизни,
Тяжелый, одурманенный безумьем,
С оскалом волчьим […][23] | …Und dieser Mensch, der für mich jetzt nur noch
Ein Niemand ist, er war einst meine Sorge
Und auch mein Trost in jener bitter'n Zeit, –
Schon wandert er, Gespenst, in der Umgebung,
Durch Winkel und des Lebens Hinterhöfe,
Mit schwerem Schritt, betäubt von Wahnsinn und
Mit wölfisch Zähnefletschen […] |

Nikolaj Gumilev hätten derlei Verse in der Tat kaum erfreuen können. Kušner schließt die Erwägung an: „Vielleicht hat Blok einen Roman mit ihr (Achmatova) abgelehnt, weil er überhaupt nicht in Versen besungen werden wollte; mit Versen wird man ihn nicht in Erstaunen versetzen, er hat sie selbst nicht schlecht geschrieben."[24] Man stelle sich in der Tat Petrarca vor, der ein Sonett Lauras über sich liest, Majakovskij bei der Lektüre eines Epos von Lili Brik mit

---

[21] Er hat diesen religiösen Maßstab übrigens auch im Leben angeführt, als er die Scheidung von seiner Frau erwog: Am 12. November 1912 schrieb er ihr: «Если ты веришь в установление гармонии для себя, то я готов к устранению себя с твоего пути, готов гораздо определеннее, чем 7 ноября 1902 года. Поверь мне, что это не угроза и не злоба, а ясный *религиозный* вывод, решительный отказ от всякого компромисса.»

[22] Das Buch *Snežnaja noč'* (A. Blok, *Sobranie sočinenij*, Bd. 3, M. 1912) versammelt Gedichte aus den Jahren 1907 bis 1910. Es ist der letzte der drei von Anna Achmatova bei ihrem Besuch Bloks zum Signieren ausgehändigten Gedichtbände. Er steht in seiner Genese der Gegenwart der Zwiesprache somit am nächsten.

[23] „13 января 1945", Achmatova 1986, 1, 227.

[24] „Может быть, и Блок уклонился от романа с ней, потому что ему вовсе не хотелось быть воспетым в стихах: стихами его не удивишь, он и сам их писал неплохо." Kušner 2000, S.181. Es dürfte derselbe Grund gewesen sein, der Heiner Müller bewogen hat, die Veröffentlichung der Lyrik seiner Frau, Inge(borg) Müller, nicht zu unterstützen.

ihm als Hauptfigur.[25] Zum Beleg für die Relevanz dieses Arguments für Anna Achmatova führt Kušner ihre auf Gumilev gemünzten Verszeilen von 1914 an:

> Er sprach von Lethe und davon,
> Dass Dichter-Sein sich für die Frau nicht schickt.
>
> Он говорил о лете и о том,
> Что быть поэтом женщине – нелепость.[26]

Und noch in den 1960er Jahren schrieb Anna Achmatova den gewiss mehr auf die Erwartungshaltung ihres (sowjetischen) Publikums denn auf die eigene Sicht gemünzten herausfordernden genderironischen Satz:

> Увы! Лирический поэт   Oh je! Ein lyrischer Poet,
> Обязан быть мужчиной.[27]   Das ist per se ein Mann.

Wenn Kušner die unverhoffte Begegnung von Blok und Achmatova auf der Plattform eines Eisenbahnwagens[28] infolge der identischen Vornamen der beiden Frauen in ein Ähnlichkeitsverhältnis stellt zum Treffen Vronskijs und Anna Kareninas im gleichnamigen Roman Tolstojs, unterstellt er, Autor und Autorin hätten ihr Leben in ein und derselben Weise vor der Folie der Kunst wahrgenommen. Indes treten im zugleich poetischen und poetologischen Dialog der beiden auch die grundsätzlichen Unterschiede der Funktionsgebung von Kunst klar zutage.

Aufschlussreich ist hier die briefliche Mitteilung der Mutter Bloks, Aleksandra Kublickaja-Piottuch (1860-1923), vom 29. März 1914 an M.P. Ivanova über ihren Sohn. Sie offenbart dessen grundsätzliche Abneigung gegen die Koinzidenz künstlerischer Begabung mit Schönheit. Sie wiegt noch schwerer als das Monitum gegen die pessimistisch-melancholische Grundhaltung der zitierten Verszeilen:

> Ich warte all die Zeit darauf, dass Saša eine aufregende und tiefe Frau liebt, und wäre es auch eine, die zu nichts nutze ist… Und es gibt eine solche junge Dichterin, Anna Achmatova, die ihm die Hand hinstreckt und bereit ist, ihn zu lieben. Er wendet sich von ihr ab, obgleich sie schön ist

---

[25] Natürlich gilt dieses Argument auch umgekehrt für die Autorin, die Figur eines Gedichts ist.
[26] „V poslednij raz my vstretilis' togda..", 1914, Achmatova 1986, 1, 54.
[27] „Pust' daže vyleta mne net..", Achmatova 1986, 1, 338.
[28] Vgl. Achmatova 2001, 76.

und talentiert, aber traurig[29]. Doch er liebt das nicht. Eines ihrer Gedichte wollte ich Ihnen aufschreiben, erinnere aber nur die ersten beiden Zeilen:
Ruhm sei dir, Schmerz, du bist ganz unvergänglich. –
Tot ist er, grauäugiger König.

Я все жду, когда Саша встретит и полюбит женщину тревожную и глубокую, а стало быть и ненужную... И есть такая молодая поэтесса, Анна Ахматова, которая к нему протягивает руки и была бы готова его любить. Он от нее отвертывается, хотя она красивая и талантливая, но печальная. А он этого не любит. Одно из ее стихотворений я Вам хотела бы написать, да помню только две строки первых:
Слава тебе, безысходная боль.
Умер он – сероглазый король.[30]

Am 10. Februar 1913 hatte Blok (1960, 7, 216) in einer Notiz die eigene Sicht auf seine Lage als Krise des Symbolismus bestimmt, die ihn auf sich selbst zurückwerfe und von ihm Tätigkeit verlange:

Es ist Zeit, die Hände zu entfalten; ich bin kein Schuldkind mehr. Es gibt keine Symbolisten mehr – ich allein bin für mich verantwortlich, allein – und ich kann noch jünger sein als die jungen Dichter ‚mittleren Alters', die schwanger sind vom Erbe und vom Akmeismus.

Пора развязать руки, я больше не школьник. Никаких символизмов больше – один, отвечаю за себя, один – и могу быть еще моложе молодых поэтов «среднего возраста», обремененных потомством и акмеизмом.

Einen Monat zuvor hatte er bereits den „Eindruck der letzten Tage" mit „Hass auf den Akmeismus" charakterisiert und einen Monat später sogar den Futuristen mehr Kraft zugeschrieben als den Adamisten.[31] Gumilev war für ihn zu dieser Zeit ein rotes Tuch (Schwarzband 1988).

---

[29] Reminiszenz von Gumilevs auf Achmatova gemünztem Vers „An jener Frau, die immer traurig / die Augen zeigen halbe Nacht" («У той жены, всегда печальной / глаза являют полутьму»). Aus Gumilevs (1989, 31) Gedicht „Kogda ž večernjaja zarja" des Poems *Osenjaja pesnja* im Gedichtband *Put' konkvistadorov*.

[30] Černych 1987, 572. Das Zitat bildet die Eingangsverse des Gedichts „Der grauäugige König" („Сероглазый король") von 1910 und erschien 1911 im vierten Heft der Zeitschrift *Apollon*. Achmatova (2001, 5, 77) kommentierte diese Briefpassage bissig, es seien merkwürdige Sitten, wenn Mütter ihren Söhne ohne Rücksicht auf deren Ehefrauen und die Mütter zweijähriger Kinder Liebhaberinnen aussuchten. Sie verschwieg wohlweislich, dass zu dieser Zeit sowohl Bloks Ehefrau als auch sie selbst Liebhaber hatten.

[31] «Впечатления последних дней. Ненависть к акмеистам» (Blok 1960, Bd 7, 207, 232.).

Blok, der die Dichter im Duktus des Solov'evschen Theurgen[32] als Priester sah und es ihnen verargte, wenn sie sich als Literaten gerierten[33], durfte nicht zum Material von Dichtung werden, weil dies den durch Berufung zur Verpflichtung gewordenen eigenen göttlichen Status gefährdete. Dieser Selbstentwurf spricht gerade auch aus einer Beschreibung von Bloks Habitus gegenüber dem Publikum seiner Dichterlesungen aus der Feder von Anna Achmatova, deren Überlieferung wir Vjačeslav Ivanov (1991) verdanken:

Er ließ einen Vorhang nieder zwischen sich und den Zuhörern (wie die anderen ihn vor ihrem Vortrag hochziehen), und er las, als ob er allein sei: Außer ihm war da – niemand.

Опускал занавес между собой и слушателями (как другие поднимают его перед чтением) и читал так, как если бы он был один: кроме него – никого.

Einen Vorhang hat Blok wohl auch zwischen sich und seiner Besucherin niedergelassen, als er am 15. Dezember 1913 auf Achmatovas Einlassung, Benedikt Livšic habe ihr gestanden, ihn störe Blok beim Schreiben, antwortete, ihn selbst beeinträchtige bei der poetischen Arbeit Lev Tolstoj. Der war damals, keine drei Jahre nach seinem Tod, gewiss die bekannteste Figur in Russlands Kunst. Anna Achmatova dagegen hatte erst einen einzigen Gedichtband (*Abend / Večer*, 1912) veröffentlicht, und sie fürchtete, dies könne ein Einzelerfolg bleiben. Der negativen Titelfigur *Epos ohne Held* (*Poèma bez geroja*) entspricht die Formulierung „Aus dem Buch ‚Wie ich *keinen* Roman mit Aleksandr Blok hatte'" („Iz knigi ‚Kak u menja ne byl roman s Aleksandrom Blokom'"). Dieses Buch blieb natürlich ungeschrieben!

Die von Anna Achmatova damals erlebte Kluft zwischen Blok und sich selbst stellt sie ungeachtet des Lobs, das Pjast ihr im Beisein Bloks am 7. Dezember 1913 in seinem Vortrag „Dichtung außerhalb der Gruppen" gespendet hatte,[34] in der Erinnerung an den ersten gemeinsamen Auftritt im Oktober 1913 heraus: Sie gestand dem Dichter, „A[leksandr] A[leksandrovič], ich kann nicht nach Ihnen lesen". Der habe geantwortet: „Anna Andreevna, wir sind keine Tenöre!", und sie bilanziert: „Zu dieser Zeit war er bereits berühmt."[35]

Von grundsätzlicher Bedeutung für das Urteil über das biographische und ästhetische Verhältnis von Aleksandr Blok und Anna Achmatova ist der von ihr

---

[32] Solov'evs Theurgismus hat seine Quellen Zen'kovskij (1957) zufolge im Okkultismus.
[33] Vgl. Roland Barthes (2010, 23), der seine Trauer über den Tod der Mutter von der Literatur fernhält: „Ich will nicht darüber sprechen, weil ich fürchte, es wird Literatur daraus."
[34] Vgl. *Reč'*, 9. Dezember 1913.
[35] Achmatova 2003, 5, 73.

in diesen Zusammenhang gestellte Verweis auf Émile Verhaerens[36] wenig bekanntes Gedicht „Les deux enfants de rois". Es ist 1912 in seinem Gedichtband *Les Blés mouvants* erschienen ist. Am 25. November 1913, nur knapp drei Wochen vor ihrem Besuch bei Blok, haben beide mit eigenem Gedichtvortrag an einem Lyrikabend im Rahmen der nach Bestužev benannten Höheren Frauenkurse teilgenommen, als zu Ehren des belgischen Dichters in Petersburg ein Galadiner stattfand. Auf ihm fiel der oben bereits zitierte Satz Achmatovas über ihre Sorge, im Anschluss an Blok aufzutreten. In diesen Kontext stellt Anna Achmatova in den Entwürfen zum ungeschriebenen Buch über ihren Nicht-Roman mit Blok das von Verhaeren umgedichtete und vermutlich dort vorgetragene Lied von den Königskindern[37], die nicht zueinander kommen konnten. Sie betont, es nie gedruckt gesehen zu haben und zitiert es – wie es sich für eine Volksballade gehört – aus dem Gedächtnis, dem zentralen Kulturspeicher der Akmeisten.

Dabei weicht nicht nur der Wortlaut, sondern auch der Sinn des Gedichts in der von Achmatova überlieferten Fassung ab von der auch als Lied verbreiteten Ballade. Ist es in den mitteleuropäischen Volksballaden (und so auch in Verhaerens Paraphrase) zunächst tiefes Wasser zwischen den Reichen, das die sich liebenden Königskinder trennt und dann in der Folklore die böse Nonne, welche die vom Mädchen als Ziel-Signal für den nachts zu ihr schwimmenden Knaben aufgestellten Kerzen löscht, so gibt in Verhaerens Text mittels dialektischer Volte die Tiefe des trennenden Wassers überhaupt erst das Motiv ab für die Liebe der beiden: frei nach dem psychologischen Grundsatz, am meisten begehrten wir, was wir nicht erhalten können. Achmatova verschärft diese Motivation, indem sie nur noch das tiefe Wasser als Beweggrund für die Liebe gelten lässt:

> 1 Ils étaient [sic!] deux enfants de rois
> Là bas, là bas [sic!] au bout du monde
> Et rien là bas qu'un pont de bois…
> Ils s'aimaient sait-on pourquoi,
> 5 Parce que l'eau coulait profonde…[38]

---

[36] Blok hat Gedichte Verhaerens ins Russische übersetzt (1906 in *Stichi o sovremennosti* z.B. *Les Pas – Šagi*) und Rezensionen zu dessen Lyrik geschrieben (so 1906 über den Übersetzungsband *Stichi o sovremennosti*, 1908 über *Monastyr'*).

[37] Der Verfasser des Lieds ist unbekannt. Der Text verarbeitet den Stoff der griechischen Schwimmersage, die Ovid und der spätgriechische Dichter Musaios als Dichtung von „Hero und Leander" überliefert und dadurch international verbreitet haben. Im Russischen scheint er, anders als im Polnischen, Lettischen, Estnischen und Finnischen, nicht verbreitet worden zu sein. (Allerdings ist der Stoff von Hero und Leander jedoch von A. Fet und A. Kuprin aufgegriffen worden.)

[38] Achmatova 2001, 5: 73. Der französische Komponist Pierre Onfroy de Bréville (1861-1949)

In Verhaerens Gedicht „Les deux enfants de roi" lautet der Text dagegen:

1   Il était deux enfants de roi
    Que séparaient les eaux profondes;
    Et rien là-bas, qu'un pont de bois,
    Là-bas, très loin, au bout du monde.

5   Ils s'aimèrent. – Sait-on pourquoi?
    Parce que l'eau coulait profonde,
    Et qu'il était, le pont de bois,
    Si loin, là-bas, au bout du monde.[39]

Übertragen auf das Verhältnis der beiden Autoren, bedeutet diese Denkfigur: Blok und Achmatova haben Wert füreinander durch das, was sie voneinander trennt. Die Autorin legt der ästhetischen Beziehung zwischen sich und Blok ein *dialogisches* Prinzip zugrunde. Wie hat Blok dieses Verhältnis entworfen?

3. „Schönheit – schrecklich", „Schönheit – einfach": Die provokante semantische Ambiguität des Schönen im Symbolismus Aleksandr Bloks

Для иных ты и Муза и чудо.	Für die anderen Muse und Wunder,
Для меня ты – мученье и ад.	Bist für mich du nur Hades und Qual.
Александр Блок, *К Музе* (1912)	Alexander Blok, *An die Muse* (1912)

Ошушение сложности и противоречивости искусства как выявления «многострунности» мира составит черту блоковского мироощущения 1910-х гг. […].

Das Gespür für die Komplexität und Widersprüchlichkeit von Kunst als Ausdruck der „Vielsaitigkeit" der Welt bildet einen Zug von Bloks Weltempfinden der 1910er Jahre […].

Zara Minc, Aleksandr Blok

Leiht ein älterer Poet in einem Rollengedicht einer jüngeren Dichterin die Stimme, so entsteht unausweichlich ein Spannungsverhältnis zwischen der genuinen Einstimmigkeit der Lyrik und der Mehrstimmigkeit der Redeweise in diesem Text. Doch bietet Bloks Widmungstext an Anna Achmatova Polyphonie schon in den Alternativen der Bestimmung von Schönheit. Sie werden dem lyrischen Du laut Rede des lyrischen Ich aus ihrer Umgebung angetragen: Schönheit ist demnach entweder „schrecklich" („strašna")[40] oder „einfach" („prosta"). Was aber ist dem Gedicht selbst zufolge *pulchritas*?

---

    hat den französischen Text 1932 als Lied gesetzt (*Quatre mélodies*, 1934).

[39] Verhaeren 1924, 110. Achmatova tilgt in eigenwilliger Verdichtung Vers 2, zieht Vers 4 vor und kappt zusätzlich die Verse 7-8.

[40] Schon Toporov (1981, 113) hat mit Grund darauf hingewiesen, dass die Gleichsetzung von Schönheit und Erhabenheit („strašnost'") anspielt auf die *Brüder Karamazov*: „Schönheit ist

Blok (1997, 361) fügt im ersten Entwurf des Widmungsgedichts zunächst der Verbindung der Eigenschaften „schrecklich" („strašnyj")[41] und „schön" („krasivyj") die herkömmliche Denomination des Du durch „Gerücht" („molva") als „Dämon" („demon") bei[42] und verschiebt so das zwischen Engel und Teufel schwankende Mischwesen im Einklang mit symbolistischer Androgynie gegenüber der Titelgestalt von Lermontovs Versepos ins Weibliche. Alternativ erwägt er in der nächsten Variante die Opposition von „demon" (Dämon) und „krasivyj" (schön) und beschließt so in die ambivalente mythische Figur das Erhabene des Schreckens ein[43] (Blok 1997, 362). Die Endfassung verzichtet auf den Topos „Dämon" und setzt ganz auf die Spannung zwischen *sublimitas* und *pulchritas*.

Vasilij Zen'kovskij (1957) verdanken wir eine konzise Rekonstruktion der Erschütterung der klassizistischen Gleichsetzung von Schönheit und Güte auch in der russischen Kultur der Romantik seit dem späteren Gogol'. Allerdings ist der Leistuing Gogol's Lermontovs *Dämon* (*Demon*) voranzustellen, der einer luziden Beobachtung Solov'evs zufolge Nietzsches Entwurf des „Übermenschen" vorweggenommen hat.[44] Dieses Epos hat das Erhabene mit dem Dämonischen verknüpft. Diese Synthese war, wie oben gezeigt, fürs Bloks Ästhetik wegweisend.

Ist das romantische Prädikat des Schrecklichen so von Beginn an im Schreibvorgang bei Blok nachweisbar, tritt ihr Gegenüber, die Einfachheit, erst in der Endfassung in Erscheinung. Wie *Simplicitas* als ernsthafte Konkurrentin des *Sublimen* allmählich in Bloks Text Fuß fassen konnte, zeigt die Variante des fünften Verses: «Вы твердите *просто*» („Sie stellen *einfach* fest", Blok 1997,

---

eine fürchterliche und schreckliche Sache. Schrecklich ist sie, weil sie unbestimmbar ist und sie ist nicht zu bestimmen, weil Gott nur Rätsel vorgegeben hat." («Красота – это страшная и ужасная вещь. Страшная, потому что неопределимая, а определить нельзя потому, что бог задал одни загадки.», Dostoevskij 1976, Bd. 14, 100).

[41] Es gab auch die Variante «Что Вы страшно красивы и странно нежны» (Dass Sie schrecklich schön und befremdlich zärtlich sind" (Blok 1979, 362), in der die Opposition weniger auf die innere Qualität von *pulchritudo* denn auf den äußeren Unterschied von Schönheit und Zärtlichkeit zugespitzt ist.

[42] Achmatova sah sich durch die Variante mit dem Dämon fast als „Hexe" („ved'ma") porträtiert.

[43] Zwei Varianten explizieren diese Implikation: „Sie sind schön, Sie als Dämon" («Вы красивый, Вы, как демон») und „'Schönheit ist schrecklich', sagt man Ihnen" («„Красота страшна", Вам скажут», Blok 1997, 363). Traditioneller im Sinne unmittelbaren Anschlusses an Lermontov war die Prädikation des Dämons als „bezumnyj" (wahnsinnig) statt „strašnyj" (schrecklich) in einer Variante (Blok 1997, 362). Vgl. insbesondere die Äquivalenz von *sublimitas* und *pulchritudo* in der Tagebuchnotiz vom 10. November 1911: „In der Welt leben ist schrecklich und schön." («Жить на свете страшно и прекрасно.» Blok 1963, 86).

[44] Vgl. J.-R. Dörings Hinweis auf das Fortführen des Lermontovschen Dämonismus durch Aleksandr Blok (Nachwort zu Lermontow 2000, 159-168) und Ginzburg 1982, 415.

362, meine Hervorhebung, R.G.). Hier ist die programmatische (akmeistische) Einfachheit noch Eigenschaft der Redeweise des lyrischen Du. In der Endfassung geht sie über in den proklamatorischen Inhalt der Rede der Anderen. Diese Anderen aber sind – die Akmeisten. Damit wird (zumal im Schreibvorgang pointiert) das lyrische Du kunst- und effektvoll (auch) von den Akmeisten abgehoben. Im Januarheft der Zeitschrift *Apollon* hatte der vormalige Symbolist Michail Kuzmin (1910) an Stelle einstiger Differenz von Ding und Idee als ästhetisches Prinzip „schöne Klarheit" („prekrasnaja jasnost'") gefordert. Gerade er war auch Verfasser der Einleitung in Achmatovas ersten Gedichtband! Der Überläufer war es nun, der diese Ästhetik „Klarismus" (klarizm) genannt hat.

Im Zuge der Exposition symbolistischer Poetik (Blok wehrt sich, wie gesagt, mit diesem Gedicht an die Akmeistin Achmatova gegen die akmeistische Herausforderung des Symbolismus[45]) verweist dieser Text im Sublimen der Schönheit auf die spanische *femme fatale* Carmen. Auf sie spielt, wie Jurij Lotman (1972, 225f.) dargelegt hat, der um die Schultern der Angesprochenen drapierte „spanische Schal" („Šal' ispanskuju") an.[46]

Blok hat dieses Widmungsgedicht später freilich sowohl aus dem Zyklus „Carmen" („Karmen") ausgeschlossen, der seine Liebe zur Opernsängerin Ljubov'Aleksandrovna Delmas-Andreeva (Klinko 1973) begleitete, als auch aus dem Zyklus „Schreckliche Welt" („Strašnyi mir")[47], in dem es durch das „Dämon"-Gedicht („Demon") wieder in die Nähe romantischer Allegorie gerückt und mit „Einer Stimme aus dem Chor" („Golos iz chora") in die Nachbarschaft der „Melancholie des Nichtseins" („Toska nebytija"; Blok 1997, 39) geraten wäre. Er hat den Text, seinen poetologischen Charakter betonend, mit anderen metapoetischen Gedichten zum Mini-Zyklus „Widmungen („Posvjaščenija") gefügt.

Es grenzt an Komik, ist indes für das unterschiedliche Verhältnis von Kunst und Leben in den damaligen Kulturen von Symbolismus und Avantgarde bezeichnend, dass die Adressatin des Gedichts sich veranlasst sah zu betonen, nie Eigentümerin eines spanischen Brusttuchs gewesen zu sein.[48] Merkwürdig nur,

---

[45] Bloks letzte Abrechnung mit dem Akmeismus trug die bitterböse Überschrift „Ohne Gottheit, ohne Inspiration" („Bez božestva, bez vdochnoven'ja", Blok 1961, 5, 530).

[46] Der ethnographische, hier mit dem Schal verknüpfte Verweis auf die spanischen Kultur nutzt in Varianten die Blume im Haar („s cvetkom ispanskim", Blok 1997, 362). In einem frühen Entwurf ist der Schal noch „gelb" („Šal' želtuju", Blok 1997, 362). Toporov (1975) versteht das Schal-Motiv im Unterschied zu Lotman als Anspielung auf Donna Anna und Don Juan.

[47] Lotman (1972) pointiert die Nähe von „Leben schrecklich" zu Bloks *Schrecklicher Welt*.

[48] Anna Achmatova (2001, 76) schreibt in „Aus dem Buch ‚Wie ich keinen Roman mit Blok hatte'": „Ich hatte nie einen spanischen Schal, da hat er mich hispanisiert, daher ist auch die Strophenform des Romanzero gewählt und daher figuriert die „Rose im Haar". («У меня никогда не было испанской шали, это он испанизировал меня, потому и выбрана строфа romanzero и фигурирует «розан в волосах».) In einer späteren Beischrift fügt sie hinzu:

ist sie im Porträt Natan Al'tmans[49] aus dem Jahr 1914, also dem (vorgeblichen) Entstehungsjahr von Bloks Gedicht) mit just einem solchen gelben Schal abgebildet, den Blok in der Frühfassung seines Widmungstextes nennt.

Bei Blok vermitteln, Zara Minc (2004, 216) zufolge, zwischen nichtkünstlerischer Realität und Artefakt nicht poetologische oder ästhetische Metatexte, sondern andere Kunstwerke. So ist hier Carmens Schönheit bereits jene der durch Georges Bizets gleichnamige Oper (1875) in die Hochkultur transferierten und gescheiterten Zigeunerin,[50] beglaubigt in der Wahrnehmung der Zeitgenossen durch des Komponisten Tod bald nach ihrer Uraufführung. Die pointiert musikalische Orientierung des Blokschen Schönheits-Konzepts und damit auch die Einstellung des Carmen-Bildes auf die Transformation der literarischen Urgestalt aus Prosper Mérimées titelgleicher Erzählung (1846) zur Oper verrät die (obschon gestrichene) Variante „zur Musik" („pod muzykoj", Blok 1997, 362), wenngleich sie der Marienfigur zugeordnet ist. In Russland erneuerte sie das von Puškin als innerrussischer Orientalismus erzeugte und dann in Romanzen überlieferte romantische Bild der Zigeuner(in) und tritt so in Konkurrenz zur französischen Pointierung der Op(f)erfigur Carmen zur *femme fatale*, zur Kokotte.[51]

Die zweite Strophe stellt in der Linie von Bloks Drama *Rose und Kreuz* (*Roza i krest'*, 1912)[52] Mariens Schönheit als das Einfache, Ungekünstelte gegen die der (opernhaft kultivierten) Naturfrau. Dabei erstaunt, wie wenige Entwürfe hier zum Finden des endgültigen Wortlauts führten. Nur zum Adverb „neumelo" (ungelenk) erwog er zunächst die Alternative, dann die Ergänzung „nesmelo" (zaghaft, Blok 1997, 362, 363). Das unterm Schal als intransparentem Schleier verborgene Kind kann neben verdrängter Mutterschaft so auch verschleierten Messianismus anzeigen – hier helfen keine frühen Fassungen, die Vieldeutigkeit zu zähmen, hier gilt nur der semantische Kontext des kurz zuvor entstandenen Dramas *Rose und Kreuz*. Die darin nach der Romantik vollzogene *zweite* Rückbindung der Kultur ans Mittelalter (sie offenbart mit der Sehnsucht in eins die Unmöglichkeit dieses Zurück) ist höchstes Signal ei(ge)ner Krise: Sie ist: persönliche Lebenskrise (als Verlust der Jugend gefühltes Alter des Dreiunddreissigjährigen!),[53] politische Krise Russlands und Kulturkrise Europas.

„weil er schon damals hingerissen war [Carmen <Dezember 1913>]".
49 Vgl. die Reproduktion in: *Russkie pisateli* 1990, 388. Ort: Russkij Muzej, SPb.
50 Vgl. zum Zigeunermotiv in der russischen Literatur und bei Blok Lotman und Minc 1996.
51 Die Delmas selbst stellte in ihrer Interpretation der Carmen das Zigeunerhafte dem Koketten der französischen Deutung dieser Zeit entgegen. Bloks Beziehung zu Delmas hat auch die Massenliteratur erreicht. Vgl. Belousov 1999, 415-420.
52 Vgl. zur Genese des Textes Žirmunskij 1972b.
53 Die Verbindung von Schönheit und Jugend durch Präsenz stellte 1900 Hermann Hesses (2007, 100) Widmungs-Gedicht „Neujahrsblatt ins Album" heraus: „Jede Stunde sich im

„Freud und Leid sind dasselbe!" („Радость-Страданье одно!"), dieser Schlüsselvers sowie „Freude-Leiden" („radost' – stradan'e"), das Schlüsselwort des auf Synthese von Gegensätzen[54] angelegten vieraktigen Dramas geben den kulturellen, biographischen und ästhetischen Hintergrund ab für die Entstehung des Achmatova-Gedichts. Vladimir Novikov (2010) hat in seiner aufschlussreichen Blok-Biographie die Wendejahre 1912-1913 als Krise in der russischen Literatur und in der Biographie des Symbolisten herausgestellt – die Liebe zu seiner Frau, Ljubov' Dmitrievna Mendeleeva, stand auf Messers Schneide. Zugleich suchte Blok sein ästhetisches Verhältnis zu den Symbolisten Vjačeslav Ivanov und Andrej Belyj zu klären und seine Stellung gegenüber den Akmeisten und Futuristen als jenen poetischen Gruppierungen zu bestimmen, die angetreten waren, den Symbolismus als dominante künstlerische Strömung der Epoche abzulösen.

Im inneren Dreieck zwischen den Hauptfiguren von *Rose und Kreuz*, gebildet aus Izora (der Frau des Grafen Archimbaut), dem Ritter Bertrand de Toulouse (genannt „Chevalier de misère") und dem Troubadour und Herrn von Troménec Gaëtan, das durch den Grafen Archimbaut und den Pagen Aliscans zum Fünfeck erweitert wird, ist das komplexe Verhältnis zwischen Blok, seiner Frau und deren Liebhaber, dem dreiundzwanzigjährigen Konstantin Konstantinovič Kuzmin-Karaev (1890-1944?)[55] aus dem Umkreis Mejerchol'ds vielfältig gebrochen. Die Differenz zwischen Leben und Kunst tritt ungeachtet allen *Leben-Schaffens* darin zutage, dass ‚für Blok' in dieser Charade sowohl der Ritter Bertrand als auch der Sänger Gaëtan und letztlich auch Graf Archimbaut stehen. Graf und gehörnter Ehemann ist der Verfasser als Gatte, Ritter Bertrand als jener, der seiner Frau das Verhältnis mit dem jungen Kuz'min-Karaev (im Drama: dem Pagen) ermöglicht und Gaëtan als Künstler, der, Medium Gottes, die Ambivalenz von Glück und Unglück, Liebe und Leid, Lust und Schmerz erfährt – und besingt.

Die Transformation der noch in der Axiologie der Heterovalenz von Gut und Böse verankerten französischen Minne-Kultur des frühen 13. Jahrhunderts in die Ambivalenz des „žizne-tvorčestvo", der Leben-Schaffen-Ästhetik des frühen russischen 20. Jahrhunderts war so verschlungen, so abhängig von der adäquaten Präsentation der Details, dass Blok sie weder dem naturalistischen Regisseur Stanislavskij zutraute, der bei einer Lesung durch Blok nach Ansicht des Verfassers sein Unverständnis bekundet hatte, noch dem modernistischen Bühnenkünstler Mejerchol'd. Das In-Szene-Setzen dieses bereits in sich theatralisch zu-

---

Glanze / Reiner Gegenwart versenken, / Dennoch auf das schöne Ganze / Immerfort den Blick zu lenken – / Wer's vermöchte bliebe ewig jung."

[54] Vgl. zu Bloks „Ästhetik der Gegensätze" Maksimov 1981.
[55] Konstantin Konstantinovič Kuz'min-Karaev (1890-1944?) hat später unter dem Pseudonym Konstantin Tverskoj als Regisseur, Schauspieler und Theaterpädagoge gearbeitet.

gespitzten Sujets hätte zugleich den religiösen Hintergrund des Liebestodes Christi sowie dessen Kontrafaktur in Wagners *Tristan und Isolde* ins Weltlich-Gegenwärtige bieten und beide in die Inszenierung von Lebenskunst der russischen Dekadenz übersetzen müssen. Vielleicht war das Stück aber auch nur als (Vor-)Lesedrama verfasst, das Ljubov' Dmitrievna das Liebesleid und Leidensglück des Künstler-Gatten vor Augen stellen sollte: Anfang März 1913 – die Ehekrise feierte ihre Hochzeit – findet die erste Lesung in der Wohnung der Bloks in St. Petersburg im Beisein der Gattin statt. Bezeichnend ist: Blok hat ihren Vorschlag zur (ethischen) Sublimation verworfen, das lyrische Drama versöhnlich in Bertrands Bau einer Kapelle der Heiligen Rose ausklingen zu lassen, und statt ihrer den (ästhetischen) Liebestod des Ritters als Voll-Endung des (Lebens-)Dramas gewählt.

Rose und Kreuz, Mariens Liebe und Christi Tod, sind hier in Ränke und Händel der Welt verstrickt: Es geht um sexuelle Lust und Betrug, um Niedertracht, Eitelkeit und Ruhmsucht. Mariens Symbol, die Rose, ist verbal zum billigen zitierfähigen Argument von Izoras Liebhaber Aliscan verkommen und real zum schwarzen Klumpen verkrusteten Bluts, der auf des Ritters Brust zwar noch als Zeichen ritterlichen Dienstes prangt und seinen Liebestod signiert, aber letztlich doch nur Beihilfe leistet zum außerehelichen Betrug.

In einer Lebenswelt, in der Freude-Leid allein Schmerz ist, wird der Kunst zum Ausgleich die Glücksgabe aufgebürdet. Gelingt Zweieinigkeit schon nicht im Leben, soll sie als androgyne Rundung (nicht wenigstens, sondern gerade!) in der Kunst die Vollendung der Ambivalenz bescheren. Bloks Frage an Ana Achmatova anlässlich der oben erwähnten zufälligen Begegnung auf einer Plattform des Moskauer Zuges (Achmatova 2001, 76), ob sie allein sei, ist keine der Sinnlichkeit, sondern eine des Sinns. Es ging um die Bedeutung der Kunst am Beispiel der Schönheit.

Bloks lyrisches Ich trifft im Widmungsgedicht „An Anna Achmatova" Prognosen für die Zukunft des lyrischen Du und bindet so das, was es zu gewärtigen hat, an seine Worte: Die Dichterfigur des Ich spricht in der Tradition des Puškinschen „Propheten" („Prorok") die Zukunft der Angesprochenen herbei.[56]

Im Kern legt Bloks Gedicht in den Versen 13-16 am Exemplum von *pulchritudo* dem lyrischen Du (s)eine Ästhetik der Nicht-Identität in den Mund. Die Erhabenheit des „Schrecklichen" („strašnoe") und die Schwierigkeit des „Einfachen" („prostoe") ringen dabei in den vom lyrischen Ich als Anmutungen ans

---

[56] Vgl. Bloks Rat an Aleksej Arsenišvili vom 8. März 1912: „Wenn Sie meine Verse lieben, [...] dann lesen Sie in ihnen über die Zukunft" («Если вы любите мои стихи, [...] прочтите в них о будущем», Blok 1963, 8, 386). Auf den Umstand, dass hier nicht die Rede der Angesprochenen, Achmatovas, erscheint, sondern des lyrischen Ich, hat Lotman (1972, 227) hingewiesen. Allerdings identifiziert er die erste Person umstandslos mit dem Autor Blok.

lyrische Du[57] bezeugten Meinungen der Welt um Vorrang bei der Bestimmung des Schönen.[58] Das lyrische Du weist beide im Rollentext ab, indem sie (es ist durch die Prädikatsnomina „strašn*a*" und „prost*a*" (13-15) weiblich markiert) das abstrakt Ästhetische scheinbar (!) im Stil der Akmeisten aufs praktische Leben selbst wirft: Das Du behauptet von sich, sie sei nicht schrecklich genug, um einfach zu erschlagen und nicht einfach genug, um nicht zu wissen, „wie schrecklich das Leben" („kak strašna žizn'") sei. Das Wissen vom Schrecken des Lebens ist indes 1913 (noch) keine signifikante Erfahrung Anna Achmatovas und die Grobheit des Erschlagens sollte für sie tatsächlich nie zur Versuchung werden.[59]

Das lyrische Ich macht somit die in Bloks Zyklus der Jahre 1909-1916 *Schreckliche Welt* (*Mir strašnyj*) sedimentierte Welterfahrung des Dichters zur Rede des lyrischen Du. Vorgeblich die ‚andere' Auffassung verlautbarend, gibt das weibliche lyrische Du in Bloks Text doch (nur) die Anschauung des lyrischen Ich zum Besten. Das lyrische Ich kommt dem Du scheinbar entgegen, indem es sich an dessen Poetik anlehnt, nutzt dieses Entgegenkommen aber weidlich aus, um das Du für sich zu gewinnen. Der Sprechende verleiht ihr das Wort ja nur, um sie seine eigene Poetik verkünden und sich selbst so zugleich von der Ästhetik der Akmeisten (und das heißt: ihres Mannes) distanzieren zu lassen![60]

Die Diskreditierung der Einfachheit in Bloks Text ist bemerkenswert, weil er nur drei Jahre zuvor im Aufsatz über Ibsen dessen Einfachheit als Beispiel für

---

[57] Das lyrische Du wird hier entworfen als anderer Dichter. Vgl. zum Wandel der Dichterfigur bei Blok als einer dem Geheimnis verbundene Gestalt, dann einer pathetisch-ironischen (frühe Dramen, Gedicht „Die Dichter" („Poėty") und schließlich zum Auserwählten, der zu hohem Dienst berufen und doch ein schlichter Mensch ist wie Du und Ich, Maksimov 1981, 291f.

[58] Dabei ist bezeichnend, dass im Schreibvorgang die auf das lyrische Du angewandte Figur *contradictio in adjecto* der Thematisierung von Schönheit aus ihrem Munde vorausging. Ein früher Entwurf der dritten Strophe lautete: „Sie hörten zu mit Gleichmut voller Gier". («Прислушиваясь с равнодушьем жадным») „Gierige Gleichmut" entspricht als psychische Disposition dem „Freude-Leid" als psychischem Erlebnis in *Rose und Kreuz*.

[59] Dieser Schrecken sollte, vielfach bezeugt, 1921 in ihr Leben treten mit dem Tod Aleksandr Bloks, der Erschießung Nikolaj Gumilevs (ihres ersten Mannes) und der Nachricht über den Selbstmord ihres Bruders, Andrej Andreevič Gorenkos (1886-1920). Blok dagegen unterlag in *Vergeltung* (*Vozmezdie*, 1910-1921) der Versuchung des verbalen Vatermords. Das Töten und Auferwecken hat Blok (2, 334) 1907 der Schauspielerin Natal'ja Nikolaevna Volochova als Vermögen zugesprochen: «Я знаю женщину. […] Она могла убить / Могла и воскресить» […]. „Ich kenne eine Frau. […] Zu töten war sie fähig – / Erwecken konnt' sie auch."

[60] Diese Analyse des Rede-Regisseurs und Dialog-Arrangeurs Blok ist nicht als ethische Kritik zu verstehen. Aus seiner eigenen Sicht betrachtet, suchte er die geschätzte Kollegin vor der verderblichen Ästhetik der Akmeisten zu retten. Den romantischen Gestus der Rettung des Dichters vor der Gruppe setzte übrigens die gängige sowjetische Isolation Majakovskijs vom Futurismus fort.

die künftige Ästhetik Europas herausgestellt hatte. Er bildet dabei zunächst die Analogie von Seele und Stil des Schriftstellers:[61]

> Der Stil eines jeden Schriftstellers ist so eng mit dem Inhalt seiner Seele verbunden, dass ein erfahrenes Auge die Seele nach dem Stil erkennen, über das Studium der Form zur Tiefe des Inhalts vordringen kann.
>
> Стиль всякого писателя так тесно связан с содержанием его души, что опытный глаз может увидать душу по стилю, путем изучения форм проникнуть до глубины содержания. (Blok 1962, 5, 315)

Dann stellt er den Reichtum des Stils in eine der Vielfalt der durch ihn ausgedrückten Weltsicht gleich. Ihr tritt die ‚Einsaitigkeit' entgegen:

> Die Erlesenheit des Stils, in welchem sie sich auch ausdrückt – in der verbalen üppigen Pracht oder in absichtlicher Kürze – zeugt von der Vielsaitigkeit der Seele, wenn man sich so ausdrücken kann, von der *„Vielgötterei"* des Schriftstellers, von seinem Dämonismus. Umgekehrt nutzt die Seele des Künstlers, der die Stimme einer einzigen Saite hört oder sich vor einem einzigen Gott verneigt, zu seinem Ausdruck einfacher, bisweilen *bis zur Armut* reichender einfacher Formen. (Ebd.)
>
> Изысканность стиля, в чем бы она ни выражалась – в словесной ли пышности или в намеренной краткости, – свидетельствует о многострунности души, если можно так выразиться, о *«многобожии»* писателя, о демонизме его. Напротив, душа художника, слушающая голос одной струны или поклоняющаяся *единому богу,* пользуется для своего выражения простыми, иногда *до бедности* простыми формами.

Wegen solcher stilistischen Einfachheit ernennt Blok Ibsen zum Vorbild:

> Da aber die eine oder andere Erlesenheit des Stils ein wesentliches Schaffensmerkmal aller gerade aufgezählten Stellvertreter der „neuen Kunst" aller Länder bildet und *Einfachheit* des Stils ein Wesensmerkmal des Schaffens Ibsens ist, so will ich es Ihnen überlassen, die weiteren Folgerungen aus meinen Thesen zu ziehen. Ich sage nur eines: Wenn man mich nötigte, sicheres Fahrwasser im Meer der neuesten Literatur Europas zu bezeichnen, so stellte ich Warnflaggen vor allen Namen auf, außer dem Henrik Ibsens.
>
> А так как та или иная изысканность стиля есть существенный признак творчества всех только что перечисленных виднейших представителей *«нового искусства»* всех стран, а *простота* стиля есть

---

[61] Rozanov (1990, 534) hat die Analogie von Stil und Seele 1915 verallgemeinert zur Identifikation von Stil und Ding: „Der Stil ist die Seele der Dinge" («Стиль – это душа вещей»).

существенный признак творчества *Ибсена,* то я хочу предоставить вам сделать дальнейшие выводы из моих положений. Скажу только одно: если бы меня заставили указать надежнейший фарватер в море новейшей литературы Европы, я бы поставил предостерегающие флаги над всеми именами, кроме имени Генриха Ибсена. (Ebd.)

Die Welt einfacher Schönheit der zweiten Strophe von „An Anna Achmatova" hat Jurij Lotman (1972, 233) mit der Ikonographie der Madonna, der italienischen Kunst, den Präraffaeliten sowie mit jugendlicher Häuslichkeit verknüpft.

Die Ambivalenz von Madonna und Carmen ist in Fadeevs Verdikt gegen Anna Achmatova aus dem Jahr 1946 herabgesunken zu der von Nonne und Nutte: „Nicht ganz Nonne, nicht ganz Hure, sondern eher Hure und Nonne, bei der die Hurerei mit dem Gebet vermischt ist" („Не то монахиня, не то блудница, а вернее блудница и монахиня, у которой блуд смешан с молитвой.."[62]).

Es ist dies jedoch nur die Hülle, der trügerische Schein, der solche Mehrstimmigkeit zur Geltung bringt. In der Synthese der eigenen Rede artikuliert die Adressatin (im Russischen ist ihr Geschlecht kraft weiblicher Endungen der Prädikatsnomina und präteritalen Verbformen präsent) das Neutrum des Weder-Noch. Wie in einer dialektischen Figur wird nach ästhetischer These (Strophe 1) und Gegenthese (Strophe 2) nach der mittelnden dritten Strophe, die als Rezeption mit der fehlenden Konzentration kraft Zerstreutheit wohl auch die Skepsis gegenüber den beiden extremen Entwürfen zum Ausdruck bringt, in der Synthese die Geltung von These und Gegenthese zugleich in ihrem Alleingeltungsanspruch außer Kraft gesetzt und doch in ihrer Unterschiedlichkeit gewahrt.

Die Tilgung des prinzipiellen Gegensatzes von Schrecken und Schlichtheit gelingt durch Moderation, durch das Herabmildern des Mörderischen (Carmen) und Unwissenden (Madonna) zum Sublimen (gerade auch in Freuds Sinne) und Ahnungsvollen. Hier entfaltet – ganz im Sinne der Hegelschen Aufhebung – die fünffache Negation kraft der Partikel „nicht" (ne) ihre Wirkung. Und gerade sie ist es, die mit dem Adverb „so" („tak") das Moderieren leistet. Die Gemessenheit, ja Angemessenheit, tilgt weder Schrecken noch Wissen, bietet ihnen aber einen lebensfähigen Rahmen. Ästhetik und Leben kommen so zwar ins Gleichgewicht, büßen jedoch zugleich ihren Grenzwert ein.

---

[62] Doklad t. Ždanova o žurnalach „Zvezda" i „Leningrad" In: *Izvestija,* 21.9 1946, 223, S. 2.

Анне Ахматовой	Für Anna Achmatova

1 «Красота страшна» – Вам скажут, –   „Schönheit – schrecklich ", wird man sagen,
   Вы накинете лениво   Sie sich werfen werden träge
   Шаль испанскую на плечи,   Span'schen Schal um ihre Schultern,
   Красный розан — в волосах.   Rote Rose – in dem Haar.

5 «Красота проста» – Вам скажут, –   „Schönheit – einfach", wird man sagen,
   Пёстрой шалью неумело   Ungelenk mit buntem Schale
   Вы укроете ребенка,   Sie verhüllen werden 's Kindlein,
   Красный розан – на полу.   Rote Rose – auf dem Grund.

   Но, рассеянно внимая   Doch zerstreut zugleich Sie lauschend
10 Всем словам, кругом звучащим,   Allen Worten, rings erklingend,
   Вы задумаетесь грустно   Werden denken Sie voll Trauer,
   И твердите про себя: Werden feststellen für sich:

   «Не страшна и не проста я;   „Weder schrecklich bin noch einfach;
   Я не так страшна, чтоб просто   Bin so schrecklich nicht, um einfach
15 Убивать, не так проста я,   zu erschlagen, nicht so einfach,
   Чтоб не знать, как жизнь страшна».   Nicht zu wissen: Leben – schrecklich."
[15.-16. декабря] 1913[63] (Blok 1993, 100)   *[15.-16. Dezember] 1913*

---

[63] Das Gedicht ist bereits von Blok unterschiedlich datiert worden. In den Handschriften stehen die Daten „15. Dezember" und „16. Dez[ember] 1913" (Blok 1993, 799). Die von Blok selbst besorgte Erstveröffentlichung (in *Ljubov' k trem apel'sinam*) verzeichnet irreführend „1914" als Entstehungsjahr. Die Herausgeber der Werke Achmatovas (1998, 772) geben die Datierung des Gedichts in der achtbändigen Werkausgabe (Blok 1960, 143) fälschlich mit „19. [statt richtig: 16.] Dezember 1913" wieder. Die Herausgeber der zwanzigbändigen Werkausgabe (Blok 1997, 100) verzeichnen nur noch ungenau die Jahreszahl „1913".

Александру Блоку	**Für Aleksandr Blok**

1 Я пришла к поэту в гости.
  Ровно полдень. Воскресенье.
  Тихо в комнате просторной,
  А за окнами мороз.

5 И малиновое солнце[64]
  Над лохматым сизым дымом...
  Как хозяин молчаливый
  Ясно смотрит на меня!

  У него глаза такие,
10 Что запомнить каждый должен,
  Мне же лучше, осторожной,
  В них и вовсе не глядеть.

  Но запомнится беседа,
  Дымный полдень, воскресенье
15 В доме сером и высоком
  У морских ворот Невы.
    [7] января 1914

Ich zum Dichter kam als Gast.
Gegen Mittag. Eines Sonntags.
Still im weiträumigen Zimmer,
Hinter Fenstern steht der Frost.

Und die himbeerfarb'ge Sonne
Über löchrig graublau Rauch...
Wie der Hausherr da so schweigsam
Klaren Blickes mich ansieht!

Ihm sind solche Augen eigen,
Muss ein jeder sie erinnern.
Besser tut mir, der Vorsicht'gen,
In sie überhaupt nicht schau'n.

Das Gespräch bleibt in Erinn'rung,
Rauchg'er Mittag, eines Sonntags
In dem grauen Haus, dem hohen
An dem Meerestor der Neva.
  [7.] Januar 1914

---

[64] Achmatova 1998, 167; in der Veröffentlichung der Erstfassung lautet der Vers, die räumliche Distanz zur dritten Person prononcierend: «*Там* малиновое солнце» („*Dort* die himbeerfarb'ne Sonne"). Die Ausgabe Achmatova 1986 (Bd. 1, verzeichnet das Entstehungsdatum „7. Januar 1914". Die Handschrift befindet sich im CGALI. Sie leider war nicht verfügbar.

Handschrift von Aleksandr Bloks Widmungsgedicht „Für Anna Achmatova"[65]

---

[65] Quelle: *Pamjatniki kul'tury. Novye otkrytija* 1980, 429.

4. Achmatovas poet(olog)ische Antwort: Schönes Erinnern

> To hear with eyes belongs to love's fine wit.
> Shakespeare, Sonnet 23

Im Vergleich mit Bloks Widmungsgedicht fällt an Achmatovas poet(olog)ischer Antwort das völlige Fehlen der zweiten Person auf. Tritt bei Blok das Lyrische Ich (scheinbar) zurück hinter die Reden der Anderen sowie die jenes lyrischen Du, das im Redezitat dreimal (13-15) in der ersten Person spricht und in der zweiten zweimal (2, 7) in gestischer Bewegung mit dem Schal sowie als denkende Person (11) besprochen wird, so eröffnet die Sprecherin des Gedichts in Achmatovas Text das Gedicht unvermittelt mit „Ich" (Ja, 1) und kehrt im Akkusativ (menja, 8) als angeschaute Person sowie im Dativ (mne, 11) jener Person wieder, die ihrerseits den Blick besser nicht auf den sie Betrachtenden richtet.

Dennoch ist Achmatovas Gedicht dialogisch, dies vor allem im Sinne der Absage an die Anmutung, den ihr im Blok-Gedicht angetragenen Habitus anzunehmen. Die positive Entsprechung tritt phonetisch im Gebrauch eines dominanten Vokals auf, die negative im Wechsel dieses Vokals vom „a" (59% tontragender Vokale) bei Blok zum „o" (42% tontragender Vokale) bei Achmatova. Was die Forschung m.W. übersehen hat, ist die Übereinstimmung des dominanten Tonvokals „a" in Bloks Gedicht mit dem Akzentvokal des Namens „Achm*a*tova" und des Tonvokals „o" mit dem Akzentvokal des Namens „Bl*o*k" in Achmatovas Gedicht: Die Autorennamen generieren die Tonalität. Die gesteigerte Form der Entsprechung bildet hier die Nicht-Entsprechung; gerade sie erzeugt „Korrespondenz" auf höherer Ebene. Blok instrumentiert in seinem Widmungsgedicht den betonten Selbstlaut des Namens der Adressatin, die ihrerseits mit der Instrumentierung des anderen Tonvokals im Namen ihres Adressaten antwortet.

Anna Achmatova hat Bloks Gedicht „Madrigal" genannt. Diesen Gattungsnamen bezog sie gewiss zunächst nicht auf die Form, die aus der italienischen Tradition kommend, ein Gedicht aus zwei oder drei Stanzen mit je drei elfsilbigen Doppelversen mit abwechselnd männlichen und weiblichen Kadenzen bildet. Zunächst eine beliebte Gattung des Liebesgedichts, wurde es später zur bevorzugten Gattung der Salon- und Alben-Poesie, der man die beiden Widmungsgedichte auch zurechnen kann.[66] Schließlich nannte mit anderen auch Nikolaj Gumilev ein satirisches Gedicht epigrammatischen Charakters „Madrigal".[67] Die Geschichte der Gattungsbezeichnung trägt also weniger zur Klärung bei als zur semantischen Anreicherung des Sinns der beiden Widmungsgedichte.

---

[66] Kvjatkovskij 1966, 149.
[67] Vgl. Gumilev, „Kak Gurija v magometanskom.."

Näher führt zur Formprägung der Texte die Gattungsbezeichnung „Romanzero".[68] Die Romanze, eine hybride episch-lyrische Form, nutzt zumeist den trochäischen Achtsilber mit Assonanzen der geraden Verse. Aleksandr Blok greift in der Tat zum choräischen Achtsilber, den er allerdings durchweg als Blankvers gestaltet und in der vierten Verszeile des dreistrophigen Gedichts stets in den trochäischen Siebensilber münden lässt.

Die beim Tonvokalismus beobachtete Entsprechung zwischen den beiden Korrespondenz-Gedichten prägt auch ihre Metrik und Reimstruktur. Doch auch hier fallen relevante Unterschiede ins (innere) Ohr. Während Blok die metrische Binnenstruktur der Verse vielfältig nach vier Mustern gliedert, die von der Zäsur nach der dritten Tonsilbe (3 Fälle: 1, 5, 14), nach der Senkungssilbe des zweiten Trochäus (zwei Fälle: 4, 8), nach der Eingangssilbe (ein Fall: 9) bis zum Einschnitt nach der zweiten Hebung (zwei Fälle: 15, 16) reichen, also alle Positionen von der ersten bis zur fünften Silbe mit Ausnahme der zweiten einnehmen, wählt Anna Achmatova nur das zweite Modell, dies in den Versen 2, 11 und 14.

Kraft des metrischen Reichtums der Verssegmente argumentiert Bloks Gedicht – zumal in den Versen eins, vier und neun – unverkennbar rhetorisch. Das Argument der Anderen wird in den ersten beiden Fällen metrisch abgehoben von der Stimme des lyrischen Ich und im dritten Fall die Position des Du vom Einfluss derselben Anderen. Diese metrischen Entgegensetzungen suggerieren eine unterschwellige, auf der Oberfläche der Wort- und Satzsemantik *nicht* ausgedrückte Gemeinsamkeit von Lyrischem Ich und Du.

In der letzten Strophe weisen die metrisch erzeugten Segmente in Bloks Gedicht die Schönheits-Anmutungen der anderen im Strukturzitat der Rede des lyrischen Ich (1, 5) durch das lyrische Du (14) zurück. Die Adressatin spricht als poetische Figur in der metrischen Rede-Form des Lyrikers Blok und grenzt sich mit dem lyrischen Ich von den Anderen ab – eben auch von den Akmeisten. Die Grausamkeit des Tötens, semantische Ladung des ersten Segments in Vers 15 wird überflüssig durchs symboli(sti)sche Wissen im ersten Segment des Schlussverses: Die Welt wird gerettet durch gewusste Schönheit.[69]

Auf diese metrisch-rhetorische Praxis, auf das von ihr repräsentierte symboli(sti)sche Wissen lässt sich die Sprecherin des Widmungsgedichts der Achmatova nicht ein. Ihre Rede ist metrisch der Prosa des Alltags angenähert, erklingt geradezu als Erzählbericht. Die metrischen Segmente der rhythmisch gegliederten Verse zwei und vierzehn repräsentieren die Zeitstufe der erzählten Welt, die im ersten Fall durch satzschließenden Punkt stärker abgegrenzt ist als im zweiten, der die winterliche Jahreszeit in der Apposition auf den Feiertag legt:

---

[68] Allerdings weist Kvjatkovskij (1966, 249) auch der Romanze das Liebesthema zu.

[69] Blok nutzt so das von Solov'ev in die Realgegenwart transponierte Motiv der „Rettung durch Schönheit" aus Dostoevskijs fiktiver Romanwelt (vgl. Grübel 2001, 25-27).

2   Ровно полдень. Воскресенье.   – Gegen Mittag. Eines Sonntags.
14 Дымный полдень, воскресенье   – Rauchg'er Mittag, eines Sonntags

Die Gliederung des einzigen weiteren metrisch segmentierten Verses 11 stellt rhythmische Äquivalenz her zwischen den beiden Versteilen und projiziert so die Vorsicht des zweiten Teils in den ethischen Vorzug des ersten und *vice versa*: „Мне же лучше, осторожной" – „Besser tut mir, der Vorsicht'gen".[70] Statt rhetorischer Brillanz ist Ausgewogenheit der Teile Bauprinzip dieser Rhythmik.

Solche metrisch-rhythmischen Details mögen auf den ersten Blick oder mehr noch: aufs erste Hinhören belanglos erscheinen, sie markieren jedoch die klare Distanzierung der Sprecherin in Achmatovas Text vom lyrischen Ich des Blok-Gedichts. Die Gliederung der Klangfolge ist bei Achmatova nicht Moment höheren symbolischen Wissens von der Welt, sondern Bauform der Welt selbst. Nicht das Weltwissen des lyrischen Ich formt den Text, sondern wahrgenommene und im Gedicht aus der Erinnerung erzählte Dinge.[71] Der Text von Anna Achmatova hält der symbolistischen Ästhetik die akmeistische aufs Entschiedenste entgegen. Ausschlag geben statt symbolischer *realiora – realia*.[72]

Nicht ohne Ironie legt das lyrische Ich das frühakmeistische Stilideal der *clarté* in den Blick ihres Gegenüber, des Gastgebers: „Ясно смотрит на меня" – „*Klaren* Blickes mich ansieht!" Versuchung geht nicht aus von der Poetik oder Ästhetik, Versucher ist die poetische(!) Figur, Verführer sind ihre Augen.[73] Daher ermahnt sich das lyrische Ich selbst, nicht in sie zu schauen. Die Dämonie des Blicks „unermüdlicher Augen", die Empedokles zufolge die Göttin der Liebe, Aphrodite, einst aus den Elementen erschuf, ist die einzige mythische Anspielung dieses Gedichts, hier auf Argos sowie auf Perseus und die Gorgone Medusa. Die Mythe von Argos, dem Riesen, der mit unermüdlichem Blick wacht und doch durch das Flötenspiel des Hermes eingeschläfert wurde, scheint indes weniger wirksam als der Mythos von Perseus, der die mit Blicken tötende

---

[70] Dabei antwortet der Habitus der Vorsicht freilich auch dem Klischee der (männer)mordenden und -erweckenden Frau in Bloks Gedicht „Der rohe Himmel" („Syroe leto", 1907).

[71] Šklovskij (1966, 107) hat als Unterschied zwischen Blok und Majakovskij den Gegensatz von nur „erkennbarer Welt" („mir poznavaemyj") und „durch den Willen herstellbarer Welt" bestimmt. Bei Anna Achmatova ist die Welt vor allem memorabel.

[72] Dies sehe ich anders als N.G. Prozorova (1992), die in ihrer für die Phonetik des Textes der Achmatova sehr aufschlussreichen Vergleichsanalyse der beiden Widmungsgedichte wie in Bloks so auch in Achmatovas Text den theatralischen Charakter der Raumgestaltung betont. Anders als sie beziehe ich den Blick nur auf den Hausherrn, nicht aber auch auf die Sonne.

[73] Isaiah Berlin (1981, 29) referiert ein Gespräch mit Achmatova vom November 1945, in dem sie, Bezug nehmend auf ihr Widmungsgedicht, Bloks Augen „wahnsinnig" nannte. Die Verschiebung vom Auditiven zum Visuellen markiert gleichfalls einen Unterschied zwischen Symbolismus und Avantgarde. Vgl. Onegins Blick auf Tat'jana: „Мгновенной нежностью очей" – „Mit einen Augenblick währender Zärtlichkeit der Augen" (6. Kapitel, 3. Strophe).

Medusa enthauptet hatte, entsprang ihrem Körper doch das geflügelte Pferd namens Pegasos, eben das Flügeltier, das alle Dichter(innen) reiten...

Die Attraktivität des Blicks findet, mit Hartmut Böhme (1988) gesprochen, als „charakteristische Verschiebung der erotischen Energie statt: vom Genital aufs Auge".[74] So verficht das Gedicht (wohl ohne Freudkenntnis der Verfasserin) das Schöpfungs-Modell der Sublimation. Insofern bildet die personale Distanz Anna Achmatovas zu Blok die Voraussetzung für ihre poetische Produktion. Dabei ist die Genre-Distribution umgekehrt: Wo in der Ursprungsmythe Hermes als Mann von der weiblichen Medusa bedroht ist und sie besiegt, obsiegt im *gendershift* das weibliche lyrische Ich über den versucherischen gastgebenden Mann: Dank ihres Sieges schenkt sie ihm das erinnernde Widmungsgedicht.

Der Erfolg der Gegenwehr wird zum Memorabile, das vom lyrischen Ich vorgetragen und als ausdrückliche Würdigung jenes Gesprächs wertgeschätzt ist, das in Erinnerung bleibt. An die Stelle des Augen-Gesprächs tritt verbale Aussprache, die aber in der Rede des lyrischen Ich herausfordernd inhaltsleer bleibt. Begründet wird die Themenleere mit dem Verweis auf die Schweigsamkeit des Gastgebers. Im Gedächtnis geblieben ist ein Gespräch um des Gesprächs willen. Weder der Anlass des Besuchs, das Widmen der Gedichte, noch die bisherige lyrische Produktion der Gesprächspartner sind Thema. Das später von Achmatova berichtete Geständnis Bloks, Tolstoj erschwere ihm die Produktion, ist aus dem Gedicht ebenso ausgespart wie der Verweis auf das Kind der Achmatova, den sein Gedicht enthält. Themen sind dagegen eher banal scheinende *realia* wie die Örtlichkeiten von Raum und Haus der Begegnung, dessen geographische Lage sowie die *temporalia* von Wochentag, Witterung und Tageszeit.

Wer Anna Achmatovas Gedicht „Für Aleksandr Blok" als Antwort auf Bloks Widmungsgedicht liest, findet in ihm auch eine Bestimmung des Schönen. Nur wird es hier anders als dort nicht beredet, sondern vorgeführt: Es ist die *pulchritudo* der Erinnerung selbst. Träger dieses Gedächtnisses ist und bleibt in prinzipieller Übereinstimmung mit der Ästhetik des Akmeismus der Gedichttext.[75]

In Achmatovas Gedicht „An die Muse" geht gleichfalls die Rede vom „klaren Blick" („jasnyj vzgjad"). Doch stellt die Gender-Markierung die Tradition hier erneut auf den Kopf – an die Stelle des traditionellen Gegensatzes männlicher Dichter – weibliche Muse tritt das Prinzip poetischer Äquivalenz in Ge-

---

[74] Vgl. bereits „Blick" und „Grif in die Geschlechtsteile" als „Staffeln, der Leiter – auf der die Seele heruntersteigt" respektive „auf der der Körper heraufsteigt" in: Novalis 1982, 168.

[75] Vgl. zur Gedächtniskunst der Akmeistin Achmatova Lachmann 1992, 372-393. Bindeglied und zugleich Scheidewand zwischen Bloks symbolistischer Ästhetik und Achmatovas Akmeismus ist die Lyrik von Nikolaj Gumilevs Lehrer Innokentij Annenskij. Seinen 1910 erschienenen Gedichtband *Kiparisovyj larec* (*Zypressenschatulle*) las sie in den Druckfahnen.

stalt der Schwesternschaft ein in die Gender-Relation von lyrischem Ich und Muse:

Музе	An die Muse
Муза-сестра заглянула в лицо,	Schwester und Muse, sie blickte ins Antlitz
Взгляд её ясен и ярок.	Klar war ihr Blick und war scharf.
И отняла золотое кольцо,	Und streifte ab ihren goldenen Ring,
Первый весенний подарок.	Erstes Geschenk dieses Frühlings.
Муза! Ты видишь, как счастливы все –	Muse! Du siehst, wie sie alle so glücklich –
Девушки, женщины, вдовы…	Mädchen und Frauen und Witwen…
Лучше погибну на колесе,	Besser komm' um ich noch auf diesem Rad,
Только не эти оковы.	Nur ja nicht diese Fesseln.
Знаю: гадая, и мне обрывать	Weiß ich schon: rätselnd auch ich reiß' dann ab
Нежный цветок маргаритку.	Zärtliche Blum-Margerite.
Должен на этой земле испытать	Muss doch auf dieser Erde erfahr'n
Каждый любовную пытку.	Jeglicher Pein seiner Liebe.
Жгу до зари на окошке свечу	Brenn ich bis Morgenrot Kerze am Fenster
И ни о ком не тоскую,	Und werd mich sehnen nach niemand,
Но не хочу, не хочу, не хочу	Doch nicht ich will, nicht ich will, nicht ich will
Знать как целуют другую.	Wissen wie küsst man die andre.
Завтра мне скажут, смеясь, зеркала:	Morgen mir sagen lachend die Spiegel:
«Взор твой *не ясен*, не ярок…»	„Dein Blick ist unklar, ist unscharf…"
Тихо отвечу: «Она отняла Божий подарок».[76]	Leis' ich erwidre: „Sie nahm mir weg Gottes Geschenk doch."
10 Ноября 1911 Царское село	*10. November 1911, Carskoe selo*

Die Gabe der Muse entzieht Lebensglück: (Künstlerische) Kreativität und Liebesglück schließen einander aus. Der Umstand, dass Blok keine zwei Monate nach der Entstehung dieses Gedichtes ein titelgleiches Poem verfasste, gab nicht grundlos Anlass zur Vermutung, es sei von Achmatovas Poem angestoßen (Achmatova, 1998, 729). In der Tat bietet auch Bloks Text ein Modell der Muse, die dem Künstler Qual und Pein bereitet[77]. Sie schmäht das Glück und lässt gar die Schönheit zur Last werden: „All den Fluch seiner eigenen Schönheit" („Все проклятье своей красоты"; Blok 1971, 3, 5). Doch auch hier ist auf für Blok

---

[76] Achmatova 1986, 1, 38.
[77] Vgl. das erste Motto zum dritten Kapitel dieses Beitrags.

charakteristische Weise die Frage von Gut oder Böse nicht entscheidbar, da die Muse für ihn nicht dem Diesseits angehört: „Gut oder Böse – Du bist nicht von hier." („Зла, добра ли? – Ты вся не отсюда", ebd).

Der Reim „ne jarok" – „podarok" („unscharf" – „Geschenk") in Achmatovas Musen-Gedicht ist wiederum Reimzitat aus Bloks Gedichts Du im Zimmer sitzt allein... („Ty v komnate odin sidiš"', Blok 1997, 49) vom März 1909. Einsamkeit ist die Blok und Achmatova gemeinsame spätromantische Grundbedingung poetischer Produktion.[78] Und gerade sie schließt folgerichtig den Roman beider in der Welt der *realia* aus!

Wenig später, 1915, spricht das lyrische Ich der Muse „wundertätige Kraft" („čudotvornaja sila", Achmatova 1986, 1, 99) zu, bekennt in einem anderen Gedicht „Ich liebte nur sie allein" („Ja ljubila ee odnu"; Achmatova 1986, 1, 81), räumt ein, die Taube, die sie der Muse schenken wollte, sei selbst der „Wohlgestalteten" („strojnaja"; ebd.) nachgeflogen. Die „Stimme der Muse, kaum hörbar" („golos Muzy ele slyšnyj"; Achmatova 1986, 1, 92), ist – wie das Gespräch der Liebenden – nur dem Ohr der „Bienen" („pčelyj"; ebd.) preisgegeben.

Anders als im Widmungsgedicht auf Blok erhebt das lyrische Ich die Schönheit in Achmatovas Kurzepos von 1914 „Unmittelbar am Meer" („U samogo morja") im Gedichttext selbst zum Thema, legt das Attribut dabei freilich, das Carmen-Thema aufgreifend, einer Zigeunerin in dem Mund, die es dem lyrischen Ich zwar zuerkennt, als Wirkungsfaktor aber negiert.[79] Nicht ihre körperliche Schönheit, ihre Dichtung wird den Geliebten gewinnen. Wie an die Stelle des männlichen Dichters die dichtende Frau tritt, so geht ganz im Sinne der Autopoiesis die Funktion des Mediums über von der Muse aufs Gedicht:[80]

---

[78] „Geh allein und heile die Blinden" („Idi odin i isceljaj slepych"; Achmatova 1990, 86) ruft das lyrische Ich sich selbst im Gedicht „Nam svežest' slov i čuvstva prostotu" von 1915 zu, das doch im Text „Byl blažennyj moej kolybel'ju" einräumt, es müsse, „Wie eine Blinde" („Kak slepaja") von ihrer „traurigen Muse" („pečal'naja muza"; Achmatova 1990, 87) geführt werden.

[79] Vgl. die Verbindung von Zigeunerin und Muse in Bloks Musen-Gedicht (Blok 1971, 1, 6).

[80] Vgl. oben im Gedicht „An die Muse" die Besetzung der Position des Ersehnten mit – „niemand" („ni o kom"). Blok lobte Achmatovas Epos mit einem bezeichnenden Vorbehalt: „Als ich Ihr Poem las, habe ich wieder gespürt, dass ich trotz allem Verse liebe, dass sie keine Nichtigkeit seien und viel dergleichen, – Erfreuliches, *Frisches*, wie das Epos selbst. All dies ungeachtet dessen, das ich niemals ihre ‚habe überhaupt nicht gewusst', ‚am Meer selbst' annehmen kann [...]. („Прочтя Вашу поэму, опять почувствовал, что стихи, все-равно люблю, что они – не пустяк, много такого – отрадного, *свежего*, как сама поэма. Все то несмотря на то, что никогда не перейду через Ваши „вовсе не знала", „у самого моря [...]". Achmatova 1986, 1, 442). Mit aller wünschenswerten Klarheit pointiert Blok hier noch einmal die ästhetische und kunstphilosophische Differenz zwischen der akmeistischen Dichterin und sich selbst. Ihre Behauptung des Nicht-Wissens, unreflektierter Unmittelbarkeit also und des Seins bei den Dingen (hier am Meer) selbst, ist ihm unakzeptabel, wörtlich: „über sie [als Brücke, als Medium] werde ich nie gehen". Es scheint kein Zufall, dass er diese mediale Differenz gerade am Phänomen des Flüssigen unverrückbar ‚*fest*stellt'.

Вышла цыганка из пещеры, Пальцем меня к себе поманила: „Что ты, красавица, ходишь боса? Скоро веселой, богатой станешь, Знатного гостя жди до Пасхи, Знатному гостю кланяться будешь; Ни *красотой* твоей, ни любовью, – Песней одною гостя приманишь". Я отдала цыганке цепочку И золотой крестильный крестик. Думала радостно: „Вот он, милый, Первую весть о себе мне подал".	Trat eine Zigeunerin aus der Höhle Winkte sie mich mit dem Finger zu sich: „Was gehst, Schöne du, baren Fußes? Bald wirst du fröhlich, wirst reich sein, Harre vor Ostern des namhaften Gastes, Namhaftem Gast wirst Ehre erweisen; Mit deiner *Schönheit* nicht, nicht deiner Liebe Mit deinem Lied allein wirst ihn verlocken." Ich der Zigeunerin gab kleines Kettchen, Goldenes Taufkreuz auch schenkte ich ihr. Dachte ich froh: „Da ist er, der Liebe, Erste Nachricht von sich er mir gab".
Но от тревоги я разлюбила Все мои бухты и пещеры; Я в камыше гадюк не пугала, Крабов на ужин не приносила, А уходила по южной балке За виноградники в каменоломню, – Туда не короткой была дорога.[81]	Doch ich verlernt' vor Aufregung zu lieben All meine Buchten und auch die Höhlen; Ich im Schilf Ottern nun nicht erschreckte, Krabben zum Abendmahl ich nicht auftrug Sondern ging fort entlang südlicher Schlucht Hinter die Weinberge in jenem Steinbruche, – Dorthin war kurz nicht für mich der Weg.

Es ist hier der Wechsel vom Flüssigen zum Festen, vom Wasser zum Land, der auch im Widmungsgedicht an Blok im Verhältnis von maskulinem „Haus" („dom") und femininem Fluss „Neva" „An dem Meerestor" („U morskich vorot", 16) als traditioneller Gender-Gegensatz *männlich-weiblich* anklingt. Die Spannung eignet der Welt selbst durch Gegensatz der Elemente und entsteht nicht, wie in Bloks Ästhetik, durch Unterschiede ihrer symbolhaften Konzepte.

Das Bewegliche tritt im Widmungs-Gedicht „Für Aleksandr Blok" um o-Laute (3 „k*o*mnate" – Zimmer, 4 „*o*knami" – Fenster, 5 „s*o*lnce" – Sonne , 15 „d*o*me vys*o*kom" – hohem Haus) gruppiertem Festem (es ist, wie wir erinnern, im Tonvokal des Widmungsnamens „Bl*o*ku" vorgeprägt) nicht als Phonem „a" entgegen, das mit dem Tonvokal im Autor-Namen „Achm*a*tova" kongruiert und in den verführerischen Augen (9 „glaz*a*" – Augen) firmiert, sondern in „i"- und „y"-Lauten (6 „s*i*zym d*y*mom" – graublauem Rauch, 16 „morsk*i*ch" - Meeres-, 16 Nev*y* – Neva) und erstreckt sich auch auf das Unhörbare (3 „t*i*cho" – still, 7 „molčal*i*vo" – schweigend).[82] Das Intermediäre des Gesprächs steigt dagegen im Vokal „e" hervor, das im „mn*e*" 13 mir) gerade auf das lyrische Ich bezogen ist. Dies ist von Belang, weil sich so nicht das lyrische Ich dem Sprecher des Blokschen Gedichts gegenüberstellt, sondern das Gespräch, und das heißt eben auch – *das Dialogische*.

---

[81] Achmatova 1986, 1, 264.
[82] Vgl. die spätere Artikulation des analogen „i"-„o"Verhältnisses im *Requiem*: „T*i*cho lětsja t*i*chij D*o*n / Žěltyj mesjac vch*o*dit v d*o*m" (Achmatova 1990, 215).

Bloks Gedicht verkörpert statt des flüssigen *Dialogischen* das aus der Statik der These über die Gegenthese in den erneuten Zustand des Aufgehobenen führende *Dialektische*. Dies findet auch in der Klanglichkeit seinen Niederschlag: in „krasota" sind lautlich sowohl „strašna" als auch „prosta" (krasota) rudimentär eingefaltet. Im Wort „Schönheit" kommen sowohl ihre *sublimitas* als auch ihre *simplicitas* zum Klingen.

Die Wechselreden zwischen Achmatovas Werk und den Texten des Symbolisten umrahmen die Widmungsgedichte. Achmatovas frühestes Epos *Unmittelbar am Meer* antwortet auf Bloks venezianisches Gedicht

| С ней уходил я в море, | Mit ihr stach ich in See, |
| С ней покидал я берег.[83] | Mit ihr verließ ich das Ufer. |

Die Erinnerung der Akmeistin formt, das Gewicht des Memoria-Motivs erneut bekräftigend, Bloks zweiten Vers bezeichnenderweise um zur Negation „Mit ihr *vergaß* ich das Ufer." („С ней *забывал* я берег"[84]; meine Hervorhebung, R.G.). Das Verlassen des maskulinen Festlands und die Selbstauslieferung ans Flüssig-Feminine gehen einher mit seiner Tilgung aus dem Gedächtnis. Die (flüssige) Welt des Imaginären durchläuft das Filter der Erinnerung.

Achmatovas Widmungsgedicht an Blok tritt dessen verführerischer *consecratio* entgegen als Vorführ-Beispiel der Arbeit poetischer *memoria*. Dem Benennen der Situation (Gast-Sein) folgt als Entwurf des Imaginations-Gehäuses das Anzeigen der Zeit- und Raumbedingungen. Die assoziative Kraft des erinnernden Gedächtnisses nutzt die mythische Gleichsetzung von Sonne und Auge, verlagert den akustischen Klangmythos der Korrespondenzen jedoch trickreich (weil *gegen* Bloks Intuition und Intention) ins Optisch-Avantgardistische. Der Widerstand gegen die visuelle Verführung gelingt just kraft optischer Enthaltsamkeit: Am besten sieht, zum Seher wird, wer die Augen schließt!

Die Arbeit des Erinnerns wird im Erzählduktus von Achmatovas Gedicht als grammatischer und semantischer Zeitensprung ausgeführt. Nur der erste Vers bietet grammatisches und semantisches Präteritum und grundiert so den Erzählvorgang: „Ich zum Dichter kam als Gast" („Я пришла к поэту в гости." 1). Die nachfolgenden Verse (2-12) sind geprägt vom *Praesens historicum*, das die semantischen Zeitstufe der Vergangenheit durch die grammatische Zeitstufe der Gegenwart ausdrückt. Da genuine Lyrik zu Synchronie neigt, schwächt hier die Präsensform die Vergangenheitsbedeutung: Wie das Erinnern das erinnerte Vergangene in die Gegenwart des Erinnernden zieht, so transponiert das Präsens historicum hier das Geschehene in die Gegenwart des Sprechens.

---

[83] Blok 1971, 3, 66.
[84] Achmatova 1986, 1, 442. Allerdings enthält Bloks Gedicht in Zeile vier das Lexem „zabyt'" (С нею забыл я близких), so dass Anna Achmatova im Grunde eine Kontraktion vollzieht.

Den *semantischen* Zeitsprung vollzieht der Eingangsvers der letzten Strophe: „Das Gespräch bleibt in Erinn'rung" (Но запомнится беседа; 13). Er wechselt thematisch vom Gegenstand der Erinnerung zu dem des Erinnerns und bringt so grammatisches und semantisches Tempus wieder völlig zur Deckung. „Mittag" („polden'") und Sonntag („voskresen'e") sind im Sprechvorgang ganz gegenwärtig. Nur spaltet der Mittag (im Russischen: Halbtag) die Zeit und ruft der Wochenendtag im Russischen die Auferstehung („voskresenie") auf. Der Dichter („poėt", 1) kann wiedererstehen – kraft des Erinnerns.

Achmatovas Widmungsgedicht an Blok zeigt sich vor diesem Hintergrund seiner ihr übersandten *consecratio* gewachsen. Es bietet ihr pari, indem es das durchaus ehrenvolle Unterwerfungsangebot ablehnt. Der akmeistische Text bietet einen Dialog, jedoch allein in der von Blok auf den Kopf gestellten Reihenfolge, weil es seinen gegensätzlichen reduktiven Entwürfen von *sublimitas* und *simplicitas* die Fülle memorierbarer Dinge und Ereignisse entgegenhält. Seine poetische Rede in *seiner* Diktion fortzuspinnen wäre weder ein Geschenk für ihn noch Part eines substantiellen poet(olog)ischen Gesprächs. Als sich im Oktober 1927 Daniil Charms absurdistische „Flanke der Linken" zur Gründung einer Leningrader futuristischen Zeitschrift mit Nikolaj Punin verbünden wollte hat Achmatova gesagt: Wenn sich die literarische ‚Jugend' mit den ‚Greisen' vereinigt, ist das nur ein Beleg für die Schwäche der Jugend."[85]

Schließt Bloks Gedicht die sich widersprechenden Entwürfe des schrecklichen und schlichten Schönen noch einmal zur Behauptung des zugleich *Nicht-Mörderisch-Schrecklichen* und des *Nicht*-Banal-Einfachen zusammen (gerade diese Synthesen sind durch das Banal-Schreckliche und Mörderisch-Einfache der Totalitarismen des 20. Jahrhunderts konterkariert worden), so spitzt Achmatovas Text das Schöne zum Gegenstand jener Erinnerung zu, die der Präsenz des Erinnerns die unumgängliche Absenz des Erinnerten entgegenhält. Das Schöne ist schon im Augenblick seines Erscheinens unrettbar verloren und durch kein Wissen von seiner Eigenart zu (be)wahren. Wiedereintreten in die Präsenz des Gedichts kann es als Verlorenes allein kraft des Erinnerns, welches das Erinnerte nicht als Verlorenes preisgibt. Dies ist im Grunde ein Prosaduktus, der viele Gedichte der Achmatova (über)formt. In Bachtins (2009) Sinne bleibt das Schöne des Erinnerten letztlich gebunden an das Abschließen, lebensweltlich: an den Tod des erinnernd Erzählten.[86] Das „Requiem" ist seine Grundgattung.[87]

---

[85] Kobrinskij 2008, 57.
[86] Mandel'štam 1990, 93. Zur Nähe des Akmeismus zu Bachtins Dialogik s. Lachmann 1990.
[87] Am Schluss von Achmatovas *Requiem* steht der Fluss Neva für Lethe, den Übergang vom Leben zum Tod, und instrumentiert die finale Medialität der „i"- und „e"-Laute (Achmatova 1986, 221): „И тихо идут по Неве корабли." Vgl. zur Todesthematik bei Achmatova Döring 2007.

5. Schönheit in der Folge – lyrische Nachspiele

In bemerkenswerter Koinzidenz widmet am Tag der Entstehung von Achmatovas Widmungsgedicht auf Aleksandr Blok der Akmeist Osip Mandel'štam Anna Achmatova einen poetischen Text, der den von Blok thematisierten Schal in die Distanz des Pseudo-Klassischen rückt. Hier ist die Autorin statt in die aufgehobene Antithese von Carmen und Madonna weit grundsätzlicher ins Äquivalenzfeld von griechisch-antikem Mythos (Phädra) und jüdisch-christlicher Religion (Rachel[88]) gestellt. Es ist der Habitus der Selbstbewussten, die ihr grausames Schicksal annimmt, indem sie es selbst gestaltet und dabei den Anderen – weil (auch) auf sich bezogen – zugleich zu- und abgewandt ist:

Анне Ахматовой	Für Anna Achmatova
Впол-оборота, о печаль,	Halbabgewandt, oh Traurigkeit,
На равнодушных поглядела.	Auf Gleichgültige blickte sie.
Спадая с плеч, окаменела	Von Schultern fallend, wurde Stein
Ложноклассическая шаль.	Vermeintlich klassisch, da der Schal.
Зловещий голос – горький хмель –	Die Stimme unheilvoll – Rausch, bitter –
Души раскоывает недра:	das Seelen-Inn're schmiedet aus:
Так – негодующая Федра –	Genauso – Phädra, sich empörend –
Стояла некогда Рашель.	Gestanden hat da einstmals Rachel.
7 января 1914[89]	7. Januar 1914

Dieses Gedicht korrespondiert auffällig mit Natan Al'tmans Achmatova-Porträt, das die selbstbewusste Haltung der Porträtierten visuell zur Schau stellt und im selben Jahr 1914 entstanden ist. Im „pseudoklassischen Schal" („ložnoklassičeskaja šal'") schlägt sich die akmeistische Intertextualität und Intermedialität gleichzeitiger Erinnerung und Umformung des Erinnerten nieder. Die Formstrenge der Klassik wird memoriert und in eins transformiert. In Umkehrung des Mythos der Galatea[90] wandelt sich die lebende Person zur Skulptur. Es ist dies der bildnishafte Akt der Fixierung im Gedächtnis, aus der ihn die rezipierende Anschauung wieder zum Leben erwecken muss. Auch diese Versteinerung des Schals entspricht jenem Aus-Dem-Leben-Entlassen des Gedächtnisinhalts, das

---

[88] Vgl. die spätere Thematisierung von Rachel in Achmatovas (1986, 1, 146f.) Bibelversen.

[89] Mandel'štam 1990, 93. Vgl. zur Datierung dort S. 466 den Hinweis auf die Widmung am 7. Januar im Gedichtalbum für Anna Achmatova. Das Gedicht ist wohl bereits 1913 entstanden und erstmals im erst 1914 erschienenen November-Dezember-Heft der Zeitschrift *Giperborej* (S. 30) unter der Überschrift „Anne Achmatovoj" (Für Anna Achmatova) erschienen. Vgl. zu Rachel Jeremias 31, 15, Matthäus 2, 18.

[90] Vgl. Jean-Léon Gérômes Gemälde zu diesem Thema und seine Skulptur *Pygmalion et Galatéa* (um 1892, Metropolitan Museum of Art, New York).

dem Rezipienten die Wiederbelebung durch Erinnerung ermöglicht und aufträgt. Eben dies ist auch, was Achmatovas Blok-Reminiszenzen dem Leser zutrauen.

Anders verfährt Ingeborg Bachmann in ihrem Anna Achmatova gewidmeten Gedicht *Wahrlich*. Es hat das ungeachtet allen Leids behauptete Positivum, das Blok und Achmatova noch verband, aufgegeben und das Verschlagen des Wortes als *negative Ästhetik* pointiert. Noch zu Lebzeiten Achmatovas hat sie in deutschen Worten das akmeistische Programm der Dichter-Kollegin zur Geltung gebracht, doch im Audruck „haltbar zu machen" zugleich dem Maskulinen des Festen ausgesetzt. Allerdings wird dem Schreiben hier im Unterschreiben ausdrücklich eine subversive Kraft zugebilligt, die in den nicht posthum veröffentlichten Texten der Achamtova implizit bleiben musste:

Wahrlich

Für Anna Achmatova

Wem es ein Wort nie verschlagen hat,
und ich sage es euch,
wer bloß sich zu helfen weiß
und mit den Worten –
dem ist nicht zu helfen
Über den kurzen Weg nicht
und nicht über den langen.

Einen einzigen Satz haltbar zu machen,
auszuhalten in dem Bimbam von Worten.

Es schreibt diesen Satz keiner,
der nicht unterschreibt.

1964[91]

Die doppelte Negation der Unterschrift behauptet im spätavantgardistischen Gedicht indes noch stets die Verantwortung des Autors fürs Geschriebene.

Der Schönheitsentwurf der Postmoderne profiliert dagegen Leere und Selbst-Widerspruch, wie sie ein Gedicht des niederländischen Lyrikers Faverey beispielhaft zeigt. In ihm ist Schönheit noch einmal im Spannungsfeld von theologischer Poetik des *deus absconditus* und medialer Apophatik ausdrücklich gemacht. Seit Kierkegaard ist Schönheit aller Ethik entkleidet. Zu fixieren ist freilich nur noch das Nichts, dem medial allein das Schweigen entspricht:

---

[91] Bachmann, 1978, 166. Vgl. dazu die Deutung von Elisabeth Borchers (2000).

Zonder begeerte, zonder hoop	Ohne Begehren, ohne Hoffnung
op beloning, ook niet uit angst voor straf,	auf Lohn, auch nicht aus Angst vor Strafe,
de roekelose, de medeegenloze schonheid	die ruchlose, die mitleidslose Schönheit
te fixeren waarin leegte zich meedelt,	zu fixieren, in der Leere sich mitteilt,
zich uitspreekt in het bestaande.	Sich ausspricht im Bestehenden.
Laat de god die zich in mij verborgen houdt	Lass den Gott, der sich in mir verborgen hält,
mij willen aanhoren, mij laten uitspreken,	mich anhören wollen, mich aussprechen,
voor hij mij met stomheid slaat en mij	Ehe er mich mit Stummheit schlägt und mich
doodt waar ik bij sta, waar jij bij staat.[92]	Tötet dort, wo ich verharre, wo du verharrst.

Dagegen diente Bloks komplexe Manipulation der Wirklichkeit noch dem Versuch, Schönheit im aufgehobenen Widerstreit von Einfachheit und Sublimität jenseits alles konkret Schönen, als ihm übergeordnetes, von ihm nie einlösbares ideales Prinzip dialektisch zur Geltung zu bringen. Achmatovas Einlässlichkeit gegenüber dem Wirklichen ergriff im Dialog mit diesem Entwurf Schönes als das im Gedächtnis zu Bewahrende und durch Erinnerung Wiederherzustellende des immer schon verlorenen Schönen selbst. Diese Haltung war als Behauptung des Konkreten im Erinnern Antwort auf die dialektische Abstraktion Bloks und als Dialogisches im poet(olog)ischen Zwiegespräch zwar auf die Gegenposition angewiesen, verlieh ihr aber eben dadurch erst den Rang des Dialogs.

Literatur

Achmatova, A. 1986. *Sočinenija v dvuch tomach,* M.
- 1989. *Poėma bez geroja,* sostavlenie i primečanija R. Timenčika i L. Polivanova, M.
- 1990. *Lirica,* sostavlenie i podgatovka teksta A. Černych, M.
- 1998. *Sobranie sočinenij v šesti tomach,* Bd. 1: Stichotvorenija 1904-1941, M.
- 1999. *Sobranie sočinenij v šesti tomach,* Bd. 2, 1-2: Stichotvorenija 1941-1959, M.
- 2000. *Sočinenija v dvuch tomach,* hg. von V.A. Černych, M.
- 2001. Iz knigi „Kak u menja ne byl roman s Blokom", dies., *Sobranie sočinenij v šesti tomach* Bd. 5, M., 76-83.

Bachmann, I. 1978. *Werke,* Bd. 1, München / Zürich.

---

[92] Faverey 1993, 655. Vgl. Grüttemeier 2007.

Barthes, R. 2010. *Tagebuch der Trauer,* aus d. Franz. von H. Brühmann, München.
Belousov, R. 1999. *Samye znamenitye vljublennye,* M.
Berlin, I. 1981. „Gesprekken met Anna Achmatova en Boris Pasternak", *Vrij Nederland,* 7.2.1981.
Blok, A. 1912. *Sobranie sočinenij,* Bd. 3: Snežnaja noč' (1907-1910), M.
- 1960. *Sobranie sočinenij i pisem v 8mi tomach.* Bd. 3: Stichotvorenija i poėmy, 1907-1921, M.
- 1961. „Balagančik, ders., *Sobranie sočinenij i pisem v 8mi tomach,* Bd. 4, M., 7-21.
- 1971. *Sobranie sočinenij v šesti tomach,* M.
- 1997. *Polnoe sobranie sočinenij i pisem v 20ti tomach,* Bd. 3: Stichotvorenija. Kniga tret'ja (1907-1916) M.
Böhme, H. 1988. „Sinne und Blick. Zur mythopoetischen Konstitution des Subjekts", ders., *Natur und Subjekt,* Frankfurt am Main.
Borchers, E. 2000. „Ein Satz der uns trägt. Zu Ingeborg Bachmanns Gedicht Wahrlich", Oliver Jahraus und Stefan Neuhaus (Hg.), *Lyrik lesen! Eine Bamberger Anthologie,* Düsseldorf, 255.
Bourdieu, Pierre 1992, *Les Règles de l'art. Genèse et structure du champ littéraire,* Paris: Seuil.
Brjusov, V.Ja. 1913. „Novye tečenija v russkoj poezii. Akmeizm", *Russkaja mysl'.* 4, Tl. 2, 134-142.
Černych, V.A. 1987. „Perepis'ka Bloka s A.A. Achmatovoj", *Literaturnoe nasledstvo.* Bd. 92: Aleksandr Blok, *Novye materialy i issledovanija,* Buch 4, M., 571-577.
- 1993. „Blokovskaja legenda v tvorčestve Anny Achmatovoj", *Serebrjannyj vek v Rosii.* M. 1993, 275-298.
Černych, V.A. 2008. *Letopis' žizni i tvorčestva Anny Achmatovoj,* M.
Čerkasov, V.A. 2008. „Problema biografičeskoj značimosti chudožestvennych proizvedenii v sovetskoj nauke 1920–1930 godov", *Znanie. Ponimanie. Umenie,* 4, 66-72.
Chajt, A. 1991. *Anna Achmatova. Poėtičeskoe stranstvie. Dnevniki, vospominanija, pis'ma,* M. 1991.
Civ'jan, T.V. 1989. „Kassandra, Didon, Fedra. Antičnye geroini – zerkala Achamtovoj", *Literaturnoe obozrenie,* 5, 29-33.
Čukovskaja, L. 1976. *Zapiski ob Anne Achmatovoj,* 3 Bde. Paris.
Čukovskij, K. 1922. *Kniga ob Aleksandre Bloke,* Berlin.
Dobin, E.D. 1968. *Poėzija Anny Achmatovoj,* Leningrad.
Dolgopolov, L.K., 1978. *Aleksandr Blok,* Leningrad,
Döring-Smirnov J. R. 1994. „Das zweigeschlechtliche Wort. Die Autorisierung der Korrespondentin in zwei Briefwerken der russischen Romantik", *Autor-*

schaft und Genie in der Zeit um 1900, hrsg. v. I. Schabert und B. Schaff. Berlin 1994 (=Geschlechterdifferenz und Literatur), 77-86.

– 1992, „Gender shifts in der Russischen Postmoderne", *Psychopoetik. Beiträge zur Tagung „Psychologie und Literatur"*, München 1991, hg. v. A. A. Hansen-Löve, Wien (Wiener Slawistischer Almanach SB 31), 557-563.

Döring, J. R. 2007. „Todespuren. Anna Achmatovas „Sed'maja ili Poslednjaja Leningradskaja / Severnaja elegija", *Thanatologien. Thanatopoetik. Der Tod des Dichters. Dichter des Todes* (Tagung München 2006). *Wiener Slawistischer Almanach* 60, 2007, 311-334.

Dostoevskij, F. 1976. *Brat'ja Karamazovy*, ders., *Polnoe sobranie sočinenij v 30 tomach*, Bd 14, M./L.

Ėjchenbaum, B. 1923. *Anna Achmatova. Opyt Analiza,* Petrograd.

Ėjchenbaum, B. 1927. „Literatura i literaturnyj byt", *Na literaturnom postu,* 9, 47-52. Nachdruck in: ders. *O literature.* M. 1967, 428-436; deutsch: *Boris Eichenbaum, Mein Zeitbote.* Leipzig/Weimar 1987, 52-65.

Ginzburg, L. 1982. „O starom i novom, Leningrad.

Faverey, H. 1993. *Verzamelde gedichten,* Amsterdam.

Grojsman, Ja.I./ I.Ju Gens (Hg.) 2003. *Lili Brik. Pristrastnye rasskazy,* M.

Grübel, Rainer 1988. „Trauer über die Trennung. Eine fünfzeilige Elegie der Anna Achmatova", *Gattungen in den slavischen Literaturen. Festschrift für Alfred Rammelmeyer,* Wiesbaden, S. 443-492.

– 2001. *Literaturaxiologie. Zur Theorie und Geschichte des ästhetischen Wertes in slavischen Literaturen.* (=Opera slavica NF 40) Wiesbaden.

– 2007. „Langage poétique et mythes onomastiques chez Marina Tsvétaïeva", Marc Weinstein (Hg.), *Nom et choses. Le corps de l'écriture dans la modernité slave.* Aix-en-Provence 2007, 61-87.

Grüttemeier, R. 2009. „Een revolutie van het oog en het oor. Over Gedichten (1968) van Hans Faverey", *Dirk de Geest*, Marc van Vaeck, Piet Couttenier (Hrsg.), *'Ergens Beginnen'. Bijdragen over Nederlandse poëzie (1967-2009) voor Hugo Brems bij zijn emeritaat*, Leuven 2009, 10-19.

Geršenzon, M.O. „Severnaja ljubov' Puškina", ders., *Mudrost' Puškina,* M., 153-184.

Gurvič, I.A. 1997. „Ljubovnaja lirika Achmatovoj. (Celostnost' i ėvoljucija) ", *Voprosy literatury*, 5, 22-38.

Hansen-Löve, A. 2001. *Russischer Symbolismus,* Bd. 2, Wien.

Hesse, H. 2007. *Weihnachten. Betrachtungen und Gedichte zur Winter- und Weihnachtszeit.* Ausgewählt und mit einem Nachwort versehen von Volker Michels, Frankfurt a.M.

Hilzinger, S. 2002. *Das Leben fängt heute an. Inge Müller. Biographie*, Berlin.

Ivanov, Vjačeslav Vsevolodovič 1991. „Besedy s Annoj Achmatovoj", *Vospominanija ob Anne Achmatovoj*, M., 473-502.

Katanjan, V.V. 2007 *Lilja Brik. Žizn'*, M.
Klinko, T.O. 1973. „Ljubov' Aleksandrovna Delmas-Andreeva", *Muzyka i žizn'*, 2, 215-230.
Kobrinskij, A. 2008. *Daniil Charms.* (Žizn' zamečatel'nych ljudej), M.
Kuprijanovskij, P.V. 1972. „Aleksandr Blok i poėty-akmeisty, ders., *Skvoz' vremeni*, Jaroslavl', 37-70.
Kušner, A. 2000. „Anna Andreevna i Anna Arkad'evna. Ėsse", *Novyj mir*, 2, 176-187.
Kuzmin, M. 1910. „O prekrasnoj jasnosti", *Apollon* 4, 1, 5-17.
Kuz'mina-Karavaeva, E.Ju. 1968. „Vstreči s Blokom", *Trudy po russkoj i slavjanskoj filologii*, 9, Učenye zapiski Tartuskogo gosudarstvennogo universiteta, Vyp. 209, 257-278.
Kvjatkovskij, A.P. 1966. *Poėtičeskij slovar'*, M. 1966
Lachmann, R. 1990. „Der unabschließbare Dialog mit der Kultur: Mandel'štam und Achmatova als Gedächtnisschreiber", dies., *Gedächtnis und Literatur*. Frankfurt a.M., 372-393.
Lermontow, M. 2000. *Gedichte*. Russisch / Deutsch von May Borowsky, Nachwort von J.-R. Döring-Smirnov, Stuttgart.
Longo, Ajza Pessina 1992. „Ja" liričeskoe i „ja" biografičeskoe v poėme Anny Achmatovoj „u samogo morja", *„Carstvennoe slovo"*. *Achmatovskie čtenija*, Vyp. 1, M., 111-118.
Lotman, Jurij 1972. „A.A. Blok, Anne Achmatovoj", ders., *Analiz poėtičeskogo teksta.* Leningrad, 235-247.
– 1992. Kul'tura i vzryv, M.
Lotman, J. / Z. Minc 1996. „Čelovek prirody v russkoj literature 19 veka i „cyganskaja tema" u Bloka", Ju.L., *O poėtach i poėzii*, SPb., 599 -652.
Luknickij, P.N. 1991. *Acumiana*. Vstreči s Annoj Achmatovoj, Bd. 1, 1924-1925, Paris.
– 1997. *Acumiana*. Vstreči s Annoj Achmatovoj, Bd. 2, 1926-1927, Paris/ Moskau.
– 2002. *Dvevnik 1928 goda*. Acumiana, 1928-1929, Hg. mit Kommentaren von T.M. Dvinatinja, *Lica. Biografičeskij al'manach*. 9, SPb., 341-498.
Maksimov, D.E. 1967. „Achmatova o Bloke, *Zvezda*, 12, 187-191.
– 1984. „Achmatova o Bloke", *Chudožestvenno-dokumental'naja literatura*, Ivanovo, 94-111.
– 1981. „Pereocenka cennostej i ėstetika protivorečij", ders., *Poėzija i proza Al. Bloka*, Leningrad, 296-318.
Mandel'štam, O. 1990. *Sočinenija v dvuch tomach*, Bd.1, M.
– O. 2008. *Ob Achmatovoj*, M.
Manthey, Jürgen 1983. *Wenn Blicke zeugen könnten, Eine psychohistorische Studie über das Sehen in Literatur und Philosophie*, München.

Marčenko, A. 1999. „«S nej uchodil ja v more...»". Anna Achmatova i Aleksandr Blok". Opyt rassledovanija, *Novyj mir*, 8, 179-196; № 9, 202-214.
- 2009. *Achmatova: žizn'*, M.
Michajlova, G. 2009. *Anna Achmatova* v poiskach „samosti", *Literatura*, 51 (2), 73-82.
Minc, Z. 2004. „Blok i russkij simvolizm", dies., *Izbrannye trudy v e knigach*. Bd. 3: Poėtika russkogo simvolizma, SPb. 2004, 116–117.
Literaturnoe nasledstvo, 1982, Bd. 92, Buch 3.
Novalis 1982. *Über Frauen und Weiblichkeit*, Friedrich Schlegel, *Metaphysik der Geschlechtlichkeit*, Frankfurt am M. 1982, 159-172.
Orlov, V. 1989, *Gamajun. Žizn' Aleksandra Bloka*, Kiev.
„Sobranie knig i avtografov S. Lesmana", *Pamjatniki kul'tury novye otkrytija*. Nr. 79, 1980.
Pavlovskij, A.I. 1966. *Anna Achmatova. Očerk tvorčestva*, Leningrad ²1984.
- 1991. *Anna Achmatova. Žizn' i tvorčestvo. Kniga dlja učitelja*, M.
Paz, O., 1984. *Zwiesprache. Essays zu Kunst und Literatur*, Frankfurt a.M.
Prozorova, N.G. 1992. „Opyt sravnitel'nogo analiza dvuch stichotvorenij (Aleksandr Blok «Krasota strašna – vam skažut», Anna Achmatova «Ja prišla k poėtu v gosti»)", *„Carstvennoe slovo". Achmatovskie čtenija*, Vyp. 1, M., 141-149.
Rozanov, V. 1990. *Opavšie list'ja. Korob 2*, ders., *Sočinenija v dvuch tomach*. Bd. 2: Uedinennoe, M.
Rubinchik, O. 2000. „Anna Achmatova: žizn' i tekst", *Simvoly, obrazy, stereotipy: chudožestvennyj i ėstetičeskij opyt. Meždiunarodnye čtenija po teotii, istorii i filosofii kul'tury*, Bd. 9, SPb., 115-125.
Rubinchik, O. 2005. „«Ja zdes' v serom polotne...»". Achmatova i chudožniki", *Toronto Slavic Quaterly*, 11, http://www.utoronto.ca/slavic/tsq/11 (25. 5. 2010)
Russkie pisateli. 1800-1917. 1990, Bd. 1, Moskau.
Šalamov, V. 2005. „Blok i Achmatova", ders., *Sobranie sočinenij v šesti tomach*. Bd. 5: Ėsse i zametki. Zapisnye knižki 1954-1979, Moskau 198-202.
Ščeglov, Ju.K. 1996. „Čerty poėtičeskogo mira Achamatovoj", A.K. Žolkovskij / Ju.K. Ščeglov, *Raboty po poėtike vyrazitel'nosti*, M., 261-289.
Schahadat, Sch. 2004. *Das Leben zur Kunst machen. Lebenskunst in Rußland vom 16. bis zum 20. Jahrhundert*, München.
Schwarzband, S. 1988. „Aleksandr Blok and Nikolaj Gumilev", *The Slavic and East European Journal*, 22, 3, 373-389.
Šklovskij, V. 1927. *Pjat' čelovek znakomych*, Moskau.
Šklovskij, V. 1966. *Žili-byli*, M.
Stein, G. 1957. „Poetry and Grammar" (1935), dies., *Lectures in America*, New York, 209-246.

Surat, I. 1998. „Biografija Puškina kak kul'turnyj vopros", *Novyj mir*, 2, 177- 195.
Surat, I. 2001. *Ličnyj opyt v lirike Puškina i problema postroenija biografii poėta*. Avtoreferat dissertacii, M.
Tamarčenko, E. „«S nej uchodil ja v more...»". Aleksandr Blok i Anna Achmatova. Opyt rassledovanija", „*Carstvennoe slovo*", *Achmatovskie čtenija*, vyp. 1, M. 71-78.
Timenčik, R.D. 1975a. „Avtometaopisanie u Achmatovoj", *Russian Literature*. 10-11, 213-226.
- R.D. 1975b. „Principy citirovanija u Achmatovoj v sopostavlenii s Blokom", *Tezisy I Vsesojuznogo (III) konreferencii „Tvorčestva A.A. Bloka i russkaja kul'tura 20 veka*, Tartu, 124-127.
- 1989. „Posle vsego. Neakademičeskie zametki", *Novoe literaturnoe obozrenie*, 5, 22-26.
- 2005. *Anna Achmatova v šestidesjatye gody*, M.
Tomašesvskij, B. 1923. „Literatura i biografija", *Kniga i revoljucija*, 4, 6–9.
- 1925. *Puškin. Sovremennye problemy istoriko-literaturnogo izučenija*, Leningrad.
Tomašesvskij, B. 1990. „Puškin. Sovremennye problemy istoriko-literaturnogo izučenija", ders., *Puškin. Raboty raznych let*, M., 8-76.
Toporov, V.M. 1975. „Ob odnom aspekte ‚ispanskoj' temy u Bloka", *Tezisy I. Vsesojuznoj (III) konferencii „Tvorčestvo A.A. Bloka i russkaja kul'tura XX veka"*, Tartu, 118-121.
- 1981. *Achmatova i Blok* (k probleme postroenija poėtičeskogo dialoga: „blokovskij" tekst Achmatovoj), Berkeley.
Trocyk, O.A. 2001. *Biblija v chudožestvennom mire Anny Achmatovoj*, Poltava.
Turkov, A. 1969. *Aleksandr Blok*, M.
Tynjanov, Ju.N. 1977. „Blok" (1921), ders., *Poėtika. Istorija literatury. Kino*, Leningrad, 118-123, 437-441.
Tynjanov, Ju.N. 1924. „O literaturnom fakte", *Lef*, 2, 101-116.
Vaksberg, A. 1999. *Lilja Brik. Žizn' i sud'ba*, M.
Verhaeren, É. 1912. *Les Blés mouvants*, Paris, Mercure de France.
Verhaeren, É. 1924. „Les deux enfants de roi", ders., *Œuvres*. Bd. IV: Quelques Chansons du Village, Paris: Mercure de France, 110.
Vinogradov, V. V. 1922. „O simvolike Anny Achmatovoj", *Literaturnaja mysl'*, Petrograd, 91-138. Nachdruck (=Slavische Propyläen 74) München 1970.
Vinogradov, V. V. 1925. *O poėzii Anny Achmatovoj (stilističeskie nabroski)*. Leningrad, ²The Hague/Paris 1969.
Vilenkij, V.Ja. / V.A. Černych (Hg.) 1991. *Vospominanija ob Anne Achmatovoj*, M.

Zen'kovskij, V. 1958. *Aus der Geschichte der ästhetischen Ideen in Russland. im 19. und 20. Jahrhundert*, Den Haag.
Žirmunskij, V.M. 1916. „Preodelevšie simvolizm", *Russkaja mysl'*, 1, 25-56.
Žirmunskij, V.M. 1972a. „Anna Achmatova i Aleksandr Blok", ders., *Teorija literatury, Poètika. Stilistika.* Leningrad 1977, 323-354.
Žirmunskij, V.M. 1972b. „Drama Aleksandra Bloka «Roza i krest'». Literaturnye istočniki", ders., *Teorija literatury, Poètika. Stilistika,* Leningrad 1977, 244-322.
Žirmunskij, V.M. 1973. *Tvorčestvo Anny Achmatovoj,* Leningrad.

Swetlana Kazakova

ÖSTLICHE VERORTUNGEN DES POETISCHEN BEI NIKOLAJ GUMILEV

Als Gründer der akmeistischen Lehre in Russland sprach sich Nikolaj Gumilev vehement für die Wiederanerkennung einer natürlichen Ordnung des Seins aus. Entgegen der lange Zeit vorherrschenden Position einer in Abhängigkeit von kontextuellen Zusammenhängen angenommenen Sinnhaftigkeit der Dinge im Symbolismus postulieren die Poeten aus dem akmeistischen „Cech poėtov" die unabänderliche Annahme der Welt „vo vsej sovkupnosti krasot i bezobrazij" (Gorodeckij 1974, 111). Durch eine solche natürliche Hierarchie sollte das poetische Ding nun einen neuen ästhetischen Wert erhalten.

Mit den Namen Valerij Brjusov, Nikolaj Gumilev und Osip Mandel'štam werden generell Bestrebungen nach einer perfekten Poetik in der Dichtkunst assoziiert. Nicht umsonst wird die diffizile Versarbeit des ältesten Symbolisten und der beiden Meister der akmeistischen Gilde als dichterische „Gotik" bezeichnet. Bei jedem von ihnen entdeckt man Metaphern der Proportionalität als Ausdruck einer geradezu skulpturhaften Ästhetik, die der Suche nach dem präzisesten Bild des Substantiellen gilt. Gerade durch einen konkreten Umgang mit dem Wort, mit dem „Wörtlich-Nehmen", bekennen sich die Poeten zu einer extremen Teleologie, durch die das Göttliche seine perfekten Strukturen und Formen offenbaren solle.

So kommt die Begeisterung Mandel'štams über den ursprünglichen Sinn der Phänomene und über die unberührbare Abfolge des Daseins in Bildern von abgeschlossenen Kristallstrukturen zum Ausdruck („Silentium"); im Symbol der Halskette wird die perfekte Kombinierbarkeit der Worte bei Gumilev veranschaulicht, die seine dichterische Arbeit spezifiziert (Zyklus „Ožerel'e"). Diesem Wortnominalismus (das Wort gleicht dem Ding an) spricht A. Hansen-Löve kulturelle Realität zu. Im Akmeismus bekommen Autor und Leser nicht nur individuelle, sondern auch Lebensqualitäten: „die poetische Wort-Welt bildet das Modell für die gesamte Welt, wie sie wesenhaft und in der Geschichte allgegenwärtig ist" (Hansen-Löve 1993, 225).

Die Umwertung der ästhetischen Vorstellungen durch eine Absage an das Metaphysische vollzog im ausgehenden 19. Jh F. Nietzsche, für den das Christliche als Widernatürlichkeit galt. In Anknüpfung an Heraklit verstand er die

Welt als einen unendlichen Prozess des Werdens und Vergehens, des Schaffens und Zerstörens, in dem eine Urkraft sich selbst erhält (Störig 2002, 603). In Bezug auf die menschliche Persönlichkeit erhielt diese Idee ihre Entsprechung in der Formel *Auf-dem-Sein*. Die Lebensfunktion des Menschen bestehe in der Bestimmtheit, eine Brücke zu sein, eine Brücke zwischen ihrer Eigenschaft als Übergang und Untergang. „Ich liebe die, welche nicht erst hinter den Sternen einen Grund suchen unterzugehen und Opfer zu sein: sondern die sich der Erde opfern". Nietzsche zufolge bedeutet dies, dem Leben freudig *Ja* zu sagen (Störig, 608).

Mit dem Begriff *peregrinatio* bezeichnet E. Paplja das bekannte Motiv der Reise bei Gumilev, dessen Variationen als Abenteuer oder Wanderung einen nur äußeren Vollzug anbieten. Viel glaubwürdiger wirkt die Deutung des Motivs im Sinne von „palomničestvo", das Bezug zum eigenen Lebensweg hat, aber auch ein „Mustersein" darstellen kann (Paplja 1987, 219-221). In dieser Gedankenreihe steht auch die Behauptung, dass für den Poeten der Topos Afrika die Funktion eines „gelobten Landes" erfüllt, in dem er sowohl seine irdischen als auch geistigen Ziele realisieren kann" (Paplja, 221). Selbst die für den Dichter so typische Selbstmythologisierung hat Bezug zu seinem „primären" adamitischen Einsatz in der Poesie.[1]

E. Rusinko untersucht die kreative Persönlichkeit Gumilevs hinsichtlich ihres kommunikativen Aspekts im gezielten Umgang des Poeten mit dem Grundbegriff der akmeistischen Poetik – dem Wort. Dieser zufolge entwickelt der Dichter seine poetische Theorie als Korrespondenz und Ergänzung seiner poetischen Praxis, bei der die Heroisierung des Autorenbildes eine wichtige Rolle spielt. Im Gegensatz zur besonderen Selbststilisierung des symbolistischen Subjekts tritt das lyrische Ich in den akmeistischen Texten eher zurück, wodurch es unterschiedlichen „materiellen" Substitutionen Platz macht. Dies erfordert vom gumilevschen Autor „to be both a personal inclination and an aesthetic principle" (Rusinko 1987, 256).

Der ganze Zyklus „Šater" (1921) poetisiert die Bestrebungen Gumilevs, eine neue Strategie der Selbstidentifikation aufzuzeigen. Es handelt sich dabei nicht nur um den für ihn charakteristischen Exotismus, sondern auch um eine Versinnbildlichung von Afrika und der Wüste. Dabei handelt es sich um das letzte Buch, das der Poet noch erleben konnte.[2] Im Gedicht „Vstuplenie" entsteht der

---

[1] „Zdes' bog stanovitsja bogom živym, potomu-čto čelovek počuvstvoval sebja dostojnym takogo boga <...> Kak adamisty, my nemnogo lesnye zveri i, vo vsjakom slučae, ne otdadim togo, čto v nas est' zverinogo, v obmen na nevrasteniju" – schrieb Gumilev 1912 in seinem Manifest „Nasledie simvolizma i akmeizm" (Gumilev 1974, 108).

[2] In seinen afrikanischen Reisen wiederholte N. Gumilev immer wieder die erste Marschroute durch Somalia und Äthiopien, die er „magische Orte" nannte, in der Bemühung, diese weiterzuführen. Als besonders anziehend empfand der Poet die Stadt Harare, in der seinerzeit auch A. Rimbaud die meisten Jahre verbrachte und wohin er vor seinem Tod zurückkehren

hypergeographische Topos von Afrika als Urort, an dem die seelische Landschaft eines Gläubigen ihren absoluten Beginn, aber auch ihr Ende erkennt.

> И последняя милость, с которую
> Отойду я в селенья светые,-
> Дай скончаться под той сикоморою,
> Где с Христом отдыхала Мария.
> („Вступление")³

Nikolaj Rerich: Christus

Das Ich Gumilevs ist durch eine Poetik des Dings („object poem") auf eine Poetik des Ortes (poetry of place) bezogen, die als typisch für die implizite Subjektivität dieser Lyrik gelten kann. Bekanntlich rechnet die poetische Suggestion in solchen Texten mit einem gewissen „Ortsbewusstsein" (sense of place). Es handelt sich dabei um die mögliche Manifestation eines geistigen Landes, konstituiert durch die unbewusste Beteiligung einer inhärenten mündlichen Kultur und einer ebenso unbewusst bewahrten literarischen Kultur (Müller 2004, 101). Die Wirkung der Ortspoetik wird durch eine Wahrnehmungsintensität hervorgerufen, die auf dem Prinzip der Kontiguität beruht. W. Müller bezeichnet die ästhetische Evokation, daraus erwächst, Epiphanie (Müller, 103).

Im Vergleich mit den anderen poetischen Werken Gumilevs stellen seine afrikanischen Gedichte einen der abgeschlossensten Zyklen dar. Man darf dabei nicht vergessen, dass die eigentümliche Kultur des schwarzen Kontinents (hauptsächlich des Französisch sprechenden) vor allem durch ihre französischen Einflüsse interessant für den Poeten geworden war, der 1906-1907 gerade seinen ersten Aufenthalt in Paris absolvierte. Gumilevs Besuch in Frankreich war auch der Anlass dafür, seine erste Reise nach Afrika vorzunehmen. Zu dieser Zeit

---

wollte. Es ist erstaunlich wie Städte, Orte und Völker, die die beiden Poeten bevorzugten zu bereisen, übereinstimmen (Davidson 2008, 104, 116).

³ N. Gumilev, *Stichotvorenija i poemy* (BP), L. 1988, 281. Im Weiteren: NGS.

herrschte in Frankreich eine große Vorliebe für exotische Länder und Kulturen. Diese Mode, Kunst aus Afrika und Ozeanien zu sammeln, beeindruckte Gumilev bei Persönlichkeiten wie A. Modilagni, G. Appolinaire u.a., die er persönlich kennengelernt hatte. Der Dichter besuchte 1907 außerdem die Pariser Ausstellung von N. Rerich, dessen Bilder bei ihm aufgrund ihrer Darstellung der „Welt der Urmenschen" Begeisterung hervorriefen (Greem 1992, 25). L. Allen führt in diesem Zusammenhang auch die Malerei von E. Delacroix mit ihren leuchtenden Farben als Beispiel an, indem er vermerkt, dass in der „exotischen" Dichtung von Gumilev das malerische Element über das musikalische dominiert (Greem, 237).

E. Delacroix: Junger Tiger mit seiner Mutter

A. Rimbaud, der selbst nach Abessinien floh, gehörte ebenfalls zu den Lieblingspoeten Gumilevs; er sammelte und übersetzte dessen „Abessinischen Lieder" ins Russische. Gumilev verfasste zudem ein Gedicht unter dem Titel „Abissinija" (Zyklus „Šater"):

> Есть музей этнографии в городе этом
> Над широкой, как Нил, многоводной Невой,
> В час, когда я устану быть только поэтом,
> Ничего не найду я желанней его.
>
> Я хожу туда трогать дикарские вещи,
> Что когда-то я сам издалека привез,
> Чуять запах их странный, родной и зловещий,
> Запах ладана, шерсти звериной и роз[4]

---

[4] „Абиссиния" NGS, 295. Im Petersburger Museum für Anthropologie und Ethnographie sind vier abessinische Gemälde aufbewahrt, die N. Gumilev aus Afrika mitbrachte. Ansonsten bestanden seine Kollektionen aus Gegenständen, die die Abessinier in ihrem täglichen

Außer Frage steht auch das Vorbild des großen Parnassisten Lekonte de Lisle mit seinen kraftvollen und grellen Bildern der Wildnis, vor deren Kulisse stilisierte Raubtiere eine einmalige Gestaltungspräzision aufweisen. In Gumilevs Gedicht „Abissinija" erkennt man die „wilde" Ornamentik im Bild des Landes: „Razmetavšis' sredi četyrech ploskogorij, / S otdychajuščej l'viceju schoža strana"; was aber auch als eine Art Muster in „Sachara" vorkommt: „Chot' redki ostrova v okeane ognja, / Točno pjatna na škure geparda". Dem Anführer der russischen Adamisten imponierte vor allem die Auffassung des französischen Parnassisten de Lisle, dass die Poesie keinen persönlichen und beichtenden Charakter haben, sondern ihr Ziel in jener heiligen Unruhe der Geschichte suchen solle, vor der sich die menschliche Seele krümmt (Greem 1992, 238). Das Gedicht „Sahara", das eine zentrale Stelle im afrikanischen Zyklus einnimmt, präsentiert einen Text, dessen reizvolle Fülle in der arrangierten Intensität einer gigantischen Wüstenumwandlung besteht. Bei diesem Prozess verlässt das Ortsbewusstsein die individuellen Grenzen, was eine „Wiederkunft des Gleichen" (Birus 2006, 33) implementiert.[5]

Man muss anmerken, dass für das Interesse der Künstler am Primitiven das Entdecken neuer Kosmogonien entscheidend war; Gumilev selbst widmete dieser Problematik Poeme wie „Zvezdnyj užas" und „Poėma načala". Gerade Letzteres bietet überzeugendes Beweismaterial zum Einfluss Nietzsches auf Gumilev hinsichtlich eines sich ständig wandelnden ungeheuerlichen Energieflusses, wie Greem feststellt. Das Buch *Wille zur Macht* („Volja k vlasti") erschien in Russland 1910, zudem hat das dichterische Vorbild Gumilevs, V. Brjusov, ebenfalls Nietzsche übersetzt. „Für Gumilev sowie für Nietzsche bietet die dionysische Perspektive eine tragischere, aber auch wahrhaftere Vision des menschlichen Lebens – ein Feld des Kampfes, wo sich der Wille ständig selbst überprüft" (Greem 1992, 29).

> И, быть может, немного осталось веков,
> Как на мир наш зеленый и старый,
> Дико ринутся хищные стаи песков
> Из пылающей юной Сахары.

Leben benutzten. Dazu schrieb der Poet selbst Folgendes: „Nado mnoj nasmechalis', kogda ja pokupal staruju odeždu, odna torgovka prokljala, kogda ja vzdumal ee sfotografirovat', i nekotorye otkazyvalis' prodat' mne to, čto ja prosil, dumaja, čto ėto nužno mne dlja koldovstva. Dlja togo, čtoby dostat' svjaščennyj sdes' predmet – čalmu, kotoruju nosjat charrarity, byvavšie v Mekke, mne prišlos' celyj den' kormit' list'jami kata (narkotičeskogo sredstva, upotrebljaemogo musul'manami) obladatelja ego, odnogo starogo poloumnogo šeicha" (Davidson 2008, 162).

[5] Die apokalyptische Vision im Text geht auf eine durch archäologische Ausgrabungen entstandene Theorie zurück, dass die Wüste Sahara aggressiv voranschreitet. 1987 erschien in der Zeitung „Pravda" ein Bericht unter dem Titel „Pustynja nastupaet", wonach sich die Wüste innerhalb der letzten 50 Jahre zusätzlich um 65 Millionen Hektar ausgedehnt haben solle (NGS, 584).

Средиземное море засыпят они,
И Париж, и Москву, и Афины,
И мы будем в небесные верить огни,
На верблюдах своих бедуины.⁶

Nikolaj Rerich: Der Himmelskampf

Nikolaj Rerich: Der Stern der Weltmutter

Die proklamierte Gleichstellung der Phänomene bedeutete für die Akmeisten, dass das Subjekt einem universalen Rhythmus angehöre („oščuščaja sebja javlenijami sredi javlenij"); das akmeistische Phänomen führe zwar ein selbstberechtigtes Dasein, solle nichtsdestoweniger aber auch anderen dienen. Auf sozialer Ebene sollte dieser fundamentale Gleichwert durch eine nach mittelalterlichem Muster vorstellbare Hierarchie bestätigt werden, die, dem „intimen Aristokra-

---

⁶ „Сахара" NGS, 289.

tismus" von Mandel'štam zufolge, gleichsam als Anti-animismus anzunehmen ist (Doherty 1995, 283). Das aktive Moment der akmeistischen Poesie bedeutete auch einen ethischen Imperativ für die Poeten, durch ihre akzentuierte Selbst-Definition die Eigenberechtigung des Literarischen heraufzubeschwören. Ju. Doherty definiert dies so: „poetry, and poetic culture, are therefore no more, and no less, than a continuing re-enactment of the original Creation, and an imitation of the will to life, which elucidates not only the ethical moment in Acmeist poetry, but also that thematic orientation." (Doherty, 286).

Einige ethischen Verhaltensmodelle bei Gumilev, gepaart mit transparenter Symbolik, können jedoch nach M. Jovanovič als freimaurerischer Einfluss auf die gumilevsche Poetik gedeutet werden. Mit großer Wahrscheinlichkeit kann man dabei die Rolle seines Lehrers V. Brjusov vermuten. Schon die Organisationsformen der Akmeisten als Zunft mit dreistufigem Lehrlingsmodell, dessen Krönung der Meister im Gewerbe ist, sprechen dafür. Ebenso kann auch der Moralkodex der Dichter, die sich der Bruderschaft, der Treue, der Tapferkeit und dem Schweigen verpflichtet haben, im Sinne des masonischen Ideals als Tempel Salomons interpretiert werden. Hinzu kommt das Motiv der Suche nach dem „rechten Weg", das die seelischen Prüfungen des lyrischen Subjekts sowie das symbolische Behauen des rohen Steines (ein Wortcode) poetologisch motiviert (Jovanovič 1992, 36-41).

Die akmeistische These, dass die Kunst ihren Schaffensweg nach einer „harmonikalen Grundordnung" im Sinne einer *aesthetica perennis* (Hansen-Löve 1999, 224) anstrebe, setzt die Frage nach der Vollendung voraus. Das Streben nach allumfassendem Wissen ist bei den Dichtern Grundlage für Verfahren, bei denen Elemente der islamischen Mystik (des Sufismus), des manichäischen Dualismus (Luziferianismus), des buddhistischen (vedantistischen) Samsara und der Gnostik ein schwer zu trennendes Geflecht bilden (Slobodnjuk 1994, 183). In „Sachara" trifft man auf eine für die gesamte östliche Diskursivierung des Poeten relevante Sequenz: eschatologisches Verkünden, gespielt als Naturkatastrophe, bei der sich ein totaler Advent durch Feuer-Epiphanie kundtut. Der dabei hochkommende Gedanke betrifft die potenzierte Wiederholung dieses Geschehnisses im Sinne eines Geschichtsbekenntnisses. Solche Suggestionen trifft man in verschiedenen Schaffensperioden Gumilevs. In einem der Texte aus dem Zyklus „Posredine stranstvija zemnogo" beobachtet das lyrische Ich sein Sterben als Übergang in eine feurige Dimension: „I umer ja... i videl plamja, / Ne vidannoe nikogda"; kurz danach findet die bereits erwähnte Regeneration der irdischen Welt statt im Sinne einer immer existierenden Potenz: „I vdrug iz glubi osijannoj / Voznik obratno mir zemnoj". Im Gedicht „Prapamjat'" erkennt man sogar eine poetische Metaphysik des Seins: „I vot vsja žizn'! Kružen'e, pen'e... / Bušuet plamja, trubjat truby... / I vot opjat'...opjat' kak prežde... / Vstajut pustyni, goroda." Ein Heraustreten aus dieser ewigen Wiederkunft kann nur die

Identifikation mit demjenigen sein, der als „berufsmäßiger Ekstatiker in die Reihe der Schamanen aller Zeiten und Länder" (Mayer 1956, 1) gehört, dem altiranischen Propheten Zarathustra. Im gumilevschen Text „Prapamajat'" steht:

> Когда же наконец, восставши
> От сна, я буду снова я –
> Простой индиец, задремавший
> В священный вечер у ручья.
> („Прапамять" NGS, 265)

An dieser Stelle sei angemerkt, dass die Tatsache, Zarathustra habe sich einige Zeit in die Einsamkeit zurückgezogen, einen „interessanten Schnittpunkt bildet zwischen iranischen und mediterranen Diskursen"; bei Plinius erfährt man, dass Zoroaster zwanzig Jahre in der Wüste gelebt habe, nach Marcellinus habe sich Zoroaster währenddessen in einen einsamen Wald zurückgezogen, wo er von indischen Brahmanen „unterwiesen worden sei" (Stausberg 2006, 18-19).

Die Eschatologie Zarathustras tritt aber auch als Schnittstelle der eschatologischen Anschauungen der israelitisch-jüdischen Religion und der parsischen Enderwartungen auf, weswegen er eine so große kulturelle Verbreitung hatte. Dafür spricht in den verschiedenen Traditionen vor allem die Symbolisierung göttlicher und übernatürlicher Kräfte als „Lichtorgie" sowie die Hypostasierung göttlicher Äußerungen und Erscheinungsformen (Mayer 1956, 9). Das Besondere in den eschatologischen Prophezeiungen Zarathustras ist die Idee der sog. Weltenwende. Den Weltablauf stellt der Prophet dar als eine Bewegung, die von der Schöpfung herkommend einem bestimmten Ziele zueilt, an dem ein grundlegender Umschwung eintreten wird, womit die Weltzeit ihr Ende findet und ein neuer Aeon beginnt. In seiner Hinwendung zum Weisen Herrn, den Anfänglichen Ahura Mazdah, der selber in das Geschehen eingreifen will, lobt der avestische Prophet (als präexistente geistige Potenz) die Taten des geheimnisvollen Gottes: „daß Du die Werke und Worte belohnt machen wirst - Böses dem Bösen und ein gutes Los dem Guten – durch deinen Edelsinn am letzten Wendepunkt der Schöpfung" (Geldner 1926, 11).

Als Protagonist einer *philosophia perennis* verkündet Zarathustra das Endgericht in der Vision eines Feuerordals. Die alten Quellen signalisieren dabei verschiedene Möglichkeiten: rotes Feuer, glühendes Metall im Auge, geschmolzenes Metall, dessen Substitut auch das Silber sein kann. Ein interessantes Beispiel bei Gumilev realisiert die Endverkündigung des lyrischen Subjekts in zoroastrischen Indizien:

> Измучен огненной зарей,
> Я лег за камнем на горе,

> И солнце плыло надо мной,
> И небо стало в серебре.
> („На Палатине" NGS, 399)

Seinen Tod erwartet der lyrische Sprecher außerdem auf einer „weiß glühenden Steinplatte". Im Poem „Načalo", wo Verwandlung und Geburt identisch sind, entsteht aus dem Blut des sterbenden Drachen ein Sonnenstrahl. Die Existenz wird also oft als *perpetual* konzipiert: in „Estestvo" als „preobražen'ja estestva"; in „Piza" vergeht die böse Zeit nicht, sondern rächt sich durch die Gegenwart: „I byloe, temnoe bremja / Prodolžaet žit' v nastojaščem", weswegen auch in „Vozvraščenie" die alte Zeit zugleich als ewig erscheint. Vor dem Hintergrund dieser Symbolik wird dabei oft ein Dualismus suggeriert, der sich als Lebensquintessenz des Poeten offenbart, wie z.B.: „Esli ty mogla javit'sja mne / Molniej slepitel'noj gospodnej / I otnyne ja gorju v ogne, / Vstavšej do nebes iz preizpodnej" – in „Posredine stranstvija zemnogo" (NGS, 358) im Sinne eines allgemeinen, die Welt durchziehenden Gegensatzes.

Nikolaj Rerich: Die heilige Stadt – ein Ärgernis für Feinde

Gerade die apokalyptischen Gedanken über ein Vernichtungsgericht durch Feuer, wie dies im Spätjudentum verkündet wird, als Stunde der Welt, „wo der goldfarbige Himmel das ganze Feuermeer in ihm ergießt und die gefräßige Flamme alles, was in der Höhe und auf Erden ist, verzehrt" (Mayer 1956, 120), spricht für gegenseitige Beziehungen und Abhängigkeit der israelitisch-jüdischen Religion von der persischen. Eschatologische Gedanken finden sich bei Gumilev recht häufig, wobei es gewöhnlich nicht um die Feuerepiphanie Gottes, sondern um strafgerichtliche Enderwartungen (parsischer Art) durch das Feuergericht geht:

> Ужели вам допрашивать меня
> Меня, кому единое мгновенье -
> Весь срок от первого земного дня
> До огненного светопредставленья?
>
> („Душа и тело" NGS, 314)

Solche an sich mit Zarathustra kompatiblen Gedanken rufen die Assoziation einer Position des Propheten nahe am lyrischen Ich hervor, ganz im Sinne prophetischer Verkündungen von Weltkatastrophen:

> Я тот, кто спит, и кроет глубина
> Его невыразимое прозванье,
> А вы – вы только слабый отсвет сна,
> Бегущего на дне его сознанья!
>
> („Душа и тело" NGS, 314)

In zarathustrischen Glaubensvorstellungen wird das Auftreten des Propheten in der Welt zusammen mit einer „Erneuerung der Glorie" gepriesen. In speziellen Gattungen (monāğāt), die zum Lob und Dank an den „obersten König aller Propheten" ausgesprochen werden, wird das reine Wesen Zarathustras sowie seine Wahrhaftigkeit hervorgehoben (Schmermbeck 2008, 90-91). Im Gedicht „Pamjat'" beeindruckt die klare Position des lyrischen Ich, das sich emotional der Verkündung eines neuen Tempels verpflichtet, eine Tatsache, die auch den Vollzug des Weltunterganges voraussetzt. Dass das Weltende durch Feuer verursacht wird, verrät die apokalyptische Vision: „I prol'etsja s neba strašnyj svet". Aktuell bleibt dabei die Idee der Apokatastasis, also die Möglichkeit einer neuen Weltentstehung, dabei nicht ohne aktive Mitwirkung des lyrischen Helden:

> Сердце будет пламенем палимо
> Вплоть до дня, когда взойдут, ясны,
> Стены Нового Иерусалима
> На полях моей родной страны.
>
> („Память" NGS, 310)

Die Idee der Wiederherstellung des poetischen Glaubens beschäftigte Gumilev zunehmend, wovon der Titel seines erfolgreichsten Buches „Ognennyj stolp" („Die Feuersäule", 1921) zeugt. Diese Betitelung verweist auf das alttestamentarische Buch „Nehemias", in dem unter anderem steht: „Die Stadtmauer Jerusalems liegt in Trümmern, die Tore sind durch Feuer zerstört" (Bibel 1,2/4). Nehemia empfindet sich selbst als Mundschenk des persischen Königs, dessen

Unterstützung er für den Wiederaufbau der Jerusalemer Stadtmauer erhält. Das israelitische Volk kehrt dorthin zurück, um sich dem Gesetz zu verpflichten. Das Erbarmen Gottes auf dem Weg des Volkes durch die Wüste schildert Nehemia so: „Du nahmst die Wolkensäule nicht weg, sie blieb ihr Begleiter an jedem Tag, und die Feuersäule leuchtete Ihnen, damit sie auch nachts ihren Weg erkannten" (Bibel 9, 19). Hier also liegt der Ursprung des „leuchtenden" Bandes.

Das poetische Bild der Sahara im gleichnamigen Text entfaltet sich parallel zu einer ekstatischen Präsenz einer Sphäre des „Oben": „Ėto večnaja slava peska – tol'ko gornego otsvet požara"; der Wind – der zweite Herrscher der Wüste – wird mit einem „bedeutsamen Außerirdischen aus dem Osten" verglichen. Die Wüstenlandschaft erweist sich als Machtfeld einer feurigen Gewaltpotenz, die sich metonymisch durch das allgegenwärtige rote Auge autorisiert: „Vozduch merknet, stanovitsja solnce zračok, / Kak granatovaja serdcevina". Der himmlische Sänger teilt offensichtlich die Prioritäten des Herrschers und tritt im Bild des rotglühenden Metalls in Erscheinung („Ėto lopnet nalityj ognem izvestnjak / I rassypletsja pylju červlenoj"). Hinzu kommt auch der für Gumilev typische Parallelismus zwischen dem Himmelswasser und dem Erdsand, welcher die Metapher des Wüstenmeeres oder des Wüstenozeans hervorruft. In diesem großen Raum vertikaler Dispositionen glauben die Beduinen an das Himmelsfeuer, während die Marsianer auf dem goldenen Ozean der Erde, genannt Sahara, landen. Wichtig für den Poeten erscheint offensichtlich die Wiederholung:

> И когда, наконец, корабли марсиан
> У земного окажутся шара,
> То увидят сплошной золотой океан
> И дадут ему имя: Сахара.
> („Сахара" NGS, 289)

Dass die irdische Welt eine ununterbrochene Emanation der absoluten Gottesmacht darstellt, beweisen viele Gedichte von Gumilev, die den Einfluss orientalischer Mystik (Sufismus) auf den Dichter offenbaren (Slobodnjuk, 167). Von Interesse sind vor allem die Texte, die der Dichter in einem separaten Zyklus namentlich „Persija" handschriftlich zur Publikation vorbereitete: „Podražanie persidskomu", „Persidskaja miniatjura", „P'janyj derviš". Später hat er sie in sein Lyrikbuch „Ognennyj stolp" einfließen lassen. Bemerkenswert im Text von „P'janyj derviš" ist die Wiederholung der letzten Zeile in allen fünf Strophen, die nach dem alten persischen Dichtungsideal der Ghaselen als Echo-Refrain fortgeführt wird. Das Motiv variiert die Idee des Weinrausches und die Erkenntnis dazu, die durch den wiederkehrenden Echovers die Vorstellung erwähnter Gottesepiphanie aufgreift: „Mir liš' luč ot lika druga, vse inoe – ten' ego!" Darin erkennt man den Glauben der Sufis über die absolute Macht Gottes, der nur durch seine Zeichen – als Licht des Himmels und der Erde – erkennbar ist. Ein Sufi durchläuft verschiedene Initiationsstufen auf seinem Weg zum Meister, bei dem er durch Askese eine Läuterung der Seele erzielt, deren Endstation die mystische Gottesliebe oder Gotteserkenntnis ist. Da es grundsätzlich nichts Existierendes außer Gott gibt, heißt es im Sufismus: „Er allein besitzt die wahre Existenz, das wahre Sein; alles andere ist nur ein Schatten, eine Spiegelexistenz" (Schimmel, 31). Bei der ganzen ironischen Ausstattung des Textes von Gumilev beeindruckt die Bezeichnung Gottes als Freund (*„drug"*) – ein Markenzeichen der erotischen Symbolsprache vor allem der persischen Sufi-Dichter. Der betrunkene Derwisch kann demnach als Synonym von festlichem Rausch durch Wein interpretiert werden, in dem sich die feurige Gottesliebe der Sufis, bekannt als *tanzende Derwische*, offenbart (Schimmel 2005, 47).

Nikolaj Rerich: Magomet

Die Deutung der Liebe zeigt sich bei Gumilev in sowohl ekstatischen als auch leidvollen Metaphern, die der Bildersprache der persischen Liebesdichtung nahestehen. So trifft man im Gedicht „Šestoe čuvstvo" aus demselben Zyklus die Zeile: „Prekrasno v nas vljublennoe vino" an, während dessen die Liebe an sich schmerzende Assoziationen hervorruft:

> Так век за веком – скоро ли, господь?
> Под скальпелем природы и искусства
> Кричит наш дух, изнемогает плоть,
> Рождая орган для шестого чувства.
> („Шестое чувство" NGS, 330)

Von der ganzen Mischung aus orientalischer Gottesfurcht, mystischer Gottesminne und irdischer Liebe im Sufismus (Bürgel 2003, 24) imponierte Gumilev vor allem die Idee, dass die Welt eine Emanation des ewigen Schöpfers sei. Die Derwische haben sich Gott als der sich immer Offenbarende vorgestellt – durch das Schaffen von mehreren Welten, Wesen und Dingen (Slobodnjuk 1994, 173). Diese Spuren der indischen Samsara-Lehre bei den Sufis kann man im gumilevschen Gedicht „Zabludivšijsja tramvaj" erkennen, in dem man eine Interferenz des lyrischen Ich beobachten kann: es lebt parallel in verschiedenen Räumen und Zeiten, sieht sich schon tot oder erkennt bereits Tote, die in einer anderen Zeitdimension noch leben und letztendlich möchte es sich eine Fahrkarte für „das Indien des Geistes" kaufen. In der Erzählung „Afrikanskaja ochota" wiederholt der Dichter dasselbe Verfahren, der Erzähler beobachtet seine eigene Enthauptung so, als wäre er durch ein Medium verdoppelt.[7]

Der akmeistische Konquistador neuer Kunstterritorien kannte die persische und arabische Poesie, worauf schon die Gestalt des Gafiz aus seinem Drama „Ditja allaha" hindeutet; es wurde bereits bemerkt, dass der persische Protagonist im Text in Ghazelen spricht (nach Slobodnjuk, 165), der geläufigen Form, in der Muhammad Schams ad-Din Hafis seine „Gedichte aus dem Diwan" verfasste. Vermutlich soll die rätselhafte Erotik des freisinnigen Poeten mit ihrer Mystik Gumilev fasziniert haben, wenn sein Subjekt in „Persidskaja miniatjura" zum visionären Objekt einer totalen Vergötterung eines „blagouchajuščij starik"[8] werden möchte. Der Verzicht auf das Paradies, sobald die Geliebte erscheint, ist ein Motiv bei Gumilev, angelehnt an eine persische Dichtkunst, deren religiöser Inhalt „die göttliche Verehrung des geliebten Wesens ist" (Bürgel 2003, 22). Man sollte dabei hervorheben, dass bei Hafis und Omar Chaiyam der Wein nicht nur als Quelle der Lebensfreude, sondern auch der Weisheit gesehen wird (Bürgel 19-20). Bemerkenswert ist außerdem, dass die Weinsymbolik als Basis für die Hinwendung Hafis' an die Religion Zarathustras (bekannt als Magierglauben) vorkommt. Durch die Schönheit der Welt, so die Lehre, strahlt die Herrlichkeit Gottes überall aus, so dass der Dichter sie gleichsam körperlich spüren kann – ähnlich, wie in den Feuertempeln des Zoroastrismus ein ewiges Feuer brennt:

> Laßt uns im Land den Feuerdienst
> erneu'n des alten Zoroaster,
> jetzt, da das Feuer Nimrods selbst
> aus Tulpen schlägt in allen Gauen

---

[7] 1922 schrieb eine gewisse Vivian Itin eine Rezension auf das Buch „Ognennyj stolp", in der sie das besagte Verfahren ästhetizistisch, aber auch im Sinne einer geistigen Geographie bei dem Poeten betrachtete, der fröhlich jegliche Lebensarten annimmt. „Mne otrubili golovu", – snitsja emu v odnoj iz ètich istorij – „i ja, istekaja krov'ju, aplodiruju umen'ju palača i radujus', kak vse èto prosto, chorošo i sovsem ne bol'no" (Itin 95, 485).

[8] Der *Alte Wirt* oder der *Magier-Greis* ist derjenige aus der Religion Zarathustras, der die Rätsel der Welt zu lösen vermag. Den Magierglauben bezog Hafiz in merkwürdiger Weise in seine Dichtung ein (Bürgel 2003, 18-18).

> Trink Wein, kredenzt von schöner Hand,
> der neu belebt wie Jesu Odem,
> denk nicht an Ad und an Thamud,
> die Gott verstieß in ewiges Grauen.
> (Hafiz 2003, 89)

Im gumilevschen Dramastück spricht der Astrologe, der über Sternenkonstellationen rätselt: „Ja prosvetlju vinom moj razum". Selbst Hafis als Figur scheint eine ziemlich ähnliche Sprachsymbolik zu benutzen wie der tatsächliche Poet. Wie es für die Ornamentik Gumilevs typisch ist, erscheinen im kleinen poetischen Raum viele Hypostasen der orientalischen Exotik, darunter die Blüten des Granats, das Korallennetz, der Moschusduft, der Vogelgesang, etc, deren Intensität letztendlich danach gerichtet ist, den Schöpfer – die Sonne – zu rühmen. Dabei bleibt Gumilev ganz im bekannten poetischen Ornatus des persischen Dichters, wenn er sagt: „Car' purpurnyj i zolotoj / Opisan v čašečkach tjul'panov". In diesem Aufzug präsentiert sich Hafiz in entsprechendem Ambiente, in seinem Garten unter Rosen, Jasmin und vielen Vögeln. Hinweise auf religiöse Ansichten und Zugehörigkeit gibt der Protagonist selbst in jedem Moment, in dem er seine Dichtkunst in Allegorien einer heiligen Berauschung und Wollust proklamiert:

> Я тоже дервиш, но давно
> Я изменил свое служенье:
> Мои дары Творцу – вино,
> Молитвы – песнь о наслажденье.
> („Дитя аллаха")[9]

Das interessante Sujet des Dramas wiederholt stufenweise das Motiv der Verführung durch das Kind Allahs – die Schönheit Peri – und der Tötung, die sich dann aber als glückliche Transferierung der Seelen an andere Orte erweist. Die göttliche Institution manifestiert sich entsprechend durch gute lichtvolle Gestalten („Zažog požar v nebesnych dolach / Car' purpurnyj i zolotoj"; „Istočnik rajskij El'zebil") oder aber finstere Kräfte („I éto sdelal Azrail", „Prokljatyj Éblis"), deren Spitzenopposition das Paar Hafiz-Peri darstellt. Die Lichtpräsenz des dichtenden Derwischs wird transparent dank der Augen („Glazami, polnymi ognja"), er ist die „Schiraser Biene", in seinen Beschwörungen nennt er sich „Ja feniksom, ja alkonostom"; er besitzt göttliche Macht, da es ihm gelingt, die von Peri Getöteten zurück ins Leben zu rufen. Die verführende Schönheit Peri repräsentiert hingegen die bösen dämonischen Kräfte, analog zu der parsistischen

---

[9] Gumilev, N. Dramatičeskie proizvedenija. Perevody. Stat'i. Leningrad, 1990, 142. Im Weiteren: NGD

Herkunft ihres Namen: ‚Peri' bedeutet Dämon (Slobodnjuk 1994, 176). Im Zoroastrismus haben diese Funktion die Devs, deren subsumierendes Bild der düstere *Ahriman* ist, als Antipode des das Licht symbolisierenden *Ohrmazd*. Peri wird im Drama die Schwester des Todesengels genannt, was mit der Funktion der Devs im Zoroastrismus korrespondiert: nach dem jüngeren Avestā (dem parsischen Kanon) schneiden die bösen Devs den Lebensfaden eines Menschen ab, wenn die Zeit für dessen Tod gekommen ist (Geldner 1926, 45).

Nikolaj Rerich: Schirin und Chosrow

Peri steigt auf die Erde herab mit der Aufgabe, den besten von Adams Söhnen zu finden. Auf ihrem Weg prüft sie all jene, denen sie begegnet – Jüngling, Beduine und Kalif, die ihretwegen sterben. Dem „Herz des Glaubens" Hafiz wird sie durch den Derwisch im Drama vorgestellt. Wenn man bedenkt, dass die gespenstische Peri und der Herrscher der „Sprache der Wunder" erst dann zueinander finden, nachdem er ihre Sünden wieder gutmacht und sie bereit ist, seine Lieder zu lernen („No radost' govorit' čudesnej"), kann man in Peri eine Botschafterin des Wortes Gottes sehen:

> Я рек. Собранье мудрецов
> Пускай слова мои запишет.
> Сестра, облекшаяся в плоть,
> Их распевать заставь поэта,
> Чтоб знали люди, как Господь
> Взыскал потомка Магомета.
>
> („Дитя аллаха" NGD, 147)

Das absolute Gebot des zoroastrischen Glaubens beinhaltet gutes Denken, gutes Sprechen und gutes Handeln, und diese Triade stellt „ein zentrales zarathustrisches Element" dar (Schmermbeck 2008, 51). Aus diesem Grund gestaltet sich auch der Weg der Seele nach dem Tod eines Rechtgläubigen zum leidlosen Leben in vier Schritten: indem sie „ihren Fuß auf den guten Gedanken setzt", dann auf die gute Rede, auf das gute Werk und erst dann „in die anfangslosen Lichter" (Geldner 1926, 43).

Das gemeinsame Werk des Paares Hafiz-Peri ist erfüllt und die Gegensätze verschmelzen in einer (zoroastrisch) glühenden und feurigen Symbolik: sie ist „slovno slitok zolotoj, rasplavlennyj"; er – „plamja, zgučee cvety". Das Zusammentreffen solcher Gegensätzlichkeiten wie gut und böse, Licht und Finsternis im Drama ist offensichtlich Ausdruck des orientalischen Dualismus, der, historisch gesehen, gerade durch den iranischen Zoroastrismus nach Westen gekommen war, wo er sich mit Elementen aus der jüdischen Tradition vermischt hatte. Wie O. Spengler vermerkte: „Alle die neuen Visionen vom Menschensohn, vom Satan, den Erzengeln, den sieben Himmeln, dem Jüngsten Gericht sind persische Fassungen des gemeinsamen Weltgefühls" (nach Orsucci 2006, 178).

Besonders interessant im Drama scheint die eschatologische Suggestion zu sein, die den östlichen religiösen Synkretismus im Kern bestätigt. Sie wird einmal in der pro-persischen symbolischen Sprache des Hafis codiert: „Sgoraet solnce-serafim / Dlja vernogo, dlja inoverca". Hier spürt man unter anderem die Toleranz islamischer Mystiker in Bezug auf die Frage nach der Konfessionszugehörigkeit, da in erster Linie die Liebe zu Gott und das Erkennen seiner zählt.[10] Im nächsten Schritt verkündet der Dichter schon das kommende Weltende durch einen Feuerbrand: „Dlja vernogo, dlja inoverca / Šumit spasitel'nyj požar". Gerade Parallelen zwischen den eschatologischen Motiven im Parsismus und im späten Judentum – im Gegensatz zum griechisch-römischen Weltmodell, bei dem es „ein Sein, kein eigentliches Werden gebe"–, stimulierte die Entdeckung der Zeitlichkeit. Das Erleben der Welt und der Geschichte erscheint in den orientalischen Vorstellungen als ein Kampf von Gegensätzlichkeiten, der ein Anfang und ein Ende hat (Orsucci, 180). Das Spezifische liegt darin, dass bei dieser schicksalhaften Zeitidee der Mensch die Weltgeschichte auch als seine eigene erlebt. Dieses besondere aktive Verständnis Gumilevs für seine Gegenwart, aber auch sein Weltgefühl erfasste M. Cvetaeva, indem sie Gumilev „gottbegnadeten Meister" nannte, dessen historisches Gefühl das Gefühl des Schicksals war (Cvetaeva 95, 487).[11]

Der nietzscheanische Zarathustra-Diskurs sprach den Poeten nicht nur durch die Idee der geistigen Verwandlung („My menjaem duši, ne tela") an; Gumilev betonte die schicksalhaften Wiederholungen als Gegebenheiten der Geschichte, nach der man sich selbst richtet, indem sie „nun gewollt wird" (Figal 2006, 55). Im Spannungsfeld zwischen ernsthaftem Geschehenlassen und spielerischem

---

[10] „Für Hafiz besteht kein Unterschied zwischen Schenke und Moschee, zwischen Moschee, Kirche und Feuertempel, wenn nur der „Freund" nahe ist" (Bürgel 2003, 23).

[11] In einem Aufsatz über Gumilev sprach Cvetaeva ihren Dank an den Poeten in folgender Abfassung: „Dorogoj Gumilev, est' tot svet, ili net, uslyš'te moju, ot lica vsej Poèzii, blagodarnost' za dvojnoj urok: poètam – kak pisat' stichi, istorikam – kak pisat' istoriju" (Cvetaeva 95, 487).

Tun ging er selbst über das Menschsein hinaus. Der nietzscheanische „Ring der Wiederkunft" reaktivierte bei ihm den zoroastrischen Wendepunkt, der romantische Habitus des Übermenschen öffnete wiederum die Perspektive des Prophetentums. Wie M. Stausberg subsumierend schreibt: „Die Signifikanz Zarathustra wird einerseits stets vorausgesetzt, andererseits aber zugleich im Diskurs immer wieder neu erzeugt" (Stausberg 2006, 12). Das Potenzial dieses Musters besteht nach Nietzsche sowieso in der Kreativität eines Menschenbildes, in dem der Mensch in ständiger Steigerung seines Selbst zu immer größeren Höhen begriffen ist. Diese selbsterschaffende Erhabenheit wirkt auch als eine „sich selbst genügende, wohlgefällige Schönheit" (Wohlleben 2006, 130).

Im markanten Gedicht „Pjatistopnye jamby" Gumilevs, das autobiographische und gleichzeitig lebensphilosophische Anklänge besitzt, fügt sich das Mosaik von Wüstenmeer, Stein und Gold im Topos des Tempels zusammen, indem der Untergang auch als ein Übergang erscheint.

> Есть на море пустынном монастырь
> Из камня белого, золотоглавый,
> Он озарен немеркнущею славой,
> Туда б уйти, покинув мир лукавый,
> Смотреть на шир воды и неба шир...
> В тот золотой и белый монастырь!
> („Пятистопные ямбы" NGS, 222)

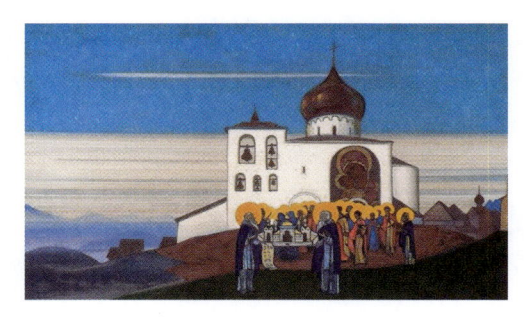

Nikolaj Rerich: Zvenigorod

F. Nietzsche machte durch das „Zarathustra"-Buch seine Zeitgenossen auf die historischen Verflechtungen von Religionen und Kulturen aufmerksam, ein Novum für die damalige Historiographie (Orsucci 2006, 184). Seine Philosophie der tanzenden Götter (vgl. die *tanzenden Derwische* der Sufis) stellte er einer zentrierenden Macht-Mitte gegenüber und etabliert eine Weltsicht, bei der die Treue der Existenz zum eigenen Selbst (die natürliche Ordnung, der Realismus der Akmeisten) als „Wille zum Willen" (Quero-Sanchez 2006, 100) die tatsächliche Lebensrettung bedeutet. Mit diesem Modus kongruiert der Aktivismus Gumilevs, der sich sowohl handlungsbereit als auch der Imagination zugewandt präsentiert. Im Letzteren erfährt man harmonisierend vereint das Heroische und das Tragische, dabei nicht religionsdiskursiv, sondern eingelöst in jenem „Pathos der Beglaubigung", das mit dem Namen Zarathustra assoziiert wird. Im Glaubensbekenntnis der Zoroastrier, wie die Gāthās (die Redeverse der Propheten) besagen, stehen ohnehin der „schönste Körper" und „die höchste Höhe" für die Sonne, und der „weise Herr" – für den Lebensgeist (Geldner 1926, 3, 15).

Das poetische Bekenntnis von Gumilev an die Seele lässt nur eine Axiologie zu – die totale:

> Земных надежд небесное Свершенье
> Она величит каждое мгновенье.
> („Пятистопные ямбы" NGS, 222)

Literatur

1994. *Die Bibel. Sonderausgabe International Book Sales Establishment Balzers*, Liechtenstein.
Birus, H. 2006. „‚mein Sohn Zarathustra': Zur Vorgeschichte einer Namengebung", Mayer, M. (Hrsg.), *Also wie sprach Zarathustra? West-östliche Spiegelungen im kulturgeschichtlichen Vergleich*, Würzburg, 31-47.
Bürgel, Ch., 2003. „Einleitung", *Hafiz, Muhammad Schams ad-Din. Gedichte aus dem Diwan*, Stuttgart, 3-31.
Cvetaeva, M. 1995. „O Gumileve", Ju. Zobnin (Hrsg.), *Nikolaj Gumilev: pro et contra. Ličnost' i tvorčestvo Nikolaja Gumileva v ocenke russkich myslitelej i issledovatelej*, Sankt-Peterburg, 486-487.
Davidson, A. 2008. *Mir Nikolaja Gumileva, poèta, putešestvennika i voina*, Moskva.
Doherty, Justin. 1995. *The Acmeist Movement in Russian Poetry. Culture and the Word*, Oxford.
Figal, G. 2006. "Zarathustra als erfundener Lehrer", *Also wie sprach Zarathustra? West-östliche Spiegelungen im kulturgeschichtlichen Vergleich*, Würzburg, 49-57.
Geldner, K. 1926. *Die zoroastrische Religion (Das Avesta)*, Tübingen.
Gorodeckij, S. 1974. „Nekotorye tečenija v sivremennoj russkoj poèzii", Zb. Barański, J. Litwinow (Hrsg.), *Rosyjskie manifesty literackie*, Poznań, 109-113.
Greem, S. 1992. „Gumilev u primitiv", *N. Gumilev i russkij Parnas (Materialy naučnoj konferencii 1991)*, Sankt-Peterburg, 25-31.
Gumilev, N. 1990. *Dramatičeskie proizvedenija. Perevody. Stat'i*, Leningrad.
— 1974. „Nasledie simvolizma i akmeizm. Nekotorye tečenija v sovremennoj russkoj poèzii", *Rosyjskie manifesty literackie*, Poznań, 106-109.
— 1988. *Stichotvorenija i poemy (BP)*, Leningrad.

Hansen-Löve, A. 1993. „Zur Periodisierung der russischen Moderne. Die ‚dritte Avantgarde'", *Wiener Slawistischer Almanach* 32, 207-264.
— 1999. „Jan Mukařovský im Kontext der ‚Synthetischen Avantgarde' und der Formal-philosophischen Schule" in Russland (Fragmente einer Rekonstruktion")", V. Macura (Hrsg.), *Jan Mukařovský and the Prague School*, Universität Potsdam, 217- 262.
Itin, V. N. 1995. „Gumilev. „Ognennyj Stolp", Ju. Zobnin (Hrsg.), *Nikolaj Gumilev: pro et contra. Ličnost' i tvorčestvo Nikolaja Gumileva v ocenke russkich myslitelej i issledovatelej*, Sankt-Peterburg, 484-485.
Jovanovič, M. 1992. „Nikolaj Gumilev i masonskoe učenie", *N. Gumilev i russkij Parnas*, Sankt-Peterburg, 32-46.
Mayer, R. 1956. *Die biblische Vorstellung vom Weltenbrand. Eine Untersuchung über die Beziehungen zwischen Parsismus und Judentum*, Bonn.
Müller, W. 2004. „Das Problem der Subjektivität der Lyrik und die Dichtung der Dinge und Orte", A. Nünning (Hrsg.), *Literaturwissenschaftliche Theorien, Modelle und Methoden*. Trier, 93-105.
Orsucci, A. 2006. „Zarathustra als Symbol der Begegnung zwischen Orient und Okzident: Philosophie und Orientalistik in der Zeitspanne von 1880 bis 1930", *Also wie sprach Zarathustra? West-östliche Spiegelungen im kulturgeschichtlichen Vergleich*, Würzburg, 173-188.
Paplja, E. 1987. „Homo peregrinans v lirike Nikolaja Gumileva", Sh. Graham (Hrsg.), *Nikolaj Gumilev 1886 - 1986. The Gumilev centenary Symposium. Berkeley*, 215-224.
Quero-Sanchez, A. 2006. „Zarathustras Treue zur Erde als Wille zum Willen: Friedrich Nietzsches Philosophie der Wünschbarkeit", *Also wie sprach Zarathustra? West-östliche Spiegelungen im kulturgeschichtlichen Vergleich*, Würzburg, 89-110.
Rusinko, E. 1987. "The ‚Two Adams': Gumilev's creative personality", *Nikolaj Gumilev 1886 - 1986. The Gumilev centenary Symposium*, Berkeley, 243-267.
Slobodnjuk, S. 1994. "Elementy vostočnoj duhovnosti v poèzii N. Gumileva", *Nikolaj Gumilev. Issledovanija i materialy. Bibliografija*, Sankt-Peterburg, 154-183.
Schimmel, A. 2005. *Sufismus. Eine Einführung in die islamische Mystik*, München.
Schmermbeck, B. 2008. *Persische zarathustrische monāğāt. Edition, Übersetzung, Tradition und Analyse*, Wiesbaden.
Stausberg, M. 2006. „Zarathus(h)tra-Zoroaster: Ost-westliche Spiegelungen von den Anfängen bis Nietzsche", *Also wie sprach Zarathustra? West-östliche Spiegelungen im kulturgeschichtlichen Vergleich*, Würzburg, 11-29.
Störig, H.-J. 2002. *Kleine Weltgeschichte der Philosophie*, Frankfurt am Main.
Wohlleben, D. 2006. „Friedrich Nietzsches Zarathustra im poetologischen Spannungsfeld von Schatten und Erscheinung", *Also wie sprach Zarathustra? West-östliche Spiegelungen im kulturgeschichtlichen Vergleich*, Würzburg, 125-138.

Hans Günther

DIE BLUMEN DES SCHÖNEN: SOWJETISCHE PARADIESE

Am besten sage ich gleich am Anfang, dass ich ein bestimmtes Problem habe. Ich möchte der von uns heute geehrten Person aus gegebenem Anlass eine kleine Blumengabe als Zeichen langjähriger freundschaftlicher Verbundenheit überreichen. Wenn ich jedoch richtig sehe, dann wird diese gutgemeinte Geste im Zuge der Performanz meiner Ausführungen durch die starke ideologische Aufladung meines Gegenstands zunehmend untergraben. Am Ende kommt womöglich etwas heraus, was meinen erklärten Intentionen widerspricht.

Je mehr man darüber nachdenkt, um so deutlicher wird, dass Blumen gar nicht so unschuldig sind wie man häufig meint: „Als Inbegriff der Schönheit partizipiert die Blume implizit an dem ebenso ‚endlosen' wie kontroversiellen philosophischen Disput über das Schöne, über seinen ontologischen oder bloß kontingenten Charakter, über seine Bindung an ethische Kategorien wie ‚gut' und ‚wahr' oder – im Gegensatz dazu über seine totale ästhetische Autonomie" (Baehr 2000, 41). Baudelaire wollte in seinen *Fleurs du Mal*, deren bizarre, morbide Welt von Flaneuren bevölkert ist, die zwischen spiritualité und animalité, spleen und idéal, Satanischem und Göttlich-Erhabenem schwanken, das Schöne aus dem engen Korsett einer automatisierten Koppelung von Schönem und Wahrem emanzipieren.

Mit dem entgegengesetzten Fall haben wir es in der Kultur der Stalinzeit zu tun, in der das Zusammenfallen von Gutem und Schönem von staatlicher Seite dekretiert und überwacht wurde. Mit dem Ende der Sowjetunion brach diese gewaltsame Verklammerung auseinander. In seinem Vorwort zur Anthologie (auch dieses Genre hat es mit Blumen zu tun!) *Russkie cvety zla* (*Russische Blumen des Bösen*) konstatiert Viktor Erofeev, die nachsowjetische Literatur habe „einen ganzen Strauß fleurs du mal gepflückt" („narvala celyj buket fleurs du mal") (Erofeev 1997, 7), so dass der ehemalige Duft von Feldblumen durch Gestank abgelöst worden sei. Die vormals verordnete Positivität habe negativen Themen wie Tod, Gewalt, Sexualität, der Faszination des Schreckens usw. Platz gemacht.

Die Semantik der Blume im Kontext des sowjetischen Schönheitsdiskurses ist keineswegs konstant. Zumindest kann man nach der Oktoberrevolution zwei Phasen unterscheiden, eine utopische, revolutionär-asketische und eine auf reale

Verschönerung des gegenwärtigen Lebens abzielende. Für die linke Avantgarde war per se das Konstruierte dem Organischen, die Technik der Natur überlegen (Papernyj 2000). Dazu kam noch das Odium des Reaktionären, das den Blumen anhaftete. In den Augen Vladimir Majakovskijs sind Blumen untrennbar mit Kitsch und Spießertum verbunden. In seinen ROSTA-Versen findet man unter dem Titel „Sovetskaja azbuka" (Das sowjetische Alphabet) unter dem Buchstaben „Ц" die Verszeilen:

> Цветы благоухают к ночи / Царь Николай любил их очень. (Majakovskij PSS III, 28)
>
> Die Blumen duften zur Nacht / Der Zar Nikolaus liebte sie sehr.

Richtet sich Majakovskijs Zorn anfangs gegen das vorrevolutionäre Spießertum, so attackiert er Ende der 20er Jahre das nachrevolutionäre. Ein bekanntes Beispiel entnehme ich dem satirischen Drama *Klop* (*Die Wanze*):

> Да, да! Сделайте нам красиво! Вы были в Большом театре на «Красном Маке»? Удивительно интересно! Везде с цветами порхают, поют, танцуют разные эльфы и ... сифилиды. (Majakovskij PSS XI, 310)
>
> Ja, ja! Machen Sie's uns schön! Im Bolschoj Theater macht man's uns ständig schön. Haben sie den „Roten Mohn" gesehen? Ach, ich war im „Roten Mohn". Unglaublich interessant! Überall flattern, singen und tanzen allerhand Elfen und ... Syphiliden mit Blumen.

Die bösartige Verwechslung von „Sylphiden" mit „Syphiliden" ist natürlich kein lapsus linguae, sondern dient dazu, die vom Bolschoj Theater dargebotene „Schönheit" zu kompromittieren. Ein ähnliches Verfahren findet sich in der Komödie *Banja* (*Das Schwitzbad*), in der eine Person pathetisch verkündet: «Красота – это двигатель прогресса!» (Die Schönheit ist der Motor des Fortschritts). Als sie zur Wiederholung ansetzt: «Красота – это мать...» (Die Schönheit ist die Mutter...), unterbricht sie ein Zwischenrufer: «Мать! Кто сказал ‚мать'?» (Mutter, wer hat hier ‚Mutter' gesagt?) und rückt damit die Schönheit in die Nähe der Mutterflüche (mat) (Majakovskij PSS XI, 239).

Eine tragische Note klingt dagegen in dem an die Nachkommen gerichteten Poem *Vo ves' golos* (*Mit voller Stimmkraft*) an, in dem der „Agitator" und „Schreihals" seinem Lied auf die Kehle tritt. Aus den herrschaftlichen Gartenanlagen der Poesie ging der „Latrinenreiniger" und „Wassertransporteur" Majakovkij an die Front der Revolution, durchdrungen von Abscheu vor der süßlichen Schönheit dieser Gärten:

> Неважная честь,
> Чтоб из этаких р о з
> Мои изваяния высились
> по скверам,
> Где харкает туберку л ё з,
> где блядь с хулиганом
> Да сифилис. (Herv. H.G.)

(Eine fragwürdige Ehre, / wenn aus solchen Rosen / meine Skulpturen aufragen / auf den Plätzen, / wo die Tuberkulose spuckt, / wo die Hure und der Rowdy zu Hause sind / und die Syphilis) (Majakovskij PSS X, 280)

Nicht ohne selbstzerstörerischen Hass wird die Schönheit einer als falsch und verlogen erachteten Poesie in den Schmutz getreten. Wo bei Majakovskij Blumen sind, ist die Syphilis nicht weit, und „Rose" wird provokativ auf „Tuberkulose" gereimt. Ein solcher Reim wäre für Puschkin sicher nicht akzeptabel gewesen, als er ein passendes Reimwort zu *rozy* suchte und sich ironisch für *morozy* entschied.

Radikaler und asketischer geht es in Platonovs Roman *Čevengur* zu. Hier darf es überhaupt keine Schönheit und keine Kunst geben, da diese nur von den elementaren Überlebensfragen ablenken. Im Unterschied zu Majakovskij haben die heimat- und vaterlosen Čevengurer Sektierer die herrschaftlichen Gärten der Poesie nie betreten, spüren aber in ihrem kunstfeindlichen Drang instinktiv deren Unverträglichkeit mit ihrem Kommunismus der brüderlichen Armut. Da es kein Eigentum geben soll, das Ungleichheit schafft und die Menschen unterdrückt, werden auch die Häuser und verwelkten Gärten ständig in der Stadt hin- und herbewegt. Die Čevengurer Asketen identifizieren sich mit dem unscheinbaren Steppengras, das in ihren Augen Solidarität unter den verwaisten und obdachlosen Armen symbolisiert, während die schädliche Schönheit der Blumen mit Stumpf und Stil auszurotten ist:

> Чепурный пощупал лопух – он тоже хочет коммунизма: весь бурьян есть дружба живущих растений. Зато цветы и палисадники и еще клумбочки, те – явно сволочная рассада, их надо не забыть выкосить и затоптать навеки в Чевенгуре: пусть на улицах растет отпущенная трава, которая наравне с пролетариатом терпит и жару жизни, и смерть снегов. (Platonov 1988, 252)

Čepurnyj betastete eine Klette – auch sie will den Kommunismus: das gesamte Steppenkraut ist Freundschaft lebender Pflanzen. Dagegen sind Blumen und Vorgärten und erst recht Blumenrabatten eindeutig ein Setzlings-Gesindel, man darf nicht vergessen sie in Čevengur abzumähen und für immer zu zertreten: möge auf den Straßen wild wachsendes Gras wuchern, das ebenso wie das Proletariat die Hitze des Lebens und den Tod durch Schnee erleidet.

Doch die sektiererische Phase der Revolution ging vorüber und ein paar Jahre darauf beginnt man sich nach den Schrecken und Hungerjahren der Kollektivierung der Landwirtschaft in der Normalität des Alltags einzurichten. Das Verlangen nach Verbesserung und Verschönerung des Lebens führt zu einer Rehabilitierung der vormals als spießig verachteten Blume wie auch des Naturschönen überhaupt. Der Theaterkritiker Josif Juzovskij erkannte die Zeichen der Zeit, als er 1934 in der *Literaturnaja gazeta* einen Artikel unter dem Titel „Cvety na stole" (Blumen auf dem Tisch) veröffentlichte, der zu einer Art Losung der neuen Ära werden sollte. Es handelt sich um eine Rezension der Mejerchol'd-Inszenierung von Alexandre Dumas' *Kameliendame*:

В Театре Революции, где аскетическая риторика экспрессионизма было до сих пор преобладающем стилем, тоже появились цветы. Они стоят на столе, валяются на тумбочке, разбросаны по полу, торчат в петлицах и в ладонях героев [...]. В «Даме с Камелиями» [...] на сцену поднимается молодой улыбающийся садовник с огромной корзиной цветов на голове. Этого н о в о г о, д о с е л е н е в и д а н н о г о на нашей сцене героя, как ни относиться к спектаклю, в котором он впервые появился, следует встретить аплодисментами. (Juzovskij 193-4 a, 56-57; Herv. H.G.)

Auch im Theater der Revolution, wo bis jetzt die asketische Rhetorik des Expressionismus der dominierende Stil war, sind Blumen aufgetaucht. Sie stehen auf dem Tisch, liegen auf dem Nachttisch herum, sind über den Fußboden verstreut, schauen aus den Knopflöchern und Händen der Helden hervor [...]. In der „Kameliendame" betritt ein junger lächelnder Gärtner mit einem gewaltigen Blumenkorb auf dem Kopf die Bühne. Diesem auf unseren Bühnen n e u e n, b i s h e r n i e d a g e w e s e n e n Helden muss man, gleich wie man sich zu dem Stück verhält, in dem er zum erstenmal erscheint, Beifall zollen.

Für Juzovskij ist kaum nachvollziehbar, dass noch vor drei Jahren der „schreckliche Artikel des Genossen Iezuitov" („страшная статья тов. Иезуитова") „Konec krasoty" (Das Ende der Schönheit) erscheinen konnte, der theoretisch zu begründen versuchte, dass das Proletariat das Schöne nicht anerkenne (Jezuitov 1931). In seiner Inszenierung sei Mejerchol'd dem verbreiteten „Wunsch nach Schönheit ohne Anführungsstriche" („стремление к красоте без кавычек")[1] (Juzovskij 1934 b, 26) entgegen gekommen.

Was auch immer Mejerchol'd dazu bewegt haben mag, die *Kameliendame* zu inszenieren, so lässt sich bei ihm ein erwachendes Interesse für den in Gang

---

[1] Von der „Schönheit in Anführungsstrichen" ist häufig bei Boris Arvatov die Rede (1926, 1930), der sich in seiner Produktionskunst-Theorie von der illusionären, dekorativen, die Realität ergänzenden Ästhetik der bürgerlichen Epoche wie auch von dem sich bereits abzeichnenden sozialistischen Realismus absetzt.

gekommenen Schönheits-Diskurs bereits vorher in der Schrift *Rekonstrukcija teatra* (*Rekonstruktion des Theaters*) von 1930 feststellen, in der er dazu auffordert, die Losung „Долой красивость!" („Nieder mit der Schönheit!") zu überdenken. Allerdings schwebt dem Regisseur die funktionale Schönheit einer Kunst vor, die imstande wäre, die Rückständigkeit des Lebens zu überwinden und, wie er sich ausdrückt, „das Land mit Schönheit zu überfluten" („залить страну красотою") (Meierchol'd 1930, 33).

Und mit eben diesen Worten beginnt auch ein Zeitungsartikel des Jahres 1936:

> [...] мы должны залить всю страну красотой. Эта красота уже внедряется во все поры нашего быта. Заботы о красоте, об эстетической ценности вещей, создаваемых людьми социализма, проникают во все области нашего строительства. Берега Беломоро-Балтийского канала усыпаны гирляндами клумб, заботливо сделанными цветниками. В цехах многих заводов, как на улице городов, растут ценные породы деревьев... На улицах Москвы вместо уклюжих домов-коробок, плодов спешной стройки, в более короткие сроки воздвигаются дома эстетически совершенной конструкции. (Selivanovskij 1936, 431)

> [...] Wir müssen das ganze Land mit Schönheit überfluten. Diese Schönheit dringt bereits in alle Poren unseres Alltags ein. Die Sorge um die Schönheit, um den ästhetischen Wert der Dinge, die durch die Menschen des Sozialismus geschaffen wurden, durchdringt alle Bereiche unseres Aufbaus. Die Ufer des Weißmeer-Kanals sind mit Girlanden von Blumenrabatten besetzt, mit sorgfältig angelegten Blumenbeeten. Auf dem Werkgelände vieler Fabriken wie auch in den Straßen der Städte wachsen wertvolle Baumarten... In den Straßen Moskaus werden statt der plumpen schachtelförmigen Häuser, der Frucht einer hastigen Bauweise, in noch kürzeren Fristen Häuser einer ästhetisch vollkommenen Konstruktionsweise errichtet.

Nicht nur die für die 30er Jahre kennzeichnende Kritik am strengen Funktionalismus der Architektur fällt hier ins Auge, sondern die Verknüpfung des Blumen-Motivs mit dem berüchtigten Weißmeerkanal-Projekt, das auf diese Weise etwas von dem Glanz der neuen Schönheit abbekommen soll. Hier wird deutlich: Auch die Macht beginnt sich mit Blumen zu schmücken und ihre hässlichen Seiten wie z.B. die Zwangsarbeitslager zu dekorieren. Im offiziellen Diskurs erhält die Schönheit einen pompösen, triumphalen Klang:

> Нас радует зелень на улицах наших городов, цветы в домах, в парках на заводских площадках. Мы ценим свежесть, красочность, все здоровое, сильное, цветущее, полнокровное в природе и нашей жизни. Но это все лучи, которые ведут к одному источнику. Это красота, освещенная новым солнцем. (Vinogradov 1935, 172-173)

Uns erfreut das Grün in den Straßen unserer Städte, die Blumen in den Häusern, Parks und Werkgeländen. Wir schätzen das Frische, Farbenprächtige, Kräftige, Blühende, Lebensvolle in der Natur und in unserem Leben. Aber all dies sind Strahlen, die auf einen Quell zurückgehen. Dies ist die Schönheit, die von der neuen Sonne beleuchtet wird.

In Übereinstimmung mit der Ästhetik der Epoche wird die Blume mit dem Kult des Gesunden und Natürlichen verknüpft und als Symbol für das Erblühen der sowjetischen Heimat unter der Herrschaft der neuen Sonne Stalins interpretiert.

Von dieser Schönheit kündet auch der Artikel „Prekrasnoe – eto naša žizn'" (Das Schöne ist unser Leben) des Literaturkritikers Vladimir Ermilov, der die bekannte Formel Nikolaj Černyševskijs zur These vom Zusammenfallen des poetischen und des staatlichen Prinzips in der Sowjetunion umschmiedet (Ermilov 1948).

Einige Beispiele aus der bildenden Kunst mögen den Umgang mit dem Blumenmotiv vor dem Hintergrund des offiziellen Schönheitskultes illustrieren. Zunächst der Vertreter der repräsentativen Hofmalerei und der Soc-Art avant la lettre Vasilij Efanov, der für seine Werke „Nezabyvaemaja vstreča" (Eine unvergessliche Begegnung, 1941) und „U posteli bol'nogo A.M. Gor'kogo" (Am Bett des kranken A.M. Gor'kij, 1946) Stalinpreise erhielt. Die „Unvergessliche Begegnung" hält einen denkwürdigen Moment aus dem Jahr 1936 fest, das Treffen des „Präsidiums des Allunionskongresses der Frauen der Ingenieure und Techniker der sowjetischen Industrie" mit Führern der Partei und Regierung im Kreml.

Die Organisation der sog. *obščestvennicy*, der Ehefrauen von Direktoren, Ingenieuren und Technikern, hatte sich die Verbreitung von Kultur, Schönheit, Ordnung und Sauberkeit im Land zum Ziel gesetzt. Von dieser Orientierung zeugt ein Zitat aus einer Nummer der Zeitschrift *Obščestvennica* des Jahres 1937: „Wo Rosen sind – da kann es keinen Schmutz und keine Unkultur geben. Bei uns sind Rosen ein Symbol der Freude und des glücklichen Lebens. So lasst uns denn mehr Blumen züchten" (Maier 1994, 43). Der Zusatz „bei uns" soll natürlich besagen, dass unter den neuen gesellschaftlichen Bedingungen die Rosen den Beigeschmack des Trivialen und Kitschigen verloren haben. Es sind nicht mehr jene roten Rosen, die ein glücklich oder unglücklich verliebter Bourgeois seiner Angebeteten schenkt, sondern sie sind Symbole der kollektiven Freude und des glücklichen Lebens. Das Züchten von Rosen ist gleichbedeutend mit der Vermehrung des Glücks und der Schönheit des ganzen Landes.

Die Blumen des Schönen: Sowjetische Paradiese 245

Abb. 1: V. Efanov: Nezabyvaemaja vstreča (1937)

Aber nun zu dem Bild Efanovs. Im seinem Mittelpunkt steht Stalin, dem die Delegierte einen Blumenstrauß überreicht. Der väterlich warme Blick und Händedruck zeugen von seiner unermüdlichen Fürsorge für die durch die Frau repräsentierte Organisation und ihre Bemühungen um die Verschönerung der sowjetischen Heimat. Vorne rechts sitzen die Ehrenpersonen Kalinin und Krupskaja, die netten Alten, die politisch nichts mehr zu sagen haben. Darüber erheben sich, hierarchisch gestaffelt und ebenso hierarchisch beleuchtet, die leutselig lächelnden Mächtigen des Landes. Selbst Molotov mit seiner ansonsten eher versteinerten Miene ringt sich ein Lächeln ab.

Die Vertreter der Macht sind auf unzähligen Bildern porträtiert, wobei sich in wechselnden Konstellationen das jeweilige *rating* des betreffenden Politikers ausdrückt. Neu und auffallend sind die Blumen, die im Einklang mit den Frauen von einem blühenden Land zeugen sollen. Die Sträuße sind nach dem Muster der Fünf auf der Fläche eines Würfels angeordnet. Aus der Mitte leuchtet das obligatorische Rot des Straußes, der Stalin überreicht wird. Auch bei den vorne links und rechts auf dem Podium liegenden Blumen dominiert die rote Farbe. Über den Köpfen der Versammelten aber schweben in den oberen Ecken des Bildes Körbe mit Blumen in vorherrschend blau-weißen fliederfarbenen Tönen. Die Symbole der Macht und der Schönheit fließen in Efanovs Bild zu einer harmonischen Einheit zusammen.

Abb. 2: Ju. Pimenov: Novaja Moskva (1937)

Im Vergleich zur floralen Orgie Efanovs nimmt sich das Blumenmotiv in Jurij Pimenovs Bild „Novaja Moskva" (Das neue Moskau, 1937) geradezu minimalistisch aus. Pimenov kommt vom Vchutemas und der Gruppe OST her und hat auf seinen konstruktivistisch-expressiven Plakaten Ende der 20er Jahre noch die durch schwere Arbeit deformierten Körper von Industriearbeitern gestaltet, die seinerzeit von der Kritik wegen ihres rachitischen Aussehens und ihrer schmutzig-dunklen Farbgebung gerügt wurden. Wie die anderen Künstler der Gruppe OST zollte auch Pimenov dem veränderten Kunstkanon seinen Tribut. Jedoch spiegeln viele seiner Werke der 1930er Jahre noch die Leichtigkeit des französischen Impressionismus wider. Es ist sicher kein Zufall, dass er die Schauspielerin und Ehefrau Mejerchol'ds, Zinaida Rajch, in der Rolle von Marguerite Gautier, der Heldin der oben erwähnten *Kameliendame*, gemalt hat („Zinaida Rajch v roli Margerity Goté", 1934).

Dass er auch das Frau-und-Blumen-Thema im sozrealistischen Stil beherrscht, kann man seinem Bild „Delegatka" (Die Delegierte) entnehmen, das vermutlich auf den Kongress der *obščestvennicy* des Jahres 1936 zurückgeht und in manchem durchaus mit Efanovs Gemälde vergleichbar ist. Doch auch hier ist Pimenov zurückhaltender als Efanov. Seine Darstellung konzentriert sich auf die blumentragenden Frauen und die Delegierte am Rednerpult, und nur aus der oberen linken Ecke schaut der graue Lenin auf das bunte Treiben herab und verleiht diesem seine Weihe.

Anders jedoch „Novaja Moskva", das in impressionistischer Manier die in ihrem Zentrum umgestaltete und zur schönsten Stadt der Welt deklarierte sowjetische Kapitale präsentiert. Den Vordergrund des Gemäldes bildet die Rückenansicht einer schick gekleideten Frau im geblümten leichten Sommerkleid, vielleicht einer *obščestvennica* oder einer Funktionärsgattin, in einer offenen Limousine.[2] Auf regennasser Strasse fährt das Auto auf das Gewerkschaftshaus zu, wobei im Hintergrund die blau-grauen Umrisse damals noch nicht vollendeter Bauwerke emporragen, die gewissermaßen eine Art Vision des entstehenden künftigen Moskaus darstellen. Der heutige Betrachter, der den Moskauer Autoverkehr kennt, muss dieses Bild einfach lieben. Man beachte die phantastisch geringe Anzahl von Autos und die ohne Sorge um ihr Leben auf der Straße flanierenden Menschen!

Nahezu im Mittelpunkt des Bildes nimmt man an der Windschutzscheibe eine weiße und eine rote Nelke wahr. Der von den dominierenden Braun-Grau-Weiß-Tönen des Bildes sich unaufdringlich abhebende rote Punkt korrespondiert politisch korrekt mit der roten Dekoration des weiter entfernt befindlichen Gewerkschaftshauses, zugleich aber mit den dezenten roten Tupfern im Blumenmuster des Kleides der Frau. Die Blumen sind metonymisch dem vom neuen Wohlstand zeugenden Wagen und seiner Lenkerin, einer vermutlich schönen jungen Frau, zugeordnet, deren Gesicht wir nicht sehen. Im Weiteren aber verweisen sie auch auf die Schönheit des neuen Moskau, das in Pimenovs Gemälde auf allegorische Weise mit den Mitteln des Impressionismus dargestellt ist.

Die Verbreitung des Blumen-Motivs in der sowjetischen Kultur der 1930er Jahre ist keine isolierte Erscheinung, sondern steht in Zusammenhang mit dem Aufstieg des Mutterarchetypus (Gjunter 2000, 764-779), dem man eine Fülle von Erscheinungen zuordnen kann: ein im Vergleich zur nachrevolutionären Periode neues Verständnis der Weiblichkeit und verändertes Frauenbild, die Verbindung des Weiblichkeitsmythos mit Natur und Heimat, die Entstehung neuer Genres wie des sowjetischen Massenliedes und der Filmkomödie mit ihren weiblichen Stars, u.v.a.m. Die Blume avanciert zu einem der augenfälligsten Attribute des neuen Frauenbildes (Ramm-Weber 2006, 159). Sie tritt aber auch in der Wiederbelebung des künstlerischen Genres des Blumen-Stilllebens in Erscheinung. Dies eröffnete auch einem aus der – mittlerweile verfemten – kon-

---

[2] A. Tarchanow / S. Kawtaradse 1992, 67 bemerken, dass das Gemälde einer „Standaufnahme aus einem Film der damaligen Ära" ähnelt. Vergleichbare Einstellungen enthält etwa die 1940 gedrehte Filmkomödie G. Aleksandrovs „Der lichte Weg" (Svetlyj put').

struktivistischen Avantgarde hervorgegangenem Künstler wie Vladimir Tatlin eine Nische für sein künstlerisches Schaffen.[3]

Ihren Höhepunkt erreicht die Stalinsche Ästhetik des Schönen in den Jahren nach dem Zweiten Weltkrieg, die in unterschiedlichen Bereichen der Kultur einen Hang zur pompösen, harmonischen Idylle offenbaren. Als Beispiele können ebenso die reich verzierten triumphalen Moskauer Hochhäuser dienen wie auch die 1954 eröffnete VDNCh (=Vystavka dostiženij narodnogo chozjajstva SSSR, Ausstellung der Errungenschaften der Volkswirtschaft der UdSSR). Ihr Vorgänger war die VSChV (=Vsesojuznaja sel'skochozjastvennaja vystavka, Allunions-Landwirtschaftsausstellung) des Jahres 1939. Die Gestalter der ursprünglich bereits für 1937 geplanten Ausstellung wurden als Schädlinge verhaftet, da ihre z.T. hölzernen Pavillons nicht dem Bedürfnis nach repräsentativer Schönheit genügten. Für die Ausstellung von 1954 wurden neue kostbar ausgeschmückte Pavillons im Nationalstil der Republiken errichtet. Das Blumen-Motiv findet hier starke Verbreitung in Gestalt von Fresken, Girlanden, Kapitellen, Mosaiken und Plastiken. In dieser V e r s t e i n e r u n g des Motivs kann man durchaus ein Zeichen der Zeit erkennen, ebenso in dem ostentativ zur Schau gestellten Reichtum der verwendeten Baumaterialien. Eine andere Sache ist, dass diese „Räume des Jubels" (Ryklin 2002) ausgerechnet in einer Zeit präsentiert werden, in der die katastrophale Situation der sowjetischen Landwirtschaft in der einsetzenden Tauwetter-Literatur thematisiert wird.

Ich beschränke mich auf die Blumen-Motive an den zahlreichen Springbrunnen der Ausstellung. Unübersehbar ist das weithin leuchtende Gold des Brunnens „Družba narodov" (Völkerfreundschaft). Auf dem Rand seines inneren Beckens tanzen junge Frauen in den Nationalkostümen der Sowjetrepubliken mit Blumen in den Händen einen Reigen um das Fruchtbarkeitssymbol einer Ährengarbe.

---

[3] Vgl. die Abbildungen einiger Blumen-Stillleben Tatlins bei Morozov 1995, Farbtafel 82, Antonowa / Merkert 1995, 413.

Abb. 3: Architekt K.T. Topuridze/Skulpturen P.I. Dobrynin: „Kamennyj cvetok"

Inbegriff des versteinerten Blumen-Motivs ist der Springbrunnen „Kamennyj cvetok" (Die steinerne Blume), der auf folkloristisch-phantastische Motive des aus dem Ural stammenden Schriftstellers Pavel Bažov zurückgeht, welcher eine Reihe äußerst populärer märchenhafter *skazy* schuf. „Kamennyj cvetok" gab u.a. die Anregung zu einem gleichnamigen Film des Jahres 1946 und zu Prokof'evs Ballett „Skaz o kamennom cvetke" (Erzählung von der steinernen Blume, 1954). Auf der VDNCh wächst die steinerne Blüte mit ihren farbigen Facetten aus einem mit rotem Marmor verkleideten und mit bronzefarbenen Fischen und Vögeln reich verzierten Becken hervor. Die prächtige Märchenblume soll konzentrierter Ausdruck der Schönheit sowie der märchenhaften Idyllik und Reichtum evozierenden spätstalinistischen Kultur sein.

Das sowjetische Paradies der VDNCh unterscheidet sich grundlegend von Baudelaires „paradis artificiel". Es ist nicht durch Wein, Opium oder Haschisch herbeigeführt wie bei dem französischen Dichter, sondern Produkt eines, wenn man so will, kollektiven Rausches. Baudelaires Gedicht „Le rêve parisien" evoziert eine kalte, kristallene Zauberwelt, ein Babel aus Wasser, Marmor und Metall:

> Babel d'escaliers et d'arcades
> C'était un palais infini
> Pleins de bassins et de cascades
> Tombant dans l'or mat ou bruni...

Ein Babel ganz aus Treppen und Arkaden / war dies ein unabsehbarer Palast / voller Becken und Kaskaden, / die in mattes oder blankes Gold sich stürzten... (Baudelaire 1991, 216-217)

Anders als die Verse Baudelaires soll das Moskauer Paradies eine Atmosphäre von Wärme und Organischem erzeugen, in der sich die Fruchtbarkeit und der Reichtum der sowjetischen Heimat en miniature spiegelt.

Wer hätte voraussehen können, welche Peripetien das Blumenmotiv durchlaufen hat und welche erdrückende semantische Last sich inzwischen auf den fiktiven visuellen und textuellen Blumen angesammelt hat, von denen die Rede war? Ist nicht durch die im Lauf meiner Ausführungen deutlich gewordene ideologische Aufladung die anfangs deklarierte gute Absicht in Frage gestellt, einfach eine schöne Rose zu überreichen? Doch – gibt es überhaupt eine Rose im Sinn der alle anderen Bedeutungen ausschließenden tautologischen Zeile Gertrude Steins aus dem Gedicht „Sacred Emily" (1913) „Rose is a rose is a rose is a rose"? Wie auch immer, angesichts der faktisch vorhandenen Rose, die ich trotz allem überreichen möchte, bleibt mir nichts anderes übrig, als doch noch irgendwie zu einem versöhnlichen Abschluss zu kommen.

Der kollektive Rausch ist verflogen, und wir schauen mit Soc-Art- geschulten Augen – mit einer Mischung von Ironie und Melancholie – auf das Moskauer Paradies zurück, dessen unterschiedliche Etappen und Benennungen – VSChV, VDNCh und seit 1992 VVC (=Vserossijskij vystavočnyj centr, Allrussisches Ausstellungszentrum) – so viel über die russische Geschichte der letzten 70 Jahre verraten. Die letzte Umbenennung allerdings ging einher mit der kapitalistischen Profanisierung des sowjetischen Paradieses. In die Tempel des sozialistischen Fruchtbarkeitskultes sind die kapitalistischen Händler mit ihrer aufdringlichen Warenwelt eingezogen. So vergehen Paradiese, deren blumengeschmückte Springbrunnen in unsere postsowjetische Ära hineinplätschern. Mit diesem Ausblick auf das Vergehen der Zeit und das Fortdauern des Gedächtnisses kann ich nun endlich m e i n e Blume Renate Döring überreichen.

Literatur

Antonowa, I. / Merkert, J. (Hg.) 1995. *Katalog: Berlin-Moskau*, München / New York.
Arvatov, B. 1926. *Iskusstvo i proizvodstvo*, M.
— 1930. *Ob agit- i proziskusstve*, M.
Baehr, R. 2000. „Können Blumen böse sein? Gedanken zu einem Oxymoron: Les *Fleurs du Mal* von Charles Baudelaire", U. Mathis-Moser u.a. (Hg.), *Blumen und andere Gewächse des Bösen in der Literatur. Festschrift für W. Krömer zum 65. Geburtstag*, Frankf./M. / Berlin / Bern u. a., 37-49.
Baudelaire, Ch. 1991. *Die Blumen des Bösen*. Zweisprachige Ausgabe, München.
Ermilov, V. 1948. „Prekrasnoe – ėto naša žizn'", *Literaturnaja gazeta*, 92, (17. 11. 48).
Erofeev, V. (Hg.) 1997. *Russkie cvety zla*, M.
Gjunter, Ch. [Günther, H.] 2000. „Archetipy sovetskoj literatury", Ch. Gjunter, E. Dobrenko (Hg.) *Socrealističeskij kanon*, SPb., 743-783.
Jezuitov, N. 1931. *Konec krasote, Proletarskaja literatura. Žurnal marksistsko-leninskoj literaturnoj teorii i kritiki*, M., 122-159.
Juzovskij, M. [1934] 1982a. *Cvety na stole, O teatre i drame v dvuch tomach*, tom 1, M., 56-61.
— [1934] 1982b. *Mejerchol'd i Dama s Kamelijami*, ebd., 20-35.
Maier, R. 1994. „Die Hausfrau als *kul'turtreger* im Sozialismus", G. Gorzka (Hg.), *Kultur im Stalinismus. Sowjetische Kultur und Kunst der 1930er bis 50er Jahre*, Bremen, 39-45.
Majakovskij, V. 1955-61. *Polnoe sobranie sočinenij v trinadcati tomach*, M.
Mejerchol'd, Vs. 1930. *Rekonstrukcija teatra*, M.-L.
Morozov A. I. 1995. *Konec utopii. Iz istorii iskusstva SSSR 1930-ch godov*, M.
Papernyj V. [1985] 2000. *Kul'tura dva*, M.
Platonov, A. 1988. *Čevengur*, M.
Ramm-Weber, S. 2006. *Mit der Sichel in der Hand. Mythos und Weiblichkeit in der sowjetischen Kunst der dreißiger Jahre*, Köln / Weimar / Wien.
Ryklin, M. 2002. *Prostranstva likovanija. Totalitarizm i različie*, M. Übers.: Räume des Jubels, Frankf./M. 2003.
Selivanovskij, A. 1936. *Očerki po istorii russkoj sovetskoj poėzii*, M.
Tarchanow, A. / Kawtaradse S. 1992. *Stalinistische Architektur*, München.

Natascha Drubek-Meyer

ÜBER DIE SCHÖNHEIT IN MENSCHEN, FRAUEN UND ROMANEN ODER: *DER IDIOT* ALS „EMANZIPIERTER" TEXT

Lehren von der Schönheit

Die philosophische Rede über das Schöne wurde in unseren Breiten ab Mitte des 18. Jahrhunderts gepflegt, so in A.G. Baumgartens *Aesthetica* (1750/1758). Die relativ junge Disziplin der Ästhetik wurde als „Schwesternkunst" zur Logik begründet und erforschte, wie durch sinnliche Wahrnehmung Erkenntnis vermittelt werden kann. Die Ästhetik war jedoch bis ins 19. Jahrhundert in erster Linie die Lehre vom Schönen in Natur und Kunst.

Die normative Ästhetik war insofern eine spezifisch männliche Rede-Domäne, als sie das Schöne mit weiblichen Merkmalen zu definieren suchte, die damals als weiblich galten. Nachzuvollziehen ist dies im Buch *On the Sublime and Beautiful* (1757) von Edmund Burke, einem Zeitgenossen von Baumgarten: Hier wird das Schöne nach Schönheitsmerkmalen definiert, die mit weiblichen Eigenschaften korrelierten: „Small", „smooth", „delicate" usw.[1] Das Schöne war im 18. Jahrhundert nicht nur im übertragenen Sinne mit Begriffen weiblicher Schönheit korreliert. Ästhetik als Lehre vom Schönen entstand im Westen gleichzeitig mit dem Verweis der Frau in das private Familienleben.[2] Ebenso wie das Schöne zweckfrei sein sollte, sollte nun auch die Frau dies sein und ide-

---

[1] „SECT. XVI. DELICACY", „SECT. XX. Why SMOOTHNESS is beautiful", „SECT. XXL Concerning SMALLNESS", (im dritten Teil von Burkes *On the Sublime and Beautiful*; Burke 1757, 98, 101, 160). Dinge, die als schön empfunden werden, sind nach Burke zierlich, zart, weich, glatt und glänzend. Schöne Farben sind rein und hell (nicht trüb und düster), schöne Töne klar, ruhig, sanft und leise.

[2] Der Rückzug der Frau ins Private, wie er in Karin Hausens Aufsatz „Die Polarisierung der ‚Geschlechtscharaktere' – Eine Spiegelung der Dissoziation von Erwerbs- und Familienleben" (1976) beschrieben wird, steht in direktem Zusammenhang mit der Entstehung der Ästhetik als Disziplin. „Wohl nicht zufällig zur gleichen Zeit, in der sich diese Polarisierung von Geschlechtscharakteren herausbildete, in der Mitte des 18. Jahrhunderts, etablierte sich eine eigene wissenschaftlich-philosophische Disziplin, die sich insbesondere für das Schöne zuständig erklärte: die Ästhetik. 1750 und 1758 erschien […] jene Abhandlung, die als Gründungswerk dieser neuen Disziplin gilt: Alexander Gottlieb Baumgartens *Aesthetica*." (Anz 2005)

aliter ihre sozusagen ‚nutzlose' Schönheit für den privaten Hausgebrauch zur Verfügung stellen.

Fedor Dostoevskij, der in seinem Roman *Der Idiot* (1868) die vielzitierte Zeile „Schönheit wird die Welt erretten" dem Fürsten Myškin in den Mund gelegt hat, scheint sich in die Liste der Männer zu reihen, die Schönheit über weibliche Charakteristika bestimmen. Nastas'ja wird als „ungewöhnlich schöne" Frau bezeichnet, wobei sich aber Ihre „seltsame" („странная красота") von der Burkeschen milden Schönheit unterscheidet. Myškin wiederum, der selber kaum männliche Eigenschaften hat, ist eine schöne Seele.

Was ist Schönheit – in Menschen und in literarischen Texten? Diese Frage scheint Dostoevskijs Roman *Der Idiot* auf mehreren Ebenen zu stellen. In diesem Roman ist Schönheit stark abhängig vom Betrachter: Nastas'jas Bräutigam etwa scheint seine Braut, die der Fürst Myškin so bewundert, wenig attraktiv zu finden. Im Hause Epančin wird weibliche Schönheit diskutiert (Myškin: „ – Красоту трудно судить; я еще не приготовился. Красота – загадка." Dostoevskij 1989, VI, 80), wobei man sich wundert, dass dem Fürsten Myškin „solch eine Schönheit" gefalle. Myškins Schönheitsurteil über Nastas'ja wiederum beruht auf einer Photographie, die ihm kurz zuvor in die Hände gefallen war. V.a. äußerliche Schönheit wird also von Anfang an als subjektiv und mittelbar qualifiziert.

Es sei kurz an die Handlung erinnert: Der mittellose Fürst Myškin kehrt von einem langen Heilaufenthalt aus der Schweiz nach St. Petersburg zurück, wo er sogleich in Heirats-Intrigen des Hauses Epančin verwickelt wird; General Epančin, der auf den wohlhabenden Tockij als Schwiegersohn hofft, bietet seinem Sekretär Ganja eine größere Summe, wenn er Nastas'ja Filipovna, Tockijs Mündel, das dieser im Kindesalter missbraucht hat, heiratet; aber auch Rogožin, der brutale Spross einer Altgläubigenfamilie, will sie ehelichen. Als Myškin unerwartet eine Erbschaft macht, versucht er vergeblich, Nastas'ja vor der Ehe mit Rogožin zu bewahren. Als es ihm nicht gelingt, den Mord seines Gegenspielers an Nastas'ja zu verhindern, verfällt er in – nunmehr unheilbaren – „Idiotismus" und wird ins Schweizer Sanatorium zurückgebracht. Die zirkuläre Bewegung der Narration im Roman hinterlässt beim Leser einen trostlosen Eindruck des Scheiterns – sowohl der Idee vom schönen Menschen als auch des Romans.

Schönheit als Geschlecht und/oder Gender

Nastas'jas physischer Schönheit steht die innere Schönheit des Helden gegenüber, über die wir v.a. aus außertextuellen Bemerkungen Dostoevskijs, v.a. seiner Korrespondenz, wissen. Im Roman *Der Idiot* herrscht jedoch eine Spannung zwischen den hohen Intentionen des Autors bezüglich des idealen Menschen und der negativen Semantik seines den Haupthelden abschätzig beschreibenden

Titels: Idiotie bedeutete im alltäglichen bzw. medizinischen Kontext Schwachsinnigkeit. Dostoevskij wollte – wie er in seinen Briefen aus Genf Anfang 1868 schreibt[3] – in der Romanfigur des verarmten russischen Fürsten Myškin einen „wahrhaft schönen Menschen schaffen" („изобразить положительно прекрасного человека"[4]); das für Myškin verwendete *prekrasnyj* wird meist als „schön" oder „herrlich" übersetzt, oder auch als „gut", d.h. ethisch ohne Makel. Als Beispiel für einen ethisch vollkommenen Menschen führt Dostoevskij einige „prekrasnye" Männer an, neben der literarischen Figur Don Quijotes auch Jesus Christus.[5]

Myškin wiederum ist es, der die weibliche Hauptheldin des Romans als „ungewöhnlich schön" („Удивительно хороша" und „необыкновенной красоты женщина"[6] bzw. *raskrasavica*[7]) bezeichnet. Verwendet werden die Lexeme *chorošij, krasavica* und *krasota*, also jenes Wort, das auch in dem messianisch gefärbten Satz zu finden ist, mit dem die Nebenfigur Ippolit den Fürsten Myškin zitiert: „Schönheit errettet die Welt" („mir spaset krasota", Dostoevskij 1989, VI, 383-4).

Im Fall von *choroša, krasota* und *raskrasavica* geht es eindeutig um das Aussehen der Frau, deren Schönheit vom hellsichtigen Myškin in Verbindung mit ihrer (noch unbekannten) Biographie gebracht und als Resultat des Leidens beschrieben wird („– В этом лице... страдания много... – проговорил князь как бы невольно, как бы сам с собою говоря, а не на вопрос отвечая." Dostoevskij 1989, VI, 83). Hier wird also sogleich zu Anfang des Romans der Nexus des weiblichen Erleidens von männlichen Handlungen und der körperlichen, sinnlich erfahrbaren Schönheit eingeführt. ‚Wahre' Schönheit kann nicht

---

[3] An A.N. Majkov und S.A. Ivanova im Januar 1868.

[4] An S.A. Ivanova (1. Januar 1868, aus Genf). Von Friedrich Hitzer übersetzt als „die Grundidee ist die Darstellung eines wahrhaft vollkommenen und schönen Menschen." In Fjodor M. Dostojewski, *Gesammelte Briefe 1833-1881*, München 1966, 251.

[5] Bei seiner Arbeit am Roman orientierte sich Dostoevskij am Johannes-Evangelium, das seinen Worten nach das „unermesslich schöne Antlitz Christi" („безмерно, бесконечно прекрасное лицо") Christi wiedergibt und „все чудо находит в одном воплощении, в одном появлении прекрасного" (Dostoevskij 1989, XV, 344). Weitere Vorbilder für Myškins Gestalt waren Puškins *Armer Ritter* und *Don Quijote* (vgl. Minihan 1989, 158). Den Helden aus Cervantes' Roman hielt Dostoevskij für die vollkommenste Gestalt. Am 1. Januar 1868 schrieb er darüber an seine Nichte S.A. Ivanova: „Является сострадание к осмеянному и не знающему себе цены прекрасному – а стало быть, является симпатия и в читателе" (Dostoevskij 1989, XV, 344).

[6] „– Так это Настасья Филипповна? – промолвил он, внимательно и любопытно поглядев на портрет. – Удивительно хороша! — прибавил он тотчас же с жаром. На портрете была изображена действительно необыкновенной красоты женщина." (Dostoevskij 1989, VI, 32)

[7] „Да; всего только сутки в России, а уж такую раскрасавицу знаю, — ответил князь и тут же рассказал про свою встречу с Рогожиным и передал весь рассказ его." (Dostoevskij 1989, VI, 32)

durch absolute Wesensmerkmale festgelegt werden, wie noch bei Burke, und ist nichts Angeborenes. Und Schönheit hat immer eine (Vor-)Geschichte, bei Dostoevskij oft krimineller Art. Weibliche Schönheit ist in einer Zusammenführung von Geschlecht und Gender etwas Erworbenes, entsteht in einer ethisch gefärbten „historischen Perspektive" (s.u.) und fordert ständig die Sühne dieses zu entdeckenden Unrechts ein – daher auch das Detektivische in den Romanen Dostoevskijs, das auch Freud inspiriert haben muss. Man muss den Dostoevskijschen Texten hier keine Apologie des Leidens unterstellen, es scheint eher um eine Aufwertung der Entwürdigten zu gehen.

Das Dreieck aus Trauma, Geschlecht und Schönheit, das einem als Charakteristikum des Dostoevskijschen Ethik-Ästhetik-Nexus vertraut ist, sollte man daher nicht auf die rein christliche Idee einengen: Schönheit wird als das definiert, das in einem wehrlosen Opfer (Kind oder Frau) durch Schmerz und (weibliche) sexuelle Erfahrung entstanden ist – im Gegensatz zur unschuldigen Generalstochter und Jungfrau Aglaja wurde die Waise Nastas'ja missbraucht. Das Schöne bei Dostoevskij personifiziert sich also im Opfer – sei es nun der *prekrasnyj* Idiot oder die entehrte *raskrasavica* mit sexueller Erfahrung (beide sind sie übrigens Waisen). Dies ist die (Onto-)Logik einer Wahl der weiblichen Figur als geschlechtsbedingter Verkörperung der Schönheit.

Dass im Roman Schönheit explizit als nicht-männlich markiert ist, wäre im Fall von Frauen bei der Zuschreibung von Schönheit nichts Ungewöhnliches, auffällig ist dies aber beim männlichen Helden, der als „feminized hero" auftritt und diese Position durch seine Worte und Handlungen verstärkt.[8]

Die Dostoevskijsche Schönheit ist sowohl in Geschlecht als auch Gender das Andere (das Gegenüber) des Männlichen. Der *prekrasnyj* Myškin verhält sich zum aggressiven Rogožin wie ein weibliches Gegenüber und erliegt auch beinahe seinem Messer (später bekommt dies Nastas'ja zu spüren). Nastas'ja ist bereits als Mädchen Opfer sexueller Übergriffe gewesen. Myškin negiert seine Männlichkeit, indem er sich aufgrund seiner Krankheit die Ehe bzw. den sexuellen Umgang mit Frauen versagt. Gesellschaftlich kann Myškin dann aber doch seine männliche Position aktivieren, wenn er annimmt, dass Nastas'ja seine Genderspezifik (als potentieller Ehemann) braucht. Es ist seine überragende ethische Qualität, die ihm diese Gender-Flexibilität gebietet.

Schönheit ist in diesem Roman in beiden Fällen mit fundamentalen Makeln bzw. Devianzen verbunden, um deren Behebung durch Eheschließungen sich mehr oder weniger die gesamte Romanhandlung dreht. Dies scheitert aber in beiden Fällen: Nastas'jas geplante Hochzeit mit Ganja (zur Heilung ihrer Entehrung und Entlastung des Verführers Tockij) ebenso wie Myškins Versuch, nach seiner Erbschaft als ein ‚normaler' Mann aufzutreten und Heiratsanträge zu stellen. Allerdings könnte sein Benehmen (sein Wunsch, eine sogenannte „gefalle-

---

[8] H. Murav 1995, 56.

ne" Frau zu heiraten) von den anderen Figuren als das eines revolutionären Demokraten mit feministischen Grundsätzen, wie sie in den der 1860er üblich waren, interpretiert werden.[9]

Nastas'ja, die selbst in einer ähnlichen prekären, aber machtvolleren Situation ist wie Myškin (ihre unbefriedete Anwesenheit in der Hauptstadt ist für Tockij eine dauernde Bedrohung), versucht die Heiratspolitik des Peterburgskij *svet* mitzubestimmen, also eine (Gender-)Position einzunehmen, die ihr die Gesellschaft nicht zugedacht hat. Auch wenn *Der Idiot* die Gleichsetzung von Schönheit mit dem Weiblichem fortführt, subvertiert er bürgerliche Ideale in seiner Präsentation weiblicher Schönheit: Die mit dem weiblichen Geschlecht ausgestattete Figur wird als aktiv und ökonomisch informiert geschildert, während der dem männlichen Geschlecht angehörige Idiot sich in jeder Hinsicht passiv verhält und mit Geld nicht umgehen kann (falsche Gläubiger erschleichen sich Teile seiner späteren Erbschaft). Dafür kann er sehr schön schreiben, was ihm Zugang zu einem bescheidenen Erwerbseinkommen in der Familie der Epančins sichern soll, die ihn v.a. in der Person der Mutter Epančin (née Myškina) – obwohl nicht wirklich verwandt – zeitweise auch als Teil der Familie annimmt. Die Kalligraphie als einzige Fähigkeit des Fürsten wiederum scheint autobiographisch motiviert: die Stenographin Anna Snitkina gedachte sich 1866 bei Dostoevskij durch ihre exzeptionellen Schreibfähigkeiten ihren Lebensunterhalt zu verdienen (bevor sie den Schriftsteller heiratete).

Das physisch und ethisch Schöne ist also immer mit den Eigenschaften verbunden, die gewöhnlich dem „anderen" Geschlecht zugeschrieben werden oder ihm zustoßen: Missbrauch, Entehrung und physische Abweichung (nicht-jungfräuliche Braut). Und Frausein entsteht schließlich durch eine solche Abweichung vom ‚ersten' Geschlecht, worauf feministische Denkerinnen aller Lager hingewiesen haben, gleichgültig, ob sie die Differenz heilen (aufheben) wollten oder sie gerade betonten.[10]

Myškin ist „idiotisch" und Epilektiker, Nastas'ja ist im Gegensatz zu den anderen unverheirateten Frauen im Roman, seien es die drei Generalstöchter oder Varvara, nicht mehr ‚intakt', was ihr gesamtes weiteres Leben entscheidend bestimmt bzw. zu ihrem Tod führt.[11] In Dostoevskijs Texten kann jedoch jeder ‚Frau' werden – im Sinne der Erleidenden, Rechtlosen, Unterdrückten, freudianisch gesprochen: Schon-immer-Kastrierten oder der nicht nur „Erniedrigten",

---

[9] Vgl. L. Lotman 1972.

[10] Die Differenzfeministin Luce Irigaray (*Speculum, Spiegel des anderen Geschlechts*, 1974; *Das Geschlecht, das nicht eins ist*, 1977) ebenso wie die Vertreterin des Egalitätsfeminismus, Simone de Beauvoir, in ihrem Buch *Das zweite Geschlecht* (1949). De Beauvoir nannte es das „Zur-Frau-gemacht-Werden" („On ne naît pas femme, on le devient.").

[11] Damien Casey drückt es so aus: „Irigaray considers sexual difference itself to be ultimate and an issue of first philosophy to the extent that sexual difference is the most universal of differences between human beings."

sondern auch „Beleidigten" (Dostoevskij scheint diese Figur der doppelten und dreifachen Demütigung besonders zu lieben, an Nastas'ja wird sie durchexerziert: verführt von Tockij, verlobt mit Ganja, misshandelt und getötet von Rogožin). Nastas'ja wird diese Position zugewiesen, und indem sie ihre Ehr-Restitution intendierende Hochzeit mit Ganja verweigert und auch den Fürsten nicht als Ehemann nimmt, sondern einen anderen Mann, den Außenseiter, den aus einer altgläubigen Familie stammenden Rogožin, versucht sie dieser ihr etwas zuschreibenden Konstruktion (der symbolischen Ordnung der Ehe) erneut zu entgehen; als wäre ihre ‚Ehre' etwas, das ihr (durch einen Mann) genommen und nun wieder (durch einen anderen Mann) zurückgegeben werden könnte: Verlorene Ehre restituiert durch Ehe. Das dafür dem Restitutor angebotene Geld führt einen ökonomischen Aspekt ein, der indirekt den Wert Nastas'jas beziffert und sie dadurch in das Paradigma der Käuflichkeit stellt, das ihr aufgrund ihrer frühen sexuellen Erfahrung ohnehin angelastet wird. Im Akt des Geldverbrennens dann bringt Nastas'ja zum Ausdruck, dass sie diese Ökonomie ablehnt und das Geschäft der ‚Ehren-Männer' vereiteln kann. Gleichzeitig verpflichtet sie sich durch das Ansengen des Geldes eines Anderen, sich mit diesem zu verbinden, obgleich sie ahnt, dass dies ihre physische Vernichtung bedeutet.

Auch wenn die Wahl aus einer Perspektive des gesunden Menschenverstands falsch (da tödlich) sein mag, ist sie es aus einer anderen, christlich inspirierten Perspektive mitnichten. Ich sage bewusst: inspiriert, denn es geht in diesem Roman weniger um den Myškin-„Christus" als sein Beobachten des (weiblichen) Leidens und seine zaghaften Versuche es einzudämmen (Ippolit führt die hohen Ideen über die welterlösende Macht der Schönheit des Fürsten auf Myškins Verliebtheit zurück). Der Roman verhandelt insoweit christliche Ideen, indem er sich für das und v.a. *die* erniedrigte Andere interessiert, dass es im Roman die Form der exzeptionellen äußerlichen oder innerlichen Schönheit annehmen muss, quasi um sich selbst zu rechtfertigen.

Das Interesse für das rechtlose Andere in den 1860er Jahren bereitet auf die Fragen der sexuellen als einer universalen Differenz (Irigaray) vor, und durch sein für Klasse und Geschlecht geschärftes soziales Empfinden läutet dieser Roman das 20. Jahrhundert ein. Die christlichen Motive scheinen eine Parodie der „androzentrischen"[12] Kultur zu sein, deren Symbol der männliche Christus ist. Dass im Roman *Der Idiot* das männliche Opfer (Myškin) nicht gekreuzigt wird und nicht aufersteht, ist eine Bestätigung der Entfernung von der Religion – sie kündigt sich bereits auf dem der orthodoxen Auffassung vom Gekreuzigten widersprechenden Holbein-Bild an und darin, dass Myškin in einer Art Ersatz-

---

[12] Diesen Begriff definierte Charlotte Perkins Gilman 1911 in *The Man-Made World or Our Androcentric Culture*. Sie ging davon aus, dass männliche Lebensmuster und Denksysteme den Anspruch der Universalität haben und daher auch (unbewusst) von Frauen verinnerlicht werden.

handlung das Kreuz mit Rogožin tauscht. Das Motiv der Auferstehung ist im Roman nicht an den „Fürst Christus" gekoppelt, sondern die Heldin ist das Opferlamm: Nastas'ja Baraškova, die ermordete Frau (Baraškova von *barašek*, ‚das Lamm') kann unter Umständen Auferstehung erwarten (Anastasia = Auferstehung). Aber das ist höchstens ein Nebengedanke im Roman.

Brief vs. Roman: Ironisierung des Worts *prekrasnyj*

Myškins Schönheit (*prekrasnost'*) steht von Anfang an unter Beschuss. Im Roman *Der Idiot* kommt es mehrmals zu einer Ironisierung, Untergrabung oder Veruneindeutigung dessen, was der konkrete Autor Dostoevskij in seinen mehr oder weniger eindeutigen Aussagen in den Briefen ausdrückt: Der „ganz und gar schöne Mensch" aus dem Brief des Schriftstellers gerät im Roman zum „Idioten". Entsprechend wird auch das in den Briefen so zentral scheinende und so ernsthaft vorgeführte Wort *prekrasnyj* im Roman auf unerwartete Weise eingesetzt: Die erste Person, die mit Nachdruck (zweimal!) als *prekrasnaja* bezeichnet wird, ist eine auf Nastas'jas Skandal-Feier eingeladene stumme Unbekannte, die sich dann aber als nicht des Russischen mächtig herausstellt:

> Дам было только две: Дарья Алексеевна, барыня бойкая и видавшая всякие виды и которую трудно было сконфузить, и прекрасная, но молчаливая незнакомка. Но молчаливая незнакомка вряд ли что и понять могла: это была приезжая немка и русского языка ничего не знала; кроме того, кажется, была столько же глупа, сколько и прекрасна. (Dostoevskij 1989, VI, 161)

Weitere Verwendungen dieses Worts im 1. Teil beschränken sich auf ähnlich ironische Passagen, in der Beschreibung des „stillen und herrlichen Flusses des Familienlebens des Generals Epančin" („В тихом и прекрасном течении семейной жизни генерала Епанчина наступал очевидный переворот." Dostoevskij 1989, VI, 40) oder der „herrlichen Form" des Lebenswandels des verabscheungswürdigen Verführers Tockij („Себя, свой покой и комфорт он любил и ценил более всего на свете, как и следовало в высшей степени порядочному человеку. Ни малейшего нарушения, ни малейшего колебания не могло быть допущено в том, что всею жизнью устанавливалось и приняло такую прекрасную форму." ibid., 44).

Eine letzte, eher ambivalente Stelle kann erwähnt werden, sie betrifft die „herrliche und originelle Handschrift" und stammt aus dem Mund des Kalligraphen Myškin, der sich hier als Ästhet zeigt:

> Вот и еще прекрасный и оригинальный шрифт, вот эта фраза: „Усердие всё превозмогает". Это шрифт русский, писарский или, если хотите,

военно-писарский. Так пишется казенная бумага к важному лицу, тоже круглый шрифт, славный, черный шрифт, черно написано, но с замечательным вкусом. (ibid., 35)[13]

Jedoch wird etwas unerwartet in der Schönschrift-Probe ausgerechnet die bürgerliche Tugend des eifrigen *userdie* eines russischen Schreibertypus gelobt.

Die Textevidenz des ersten Teils wäre also: Das Wort *prekrasnyj* wird meist in ironischer Wendung verwendet und findet sich auffällig häufig in nicht-sublimen Kontexten, die mit dem Dostoevskij so verhassten Spießbürgertum (*meščanstvo*) zusammenhängen: Myškins für seine Probe verwendeter Spruch: „Fleiss meistert alles".

Solche Relativierungen der zentralen Lexeme und damit der Semantiken, die um das Gute und Schöne kreisen, finden sich im Roman zuhauf. In Ippolits Gespräch mit Myškin geht die sublime *krasota* wortspielerisch über in *krasnet'*, das Erröten des ungeschickten Myškin, der im ersten Teil so oft rot wird, so dass dies eine seiner wichtigsten Charakteristiken zu sein scheint:

> Правда, князь, что вы раз говорили, что мир спасет «*крас*ота»? Господа, – закричал он громко всем, – князь утверждает, что мир спасет красота! А я утверждаю, что у него оттого такие игривые мысли, что он теперь влюблен. [...] Не *крас*нейте, князь, мне вас жалко станет. Какая *крас*ота спасет мир? Мне это Коля пересказал... Вы ревностный христианин? Коля говорит, что вы сами себя называете христианином (Dostoevskij 1989, VI, 383-4). (Meine Hervorh.)

Die Stimmen der Parekbase

Die Geste der ungewöhnlichen Titelwahl (*Der Idiot*) ist als sokratische bzw. romantische Ironie zu bezeichnen, die im Verlauf des Lesens des Romans ungeahnte Wirkungen entfaltet. Mit Armen Avanassian (2010) kann man davon ausgehen, dass die Ironie als etwas Sprachbasiertes in der Romantik (neu)erfunden wird. Die zutiefst sprachliche, oder eher: redebasierte Ironie der Texte Dostoevskijs ist ein Phänomen, an dem sich zahlreiche Dostoevskij-Forscher die Zähne ausgebissen haben, Bachtin bis zu einem gewissen Grade eingeschlossen. Dies liegt zum einen an Bachtins relativ simplem narratologischen Modell (er

---

[13] Die kalligraphischen Fähigkeiten des Fürsten dienen dazu, seine *prekrasnost'* indirekt durch einen Bezug auf religiöse Schreibtätigkeit zu unterstreichen. R. Lachmann (2002, 206-7) interpretiert das kalligraphische Erstellen von mittelalterlichen Schrifttypen, das Myškin perfekt beherrscht, im kulturellen Kontext des mittelalterlichen Abschreibens: „Manuskripte sakralen Inhalts und Ikonen haben in der kulturellen Semantik der altrussischen Kultur denselben Stellenwert." Sein Schönschreiben ist von der Technik her ein monastisches Kopieren, allerdings hat er gleichzeitig einen ausgesprochen verfeinerten Geschmack, der ihm ansonsten im Leben abzugehen scheint.

spricht vom „Autor" an Stellen, an denen ein Erzähler herauszudifferenzieren ist), zum anderen an einem neuzeitlichen Konzept von Autorschaft, das es unmöglich macht, eine aus dem Text wirkende, sich gegen den Autor formierende Ironie konstruktiv zu denken.

Wenn die romantische Ironie laut Schlegel (1972, 668) „permanente Parekbase" ist (das Beleidigen des Publikums durch grobe Worte, die der nach vorne tretende Chor ausspricht), dann tut dies bereits der Titel des Romans – er stößt den Leser vor den Kopf. Dies wird fortgesetzt, wenn der Roman idiomatische Fehler aufweist oder (v.a. im Laufe seiner Fortsetzungen) ein Ärgernis nach dem anderen schafft, etwa durch das sich im Verlauf der Handlung ergebende Verschiebe-Spiel der Charaktere,[14] das sich auf nichts festlegt, oder die Wechsel in der Erzählhaltung (der zu Anfang Berichte verfassende Erzähler schwankt zwischen auktorial und personal; Schultze 1974, 58). In seiner Wankelmütigkeit macht der Text „den Leser verrückt" (Jones 1987) und „ärgert" ihn (Morson 2004). D.S. Lichačev (1987, 274) stellt darüber hinaus scharfsinnig fest: Die Figuren werden nicht durch ihr etwaiges Wesen, sondern durch das charakterisiert, was sich an ihnen verändert.

> Достоевский характеризует своих героев по тому, что является в них меняющимся и развивающимся. Он вскрывает в своих героях движение. Больше того, он как бы боится всякой стабильной черты в своем герое и как только что-то сообщает о нем определенное, так сейчас же, тут же, иногда в той же фразе стремится смягчить впечатление от определенности характеристики сообщением о нем прямо противоположного, противоречащего только что высказанному. Динамичность и как бы зыбкость человеческого характера подчеркивается тем, что он изображается в своеобразной исторической перспективе [...]

Im Roman werden die Figuren in ihrer Entwicklung, in ihrer Unbeständigkeit und historischen Perspektive (ihrer Vergangenheit und Zukunft) präsentiert. Lichačev (1987, 273) argumentiert weiter, dass die Texte mit „dynamischen Verbindungen" arbeiten, die zu einer „kardinalen Veränderung des Wesens" der Figuren führen können; das „menschliche Wesen" des Idioten muss sich der komplexen Komposition anpassen und wird völlig abgewandelt:

> Все относительно, и все внешне, материально не зависит друг от друга. Поэтому динамические связи, в отличие от связей стабильных, приобретают особенное значение. Отсюда страстные поиски художественной композиции в творческом процессе Достоевского, при

---

14 Myškin und Rogožin waren in der Genese des Romans zunächst der gleiche Charakter. Der „Idiot" war zuerst als „leidenschaftlich und stolz" sein, diese Charakterzüge gingen dann aber auf Rogožin über (Baršt 2005, 835).

этом поиски настолько интенсивные и в таких глубоких сферах, что действующие лица могут кардинально менять свою сущность, как, например, Идиот в подготовительных материалах к одноименному роману. Композиция и создаваемые этой композицией сложные ситуации важнее даже, чем человеческие сущности, чем обычно понимаемая цельность психологии и характера.

Das Ironische im Roman ist an den „Idioten" und Titelgeber des Roman selbst gekoppelt und ist sowohl Ausdruck eines kaum merklichen Humors, der dem Schreibgestus eignet, als auch die hilflose Reaktion der Figuren auf Schikanen durch den Autor, der den Helden für dumm verkaufen will. Der Roman scheint sich zum Autor, seinen hohen Intentionen, ironisch zu verhalten. Bachtin sprach von Vielstimmigkeit. Tatsächlich wirken einzelne Momente im Text wie Modifizierungen der Autorintention oder wie die Kommentarfunktion eines parekbatischen Chors.

Diese Form der Parekbase sieht in der Epoche des Realismus anders aus als in der der Romantik oder Avantgarde. Sie ist nicht auf dieselbe Weise verfremdend-skandalös wie die Publikumsbeschimpfung der Futuristen, sie funktioniert eher nach dem Prinzip der Selbstbehinderung und Selbstverhöhnung, einer produktiven Erniedrigung (*samouniženie*) des Textes auf zahlreichen Ebenen, in erster Linie der mikrotextuellen, die auf der ansteckenden Rekurrenz eines Wortes in verschiedenen Texten und Kontexten basiert. Aufschlussreich ist hier die Perspektive des Mediävisten Lichačev, der mit den Texten anders umgeht als die meisten Literaturwissenschaftler, die sich vorwiegend mit dem 19. Jahrhundert beschäftigen. Kürzlich wurde von Walter Koschmal (2008) eine nahe am Text bleibende Analyse in bezug auf *Den Idioten* eingefordert. Meiner Ansicht nach könnte sie an Lichačevs Artikel aus dem Jahr 1976 anknüpfen, die im literarischen Stil Dostoevskijs eine absichtliche „Unfertigkeit" und „Improvisiertheit" diagnostiziert:

> Достоевский выставляет напоказ перед читателем недоработанность стиля, как бы импровизированность своего изложения и вместе с тем не скрывает поисков общей и высшей точности при нарочитой и даже скандальной неточности в частностях. Он обнажает конструкции и кулисную технику. […] разные формы сознательной и целенаправленной неточности языка, производящего даже иногда впечатление простого неумения Достоевского обращаться с языковыми средствами, «небрежение словом». Lichačev (1987, 273)

Lichačev spricht also von einem flüchtigen, (nach)lässigen, absichtlich liederlichen Stil und einem Zurschaustellen „skandalöser Ungenauigkeiten". Eine „ironische Prozessualität 'als steter Wechsel von Selbstschöpfung und Selbstvernichtung'" im Schlegelschen Sinne? (Arndt/Zovko 2007, XX)

Samouničiženie des Schönen und vollkommen Guten

Die Selbstvernichtung lässt sich anhand von den bereits erwähnten Briefen Dostoevskijs vom 31.12.1867 und 1.1.1868 (alten Stils; an Majkov und an seine Nichte Sofija) zeigen. Hier springt das Wort *položitel'nyj* („positiv", „vollkommen") von der Beschreibung der Hauptidee des Romans zu einem „positiven" Versprechen,[15] den Anfang des Romans seinem Verleger zu schicken, verbunden mit der Bitte um allmonatliche 100 Rubel bis hin zu der Angst, der Roman könnte ein „vollkommener Misserfolg"[16] werden. Über den Roman schreibt Dostoevskij (1996, XV, 335) an Majkov, er wäre „mittelmässig" und nicht „vollkommen schön" („что посредствен, а не *положительно хорош*"). An seine Nichte schreibt er

> Идея романа – моя старинная и любимая, но до того трудная, что я долго не смел браться за нее, а если взялся теперь, то решительно потому, что был в положении чуть не отчаянном. Главная мысль романа – изобразить *положительно* прекрасного человека. Труднее этого нет ничего на свете, а особенно теперь. Все писатели, не только наши, но даже все европейские, кто только ни брался за изображение *положительно* прекрасного, – всегда пасовал. Потому что это задача безмерная. (Dostoevskij 1996, XV, 343, meine Hervorh.)

Was nun ist das *položitel'noe*? Etwas Substanzielles, ein verstärkend wirkendes Adverb oder eine umgangssprachliche Floskel? Ein Wort, das sich – d.h. seine Semantik – im Verlauf seiner Verwendung selbst zerstört, ähnlich wie es der Roman tut, dem von den meisten Kritikern ein großartiger Anfang und ein ratloses Ende bescheinigt wird. Das Wort *položitel'no* findet sich in den Briefen des Jahreswechsels 1867/68 in einem sublimen (dem „položitel'no prekrasnyj") und zugleich alltäglichen Kontext vor. Kommt die Hypertrophie des *položitel'nyj* vielleicht von „položenie čut' ne otčajannoe", d.h. der „beinahe verzweifelten Situation" (Dostoevskij 1996, XV, 343), in der sich der mittellose Schriftsteller, der mit seiner jungen und inzwischen schwangeren Frau vor seinen russischen Gläubigern ins Ausland geflohen war und sich nun in Genf durch das Versetzen von Kleidung und Eheringen über Wasser hält? Das „positiv Schöne" ist etwas, das ebensosehr mit ökonomischen wie ethischen und ästhetischen Fragen verbunden ist (der Roman soll ja auch „положительно хорош" werden*)*? Seine einzigen zwei Möglichkeiten, zu Geld zu kommen sind das

---

[15] „Но в письме моем к Каткову (в благодарственном) я подтвердил *положительно*, честнейшим словом, что роман ему будет." (Dostoevskij 1996, XV, 335).

[16] „У меня ничего нет подобного, ничего решительно, и потому боюсь страшно, что будет положительная неудача. Некоторые детали, может быть, будут недурны. Боюсь, что будет скучен. Роман длинный." (Brief an Nichte Sonja 1.[13.]1.1868). Dostoevskij 1996, XV, 344.

Schreiben und das Glücksspiel, das er auch zweimal im wallisischen Saxon-les-Bains (Okt. und Nov. 1867) erfolglos versucht, wobei er beim zweiten Mal sogar seinen Mantel versetzen musste. Das Schreiben schien ihm bis in den Dezember hinein nicht zu gelingen, so dass er den angefangenen Roman vernichtete und *Den Idioten* neu zu schreiben anfing.

Dostoevskijs unschöner Stil, *clumsy* (Nabokov) und *raschljaban* (Lichačev)

Im 20. Jahrhundert gehörte Nabokov zu den prominenten Verächtern des „ungeschickten" Schreibens des – wie er meinte – „ziemlich mittelmäßigen" Schriftstellers Dostoevskij.[17] Der Vorteil der nicht erfolgten bzw. späten Aufnahme Dostoevskijs in den sowjetischen Klassikerhimmel besteht darin, dass man ohne Umschweife über den Autor schreiben konnte (was etwa im Fall eines Puškin aber auch Tolstoj unmöglich gewesen wäre). Dies zeigt sich in Lichačevs respektloser Studie der Nonchalance Dostoevskijschen Schreibens, die m.A. zum Zutreffendsten gehört, was je über seinen Stil geschrieben wurde. Lichačev ist beeinflusst von Bachtin, jedoch weniger ideologisch, was die Bedeutung und Überhöhung des „künstlerischen Stils" angeht. Lichačev (1987, 272) schreibt solche Sätze wie „die dynamische Welt Dostoevskijs ist schluderig und lose." („Динамический мир Достоевского как бы развинчен и расхлябан."). Weiter erwähnt er „разного рода неловкости (от самых мелких до самых крупных)".

Einwände der zeitgenössischen Kritiker dieses Romans bezogen sich v.a. auf die Gesamtanlage und formalen Seiten des Romans. Strachov beschreibt nach anfänglicher Begeisterung den gesamten Roman als „neudača" und gibt Ratschläge, wie man die Fehler in der Komposition beheben könnte, wobei er zugleich einräumt, dass dies dann kein „Dostoevskij" mehr sei: „Чувствую, что касаюсь великой тайны, что предлагаю Вам нелепейший совет перестать быть самим собою, перестать быть Достоевским." (zit. in Fridlender / Bitjugova 1989, 635.) Kropotkin hatte Probleme, den Roman überhaupt zu Ende zu lesen und meinte überdies, dass man ihn kaum ein zweites Mal lesen würde – aufgrund seiner unbefriedigenden künstlerischen Form.[18]

Diese Unzulänglichkeiten wurden auf biographische Umstände zurückgeführt: Zeitdruck und finanzielle Engpässe (während der Entstehung des Romans musste er im wallisischen Saxons-les-Bains aufgrund seiner Spielschulden seinen Mantel versetzen, seine Frau Anna brachte in Genf ihre Kleider zum Pfandleiher[19]). Das Schreiben im Ausland und in Fortsetzungen hat u.U. dazu geführt,

---

[17] „Rather mediocre" und „cheap sensationalist, clumsy and vulgar" (Nabokov 1973, 266).
[18] Kropotkin 1975, 173.
[19] Zu diesen biographischen Details vgl. Ilma Rakusa in *Dostojewski in der Schweiz* 1981, 23.

dass dem Schriftsteller die Übersicht über das Geschriebene und die Gesamtstrukturierung des Romans aus den Händen glitt.

Wir haben eine ähnliche, mit herkömmlichen Mitteln der Literaturwissenschaft schwer beschreibbare Nachlässigkeit im Text *Der Spieler* vorliegen, in dem das „schlechte", unausgefeilte, ja, u.U. unschöne Schreiben, die unvollkommene Narration mit einigen Fehlern dem unschönen Helden entspricht, der sich dem Leser im Verlauf des Textes als spielsüchtiger Nihilist offenbart.[20]

Der Roman *Der Idiot* scheint diese Tendenz des weit kürzeren Texts *Der Spieler* noch zu verstärken. Dem Roman wird bis heute eine mangelhafte Komposition vorgeworfen: so etwa fehle ein Gesamtplan (die Kritik ist dargestellt bei Morson 2004), oder es wird festgestellt, dass idiomatische Wendungen „scharf an der Grenze zur sprachlichen Unrichtigkeit" angewendet werden („Все эти отступления от идиоматики русского языка стоят у Достоевского на грани неправильности речи." Lichačev 1987, 278). Der Held des Romans ist zu wohlgeformter Rede nicht fähig: „Fürst Myškin ist wie den Helden Gogol's die Gabe der schönen Rede versagt. Seine Sätze enden abrupt in Anakoluthen, verwirren sich oder versiegen in Schweigen." (Lachmann 2002, 208)[21] Das Verfassen eines ästhetisch perfekten Romans und die Darstellung des ethisch vollkommenen Menschen scheinen sich auszuschließen, womit Dostoevskij mit einem ähnlichen Problem kämpft wie bereits Gogol' in den 1840ern (Drubek-Meyer 1998).

Appellfunktion der Texte und das Diktieren-Schreiben als Dialog

Bis heute „provoziert" der Stil Dostoevskijs den Leser. Lichačev (1978, 277) schreibt, er wirke „stimulierend", „unvollendet" und gleichzeitig „raffiniert":

> Стиль Достоевского — это стиль, в котором ясно проступает стремление к стимулирующей мысль читателя незаконченности. Это стиль, рассчитанный на то, чтобы провоцировать у читателя свои выводы, заключения и размышления. Достоевский недоговаривает, намекает, выражается как бы неточно и вместе с тем с какой-то поражающей утонченностью.

Das heisst, der sprachliche und auch kompositionelle Aspekt der Texte ist so auslegt, dass der Leser laufend in der Schwebe gehalten und provoziert, abgestoßen und angezogen wird. Mit Karl Bühlers Organonmodell-Begriffen gesprochen ist diese verbale Textur also weder auf „Ausdruck" (Beziehung des „Send-

---

[20] Vgl. N. Drubek-Meyer 1997.
[21] „Die mehrfache Wiederholung des Attributs, ein in den frühen Texten Dostoevskijs frequentes Stilistikum, dokumentiert hier eine Ausdrucksschwäche des Schreibers." (R. Lachmann 2002, 209)

ers" zu seinem Zeichen) noch auf „Darstellung" ausgerichtet. Ihre Einzigartigkeit liegt in dem sich ergebenden „Appell"-Effekt. Die Texte wollen etwas auslösen, senden Signale aus. Sie wirken oft wie unartikulierte ‚Ausrufe'. Wenn es bei der Ausdrucksfunktion um die Beziehung zwischen Zeichen und Sender geht, dann geht es bei Dostoevskijs Texten darum, „Darstellungen" und Varianten des „Ausdrucks" (Symptom und Meinung) zu präsentieren. Das alles geschieht, um den Leser zu verwirren, ihn im Rezeptionsprozess in die Vollendung des Romans hineinzuziehen. Lichačev weist darauf hin, dass gerade in den detailliertesten Beschreibungen die größten Ungereimtheiten und Paradoxe aufklaffen. So ist Vel'čaninov in *Večnyj muž* z.B. „fast gebildet" („почти образованный"), eine laut Lichačev unmögliche Wortkombination, da Bildung keine Stufen aufweist.

Diese Appelle richten sich aber nicht nur an den künftigen Leser, sondern – so kann man annehmen – im Moment ihres Entstehen an das Gegenüber mit der Schreibfeder in der Hand, das Medium seines Schreibens, die Stenographin, die an seinen Lippen hängt und offensichtlich durch die beim Fabulieren des Schriftstellers entstandenden Worte und Satzkonstruktionen mit ihrer Kurzschrift einfängt.

Ich will damit nicht sagen, dass es die Ironie der Stenographin ist, die wir in der Endfassung vorfinden. Die Situation ‚Dostoevskij diktiert Snitkina' allein schafft eine gewisse Öffentlichkeit des Textes, die maßgeblichen Einfluss gehabt haben muss auf die stilistischen Besonderheiten des Dostoevskijschen Schreibens, das man also eher als Dostoevskijs Diktieren und Snitkinas Schreiben bezeichnen sollte. Hier mag der Ursprung des Lavierens, all der Relativierungen und Rechtfertigungen liegen. Das Diktieren-Schreiben ist also eine mündlich-schriftliche Hybrid-Form des Dialogs.

Der „emanzipierte" Text und die Stenographin Anna Snitkina

Der Idiot ist ein Text, der durch seine sprachliche Nonchalance (Lichačevs *nebreženie slovom*) und die zentrale Stellung der durch ihre Sexualität (und damit ihr Geschlecht) ausgewiesene Heldin die Grundfesten des westlichen Androzentrismus und Logozentrismus zu erschüttern droht.[22] Die Missachtung gram-

---

[22] Ich schreibe „droht", weil das Ende des Romans, wenn sowohl die Frau als auch der gute Mensch („Christus") scheitern, eine Bestätigung der Vorgaben der männlich-logozentrischen Welt ist, die einen Abschluss (der Handlung) und eine Abrechnung fordert. Der Tod der weiblichen Heldin kommt dem Töten des Anderen, „Vielstimmigen" gleich – er ist das Ende des Romans. Aber wie könnte es anders sein in diesem Genre, das nach Ordnung und *closure* strebt? Es wäre denkbar gewesen, das lässige Schreiben in Fortsetzungen weiterzuführen, und so liest sich *Der Idiot*: unabschließbar, mit angefangenen Motiven und Sujetlinien, die nicht wieder aufgenommen werden. Dostoevskij steht jedoch diese Möglichkeit aufgrund der Gattungsvorgaben und seiner ökonomischen Situation nicht zur Verfügung. Das einzige, was diesem Text übrig bleibt, ist, den Helden in die Anstalt zurückzuschicken, d.h. in einer Schleife an den Status Quo zurückzukehren. Diese Verneigung vor zyklischen Strukturen ist

matischer, idiomatischer und stilistischer Regeln ist ein Symptom dieser Zersetzung des Einen, ein Hineinschleusen des Anderen, Irregulären. Bachtin beschrieb dies keusch als Polyphonie, als Feier des Pluralen, der Roman über den Idioten fischt aber tiefer, und zwar in damals noch unergründeten Gewässern der Geschlechterdifferenz als universalem und anthropologisch-philosophischem Problem.

Dem Idioten gelingt es, das ‚männliche' Subjekt, das als ‚eins' und das Eine (gemeint ist: der Eine) charakterisiert ist, zu zerlegen. Die Linguistin Luce Irigaray hat darauf hingewiesen, wie sehr sprachlich dieses Eine / dieser Eine ist. Es ist daher etymologisch gerechtfertigt, dass der Roman *Der Idiot* heisst, also von einem *idiotes*, d.h. einem nicht der Welt zugehörigen, nicht-öffentlichen Mann handelt. In der griechischen Polis bezeichnete der Begriff *idiotes* jemanden, der nicht an der Öffentlichkeit im Sinne „des Politischen" mitwirkte, eine Privatperson; als *idiotes* bezeichnet wurden diejenigen Menschen, die als ungeeignet für das öffentliche Leben disqualifiziert wurden. Frauen, Metöken (ausländische Einwohner ohne Bürgerrechte) und Sklaven waren davon ohnehin ausgeschlossen, da sie keine *polites*, also Bürger der Polis waren.[23] Solch eine Figur ist Myškin in der fiktiven Welt insoweit er keine Politik betreibt und wie ein *jurodivyj* nicht zwischen privat und öffentlich trennt. Myškin wird im 1. Teil als nicht-öffentlich, als einfältig, quasi kastriert eingeführt. Er ist im Roman all das, was ‚ein Mann' gewöhnlich nicht ‚ist'.

Der Roman polemisiert zudem mit dem Faktum, dass bei den Aufklärern und namentlich Rousseau Frauen noch von den Bürgerrechten ausgeschlossen sind. Laut Prudhomme sind Frauen „das a-politische, nicht öffentliche, das ‚familiäre' Geschlecht" (Opitz 2002, 166). Im Roman tritt die Frau im Geschehen als aktiver Pol auf bzw. wird zumindest zunächst als aktiv imaginiert (etwa in Aglajas Berufsplänen, sollte sie Myškin heiraten).

Harriet Murav (1995, 57) spricht bei Dostoevskijs Schreiben von einem „blurring of gender roles, or yet another appropriation of female power". Doch ist dieser Vorwurf einer männlichen Appropriierung wirklich gerechtfertigt? Der

---

Schleife an den Status Quo zurückzukehren. Diese Verneigung vor zyklischen Strukturen ist v.a. vor dem Hintergrund der Christus-Thematik provokant.

[23] *Der Idiot* denkt nicht nur die Frau, sondern alle nicht-öffentlichen, ‚idiotischen', unterdrückten „Untergrund"-Subjekte. Zu diesem Problem der Konkurrenz um Aufmerksamkeit gesellschaftlich benachteiligter Gruppen in der Geschichte des Feminismus vgl. Elizabeth V. Spelman (1982, 127): „In their eagerness to end the stereotypical association of woman and body, feminists such as de Beauvoir, Friedan, Firestone, and Daly have overlooked the significance of the connections — in theory and practice — between the derogation and oppression of women on the basis of our sexual identity and the derogation and oppression of other groups on the basis of, for example, skin color and class membership. It is as if in their eagerness to assign women a new place in the scheme of things, these feminist theorists have by implication wanted to dissociate women from other subordinate groups. One problem with this, of course, is that those other subordinate groups include women."

in Genf entstandene *Der Idiot*, den wir zwar unter der Autorschaft „Dostoevskij" lesen, gehört sicherlich nicht ganz und gar F.M. Dostoevskij, sondern hat erstens eine starke Eigendynamik (die den Autor selbst von seinem Text entfremdet), zweitens ist die Ko-Autorschaft von Anna Snitkina / Dostoevskaja aufgrund der engen Zusammenarbeit des Paars unbedingt mitzudenken, auch wenn dieser Gedanke das damalige Verständnis von Autorschaft überfordert und daher quasi unartikulierbar war. Wir wissen aus zahlreichen Quellen, dass Dostoevskij seine Manuskripte nur mit Hilfe seiner Stenographin rechtzeitig abliefern bzw. überhaupt in dieser Form verfassen konnte. Dieser Prozess der Generierung der Reinschrift war keinesfalls eine rein technische Angelegenheit. Anna Snitkina war eine überaus fähige Stenographin, die mit dem russischen Kurzschriftsystem Ol'chin (orientiert am Gabelsbergerschen) arbeitete,[24] das sie wohl als erste in den Dienst künstlerischer Werke stellte. Offensichtlich hatte sich die Konstellation Dostoevskij – Stenographie – Snitkina ab Herbst 1866 (angefangen mit *Der Spieler*) im Schaffensprozess des Schriftstellers etabliert:

> Dostojewski hatte keinerlei Vorstellung von Stenographie, sollte sie auch später nie gewinnen, war aber im Zugzwang. Deshalb tastete er in ersten Gesprächen mit seiner anfänglich noch etwas schüchternen Partnerin die Möglichkeiten ab, die die für ihn ungewöhnliche Arbeitsweise bot, denn auch in Langschrift hatte er vorher nie diktiert.
> Dann aber begann der Alltag für die Stenographin, der vom 4. bis zum 29. Oktober, also 26 Tage, bis zum Abschluß des Manuskripts, dauerte, alles übrigens für ein Gesamthonorar von 50 Rubeln, einer für damalige Verhältnisse für eine Schreibkraft durchaus anständigen Summe.
> Dostojewski diktierte ihr seine Texte, offensichtlich anfänglich aus dem Kopf, dann bald nach einem Manuskript, nachmittags zwischen 12 und 16 Uhr, etwa jeweils eine halbe Stunde hintereinander oder auch länger. Dann begab sich die junge Snitkina nach Hause, transkribierte das Material, teilweise bis tief in die Nacht hinein, während Dostojewski seinerseits nachts den Fortgang der Handlung konzipierte und aufschrieb. Am nächsten Tag legte die Stenographin ihre Reinschrift vor, die vom Autor durchgesehen und korrigiert wurde. (Hexelschneider 2001)

Das Diktieren eines künstlerischen Textes ist ein eigenes Thema, das eingehender Erforschung und den Einbezug des Studiums der Tagebücher der Snitkina bedarf. Soweit ich sehen kann, wurde über Snitkina bisher wenig geforscht. N. Pelikan Straus (1994, 54) etwa schreibt in ihrem Buch über Dostoevskij und die Frauenfrage über Snitkina nur als Ehefrau, nicht in ihrer professionellen

---

[24] „Anna Snitkina hatte bei Olchin gelernt. Dieser hatte seit Dezember 1865 am 6. Gymnasium in St. Petersburg mit der Arbeit begonnen; von 150 Lernern in den Kursen zu Anfang blieben am Ende 25 Eleven; etwa acht sollen am Ende zwischen 350 und 500 Silben geschrieben haben." (Hexelschneider 2001)

Kapazität oder über ihre Beziehung zur in den 1860ern brodelnden Frauenbewegung.

Im Fall Dostoevskij sind drei entscheidende Begleitumstände zu erwähnen, die dieses Diktieren formten und ein Mitgestalten des Textes durch die Stenographin und spätere Ehefrau wahrscheinlich machen: Erstens war es der ökonomische Druck, der sich in zahlreichen Terminen niederschlug (etwa der Knebelvertrag eines Verlegers oder der Rhythmus des Erscheinens der Zeitschriften), der die konkrete Fassung „letzter Hand" oft beeinflusst haben muss. Zweitens sitzt seit Oktober 1866 Snitkina beim Diktieren als Wesen aus Fleisch und Blut dem Schriftsteller gegenüber und stellt so nunmehr selbst die Schrift und setzte in ihm die Anlagen zum Mündlichen (schwadronierender Erzähler, Stimmenimitator usw.) frei. So konnte Dostoevskij in neuer Form an sein Schaffen herantreten[25] und zwar durch das laute Diktieren aus dem Kopf oder nach einem Konspekt, womit das orale und dialogische Element in den Texten betont wurde. Zum dritten war es die Geschwindigkeit nicht nur des gesamten Schaffensprozesses, sondern auch des Diktierens, die aufgrund der Kurzschrift weit höher sein konnte und qualitativ zu anderen sprachlichen Resultaten führte, da hier ein 1:1-Verhältnis von mündlicher Rede und Niederschrift möglich und darüber hinaus ein Anhalten und Reflektieren des Textes erschwert wurde. Offensichtlich beflügelte Dostoevskij dieses Diktieren-Aufschreibenlassen enorm und begünstigte zweifellos die Produktion größerer Textmengen, die quasi ungehindert strömen konnten.[26] *Der Idiot* war der erste ganz und gar in diesem Regime verfasste ‚große' Roman, was man ihm auch anmerkt (die *raschljabannost'* des Textes, die Lichačev erwähnt). Ob nun Dostoevskij die Textportionen in ihrer Unfertigkeit und daher Offenheit stehen lassen wollte, da ihm ihr Effekt (der sprachlich in verschiedene Richtungen strebenden Bewusstseinsströme) zugesagt hat, oder ob wirklich die Zeit drängte, ist heute schwer zu eruieren.

Wir haben also auf der einen Seite eine Beschleunigung des Schaffensprozesses, auf der anderen Seite eine Zeitersparnis: „Dostojewski selbst war begeistert von der neuen Arbeitstechnik und meinte seinem Redakteur gegenüber, daß die Stenographie – unter Beibehaltung des bisherigen Verfahrens einer dreimaligen Durchsicht und Bearbeitung – ihm ‚die Arbeit fast um das Doppelte verkürzt.'" (Hexelschneider 2001). Es wäre naiv anzunehmen, dass diese „doppelte" Ersparnis keine Folgen für die Texte selbst gehabt hätte. Auch wenn es nicht bedeutet, dass Snitkina die ‚Hälfte' der (v.a. grammatischen, idioma-

---

[25] „впечатление торопливости речи, неряшливых и как бы неумелых поисков точности и вместе с тем найденности необходимого нюанса." (Lichačev 1987, 278)

[26] Wie Wladimir Kaminer (2007) es humorvoll karikiert: „Er musste sehr viel schreiben, um schließlich den Sieg des Geistes über die geistlose Materie zu begründen. Die Werke kamen mit einer Geschwindigkeit aus ihm heraus, die es ihm unmöglich machte, sie eigenhändig aufzuschreiben. Er heuerte eine Sekretärin an und diktierte. Er diktierte morgens, er diktierte abends und heiratete schließlich die Sekretärin, damit er auch nachts diktieren konnte."

tischen, d.h. stilistischen) Entscheidungen trifft, so sollten wir ihr doch einen gewissen Anteil daran zugestehen. Erst aus dieser Kooperation entstanden dann die „großen' Romane, die alle über 500 Seiten hatten (die Texte bis 1866 waren weit kürzer!). Offensichtlich hätte es sie ohne Snitkina so nie gegeben.[27] Dies ist freilich eine bemerkenswerte Folge der kostenlosen Stenographie-Kurse, die die junge Frau besucht hatte:

> Woher konnte Anna Snitkina so gut Stenographie? Das junge Mädchen war durchaus emanzipiert und kam zu den stenographischen Kursen, weil sie um Broterwerb kämpfte.[28]

Wir hatten zuvor erwähnt, dass der Autor sich nicht immer mit dem Text einverstanden erklärte; dies kommt im Roman selbst zum Ausdruck, wenn der Erzähler sagt, er trüge keine Verantwortung für die Ereignisse, er könne sie selbst nicht „erklären". Lichačev nennt daher die „Handlung maximal emanzipiert".[29] Die Verwendung dieses Wortes ist kein Zufall. Die Handlung des Romans ist ebenso „emanzipiert" wie Anna Snitkina es sein wollte. Auch wenn

---

[27] „A. G. Dostojewskaja stenographierte nach dem ‚Spieler' für Dostojewski weiter, so den Schlußteil von ‚Schuld und Sühne'. Der letzte Teil im Umfang von 7 Druckbogen wurde in vier Wochen, vom 8. November bis Anfang Dezember 1866, abdiktiert und geschrieben. In Genf diktierte ihr Dostojewski einen (nicht erhaltenen) Aufsatz über den Kritiker Wissarion Belinski und Kapitel seines Romans ‚Idiot'." (Hexelschneider 2001) Eine Studie der stilistischen Veränderungen in den Texten Dostoevskijs ab Ende 1866, darunter etwa die 1867, also bereits in Ehezeiten erfolgte Redaktion von *Prestuplenie i nakazenie* für die Buchausgabe wäre reizvoll.

[28] Hexelschneider (2001) schildert den politischen Kontext des Bedarfs an Stenographistinnen in einem sich reformierenden Russland: „Verursacht wurde das durch die sog. Großen Reformen unter Alexander II., die neben der (wenngleich halbherzigen) Befreiung der russischen Bauern von der Leibeigenschaft auch zu anderen Reformen führten. Die Justizreform vom 20. November 1864 bot alle Ansätze einer Entwicklung Rußlands zu einem Rechtsstaat. Sie brachte Mündlichkeit und Öffentlichkeit der Verfahren, die Unabhängigkeit und Unabsetzbarkeit der Richter, die Einrichtung einer Advokatur, Geschworenengerichte für Krimialfälle, den Einsatz von Staatsanwälten und unabhängigen Untersuchungsrichtern. Eben vom Justizministerium ging auch die Initiative aus, für die nun öffentliche Gerichtspraxis die Stenographie zu nutzen."

[29] „События в произведениях преломлены через впечатления о них. Эти впечатления заведомо неполны и субъективны. Автор подчеркивает, что не несет ответственности за них. Он нередко прямо отказывается объяснить происходящее. Благодаря этому, действие максимально эмансипировано. См. в главе IX 4-й части «Идиота»: мы «*сами во многих случаях затрудняемся объяснить происшедшее*», или: «*если бы спросили у нас разъяснения... насчет того, в какой степени удовлетворяет назначенная свадьба действительным желаниям князя... мы, признаемся, были бы в большом затруднении ответить*» (8, 475, 477). Ср. также постоянные оговорки вроде: «мы знаем только одно...», «мы крепко подозреваем...» и пр. Достоевский как бы освобождает себя от необходимости следовать причинно-следственному ряду, во всяком случае его элементарной форме." (Lichačev 1987, 286)

Snitkina durch ihre Ehe mit dem Schriftsteller – der von ihren Fertigkeiten so abzuhängen schien, dass er der Stenographin Hals über Kopf einen Antrag machte – ihren Anspruch auf eigene Einkünfte aufgab, beeinflusste ihr Wirken doch entscheidend die Familienkasse; Snitkina setzte ihre Fähigkeiten also in der Ehe unter dem Namen Dostoevskaja ein, und sie waren nicht nur ein ökonomischer Faktor im Schreiben der Dostoevskijs.

Der Idiot: Geliebte Idee und ungeliebter Roman

Erst im 20. Jahrhundert hat aufgrund der Bachtinschen Intervention ein Umdenken hinsichtlich einer etwaigen mangelhaften Stilistik und Kompositionsmängeln im Schreiben Dostoevskijs stattgefunden. In Bezug auf *Der Idiot* fasst Gary Saul Morson dies so zusammen: „The Idiot cultivates the aesthetics of the imperfective aspect",[30] wobei das Wort „imperfektiv" hier nicht so sehr auf den Verbalaspekt, sondern auf die unvollkommene Ästhetik des Romans anspielt („Even the most cursory reading of the novel makes the lack of an overall plan apparent." Morson 2004, 226). Morson (1997) betont das Prozessuale am Lesens des Romans, das wichtiger sei als eine wohlgeformte Romankonstruktion. Man könnte dies wieder mit Bachtinschen Begriffen fassen, die auf Offenheit und Mehrstimmigkeit abzielen.

Der wohlgeformte Roman muss der Idee vom schönen Menschen weichen und rächt sich dafür, indem die Handlungsentwicklung diesen ins Irrenhaus zurückschickt. Vom Ideal des ethischen Schönen bleibt am Ende also nicht viel. Dass Dostoevskij für seinen ersten und in gewisser Weise auch einzigen ‚großen' Roman mit einem positiven Helden ein Fremdwort gewählt hat, ist wohl bezeichnend (liest man die Januar-Briefe über den 1. Teil, kann man in ihnen durchaus die Unsicherheiten Dostoevskijs bezüglich der Fortsetzung des Romans spüren, der Schriftsteller angelt nach Komplimenten und gibt den ungewöhnlichen Titel wie beiläufig an, ohne ihn weiter zu erklären).

Dostoevskijs Text ironisierte und karnevalisierte die christlichen Werte und die slavophilen Standpunkte, die Dostoevskij als reale Person vertreten haben mag. Aus zahlreichen Bemerkungen und Briefen können wir folgern, dass der reale Dostoevskij sich gegen diese Relativierungen seiner Ideen und das Aufbegehren der Figuren bzw. die Eigendynamik der Handlung versuchte zu wehren, doch – zum Glück kann man sagen – ohne Erfolg. Auf die Kritik des Romans reagierte er übrigens defensiv, „er sei selbst nicht zufrieden mit ihm", wobei er hinzufügte, „die Idee jedoch liebe er immer noch".[31]

---

[30] Morson 2004, 228.
[31] „Сам писатель с частью этих замечаний вполне соглашался. Закончив роман, он не был доволен им, считал, что «не выразил и 10-й доли того, что [...] хотел выразить», «хотя все-таки,– признавался он С. А. Ивановой в письме от 25 января (6 февраля)

Der Idiot ist also ein proto-moderner Text, der zwar konservative Werte übermitteln soll, jedoch diese, ebenso wie die konventionelle Romanästhetik des Realismus in seiner konkreten Ausgestaltung zunichte macht. In diesem Sinne könnte man den Roman durchaus mit Gogol's verbranntem 2. Teil der *Toten Seelen* vergleichen – nur, dass der reale Autor Dostoevskij sich es im Gegensatz zum realen Gogol' nicht leisten konnte, einen Text zu verbrennen, der ihm und seiner Familie ein Einkommen sichern musste.

Beim Schreiben eines Fortsetzungsromans, der es unmöglich machte, schon Erschienenes zu korrigieren und u.U. auch den Roman in seiner Gänze zu erfassen, erwies sich zudem aufgrund des ökonomischen Drucks eine autoritäre Planung des gesamten Romans unmöglich.[32] So war Dostoevskij als „schwacher Autor"[33] quasi in den Händen seines Romans und nicht umgekehrt, wie es Konzepte wohlstrukturierter Poetiken annehmen, die einen starken Autor voraussetzen (wie es etwa Nabokov selbst war und das Gleiche von den Texten anderer verlangte). Dieser Gedanke kam auch Bachtin, der damit wiederum formalistische und strukturalistische Werkanalysen skandalisierte, indem er Dostoevskijs Roman als alle Strukturen aufbrechend, offen und unabschliessbar bezeichnete.

Der Idiot ist ein an sich selbst leidender Roman, der eben deshalb über jene „strannaja krasota" verfügt wie auch die außerhalb der Moral stehende schöne Frau, die das Schicksal des Romans (der schönen Literatur in den Fängen ethischer Ideen) in gewisser Weise immer mitrepräsentiert (daher schreibt Dostoevskij in seinen Brief über den Roman wie über eine Frau: *choroš*).

Die schwache Position des von der prozessuellen Genese des Fortsetzungsromans und der fortschreitenden Zeit getriebenen realen Autors korrespondiert mit den Semantiken des Titels und der Titelfigur: die Idiotie als *jurodstvo*, als Ablehnen von Anstandsregeln, rationalen Kategorien, der Passivität bzw. Sanftheit, der Ignoranz bzw. Unschuld, dem Gewährenlassen. *Der Idiot* als Resultat des Erduldens und Geschehenlassens (eines *laisser-faire*) oder des Martyriums des Autors, der beim Schreiben seines Romans im Dunkeln tappt. Eine weibli-

---

1869 г.,– я от него не отрицаюсь и люблю мою неудавшуюся мысль до сих пор» (XXIX, кн. 1, 10)" (Fridlender / Bitjugova 1989, 635)

[32] Dostoevskij schrieb in Genf unter großem Zeitdruck, der durch den Rhythmus des Erscheinen des *Russkij vestnik* in Petersburg, Geldprobleme und die Schwangerschaft seiner Frau bzw. der Geburt der Tochter (März 1868) bedingt war: „Всего, по подсчетам А. Г. Достоевской, в двадцать три дня он написал «около шести печатных листов (93 страницы)» для январской книжки «Русского вестника». Приступив к работе над второй половиной первой части 13 января н. ст., Достоевский, по его словам, «завяз с головой и со всеми способностями […] приготавливая ее к сроку», и отослал ее в середине февраля н. ст., опоздал «сильно» (XXVIII, кн. 2, 251, 257), но все-таки попал в февральский выпуск журнала. В дальнейшем писателю приходилось работать также в ускоренном темпе, волнуясь и постоянно думая о сроках." (ibid., 625)

[33] Vgl. A. Assmann 1996.

che Position, diese. Und zugleich die, die nach eigenen Angaben Schönheit erst möglich macht.

Bachtin hat diese Offenheit des Schreibens nicht mit christlichen Idealen verbunden, doch scheint die leidende Haltung des Idioten als Figur und als Text die Spezifik des Schaffens Dostoevskijs selbst zu reflektieren. Dies würde dann bedeuten, dass die Essenz von Dostoevskijs Schreiben (oder dem Schreiben der Anna und Fedor Dostoevskij) tatsächlich eine martyriale ist – jedoch nicht auf der ideologischen Ebene, sondern an dem diffusen und vielgestaltigen Ort, wo der konkrete Text entsteht und in sich widersprüchlich und unabschließbar, d.h. nicht wohlgeformt und schön ist. Die idiosynkratische Übertragung des Passionsgedankens auf das Leiden am eigenen Text stellt eine Linie des poetologischen und wohl auch ästhetischen Ärgernisses dar, die weit in das 20. Jahrhundert hineinragt und den Blick auf einen anderen Schönheitsbegriff öffnet. Diese Linie ist eine, die sich jenseits von gewöhnlichen poetologischen Kategorien der Schönheit befindet und damit auch den *belles lettres* den Kampf ansagt.[34] Zum Schluss möchte ich noch einmal Lichačev (1987, 285) zu Wort kommen lassen, der schreibt, dass dieser Stil Dostoevskijs Texte von einer Verpflichtung auf äußere Schönheit (*krasivost'*) befreie:

> Стиль произведений Достоевского удивительно связан с поэтикой его произведений: это стиль, в котором ослаблены обычные связи языка и создаются необычные, стиль, облегчающий неожиданные сопоставления, освобождающий произведение от внешней красивости, восстающий против мещанской привычности ассоциаций.

Interessant hierbei ist, dass dies in der Erinnerung an das Gelesene oft verblasst, wenn nur noch die erinnerten Konstellationen, Aussprüche von Nebenfiguren und (zufällig) behaltenen ‚Ideen' übrigbleiben. Wenig erstaunlich freilich, dass diese ‚Ideen' oft weder originell noch uns heute noch nah sind. Die Essenz von Dostoevskijs Schreiben, sie wird oft auch in den geglätteten Übersetzungen unterschlagen,[35] ist dies nicht. „Dostoevskij" ist das, was man nicht erinnern kann, ein Lesegefühl, ein vom Text Verführtwerden, der Zustand der permanenten Provokation und des Aufruhrs. Ein Hineingezogenwerden in eine Welt vol-

---

[34] Der Begriff der *belles lettres* oder der ‚schönen Literatur' wurde im 17. Jahrhundert eingeführt, um Werke mit ästhetischem Anspruch für den anspruchsvollen Leser von anderen Texten abzugrenzen (wissenschaftlicher Literatur ebenso wie den „Volksbüchern", die das ‚niedrige' Segment des Buchmarkt bedienten).
[35] Peter France (2000, 595) spricht von einer Tendenz in englischen Übersetzungen, Dostoevskijs stilistische Unebenheiten auszubügeln („smooth out the rough edges"). V.a. im Zuge der Bachtinrezeption wurde versucht, Dostoevskij „aufzurauhen" („to ‚unsmooth' Dostoevsky"). France spricht von „the need to render the ‚vitality and physical strength' of Dostoevsky's writing, the akwardness or even ungrammaticality of his narrators, the grotesque clash of different voices.")

ler Schuld und Schönheit. Und das intensive Vergnügen hält nur während des konkreten Lesens des Romans an. Sobald es abgeschlossen ist, ist der Zauber vorbei. Man kann ihn mit Bachtin als schriftliche Simulation einer offenen und dialogischen Rede-Situation bezeichnen, in der die Fragen die Antworten übersteigen. Überdies konfrontiert der Roman die Leser mit raffinierten Schlampereien, die ähnlich aufmerksamkeitsfördernd wirken wie jene kleinen Fehler, die ein Lehrer absichtlich an die Tafel schreibt, um akademische Hierarchien für einen Moment lang umzukehren und die Schüler aufzurütteln.

Literatur

Anz, Th. 2005: "Schönheit und Geschlecht. Konstruktionen von Weiblichkeit und Männlichkeit in ästhetischen Theorien," in: literaturkritik 2005, 12. http://www.literaturkritik.de/public/rezension.php?rez_id=8874

Arndt, A. / Zovko, J. 2007. "Einleitung zu: F. Schiller", *Schriften zur Kritischen Philosophie 1795-1805*, VII-LXI.

Assmann, A. 1996. "Schrift und Autorenschaft im Spiegel der Mediengeschichte", W.Müller-Funk/H. U. Reck (Hg.), *Inszenierte Imagination. Beiträge zu einer Anthropologie der Medien*, Wien, 13-24.

Avanessian, A. 2010. *Phänomenologie ironischen Geistes: Ethik, Poetik und Politik der Moderne*, Paderborn – München.

Bachtin, M.M. 1972. *Problemy poėtiki Dostoevskogo*, Moskau.

Baršt, K.A. 2005. "Risunki Dostoevskogo v istoričeskom aspekte," F.M. Dostoevskij, *Polnoe sobranie sočinenij v XVIII tomach,* t. XVII, Moskau, 679-867.

Bühler, K. 1934. *Sprachtheorie. Die Darstellungsfunktion der Sprache*, Jena.

Burke, E. 1757. *A Philosophical Inquiry into the Origin of Our Ideas of The Sublime and Beautiful*, London.

Dostoevskij, F.M. 1988-96: *Sobranie sočinenij v pjatnadcati tomach,* „Idiot", T. VI, Leningrad 1989.

— „Pis'ma 1834—1881", T. XV, Peterburg 1996.

1981. *Dostojewski in der Schweiz, Ein Reader*. Hg. V. I. Rakusa unter Mitw. v. F.Ph. Ingold, Ffm, 135.

Drubek-Meyer, N. 1997. "Dostoevskijs *Igrok*: Von *nul'* zu *zero*" Mein Rußland (=*Wiener Slawistischer Almanach*, Sonderband 44), 173-210.

— 1998. *Gogol's eloquentia corporis. Einverleibung, Identität und die Grenzen der Figuration*, München.

France, P. 2001: *The Oxford Guide to Literature in English Translation*, Oxford.

Fridlender, G.M. / I.A. Bitjugova 1989. „Primečanija", F.M. Dostoevskij 1988-96.

Hausen, K. 1976. „Die Polarisierung der ‚Geschlechtscharaktere' - Eine Spiegelung der Dissoziation von Erwerbs- und Familienleben", W. Conze (Hg), *Sozialgeschichte der Familie in der Neuzeit Europas*, Stuttgart, 363-393.

Jones, M.V. 1987. "Dostoyevsky – Driving the Reader Crazy", *Essays in Poetics* 12, 1, 57-80.
Kaminer, W. 2007. "Warum jeder russische Roman eine Liebesgeschichte erzählt", *Bücher* 2007, 1. http://www.buecher-magazin.de/index.php?id=kaminersrussen (2.4.2010)
Kasatkina, T.A. 2001. *Roman F. M. Dostoevskogo «Idiot»: sovremennoe sostojanie izučenija*, Moskau.
Knapp, L. (Hg.) 1998. *Dostoevsky's "The Idiot". A Critical Companion*, Evanston, Ill.
Koschmal, W. 2008. "Ėkscentričnyj roman Dostoevskogo Idiot", *Wiener Slawistischer Almanach* Bd. 61, 109-139.
Kropotkin, P. 1975. *Ideale und Wirklichkeit in der russischen Literatur* (Hg. P. Urban), F. a. M.
Lachmann, R. 2002. *Erzählte Phantastik*, F. a. M.
Lichačev, D. S. 1987. *Izbrannye raboty*, T. III (*Literatura – real'nost' – literatura*), Leningrad.
Lotman L.M. 1972. "Roman Dostoevskogo i russkaja legenda", *Russkaja literatura*, 2, 129-141.
Matich, O. 1986. "*The Idiot*: A Feminist Reading", A. Ugrinsky, F. Lambasa & V. K. Ozolins (ed.), *Dostoevski and the Human Condition After a Century*, New York, 53-60.
Miller Feuer, R. 1981. *Dostoevsky and The Idiot: Author, Narrator and Reader*, Cambridge u.a.
Minihan, N. N. 1989. *On the Influence of the Gospel on the Conception and Main Literary Sources of The Idiot*, Brown University.
Morson, G.S. 1997. "Tempics and The Idiot", K.A. Grimstad & I. Lunde (ed.), *Celebrating Creativity: Essays in Honor of Jostein Bortnes*, Bergen, 108-134.
— 2004. "Conclusion: Reading Dostoevskii", W.J. Leatherbarrow (ed.), *The Cambridge Companian to Dostoevskii*, London, 212-234.
Murav, H. 1992. *Holy Foolishness. Dostoevsky's Novels and the Poetic of Cultural Critique*, Stanford.
— 1995. "Reading Woman in Dostoevsky", S. Stephan Hoisington: *A plot of her own: the female protagonist in Russian literature*, Evanston, 44-57.
Nabokov, V. 1973. *Strong Opinions*, New York.
— 1982. *Lectures on Russian Literature*, London.
Opitz, C. 2002. *Aufklärung der Geschlechter? Revolution der Geschlechterordnung. Studien zur Politik- und Kulturgeschichte der Aufklärung*, Münster u.a.
Otto, A. 2000. *Der Skandal in Dostoevskijs Poetik. Am Beispiel des Romans „Die Dämonen"*, Frankfurt a. Main u.a.
Pelikan Straus, N. 1994. *Dostoevsky and the woman question: rereadings at the end of a century*, Basingstoke.
Schlegel, F. 1972. *Kritische Ausgabe seiner Werke: Philosophische Lehrjahre II 1796-1806*, Bd. 18, Nr. II, Paderborn.
Schultze, B. 1974. *Der Dialog in F. M. Dostoevskijs „Idiot"*, München.
Sigmund-Wild, I. 2000. *Anerkennung des Ver-rückten. Zu Luce Irigarays Entwurf einer „Ethik der sexuellen Differenz"*, Marburg.

Spelman, E.V. 1982. „Woman as Body: Ancient and Contemporary Views", *Feminist Studies* 8, 109-131.
Terras, V. 1985. „Dostoevsky's Detractors", *Dostoevsky studies* 6, 165-172.

Gerhard Penzkofer

RUBÉN DARÍO, „BLASÓN". ÜBERLEGUNGEN ZUM SCHÖNHEITSBEGRIFF DES SPANISCHEN MODERNISMUS

Es hat mit meinem von der Slawistik zur Romanistik führenden Lebensweg zu tun, dass ich zu einem Exkurs in die Romania einlade. Aber nicht nur: Denn die Auffassung, was schön sei und wozu Schönheit nütze, gewinnt in den romanischen Literaturen ein besonders strahlendes Profil, seit jeher. Ich erinnere beispielhaft an die Schönheit der Göttin Natura bei Alanus ab Insulis und der Schule von Chartres, an das Schönheitsmodell Petrarcas oder an die Dichtung des spanischen Barock, die die vergehende Pracht der Welt im unvergänglichen Glanz konzeptistischer Metaphern einfängt. Auch die romanische Lyrik des 19. Jahrhunderts, auf die ich mich in diesem Beitrag beziehe, stellt die Frage, was schön sei, nun aber in skeptischer Perspektive. Victor Hugo hat in der *Préface de Cromwell* über den Umweg des Grotesken das Hässliche in die Kunst eingeführt. Baudelaire postuliert in seinen ästhetischen Schriften eine „modernité", die dem zeitlosen und idealen Schönen ein Ende bereitet. Deshalb können die „Wüsten der Großstadt",[1] die Laster der Menschen und die Hässlichkeit ihrer Körper in der Dichtung vom Schönen berührt werden und umgekehrt. Auf diese Ästhetik des Hässlichen folgt in den meisten europäischen und vor allem in den romanischen Literaturen eine fast hysterische Gegenreaktion, die der Erosion des Schönen Einhalt gebieten will – die Lyrik des französischen Parnass, des Symbolismus, teilweise der *décadence*. Im Spanischen heißt diese Gegenreaktion mit einem nicht sehr glücklichen Namen Modernismus („modernismo").[2] Damit ist eine aus Lateinamerika über Frankreich nach Spanien importierte literarische Bewegung gemeint, die zwischen 1880 und 1920 ein ästhetisches Credo verkündet, als hätte es Hugo und Baudelaire nie gegeben: Schön-

---

[1] Hugo Friedrich, *Die Struktur der modernen Lyrik. Von der Mitte des neunzehnten bis zur Mitte des zwanzigsten Jahrhunderts*, Hamburg 1985 ([1]1956), 35.

[2] Aus heutiger Perspektive unglücklich ist der Begriff, weil er nichts mit dem zu tun hat, was wir gegenwärtig unter Moderne verstehen. Auch deckt er sich in keiner Weise mit dem amerikanischen „modernism". Zur Geschichte und Poetik des „modernismo" vgl. Max Henríque Ureña, *Breve historia del modernismo*, México und Buenos Aires [2]1962; Francisco Porrata/Jorge Santana (Hg.), *Antología comentada del modernismo*, Sacramento 1974; Ivan Schulman (Hg.), *Nuevos asedios al modernismo*, Madrid 1987; Ricardo Gullón, *Direcciones del modernismo*, Madrid 1990.

heit ist sinnlich wahrnehmbare Vollkommenheit, ein überpersönliches, überzeitliches, von den Menschen völlig unabhängiges, objektives Ideal. Aufgabe der Kunst ist einzig, dieses absolute Schöne sichtbar zu machen. Die Affinität zu zeitgleichen europäischen Kunstauffassungen des Fin de siècle ist evident, doch ist der modernistische Schönheitsbegriff kompromissloser und in seinen Aporien auswegloser. Deshalb mache ich ihn hier zu meinem Thema. Begründer und unangefochtener Führer des Modernismus ist Rubén Darío (1867-1916).[3] Rubén Darío stammt aus Nicaragua, erschreibt sich seinen Ruhm aber weitgehend in Europa. Von 1900 bis 1908 lebt er in Paris, bestens integriert in die literarischen Zirkel der Stadt, dann als Botschafter seines Landes in Madrid. Bereits sein erstes, noch in Amerika entstandenes Werk *Azul* (1888), eine Sammlung von kurzen Prosatexten und Gedichten, trägt ihm den Ruf ein, einer neuen literarischen Strömung den Weg zu weisen – dem „modernismo". Seine nächsten Werke *Prosas profanas* (1896) und *Cantos de vida y esperanza* (1905) bestätigen diesen frühen Ruhm. Rubén Darío gilt seitdem als führender modernistischer Lyriker in Spanien und Lateinamerika, neben Juan Ramón Jiménez, den Brüdern Machado oder Ramón del Valle-Inclán. Eines der bekanntesten Gedichte von Rubén Darío heißt „Blasón". Es stammt aus der Sammlung *Prosas profanas*[4] und ist ein Schwanengedicht, das den Schwan zum Inbegriff des Schönen, zum Dichterfürsten und damit zum Symbol der schönen Dichtung erhebt.[5] Auch

---

[3] Einführend zu Rubén Darío: Erwin Mapes, *L'influence française dans l'œuvre de Rubén Darío*, Genf 1977 ([1]1925); Arturo Marasso, *Rubén Darío y su creación poética*, La Plata 1934; Pedro Salinas, *La poesía de Rubén Darío (Ensayo sobre el tema y los temas del poeta)*, Buenos Aires [2]1957; Enrique Imbert, *La originalidad de Rubén Darío*, Buenos Aires 1967; Juan Loveluck (Hg.), *Diez estudios sobre Rubén Darío*, Santiago 1967; Keith Ellis, *Critical approaches to Rubén Darío*, Toronto 1974; Angel Rama, *Rubén Darío y el modernismo*, Caracas und Barcelona 1985; Iris Zavala, *Rubén Darío bajo el signo del cisne*, Puerto Rico 1989; Alberto Julián Pérez, *La poética de Rubén Darío. Crisis post-romántica y modelos literarios modernistas*, Madrid 1992; Marie-Claire Zimmermann, „El eclecticismo poético de Rubén Darío: heterogenidad y unidad en Cantos de vida y esperanza", Jacques Issorel (Hg.), *El cisne y la paloma*, Perpignan 1995, 193-212; Wolfgang Matzat, „Transkulturation im lateinamerikanischen Modernismus: Rubén Daríos Prosas Profanas y otros poemas", *Romanistisches Jahrbuch*, 48 (1998), 347-263.

[4] Zu *Prosas profanas* vgl. bereits José Enrique Rodó, *Rubén Darío. Ensayo sobre „Prosas profanas"*, Montevideo 1900. Daneben: Alberto Cussen, „Lectura de *Prosas profanas*", *Revista hispánica moderna* 39 (1976/1977), 26-35 und Matzat 1998. Ich beziehe mich auf die Ausgabe: Rubén Darío, *Prosas profanas y otros poemas*, hg. von Ricardo Llopesa, Madrid 1998.

[5] Zum Motiv des Schwans in der Dichtung von Rubén Darío vgl. Salinas 1957, 94-101; Ureña 1962, 22-28; Zimmermann 1995, 206-207; Zavala 1989. Ich verweise daneben auf Jaime Concha, „El tema del alma en Rubén Darío", Loveluck 1967, 59-63; Harald Wentzlaff-Eggebert, „Rubén Darío. Leda", Manfred Tietz (Hg.), *Die spanische Lyrik der Moderne*. Frankfurt am Main 1990, 80-96; Elena Calderón de Cuervo, *El enigma del cisne. Identificación de una estética esotérica en la poesía de Rubén Darío*, Mendoza 1994; Adriana Castillo de Berchenko, „La trayectoria del mágico cisne en la poesía de Rubén Darío. (De *Azul* ... a *Cantos de vida y esperanza. Los cisnes* y *Otros poemas*)", Issorel 1995, 47-82.

Baudelaire hat in den *Fleurs du Mal* ein berühmtes Schwanengedicht verfasst – „Le cygne". Bei Baudelaire ist der Schwan jedoch nicht Repräsentant des Ideals, sondern des Idealverlusts. Rubén Darío zielt also auf eine geradezu programmatische Verkehrung der Baudelaireschen Perspektive.[6] Wir können deshalb davon ausgehen, dass „Blasón" ein metapoetologisches Programmgedicht ist, das ich nun als solches interpretieren werde. Meine Interpretation wird von der Frage geleitet, was es bedeutet – und zu welchen Widersprüchen es führt –, wenn ein Dichter nach dem unwiderruflichen Ende metaphysischer Begründungen des Schönen ein objektives Schönheitsideal in der Kunst einfordert.

1. Der Baudelairesche Horizont

Zu den Teilen des Baudelaireschen Denkens, an denen sich Rubén Darío am meisten stößt, die er vielleicht aber auch am faszinierendsten findet, gehören die Formulierung einer Ästhetik des Bösen und Hässlichen, die ästhetische Ausbeutung einer urbanen Modernität in der Dichtung, schließlich die Orientierung der Lyrik an einer anti-mimetischen, kreativen Imagination („imagination créatrice"). Ich fasse diese Konzepte kurz zusammen, um zu zeigen, wie sie Rubén Darío verändert oder wie er gegen sie anschreibt.[7] Die Menschen und allemal die Künstler sind zerrissen, so Baudelaire, zwischen ihrem Streben nach idealen Anbetungsobjekten und einer satanischen Revolte, die das Ideal blasphemisch denunziert. Baudelaire bezieht beide Pole aufeinander. Der Verführungskraft des Ideals, die so groß ist, dass sie den Menschen zu verschlingen und zu prostituieren droht, stellt der Künstler den Widerspruch des Bösen, Hässlichen, Grausamen oder Alltäglichen entgegen, ohne der Sehnsucht nach dem Ideal ein Ende zu setzen. Der Dichter liefert sich keinem von beiden aus und begründet mit dieser Lust am Widerständigen seinen autonomen Gestaltungswillen. Der Preis für die künstlerische Selbstbestimmung sind unhintergehbare Paradoxierungen: Der Aufschwung zum Ideal kündigt den Absturz in den Abgrund an, das Opfer ist Henker, die Ekstase ohne *tristesse* kaum vorstellbar, der *ennui* Teil der Lust. Auch das Schöne ist gespalten: „[...] le beau", so die bekannten Formulierungen aus *Le peintre de la vie moderne*, „est toujours, inévitablement, d'une composition double, bien que l'impression qu'il produit soit une [...]. Le beau est fait d'un élément éternel, invariable, dont la quantité est excessivement difficile à

---

[6] Zu Rubén Darío und Baudelaire vgl. Luis T. González del Valle, *La canonización del diablo. Baudelaire y la estética moderna en España*, Madrid 2002 und Gerhard Penzkofer, „Las máscaras del *ennui*. La recepción de Baudelaire en Rubén Darío", José Morales Saravia (Hg.), *Un Baudelaire hispánico. Caminos receptivos de la modernidad literaria*, Lima 2009, 83-109.

[7] Meine Zusammenfassung stützt sich auf Thorsten Greiners Baudelaire-Monographie *Ideal und Ironie. Baudelaires Ästhetik der «modernité» im Wandel vom Vers- zum Prosagedicht*, Tübingen 1993.

déterminer, et d'un élément relatif, circonstanciel, qui sera, si l'on veut, tour à tour ou tout ensemble, l'époque, la mode, la morale, la passion".[8] Wenig später heißt es mit Bezug auf die Moderne: „La modernité, c'est le transitoire, le fugitif, le contingent, la moitié de l'art, dont l'autre moitié est l'éternel et l'immuable".[9] Das Schöne ist also komposit. Es besteht aus seinen historischen Repräsentationen und einem unveränderlichen, ewigen Schönheitskern, der jedoch eigentümlich vage bleibt, weil er nur über die Masken seiner geschichtlichen Manifestationen erschließbar wird. Das zeitenthobene Ideal ist wohl nur als Begehren verfügbar, als Projektion der eigenen Begehrenssituation, als subjektives Antriebsmoment. Das Ideal, schreibt Hugo Friedrich, ist „leer"[10] oder, so Greiner, nur als geglaubte und zugleich als illusionär durchschaute Idealpräsenz begreifbar.[11] Wenn das Ich aber seine Anbetungsobjekte selbst herstellt, wenn es nicht nur Opfer eines Faszinosums, sondern dessen Urheber ist,[12] dann wird Kunst zur Sache imaginierenden Sehens. Die „imagination créatrice" vernichtet lyrische Empfindsamkeit und mimetische Objektdarstellung in einem.[13] An ihre Stelle tritt der Entwurf von imaginären Welten, in denen das Objekt vom Künstler nicht zu trennen ist. In *L'Art philosophique* schreibt Baudelaire : „Qu'est-ce que l'art pur suivant la conception moderne? C'est créer une magie suggestive contenant à la fois l'objet et le sujet, le monde extérieur à l'artiste et l'artiste lui-même.[14] Einer empirischen und gesellschaftlichen Realität, die sich in der zweiten Hälfte des 19. Jhs zunehmend als „das dem Subjekt nicht Gefügige" erweist,[15] setzt Baudelaire eine alles verschlingende Subjektivität entgegen, die

---

[8] Charles Baudelaire, *Œuvres complètes*, 2 Bde., hg. von Claude Pichois, 2. Bd., Paris 1976, 685. Die deutsche Übersetzung lautet: „[...] das Schöne [ist] jederzeit und unweigerlich ein Doppeltes [...], obgleich auch der Eindruck, den es hervorruft, einheitlich ist [...]. Das Schöne besteht aus einem ewigen, unveränderlichen Element, dessen Anteil äußerst schwierig zu bestimmen ist, und einem relativen, von den Umständen abhängigen Element, das, wenn man so will, eins ums andere oder insgesamt, die Epoche, die Mode, die Moral, die Leidenschaft sein wird." Vgl. Charles Baudelaire, *Sämtliche Werke/Briefe*, hg. von Friedhelm Kemp und Claude Pichois in Zusammenarbeit mit Wolfgang Drost, Darmstadt 1989, Bd. 5, 215. Die Übersetzung stammt von Friedhelm Kemp.
[9] Baudelaire 1976, 695. Deutsche Übersetzung: „Die Modernität ist das Vergängliche, das Flüchtige, das Zufällige, die eine Hälfte der Kunst, deren andere Hälfte das Ewige und Unwandelbare ist." Vgl. Baudelaire 1989, Bd. 5, 226.
[10] Friedrich 1985, 48.
[11] Greiner 1993, 38.
[12] Greiner 1993, 17.
[13] Zu Baudelaires Imaginationskonzept vgl. Baudelaire, *Salon de 1859*, 1976, 619-628.
[14] Baudelaire 1976, S. 598. Deutsche Übersetzung: „Was ist die reine Kunst der modernen Auffassung nach? Das Erschaffen einer suggestiven Magie, die zugleich den Gegenstand und das Subjekt enthält, die Welt außerhalb des Künstlers und den Künstler selbst." Vgl. Baudelaire 1989, Bd. 5, 259.
[15] Hans Blumenberg, „Wirklichkeitsbegriff und Möglichkeit des Romans", Hans Robert Jauß, *Nachahmung und Illusion*, München 1969, 13.

sich auf Kosten der eigenen Identität die Widersprüchlichkeit der Welt einverleibt, um sich seine eigene Größe zu beweisen.

Auch Rubén Darío geht von der Dualität des Menschen als anthropologischer Grundannahme aus. Die Menschen sind, wie die Faune, Satyrn und Kentauren, die seine Gedichte bevölkern, monströse Zwitter, die das Unvereinbare in sich vereinen – Tier und Mensch, Körper und Seele, Tugend und Laster. Auch Rubén Daríos unverkennbare Wertschätzung der Imagination erinnert an Baudelaire. Dichtung heißt Erfinden, Erträumen, Imaginieren. Das erste Gesetz des Künstlers, so lesen wir am Ende der Einleitung von *Prosas profanas*, ist Erschaffen, Erzeugen, Erfinden: „Y la primera ley creador: crear".[16] Deshalb die Begeisterung für Cyrano de Bergerac – „principe de locuras, de sueños y de rimas"[17] – und vor allem für Don Quijote, mit dem sich der lyrische Sprecher in „Un soneto a Cervantes"[18] identifiziert und den er in „Letanía de nuestro señor Don Quijote" um Schutz anfleht.[19] Diese Ähnlichkeiten täuschen jedoch über den Abgrund hinweg, der Rubén Darío von Baudelaire trennt. Die Dualität des Menschen ist bei Rubén Darío nicht Ermöglichung rebellischer Widerrede, sondern Teil eines in sich vollendeten Kosmos, in dem sich die Unterschiede der Welt zu harmonischer Schönheit vereinen. An dieser kosmischen Schönheit, die sich unveränderlich über alle Zeiten und Räume hinweg in der Welt manifestiert, partizipiert die Schönheit der Dichtung. Die im Vorwort zu *Cantos de vida y esperanza* formulierte Ästhetik lässt daran keinen Zweifel. Dichtung zeichne sich durch die Aristokratie des Denkens aus („respeto por la aristocracía del pensamiento"), den Adel der Kunst („nobleza del Arte") und die Absolutheit des Schönen („lo absoluto de la belleza").[20] Das schließt eine Ästhetik des Transitorischen, des Hässlichen und des Bösen genauso aus wie Baudelaires Konzept der Moderne und die Produktivität der „imagination créatrice". Wenn der modernistische Dichter imaginiert, dann im Sinne einer Vision des Sehers, der der Epiphanie des Schönen beiwohnt oder sie wenigstens sucht.

Rubén Daríos Formulierungen wollen apodiktisch sein, doch spielen sie vielleicht gerade damit darüber hinweg, dass sie die Antwort auf grundlegende Fragen verweigern. Sie zeigen nicht, wie man das über der Geschichte stehende Schöne erkennen, von seinen historischen Einkleidungen unterscheiden und in der Dichtung dingfest machen kann. Diese Leerstellen charakterisieren auch Daríos Schwanengedicht „Blasón", auf das ich jetzt eingehe.[21]

---

[16] Rubén Darío 1998, 54. (Übersetzung: „Das erste Gesetz der Kreation [lautet]: Kreiere").
[17] Rubén Darío, *Cantos de vida y esperanza*, hg. von José María Martínez, Madrid 2000, 352. (Übersetzung: „Fürst des Wahnsinns, des Traums und der Reime").
[18] Rubén Darío 2000, 424-425.
[19] Rubén Darío 2000, 461-464.
[20] Rubén Darío 2000, 333-334.
[21] Rubén Darío 1998, 68-70.

2. Die Schönheit des Schwans

Rubén Daríos Schwan verkörpert Schönheit, Göttlichkeit, Adel, Erotik und vollendete Kunst. Der Schwan leuchtet weiß wie Schnee („cisne de nieve$_1$"), wie Leinen („su blancura es hermana del lino$_{17}$"), wie die Knospen weißer Rosen („del botón de los blancos rosales$_{18}$"), wie das diamantene Fell weißer Osterlämmer („del albo toisón diamantino de los tiernos corderos pascuales$_{19\text{-}20}$"), wie Hermelin („es de armiño su lírico manto$_{22}$"), wie Seide („de seda$_{36}$"). Die „eucharistische" Farbe des Flügels („lustra el ala eucarística") kann nur ein reines Weiß sein. Der Schnabel hat die Farbe von rosa Achat („con el ágata rosa del pico$_2$"), der Hals biegt sich wie eine griechische Lyra („En la forma de un brazo de lira$_5$") oder der Griff einer Amphora („y del asa de un ánfora griega$_6$"), aber auch wie ein idealer Schiffsbug („como prora ideal que navega$_8$").

Daneben erfahren wir, dass der Schwan göttlicher Herkunft („de estirpe sagrada$_9$") oder selber ein Gott ist. Das Adjektiv „olímpico" des ersten Verses spielt auf Zeus als Verführer Ledas an, dessen lasziver erotischer Attraktivität die ganze sechste Strophe gilt. Der Achat, dessen Farbe den Schwanenschnabel ziert, ist ein eng mit Zeus verbundener Edelstein. Auf der anderen Seite assoziiert der Schwan – sein eucharistischer Flügel oder sein Gefieder in der Farbe von Osterlämmern – den christlichen Gott. Renate Döring hat in der Diskussion dieses Vortrags zu Recht darauf hingewiesen, dass die im dritten Vers hervorgehobene, zunächst fast wie ein komischer Effekt anmutende Kürze des „eucharistischen Flügels" („el ala eucarística y breve$_3$") die Gestalt einer Taube andeutet. Dann wäre der göttliche Schwan nicht nur Zeus, sondern auch eine Metamorphose des Heiligen Geistes. Nicht zuletzt sind die Schwäne göttlich, weil sie, wie es in der letzten Strophe heißt, Götter aus einem Märchenland sind: „dioses son de un país halagüeño$_{34}$". Wie dies alles zusammengeht, bleibt zunächst allerdings offen.

Mit der Göttlichkeit des Schwans korrespondiert sein Adel. Der Schwan lebt in einer Adelsgesellschaft und ist selber ein Adeliger, ein geflügelter Aristokrat („alado aristócrata$_{25}$") mit eigenem Wappen, das ihn, wie in einer *mise en abyme*, als weiße Lilie auf blauem Grund darstellt („lises albos en campo de azur$_{26}$"). Als Aristokrat ist der Schwan Hofmann der „amable y gentil Pompadour$_{28}$", die ihn streichelt – wie Leda den Zeus vielleicht. Seine Nähe suchen der bayerische König Ludwig und dessen Braut, womit Ludwig I. von Bayern, vielleicht auch der Märchenkönig Ludwig II. oder ein Amalgam aus beiden gemeint ist, aber bestimmt nicht der in gelehrten Fußnoten[22] genannte Luis Fernando de Baviera y Bourbón (1859-1949), zunächst Arzt und Violinist an der Münchener Staatsoper, dann Schwiegersohn des spanischen Königs Alfonso XII. Nicht zuletzt ist auch die im Motto des Gedichts genannte und in der letzten

---

[22] Vgl. auch Rubén Darío 1998, 69.

Strophe verführerisch angesprochene Condesa de Peralta ein adeliges Substitut der Leda. Die göttliche Verführungsgeschichte setzt sich also unter den adeligen Menschen fort. Darauf verweist auch der Fächer in der ersten Strophe, ein erotisches Requisit, das jedoch auch als Metapher für den „eucharistischen Flügel" des Schwans eingesetzt und deshalb als keusch apostrophiert wird („casto abanico$_4$").

Wenn der Schwan ein Aristokrat ist, so ist er doch vor allem ein Künstler, ein aristokratischer Künstler. Das geht besonders aus der vierten Strophe hervor, die den Schwan mit Kunst und Künstlern in Verbindung bringt. Wir sehen ihn zunächst als König der kastalischen Quellen in der Nähe von Delphi. Dort schwimmt er offenbar. Der Name der Quelle kommt daher, dass sich die Nymphe Kastalia in ihr Wasser stürzt, um dem ihr nachstellenden Apollo zu entgehen. Das Wasser der Quelle, so heißt es in der Sage, fördere deshalb die künstlerische Inspiration. Die Verdichtungskunst Daríos wird hier besonders deutlich. Als „weißer König" der kastalischen Quelle („blanco rey$_{13}$") herrscht der Schwan über die Inspiration des Dichters. Zugleich ist er ein Substitut des Künstlergottes Apollo, das sich die Quelle zu Eigen macht. Nicht zuletzt evoziert er, neben dem Zeus-Leda-Mythos, eine weitere göttliche Verführungsgeschichte. Schwieriger zu erklären ist der folgende vierzehnte Vers, der dem Sieg des Schwans an der Donau gilt („su victoria ilumina el Danubio$_{14}$"). Auch hier treffen die Kommentare bekannter Darío-Ausgaben den Sinn des Gedichtes nicht, wenn sie auf die Opernhäuser in Wien und Budapest verweisen.[23] Richtiger ist vermutlich, an den Dichterfürsten der spanischen Renaissance Garcilaso de la Vega zu denken, der von Karl V. in der Nähe von Regensburg an die Donau verbannt wurde – eine grauenhafte Erfahrung für den Spanier –, und der schon von seinen Zeitgenossen als Schwan apostrophiert wurde. Dann wäre der Schwan ein Gefährte, ein Vertrauter oder eine Metamorphose des größten spanischen Dichters der frühen Neuzeit. Leonardo da Vinci wird in Vers 15 sicher wegen seiner künstlerischen Größe und seiner Berühmtheit, aber auch deshalb genannt, weil er ein Gemälde „Leda mit dem Schwan" gemalt hatte. Die Spiegeltechnik der *mise en abyme* wird hier noch einmal deutlich, ohne dass die Spiegelung als solche explizit wird: Der Schwan kann sich in den evozierten Kunstwerken selber betrachten. Das gilt ähnlich auch für den Lohengrín des folgenden Verses. Gemeint ist der Held der Wagneroper, der auf einem von einem Schwan gezogenen Boot auf der Bühne erscheint – und damit zugleich den Kreis zum bayerischen Ludwig und seiner Braut in der achten Strophe schließt.

Die metonymischen Nachbarn und metaphorischen Verkörperungen des Schwans haben natürlich damit zu tun, dass der Schwan selber ein Künstler ist. Er ist ein „rimador de ideal florilegio$_{21}$", der Dichter eines idealen Florilegiums. Sein lyrischer Hermelinmantel ist ein Königsmantel – der Schwan ist der König

---

[23] Rubén Darío 1998, 69.

der Dichter. Das geht auch aus den letzten Versen der Strophe hervor, die den magischen Schwanengesang ansprechen (Verse 23-24). Der Schwan, so wissen schon die antiken Mythen von Kyknos, singt im Sterben schöner als alle anderen Lebewesen. Er bringt Seele und Reim in Übereinstimmung und ist deshalb ein ebenso magischer wie königlicher Vogel („el mágico pájaro regio$_{23}$"). Fassen wir zusammen: Die anmutige Gestalt des Schwans, seine glänzende Schönheit, seine Göttlichkeit, sein Adel, die ihn umgebenden edlen Vorstellungsbilder, sein lyrischer Gesang machen ihn zum Sinnbild einer Dichtung, die nicht den Verlust, den Idealentzug, das unmögliche Idealbegehren, sondern die Ekstase einer elitären Schönheit feiert.[24] Rubén Daríos Schwan bildet damit einen programmatischen Gegenentwurf zu Baudelaires Schwan in „Le cygne", an den ich nur kurz erinnere.[25] Baudelaires Schwan vegetiert nach der Flucht aus seinem Käfig in einem vertrockneten Tümpel zwischen den Baracken und Baustellen des modernen Paris. Mit verkrampftem Hals („cou convulsif"), gierigem Kopf („tête avide"), verrückten Gesten („gestes fous"), zerfressen von ununterbrochener Sehnsucht nach der verlorenen Heimat („le cœur plein de son beau lac natal"; „rongé d'un désir sans trêve") karikiert er die Schönheit, die Rubén Darío seinem Schwan gönnt. Dennoch meine ich, dass auch die ostentative Schönheit des modernistischen Schwans instabil und von Auflösung bedroht ist. Das wird deutlich, wenn man den Schwan auf das Schönheitskonzept zurückführt, das Rubén Darío seiner Beschreibung zugrunde legt.

3. Aporien modernistischer Schönheit: Materialität und flüchtige Vision

Das Schöne, so behauptet Rubén Darío, erweckt Wohlgefallen, vielleicht sogar ein interesseloses, ohne sich auf ein bloßes Empfinden oder ein Geschmacksurteil zurückführen zu lassen. Als Ideal ist das Schöne objektiv. Deshalb muss es über untrügliche und nichtdiskutierbare Markierungen und Qualitäten verfügen, die seine Präsenz verraten. Das erste Erkennungszeichen des Schönen ist – wie in einer besonderen Auslegung der aristotelischen Entelechie – der Wert des Materials, dem es Form verleiht. Nur der wertvolle Stoff hat die *potentia* zur schönen Form. Deshalb besteht der Schwan aus Edelsteinen, Seide, Hermelin. Dem wertvollen Stoff entspricht sein sozialer Wert: Das Schöne ist dem Allgemeinen entzogen, elitär, aristokratisch. Schönheit beruht, wie im französischen Parnass, dessen Einfluss auf Rubén Darío hier überdeutlich wird, auf Rarifizierung.[26] Das Wertvolle und Rare sind Schönheitsindikatoren. Ein solches Schö-

---

[24] Vgl. dazu auch Wentzlaff-Eggebert 1990, 82-85.
[25] Charles Baudelaire, *Les fleurs du Mal*, in Charles Baudelaire, *Œuvres complètes*, 2 Bde., hg. von Claude Pichois, Bd. 1, Paris 1975, 85-87.
[26] Zur Poetik des französischen Parnass vgl. Klaus Hempfer, „Konstituenten Parnassischer Lyrik", Titus Heydenreich, Eberhard Leube und Ludwig Schrader (Hg.), *Romanische Lyrik. Dichtung und Poetik. Walter Pabst zu Ehren*, Tübingen 1993, 69-91.

nes manifestiert sich in gleicher Weise in allen Epochen und Genres. Schönheit ist transhistorisch. Vielleicht kann man deshalb die in den präsentischen Verfahren der Deskription manifeste Abwesenheit von Zeit als dritten Schönheitsmarker begreifen. Schönheit ist frei von den Spuren der Zeit. Sie hat keine Aura. In diesem Sinne ist der eklektische Parcours des Schwans durch die Jahrhunderte – von der kastalischen Quelle über Leonardo da Vinci zu Mme de Pompadour, Wagner und den bayerischen Märchenkönig – weder Zufall noch Ausdruck von Geschichtlichkeit. Der Schwan bleibt auf seinem Weg durch die Zeit immer gleich, eine immer gleiche ideale Schönheit, und demonstriert so die Zeitlosigkeit des Schönen. Damit verbindet sich ein weiteres Merkmal. Wenn das Schöne jeder historischen Einbettung enthoben ist, genügt es sich selbst. Es verweist auf nichts außerhalb seiner selbst, ist autoreferentiell. Die Spiegelungen des Schwans in „Blasón" und die *mises en abyme* des Gedichts verdeutlichen diese Qualität. Das letzte Merkmal des Schönen ist seine Sichtbarkeit, Sinnlichkeit und Sinnenhaftigkeit. Schönheit und *aisthesis* gehören zusammen. Deshalb wird der Schwan von Rubén Darío über weite Teile des Gedichts hinweg als elegante, harte, glänzende und wertvolle Oberfläche beschrieben. Er ist eine in seiner Schönheit provozierende Sichtbarkeit – oder soll es zumindest sein.

Genau damit beginnen aber die Probleme. Wir können uns nämlich den Schwan gegen das Postulat der Sichtbarkeit nur schwer vorstellen. Die Bildspender überwuchern den Bildempfänger, bis dieser nicht mehr zu erkennen ist.[27] Der Schwan ist Schnee, Leinen, Rose, Lamm, Hermelin, Seide, Edelstein, Lyra, Amphora, Schiff, aber eben kein Schwan. Ähnlich diskrepant sind die mythologischen und historischen Assoziationen. Der Schwan ist Zeus, christliches Osterlamm, die Taube des Heiligen Geistes, Hofmann des französischen Ancien Régime, Opernrequisit in den von Wagner beherrschten Träumen des bayerischen Märchenkönigs. Es sieht also danach aus, als konstituiere sich die Gestalt des Schwans über wechselseitig substituierbare Imaginationsketten, die seine Identität unabschließbar interpretieren, einkreisen, ohne sie dauerhaft zu fixieren. Tatsächlich verwandelt sich der Schwan am Ende des Gedichts in ein Wesen aus dem Feenland („país halagüeño$_{34}$"), um sich schließlich in Luft und Licht, in einen Traum aufzulösen. Es ist sicher nicht bedeutungslos, dass „sueño" („Traum") das letzte und damit besonders betonte Wort des Textes ist. Das ideale Schöne ist offenbar nicht nur sichtbare, berührbare, glänzende Materialität, sondern auch – oder vielleicht eher – eine traumhafte Vision.

Wenn das Schöne aber eine Vision ist, dann ist es wahrscheinlich wenig verfügbar, den menschlichen Absichten entzogen, wie das Visionen eigen ist. Eine solche Vermutung legen die Gedichte Rubén Daríos nahe, die die Unerreichbarkeit von Schönheitsvisionen zum Thema machen. Ich verweise auf das Sonett

---

[27] Vgl. dazu auch Pérez 1992, 75.

„Yo persigo una forma" („Ich verfolge eine Form") aus *Prosas profanas*,[28] dessen Titel mit dem Beginn des ersten Verses identisch ist, der programmatisch so zu Ende geht: „Yo persigo una forma que no encuentro mi estilo" („Ich verfolge eine Form, die mein Stil nicht findet"). Diese Absenz und Unerreichbarkeit des dichterischen Ideals ist das wichtigste Motiv des Sonetts. In der dritten Strophe wird es so variiert: „Y no hallo sino la palabra que huye, / la iniciación melódica que de la flaute fluye / y la barca del sueño que en el espacio boga" („Ich finde nur das fliehende Wort, / den Anfang der Melodie, die aus der Flöte fließt / und das Boot des Traums, das im Raum schwimmt"). Schönheit ist das unerreichbare Ziel einer stets vergeblichen Suche, Flucht, Verfließen, Unvollendbarkeit, Verlorenheit im Raum, wovon besonders die Sprache betroffen ist: Es ist das Wort, das den Dichter flieht. Bezeichnenderweise endet auch dieses Gedicht mit einem Schwan, der jedoch nicht durch seine Schönheit, sondern durch die Form seines gebogenen Halses auffällt, der ein beklemmendes Fragezeichen bildet („el cuello del gran cisne blanco que me interroga" – „der Hals des großen weißen Schwans, der mir Fragen stellt"). Wenn wir von solchen Überlegungen ausgehen, dann besteht die erste Aporie des modernistischen Schönheitsbegriffs in der Unentschiedenheit zwischen der Schönheit als evidenter und massiver Präsenz des Ideals auf der einen Seite und als flüchtiger Vision auf der anderen.

4. Schönheit als Begehren und Sprachlust

Diese erste Aporie überlagert sich mit einer zweiten, die die materielle Evidenz der Schönheit gegen das subjektive Begehren seines Betrachters ausspielt. Ich möchte dazu weiter ausholen und auf den Titel der Gedichtsammlung und ihr programmatisches Vorwort eingehen. Der Titel *Prosas Profanas* überrascht, denn der Text enthält keine Prosa, auch keine profane Prosa, was immer das sein mag. Dennoch ist der Titel sehr präzise. Im Vorwort des Gedichtbandes bezeichnet der Autor seine Jugend als rosa Messe („misa rosa"), in der er Antiphone („antífonas"), Sequenzen („secuencias") und eben auch Prosen („profanas prosas") verfasst habe, profane Prosen.[29] Wie Antiphone und Sequenzen sind Prosen Teile der gregorianischen Liturgie. In Festmessen folgen sie auf das Alleluja. Tatsächlich spielen die Gedichte in *Prosas profanas* immer wieder auf die christliche Messfeier an. Am deutlichsten zeigt sich dies im abschließenden Sonett des ersten Teils des Bandes, das den Leser mit einem „Ite, missa est" – das ist der Titel des Gedichts – entlässt, als zelebriere der Autor eine Messe, die er mit dem Leser feiert.[30] „«Ite, missa est»" handelt von der Verführung einer Rousseauschen Unschuld („Yo adoro a una sonámbula con alma de Eloísa, vir-

---

[28] Rubén Darío 1998, 168-169.
[29] Rubén Darío 1998, 52.
[30] Rubén Darío 1998, 88.

gen como la nieve" – „Ich bete eine Schlafwandlerin an mit der Seele der Eloísa, jungfräulich wie der Schnee"). Die jungfräuliche Seele der neuen Eloísa ist die für den männlichen Verzehr bestimmte Hostie in einer Liebesmesse („su espíritu es la hostia de mi amorosa misa"), in der die Transsubstantiation nicht Brot in den Leib Christi, sondern die unberührte Vestalin in eine vor Leidenschaft brüllende Faunin verwandelt: „apagaré la llama de la vestal intacta, ¡y la faunesa antigua me rugirá de amor!" („Ich lösche das Feuer der unberührten Vestalin und die alte Faunin brüllt mich vor Liebe an!"). Diese blasphemischen Metamorphosen geben die wahrscheinlich wichtigste Bedeutung der *Prosas profanas* und ihres Titels zu erkennen – die spöttische Umkodierung christlichen Vokabulars im Raum der Leidenschaft, den ästhetischen Reiz der Sünde, die erotische Profanierung des Sakralen zur Steigerung der Lust und die fraglose Unterordnung der christlichen Religion unter eine übermächtige heidnische Natur.

Ich glaube, dass der Zusammenhang mit „Blasón" sofort erkennbar ist. Die Überlagerung von Opferlamm, Heiligem Geist und Zeus, die Erotisierung christlicher Symbole, die christliche Maskierung sexueller Aggression, aber auch die merkwürdigen Beschreibungsbrüche („ala breve y eucarística" – „kurzer und eucharistischer Flügel") sind Profanierungen im Namen einer erotischen Lust, die sich ganz mit der Lust an der Schönheit verbindet. Das Ideal der Schönheit und erotischer Lustgewinn sind nicht trennbar. Das bestätigt sich in der abschließenden Ansprache an die Condesa: Wie der olympische Schwan will das lyrische Ich ein Verführer sein, dem die Schönheit der Gräfin Lust verspricht. Schönheit ist in *Prosas profanas* also nicht interesseloses ästhetisches Ideal, sondern immer auch erotischer Gewinn und damit Beute einer männlichen Subjektivität, die sich in „Blasón" einerseits hinter den glänzenden Oberflächen des Schwans versteckt, um sich auf der anderen Seite unverhohlen über die Identifizierung mit dem lüsternen Zeus zu manifestieren.

Wie kann der Dichter sein erotisches Schönheitsbegehren als Künstler verwirklichen? Die Antwort ist für Rubén Darío einfach. Über die Sprache, ihre Bilder, ihren Rhythmus, ihren Klang. Es gibt Gedichte, die die Schönheit lyrischer Sprache über ihren Zusammenhang mit dem Rhythmus der Welt objektivieren wollen. So soll sich in „Ama tu ritmo" („Liebe deinen Rhythmus") Dichtung mit kosmischen Harmonien verbinden, die im Vogelgesang ebenso präsent seien wie in den Konstellationen des Universums.[31] Rubén Darío hat dafür den schönen Neologismus „pitagorizar" („pythagorisieren") gefunden.[32] Aber eine Objektivität dieser Art lässt sich nicht verifizieren. Sie ist für uns in den Texten nicht evident. Verifizierbar ist allerdings, wie Rubén Darío auf der Suche nach kosmischer Schönheit eine Sprachbeherrschung gewinnt, die in der spanischen

---

[31] Rubén Darío 1998, 160-161.
[32] Vgl. dazu Ricardo Gullón, *Pitagorismo y modernismo*, Santander 1967 und Raymond Skyrme, *Rubén Darío and the Pythagorean Tradition*, Gainsville 1975.

Literatur bis heute kaum übertroffen ist. Evident ist seine eigene sprachliche Brillanz.

Ich komme damit noch einmal auf unseren Text zurück, zunächst auf den Titel. „Blasón" kann zweierlei bedeuten. „Blasón" ist ein Wappen oder die Beschreibung eines Wappens. Wenn unser Gedicht in der siebten Strophe das Wappen des Schwans anspricht, dann bezieht es sich auf diese heraldische Semantik von „blasón". „Blasón" ist aber auch eine in Frankreich im 15. Jahrhundert entstandene lyrische Gattung, die eine Person oder einen Gegenstand in der Regel in lobender Absicht beschreibt. Auch das löst unser Gedicht mit dem Lob des Schwans und der Schwanenbeschreibung ein. Mit dem Titel stellt sich das Gedicht also in eine weit zurückreichende lyrische Tradition. Das zeigt sich auch an der metrischen Form. Das Gedicht besteht aus neun Strophen zu je vier 10-silbigen Zeilen. Der Reim ist der Kreuzreim mit der regelmäßigen Reimfolge ABAB. Das wirkt unscheinbar, entspricht aber tatsächlich einer bekannten Gattung aus der altprovenzalischen Lyrik. Sie heißt dort „sirventés", auf Spanisch „serventesio". Ein „serventesio" ist ein Gedicht mit vierzeiligen Strophen und dem Reimschema ABAB. Auf der anderen Seite werden diese Traditionslinien mit modernen Formelementen und vor allem mit modernen Inhalten angereichert. Zu den modernen Inhalten rechne ich die latente Abrechnung mit Baudelaire oder die Anspielungen auf die zeitgenössische Kultur, auf Wagner oder Ludwig von Bayern. Zu den modernen Formen gehören die höchst ungewöhnlichen Reime mit schwierigen Reimwörtern: „azur$_{26}$" – „Pompadour$_{28}$" oder „espera$_{30}$" – „Baviera$_{32}$", vor allem aber der einfach wirkende, tatsächlich aber raffinierte Versbau. Wahrscheinlich ist der Versbau die eigentlich Pointe des Textes. Der Autor definiert seine Verse über die Silbenzahl, wie das im Spanischen üblich und vorgeschrieben ist. Die spanische Lyrik ist, wie alle romanische Lyrik, silbenzählend. Unser Gedicht ist ein 10-Silber. Zugleich folgen die Verse aber einem in Spanien völlig undenkbaren Metrum: Sie sind anapästisch. Rubén Darío experimentiert mit Sprache, indem er die antike und die romanische Versbildung kreuzt. Zugleich entsteht damit eine oft geforderte, hier aber tatsächlich vorhandene enge Bindung zwischen Form und Inhalt: Die aus verschiedenen lyrischen Traditionen gewonnenen Formen des Gedichtes folgen dem Parcours des Schwans durch die Kunstepochen – vom provenzalischen Mittelalter, über das 16. Jh. zur Gegenwart. Der Inhalt des Gedichtes exemplifiziert die Form und umgekehrt. „Blasón" will also, so folgt daraus, vor allem eines sein: kunstvolles Ausreizen der sprachlichen und generischen Möglichkeiten, die in der spanischen Lyrik möglich sind. Die erotische Lust an der Schönheit realisiert sich dabei für den Dichter als Spracherotik, als Lust an der sprachlichen Kreation und als Lust an den schönen Texten, die das künstlerische Schaffen hervorbringt. Rubén Darío kennt und zelebriert den *plaisir du texte*, den Roland Barthes propagieren wird. Hier sehe ich die zweite Aporie des modernistischen Schönheitskonzepts. Schönheit soll einerseits in emphatischem Sinne Idealpräsenz sein, andererseits ist sie abhängig von erotischem Begehren und Sprachlust. Das Schöne ist immer auch Wunschprojektion.

5. Zusammenfassung

„Blasón" suggeriert ein von der modernen Gegenwart des Autors nicht affiziertes und nicht affizierbares elitäres Schönheitsideal, das mit seinen Merkmalen der Rarifizierung, Zeitenthobenheit und Autoreferentialität unveränderlich in allen schönen Dingen angelegt ist. Auf der anderen Seite zeigt sich Schönheit in „Blasón" als flüchtige und unverfügbare Vision des Künstlers und als Schönheitsbegehren, das sich mit dem von ihm ersehnten und erdachten Schönen selber Gestalt verleiht. Dieses Changieren zwischen dinghafter Schönheit und Schönheitsbegehren charakterisiert besonders die Dichtung, die Sprachlust und Sprachkunst zugleich ist. Diese Widersprüche, leeren Stellen und Unschärfen von „Blasón" sind für die modernistische Ästhetik charakteristisch. Ich möchte modernistische Lyrik deshalb als Kompensations- vielleicht auch als Verdrängungslyrik bezeichnen. Sie kompensiert oder verdrängt mit der dogmatischen Einforderung des absoluten Schönen und dem Streben nach höchster sprachlicher, rhetorischer und metrischer Eleganz das uneingestandene Wissen, dass das Ideal der Dichtung eine Vision, ein Traum, eine Absenz sein kann – wobei umgekehrt das verdrängte Misstrauen an der Idealpräsenz die Stilperfektion antreibt. Mit diesen Überlegungen komme ich abschließend noch einmal auf Baudelaire zurück. Wie bei Baudelaire scheint sich das Schöne auch für Rubén Darío ganz erheblich der schöpferischen Imagination des Dichters zu verdanken. Wenn sich das Baudelairesche Schöne aber in seiner modernen, „transitorischen" Variante dem Bösen und Hässlichen ausliefert und der Künstler gespalten ist zwischen Idealbegehren und Ekstase auf der einen Seite und Revolte, *ennui*, *spleen*, Melancholie auf der anderen, so imaginiert Rubén Darío im Schönen allein die Wunscherfüllung. Dichtung soll Medium und Ziel einer unbändigen erotischen und sprachlichen Lust und Garant für die Vermeidung von *ennui* und *spleen* sein. Auch in diesem Sinne ist das modernistische Schönheitsstreben eine Verdrängungsstrategie. Vielleicht kann man es aber auch, wie schon die Medizin der frühen Neuzeit behauptet hatte, als besondere Form der Therapie, als Anti-Melancholikum, begreifen. Geht man davon aus, dass Therapie und Krankheit nicht weit auseinander liegen, dann dürfte der Abstand zwischen beiden Autoren geringer sein als ihr ästhetisches Programm vermuten lässt.

Rubén Darío, Blasón
Para la condesa de Peralta

1 El olímpico cisne de nieve
2 con el ágata rosa del pico
3 lustra el ala eucarística y breve
4 que abre al sol como un casto abanico.

5 De la forma de un brazo de lira
6 y del asa de un ánfora griega
7 es su cándido cuello, que inspira
8 como prora ideal que navega.

9 Es el cisne, de estirpe sagrada,
10 cuyo beso, por campos de seda,
11 ascendió hasta la cima rosada
12 de las dulces colinas de Leda.

13 Blanco rey de la fuente Castalia,
14 su victoria ilumina el Danubio;
15 Vinci fue su varón en Italia;
16 Lohengrín es su príncipe rubio.

17 Su blancura es hermana del lino,
18 del botón de los blancos rosales
19 y del albo toisón diamantino
20 de los tiernos corderos pascuales.

21 Rimador de ideal florilegio,
22 es de armiño su lírico manto,
23 y es el mágico pájaro regio
24 que al morir rima el alma en un canto.

25 El alado aristócrata muestra
26 lises albos en campo de azur,
27 y ha sentido en sus plumas la diestra
28 de la amable y gentil Pompadour.

29 Boga y boga en el lago sonoro
30 donde el sueño de los tristes espera,
31 donde aguarda una góndola de oro
32 a la novia de Luis de Baviera.

33 Dad, condesa, a los cisnes cariño;
34 dioses son de un país halagüeño,
35 y hechos son de perfume, de armiño,
36 de luz alba, de seda y de sueño.

Rubén Darío, Blasón
Für die Gräfin von Peralta

1 Der olympische Schwan aus Schnee
2 poliert mit dem Schnabel aus rosa Achat
3 den kurzen eucharistischen Flügel,
4 den er in der Sonne wie einen keuschen Fächer öffnet.

5 Einem Arm der Lyra
6 und dem Henkel einer griechischen Amphora
7 gleicht sein weißer Hals, der an einen
8 idealen, segelnden Schiffsbug denken lässt.

9 Aus heiligem Geschlecht ist der Schwan.
10 Sein Kuss steigt über Felder aus Seide
11 empor zum rosenfarbenen Gipfel
12 von Ledas süßen Hügeln.

13 Weißer König der kastalischen Quelle,
14 dessen Sieg über der Donau leuchtet;
15 Vinci war sein Herr in Italien;
16 Lohengrin ist sein blonder Prinz.

17 Sein Weiß ist die Schwester des Leinens,
18 der Knospen weißer Rosenfelder
19 und des weißen diamantenen Vlieses
20 zarter Osterlämmer.

21 Reimkünstler eines idealen Florilegiums
22 mit lyrischem Mantel aus Hermelin.
23 Magischer, königlicher Vogel,
24 der sterbend die Seele in seinem Gesang reimt.

25 Der geflügelte Aristokrat zeigt
26 weiße Lilien auf blauem Feld,
27 in seinem Gefieder hat er die rechte Hand
28 der liebenswürdigen und edlen Pompadour gespürt.

29 Er schwimmt und schwimmt im klingenden See,
30 wo der Schlaf [oder Traum] die Trauernden erwartet,
31 wo in einer Gondel aus Gold
32 Ludwig von Bayern seiner Braut harrt.

33 Gebt, Gräfin, den Schwänen Zärtlichkeit,
34 Götter sind sie aus einem Feenland,
35 gemacht aus Parfüm, Hermelin,
36 aus weißem Licht, aus Seide und aus Traum.

Christian Zehnder

SEGNUNG DURCH LICHT: GENNADIJ AJGIS „SVEČENIE"

1. Licht als Hauptthema und der „lyrische Suprematismus"

In seinem Nachruf auf Gennadij Ajgi hebt Atner Chuzangaj das Licht als „semantische Invariante" von Ajgis Lyrik hervor und zitiert dessen eigene Auskunft:

> „…тема света, как главная тема всей моей поэзии, начинается у меня очень рано – еще в моих чувашских стихотворениях 1954-1956 годов…"[1]

Das Licht zeigt sich dadurch als Invariante, dass es ungeachtet der allgegenwärtigen ‚Tragik' in den Gedichten immer wieder aufscheint und die Tragik so relativiert. In eine ähnliche Richtung geht eine andere Interpretation aus den vergangenen Jahren: Sarah Valentine zufolge nimmt Ajgi das schlechthin Unpoetische, d.h. reale Gewalt und Ungerechtigkeit, auf und verwandelt es poetisch in einen „Anlass für Schweigen und Stille" bzw. für die ‚Feier' einer reinen Helligkeit.[2]

Anknüpfend an diese Positionen – Chuzangaj und Valentine führen sie nicht weiter aus – werde ich im Folgenden dem Zusammenhang von Licht und Leiderfahrung in Gennadij Ajgis Werk nachgehen. Nun gibt es hier offensichtlich einen Konflikt mit der These vom „lyrischen Suprematismus", wie sie von Ilma Rakuša geprägt wurde. In erster Linie, so Rakuša, ist es die anti-mimetische Kunstauffassung, die Ajgi mit dem Maler und Denker Kazimir Malevič verbindet. Die Überwindung der ‚alten Kunst' geschieht bei Malevič wie bei Ajgi nicht im Namen eines neuen Konstruktivismus. Es geht im Gegenteil darum, unbedingt in der Referenzlosigkeit zu verbleiben. Malevič agiert im Suprematismus die unbewussten, das heißt: weder subjektiven noch objektiven „Erregungen" (возбуждения) der ungegenständlichen Welt aus. Diesen Erregungen ent-

---

[1] A. Chuzangaj 2006, 217-222, hier 219. (Chuzangaj ist ein Literaturwissenschaftler und Politiker aus Tschuwaschien.)
[2] S. Valentine 2007, 675-692, hier 687. Ähnlich auch Ol'ga Sedakova: „Боль, катастрофа, страдание угадываются за его словами, да и в них (Айги очень исторически сознательный автор) – но все это покрывает некая тишина." (O. Sedakova 2006, 204).

spricht bei Ajgi, so Rakuša weiter, die „verbale Unsinnlichkeit" der Dichtung, die so, in der Suche nach dem reinen „Wesen der Dinge", zu einer „heiligen Handlung" (священнодействие) wird.[3] Ajgi optiert sozusagen für eine mystische Variante der Avantgarde, während er das futuristische ‚Wort als solches' und die ‚Entautomatisierung' des Formalismus ablehnt mit einem Argument, das später von Boris Groys ausgeführt wurde: die analytische Avantgarde überschätze in ihrer Ästhetik der Verfremdung die Rolle der instrumentellen Rationalität – und vernachlässige gleichzeitig die Macht des Unbewussten.[4]

In einem Interview mit Vitalij Amurskij von 1990 begründet Ajgi „seinen" Suprematismus in weitgehender Übereinstimmung mit Ilma Rakušas Ausführungen, die ihm, mindestens mittelbar, bekannt gewesen sein dürften. Wie dem von ihm verehrten Malevič gehe es ihm in der Kunst nicht um die Wiedergabe von Erscheinungen der Wirklichkeit, sondern um deren Komprimierung zu „dynamischen Energiemassen", in welchen unmissverständlich das begriffliche Äquivalent zu Malevičs Erregungen zu sehen ist:

> Весь 1961 год я провел с книгами «великого супрематиста». «Бог не скинут» произвел переворот во многих моих представлениях, в том числе и «поэтических». Я это понимаю так: дело не в «передаче чувств» и «отображении мира», а в абстрагированной «абсолютизации» *явлений мира* через «человека-поэта», – абсолютизация их в виде движущихся «масс» энергии: слова призваны создавать эти незримо-чувствующиеся заряды по законам, так сказать, «вселенским» (имея в виду их «неземную крупность», «не по-человечески» организующиеся масштабы, – имея в виду это, а не эталонные «меры-строфы» старой поэзии).[5]

Chuzangajs und Valentines Ansatz (Licht und Leiden) ist mit dem „lyrischen Suprematismus" schwer vereinbar. Malevičs Suprematismus hatte ja genau eine Überwindung des Lichts in der Kunst darstellen sollen. Die projektive Lichtkunst (светопись) sollte durch die nichttransparente Farbkunst (цветопись) ersetzt werden.[6] Ajgi scheint sich dessen bewusst zu sein und vermeidet es in seinen zahlreichen Gesprächen mit Kritikern und Wissenschaftlern, den Suprematismus mit s e i n e m Hauptthema, dem Licht, in einen engeren Zusammenhang zu bringen. In Rakušas Arbeiten spielt das Licht zwar eine Rolle, wird

---

[3] I. Rakusa 2003, 168-174, hier 173. Die ursprüngliche, ausführlichere Fassung stammt aus dem Jahr 1983: I. Rakuša 1983, 149-171, hier 150-158 und 171.
[4] Vgl. B. Groys 1988, 49-52.
[5] „Zemlja i nebo – ne ideologija... (Razgovor s Vitaliem Amurskim)" [1990], G. Ajgi 2001, 290-293, hier 290/291. – Den Begriff des kosmischen ‚возбуждение' verwendet Malevič in der Broschüre *Bog ne skinut. Iskusstvo. Cerkov'. Fabrika* [1920], K. Malevič 1995, 236-265).
[6] Kazimir Malevič, „Svet i cvet", K. Malevič 2003, Tom 4, 239-272. Vgl. auch Hansen-Löves Kommentar: K. Malevič 2004, 263-266; 286-288.

jedoch, als Indikator des Göttlichen, mit der weißen Farbe gleichgesetzt. Außerdem nennt Rakuša mehrere auf dem Wort ‚свет' basierende Neologismen, die in Ajgis Lyrik generiert werden.[7] Dass das Licht aus Malevičs Sicht ein Rückstand der alten Welt und Kunst ist, bleibt dabei unerwähnt.

Bedeutet das Licht für die These vom lyrischen Suprematismus also mindestens ein Problem, so steht das von Chuzangaj und Valentine aufgeworfene Thema der Leiderfahrung und Tragik dazu in einem Widerspruch, der schwerlich aufzulösen ist. Denn in der objekt- und subjektlosen Welt der Ungegenständlichkeit (беспредметность) müsste sich Schmerz – genauso wie die Schwerkraft – als Phänomen von ‚gestern' in den suprematistischen Erregungen auflösen.[8] Der Suprematismus hat den Schmerz bereits hinter sich gelassen.

Wie bei Malevič führt das Schaffen bei Ajgi zu einer Art Kult der weißen Farbe. Allerdings ist auch hier einzuwenden: dies eher im Sinne von Andrej Belyjs „geheiligten Farben" (священные цвета), wo Weiß ein Symbol für All-Inklusion, für die Versöhnung der Gegensätze ist,[9] als im Sinne einer Exklusion von allem wie bei Malevič. Der Suprematismus kommt in seiner höchsten Phase zur weißen Farbe, weil sich nur in ihr die Philosophie des Nichts ganz realisieren kann. Im Traktat *1/42. Bespredmetnost'* (1924) schreibt Malevič, dass es in der Welt „nichts gibt" (ничего нет) und dass es deshalb vergeblich sei, in ihr etwas erkennen (познать) bzw. hervorkehren (выявить) zu wollen. Wenn in der griechischen Philosophie sowohl die Natur wie der Geist wesentlich lichthaft waren, so muss im Suprematismus sowohl das natürliche wie das geistige Licht ganz wegfallen, da es nach Malevič weder etwas Intelligibles noch einen Intellekt gibt. Das einzige, was übrig bleibt, ist die weiße Farbe, eine Fläche ohne Perspektive und Tiefe:

> Философия <супрематизма> скептически относится ко всему человеческому мышлению и усилиям, она находит, что ничего нельзя выявить в мире, так как в нем «ничего» нет, и быть не может, и ничего не было. Устанавливается противное предметности – беспредметность, «ничто» противопоставляется «что», супрематизм отказывается что-либо познать через какой бы то ни было культурный уровень и какой бы <то> ни был свет знания. Никакие выявления материалов ничего в мире не выявят, в мире нет ни темного, ни светлого, ни черного; солнечный диск как экран не может быть экраном выявления непонятного, нет черного диска, на котором бы было солнце ясным для сознания. Очевидно, развитие супрематизма через цвет вышло к черному и белому, в котором нужно видеть полное без-

---

[7] „Gennadij Ajgis lyrischer Suprematismus", 158. Auch das bei Ajgi nicht selten auftretende symbolistische Lichtmotiv der Transparenz (прозрачность) wird hier in keinem Gegensatz zum Suprematismus gesehen (166).
[8] Vgl. Hansen-Löves Kommentar in *Gott ist nicht gestürzt!*, 385-390.
[9] A. Belyj, „Svjaščennye cveta", A. Belyj 1994, 201-209.

личие, без-образность, без-предметность, равновесие, безразличие, вне времени находящееся состояние [...]¹⁰

Malevičs avantgardistischem Postulat der Gesichtslosigkeit (без-личие) widerspricht Ajgi exemplarisch in dem seiner Frau gewidmeten Gedicht „lico – tišina" (1975). In der verdunkelten Welt der Gegenwart leuchtet das menschliche Gesicht noch, es strahlt Klarheit aus und „beschenkt", ganz im Sinne von Emmanuel Lévinas, sein Gegenüber mit Sein. Die letzten drei Verse des Gedichts lauten:

> сияя – одаряя – Ты
> во Тьме-Стране
> так ясно: долго: есть¹¹

Was die Bewertung der weißen Farbe betrifft, ist Ajgi, ungeachtet seiner Beschwörung des suprematistischen Einflusses, auch hier der ‚Geistigkeit' eines Vasilij Kandinskij letztlich näher. So deckt sich die Charakterisierung der weißen Farbe, wie Kandinskij sie in der Schrift *Über das Geistige in der Kunst* (1910) vornimmt, recht genau mit Ajgis Auffassung; die weiße Farbe b i r g t etwas in sich, sie kann urplötzlich „verständlich" werden, das heißt Form annehmen. Sie ist „jung" und kann reifen – sie ist „voller Möglichkeiten". Der Vergleich mit einem Gefrierzustand (Eiszeit) bestätigt dies; die weiße Farbe ist etwas, was irgendwann auftauen wird. Sie ist sinn-erfüllte Potentialität.¹² Malevičs Weiß als Nichts und totale Gesichtslosigkeit präsentiert sich im Gegensatz dazu als sinn-leere, richtungslose Potentialität.

Träger der weißen Farbe in Ajgis Werk sind in den allermeisten Fällen Schneefelder.¹³ Während Malevič das Weiß dem Schwarz vorzog, weil sich darin auch sicher nichts mehr verbergen kann – schon gar keine Geheimnisse¹⁴ –, so ist der Schnee bei Ajgi ein Kleid, unter dem sich sehr wohl weiterhin die

---

10 Malevič, Kazimir, *1/42. Bespredmetnost'*, K. Malevič, IV, 68-134, hier 108, 109.
11 G. Ajgi 2009, Tom tretij, 117.
12 „*Es ist ein Schweigen, welches nicht tot ist, sondern voller Möglichkeiten. Das Weiß klingt wie Schweigen, welches plötzlich verstanden werden kann. Es ist ein Nichts, welches jugendlich ist oder, noch genauer, ein Nichts, welches vor dem Anfang, vor der Geburt ist. So klang vielleicht die Erde zu den weißen Zeiten der Eisperiode.*" V. Kandinskij [Kandinsky] 1952, 96.
13 Vgl. Janecek, Gerald, „Poèzija molčanija u Gennadija Ajgi", G. Janecek 2001, 436.
14 „[...] черное стоит позади белого, в чем можно еще разуметь и тот порядок, что черное темно и тем, возможно, оставляет <по> себе надежду какого-то выявления находящегося в нем неизвестно<го>, которое заставляет человека хотя <бы> что-либо представлять, ожидать, но вслед идущий белый квадрат как бы укажет, что все светло, и нет в этом диске ни одного пятна, ни различия, и ничто из него не выйдет в форме предмета." (*1/42. Bespredmetnost'*, 109) An dieser Stelle kehrt zwar das Licht zurück („все светло"), aber es steht eben nicht mehr wie in der Tradition für ‚Alles', sondern für N i c h t s . Vgl. dazu K. Malevič 2004, 292.

"grüne Welt"[15] verbirgt. Der Schnee führt eine Stille herbei, die wieder vorbeigehen wird, spätestens wenn der Frühling kommt. Man könnte sogar sagen: der Schnee spendet im besten Fall Trost, so etwa am Schluss des Wintergedichts „teper' vsegda snega" (1978), wo er die unschöne Realität und ihren trügerischen Schein zudeckt und zugleich eine minimale göttliche Präsenz ins Land („Муляж-Страна", Land-Attrappe) bringt. Selbst wenn sich das Erhabene (Gott, Seele, Licht) seinerseits als Illusion erweisen sollte, so wird es noch immer den weißen Schnee geben:

> а будь что есть их нет
> снега мой друг снега
> душа и свет и снег
>
> о Бог опять снега
> [sc. *o wieder ist Gott – Schnee*]
>
> и есть что снег что есть[16]

Die Paradoxie des Gedichts „teper' vsegda snega" ließe sich so umschreiben: Selbst wenn es Gott nicht geben sollte, kann er noch immer im Schnee sein. Die Potentialität der weißen Farbe ist hier zwar der Hoffnung enthoben – von jetzt an ist es immer Winter –, aber gleichwohl nicht grundsätzlich der Perspektive einer unverhofften Veränderung. In einem Gespräch mit Branka Bogavac und Léon Robel von 1990 geht Ajgi auf die Rolle der Farbe Weiß und des Schnees in seiner Lyrik ein und hält eindeutig an einer romantisch-symbolistischen Perspektive fest:

Bei mir ist der Schnee das Symbol des Weißen und Reinen […]. In der Natur gibt es Helligkeit, nicht Farbe. Aber Helligkeit kann sich im Nu in Farbe verwandeln. Die erste Verwandlung des Lichts geschieht in Weiß und Schwarz, und das Weiß enthält das Licht. Das Weiß ist wie ein Symbol ursprünglicher Freiheit, Entdeckung, Schöpfung, des Heraustretens in die Weite. Die weiße Farbe wird am besten durch den Schnee symbolisiert.[17]

Als Robel auf die Analogie der weißen Seite mit dem Schnee und der Stille zu sprechen kommt, antwortet Ajgi zustimmend, fügt jedoch sogleich hinzu: „[Die weiße Seite] erwartet, daß sich auf ihr Zeilen, Verse zeigen. Stille ist die weiße Seite, die darauf wartet, daß die Wörter kommen."[18] Ajgi geht in seiner

---

[15] Vgl. K. Malevič 2004, 380-383.
[16] *Sobr. soč.*, V, 21.
[17] „Der Wind ist der Atem des Schöpfers. Gespräch mit Branka Bogavac und Léon Robel" [orig. Serbisch], in: G. Ajgi 1998, 93-115, hier 98.
[18] „Der Wind ist der Atem des Schöpfers", 99.

Auffassung der weißen Farbe, bewusst oder nicht, zweifellos hinter Malevič zurück – bis zu Kandinskij und teilweise bis zum Kreativitätsdenken eines Andrej Belyj.

2. Das ‚Licht des Leidens'

Wenn Ajgi also selbst im „lyrischen Suprematismus" und im Kult der weißen Farbe symbolistische Züge aufweist, so stellt sein „Lichtthema" eine umso klarere Abweichung von der „zeitgenössischen Avantgarde" dar, mit der er häufig fast reflexartig in Verbindung gebracht wird.[19] Wie eingangs erwähnt, hatte Atner Chuzangaj darauf aufmerksam gemacht, dass bei Ajgi Leiden und Licht nebeneinander stehen, genauer: dass sie sich nicht gegenseitig ausschließen, wie beispielsweise im Gedicht „dom druzej" (1960):

> И во все проникал
> свет звука, свет взгляда, свет тишины,
> и где-то за этим свеченьем
> плакали дети [...][20]

Wie ich meine, geht Chuzangaj nicht weit genug; es gibt im Werk des Dichters aus Tschuwaschien eine Vielzahl von Stellen, wo Licht und Leiderfahrung direkt miteinander v e r s c h r ä n k t auftreten. D.h. das Leiden und der Schmerz werden ihrerseits zu Trägern des Lichts. Ich nenne zunächst nur einige besonders evidente Beispiele: In „snova: mesta v lesu" (1969) ist es

> светло
> – поляною-страданием! –[21]

In „Okraina: tišina" (1973) heißt es:

> во-Всем-что-боль
> и – свет!..[22]

In „rodina" (1973) ist die Rede von „Свето-Голод" – „lichtem Hunger" – und von „свето-проруб[ьи]-и-ран[ы]",[23] also von „Eislöcher-Wunden-Licht",

---

[19] Vgl. Sergej Birjukovs Interview-Aussage: „Геннадию чрезвычайно (!) нравилось, что Роман Якобсон называл его «экстраординарным поэтом современного русского авангарда» (это определение он повторял мне несколько раз и даже продиктовал, чтобы я точно записал)." Birjukov, Sergej, „Avangard - povyšennoe naprjaženie formy...", S. Birjukov 2007.
[20] G. Ajgi 2009, I, 69.
[21] G. Ajgi 2009, III, 52.
[22] G. Ajgi 2009, III, 90.

in „mesta v lesu: variacija" (1974) von „бол[ь]-озарени[е]",[24] „Schmerz-Erleuchtung". In „v vetr" (1978) schließlich findet sich explizit der Ausdruck „страдания свет",[25] L e i d e n s l i c h t.
Es war Dostoevskijs Fürst Myškin, der auf die nicht-naheliegende und aus einer konventionellen Perspektive ,idiotische' Idee kam, das Leiden schön zu finden. Ihn auf das Porträt von Nastas'ja Filippovna ansprechend, fragt die Generalin Epančina den Fürsten, weshalb er gerade diese Art von Schönheit möge. Und Myškin antwortet scheinbar ohne Zusammenhang:

> В этом лице... страдания много... – проговорил князь, как бы невольно, как бы сам с собою говоря, а не на вопрос отвечая.[26]

Dem Fürsten gefällt Nastas'ja Filippovnas Gesicht, weil er in ihm viel Leiden sieht. Was kann am Leiden schön sein? Hinter einer Schönheit, die, mit Ajgis Wort, kein Leidenslicht ausstrahlt, verbirgt sich nichts, sie hat keine Tiefe, sie ist flach und leblos. Es scheint genau das Pathos der Tiefgründigkeit (der tiefgründigen Schönheit) zu sein, das Ajgis Lyrik und Ästhetik letztlich deutlich von Malevičs Suprematismus unterscheidet, so sehr sich Ajgi selbst auch als „малевичеанец" bezeichnet.[27] Sinnbildlich ist hier die bereits genannte Konstruktion „свето-прорубьи-и-раны", in der sich das Licht mit Signalen abgründiger, schmerzlicher Tiefe verbindet (Eislöcher und Wunden). Gerade auch im Pathos der Tiefgründigkeit ist Ajgi viel eher Kandinskij als Malevič verpflichtet: Das Wort ist ein „innerer Klang", der den Gegenstand „dematerialisiert" und in der Seele eine „Vibration" auslöst.[28] Eine Wortverbindung wie „свето-прорубьи-и-раны" ließe sich mit Kandinskijs Theorie der Verinnerlichung jedenfalls plausibler beschreiben als mit Malevičs Philosophie des Nichts, die ein Innen und Außen überhaupt nicht kennt.

In einem polemischen Artikel gegen Ajgi hat sich der Kritiker und Dichter Jurij Kolker an dem Ausdruck „Свето-Жалость"[29] gestoßen; er nennt ihn „verlogen vieldeutig".[30] In Wirklichkeit fügt sich „Свето-Жалость", also „lichtes Mitleid", durchaus logisch in Ajgis Lichtdenken und Lichtpoetik ein. Anteilnahme kann für Ajgi – genauso wie für den Fürsten Myškin – nur auf sich ziehen, was in irgendeiner Weise nicht perfekt ist, was leidend, in Schmerzen verharrend oder arm und gering ist. Ob dabei das Licht des Leidens oder das Licht

---

[23] G. Ajgi 2009, III, 92–97.
[24] G. Ajgi 2009, III, 104.
[25] G. Ajgi 2009, V, 24.
[26] F. M.Dostoevskij 1973, 69.
[27] „Ja – malevičeanec. Beseda Iriny Vrubel'-Golubkinoj s Gennadiem Ajgi", G. Ajgi 2005.
[28] V. Kandinskij 1952, 46.
[29] „o da: rodina" [1975], G. Ajgi 2009, III, 121.
[30] J. Kolker, 1997, 235.

des Mitleids früher da ist, ist nicht leicht zu entscheiden und soll vielleicht auch nicht entschieden werden. Am ehesten bilden sie bei Ajgi ein gemeinsames Leuchten: свечение.

3. Das Licht der Askese

Das Licht des Leidens und des Mitleidens ist der erste Schritt hin zu einer leuchtenden Armut, Wenigkeit, Askese. Im Folgenden versuche ich zu zeigen, dass Gennadij Ajgis Werk nicht nur formal „im Zeichen des Minimalismus"[31] steht, sondern – zu einem guten Teil – auch inhaltlich-konzeptuell. Anders gesagt, geht es dabei darum, den Minimalismus als Asketismus zu rekonstruieren. Als Ausgangspunkt kann das Gedicht „nemnogo" (1975) dienen. Hier schlägt eine konventionelle Vorstellung von Gelingen in ihr Gegenteil um; Glück ist nicht in der Fülle und der „Vielheit" zu finden, sondern im „Nicht-Vielen" – so dass Glück am Ende im „Wenigen" gefunden wird:

> счастье – *«Немного»*
> блаженство – *«Немного»*:
>
> о шепот: как ветер – от солнца:
>
> хлеба – немного... и света дневного... –
>
> и – малого шума людского
> как пищи – для Смерти готовой... –
>
> чтоб мирно ее мы встречали
> как будто мы все и всегда у любого порога –
>
> в страдании братском... –
>
> о наша свобода!.. – свеченье душевное:
>
> простое:
>
> *«Немного»*[32]

In der Bereitschaft, jederzeit zu sterben, im „brüderlichen Leiden", fangen die Seelen an, das Licht ihrer Wenigkeit auszustrahlen – und es entsteht ein свечение. Das Motiv der leuchtenden Wenigkeit ist in den Gedichten aus den sieb-

---

[31] G. Janecek, „Poèzija molčanija u Gennadija Ajgi", 445: „[...] можно утверждать, что все творчество Айги создано под знаком минимализма."
[32] G. Ajgi 2009, III, 111.

ziger Jahren zunehmend präsent, so in „dalekij risunok" (1975), wo es heißt, und zwar in Klammern:

> (и всё светлей светлей:
> «о просто ничего»)

Im selben Gedicht finden sich die Verse:

> уже пройдя того не знать
> лучом все меньше стать[33]

Je weniger Ansprüche der Mensch oder die Menschen (das Volk?) an das Leben stellen, je mehr sie bereit sind zu verschwinden, desto stärker wird das Leuchten, das sie dann auch nicht mehr „ihres" nennen müssen, wie in „takie snega" (ebenfalls aus dem Jahr 1975):

> (жизнь проходит как будто ничья
> и светла ее бедность...)[34]

Wohl am radikalsten ist diese Figur in „sosny: proščanie" (1977) entwickelt. Der Verzicht auf Besitz, überhaupt auf Subjektivität bringt ein höheres, l e u c h - t e n d e s „Nicht" (Нет) hervor, das durch doppelte Negation den Tod ungeschehen macht (die vielen Einklammerungen verstärken diesen Prozess der ‚Aufhebung'):

> Любовь
> (не наша) –
>
> это – Нет:
>
> (Сияя):
>
> смерти –
>
> (столь простой, что: нет).[35]

Ilma Rakuša hat darauf hingewiesen, dass Ajgi im Unterschied zu Malevič keine Philosophie bzw. Ästhetik der Negativität entworfen hat, dass sich aber aus den Gedichten nichtsdestoweniger eine solche herauskristallisiert.[36] So eröffnet „sosny: proščanie" offensichtlich einen weiten Kontext von Zugängen zu

---

[33] G. Ajgi 2009, II, 111.
[34] G. Ajgi 2009, III, 118.
[35] G. Ajgi 2009, III, 174.
[36] „Gennadij Ajgis lyrischer Suprematismus", 157.

Tod, Licht, Auferstehung. Die Formel „Нет (Сияя) смерти" verweist zum einen auf die orthodoxe Osterliturgie (С в е т л о е Воскресение): Христос воскресе из мертвых, смертию смерть поправ [...]³⁷ Zum anderen erinnert die doppelte Negation des „смерти нет" in Verbindung mit plötzlich aufscheinendem Licht an den Umschlag in der Leidensgeschichte Ivans Il'ičs bei Tolstoj: „[...] смерти не было. Вместо смерти был свет."³⁸ ‚Minimalistisch' ist an Ajgis Sieg über den Tod – gemessen an der religiösen und literarischen Tradition – seine grundsätzlich metasprachliche Orientierung; Ajgi schreibt, so Ol'ga Sedakova, in einer „Sprache nach Heidegger".³⁹ „sosny: proščanie" wäre demnach kein Gedicht über die Auferstehung, sondern vielmehr darüber, wie die S p r a c h e die Negation des Todes generieren kann. Sedakova will Ajgi mit ihrer ‚antiessentialistischen' Lektüre gegen den nicht selten von Kritikern vorgebrachten Vorwurf des ‚Schamanismus' verteidigen. Damit erfasst Sedakova in erster Linie das neoavantgardistische S e l b s t v e r s t ä n d n i s des Dichters, Ilma Rakušas Ansatz aus den 1980er Jahren postmodern zu Ende denkend. Angesichts des hohen Lichtanteils von Ajgis Lyrik erweist sich jedoch, dass eine rein metasprachliche Lektüre am Kern des Problems vorbeizielt.⁴⁰

An dieser Stelle wäre es denkbar, das Thema der religiösen Askese an die suprematistische Theorie zurück zu binden: an Malevičs Beschreibung des Schwarzen Quadrats als Wüste,⁴¹ an den Begriff des Unbewussten (неосознанное) in *Bog ne skinut*.⁴² So wie für Malevič das Unbewusste – die unpersönliche Erregung – höher ist als das Bewusstsein, so ist nach Ajgi der Verzicht auf menschliche Souveränität ‚strahlender' als jeder denkbare Willensakt. Und so wie für Malevič die Faulheit zur „eigentlichen Wahrheit der Menschheit" wird,⁴³ so sieht Ajgi im Schlaf, und zwar möglichst im traumlosen, einen würdigeren Zustand als in der Wachheit und Geistesgegenwart.⁴⁴

Hinsichtlich des Lichts bleibt allerdings eine wichtige Differenz bestehen: Während Malevič das Licht als Inbegriff geistiger Durchdringung, d.h. von Bewusstsein kategorisch ablehnt,⁴⁵ findet Ajgi noch im von ihm gepriesenen

---

[37] *Tropar' Paschi*, glas 5.
[38] L. N. Tolstoj, „Smert' Ivana Il'iča", in: *Sobranie sočinenij v dvadcati tomach*, Tom dvenadcatyj, Povesti i rasskazy 1885-1902 gg., Moskva 1964, 115. Vgl. dazu Aage Hansen-Löve, „Grundzüge einer Thanatopoetik. Russische Beispiele von Puškin bis Čechov", *Wiener Slawistischer Almanach*, 60 (2007), 71.
[39] „Это явно «язык после Хайдеггера», язык не имен, не слов, а слов о словах: вообще говоря, метаязык", „Ajgi: Ot''ezd", 203.
[40] Vgl. zur Verdeutlichung die stark ontologisierende Gegenposition bei Atner Chuzangaj („Voprošanie o Boge").
[41] *Gott ist nicht gestürzt!*, 312-313.
[42] Vgl. Anm. 5.
[43] Vgl. *Gott ist nicht gestürzt!*, 490-492.
[44] „son-i-poėzija. razroznennye zametki", *Sobr. soč*, VI, 117-146.
[45] Vgl. *1/42. Bespredmetnost'*, 99.

Schlaf eine bestimmte Art von Licht,[46] vor allem aber: im Leiden, im Mitleiden und in der Askese. Ajgi geht von einem Licht aus, das von Anfang an nicht das Licht des Intellekts sein kann, ganz im Sinne von Emmanuel Lévinas' Diktum: „In der Literatur ist sogar das Licht dunkel."[47] Lévinas spricht (in Bezug auf Maurice Blanchot) auch von „schwarzem Licht".[48] Er meint damit ein Licht, das nicht von oben kommt und nicht herrlich ist, sondern ein erbärmliches, sprachloses und heimatloses. Entsprechend ist nach Ajgi das inhaltlich ,Reiche' formal arm und die Glanzlosigkeit ist glanzvoller als jeder Glanz – so kommen Minimalismus und Asketismus zur Deckung:

> Je mehr in einem Werk – in einem Gedicht, zweifellos auch in einem Bild –, je mehr im Innern dieses Werkes der spirituelle Gehalt wächst, desto mehr verliert das Werk an Glanz. Glanzvolle Dinge zu machen ist nicht schwer. Der Expressionismus ist mir fremd. Eine lebhafte, schreiende Sache ist inhaltlich arm.[49]

Und das ist genau die Perspektive, in der Gennadij Ajgi über Franz Kafka schreibt. Ajgi verehrte Kafka nach eigenem Bekenntnis wie einen Heiligen und beschreibt sein Gesicht wie das Antlitz eines подвижник. Ein kurzer Essay von 1984 ist betitelt „O da: svet Kafki". Durch Kafkas kalte Sprache bricht, so Ajgi, das „grausame Leuchten des Unsagbaren" – „грозное свечение невыразимого".[50] Dieses grausame Leuchten ist der stille Platzhalter für einen Schrei, der als solcher nicht möglich ist. Hier ist Ajgi Malevič und dem Schwarzen Quadrat, dem ja auch ein Schrei eingeschrieben sein soll[51], wieder sehr nah:

> [...] а крик – свет, который больше, чем надежда и отчаяние, и этот свет – присутствие... – чего? самого Существенного... – будто раскалывается самоизлучение того, что посерьезнее «диалектичекого» ядра из единства «ужасного-и-неужасного», – о, снова это – при непостижимой Закрытости! – и не доходит ли до нас что-то из этого излучения (ведь что-то отвечает в нас – правда ли? – «чему-то» этому – до нас доходящему [...] существует то, что посерьезнее ужасного.[52]

---

[46] Vgl. „Сон-Свет... Сон-Озарение. [...] Откуда это внезапное Море Света? Может быть, есть «цикличность» возвращения беспричинной Нечаянной Радости?" „son-i-poèzija", 140.
[47] Vgl. E. Lévinas, „La réalité et son ombre", *Les imprévus de l'histoire*, Paris 1994, 123-148, hier 135.
[48] E. Lévinas, „Maurice Blanchot – der Blick des Dichters", *Eigennamen. Meditationen über Sprache und Literatur*, hrsg. von Felix Philipp Ingold, München / Wien 1988, 25-41, [orig.: *Sur Maurice Blanchot*, Montpellier 1975].
[49] „Poesie und Schweigen. Gespräch mit Claude Mouchard" [orig. Französisch, 1994], *Blätter in den Wind*, 37-50, hier 46.
[50] „O da: svet Kafki", *Stichotvorenija. Kommentirovannoe izdanie*, 278-286, hier 281.
[51] *Gott ist nicht gestürzt!*, 313.
[52] „O da: svet Kafki", 282.

„Es gibt etwas, was ernster ist als das Schreckliche" und „größer als die Dialektik von Hoffnung und Verzweiflung" – das scheint mir ein entscheidender Selbstkommentar Ajgis zu seinem Werk zu sein. Und dieses mehr-als-Schreckliche ist das Licht; aber es kommt, so wie bei Lévinas/Blanchot, nicht von oben aus dem Himmel. Vielmehr handelt es sich um eine „Selbstausstrahlung des Allerwesentlichsten", die es auch nach Auschwitz noch gibt und die es Ajgi zufolge sogar in Auschwitz gab, genau in dem Maße, wie das Schreien dort nichts mehr half: „*Даже* Освенцим не состоит только из тьмы [...]."[53] Oder abstrakt-neologistisch gewendet: „[...] «нетие» – это особый свет [...]."[54] In dieselbe Richtung geht Ajgis Gedicht auf Varlam Šalamovs Tod („Stlanik na kamne", 1982). Šalamov sei im GULAG durch den Tod hindurchgegangen und habe danach in einem nicht-metaphysischen und gerade deshalb w a h r e r e n Licht zu den Menschen gesprochen:

Был – как умерший при жизни для жизни. Говорил – Абсолют: свет, из костей выжимаемый, более верный, чем если бы было – из «душ».[55]

Was die Umschreibung und Bewahrung, ja die Beschützung des „Allerwesentlichsten" betrifft, so vertraut Ajgi auf seine „Heiligen" Franz (Kafka) und Varlam (Šalamov). Er rückt in diesem zentralen Punkt kommentarlos von der suprematistischen Selbstvergöttlichung[56] des Menschen ab; die „leuchtende Armut", die „schrecklich-einfache Wundertätigkeit" des modernen Asketen Kafka (bzw. des Märtyrers Šalamov) treten in Ajgis Axiologie an die Stelle der totalen Gesichtslosigkeit bei Malevič:

[...] присутствует здесь некий «промежуточный язык», излучающийся светом такой «бедности», словно мы находимся перед *страшной простотой* – некоего чуда, *самого чуда!*.. – и снова хочется сказать, что этот неопределенный язык – неповторимый кафковский свет.[57]

---

[53] „O da: svet Kafki", 280.
[54] „O da: svet Kafki", 285.
[55] *Sobr. soč.*, V, 121.
[56] *Gott ist nicht gestürzt!*, 297-305.
[57] „O da: svet Kafki", 283. In dem Maße, wie sich Ajgi von Malevičs Suprematismus entfernt, nähert er sich der negativen Theologie eines Vladimir Losskij an: „Говорим «Апофатика» – от невозможности говорить, – а состоит ли она только из тьмы?" „O da: svet Kafki", 280. Es war Losskij gewesen, der die negative Theologie von einem diskursiven theologischen Verfahren zu einer positiven religiösen Haltung umdeutete („apophatisme comme attitude religieuse" - V. Lossky, *Essai sur la Theologie Mystique de l'Eglise d'Orient*, Paris 1944, 32). – In dem kurzen Gedicht „zapis': apophatic" (1976) wendet Ajgi die Apophatik darüber hinaus kulturkritisch: „а была бы ночь этого мира / огромна страшна как Господь-не-Открытый / такую бы надо выдерживать / но люди-убийцы / вкраплены в тьму этой ночи земной: / страшно-простая / московская страшная ночь" *Sobr. soč.*, III, 123.

4. Segnung durch Licht

Um zum Ausgangsthema, dem Licht des Leidens zurückzukommen: Ist es wirklich so, dass der Schmerz, die Armut und die Schwachheit von sich aus leuchten? Das Problem ist doch, dass sie dazu, anders als alles Erhaben-Brillante, kein Vermögen haben. Sie können nur empfangen. Darin aber liegt ihre Würde: in ihrer A n g e w i e s e n h e i t auf das Licht das Mitleids (Свето-Жалость). Im Einbezug eines Lichts des Mitleids unterscheidet sich Ajgi von Kazimir Malevič ebenso wie von Franz Kafka oder Maurice Blanchot. Er ist in diesem Sinne auch wirklich ‚näher am Volk'.[58] So wie etwa Anna Achmatova in ihrem *Rekviem* dem Leiden/den Leidenden „eine Stimme gab", so gibt Ajgi dem im Dunkeln verharrenden Volk „ein Leuchten". Und so wie man den Angehörigen in der Kirche eine Kerze anzündet, so widmet Ajgi dem Volk das poetische Leuchten. Bei dieser Widmung geschieht in einigen Gedichten das, was man im wörtlichen Sinne als „свечение" bezeichnen kann; die Menschen w e r d e n wirklich zu Kerzen: „свечи-люди во мгле".[59] So auch in einem späteren Gedicht, einem Einzeiler, überschrieben „Narod čto chram" (2002):

И души что свечи, зажигающиеся друг от друга.[60]

Wenn Atner Chuzangaj in seinem Nachruf auf Ajgi schrieb: „[...] его тексты-стихи мы будем произносить как молитвы, а Свет его поэзии – сохранять в себе [...]",[61] so tat er es als ein von den Textgebilden Ajgis ‚Angefachter', als Empfänger des свечение.

Dergleichen Aufmerksamkeit gegenüber dem ‚Volk', könnte man einwenden, ist nichts Neues, sie ist slavophiles Erbe. So war beispielsweise schon in Tjutčevs „Ėti bednye selen'ja..." (1855) die Rede von der l e u c h t e n d e n Armut, Kargheit und Duldsamkeit des ‚Russischen'. Das Vorbild für diese Eigenschaften des Nicht-Erhabenen ist in Tjutčevs Gedicht der erniedrigte Christus. Der leidende Gott hat das russische Land und sein Volk mit dem glanzlosen, verborgenen Licht des Leidens gesegnet:

---

[58] Das Volk (народ) als ‚Träger' der Poesie kehrt bei Ajgi konstant wieder, besonders gehäuft in *Pole-Rossija* (1978-1982, *Sobr. Soč*, V).
[59] „a v svete kakogo trikirija" [1978], *Sobr. soč*, II, 105.
[60] *Sobr. soč*, VII, 99. Renate Lachmann schlug in der Diskussion vor, свечение als ‚Verkerzung' zu übersetzen, um Ajgis poetische Etymologie des Wortes hervorzuheben. Zur geläufigen Bedeutung vgl. etwa den Eintrag bei Ušakov: „[...] способность излучать свет. *С[вечение] моря. С[вечение] растений*", Ušakov, D. N. (Hrsg.), *Tolkovyj slovar' russkogo jazyka*, Tom IV, Moskva 1940, 87. Naturwissenschaftlich entspricht свечение dem Terminus Lumineszenz.
[61] „Voprošanie o Boge", 222.

> Эти бедные селенья,
> Эта скудная природа –
> Край родной долготерпенья,
> Край ты русского народа!
>
> Не поймет и не заметит
> Гордый взор иноплеменный,
> Что сквозит и тайно светит
> В наготе твоей смиренной.
>
> Удрученной ношей крестной,
> Всю тебя, земля родная,
> В рабском виде Царь Небесный
> Исходил, благословляя.[62]

Und schließlich haben sich in der Nach-Stalin-Zeit viele dissidente Intellektuelle auf das Erbe des Heiligen Russland zurückbesonnen (Solženicyn ist nur der bekannteste von ihnen).[63] Nimmt man allerdings etwa die Neoslavophilie eines Symbolisten wie Vjačeslav Ivanov – der sich in vielerlei Hinsicht an Tjutčev orientiert – und betrachtet dort die Rolle des Lichts, so stellt man einen wesentlichen Unterschied zu Ajgis Idee des свечение fest. Bei Ivanov dürstet die „niedrige Sphäre" nach einer durch und durch vertikal konzipierten Erleuchtung von oben:

> Нисхождение есть действие любви и жертвенное низведение божественного света во мрак низшей сферы, ищущей просветления.[64]

Dabei wird die niedrige Sphäre weiblich-materiell gedacht, die hohe männlich und bewusst. Ivanov spricht außerdem von einem „kategorischen Imperativ der Selbsterniedrigung und des Vergrabens von Licht" („категорический императив нисхождения и погребения Света"[65]), dessen Folge eine gemeinsame Auferstehung der Intelligenzija und des Volkes sein werde. Ajgis свечение nun geht im Gegensatz zu Ivanovs Vorstellung nicht von einem erlösenden Licht von oben aus – und das heißt vor allem: Ajgis Werk ist kein Programm einer Verwandlung durch Licht („преображение светом"[66]). Weder g e g e n das Lei-

---

[62] Tjutčev, F. I., *Polnoe sobranie sočinenij i pis'ma v šesti tomach*, Tom vtoroj, Stichotvorenija 1850-1873, Moskva 2003, 71. Die Armut wird hier übrigens in der ersten Strophe ‚minimalistisch' durch das Fehlen eines Verbs markiert, die heilsgeschichtliche Perspektive hingegen durch die Reihung zweier Verbformen im letzten Vers.
[63] Vgl. Groys, *Gesamtkunstwerk Stalin*, 83-89.
[64] V. Ivanov, *O russkoj idee* [1909], *Sobranie sočinenij*, III, Bruxelles 1979, 333.
[65] *O russkoj idee*, 336.
[66] „Наши ожидания какого-то преображения светом максимальны […]" Andrej Belyj an Sergej Solov'ev (Februar 1901), A. Lavrov, *Andrej Belyj v 1900-e gody. Žizn' i literaturnaja dejatel'nost'*, M. 1995, 66.

den noch f ü r die Schönheit kann etwas unternommen werden. In der Welt i s t bereits etwas „Anderes", man muss es bloß zur Kenntnis nehmen. Herstellen lässt sich nichts: Wenn es eine Überzeugung gibt, die durch Ajgis Gedichte ,hindurchschimmert', dann ist es die.

Insofern wird auch Ajgis sehr reservierte Haltung gegenüber Vladimir Solov'ev und seiner apokalyptischen Sophiologie nicht weiter erstaunen.[67] Der Inbegriff des Leuchtend-Weiblichen ist für Ajgi die Krankheit und der Tod seiner Mutter 1959/60.[68] Neben der konkret leidenden Mutter ist für den Dichter keine ideale, erst noch zu inkarnierende, man könnte sagen: zu konstruierende Sophia vorstellbar. Der frühe Tod der Mutter hat in Ajgis Werk die Stellung eines absoluten Bezugspunktes:

> Моя мать, умершая рано, до сих пор видится мне как некое *святое свечение*, видится в жизни, которая, страшною мощью огромного Антиподного Народоподобия, была превращена чуть ли не в «единственный» ад.[69]

Es fällt auf, dass Ajgi vom Tod der Mutter nicht in Begriffen des Opfers, der Erlösung o.ä. spricht. Auch hier stellt sich stattdessen das свечение ein, das „heilige Leuchten". Man kann einander nicht helfen, man kann einander nicht vor dem Tod/vor dem Leben bewahren, man kann sich in Ajgis ,Welt' nur nach dem Bild der Kerzen-Menschen (свечи-люди) aneinander entfachen und in das gemeinsame schwache Leuchten eingehen.

Wie gesagt, gibt es hier keine Verwandlung durch Licht (so wie sie die Ästhetik von Solov'evs Schülern vorsah). Es ist die Idee einer S e g n u n g durch Licht, благословение светом. Auf die Frage indessen, ob diese Segnung aus der Selbstausstrahlung der Dinge kommt („самоизлучение"), aus der Gemeinschaft des ,Volkes' oder doch letztlich von einem „lyrischen Suprematisten", ist keine abschließende Antwort möglich – wie in dem folgenden vierzeiligen „Liedchen", wo sich die Segnung durch Licht auf ein unbestimmtes ,Wir' verteilt:

---

[67] „[…] от решительной заинтересованностью русской богословской философией меня сдерживало, прежде всего, мое настороженное отношению к «софийству» Владимира Соловьева […]." *Obydennost' čuda. Vstreči s Borisom Pasternakom. 1956-1958* [1990], *Stichotvorenija. Kommentirovannoe izdanie*, 342. – Ajgi hat Charles Baudelaires Bekenntniswerk *Mon cœur mis à nu* (1864) als sein „Evangelium" bezeichnet („Der Wind ist der Atem des Schöpfers", 107). Es könnte Ajgi in seiner Ablehnung des sophiologischen Weiblichkeitskults bestärkt haben. Ein Beispiel: „J'ai toujours été étonné qu'on laissât les femmes entrer dans les églises. Quelle conversation peuvent-elles avoir avec Dieu?" Ch. Baudelaire, *Mon cœur mis à nu*, édition diplomatique établie par Claude Pichois, Genève 2001, XXVII.
[68] Vgl. dazu E. Lisina 1998, 23-28.
[69] *Tetrad' Veroniki* („K anglojazyčnomu čitatelju"), *Sobr. soč.*, IV, 13.

И там, где стояли мы,
пусть останется
свечение – нашего
благословения.[70]

Literatur

Ajgi, G./F. Ph. Ingold (Hg.) 1998. *Blätter in den Wind. Gespräche, Reden, Essays*. Ausgewählte Werke, Bd. II, Wien / Lana.
— 2001. *Razgovor na rasstojanii. Stat'i, èsse, besedy, stichi*, SPb.
— 2005 „Ja – malevičeanec. Beseda Iriny Vrubel'-Golubkinoj s Gennadiem Ajgi", *Zerkalo*, 25, http://magazines.russ.ru/zerkalo/2005/25/aig6-pr.html, 31.10.2009.
— 2008. *Stichotvorenija. Kommentirovannoe izdanie*, M.
— 2009. *Sobranie sočinenij v semi tomach*, M.
Baudelaire, Ch. 2001. *Mon cœur mis à nu*, édition diplomatique établie par Claude Pichois, Genève.
Belyj, A. 1994. „Svjaščennye cveta", *Simvolizm kak miroponimanie*, M., 201-209.
Birjukov, S. 2007. „Avangard – povyšennoe naprjaženie formy...", *Deti Ra*, №1-2, http://magazines.russ.ru/ra/2007/1/bi23.html, 02.11.2009.
Chuzangaj, A. 2006. „Voprošanie o Boge", *Novoe literaturnoe obozrenie*, 79, 217-222.
Dostoevskij, F.M. 1973. *Polnoe sobranie sočinenij v tridcati tomach*, t. 8, *Idiot*, L.
Groys, B. 1988. *Gesamtkunstwerk Stalin. Die gespaltene Kultur in der Sowjetunion*, aus dem Russischen von Gabriele Leutpold, München.
Hansen-Löve, A. 2007. „Grundzüge einer Thanatopoetik. Russische Beispiele von Puškin bis Čechov", *Wiener Slawistischer Almanach*, 60, 7-78.
Ivanov, V. 1979. *Sobranie sočinenij*, t. III, Bruxelles.
Janecek, G. 2001. „Poèzija molčanija u Gennadija Ajgi", Goller, Miriam / Witte, Georg (Hg.), *Minimalismus*, Wien, 433-446.
Kandinskij [Kandinsky], V. 1952. *Über das Geistige in der Kunst*, 4. Auflage, mit einer Einführung von Max Bill, Bern-Bümpliz.
Kolker, J. 1997. „Obmanuvšijsja i obmanutyj", *Novyj Mir*, 10, 234-237.
Lavrov, A. 1995. *Andrej Belyj v 1900-e gody. Žizn' i literaturnaja dejatel'nost'*, M.
Lévinas, E. 1994. „La réalité et son ombre", *Les imprévus de l'histoire*, Paris, 123-148.
— 1988. „Maurice Blanchot – der Blick des Dichters", Ingold, F. Ph. (Hrsg.), *Eigennamen. Meditationen über Sprache und Literatur*, München / Wien, 25-41.
— 1975. *Sur Maurice Blanchot*, Montpellier.
Lisina, E. 1998. „Živye stranicy", *Literaturnoe obozrenie*, 5/6 (271/272), 23-28.

---

[70] *Poklon – peniju* (Pervaja čast', XXXVI), *Sobr. soč.*, IV, 121.

Losskij [Lossky], V. 1944. *Essai sur la Théologie Mystique de l'Eglise d'Orient*, Paris.
Malevič, K. 2004. *Gott ist nicht gestürzt! Schriften zu Kunst, Kirche, Fabrik*, hrsg. und komm. von Aage. A. Hansen-Löve, München / Wien.
— 1995-2004. *Sobranie sočinenij v pjati tomach*, M.
Rakuša [Rakusa], I. 2003. „Zeichenhaftes Sprechen. Zu Gennadij Ajgis lyrischem Suprematismus", *Von Ketzern und Klassikern. Streifzüge durch die russische Literatur*, Frankf./M., 168-174.
— 1983. „Gennadij Ajgis lyrischer Suprematismus", Brang, Peter / Nivat, Georges/Zett, Robert (Hg.), *Schweizerische Beiträge zum IX. Slavistenkongress in Kiev, September 1983*, Bern, 149-171.
Sedakova, O. 2006. „Ajgi: Ot''ezd", *Novoe literaturnoe obozrenie*, 79, 200-204.
Tjutčev, F.I. 2003. *Polnoe sobranie sočinenij i pis'ma v šesti tomach*, Tom vtoroj, Stichotvorenija 1850-1873, Moskva.
Tolstoj, L.N. 1964. *Sobranie sočinenij v dvadcati tomach*, t. 12, Povesti i rasskazy 1885-1902 gg., M.
Ušakov, D.N. (Hg.) 1940. *Tolkovyj slovar' russkogo jazyka*, t. 4, M.
Valentine, S. 2007. „Music, Silence, and Spirituality in the Poetry of Gennady Aigi", *Slavic and East European Journal*, Vol. 52, Nr. 4, 675-692.

Ilja Kukuj

ZWEI SCHÖNHEITEN, EINE RETTUNG: BORIS PASTERNAK ZWISCHEN „PIQUE DAME" UND LEONID ARONZON

Борис Пастернак

Красавица моя, вся стать,
Вся суть твоя мне пó сердцу,
Вся рвется музыкою стать,
И вся на рифмы просится.

А в рифмах умирает рок,
И правдой входит в наш мирок
5 Миров разноголосица.

И рифма – не вторенье строк,
А гардеробный номерок,
Талон на место у колонн
В загробный гул корней и лон.
10
И в рифмах дышит та любовь,
Что тут с трудом выносится,
Перед которой хмурят бровь
И морщат переносицу.

И рифма не вторенье строк,
15 Но вход и пропуск за порог,
Чтоб сдать, как плащ за бляшкою,
Болезни тягость тяжкую,
Боязнь огласки и греха
За громкой бляшкою стиха.

Красавица моя, вся суть,
20 Вся стать твоя, красавица,
Спирает грудь и тянет в путь,
И тянет петь и – нравится.

Тебе молился Поликлет.
Твои законы изданы.
25 Твои законы в далях лет.
Ты мне знакома издавна.

1931
(Zit. nach Pasternak 2004, 2, 72)

Boris Pasternak

Meine Schöne, deine ganze Gestalt,
dein ganzes Wesen ist mir nach Wunsch,
es strebt ganz danach, Musik zu werden
und drängt ganz zum Reimen.

In den Reimen aber erstirbt das Schicksal
und als Wahrheit kommt in unsere kleine Welt
der Welten Dissonanz.

Und der Reim ist kein Widerhall von Zeilen,
sondern eine Garderobennummer,
ein Kupon für einen Platz bei den Säulen
In das Grabesgetös der Wurzeln und des
Erdenschoßes.

Und in den Reimen atmet jene Liebe,
die hier mit Mühe geduldet wird,
vor der man die Augenbraue zusammenzieht
und die Stirn runzelt.

Und der Reim ist kein Widerhall von Zeilen,
sondern Eingang und Einlaß über die Schwelle,
um wie einen Mantel gegen die Blechnummer
die schwere Last einer Krankheit abzugeben,
die Furcht vor dem Bekanntwerden und der Sünde
gegen das laute Blechschild des Verses.

Meine Schöne, dein ganzes Wesen,
deine ganze Gestalt, Schöne,
presst die Brust zusammen und zieht auf den Weg
und drängt zu singen und gefällt mir.

Dich betete Polyklet an.
Deine Gesetze sind erlassen.
Deine Gesetze liegen in den Fernen der Zeiten.
Du bist mir von altersher bekannt.

Interlinearübersetzung von J. R. Döring
(1973, 357-358)

Леонид Аронзон

***

Красавица, богиня, ангел мой,
исток и устье всех моих раздумий,
ты летом мне ручей, ты мне огонь зимой,
я счастлив оттого, что я не умер
до той весны, когда моим глазам
предстала ты внезапной красотою.
Я знал тебя блудницей и святою,
любя всё то, что я в тебе узнал.
Я б жить хотел не завтра, а вчера,
чтоб время то, что нам с тобой осталось,
жизнь пятилась до нашего начала,
а хватит лет, еще б свернула раз.
Но раз мы дальше будем жить вперед,
а будущее — дикая пустыня,
ты в ней оазис, что меня спасет,
красавица моя, моя богиня.

1970
(Aronzon 2006, 1, 212)

Leonid Aronzon

***

Schöne, Göttin, mein Engel,
Quelle und Mündung all meiner Gedanken,
Du bist mir der Bach im Sommer, Du bist mir das Feuer im Winter,
ich bin deswegen glücklich, weil ich nicht gestorben bin
bis zu dem Frühling, als vor meinen Augen
Du mit plötzlicher Schönheit erschienen bist.
Ich kannte Dich als Dirne und als Heilige
und liebte alles, was ich in Dir erkannte.
Ich möchte nicht morgen, sondern gestern leben,
damit in der uns beiden verbleibenden Zeit
das Leben rückwärts zu unserem Anfang ginge,
und, falls die Jahre ausreichen, noch einmal zurückkehrte.
Aber da wir weiter nach vorne leben werden,
und die Zukunft eine öde Wüste ist,
bist Du die Oase, die mich retten wird,
meine Schöne, meine Göttin.

1970
(*Interlinearübersetzung von I. Kukuj*)

Die zwei oben vorgestellten Gedichte fordern geradezu zu einem Vergleich heraus, und zwar aus einem offensichtlichen Grund: Beide fangen mit dem gleichen Wort an. Dieses rein äußerliche und auf den ersten Blick fast banale Merkmal erweist sich allerdings als ein möglicher Schlüssel zu der Lebensästhetik beider Autoren, besonders wenn wir berücksichtigen, dass dieses schöne Wort – „krasavica", die Schöne, – im 20. Jahrhundert äußerst selten am Anfang eines russischen Gedichts stand. Sogar Nikolaj Olejnikov, der bekanntlich ein großer Verehrer der weiblichen Schönheit war, wagte dies lediglich einmal, eine Schöne an die allererste Stelle zu setzen, und tat es aus einem eher gastronomischen Grund: im Gedicht „Krasavica moja, prošu, govjadiny ne eš'..." („Meine Schöne, ich bitte Dich, iss kein Rindfleisch...")

In unserem Fall scheint die intertextuelle Verbindung von Aronzon zu Pasternak offensichtlich. „Unübersehbar" nennt Christian Zehnder (2006, 227) die Präsenz Pasternaks in der lyrischen Welt von Aronzon und verweist mit Recht darauf, dass bei allen motivischen und – vor allem in der frühen Phase der poetischen Entwicklung Aronzons – rhythmischen Interferenzen die für Pasternak grundlegenden formalen und inhaltlichen Konzepte von Dynamik und Erwachen (= Geburt) mit Aronzons Akzentuierung von Statik und Schlaf (= Tod) kollidieren. Das intertextuelle Verfahren von Aronzon wird als „Aufnahme und Transformation"[1] (ebd., 233) definiert. Johanna Renate Döring hat ebenfalls darauf hingewiesen, dass Pasternak als eine wichtige Figur in der intertextuellen Welt der frühen Phase in Aronzons Lyrik auftritt; erst „später vermag [Aronzon] die *Freude* aus Prä- und Intertexten zu befreien und sie aus der Schöpfung selbst, in der Schöpfung zu finden" (Döring 2008, 15). Den generellen Umgang Aronzons mit Intertextualität charakterisiert Döring als Manifestation an der Oberfläche, diese Manifestation braucht normalerweise „nicht erst herausdestilliert zu werden" (ebd., 9). Dies bestätigt das „Krasavica"-Gedicht: die erste Zeile «Красавица, богиня, ангел мой...» verweist direkt – über den Kopf Pasternaks – auf einen Eckstein des Petersburger Textes,[2] Puškins *Pikovaja Dama* (Pique

---

[1] Als Beispiel einer solchen Transformation bei der Bearbeitung weiblicher Gestalten zeigt Zehnder (2006, 213-214) „das Motiv der Ausdehnung der Geliebten in die Landschaft und in das Wetter" anhand der Parallelen zwischen Pasternaks „Vesna byla prosto toboj..." und Aronzons *Avgust* („Vsë osoznaj: i noč', i smert', i avgust...", 1961, bearbeitet vermutlich 1968).

[2] Die Transformation des Petersburger Textes bei Aronzon ist für Döring eine „Entleerung als Voraussetzung der Transzendierung" (2008, 14); als Zeichen einer solchen Transzendierung führt sie den Begriff des *Piter-Textes* ein: „Das Leben in der Welt, konkret in Piter, aktuell im Piter der 50er-60er Jahre ist für Leonid Aronzon die große, oft peinvolle Schleife zwischen den paradiesischen Zuständen der Prä-Existenz und der Post-Existenz, die gleichermaßen als Paradies umschreibt. Als 'Garten im Wasser' konnotiert er sein Paradies mit der ursprünglichen Stadtgründungsidee Peters des Großen, die gleichsam das mythopoetische Fundament des Petersburger Stadttextes bildet" (ebd). Bezeichnenderweise ist es „das spezifische paradoxe Anliegen des Piter-Textes von Aronzon, sich aus den textuellen Manifestationen zu befreien" (ebd., 10). Zum Begriff des Piter-Textes s. auch Kukuj (2008b, 272).

Dame), obwohl nicht unmittelbar, sondern intermedial, über das Libretto von Modest Il'ič Čajkovskij zu der berühmten Oper seines Bruders Pëtr. Der Verweis zielt auf die von German vierfach wiederholte Anrede „Krasavica! Boginja! Angel!" („Schöne! Göttin! Engel!"): dreimal bei der erfolgreichen Verführung in der vierten Szene des 1. Aktes und – als letzte Worte Germans – am Ende der Oper. Die Schöne Pasternaks befindet sich also zwischen zwei engelhaft schönen Göttinnen – eine von Puškin / Čajkovskij und eine von Aronzon; in der Oper geht es um den Untergang des Helden, bei Aronzon – um dessen Rettung. Es lässt sich nur klären, ob die Rettung implizit bei Pasternak thematisiert werden kann und welche Rolle dabei – auch bei Aronzon – die Schönheit und ihre Trägerin(nen) spielen.

In seinem Gedicht wendet sich Pasternak an seine zweite Frau Zinaida, damals noch Ehegattin des Pianisten Heinrich Neuhaus. Noch vor seinem Erscheinen im Gedichtband *Vtoroe roždenie* („Die zweite Geburt") wurde das Gedicht in der Zeitschrift *Novyj mir* (1931, № 8) als letztes einer Reihe von neuen Texten aus demselben Jahr abgedruckt. Die Reihenfolge dieser Vorpublikation ist im Gedichtband später erhalten geblieben: „Godami kogda-nibud' v zale koncertnoj..." (1), „Ne volnujsja, ne plač', ne trudi..." (2), „Okno, pjupitr, i, kak ovragi èchom..." (3), „Ljubit' inych – tjažëlyj krest..." (4), „Vsë sneg da sneg, – terpi i točka..." (5), „Mertveckaja mgla..." (6), „Platki, podbory, žgučij vzgljad..." (7), „Ljubimaja, molvy slaščavoj..." (8) und unser Gedicht „Krasavica moja, vsja stat'..." (9).[3] Die Reihenfolge einzelner Texte spiegelt auch die private Situation Pasternaks zwischen zwei Frauen in den Jahren 1930-31 wider: Der Dichter hat seine erste Frau Evgenija Vladimirovna (Gedichte 1, 2) und ihren gemeinsamen Sohn Evgenij wegen der Frau seines Freundes (Gedichte 4, 5, 8, 9) verlassen. Die Gegenüberstellung dieser zwei Frauen bildet, laut J.R. Döring, das zentrale Thema des Bandes *Vtoroe roždenie* (Döring 1973, 97). Mit dem ersten Frauentyp, für den die erste Frau des Dichters, die Malerin Evgenija Lur'e steht, verbindet Döring vor allem das Motiv der Erinnerung, das sich im Gedicht (1) in der grammatischen Kategorie des vollendeten Verbalaspekts manifestiert (ebd., 100-101). Die Gestalt der Malerin wird als „komplexe Erscheinung" dargestellt, „für die die sie umgebenden Menschen und Dinge zu Attributen werden" (ebd., 101). Dieser Komplexität steht im zweiten Frauenbild, der Gestalt von Zinaida, eine fast provokante Einfachheit gegenüber, die in der berühmten Zeile „A ty prekrasna bez izvilin" aus diesem Gedicht (4) gipfelt.[4] Zum wichtigsten Charakteristikum des zweiten Frauentyps wird, dass diese Gestalt als „Motivation und zugleich [...] Ausdruck der (neuen) poetischen Intentionen" (ebd., 110) dient. Die „unerhörte Einfachheit"[5] als Ergebnis und Ziel der

---

[3] Im Text wird auf die Nummern der Gedichte verwiesen.
[4] Zur Zweideutigkeit der Zeile – „Du bist ohne Krümmungen [hier: Zweifel] schön" vs. „Du bist schön, ohne dabei Großhirnwindungen zu haben [= schön und dumm]" – s. Šapir 2004.
[5] „Есть в опыте больших поэтов

poetischen Erfahrung verdankt sich dem Einfluss dieser Wende im Leben und Schaffen Pasternaks. Wie auch in der Realisierung des ersten Frauentyps lässt sich dieses Verfahren im grammatischen und syntaktischen Aufbau des Textes nachweisen. So zeigt Döring am Beispiel des Gedichts (4) – des kürzesten im ganzen Band – die Einfachheit der Syntax, wo Subjekt und Prädikat meist nur um ein Attribut oder ein Objekt erweitert sind: „Die Attribute sind jedoch [...] keine Epitheta ornantia, sondern Genitive, die Abstrakta mit Konkreta, Anschauliches mit Nichtanschaulichem verbinden" (ebd., 111).

Das letzte und für uns wichtigste Gedicht aus dem Minizyklus in *Novyj mir* führt die neue poetische Strategie Pasternaks konsequent fort. Von allen neun Gedichten wird hier die Reduktion des lyrischen Ichs zugunsten des begehrten Objekts am deutlichsten durchgeführt: den drei Pronomina der ersten Person stehen sechs Pronomina der zweiten Person gegenüber, wobei sich vier von ihnen jeweils am Anfang der vier letzten Zeilen des Gedichts als sinngebende Coda befinden. Von fünfzehn Verben des Gedichts sind dagegen zwölf im Präsens und alle in der dritten Person; es gibt lediglich zwei Infinitive und ein Verb im Präteritum.

Auffällig ist auch, dass alle Bezugnahmen auf das Ich und Du in der ersten und den beiden letzten Strophen des Gedichts erfolgen, was den von Döring beschriebenen Übergang von einem privaten Dialog zu der metapoetischen Reflexion deutlich illustriert. Dieser Übergang wird noch deutlicher, wenn wir das Gedicht (8) in Betracht ziehen, dem das „Krasavica"-Gedicht folgt. Dieser Text fängt ebenfalls mit der direkten Anrede an die Geliebte an („ljubimaja", Geliebte); dieser persönliche Ton bleibt auch weiterhin erhalten, was sich ziemlich deutlich in der Verbreitung der Personalpronomina der ersten Person (6 von insgesamt 7) und den entsprechenden verbalen Formen zeigt:

> Любимая, – молвы слащавой,
> Как угля, вездесуща гарь.
> А ты – подспудной тайной славы
> Засасывающий словарь.
>
> А слава – почвенная тяга.
> О, если б я прямей возник!
> Но пусть и так, – не как бродяга,
> Родным войду в родной язык.

Следы естественности той,
Что невозможно, их изведав,
Не кончить полной немотой.

В родстве со всем, что есть, уверясь
И знаясь с будущим в быту,
Нельзя не впасть к концу, как в ересь,
В неслыханную простоту". (Б. Пастернак «Волны» – Pasternak 2004, 2, 58)

> Теперь не сверстники поэтов,
> Вся ширь проселков, меж и лех
> Рифмует с Лермонтовым лето
> И с Пушкиным гусей и снег.
>
> И я б хотел, чтоб после смерти,
> Как мы замкнемся и уйдем,
> Тесней, чем сердце и предсердье,
> Зарифмовали нас вдвоем.
>
> Чтоб мы согласья сочетаньем
> Застлали слух кому-нибудь
> Всем тем, что сами пьем и тянем
> И будем ртами трав тянуть.

(Pasternak 2004, 2, 71)

Zwei zentrale poetische Motive werden bereits in diesem Gedicht angesprochen – der Vergleich der Geliebten mit dem Wörterbuch („Du bist des verborgenen geheimen Ruhms / einsaugender Wortschatz"[6]), und der Wunsch nach einem Reim, in dem die beiden Liebenden sich vereinen („Und ich wünsche, dass nach dem Tod, / wenn wir uns verschließen und fortgehen werden, / man enger als Herz und Herzkammer / uns zwei zusammenreimen wird"). In diesem Gedicht wird ein solcher Wunsch nach einem zusammenführenden Reim aus einer privaten Ich- und Wir-Perspektive geäußert und erst im nächsten Gedicht realisiert, in dem das lyrische Ich nach der ersten Strophe sowohl auf sich selbst als auch auf die Nennung und Lobpreisung der geliebten Schönen im größten Teil des Gedichts verzichtet und sich voll und ganz der Entfaltung seiner poetischen Vision widmet.

In der ersten Strophe wird die Ausgangssituation geschildert – das lyrische Ich bekennt sich sowohl schönen Gestalt als auch zum Wesen der geliebten Frau. Beides, Gestalt und Wesen, „sut'" und „stat'", bilden, nicht zuletzt auf der phonetischen Ebene, eine synthetische Einheit, die sich semantisch in der vierfachen Wiederholung des Pronomens „vsja" entfaltet. Die Ganzheit der Gestalt droht aber zu zerbrechen – wegen ihrer Gespaltenheit zwischen der Musik und dem Reim, der pars pro toto für Poesie steht: Die Schöne strebt zur Musik und drängt gleichzeitig – auch als Ganzes   zum Reim. Auf diese Weise wird die Dreieckskonstellation zwischen Zinaida (der Schönen), Neuhaus (der Musik) und Pasternak (dem Reim) subversiv dargestellt.

In den nächsten Strophen wird die Beziehung innerhalb des Dreiecks geklärt: Erst in der Poesie, nicht in der Musik, stirbt das Schicksal, und die Wahrheit

---

[6] Hier und im Weiteren die Interlinearübersetzungen aus dem Gedichtband *Vtoroe roždenie* von J.R. Döring (1973, s. Anhang)

kommt als polyphone Vielstimmigkeit in die Welt. Die Polyphonie wird in der zweiten Strophe dadurch realisiert, dass die siebte Verszeile sich mit der vierten reimt, die zwei davor, die fünfte und sechste, existieren als geschlossene Einheit (Reimung ABABCCB). Bemerkenswert ist auch der homonyme Reim A (das Wort „stat'" als Substantiv und Verb) und die Orchestrierung der ersten zwei Strophen, die von den dominanten Konsonanten des Wortes „krasavica" – [r] und [s] – bestimmt wird:

кРаСавица моя, вСя Стать,
вСя Суть твоя мне пó СеРдцу,
вСя РветСя музыкою Стать,
и вСя на Рифмы проСитСя.

а в Рифмах умиРает Рок,
и пРавдой входит в наш миРок
миРов РазноголоСица.

Beide Konsonanten sind auch paarweise an der Bildung des Vor- und Nachnamens des Dichters beteiligt: боРиС паСтеРнак.

Wird in den ersten beiden Strophen die Priorität der Poesie markiert, so versucht Pasternak in den nächsten drei Strophen den Anspruch der Poesie auf den Besitz der Schönen zu verteidigen. Der Reim wird mit einer Garderobenmarke verglichen, die dem Dichter vor dem Eintritt in das musikalische Jenseits eines Konzertsaals ausgehändigt wird. Der Untergang im Hades wird sowohl phonetisch (dreifache Wiederholung der Lautkombination [grob] – „ГардеРОБ", „заГРОБный", „ГРОмкой Бляшкою") als auch mit dem Motiv der Garderobenmarke eingeleitet, die hier analog zum Obulus als Fährgeld für Charon dient. Die Nähe des Dichters zu Orpheus, der für seine Schöne in die Unterwelt geht, erklärt auch die aufdringliche Wiederholung des Wortes „rifma" (Reim) fünfmal in den ersten fünf Strophen, mit seinen [r] und [f] – [oRFej] als weitere Metonymie für die Poesie. Wichtig ist, dass der Dichter sich dabei nicht als aktiv agierender Held präsentiert, sondern sich vollständig – auf der Ebene der Handlung – zurückzieht und für sich lediglich einen Platz am Rande bei den Säulen beansprucht. Die Stärke des Dichters ist in diesem Fall nicht das Wort, das laut dem 21.Vers lediglich ein „lautes Blechschild" ist, sondern das Atmen („i v rifmach dyšit ta ljubov'"), das die lebendige Liebe von der toten Konvention der Moral und Sitte unterscheidet: „Und in den Reimen atmet jene Liebe, / die hier mit Mühe geduldet wird, / vor der man die Augenbraue zusammenzieht / und die Stirn runzelt". Das Verhalten des lyrischen Helden wird hier gleich durch die Inanspruchnahme seiner Rechte und einer bitteren Selbstironie, ja fast Selbsterniedrigung bestimmt; diese Ironie spürt man in der Behauptung, dass „der Reim keine Wiederholung von Zeilen" ist – gerade diese Zeile wird aber im Gedicht symmetrisch wiederholt (Verse 8 und 16).

Die Unsicherheit des Dichters bei der Verteidigung seiner Rechte hat ein anderer Dichter sofort gespürt, nämlich Osip Mandel'štam, für den dieses Thema am Anfang der 30er Jahre zum Leitmotiv und existenziellen Problem wurde.[7] In ihren Erinnerungen (Kapitel „Antipody") schreibt Nadežda Mandel'štam über die Entstehungsgeschichte des Gedichts „Noč' na dvore. Barskaja lža..." und führt aus, dass die Zeile „I tolkotnja v garderob..." direkt auf Pasternak mit seinem Versuch, sich als Dichter gesellschaftlich-politisch anzupassen, zielt:

> Второе стихотворение, связанное с Пастернаком, – „Ночь на дворе, барская лжа..." Это ответ на те строки Пастернака, где он говорит, что „рифма не вторенье строк, а гардеробный номерок, талон на место у колонн..." Здесь явно видна архитектура Большого зала консерватории, куда нас пускали, даже если не было билетов. Кроме того, это общественное и почетное положение поэта. От „места у колонн" О. М. в своих стихах отказался. (Mandel'štam 2006, 1/175-176)

> Das zweite mit Pasternak verbundene Gedicht – „Nacht auf dem Hof, adelige Lüge..." Das ist die Antwort auf jene Zeilen Pasternaks, in denen er sagt, dass „der Reim kein Widerhall von Zeilen ist, sondern eine Garderobennummer, ein Kupon für einen Platz bei den Säulen..." Deutlich sichtbar ist hier die Architektur des Großen Saals des Konservatoriums, wo man uns immer reinließ, sogar wenn wir keine Karten hatten. Außerdem ist das die gesellschaftliche und ehrenhafte Stellung des Dichters. Auf den „Platz an den Säulen" hat O. M. in seinen Gedichten verzichtet.
> (Interlinearübersetzung von I. Kukuj)

Im Gedicht geht es aber nicht um einen Platz in einem bestimmten Konzertsaal und keinesfalls um die gesellschaftliche Stellung des Dichters, sondern um das Zusammentreffen mit der Musik von Heinrich Neuhaus – wie in der „Ballade", die unmittelbar nach dem langen Gedicht „Volny" den Band eröffnet – und vor allem mit Zinaida Neuhaus, die eigentliche zweite Geburt. Der Name Neuhaus ist in Verbindung mit dem „Grabesgetös der Wurzeln" im 11. Vers lautmalerisch präsent: „в ЗАГробный гУл корНЕЙ и лон". Und auch hier verstärkt Pasternak das Phonetische durch die Etymologie: Der Pasternak als Pflanze ist eine Wurzel.[8] Die Säulen – im Russischen „kolonny" – bekommen in diesem Kontext auch eine zusätzliche Bedeutung: Es sind die Kolonnen der Zeilen, „kolonna vospalënnych strok" („die Kolonne der entzündeten Zeilen [=Verse]"), wie Pasternak im Gedicht „Pro Domo" (1917) schreibt. Der Reim wird damit zur Voraussetzung des vertikalen Wachstums der Poesie – aus dem Tod ins ewige Leben. Die Wurzel des Reims wächst aus dem Erdenschoß hervor; der

---

[7] Vgl. die für uns grundlegende Interpretation dieses Gedichtes von Pasternak im Kontext von Mandel'štam bei Amelin und Morderer (2000).
[8] Zur Interpretation von Wurzeln und Säulen im Gedicht s. Amelin/Morderer 2000, 87.

Dichter wird von seiner Krankheit geheilt und bekommt eine Stimme, mit dem er das Preislied an seine Schöne wieder erklingen lassen kann.

Die Wiederholung der Zeilen erfolgt im Gedicht noch einmal: Die Schöne tritt in der vorletzten Strophe wieder auf, in der letzten Strophe hören wir sogar ihren Namen, besonders deutlich im letzten Wort des Gedichts: «ты мне знакома ИЗДАвНА». Damit schließt sich der Kreis: „krasavica moja" ist Zinaida, die Poesie wird zu Musik, das existenzielle und ästhetische Grundproblem des Zyklus (und des Bandes) wird endgültig gelöst.

Das Thema des Kreises und der Wiederkehr wird im Gedicht „Krasavica moja, boginja, angel moja" von Leonid Aronzon auf eine für den Dichter typische Weise manifestiert: Die Geliebte ist gleichzeitig die Quelle und die Mündung aller seiner Gedanken. Das Gedicht ist im Frühling 1970 enstanden und wendet sich offensichtlich an die Frau des Dichters Rita Purišinskaja, die bereits 1965 im Gedicht „Madrigal" als „krasavica" aufgetreten ist: „Glaza tvoi, krasavica, javljali / ne cerkvi oseni, ne cerkvi, no pečal' ich" („Deine Augen, die Schöne, offenbarten / nicht die Kirchen des Herbstes, nicht die Kirchen, sondern ihre Traurigkeit").[9] Im Gedicht gibt es keine Stropheneinteilung; aufgrund der Satzstruktur und des Sujets lässt sich der Text in zwei symmetrische Teile zerlegen. Teil 1 (Verse 1 bis 8) besteht aus zwei Sätzen, in denen die Schöne als Synthese der Gegensätze dargestellt wird. Im zweiten Teil (ebenfalls zwei Sätze) geht es um die für Aronzon typische Konzeption der sich umkehrenden Lebenszeit, die allein dank der Existenz der Geliebten in einer Oase in der Wüste verbracht werden kann.

Im Unterschied zu Pasternak, bei dem die Geliebte gleich am Anfang als synthetische Einheit von Gestalt und Wesen auftritt, konstruiert Aronzon das Bild der Frau durch eine Anzahl von Antithesen. So ist sie, wie bereits erwähnt, gleichzeitig die Quelle und die Mündung; das Motiv des Wassers kann auch als Begründung dafür dienen, warum die Geliebte (= Wasserspenderin) am Ende des Gedichts mit einer Oase in der Wüste verglichen wird. Die Schöne ist nicht nur Wasser, sondern auch Feuer (abhängig von der Jahreszeit); sie ist sowohl Heilige als auch Hure – fast ein Zitat aus Ždanovs Schilderung von Anna Achmatova: „Ne to monachinja, ne to bludnica, a vernee, bludnica i monachinja, u kotoroj blud smešan s molitvoj".[10] Valerij Šubinskij, der die auf den ersten Blick schockierende Präsenz der Aussage Ždanovs im Text von Aronzon entdeckte, stellt die berechtigte Frage, wie ernst man eine Liebeserklärung nehmen

---

[9] Interlinearübersetzung von I. Kukuj. In diesem Madrigal wird Rita Purišinskaja, Adressatin fast aller Liebesgedichte Aronzons, explizit zwar nicht erwähnt, ihr werden aber zwei weitere Madrigale gewidmet: „Madrigal" („Kak letom chorošo, krugom vesna!..", 1966) und das zweizeilige „Madrigal Rite" aus dem Buch *AVE* (1969): „Net, tol'ko angela perom / tebe by ja pisat' rešilsja" (Nein, nur einen Engel mit der Feder / könnte ich wagen, Dir zu schreiben").

[10] Vgl. dazu Šubinskij 2008.

soll, die mit einer solch plakativen und aus heterogenen Quellen stammenden Bildlichkeit ausgestattet ist. Laut Šubinskij ist es gerade die Selbstironie der Zitathaftigkeit, die es dem Leser erlaubt, die Aussage ganz ernst und direkt zu nehmen.[11] Wie wir weiter zeigen, besteht der tragische Übergang Aronzons von der Poetik zur Lebensästhetik darin, dass er die virtuellen Anführungszeichen, die im Gedicht eine unter Umständen durchaus ironische Intertextualität markieren, aufhebt und dadurch die unsichtbare Grenze zwischen dem lyrischen und realen Ich überschreitet.

Im „Krasavica"-Gedicht ist es vor allem die zeitliche Grenze, die in der zweiten Hälfte des Gedichts das Morgen vom Gestern trennt. Durch die einzigartige Zeitschleife entsteht die Aronzonsche Fassung von der ewigen Wiederkunft: das Leben wird zurückgelebt bis zum Zeitpunkt des ersten Treffens mit der Geliebten und kehrt möglicherweise dann wiederum. Dieser zyklische Charakter der Lebenszeit, allein bestimmt durch das Treffen mit der Geliebten am Anfang und den Moment der Erleuchtung durch ihre Schönheit – dem Jetzt des Gedichts, das genau in der Mitte des Zeitachse steht – formt sich auch zur Ringstruktur des Textes: Das Gedicht beginnt und endet mit der gleichen Zeile.

Der wesentliche Unterschied zu Pasternak ist eine klare Ich-Perspektive – die erste Person Singular überwiegt deutlich gegenüber der zweiten (=der Geliebten). Eine Synthese von Ich und Du im 10. Vers führt zu einer Symbiose, die sprachlich im Deutschen nicht möglich ist: „nam s toboj" („mir und dir") heißt auf Russisch wörtlich „uns mit dir". Das lyrische Ich strebt zum Gestern, das Du der Schönen bestimmt das Jetzt – die Vereinigung zum lyrischen Wir ist für den Protagonisten die einzige Möglichkeit, „das Leben nach vorne" („žit' vperëd") zu ertragen.

Die Innensperspektive, die durch das Wort „razdum'ja" (Gedanken) im zweiten Vers beschrieben wird, bestimmt auch die für Aronzon typische Reduktion der Realität: Im Unterschied zu Pasternak wird hier keine dingliche Metaphorik verwendet. Außer dem Du und dem Ich gibt es nur die Natur, die durch die Schönheit im wahren Sinne des Wortes errettet wird: Die Schöne ist die Natur, sie ist der Bach und das wärmende Feuer und sie ist die Oase – ohne sie gibt es nur die Wüste der Zukunft. Die Tatsache, dass der lyrische Held ein Dichter ist, spielt hier keine Rolle: die personifizierte Schönheit ist sein Ein und Alles, allein durch sie erfolgt die Rettung; sie ist die Göttin.

Bei aller Unterschiedlichkeit der Gedichte von Pasternak und Aronzon gibt es eine Gemeinsamkeit: Die Schönheit soll den Helden aus dem Reich der Toten

---

[11] In diesem Fall haben wir es auch mit einem Selbstzitat zu tun: Der Anfang des Gedichts stammt aus einem Prosastück, das Aronzon kurz davor – entweder Ende 1969 oder Anfang 1970 – geschrieben hat: „Krasavica, boginja, angel moj, ja i ust'e i istok, ja i ust'e i istok!" („Noč'ju prišlo pis'mo ot djadi…") / „Du Schöne, Göttin, mein Engel, ich bin Quelle und Mündung, ich bin Quelle und Mündung!" („Nachts kam ein Brief vom Onkel…"). Bemerkenswert ist hier die Übertragung der Rolle der Quelle und der Mündung auf die Schöne.

führen und ihn retten – unter der Voraussetzung, dass das Leben „nach vorne" gelebt wird. Bei Pasternak ist es die Bestimmung des Dichters, die dem Protagonisten erst durch das Treffen mit der Schönen und dem folgenden Prozess der Selbstbehauptung und Befreiung der Poesie klar wird. Für Aronzon spielt die Schöne selbst die Rolle der Poesie und Religion. Bemerkenswert ist auch der Vergleich mit der früheren Fassung des Gedichts, in der die Möglichkeit einer Auferweckung durch Liebe nur als eine vage Überlegung vorkommt:

> Был каждый день — засмертный день восьмой,
> но вот любовь — мне знак, что я не умер.
> Красавица, богиня, ангел мой,
> исток и устье всех моих раздумий.
>
> Однако, столь привык я к жизни мумий,
> так прочно сросся с будущею тьмой!
> В тебя влюблен слепец глухонемой:
> что толку в радуге и что за радость в шуме?
>
> Но как влюблен! Как ангел мой красив!
> Роскошен как оазис губ твоих!
> Вид на тебя с небес моей печали,
> когда лежишь ты столь обнажена,
> что вожделеет

> Jeder Tag war – der achte Tag nach dem Tod,
> doch hier ist die Liebe – mir ein Zeichen, dass ich nicht gestorben bin.
> Schöne, Göttin, mein Engel,
> Quelle und Mündung all meiner Gedanken.
>
> Aber ich bin an das Leben der Mumien so sehr gewöhnt,
> so fest bin ich mit der zukünftigen Dunkelheit verwachsen!
> Ein taubstummer Blinder ist in Dich verliebt:
> Was nützt der Regenbogen und welche Freude findet man schon im Lärm (oder: in Geräuschen?)?
>
> Doch wie verliebt! Wie schön ist mein Engel!
> Wie prächtig ist die Oase deiner Lippen!
> Die Aussicht von den Himmeln meiner Traurigkeit,
> wenn du so entblößt liegst,
> dass begehrt
> (Interlinearübersetzung von I. Kukuj)

Das taubstumme und blinde lyrische Ich gehört in diesem Entwurf voll und ganz dem Reich der Toten an und sieht – als Blinder – in der Zukunft ebenfalls nur Dunkelheit. Die abrupte Unterbrechung des Gedichts innerhalb der erotischen Beschreibung und Erstellung einer neuen, weniger erotisch aufgeladenen und formal in sich geschlossenen Version öffnet dem lyrischen Ich bestimmte Perspektiven der Rettung in einer unbestimmten Zukunft. Die Zukunft des Schöpfers dieses Gedichts – Aronzon starb ein halbes Jahr später unter unklaren Umständen in Abwesenheit seiner Frau, vermutet wurde Selbstmord,[12] – verweist allerdings deutlich auf den letzten und vielleicht entscheidendsten Unterschied zu Pasternak, den Unterschied zwischen einer allgegenwärtigen und seit jeher präsenten Geliebten, untermauert durch eine attributive Prädikation im Präsens („ty mne **znakoma** izdavna" – „Du bist mir von altersher bekannt"), – und dem lediglich grammatikalisch sicheren Futurum in der letzten Strophe bei Aronzon („ty [...] oazis, čto menja spasët" – „Du bist die Oase, die mich retten wird"). Letztendlich realisiert der reale Autor das, was sein Protagonist im Konjunktiv manifestiert: „Ja b žit' chotel ne zavtra, a včera" – „Ich möchte nicht morgen, sondern gestern leben". Oder, wie es am Ende der „Pique Dame" steht:

ГЕРМАН:
[...]
Красавица! Богиня! Ангел! *(Умирает.)*

ХОР ГОСТЕЙ И ИГРАЮЩИХ.
Господь! Прости ему!
И упокой его мятежную
И измученную душу.

КОНЕЦ ОПЕРЫ[13]

---

[12] Zum biografischen Hintergrund des Todes von Aronzon s. Kukuj 2008a, 30-34.
[13] Zit. nach http://ceo.spb.ru/libretto/classic/posle_glinki/index.shtml [9.06.2010].

Literatur

Amelin, G., Morderer, V. 2000. Postscriptum, *Miry i stolknovenija Osipa Mandelštama*, M. / SPb., 81-104.
Aronzon, L. 2006. *Sobranie proizvedenij*, v dvuch tomach, SPb.
Döring, J.R. 1973. *Die Lyrik Pasternaks in den Jahren 1928-1934*, München.
— 2008. „Leonid Aronzon – von München aus gesehen", Döring J.R., Kukuj I. (Hg), „Leonid Aronzon: Rückkehr ins Paradies", *Wiener Slavistischer Almanach*, 62, 5-15.
Kukuj, I. 2008a. „Žizn' dana, čto delat' s nej?" (K biografii Leonida Aronzona, *Leonid Aronzon: Rückkehr ins Paradies*, 21-34.
— 2008b. [Vorwort zu: Aronzon L. Neizdannye stichotvorenija 1961 goda], *Leonid Aronzon: Rückkehr ins Paradies*, 271-286.
Mandel'štam, N. 2006. *Vospominanija*, Tom 1, M.
Pasternak, B. 2004. *Polnoe sobranie sočinenij s priloženijami*, v odinnadcati tomach, M.
Šapir, M. 2004. „«A ty prekrasna bez izvilin…»: Ėstetika nebrežnosti v poėzii Pasternaka", *Novyj mir*, 7, 149-171.
Šubinskij, V. 2008. „Igroki i igrališča", *Znamja*, 2, 180-188.
Zehnder, Ch. 2008. „Vom «weinenden» zum «leeren» Garten. Zu den Pasternak-Anklängen in Leonid Aronzons Frühwerk", *Leonid Aronzon: Rückkehr ins Paradies*, 227-239.

Nora Scholz

DIE SCHÖNHEIT DES ERWACHENS. ZUM URSPRÜNGLICHEN LICHT IN VLADIMIR SOROKINS *PUT' BRO*

In der Wochenzeitung *die ZEIT* vom 19. Februar 1998 findet sich unter dem Titel „Deutschland und Rußland – eine Liebe ohne Orgasmus" ein Fragenkatalog von Durs Grünbein an Vladimir Sorokin und umgekehrt. Die letzte der zehn Fragen lautet: „Was ist für Dich Schönheit?"
Die Antwort lautete:

> Bis heute begreife ich nicht, was das ist. Einerseits ist Schönheit Harmonie, andererseits die stechende Mahnung, an den Tod zu denken. Jedesmal, wenn ich wirklicher Schönheit begegne, erweckt sie in mir ein inneres Lachen, übergehend in Schluchzen. Das begann mit dem dritten Lebensjahr, als ich auf dem Flugplatz ein aufsteigendes Flugzeug erblickte. Ein zutiefst beunruhigendes Gefühl.

Ausgehend von dieser vom Autor selbst getroffenen Aussage über die ‚Schönheit' wird sich im Folgenden dem Phänomen des ursprünglichen Lichtes – der reinen Harmonie, die gleichzeitig so viel Schrecken in sich birgt – in Vladimir Sorokins Put' Bro genähert und damit einhergehend die Mechanismen des Erwachens zu eben dieser Schönheit beleuchtet.

Die in den Jahren 2002 bis 2006 entstandenen drei Teile *Put' bro*, *Led* und *23.000* erzählen die Geschichte der 23.000 Auserwählten des Lichts, d.h. einer Bruder- und Schwesternschaft, die sich selbst als auserwählt begreift und deren Mission es ist, 23.000 Menschen, in denen das ‚Licht wohnt', und die über den ganzen Erdball verteilt sind, zu finden und sie – mittels des *Led* – aufzuwecken zu ihrer wahren Natur. Durch ihre Vereinigung in einem finalen Ringelreih-Kreis soll der Fehler der Schöpfung, nämlich die Erde, rückgängig gemacht werden und alles wieder in den eigentlichen Urzustand des Universums, das reine Licht, eingehen.

Die letztendliche Rettung der Welt – und somit auch des Romantextes – ist einem Fehler zu verdanken, der das gnostische Potential der Romantrilogie im Moment des gescheiterten ‚großen Knalls' auf einen Punkt verdichtet, der aus dem Ende wieder einen Anfang werden lässt.

Diese Hysteron-Proteron-Figur, die hier aus der Linearität und logischen Folgerichtigkeit eines Raum-Zeit-Kontinuums nicht nur des Romantextes, sondern auch seines Sujets hinausführen will, findet ihre Begründung in einem Phänomen der ewigen Wiederkehr: das „Problem" der Licht-Sekte ist es, dass die Seele eines der 23.000 Lichtstrahlen-Menschen immer, wenn dieser Mensch stirbt, wieder verlorengeht, um irgendwo anders wiedergeboren und dann wieder gefunden werden zu müssen, worüber wieder Zeit vergeht, in der ein weiterer der bereits gefundenen wieder sterben kann – ein ewiger Kreislauf, das Hüten eines Flohzirkus' – was am Ende, als nach wilden Strapazen im dritten Teil endlich alle beisammen sind, auch den finalen „Fehler" bedingt: da einer der 23.000 Auserwählten soeben erst geboren wurde und nicht groß genug ist, um ein Teil des Kreises zu sein, der das ewige Licht wieder herbeiführen und die Schöpfung rückgängig machen wird, wird ein normaler Mensch, eine sogenannte „Fleischmaschine" als Stellvertreter eingesetzt: das Experiment muss scheitern. Dieses Scheitern ist es aber auch, das den Fortbestand der Erde – und somit ein Schreiben nach der *Trilogija* - gewährleistet.

Doch zurück zum „Ursprung": Am 30. Juni 1908 schlägt der *Led*-Meteorit in der Nähe des Tunguska-Flusses in Sibirien ein. Im selben Moment wird der Protagonist des ersten Teils der *Trilogija* geboren: Aleksandr Snegirev (so sein bürgerlicher Name, der sich mit seinem Erwachen in den titelgebenden Seelennamen ‚Bro' ändern wird) geboren:

Роды случились преждевременно, матушка недоносила меня две недели. По ее словам, причина тому – удивительная погода, стоявшая в тот день, 30 июня. Несмотря на безветрие вдруг раздались раскаты далекого грома. Гром этот был необычный: мама не тольго услыхала его, но и *почувствовала* плодом, то бишь мною.
Гром тебя словно подтолкнул, – рассказывала она. – Ты родился легко и весил как доношенный ребенок. В последующую ночь на 1 июля северная часть неба оказалась необычно и сильно подсвечена, поэтому ночи как таковой вовсе не было: вечернюю зарю сразу сменила утренняя. Это было очень странно – белые ночи к концу июня иссякают. Матушка моя шутила: – Небо светилось в твою честь. (Sorokin 2006, 10, kursiv im Original)

Es war eine Frühgeburt, zwei Wochen vor dem Termin. Der Grund dafür sei das merkwürdige Wetter gewesen, das an jenem 30. Juni herrschte, sagte meine Mutter. Trotz Windstille und wolkenlosem Himmel habe man plötzlich von Ferne ein Gewitter grollen gehört. Ein ungewöhnliches Rumoren, das Mama nicht nur gehört, sondern mit der Frucht ihres Leibes, nämlich mir, *gespürt* haben will.
„Der Donner hat dich sozusagen hervorgetrieben", erzählte sie. „Es ging ganz einfach. Du warst gesund und wogst so viel wie ein normal gebore-

nes Kind." Die ganze darauffolgende Nacht zum 1. Juli blieb der Nordhimmel ungewöhnlich hell erleuchtet, es gab eigentlich gar keine Nacht: Das Abendlicht ging in das Morgenlicht über. Was sehr sonderbar war, denn die weißen Nächte pflegen Ende Juni vorüber zu sein. „Der Himmel leuchtete dir zu Ehren!", scherzte Mama. (Sorokin 2007, 6, kursiv im Original)

Bereits in seiner Kindheit wird Aleksandr Snegirev von einem immer wiederkehrenden Traum heimgesucht:

Я видел себя у подножия громадной горы, такой высокой и беспредельной, что у меня *вяли* ноги. Гора была *ужасно* большая. Такая большая, что я начинал мокнуть и *хлебно крошиться*. Вершина ее уходила в синее небо. До вершины было *очень* высоко. Так высоко, что я весь гнулся и разваливался, как булка в молоке. И ничего не мог поделать с горой. Она стояла. И ждала, когда я посмотрю на ее вершину. Это все, что она хотела от меня. А я *никак* не мог поднять свою голову. Как я мог это сделать, если весь гнулся и крошился? Но гора *очень* хотела, чтобы я посмотрел. Я понимал, что если не посмотрю, то весь раскрошусь. И *навсегда* стану хлебной тюрей. Я брал голову руками и начинал поднимать ее. Она поднималась, поднималась, поднималась. И я смотрел, смотрел и смотрел на гору. Но все не видел, не видел и не видел вершины. Потому что она была высоко, высоко, высоко. И *странно* убегала от меня. Я начинал рыдать сквозь зубы и задыхаться. И все поднимал и поднимал свою тяжелую голову. Вдруг спина моя переламывалась, я весь разваливался на мокрые куски и падал навзничь. И видел вершину. Она сияла СВЕТОМ. Таким, что я *исчезал* в нем. И это было так ужасно хорошо, что я просыпался. (Sorokin 2006, 13-14, kursiv im Original).

Ich sah mich am Fuß eines gewaltigen Berges, so unabsehbar gewaltig, dass mir die Knie *weich* wurden. Der Berg war wirklich *schrecklich* groß. So groß, dass ich zu weichen und zu *bröseln* begann. Sein Gipfel reichte in den blauen Himmel. Bis dort hinauf war es *unglaublich* hoch. So hoch, dass ich nachgab und zerging wie ein Brötchen in der warmen Milch. Mit dem Berg musste ich mich abfinden. Er stand da. Wartete darauf, dass ich seinen Gipfel ins Auge fasste. Das war alles, was er von mir wollte. Ich aber brachte es *einfach* nicht fertig, den Blick zu heben. Wie auch? So geduckt, so am Bröseln und Zergehen. Der Berg aber wollte *unbedingt*, dass ich schaute. Und ich verstand, dass ich restlos zerbröseln würde, wenn ich *nicht* schaute. Zu Brotsuppe werden, *unwiderruflich*. Ich nahm meinen Kopf in die Hände und stemmte ihn nach oben. Er hob sich, ganz, ganz langsam. Und ich schaute, schaute auf den Berg. Doch den Gipfel, den sah ich nicht. Denn er war hoch, so hoch. Und er floh, floh mich *auffallend*. Ich keuchte, biss die Zähne zusammen, fing doch an zu heulen. Und hob weiter, Stück für Stück, meinen schweren Kopf. Bis mir auf einmal das Rückgrat zerbrach, ich zerfiel in nasse Brocken, klatschte rücklings zu Boden. Und sah den Gipfel. Er lag im LICHT. Ein Leuchten, so strahlend, dass ich darin *verschwand*. Und das war so *schrecklich* schön, dass ich erwachte. (Sorokin 2007, 12-13, Hervorhebungen im Original)

Dieses Aufgehen im Licht mitsamt dem vorausgehenden Ich-Verlust ist ein Vorausgriff auf die eigentliche Ursprungsszene des Erwachens in der *Trilogija*. Nach einer turbulenten Kindheit und Jugend wird Snegirev einige Jahre später, als Student, von unerklärlichen Kräften gezogen auf eine Expedition mit einer Gruppe von Meteoritenforschern aufbrechen, um den am 30. Juni 1908 in Tunguska gefallenen Meteoriten zu finden.

Der Weg zum *Led* gleicht einem spirituellen Lichtkörperprozess: Snegirev wird zusehends von unerklärlicher Unruhe befallen, kann kein Fleisch mehr essen und hat Visionen von der Alleinheit des Universums. Je näher die Expedition dem *Led* kommt, desto unruhiger wird Snegirev, bis er sich eines Nachts aus dem Lager entfernt und sich durch Intuition geleitet – vom *Led* angezogen – durch den Permafrost schlägt, bis er in einem Sumpf auf den Eisklotz stößt. Er fällt harsch mit der Brust darauf. Dies ist die erste von den später folgenden, von den „Auserwählten" mit Hämmern aus *Led* durchgeführten 23.000 Erweckungen – und unzähligen Morden.

Bemerkenswert an diesem Erwachens-Moment ist – auch im Hinblick auf das Thema der absoluten Schönheit – die auffällige Verschiebung des Heimat- und Identität - Begriffes.

Wie auch schon in dem immer wiederkehrenden Kindheitstraum von dem Berg, dessen Spitze aus Licht nur erblickt werden kann, wenn das Ich sich vollständig aufgelöst hat, bringt hier ein einziger Schlag mit dem Eis auf die Brust einen völligen Identitätsverlust, bzw. die Verschiebung hin zu einer „wahren" Identität mit sich.

Ein Eisklotz, der seit zwanzig Jahren im Permafrost liegt, bringt den Helden dazu, sein gesamtes bisheriges Leben innerhalb weniger Sekunden als wertlos und vollkommenen Fehler, schlicht einen großen Irrtum zu begreifen. Er verliert die Sprache, seinen Namen, und die Angst.

Er wird von dem Eis – dem *großen Vertrauten* - angezogen und zeigt jene Verhaltensweisen, die auch Sorokin in oben zitiertem Interview auf die Frage, was er unter Schönheit verstehe, erwähnt: ein inneres Lachen, übergehend in Schluchzen.

Но страх остался позади, в мире людей. Я пропыл немного и вдруг понял: *огромное и родное* совсем рядом. Еще немного и до него можно дотронуться. Сердце забилось так, что в глазах вспыхнули розово оранжевые радуги. Мне стремительно стало тепло. Потом жарко.
Восторг охватил меня. Рыдания рвались из сжатого рта, забывшего язык людей. Я понял, что если не коснусь огромного и родного, то умру, утоплю себя. Мне незачем жить без него. У меня нет ничего,

кроме него. Никогда в жизни я так сильно не желал чего-то. (Sorokin 2006, 80-81, kursiv im Original, Hervorhebungen N.S.)

Doch die Angst hatte ich hinter mir gelassen, bei den Menschen. Ich schwamm und wusste auf einmal: Das *große Vertraute* war ganz nah. Ein kleines Stück noch, dann würde ich es mit den Armen greifen können. Mein Herz schlug so gewaltig, dass mir orange-rosa Regenbögen vor den Augen flimmerten. Ein Wärmeschwall erfasste mich. Aus Wärme wurde Hitze. Ich wurde rasend. Schluchzer brachen mir durch die zusammengekniffenen Lippen, die die Sprache der Menschen zu formen verlernt hatten. Wenn es mir nicht gelänge, das große Vertraute zu fassen zu kriegen, dann würde ich hier bleiben und sterben, das wusste ich. Ohne es hatte mein Leben keinen Sinn. Ich hatte nichts weiter außer ihm. Niemals zuvor hatte ich etwas so sehr begehrt. (Sorokin 2007, 116, kursiv im Original, Hervorhebungen N.S.)

Mit diesem letzten Satz – *Никогда в жизни я так сильно не желал чего-то* – könnte man einen großangelegten Sprung in der Poetik Sorokins, wenn nicht gar der russischen Postmoderne statuieren.

Mit Bataille betrachten wir die Sphäre der Heterogenität als die Sphäre des Bewusstseins (oder besser gesagt, des Unbewussten, wo das Verlangen angesiedelt ist), in der sich das Drama des Abgetrenntseins vom Ganzen, die Spaltung in viele Einzelteile, so eben auch der Körper-Teile, abspielt.

Das ist so, weil die Essenz der menschlichen „objektiven Realität", so Bataille, der Hegel hier mit Kojeve liest, das „Nichts ist, das sich selbst als negative oder positive Handlung manifestiert, frei und selbstbewusst." (Bataille 1990, 16)

In dieser Sphäre der Heterogenität sieht Bataille – immer zurückgehend auf Hegel – das Individuum als die „monstrous energy of thought, of the ‚pure abstract I' which is essentially opposed to fusion and which must lead to man's – the subjects – disappearance and death."

Die Energie des Verstandes, des Rationalen – „the Negativity of the Understanding" ist gegenübergestellt der reinen Schönheit des Traums, in der keine Handlung möglich und nötig ist: „the pure beauty of the dream, which cannot act, which is impotent. (Bataille 1990, 16)

Die reine Schönheit ist nicht anfällig für die Handlung, sie hat kein Bewusstsein von sich selbst. Reine Schönheit ist also als eine Sphäre der Apophatik zu begreifen, in ihr und über sie kann nicht gesprochen werden: der Wahrnehmende ist in ihr aufgelöst.

In Übereinstimmung mit diesem Batailleschen Modell der Negativität/Heterogenität, abgeleitet aus Hegel in der Lesung von Kojéve, hat die Schönheit in moderner Kunst und Erkenntnistheorie keine Rolle zu spielen (Vladiv-Glover 1999, 28). Hegels Kritik an solch absoluten Konzepten wie dem der reinen Schönheit, die nie im Selbst-Bewusstsein ankommt, weil ihr das „Andere" fehlt, ist ein Grundbaustein einer Poetik des Negativen, der Leere, die ihren Ausdruck in Gewalt, Obszönität und Pornographie findet.

Sorokins so oft aufgegriffene hässliche Realität ist also nicht nur deshalb aktuell, weil sie die Realität im postsowjetischen Alltag reflektiert, sondern auch deshalb, weil das Hässliche in ihr „konkret und aktiv" ist (Vladiv-Glover 1999, 39). Es zieht seine Energien aus negativen Gefühlen: Angst, Ekel, Furcht und Depression.

Das Hässliche ist hier der statischen Abstraktion und Passivität der „reinen Konzepte" (wie etwa der reinen Schönheit) gegenübergestellt; es definiert sich durch Abgrenzung.

In dieser Sphäre des Heterogenen, der Getrenntheit, gibt es immer „das andere"; wir wollen etwas vom anderen (das Verlangen) – wir erkennen uns selbst im Anderen.[1]

Mit dem Ich-Verlust im Moment des Erwachens geht Snegirev in die Sphäre der absoluten, totalen Schönheit ein. Er verliert dadurch nicht nur seine Angst, er verliert auch seine Körperlichkeit, sein Begehren (das vorher noch so stark war) – er ist angekommen, beim Vertrauten. Das „Andere" ist verschwunden; das „wahre Ich" ist aufgewacht.

Мой, мой навеки!
Подбежав, я поскользнулся. И упал, со всего маха ударившись грудью о сияющий Лед. Сознание покинуло меня. На мгновенье. Затем мое сердце словно зазвенело от удара об Лед. И я почувствовал сердцем сразу всю глыбу Льда. Она была громадной. <u>И вся она вибрировала и резонировала вместе с моим сердцем.</u> И только для меня одного. Сердце, спавшее все эти двадцать лет в грудной клетке, проснулось. Оно не забилось сильнее, но как-то торкнулось – сперва больно, потом сладко. И, трепеща, заговорило:
- Бро-бро-бро... Бро-бро-бро... Бро-бро-бро...
<u>Я понял. Это было мое настоящее имя. Меня звали Бро. Я понял это всем своим существом.</u> (Sorokin 2006, 82-83, Hervorhebungen N.S.)

Und es war mein! Mein für alle Ewigkeit!
Ich richtete mich auf, tat einen heftigen Schritt und glitt aus. Fiel um, prallte bäuchlings, mit aller Wucht auf das leuchtende Eis. Mir schwanden die Sinne. Jedoch nur für einen Moment. Dann hörte ich mein Herz von dem Aufprall wie eine Glocke dröhnen. Und konnte mit ihm plötzlich den ganzen großen Eisblock aufeinmal spüren. Er war riesengroß. <u>Und er tönte und vibrierte im vollkommenen Einklang mit meinem Herzen.</u> Ganz für mich allein. Mein Herz, das all die zwanzig Jahre schlummernd im Brustkasten gesessen hatte, erwachte davon. Nicht, dass es stärker geschlagen

---

[1] Mit Lacan gesprochen: I love you, but, because, inexplicably I love in you something more than you, the objet petit a – I mutilate you (Lacan 1981, 268).

hätte als zuvor – aber anders: es stieß mich von innen an – was zuerst wehtat, dann ungeheuer angenehm war. Und dann sprach es. Stotternd zunächst: „Bro – bro – bro ... Bro – bro – bro ... Bro – bro – bro ..." <u>Ich begriff: Das war mein Name. Mein wirklicher. Ich hieß Bro. Die Erkenntnis kam aus tiefstem Inneren.</u> (Sorokin 2007, 118, Hervorhebungen N.S.)

Entscheidend ist die Abkehr von Körperlichkeit, der Trennung und dem Begehren. All das löst sich in einem metaphysischen „Wissen" auf; an die Stelle des Begehrens tritt die Weisheit des Herzens.

Mit dem hinter-sich-lassen der Angst verlässt der Held die Sphäre des Heterogenen, das die Grundvoraussetzung für die in Sorokins Werk – übrigens auch noch in der *Trilogija* sehr präsenten – üblichen Gewalt-, Exkremental - und Pornopoetik ist, die auch als Hauptmerkmal der russischen Postmoderne gelten kann.

Mit dem Finden der eigenen Wahrheit des Herzens vollzieht sich jedoch ein Paradigmenwechsel. Mit dem Erwachen geht eine Abkehr von konkreter Körperlichkeit einher. Die Vereinigung der Erwachten hat nichts mit sexueller Vereinigung zu tun, sondern mit seelischer Ekstase. Auch die Sprache verliert ihre Körperlichkeit – die Sprache der Herzen, in der die Erwachten untereinander kommunizieren, ist auf der Textoberfläche nicht realisiert. Der Verlust der Signifikanten findet seinen letzten Ausdruck in jedem Verlust des „Begehrens".[2] Jeder („Zwangs-")Erwachte verlässt die Sphäre der durch die gnostisch fehlerhafte Schöpfung, die „Konkretwerdung" der Dinge verursachte Trennung vom göttlichen Bewusstsein, dem ursprünglichen Licht und geht ein in das Bewusstsein der Ganzheit (dem „Alpha und Omega"). Mit dem Erkennen der Wahrheit geht das eigene Bewusstsein der Unvollkommenheit verloren und das Ich in die Sphäre der Absolutheit ein. Aus dieser heraus kann es keinen Zweifel mehr geben: jede Handlung dient dem absoluten Ziel der Eins-Werdung; individuelle Bestrebungen sind wertlos geworden und werden auch bei den „Opfern" nicht mehr berücksichtigt. Was andere als Gewalt am Individuum sehen könnten, ist für die Erwachten nur ein „heimholen", eine Befreiung im Dienst der höchsten Wahrheit.

Aus dieser Sphäre der Absolutheit heraus wird in der *Trilogija* eine zutiefst gnostisch-häretische Schöpfungsgeschichte erzählt:

Сначала был только Свет Изначальный. И свет сиял в Абсолютной Пустоте. И Свет сиял для Себя Самого.
Свет состоял из двадцати трех тысяч светоносных лучей. И одним из этих лучей был ты, Бро. Времени не существовало. Была

---

[2] Nicht zuletzt kommt hier das Derridasche Modell der différance, auch als Gegensatz zu Hegels „Identität" zum Tragen.

только Вечность. В в этой Вечной Пустоте сияли мы, дватцать три тысячи светоносных лучей. И мы продалжали миры. И миры заполняли Пустоту. (Sorokin 2006, 83; kursiv im Original)

Im Anfang war nur das ursprüngliche Licht. Und dieses Licht leuchtete im Absoluten Nichts. Und es leuchtete um Seiner Selbst willen. Es bestand aus dreiundzwanzigtausend Strahlen. Und einer dieser Strahlen warst Du, Bro. Zeit existierte nicht. Es gab nur die Ewigkeit. Und in diesem ewigen Nichts leuchteten wir, die dreiundzwanzigtausend Lichtstrahlen. Und gebaren so Welten. Welten, die das Nichts füllten. (Sorokin 2007, 119, kursiv im Original)

Es ist das *Led* selbst, das hier spricht. In diesem Ursprünglichen Licht gibt es kein „Anderes". Zeit existiert nicht, genauso wenig wie eine Identität. Gleichzeitig liegt hier aber auch der Ursprung der „elitären Sekte", die später im Roman ihr (Un-)heil treiben wird: das Licht ist nicht, wie man in der Einheit vermuten könnte, einfach nur Licht, sondern es besteht aus 23.000 Strahlen.[3]

Dies ist als der logische Kurzschluss zu betrachten, der allen demiurgischgnostischen Schöpfungs-Systemen zugrunde liegt: das Nichts birgt das Potential, etwas zu sein, sobald eine Trennung von Beobachter und Beobachtetem, von Signifikat und Signifikant auftritt.

Diese Trennung lässt auch in der Schöpfungsgeschichte der *Trilogija* nicht lange auf sich warten:

И однажды мы сотворили новый мир. И одна из его девяти планет была вся покрыта водой. Это была планета Земля. Раньше мы никогда не сотворяли таких планет. И никогда не сотворяли воду. Ибо вода – непостоянна и дисгармонична. Она сама способна порождать миры – непостоянные и дисгармоничные. Это была великая ошибка Света. Вода на планете Земля образовала шарообразное зеркало. Как только мы отразились в нем, то перестали быть лучами

---

[3] Der Verweis auf und vor allem die Abweichung von anderen elitären Massen, wie etwa auf die 144.000 Auserwählten aus der Apokalypse des Johannes ist offensichtlich. Hier wie dort gilt das hysteron-proteron- Prinzip des „die letzten werden die ersten sein", d.h. der an das Ende gestellte Anfang macht den gnostischen Fehler zu einem Schöpfungsprinzip der medial übertragenen Welt. Dass Sorokin sich in der *Trilogija* esoterischer Zahlenmystik jeder Art bedient, scheint außer Frage zu stehen. So ist 23 etwa die Zahl der griechischen Göttin der Zwietracht, Eris. In einigen esoterisch-gnostischen Bewegungen gilt 23.000 außerdem als die Zahl von Jahren, nach der jeweils eine harmonische Konvergenz stattfindet, d.h. eine Erhöhung der Erdschwingungen, die ein neues Zeitalter einläutet. In der Populärkultur findet sich die mystische Zahl 23 in zahlreichen Filmen und Horrorthrillern, an denen Sorokin Anleihen nimmt, so etwa dem deutschen Film „23" von Hans-Christian Andersen, der auf einer wahren Begebenheit rund um die KGB-Hacker beruht. Die mit dem Phänomen jeder Zeichensymbolik einhergehende Paranoia ist Teil jener in keinem gnostischen Szenario fehlen dürfenden Verlagerung hin zum Index-Zeichen, das als Spur zu einem apokalyptischen Finale führt und nach Sinngebung (nicht zuletzt durch den Leser) geradezu schreit.

Света и воплотились в живые существа. (Sorokin 2006, 83, kursiv im Original)

Und einmal begab es sich, dass wir eine neue Welt erschufen, deren einer von neun Planeten rundum von Wasser bedeckt war. Es war der Planet mit Namen Erde. Solch einen Planeten hatten wir bis dahin noch nie erschaffen. Und nie zuvor Wasser. Denn Wasser ist unstet und disharmonisch. Es ist imstande, eigene Welten zu schaffen, die so unstet und disharmonisch sind wie es selbst. Somit geschah der große Fehler des Lichts. Denn der Planet Erde wirkte wie eine Spiegelkugel. In dem Augenblick, da wir dort auftrafen, zurückgeworfen wurden, hörten wir selbst auf, Lichtstrahlen zu sein, wurden zu körperlichen Wesen, lebendig. (Sorokin 2007, 119, kursiv im Original)

Durch die Spiegelung des Lichtes auf der Wasseroberfläche entsteht ein „anderes"; die Trennung. In der Folge werden die Zeit und der Verstand erschaffen, Grausamkeit, Folter, Leid etc. entstehen auf der Erde. Die 23.000 Lichtstrahlen sind in gnostischer Manier gefangen in ihrer eigenen Schöpfung, gefangen in „Fleischmaschinen", also den Menschen auf der Erde.

Die Rettung erfolgt schließlich – am 30. Juni 1908 - durch einen „Splitter", einen Abgesandten aus der Heimat des Lichts: der Meteorit aus dem Eis, dem *led*:

Божественное равновесие Вселенной было нарушено. Миры сдвинулись, лишась Божественной Симметрии. И Вселенная, созданная наши, стала постепенно рассеиваться в Пустоте. Но на Землю упал кусок мира гармонии, созданного нами прежде. Это был один из самых больших метеоритов, когда-либо падавших на Землю. Громадный кусок Небесного Льда, в котором пела гармония Света Изначального, миллиарды лет странствующий по Вселенной. Это был Лед Небесный, созданный по законам Гармонии твердым и прозрачным. По природе своей он отличался от убогого земного льда, образующегося из непостоянной воды, хотя внешне они абсолютно похожи. (Sorokin 2006, 85, kursiv im Original)

Die göttliche Balance des Universums war gestört. Die Welten waren verschoben, entbehrten der himmlischen Symmetrie. Und das von uns geschaffene Universum drohte zu Nichts zu zerfallen. Da aber fiel eines Tages ein Splitter der von uns zuvor erschaffenen Welt der Harmonie auf die Erde nieder. Es war einer der größten Meteoriten, den die Welt gesehen hat. Ein gigantisch großes Stück vom Eise Ljod, darin die Harmonie des Ursprünglichen Lichtes erklingt und das seit Milliarden von Jahren im All vagabundiert. Es ist der Himmelsstoff, erschaffen nach den Gesetzen der Harmonie, hart und klar wie das primitive, aus unstetem Wasser gefrorene irdische Eis, doch von gänzlich anderer Natur, wenngleich äußerlich ununterscheidbar. (Sorokin 2007, 121, kursiv im Original)

Auf Ebene des Sujets ist mit dem Erwachen von Bro der Vollzug – die Rückkehr in die Einheit – noch nicht vollbracht. Es gilt, die restlichen 22.999 in den Menschen schlafenden Strahlen des Lichts zu finden.

Was im Roman – besonders im zweiten (zuerst geschriebenen) Teil der *Trilogija* „led" – wie eine sinnlose Gewaltorgie anmutet, ist der Mechanismus einer Suche, die, wie oben beschrieben, von den Suchenden nicht als Gewalt am Individuum zu verstehen ist, sondern als Befreiungsaktion, als Dienst an der höheren Wahrheit.

Diese Suche funktioniert zunächst noch nach den Prinzipien der Wiedererkennung: Bro macht sich auf die Suche und trifft auf seine Herzensschwester Fer. Gemeinsam bilden sie den „Herzensmagneten"; gemeinsam erkennen sie die in den Menschen versteckten Lichtstrahlen, bevor sie zur Tat schreiten und den Betreffenden mit dem *led*-Hammer die Brust aufklopfen.

Diese Weisheit des Erkennens versiegt durch den eingangs erwähnten Mechanismus der ewigen Wiederkehr, der letztendlich auch zum finalen Fehler führt: Fer stirbt, und die Fähigkeit des Erkennens geht der mittlerweile gewachsenen Bruder- und Schwesternschaft des Lichts verloren. So kommt es, dass sie wahllos alle blonden und blauäugigen – auch dies als Teil einer Licht- und Wassermetaphorik von der rein politisch-satirischen Ebene abstrahiert und auf eine Sujet-Ebene gebracht – Menschen ‚aufklopfen' müssen, die sie finden können.

So ist also die Gewalt hier eine esoterische Opferhandlung; das Opfer jedoch wird gar nicht als Opfer gesehen, sondern nur als ein Teil des großen Ganzen, zu dem es entweder heimgeholt wird – oder verstirbt. Letzteres ist aus Sicht der „Täter" aber nicht weiter schade, da sie die Menschen, in denen kein Lichtstrahl wohnt, lediglich als bemitleidenswerte Opfer des großen Schöpfungsfehler der 23.000 sehen, die nun von ihrem Dasein erlöst werden. Aus dieser Sicht wird also niemandem etwas angetan, da in der Einheit kein „anderer" da ist; die Gewaltorgie mit Blut, Knochensplittern, Schreien und Eis-hämmern ist eine Show an der Oberfläche des Textes, die jeglichen Signifikates entbehrt.

Zu einer finalen Beleuchtung der Gewaltorgie „nach dem Erwachen" in der *Trilogija* könnte mit Kant noch die Unterscheidung von Schönheit und dem Sublimen herangezogen werden. Schönheit ist hier auf einem „interesselosen Wohlgefallen" begründet, wohingegen das Sublime „erhabene" Ideen im Subjekt hervorruft.

Da sich die Schönheit also nach dem Erwachen noch nicht verwirklicht hat, sondern als „anderes" weiterbesteht, bis in der Vereinigung der 23.000 Strahlen die Einheit und Harmonie wiederhergestellt und jegliches „Andere", die Schöpfung, endgültig ausgelöscht und rückgängig gemacht werden soll, kann man das Erwachen, wie es oben beschrieben wurde, vielleicht eher mit einer Wahrnehmung des Sublimen beschreiben, ein Erkennen des überwältigenden Glücks, an dem man aber (noch) nicht teilhaben darf.

Mit Lyotard könnte man weiterhin konstatieren, dass eine Transponierung des Erhabenen in die Sphäre des Politischen ausgeschlossen bleiben muss, da dies entweder in Terror oder Faschismus münde (vgl. Lyotard 1994).

Desweiteren muss der gnostische Fehler, den die Helden mit der Weltschöpfung begehen, in einem syllogistischen Schluss wohl auch auf den Autor übertragen werden: die *Trilogija* wimmelt nur so von Fehlern an der Oberfläche, die scheinbar willkürlich gesetzten Kursivschriften, das Licht, das im leeren Raum leuchtet, verschiedene Spuren, die einfach ins Leere führen, die Einheit, die sich in einer Vielheit von 23.000 aufspaltet (das ganze Unheil liegt in diesem Fehler), nicht nur, weil es eigentlich 144.000 sein müssten, sondern auch, weil das Erkennen des Lichts in einem streng häretischen Sinn eigentlich aus dem Innern kommen und dann nicht mehr weiter im Außen ausagiert werden müsste.

Verfolgt man den ursprünglichen Fehler der gnostischen Schöpfung zu seinem Ursprung zurück, so landet man – wie nicht anders zu erwarten – beim Autor: es ist das Eis, das *Led* selbst, das in einem Perspektiv‚fehler' von den 23.000 Lichtstrahlen berichtet, obwohl es doch streng genommen in der Sphäre der absoluten Schönheit, also einem apophatischen Raum ohne Trennung (und somit ohne Worte) angesiedelt ist. Wie kann es in diesem Raum eine Trennung in eine bestimmte Anzahl an Lichtstrahlen geben, wer soll sie zählen und – noch wichtiger – wer von ihnen er-zählen?

Jedoch: ohne diesen Fehler gäbe es weder die Welt, noch ein Buch.

In einem Nach-Wort nach dem Scheitern des „großen Knalls" zieht sich das Ende des letzten Teils *23.000* denn auch in gewohnter Sorokinscher Zerstückelungsmanier[4] über mehrere Seiten in einem Akt sich stetig und stoisch wiederholender Körperlichkeit: Die Überlebenden sind wieder zu Maschinen geworden, die ihre Körperteile zusammensammeln und einem neuen Ziel entgegen taumeln.[5]

Der angelegte „Sprung ins Nichts" ist also vorerst gescheitert – die Frage wäre, ob ein literarischer Text als Zeichen- und Sujetträger diesen Sprung überhaupt jemals leisten kann, ohne sich selbst zu verschlucken (oder zu verstümmeln) – ein Thema, das Sorokin nicht nur in seinem Roman *Roman* bereits beschäftigt hat.

---

4   Ausführlich beschrieben von Renate Lachmann 2006.
5   Während eines Gesprächs mit dem Autor im Rahmen des Seminars „Macht-Eliten-Autorität: Die Ohnmacht der Auserwählten" im Sommer 2009 konnten wir erfahren, dass das Ende im Umschreiben begriffen ist – wohin, konnten wir jedoch leider (noch) nicht in Erfahrung bringen.

Literatur

Bataille, G. 1990. „Hegel, Death and Sacrifice", A. Stoekl (Hg.), *On Bataille*, Yale French Studies, 78, 73-82.
Deleuze, G. 1993. *Kant's Critical Philosophy: The Doctrine of the Faculties*. Trans. By Hugh Tomlinson and Barbara Habberjam, Minnesota, Minneapolis.
Deutschland und Russland – eine Liebe ohne Orgasmus: http://www.zeit.de/1998/09/russland.txt.19980219.xml [03.11.2009]
Epštejn, M. 1998. „Isskustvo avangarda i religioznoe soznanie", *Novyj mir*, 12, 222-235.
Kant, I. 1974. *Kritik der Urteilskraft*, W. Weischedel (Hrg.), Frankfurt am Main (= Werkausgabe, Bd. X), § 33f.
Lachmann, R. 2006. „Körperkonzepte im phantastischen Text", *WSA*, 57, 7-23.
Lyotard, J.-F. 1994. *Die Analytik des Erhabenen – Kant-Lektionen*, München
Lipperheide, Ch. 1999. *Die Ästhetik des Erhabenen bei Friedrich Nietzsche: die Verwindung der Metaphysik der Erhabenheit*, Würzburg.
Sorokin, V. 2006. *Trilogija*, Moskva.
— 2007. *BRO*, Berlin.
Vladiv-Glover, S. 1999. „Sorokins post-avant-garde prose and Kant's analytic cf the Sublime", D. Burkhart (Hg.), *Poetik der Metadiskursivität. Zum postmodernen Prosa-, Film- und Dramenwerk von Vladimir Sorokin*, München.

Rezensionen

Wiener Slawistischer Almanach 66 (2010) 337-341

Gudrun Lehmann, *Fallen und Verschwinden. Daniil Charms. Leben und Werk*, Wuppertal [u.a.]: Arco 2010.

Verschwunden und wieder aufgetaucht

Auf den Spuren des Petersburger Exzentrikers Daniil Charms (1905-1942), der sich selbst als Sherlock Holmes[1] stilisierte, können wir Gudrun Lehmann in *Fallen und Verschwinden* bei der deduktiven Enthüllung der Details aus seinem Leben und Werk folgen. Der nichtkonforme Dichter Charms verschwand 1942 auf dramatische Weise; er starb während der Belagerung von Leningrad in einer psychiatrischen Anstalt den Hungertod. Die unter Freunden und Verwandten hinterbliebenen Schriftstücke und Erinnerungen mussten zunächst aufgrund der repressiven politischen Lage verborgen bleiben. Erst in der poststalinistischen Zeit gelangten im kulturellen Untergrund handschriftliche Abschriften von Charms in Umlauf, die teilweise auch im Ausland veröffentlicht werden konnten.[2] Doch welcher Autor sich hinter dem Namen Daniil Charms verbarg blieb lange Zeit unklar. Erst 1989 konnten die Recherchearbeiten, erschwert durch die chaotischen Verhältnisse im postsowjetischen Russland und die nach wie vor hohen bürokratischen Hürden für die Archivarbeit – beginnen. Die von Gudrun Lehmann erstmals in deutscher Sprache verfasste Charms-Monographie ist folglich das Resultat jahrzehntelanger kleinteiliger und aufwendiger Recherchearbeiten.

Der Verzicht auf die russischen Originale bei der Zitation von Primär- und Sekundärquellen lässt darauf schließen, dass Gudrun Lehmann mit der Monographie nicht nur das slavistische Fachpublikum erreichen möchte. Die vielfältig aufgezeigten impliziten und expliziten Querverbindungen von russischer Avantgarde-Literatur zur bildenden Kunst machen die besondere Sichtweise der kulturhistorischen und biographischen Darstellungen von Gudrun Lehmann aus, die durch den interdisziplinären Hintergrund der Autorin (Studium der Kunstgeschichte und Philosophie, Arbeit als Künstlerin und Kuratorin) fundiert ist.

In neun Kapitel unterteilt sich die stark biographisch geprägte Monographie, die sich in chronologischer Abfolge den einzelnen Lebensphasen von Charms und seinen Schaffensperioden widmet. Im Anhang sind neben den ausführlichen Quellenangaben eine Zeittafel mit allen biographischen Eckdaten sowie ein um-

---

[1] Vgl. L. Sauerwald, „Daniil Kharms and Sherlock Holmes: Between Imitation and Deconstruction", in: *Clues*, Bd. 28, Nr. 2, 2010, 29-43.
[2] G. Gibian, *Russia's Lost Literature of the Absurd: A Literary Discovery, Selected Works of Daniil Kharms and Alexander Vvedensky*, Ithaca/London 1971.

fassendes Personenregister enthalten, das eine schnelle Einordnung der genannten Personen ermöglicht.

Rein formal wird Charms der russischen Spätavantgarde zugeordnet.[3] Dieser Einordnung schließt sich auch Lehmann an, wobei sie Charms als einen „Grenzgänger" bezeichnet, dem die Gratwanderung gelingt „weder der klassischen Avantgarde epigonenhaft zu folgen, noch sich zu einer plumpen Gegenreaktion zum sozialistischen Realismus hinreißen zu lassen." (422) Sehr klar ist in der Monographie der Prozess dokumentiert wie Charms, der sich ursprünglich voll im „Mainstream" avantgardistischer Bewegungen á la Aleksej Kručenych und Velimir Chlebnikov befand, mit der politisch motivierten Marginalisierung der historischen Avantgarden ebenfalls an den Rand der Gesellschaft und Existenzmöglichkeit gedrängt wurde. Dabei wird der eigenwillig-individuelle Lauf seiner post-OBĖRIU-Schaffensphase aufgezeigt, dessen Resultate Charms vergleichbar machen mit späteren westeuropäischen Autoren des Absurden. Lehmann weist jedoch nicht nur Parallelen zu diesen Autoren auf, sondern verfolgt die Strahlkraft von Charms' „Heftchen" auf spätere „Samizdat"-Praktiken der Moskauer Lianozovo-Gruppe (422–433) oder Transfuristen (456), von seinen „Nichtsdarstellungen" alltäglicher Banalitäten auf Künstler wie Il'ja Kabakov (434–450) und seiner „alltäglichen Schrecknisse" auf Gennadij Gor (413).

Chronologie eines Falls

Die einzelnen Kapitel der Monographie sind so aufgebaut, dass zu Beginn stets die historischen Gegebenheiten und persönlichen Umstände als Hintergrund für die jeweilige Schaffensphase skizziert werden.

Das erste Kapitel widmet sich den frühen Lebensjahren von Daniil Charms und ist deshalb primär biographischer Natur. Besonders aufschlußreich ist in diesem Kapitel die Charakterisierung des Charms'schen Elternhauses, die vor allem die asketische Strenge und tiefe Religiosität des Vaters hervorkehrt. Deutlich wird auch, dass Charms' Eltern auf die umfassende Bildung ihres Sohnes viel wert legten, die aber durch die mangelnde Disziplin und die schon früh bemerkbaren exzentrischen Züge erschwert wurde.

In den Kapitel zwei bis vier werden verstärkt die religiösen Überzeugungen und Praktiken von Charms thematisiert, die sich in seiner Literatur niedergeschlagen haben. Die in diesen Kapiteln mehrfach hervorgehobene Annahme, dass Charms zwischen Glaube und Unglaube schwankt und seine Erleuchtung jenseits von Gott im Diesseits sucht ist jedoch fraglich. (83, 107) Vor allem Charms' Tagebücher dokumentieren einen tiefen und ernsten Glauben an Gott,

---

[3] Vgl. hierzu die erste Charms-Monographie von J.-P. Jaccard, *Daniil Harms et la fin de l'avant-garde russe*, Bern 1991.

der höchstens als existentiell zweifelnd im Kierkegaard'schen Sinn gekennzeichnet werden kann.[4]

In Kapitel zwei führt Lehmann den Begriff der „Hieroglyphe" ein, dessen Idee sein Philosophenfreund Druskin formuliert hatte (69). Auch wenn dieses Konzept eigentlich von seinem Künstlerkollegen Aleksandr Vvedenskij literarisch umgesetzt wurde,[5] ist der Hinweis auf eine eigentliche und uneigentliche (physische vs. poetische) Erscheinungsweise von Wort-Dingen bei Charms durchaus fruchtbar; denn in der Charms'schen poetischen Welt werden die physisch-kausalen Gesetze außer Kraft gesetzt, so dass die Gegenstände im freien alogischen Raum zu schweben beginnen. Die Bemerkung von Gudrun Lehmann, dass Charms als Künstlerästhet in die Tradition des „jurodstvo" gestellt werden kann ist somit auch konsequent (89). Immer wieder zeigt Lehmann das häretische Potential von Charms – nicht nur in religiöser, sondern auch in soziokultureller Hinsicht.

So legt Lehmann beispielsweise in Kapitel drei dar, dass die Charms'sche Vorliebe für das Schaffen von sinnlosen Abkürzungen und Neologismen als „Simulakrum des Offiziellen" die sowjetische Sprachreform durch eine autopoetische, privatsprachliche „Sinnanarchie" übersteigert und unterminiert (106). In Kapitel drei nimmt Lehmann auch eine Kontextualisierung von Charms' Schaffen innerhalb der russischen Avantgarde vor. Sehr treffend stellt sie fest: „Die befreiende Wortaporie Tufanovs fluktuiert bei Charms zur befreiten Sinnaporie." (113) „Der linear ausgerichtete utopische Progressimus der zeittypischen avantgardistischen Literatur mündet bei ihm in retardierende, unbeholfene Ereignislosigkeit, wodurch sich bereits der ästhetische Bruch mit der Teleologie der klassischen Moderne ankündigt." (117)

Kapitel vier ist einem Vergleich von Kazimir Malevič und Daniil Charms geschuldet. Begründet ist diese Exklusivität darin, dass Malevič gemäß Lehmann die weitreichendsten Spuren im Oeuvre von Charms hinterlässt. (133) Anschließen kann Lehmann hierbei auf die vielfachen Vorarbeiten von Aage Hansen-Löve.[6] Die Haupterkenntnis dieses abgrenzenden Vergleichs fasst Lehmann in folgende Worte: „Während Malevič das reine Nichts sucht, hebt Charms jedoch die paradoxale Opposition nicht einseitig religiös-eschatologisch auf. Anstelle einer Homogenisierung der Widersprüche insistiert er auf der doppelten Zuge-

---

[4] Vgl. A.A. Hansen-Löve, „«Scribo quia absurdum». Die Religionen der russischen Dichter des Absurden (OBĖRIU)", in: M. Deppermann (Hg.), *Russisches Denken im europäischen Dialog*, Wien/Innsbruck 1998, 160-203.

[5] Vgl. hierzu die Dissertation von A. Rymar', *Ieroglifičeskij tip simvolizacii v chudožestvennom tekste (na materiale poėtiki Aleksandra Vvedenskogo). Dissertacija na soiskanie učenoj stepeni kandidata filologičeskich nauk*, Samara 2004.

[6] Vgl. die vielfachen Bezüge zu Charms in K. Malevič, *Gott ist nicht gestürzt! Schriften zu Kunst, Kirche, Fabrik*, Hg., eingeleitet und kommentiert von A. Hansen-Löve, München 2004.

hörigkeit (...)." (143) Leider belegt Lehmann diese These nicht anhand von Textbeispielen. Und schließlich scheint es erstaunlich, dass Lehmann selbst die genannte Prämisse des unauflöslichen Widerspruchs bei Charms an anderen Stellen nicht ernst genug nimmt.

Kapitel fünf widmet Lehmann der Entstehungsgeschichte der Künstlergruppe OBĖRIU die zwischen 1927 und 1930 offiziell existierte und deren treibende Kraft Charms war. Klar stellt Lehmann die „Unmotiviertheit" (212) der einzelnen Szenen und Handlungen des OBĖRIU-Theaters heraus. Den interpretatorischen Schritt die Unmotiviertheit der Handlungen der Figuren auf deren „motivverlorene Existenz ihrer alltäglichen Absurdität" (215) zurückzuführen ist jedoch kritisch zu bewerten.

Insgesamt gesehen stellt auch eine Tendenz zur „katastrophischen" Interpretation des Absurden bei Charms den Schwachpunkt der Monographie dar, da das Absurde so zu einer weiteren ideologischen Kategorie degradiert wird, wo doch die paradoxe Grundstruktur des Absurden genau darauf abzielt, jegliche thematische oder metapoetische Fixierung zu unterlaufen.[7] Immer wieder sind in Lehmann's Monographie Passagen eingeflochten, die das Absurde bei Charms als Mimesis einer schizofren-paranoiden Staatsform auslegen.[8]

So auch in Kapitel sechs, das sich Charms als Kinderbuchautor widmet. Es ist eine Ironie des Schicksals, dass sich für Charms, der Kinder ganz offensichtlich nicht ausstehen konnte, nach dem Verbot von OBĖRIU das Genre der Kinderliteratur als einzige Veröffentlichungsmöglichkeit und somit auch Einkommensquelle anbot. Einerseits wird Charms' Gestus des Kinderhasses in seinen Privattexten von Lehmann vielleicht zu ernst genommen, andererseits versucht sie diesen zu verharmlosen, indem sie Charms zum Gegner der „durchherrschten Kindheit" (307) stilisiert: „Dabei richtet sich Charms Feindseligkeit nicht gegen die Kinder selbst, sondern gegen die Macht, die über sie ausgeübt wird." (310) Diese starke These wird von Lehmann jedoch weder biographisch noch anhand von Texten belegt. Aus dem stalinistischen zeitgenössischem Kontext allzu viele Schlüsse auf die Texte von Charms zu ziehen, birgt bei einem derartigen Provokateur und Exoten Gefahren. Charms schrieb seine Privattexte nicht für die Öffentlichkeit. Sie als Abbild der stalinistischen Realität auszugeben mag zu wenig

---

[7] Vgl. T. Grob, *Daniil Charms' unkindliche Kindlichkeit. Ein literarisches Paradigma der Spätavantgarde im Kontext der russischen Moderne*, Bern 1994, 99.

[8] Mit dieser – das Absurde vereindeutigende Auslegung als „Sinnlosigkeit" (des Daseins) – ist Gudrun Lehmann jedoch kein Einzelfall: neben Jaccard verfolgt Neil Cornwell in seiner jüngsten Veröffentlichung diese – vom westeuropäischen „Theater des Absurden" (nach Martin Esslin) geprägten – Interpretationsweise in Bezug auf OBĖRIU weiter. Auffällig ist, dass russische Autoren wie Jampolskij oder Kobrinskij in ihren Monographien diese Vereindeutigung nicht vornehmen. – Vgl. N. Cornwell, *The absurd in literature*, Manchester/New York, 2006; M. Jampolskij, *Bespamjatstvo kak istok. Čitaja Charmsa*, Moskva 1998; A. Kobrinskij, *Daniil Charms*, Moskva 2008.

und sie als bewusste Kritik der Umstände oder gar „Apologie realer Gewalt" (395) zu interpretieren mag zu viel ausgesagt sein.

Kapitel sieben ist den sogenannten „Činari" gewidmet, einem privaten literarisch-philosophischen Freundeskreis, an denen neben den Obėriuty Daniil Charms und Aleksandr Vvedenskij die beiden Philosophen Jakov Drukin und Leonid Lipavskij regelmäßig teilnahmen. Zu Recht stellt Lehmann die (pseudo)philosophisch Texte von Charms wie „Wält" (*Myr*), „Über die Zeit, über den Raum, über die Existenz" (*O suščestvovanii, o vremeni, o prostranstve*) oder „Traktat mehr oder weniger nach der Lektüre Emersons" (*Traktat bolee ili menee po konspektu Ėmersona*) in den Kontext des Činari-Diskurses, dessen Hauptmerkmal das gedankenassoziative Philosophieren als Selbstzweck ohne Telos darstellte.[9]

Das Prosaspätwerk von Charms, dem auch der berühmte Fallzyklus zugerechnet werden kann, wird in Kapitel acht behandelt. Diese meist sehr kurzen Prosatexte sind gekennzeichnet durch eine Verschärfung des absurden Handlungsprofils der Figuren – losgelöst von logisch-kausalen Zusammenhängen –, sowie einem hohen Grad an oft tödlich endender Brachialität. Erneut zeigt sich die Tendenz, dass das Brachiale bei Charms von Lehmann entweder als Folge eines moralischen Bankrotts des Autors – einer „teilnahmslose[n], schonungslose[n] und unpersönliche[n] Haltung" gewertet, oder als „Allegorien einer gänzlich anonymen Grausamkeit des Alltäglichen" entschuldigt wird. (409) Dass einem bei derartig morbider Ernsthaftigkeit das Lachen über die durchaus komisch wirkenden komplett unrealistischen Sterbensepisoden bei Charms schwerfallen muss begründet auch Lehmann's Aussage, dass die von Charms gezeichnete „Hölle des Daseins" nicht für Witz und Ironie zu haben sei. (409) Klar wird dadurch, dass ein Verstehen des Absurden ein Lachen über das Nicht-Verstehen unmöglich macht.

Es ist die Leistung von Gudrun Lehmann's Monographie, die historischen Rahmenbedingungen der Charms'schen Biographie in ihrer Brutalität minutiös recherchiert und schonungslos dargestellt zu haben. Die Sicht auf das Merkmal des Absurden in Charms' Literatur als bewusst ambivalent Gehaltenes, Anti-Ideologisches, dem Verstand nicht einfach Zugängliches sollte dabei nicht zu sehr vom Biographischen überschattet werden. Dies berücksichtigend kann die Lektüre von *Fallen und Verschwinden* nur bereichernd sein.

Lisanne Sauerwald (ehem. Ebert)

---

[9] Vgl. die Kommentierung dieser Texte in A.A. Hansen-Löve, B. Groys (Hg.), *Am Nullpunkt - Positionen der russischen Avantgarde*, Frankfurt a. M. 2005.

Персональность. Язык философии в русско-немецком диалоге / Под редакцией Н.С. Плотникова и А. Хаардта при участии В.И. Молчанова, Москва: Модест Колеров 2007, 480 Стр.
Alexander Haardt, Nikolaj Plotnikov unter Mitwirkung von Anne Rörig (Hrsg.): *Diskurse der Personalität. Die Begriffsgeschichte der ‚Person' aus deutscher und russischer Perspektive*, München: Fink 2008, 538 S.

> „Few words have as many layers of meaning as person."
> Hans Urs von Balthasar, *On the concept of person*[1]
> „Глубина проникновения в объект (вещный) и глубина проникновения в субъект (персонализм)."
> Бахтин, *Рабочие записи 60-х начала 70-х годов*[2]

Die berühmte Denk- und Redefigur des Heiligen Augustinus (nota bene: eines Afrikaners) über die Zeit gilt auch für die Person: „Wenn niemand mich danach fragt, weiß ich es, will ich es aber einem Fragenden erklären, weiß ich es nicht."[3] Es gibt demnach ein intuitives Wissen von dem, was eine Person ist, und wir benötigen es, um mit der eigenen Person und fremden Personen fair umzugehen, doch entzieht es sich sprachlicher Festlegung. Dies hängt auch damit zusammen, dass in unseren Kulturen jede Person einen Namen hat, der Ausdruck „Person" dagegen kein Name ist, sondern Begriffswort. Jede Aussage, die jemand über eine oder gar ‚die' Person trifft, geht als Bestandteil seines Daseins ein in das Sein dieser Person und somit auch in das Definitionspotential seiner oder gar jeder Person.

Ein anderer Grund für die Unbestimmbarkeit der Person liegt in der jüdischchristlichen Glaubensüberzeugung ihrer Gottebenbildlichkeit und dem Bilderverbot mit Blick auf Gott. Wie sie jede Definition Gottes ausschließen, so konterkarieren sie auch die des Menschen als Person.

Bei Google hat dt. „Person" 553.000.000 Einträge, russ. *persona* dagegen nur 4.840.000, russ. *človek* wiederum 125.000.000 und dt. „Mensch" nur 20.800.000 (30.11.2010). Obgleich der Internet-Habitus nur einen Ausschnitt des menschlichen Kommunikationsverhaltens bildet, ist hieraus wohl doch zu schließen, der dt. Ausdruck „Person" werde häufiger genutzt als sein russ. Äqui-

---

[1] Hans Urs von Balthasar, On the Concept of Person, *Communio: International Catholic Review*, 13, 1986 (Spring): S. 18-26, hier S. 18.
[2] Michail Bachtin, Rabočie zapisi 60-ch načala 70-ch godov, ders., *Sobranie sočinenij*, Bd. 6, M.: Russkie slovari 2002, 371-439, hier 434.
[3] *Confessiones*, lib. 11: „Sic nemo a me querat, scio. Si quaerenti explicare velim, nescio."

valent *persona*.⁴ Ob ihm somit auch mehr Gewicht zukommt, wäre noch zu untersuchen.

Andererseits hat in der deutschsprachigen Kultur das Wort „Typ" in der „small talk" genannten Diskursform des lockeren Gesprächs den Ausdruck „Person" verdrängt, wenn es um jemanden geht, der/die nicht beim Namen genannt wird. Von „Person" ist zumeist die Rede, wo es um die Feststellung von ‚Personalien' geht. „Perso" (23.400.000 Einträge) ist in der zu Abkürzungen neigenden Umgangssprache der Gegenwart geläufiger Ausdruck für den Personalausweis, mit dessen Hilfe die Identität einer Person rechtsförmig festgestellt wird.

Russ. *personal'nost'* kennt Google in 30.900 Fällen, dt. „Personalität" dagegen 50.900-mal. Die Gegenprobe: Google nennt russ. *ličnost'* 8.660.000-fach und dt. „Persönlichkeit" 8.200.000-fach, also fast gleich oft, ebenso dt. „persönlich" (14.600.000) und russ. *ličnyj* (18.300.000). Dies verleiht den Frequenzunterschieden der Interneteinträge von *Person* und *persona* Signifikanz.

Die Sprengkraft der Ausdrücke „Person", „Personenkonzept" und „Personalität" geht zurück auf ihre Herkunft aus lat. *persona* (Maske des Schauspielers) und aus ihrer Funktion als „Rechtsperson" im Römischen Recht. Während für Helmuth Plessner jeder Einzelne in der Gesellschaft dadurch bestimmt ist, dass er verschiedene Rollen spielt,⁵ verfehlt dieser Einzelne für René Girard, wenn er sich im „mimetischen Begehren" nach anderen und deren vermuteten Rollenerwartungen richtet, seine spezifische Besonderheit.⁶ Jede Beschäftigung mit dem Gegenstand des Einzelnen in der russischen und deutschen Kultur steht daher im Horizont der Spannungsverhältnisse zwischen Gemeinschaft und Gesellschaft⁷ sowie zwischen Person und Individuum.⁸

Ein Beispiel für solche polaren Gegenpositionen innerhalb der russischen Kultur und ihre Implikationen für eine anzustrebende respektive zu vermeidende Zukunft Russlands bieten die Geisteswissenschaftler Aleksej Losev und Sergej Averincev. Beide betonten, sie knüpften die Differenz zwischen Russland und „dem Westen" an Unterschiede zwischen den Philosophen Platon und Aristoteles sowie deren Rezeption in Europa. Wo der Moskauer Losev Platon mit seinem reinen Idealismus als positives Beispiel einem dem Subjekt aristotelischer

---

4 Hierbei ist zudem zu berücksichtigen, dass im Russischen der Ausdruck *lico* (18.300.000 mal bei Google) in vielen Fällen gebraucht wird, in denen im Deutschen „Person" erscheint; allerdings bezeichnet er häufiger das Gesicht als die Person.
5 Helmuth Plessner, *Die Stufen des Organischen und der Mensch. Einleitung in die philosophische Anthropologie*, Berlin: Walter de Gruyter 1928.
6 René Girard, *Anorexie et désir mimétique*, Paris: Ed. de L'Herne 2008.
7 Ferdinand Tönnies, *Gemeinschaft und Gesellschaft. Abhandlung des Communismus und des Socialismus als empirischer Culturformen*, Leipzig: Fues 1887.
8 Manfred Frank, *Die Unhintergehbarkeit von Individualität – Reflexionen über Subjekt, Person und Individuum aus Anlaß ihrer „postmodernen" Toterklärung*, Frankfurt a.M.: Suhrkamp 1986.

Provenienz verfallenen Westen positiv gegenüberstellt,[9] gibt sein Schüler Averincev, zuletzt in Wien tätig, der Aristoteles-Tradition mit ihrer weniger abstrakten Konzeption des Menschen und utopischen Sicht der Welt den Vorzug und legt sie Russland als Weg in die Zukunft ans Herz.[10] Das Menschenbild, das die Begriffe „Person" und „Personalität" im Rahmen philosophischer Anthropologie bestimmt, ist so auch Konstituente von Gesellschaftmodellen.

Kulturhistorisch kann die Emphase des russischen Personalismus am Ende des 19. und im frühen 20. Jahrhundert als späte Kompensation der ausgebliebenen Renaissance verstanden werden oder mit Lichačev – als nachgetragene Renaissance-Leistung Russlands. Dies reimt mit dem Projekt der von Tadeusz Zieliński (russ.: Faddej Zelinskij) inspirierten, u.a. von den Brüdern Bachtin und Lev Pumpjanskij[11] vertretenen „Dritten Renaissance", die nach der ersten, von Italien ausgehenden (14. bis 16. Jahrhundert) und der zweiten, in Deutschland zentrierten (18. und 19. Jahrhundert) nun von Russland ausstrahlen sollte.[12]

Einzubeziehen ist bei aktuellen philosophischen Untersuchungen von Person und Personenentwurf auch der Gesichtskreis der Krise des Begriffs „autonomes Subjekt" sowie der Identitätsphilosophie, da sie im Verein mit der Kritik am „Identitätsdiskurs" die Geisteswissenschaften der vergangenen Jahrzehnte geprägt kat.[13] Das Verstehen von Person und Personalitätskonzept kann nicht unberührt bleiben vom Zweifel an der Triftigkeit der Autonomie des Ich. Die früheste russische philosophische Fundamentalkritik an einer solchen, im deutschen Idealismus der Wende vom 18. Zum 19. Jahrhundert zur Blüte gereiften Vorstellung vom selbstständigen Einzelnen leistete Bachtins Dialogismus, dem in den vorliegenden Bänden der aufschlussreiche Beitrag von Tat'jana Šitcova, „Die Idee der ‚antwortenden Subjektivität' im Werk von Søren Kierkegaard und Michail Bachtin" (241-250), gewidmet ist. Reagierende Subjektivität, die hier überzeugend aus dem Habitus des dänischen Autors gegenüber den Figuren seiner Texte hergeleitet wird, setze eine andere, ihrerseits (re-)agierende Subjektivität voraus. Beide sind bei Bachtin im Konzept des Ereignisses (*sobytie*)

---

[9] Aleksej Losev, Obščinno-rodovaja formacija, in: ders., *Istorija antičnoj ėstetiki. Itogi tysjačiletnogo razvitija*, Bd. 1, M.: Iskusstvo 1992, 314-323; ders., Čelovek, in: ebda, Bd. 2, 277-302, besonders 280-285.

[10] Sergej Averincev, Christianskij aristotelizm kak vnutrennjaja forma zapadnoj tradicii i problemy sovremennoj Rossii, in: ders., *Ritorika i istoki evropejskoj literaturnoj tradicii*, M.: Jazyki russkoj kul'tury 1996, 319-329. Vgl. auch den Beitrag von G. Gusejnov (416-419).

[11] Lev Pumpjanskij, *Dostoevskij i antičnost'*, Petrograd 1922. Vgl.: Nina Braginskaja, Slavjanskoe vozroždenie antičnosti. http://ivgi.rsuh.ru/article.html?id=56667#078 (24.11.2010).

[12] V.L. Machlin: „Tretij renessans", in: K.G. Isupov (Hrg.): *Bachtinologija. Issledovanija, perevody, publikacii (k stoletiju so dnja raždenija Michaila Bachtina)*, Sankt-Peterburg: Aleteja 1995, 132-152.

[13] Vgl. Hanna Meissner, *Jenseits des autonomen Subjekts. Zur gesellschaftlichen Konstitution von Handlungsfähigkeit im Anschluss an Butler, Foucault und Marx*. Bielefeld: transcript 2010.

fundiert[14], in dem ein Ich einem Anderen begegnet, und sie kommen ethisch in seinem Prinzip des ‚Verantwortens' und ästhetisch in seinem Begriff des ‚Abschließens' (oder: ‚Vollendens') zum Tragen. Während Kierkegaard, so Šitcova, den neuen Diskurs als Angriff auf Identität und Sein praktiziere und zum Erzielen literarischen Wirkung genutzt habe, während er zudem auf die Rehabilitierung der Gegenwart ziele, impliziere Bachtins Diskurs die mögliche Teilhabe der Philosophie am Vollzug der Geschichte durch das Bezeugen ihrer eigenen Geschichtlichkeit. Das Entwickeln „ihrer eigenen Theorie als ‚Antwort' auf eine historische Situation" (245). bilde einen hermeneutischen Zirkel, der mit dem „Ende der Identität des Subjekts" (ebda.) einhergehe. Wenn Šitcovas These stimmt, Bachtins synthetische Arbeit an der Moralphilosophie ziele nicht auf Erneuerung des Wissens, sondern des geschichtlichen Lebens, erlangt zugleich ein neuer Begriff der (philosophischen) Person Kontur, die weder den Stereotypen des Propheten noch denen des Lehrers entspricht (249).

Den dritten Horizont für jede aktuelle philosophische Anthropologie bildet die These der rezenten Hirnphysiologie, die Freiheit menschlicher Entscheidung sei eine empirisch widerlegte Illusion. Wenn der Mensch tatsächlich nichts anderes wäre als die Summe der Verknüpfungen seiner Synapsen, erübrigte sich jede Anstrengung auch des Begriffs „Person", die ja ihrerseits wiederum allein das Produkt von Synapsen-Schaltungen bildete. Der Biologe Wolfgang Marx, der jüngst empfahl, fürderhin auf die Ausdrücke „Bewusstsein" und „Seele" zu verzichten,[15] hätte ebenso gut das Wort „Person" in Misskredit bringen können.

In diesen drei Horizonten sind die Beiträge des Bochumer Sammelbandes zu lesen, der die Lebendigkeit der russischen Philosophie in Deutschland und der deutschen in Russland vor Augen führt. Er leistet zugleich einen beachtenswerten gemeinschaftlichen Beitrag zur Geschichte des Personenbegriffs in der russischen und deutschen Philosophie sowie zu ihrer Wechselseitigkeit. Ein Verdienst der Herausgeber ist es, dass sie kompetente russisch- und deutschsprachige Wissenschaftler zusammengeführt haben, ein anderes, dass sie die Beiträge parallel in einer russischen und einer deutschen Ausgabe vorlegen. Dies kommt sowohl deren Wirkungsbreite als auch der Sicherung der zweisprachigen Terminologie zugute. Wie das Gespräch der Verfasser realisieren die beiden Bücher solchermaßen den vom russischen Titel in Anspruch genommenen Dialog: Die deutsche Philosophie gewinnt ebenso, wenn Sie die Reflexion der russischen mit vollzieht, wie diese, wenn sie sich der Herausforderung jener aussetzt.[16]

---

[14] Vgl. Tat'jana Šitcova, *Sobytie v filosofii Bachtina*, Minsk 2002.
[15] Wolfgang Marx, Wörter für Dinge, die es nicht gibt, in: *Merkur* 2010, 1106-1110. Vgl. Il'enkos auf die Hirnphysiologie übertragbare Charakterisierung von Pavlovs Modell des bedingten Reflexes als „Reduktion des Problems der Persönlichkeit auf das Problem der Erforschung der Morphologie des Gehirns" und letztlich als „physiologischer Idealismus" (477).
[16] Auch die Rücksicht auf die Leistungen vorangehender Forscher, auf das Bandthema und die

Auf eine aufschlussreiche Einleitung (11-22), in der die Herausgeber nicht nur den Gegenstandsbereich der für jede Philosophie sowie jede Kulturwissenschaft relevanten Begriffe „Person" und „Personalität" abstecken, sondern auch ihre Entwicklungslinien bis in die unmittelbare Gegenwart nachzeichnen und dabei das Spannungsfeld zwischen den russischen und deutschen Begriffstraditionen aufladen, folgen zwei kürzere Blöcke über „Konzepte der Personalität im (west-)europäischen Denken" (6 Beiträge) und „Russische Philosophie im interkulturellen Kontext" (7 Beiträge) sowie ein abschließender größerer Block „Diskurse der Personalität in der russischen und sowjetischen Kultur" (13 Beiträge). Diese Übersicht zeigt, dass der deutsche Titel den Inhalt der gewichtigen Bände genauer trifft als der russische – nur eine Minderheit der Abhandlungen zieht (wie die der Bandherausgeber) tatsächlich einen Vergleich zwischen Personalitäts- und Personenkonzepten in der russischen und deutschen Philosophie. In den meisten Fällen bleibt dies dem Leser überlassen, dem freilich dafür vorzügliches Material an die Hand gegeben ist. Bedauerlich nur, dass sowohl der amerikanische[17] als auch der französische[18] Personalismus dabei völlig außerhalb des Gesichtskreises bleiben, stellen sie den Begriff „Person" doch auf je spezifische Weise ins Zentrum philosophischer Anthropologie. Dass auch unter der Vielzahl deutscher[19] und russischer[20] Personenentwürfe der eine oder andere zu vermissen ist, ist angesichts des beschränkten Raums nur zu verständlich.

Ergebnisse benachbarter Studien im Band implizieren ein je spezifisches Menschbild.

[17] Vgl. Borden Parker Bownes (1847-1910, seit 1876 Harvard-Professor für Philosophie, vgl. sein Buch *Personalism*, Boston: Houghton Mifflin Company 1908) „Boston Personalism", der geprägt war von Kant und Berkeley sowie George Holmes Howisons (1834-1916, Begründer der Philosophie in Berkeley, vgl. sein Buch *The Limits of Evolution and Other Essays Illustrating the Metaphysical Theory of Personal Idealism*, New York, London: Macmillan 1905) „California Personalism". Vgl. auch die von Ralph T. Flewelling (1871-1960) 1920 gegründete Zeitschrift *The Personalist* (seit 1980: *Pacific Philosophical Quarterly*).

[18] Vgl. Emmanuel Mouniers (1905-1950, zumal sein *Manifeste au service du personnalisme* (Collection Esprit), Paris: Aubier 1936, seinen Traktat *Révolution personnaliste et communautaire, Paris*. 1935 sowie seine Monographie *Qu'est-ce que le personnalisme?* Paris: Éditions du Seuil, 1947) dem Existenzialismus zuneigenden kommunitaristischen Personalitätsentwurf; (hier ist die Lücke besonders spürbar, weil Berdjaev mit Mounier in *Esprit* zusammengearbeitet hat). Unter ihrer Wirkung stand noch Paul Ricœurs Frühwerk *Philosophie de la volonté*, 3 Bde. Paris: Aubier, 1950-1960. In dieser Linie steht schließlich auch Jerzy Kossak, *Egzystencjalizm w filozofii i literaturze*, Warszawa: Ksązka i Wiedza 1971.

[19] Nachzutragen ist: William Stern, *Person und Sache. System der philosophischen Weltanschauung*, Bd. I. *Ableitung und Grundlehre*. Leipzig: J. A. Barth 1906 sowie ders., *Person und Sache: System des kritischen Personalismus*, Leipzig: J. A. Barth 1923-1924.

[20] Da mehrere Beiträge den Personalismus als aktuelles Stadium der philosophischen Anthropologie profilieren, wäre auch ein Beitrag über Fedorovs wirkungsvolle Anthropologie am Platz gewesen, obgleich sie auf kosmistische Gemeindlichkeit (*sobornost'*) zielt. Vgl. zur Anthropologie Fedorovs Svetlana Semenova, *Nikolaj Fedov. Tvorčestvo žizni*, M.: Sovetskij pisatel' 1990, 167-174, und zur Wirkung Fedorovs nach den Revolutionen von 1917: Anastasija Gačeva, „Filosofija obščego dela" Fedorova v duchovnych iskanijach russkogo zaru-

Dieter Sturma, der mit der grundlegenden Studie *Philosophie der Person. Die Selbstverhältnisse von Subjektivität und Moral* (1997) sowie der aktuellen Anthologie *Philosophie und Neurowissenschaften* (2006) hervorgetreten ist, äußert in seiner einleitenden Betrachtung „Grundzüge der Philosophie der Person" (26-46) die Auffassung, diese sei von den gegen die „Subjektphilosophie" erhobenen Vorwürfen „zunächst" (29) nicht betroffen, weil sie mit „egologischem Vokabular" vorsichtiger umgehe und „bewusstseinsphilosophische Einseitigkeiten" meide. Er definiert Personen als „Akteure, die über eine physische und psychische Geschichte verfügen, sich zu Gründen verhalten und sich ihrer selbst über die Zeit hinweg als identisch bewusst werden können" (37). In Abstand zur Liberalismus-Kommunitarianismus-Debatte[21], die das *self* problematisiert, stützt er sich auf Kants Entwurf des inneren Zusammenhangs von Autonomie der Person auf der einen und Menschenrechten auf der anderen Seite. Sturma argumentiert überzeugend, die Thesen der Hirnphysiologen über das Bewusstsein und damit auch über die Person seien keine (natur-)wissenschaftlichen Aussagen, sondern Hypothesen einer hirnphysiologischen Philosophie der Person.

Während dieser Beitrag erkennbar an den letztlich durch Strawson[22] ausgelösten Personalitäts-Diskurs anschließt und so für den gesamten Band einen aktuellen Rahmen setzt, widmet sich Hubertus Busche in seinem Aufsatz „Moralische und physische Identität der Person. Leibniz Gegenposition zu Locke" (46-60) der Frage von Personalität und Person aus engem hermetisch-historischem Blickwinkel. Leibniz zeihe Locke der Reduktion der personalen auf die moralische Identität. Auch sei das eigene Gedächtnis nicht der einzige Grund für das Bewusstsein dieser Identität, sondern werde durch das Fremdgedächtnis ergänzt.[23] Den metaphysischen Grund für diese Identität bilde die bekannte leibnizsche Monade, eine unzerstörbare, die Seele verkörpernde Substanz. Die Folgen dieser Gedanken für die Geschichte der Personalitäts-Debatte und ihren heutigen Stand wären indes noch zu bedenken, ebenso die Bedeutung der Leibniz-Rezeption für den Personalismus-Diskurs in Russland.[24]

---

bež'ja, in: *Filosofija kozmizma i russkaja kul'tura*, Belgrad 2004, 17-36.

[21] Stephen Mulhall, Adam Swift, *Liberals and Communitarians*, Oxford: Blackwell 1996.
[22] Peter Frederick Strawson, *Individuals: An Essay in Descriptive Metaphysics*, London: Methuen 1959.
[23] Die leuchtet jedem unmittelbar ein, der mit temporärer Amnesie in Berührung gekommen ist.
[24] Vgl. Igor' I. Evlampiev, Lejbnic i personalistskaja tradicija russkoj filosofii, in: Tamara V. Artem'eva, M.I. Mikešin (Hg.), *G.V. Leibniz i Rossija. Materialy meždunarodnoj konferencii.* (Filosofskij vek) SPb.: SPb. Naučnyj centr 1996, 103-123. Evlampiev führt Radiščevs Vorstellung von der Ganzheit des menschlichen Geistes und seiner Einheit mit der gesamten Menschheit zurück auf Leibniz' Monadologie. Sie habe auch Belinskijs, Herzens und Il'ins Widerstand gegenüber dem Totalitarismus der Subjektvorstellung im deutschen Idealismus begründet und später auf Dostoevskijs, Vjačelav Ivanovs, Solov'evs und Bachtins Personalismus eingewirkt. Eine der grundlegenden Leistungen Leibniz' sieht er im Einebnen des kategorialen Unterschieds zwischen Gott und Mensch durch die Bestimmung von Gott als

Walter Jaeschke zeichnet das Verhältnis von Person und Persönlichkeit im deutschen Idealismus nach vor dem Hintergrund der europäischen Tradition (61-74). Dabei weist er erneut auf das Erbe des römischen Rechtskonzepts der Person hin, das über Kant bis hin zu Hegel gewirkt hat und ihn dazu motivierte, neben den rechtlichen Begriff „Person" den moralischen Terminus „Subjekt" zu setzen. Hinzu trete die Abspaltung der Persönlichkeit (Jacobi: „Personalität", 71) als besonderer Erscheinung von der Person als allgemeiner. Nur der Person, schließt Jaeschke, komme diesem Entwurf gemäß Würde zu, doch müsse sie stets in dialektischem Verhältnis zur Persönlichkeit gedacht werden. Welche Konsequenzen dies für ein liberales vs. kommunitaristisches Verständnis von Person und/oder Persönlichkeit hat, erörtert der Verfasser leider nicht.

Für Stirmin Stekeler-Weithofer entspringt Nietzsches Entwurf des neuen, des Über-Menschen seiner Einsicht in den Widerspruch zwischen dem schopenhauerschen unerkennbaren Willen an sich und dem interesselosen Wissen sowie in das Problem universaler Sympathie. Gegen den Appell zum Altruismus stelle er die Frage, wer ihn zu wessen Nutzen äußere. Ohne Zentrierung im guten Leben des Einzelnen sei die allgemeine Aufforderung zur Steigerung des Glücks möglichst vieler Lebewesen nicht sinnfähig. Gott sei an seinem Mitleiden gestorben, weil das Ideal des Guten im Altruismus seinen Sinn eingebüßt habe: Wem allein die Sorge um das Glück der anderen Sinn und Wert verleihen solle, der verzehre sein eigenes Glück im Besorgen des fremden. Diese Einsicht erhebe Einspruch nicht nur gegen christliche und sozialistische, sondern auch gegen nationalistische Aufforderungen zum Verzicht zugunsten anderer, weil sie für einen diffusen vermeintlichen, möglicherweise nur künftigen allgemeinen und dezentrierten Nutzen dem eigenen Leben letztendlich den Sinn entzögen. Stattdessen gelte es, den Sinn allen Tuns im gegenwärtigen Leben der einzelnen Person zu zentrieren: als Sorge um ihr eigenes Dasein und als eigenständige Wertschätzung des Guten. Dabei nehme die Anerkennung der Verpflichtung zu dieser Sorge den Charakter einer Selbstverpflichtung der jeweiligen Person an.

Der Niedergang der christlichen Ethik zur säkularisierten Moral des *common sense* finde Nietzsches Verachtung, weil seiner Ansicht nach hierdurch der Unterschied im Verhalten von Mensch und Tier nivelliert werde zu dem der menschlichen Herde: Es gelte allein noch das kleine, augenblicksgebundenen

---

höchster Monade und jedem Menschen als Einzelmonade. Im „Neuleibnizianismus" A. Kozlovs, S. Askal'dovs, L. Lopatins und N. Losskijs erkennt Evlampiev besonders tiefe Spuren von Leibniz' monadologischem Personenentwurf. Die Differenz zwischen von Leibniz geprägter russischer und westlicher Personalität habe Semen Ludvigovič Frank in seinem Buch *Duša čeloveka* (1918) ausgeführt. Vgl. die dt. Übersetzung: Simon L. Frank, *Die Seele des Menschen. Versuch einer Einführung in die philosophische Psychologie*. Mit einer Einleitung von Peter Schulz und Stefanie Haas, Freiburg: Alber 2008. Erstaunlicherweise übergeht Igor' Evlampiev diese Leibniz-Rezeption in seinem Beitrag zum Menschenbild in der russischen Philosophie zu Beginn des 20. Jahrhunderts im vorliegenden Band völlig.

Glück. Großes, nachhaltiges Glück verlange dagegen Freiheit und Autonomie der Person. Sie entwerfe Nietzsche als „Idealbild einer selbständigen Person, die ihre Begrenztheiten, ihre natürliche und kulturliche Weltlichkeit und Geschichtlichkeit anerkennt" (80).[25] Deren Instrumente seien „freie ‚Disziplin'" und „‚Selbstzucht'" (ebda.). Stekeler-Weithofer deutet die Gleichsetzung des Übermenschen mit dem Arier oder Germanen als Irreführungen, wenn nicht „Selbsttäuschungen" (ebda.) Nietzsches, der alles andere gewesen sei als ein Antisemit.

Autonome Personen seien für Nietzsche solche, die sich verpflichten könnten, weil sie ihre Verpflichtungen auch erfüllten – freilich in einer Gemeinschaft freier Menschen. Hier sei eine Wir-Autonomie vorausgesetzt, die schon Hobbes und Kant als einzige akzeptable Grundlage für rechtliche und moralische Verpflichtungen entworfen hätten. Dabei gehe es um die Überwindung von Reue und Rache, die beide in die Vergangenheit gerichtet seien zugunsten eines Handelns, das sie überflüssig mache. Diese Einstellung münde letztlich in die Anerkennung der ‚Ewigen Wiederkehr des Gleichen' und somit der immanenten Endlichkeit des Seienden, weil es zur Bejahung des eigenen Tuns eines jeden führe, zumal zur Erklärung, er werde auch künftig stets wieder so handeln, wie er bereits gehandelt habe. Die Folge sei der Grund für einen Stolz, der das Ethische des Verhaltens ins Ästhetische wende.

So plausibel, weil in sich stimmig, hier Nietzsches Projekt des Übermenschen – in einem bewundernswerten Rettungsversuch, der sicherlich eher für ein liberales als für ein kommunitaristisches Menschenbild votiert – auch vorgeführt wird, es bleibt die Frage, weshalb er sich (abgesehen von seiner Deformation im Nationalsozialismus) nicht durchgesetzt hat. Hier liegt im gegebenen Kontext ein Mangel des Beitrags, da auch jene Momente unaufgedeckt bleiben, die in späteren Entwürfen von Person und Personalität aufgegriffen wurden und angesichts kontroverser Personen- und Personalitätskonzepte der Gegenwart von Belang sind.[26] Es ist bemerkenswert, dass Nietzsches Projekt in Victor Molchanovs Aufsatz (92-114) über die Rede vom Ich und die Hypertrophie des Ich in

---

[25] Hier hätte ein Blick auf das Werden von Nietzsches Begriff der Persönlichkeit nicht geschadet, das sich dessen Antrittsvorlesung *Über die Persönlichkeit Homers* (1869) ablesen lässt: „*Ist somit aus einer Person ein Begriff oder aus einem Begriff eine Person gemacht worden?* Dies ist die eigentliche ‚homerische Frage', jenes centrale Persönlichkeitsproblem."

[26] Es fehlt jegliche Rücksicht auf die aktuelle Nietzsche-Forschung, etwa auf Michael Steinmann, Personalität als notwendige Bedingung, in: ders., *Die Ethik Friedrich Nietzsches*, Berlin: De Gruyter 2000, 146-163. Hinzuweisen ist zusätzlich auf die russische Nietzsche-Rezeption vor den Revolutionen von 1917 und nach dem Zusammenbruch der Sowjetunion infolge ihrer provokativen Wirkung mit Blick auf die Profilierung des Personalismus. Vgl. Semen Frank, F. Nicše i ètika „ljubvi k dal'nomu" (1902); Bernice Glatzer Rosental (ed.), *Nietzsche in Russia*, Princeton: Priceton University Press, 1986; V.P. Šestakov, Nicše i russkaja mysl', in: ders., *Rossija i Germanija. Opyt filosofskogo dialoga*, M. 1993, 280-306; Bernice Glatzer Posental (ed.), *Nietzsche and Soviet Culture: Ally and adversary*, Cambridge: Cambridge University Press 1994.

der Phänomenologie, zumal Husserls und Špets, nur am Rande als darin im Einklang mit Marx stehende Kritik der Autonomie von Subjekt und Bewusstsein erwähnt wird (93) und Dietrich Busses einlässliche Abhandlung über Begriffs-, Diskursgeschichte und historische Semantik des philosophischen Terminus „Person" (115-144) ihn nicht einmal erwähnt!

Victor Molchanov denkt in seinem inspirierenden Beitrag den phänomenologischen Entwurf von Person und Personalität weiter, wobei er von der Frage ausgeht, welche Funktion das Ich in der natürlichen Sprache einerseits und in den philosophischen Entwürfen andererseits erfülle. Dabei qualifiziert der Philosoph die scharfe Trennung zwischen der Fiktion des Ich-Zentrums und einer sachlich orientierten Bewusstseinseinheit als „Hypertrophie des Ich" (92). Scheler, Heidegger und Sartre stellten die „ego-zentrische" (93) Grundlegung des Philosophierens in Frage, Heidegger etwa durch die Einstellung aufs ‚Dasein'.

Molchanov weist darauf hin, dass die Einführung des ‚reinen Ich' statt des empirischen Ich in Husserls *Ideen zu einer Phänomenologie und phänomenologischen Philosophie* in Deutschland als Verrat, von Špet dagegen zunächst als Gewinn verbucht wurde. Es gehe dabei um das Ersetzen von Unterscheidungserfahrung durch Quasisubstanzen, z.B. reines Ich, reinen Bewusstseinsfluss und die Rolle der Ich-Sprache. Der Abgrenzung von Husserls Typologie des Ich gegen die Jamesche folgt eine Untersuchung der in Husserls Phänomenologie dominanten Ich-Rede. Die komplexe Ich-Erscheinung spitzt Husserl in den *Logischen Untersuchungen*, wie Molchanov zeigt, auf ein zeitliches Phänomen zu:

> Das Ich im Sinne der gewöhnlichen Rede ist ein empirischer Gegenstand […]. Scheiden wir den Ich-Leib vom empirischen Ich ab, und beschränken wir dann das rein psychische Ich auf seinen phänomenologischen Gehalt, so reduziert es sich auf die Bewußtseinseinheit […].[27]

Dieser Bewusstseinseinheit hat Husserl jene homogenisierende Zeitlichkeit zuerkannt, die alle Erlebnisse für das Bewusstsein in einen einzigen Strom integriert. Freilich lasse die Metapher des Stroms jene Stabilität und Endlichkeit vermissen, die jeder Erfahrung eigne. Während das Strömen des Erlebens nicht beginnen und enden könne, erwirke die Rede vom Ich die Rückkehr der Endlichkeit von Erfahrung. Anders als die Rede vom Bewusstseins- oder Erfahrungs-Strom sei die Rede vom Ich indes prinzipiell unmetaphorisch.[28]

---

[27] Edmund Husserl, *Philosophische Untersuchungen*, Bd. 2, Tl. 1, Den Haag 1984, 363.
[28] Diese These von der Unbildlichkeit des Ich bedürfte näherer Untersuchung. Gilt sie auch für Husserls bekannten Absatz, der den „generativen Zusammenhang", durch den „die Welt in ihrer sukzessiven Zeitlichkeit ihre Seinsgeltung auslegt" als „offenen Zusammenhang der Kommunikation"? „Ich sage aus, was ich als seiend vorfinde, was ich als Seinssinn in Geltung habe, in aktuelle Geltung setze als Index für seinen Horizont, der für mich besagt: Ver-

Weiter untersucht Molchanov die impliziten und expliziten Implikationen dieses reinen Ich, wobei dem ‚Ich bin' der Anspruch auf Evidenz zuerkannt wird. Husserl sage sich los von der verschiedenen Gerichtetheit der primären und sekundären Wahrnehmungsakte bei Brentano, bestimme aber das reine Ich als jene subjektiv orientierte Seite des Erlebens, die, als „Transzendenz in der Immanenz" (108), nur in der Ich-Rede Ausdruck finden könne. Zugleich solle es aber ohne Namen bleiben, weil es gegenstandlos sei und eben nur sich selbst als reines Ich konstituiere. Und so müsse der Mensch, um sich als Mensch zu erfahren, stets aufs Neue in die Unendlichkeit der Erfahrung eintreten. Allein jedes singuläre ‚ich denke' könne das Wissen begründen, was dieses ‚reine Ich' sei.

Zugleich bilde das reine Ich als in sich selbst Ununterscheidbares (Individuelles) jene Größe, die den Unterschied zwischen intentionalem Erlebnis und Ich-Vorstellung treffe. Dies aber bewirke, so Molchanov, dass Husserls empirisches Ich nie „völlig empirisch" (112) (gewesen) sei, was freilich Husserls eigene Beschreibung der Erfahrungsdualität verberge. Diese Fiktionalität könne in der Rede vom Ich nicht zur Erscheinung gebracht werden, vielmehr bleibe sie in ihr unausweichlich verborgen. Diesen Mangel führt Molchanov abschließend auf eine Vermengung von Unterscheidungshierarchien zurück, die durch die (wohl im Gang des Nachdenkens über die Ich-Hypertrophie gemachte) Unterscheidungserfahrung vermieden werden könne. Löst sich, ist dieser Option entgegenzuhalten, diese Erfahrung der Unterscheidung nicht ihrerseits wieder auf in ein Element des Erlebnis-„Stroms"?

Eine übergreifende (im Grunde meta-methodologische) Position beansprucht Dietrich Busses Beitrag „Begriffsgeschichte – Diskursgeschichte – Linguistische Epistemologie" (115-142). Am Beispiel des Ausdrucks „Person" führt der Germanist noch einmal vor, was er an anderer Stelle bereits als Kritik an herkömmlicher Begriffsgeschichte zu zeigen versuchte.[29] Zunächst beklagt er, traditionelle Begriffsgeschichte, wie sie das Lemma „Person" im *Historischen*

---

mögen, das immer wieder zu identifizieren in vertrauten synthetischen Wegen, die vorgezeichnet und zu begehen sind für mich. Mein Leben ist durchaus Leben in Vermöglichkeiten, durchaus ein Leben intentionaler Synthesis, einer passiven Synthesis, die vielfältige Fortgangsrichtungen hat, in jeder Richtung, die verwirklicht wird, urzeitigend ist im urphänomenalen Strom. Diese passive Verlaufsstruktur <ist> aber vom wachen Ich, dem der Aktivitäten bzw. Vermögen, aktiv dirigiert, wobei aber alle Aktion ihren Horizont der Vermöglichkeiten hat." (Edmund Husserl, Texte aus dem Zusammenhang der Entstehung und ersten Umarbeitung der „Cartesianische Meditationen" März 1929 bis März 1930, in: ders., *Zur Phänomenologie der Intersubjektivität. Texte aus dem Nachlass. Gesammelte Werke*, Bd. XV, Den Haag: Martinus Nijhoff 1973, 203) Eignet dieser passiven Synthese, deren Potentialität an eine uranfängliche Genese oder besser Produktion von Zeit als „Strom" gebunden wird und dem Ich erst die Chance für Kontinuität eröffnet, kein bildlicher Charakter?

[29] Dietrich Busse, Begriffsgeschichte oder Diskursgeschichte? Zu theoretischen Grundlagen und Methodenfragen einer historisch-semantischen Epistemologie, in: Carsten Dutt (Hg.), *Herausforderungen der Begriffsgeschichte*, Heidelberg 2003, 17-38.

Wörterbuch der Philosophie praktiziere, übergehe das Thematisieren von Nachbar-Termini, die allerdings – so die genannten Ausdrücke ‚Ich' (Bd. 4, 1-18), ‚Selbst' (Bd. 9, 292-314) ‚Identität' (Bd. 4, 144-151) und ‚Subjekt' (Bd. 10, 371-431) – ihrerseits im genannten Standardwerk über ausgedehnte eigene Artikel verfügen.[30]

Der didaktische Gestus dieses Aufsatzes sticht als Teil des belehrenden Habitus ab gegen die Fragehaltung anderer Beiträge. Wer den sieben Elemente umfassenden Methodenkatalog Busses (119) nur annäherungsweise befolgen wollte, müsste statt eines in diese Anthologie im Schnitt weniger als zwanzig Seiten umfassenden Beitrags ein Buch von mehr als 200 Seiten schreiben. Sie ergäben Tausende Seiten Diskursanalyse der Ausdrücke „Person" und „Personalität".

Wer an Busses Aufsatz die Probe aufs Exempel macht, erfährt als Neuigkeit über die Methode der Diskursgeschichte von ‚Person' und ‚Personalität': „Jede Artikulation eines Gedankens bedarf der Form eines sprachlichen Zeichens, der Formierung und Formulierung eines Satzes, eines Textes" (133). Zur Sache behauptet Busse: „So sind auch im Konzept der Person die Elemente, die diese Konzepte ausmachen (juristische, sozialpolitische, staatspolitische, ethische, individualpsychologische, identitätsphilosophische) immer mehr oder weniger austauschbar gewesen" (136). Dem wird weder zustimmen, wer den Artikel „Person" im genannten Wörterbuch noch, wer die Beiträge des hier besprochenen Sammelbandes gelesen hat. Da in der europäischen Kulturgeschichte der Ausdruck *persona* jahrhundertelang für den christlichen Gott, genauer: die Konstituenten der göttlichen Trinität, reserviert war (vgl. die Beiträge von Chernjakov und Wenzler), haben dort juristische, sozial- und staatspolitische sowie individualpsychologische Momente kaum eine Rolle gespielt, wohl aber die von Busse übergangenen theologischen! Wenn der Verfasser selbst „das Fazit" zieht „dass die Ausbildung von Wissensrahmen wie denjenigen, die mit dem Entstehen von so etwas wie ‚Person' (als Größe eines Bewusstseins eines Individuums von sich selbst) verknüpft sind, auf denselben kognitiven bzw. epistemischen Prinzipien beruhen, die auch für die Ausbildung einer Sprache, von sprachlichen Ausdrücken und damit Konzepten, Texten und Diskursen konstitutiv sind" (137), lässt sich in dieser Formulierung „so etwas wie Person" (!) durch „Bedeutung", „Wert", „Sinn", „Zeichen", „Text", „Sprache" usw. ersetzen. Busses Bestimmung ist äußerst unspezifisch und trägt wenig bei zur Klärung des Gegenstandes. Zudem fällt seine Kern-Bestimmung von Person außergewöhnlich eng aus: „Größe eines Bewusstseins eines Individuums von sich selbst" (137). Aufs individuelle Selbstbewusstsein hat keiner der in diesem Buch verhandelten Philosophen, Theologen sowie Psychologen und auch kein anderer Beiträger des

---

[30] Der Nutzer dieses Glossars ist deren Herausgebern jedenfalls dankbar, dass sie statt eines einzigen Netz-Artikels Einzelbeiträge zur Geschichte der jeweiligen Begriffswörter bieten.

Bandes die Begriffe ‚Person' oder ‚Personalität' verengt. Bemerkenswert ist Busses Beobachtung, dass der Begriff Person mittlerweile – wie der Band selbst zeigt – zu einer „diskursiven Grundfigur" (138) geworden ist.

Inspirierend zeichnet am Beginn des zweiten Blocks Aleksej Chernjakov Heideggers Bedeutung für den Personalismus der russischen Theologie des 20. Jahrhunderts nach (145-155). Dabei kommt vor allem Vladimir Losskij zur Sprache, der Heideggers ‚negative Analogie' (147) der Ersetzung von Begriffen wie ‚Subjekt', ‚Substanz' und ‚Kategorie' durch das Sein des Daseins rezipiert hat. Heideggers Ausdruck „Vorhandenes" bezeichne das, was in der herkömmlichen Ontologie die zuvor genannten Terme bedeuteten. Nicht ohne Grund wendet Chernjakov ein, auch Aristoteles' Schrift *Von der Seele* habe die Möglichkeiten und Vermögen des Menschen bereits ins Blickfeld gerückt. Allerdings sei die hermeneutische Wende neu, insofern sie die Position des Beschreibenden in die Beschreibung aufnehme. Dies gehe einher mit dem Abbau des neuzeitlichen Subjektbegriffs als ontologischer Basis. Freilich führt Chernjakov zufolge der Begriff der Sorge fürs Sein in eine Sackgasse, da er ungeeignet sei, die Spezifik des Seins als Existenz zu artikulieren. Dies misslinge, weil die Sprache der Fundamentalontologie den temporalen Charakter des Seins zu profilieren suche, ohne die dafür erforderlichen Ausdrucksmittel vorzufinden. Heidegger habe ihre Aufgabe so formuliert: „[...] die Sprache des Seienden als Sprache des Seyns zu sagen".[31]

Dem Existenzialisten sei bei der Untersuchung der Aussagemöglichkeiten über das Seiende die Spracherfahrung der Ostkirche entgangen. Als man dort die drei göttlichen Hypostasen gegeneinander absetzte, habe man den Begriff der Materie gemieden und unter Rückgriff auf Aristoteles die Existenz (*hyparxis*) als „Energie", als das Zeitmoment implizierende aktiv wirksame Wirklichkeit entworfen. Das Erscheinen des Dings sei dann identisch mit seiner Existenz als *hyparxis*, wohingegen ihre Natur als ihr allgemeines Wesen *nicht* erscheinen könne: Um zu erscheinen, müsse sie hypostasiert werden.

Am Beispiel des Willens zeigt Chernjakov die Differenz zwischen seiner Allgemeinheit als natürlicher vernünftiger Wille und seiner gnomischen Konkretheit im einzelnen Willensakt, durch den er als Eigen-Wille persönlich wird. Der Wille hebe sich nicht (wie bei Kant) als Form ab gegen die Materie, auf die er gerichtet sei, er unterscheide sich bei Maximus dem Bekenner vielmehr als begehrenshaltiges personales Wie des Willens von der inneren Form seiner energetischen Verfasstheit. Die Hypostase werde nun als der einheitliche Ursprung der Energie gefasst und führe zum Entwurf der „Bewegung der Natur *in* der Hypostase" (153). Dabei seien die vielfältigen Energien weder als Elemente der

---

[31] Martin Heidegger, *Beiträge zur Philosophie*. Gesamtausgabe, Bd. 65, Frankfurt am M. 1994, 78.

Natur zu bestimmen noch als ihre Bestandteile oder Akzidentien respektive Modi, sondern als „Daseinsweise (*tropos hyparxeos*) der Natur" selbst (ebda.).
Losskij habe nun versucht, dieses ostkirchliche energetische Verständnis der Person an Heideggers existenziale Analytik anzunähern. Er hat in der Tat eingeräumt, der Begriff der menschlichen Person sei nicht zu formulieren: Sie sei letztlich „die Nichtreduzierbarkeit des Menschen auf seine Natur" (153). Chernjakov ist der Auffassung, mit der Metaphysik der östlichen Kirchenväter sei auch deren Entwurf der Person wie schon von den älteren neuzeitlichen Philosophen so noch von Heidegger außer Betracht gelassen worden. Dies gelte auch für Aristoteles' Rede von der „vielfachen Faltung des Seienden" (*Metaphysik E2*) und *energeia* als Sinnaspekt des Seins. Ob die „„Zeitwörtlichkeit des Seins" (154) tatsächlich in der mit stoischen und neuplatonischen Motiven angereicherten ostkirchlichen Theologie genauer artikuliert ist als in Heidegger *Sein und Zeit*, müssen freilich künftige Studien erweisen. Gerade das Eröffnen dieser Forschungsperspektive bildet jedoch eine der Stärken dieses Beitrags.

Während der russische Beiträger so auf die Differenzen zwischen ost- und westkirchlicher Personenauffassung abhebt, betont der deutsche, Ludwig Wenzler, in seiner dicht geschriebenen, materialreichen Studie „,Persona' und ,hypostasis'. Zum Personalitätsverständnis in der Ost- und Westkirche" (157-169) die gemeinsame Grundposition beider Kirchen. Dabei geht der Theologe von Kants am Schluss der *Kritik der praktischen Vernunft* geäußerten Einsicht in die Unsichtbarkeit der „Persönlichkeit" aus, fasst diesen Ausdruck aber als ,bedeutungsanzeigenden' Begriff im Sinne Husserls. Die Unterschiede kennzeichnet er angesichts grundlegender Übereinstimmungen nur als „Akzentsetzungen" (158).

Entscheidend für den Personen-Entwurf sei das „dialogisch-personale Verhältnis" (159) zwischen Gott und Mensch in Jesus Christus. Zu seiner sprachlichen Artikulation hätten die griechischen Begriffswörter *prosopon*, *hypostasis* und *physis* sowie ihre lateinischen Äquivalente *persona*, *substantia* und *natura* bereit gestanden. Hierbei sei dem Begriffswort *hypostasis* besonderes Gewicht zugefallen, weil es, wie etwa bei Johannes von Damaskus, das Mit- und Ineinander der Konstituenten des trinitären Gottesentwurfs zu leisten hatte. So müsse sich die einzelne Person nicht etwa gegen die anderen absetzen, sondern sei gerade dadurch Hypostase, dass sie jene ihn sich selbst leben lasse. Der *filioque*-Streit, der ja zur Trennung der beiden Kirchen voneinander führte, laufe letztlich nur darauf hinaus, dass Rom eher die *Einheit* der Gottes-Personen betone und Byzanz mehr ihre *Unterschiedlichkeit*.[32]

Drei Momente der Personalität hebt Wenzler bei seiner Rekonstruktion der theologischen Karriere des Begriffs heraus, die er bis zu lehramtlichen Äußerun-

---

[32] Diese Bestimmung des Unterschieds westlicher und östlicher Verfahrensweise liegt bemerkenswerterweise quer zur slawophilen Betonung slawischer Einheitlichkeit und westlicher Vielfalt (z.B. bei Danilevskij).

gen des gegenwärtig amtierenden Papstes verfolgt: 1. Einmaligkeit, die dem Streben der antiken Philosophie nach Allgemeinheit zuwiderlaufe, und mit der Namengebung einhergehe,[33] 2. Relationalität, d.h. Bezogensein des Ich mit dem Du im Wir (*communio*) durch Identität und Alterität auf die göttliche Trinität, 3. Gottebenbildlichkeit (*bogopodobie*) als besonders in der Ostkirche, doch auch im Liebesentwurf Vladimir Solov'evs und bei Christos Yannaras profiliertes Kennzeichen der Vergöttlichung des Menschen.

Die anderer, der juristischen Begriffstradition entspringender Perspektive bezieht Alexander Haardt in die umsichtige Darstellung von Vladimir Solov'evs Fürsprache für die Verrechtlichung menschlicher Beziehungen in seinem Beitrag „Personalität in Recht und Moral. Vl. Solov'evs Begegnung mit Kant" (171-190) ein. Er stellt sie sowohl Lev Tolstojs fundamentalistischem christlichem Ziel der Überzeugung allein durch Rede sowie Boris Čičerins Rechtsphilosophie mit ihrer klaren Trennung zwischen Recht und Moral gegenüber. Solov'ev sei es darum gegangen, Kants Vernunftethik mit Schopenhauers Gefühlsethik zu vermitteln.

Solov'ev erhebe das Personalitätsprinzip zur Grundnorm seiner Sozialethik. Kant zufolge soll ja jede Person sich selbst und andere als Selbstzweck behandeln. Solov'ev entwerfe nun eine Theorie des Naturrechts, die Maßstäbe zur Beurteilung von sozialen Strukturen und Institutionen vermittle. Dabei setzt Freiheit Gleichheit voraus. Recht aber entstehe dann, wenn die freie Handlung des Einzelnen auf eine ebenso freie Handlung des anderen treffe. Der Respekt, den eine Person von anderen für seinen Handlungsspielraum erwarte, erfordere dieselbe Rücksicht auf die Handlungsspielräume der anderen. Zugleich entstehe Recht als Balance zwischen dem sozialen Interesse am Gemeinwohl und dem Einzelinteresse an der persönlichen Freiheit.

Die Zwangsbefugnis des Strafrechts wird nicht nur aus dem Schutzbedürfnis des Opfers, sondern auch dem des Täters hergeleitet, der Anspruch darauf habe, über das Unrecht seiner Handlungsweise zur Einsicht gebracht zu werden. Insofern das Instrumentalisierungsverbot leitend sei, greife Solov'ev auf das Kantische Personalitätsprinzip (niemanden als bloßes Mittel zu behandeln) zurück. Dabei kommt Solov'ev allerdings sowohl zur Ablehnung der Todesstrafe als auch lebenslänglicher Verurteilung, weil anderenfalls des Recht des Täters zugunsten des Gemeinwohls angetastet würde. So rückt das Ziel der Resozialisierung des Täters ins Zentrum der Strafe. Begründung und Maß der Strafe müssten im Interesse der Person des Täters als Selbstzwecke behandelt werden. Hier-

---

[33] Hier hätte die Taufe als Individualisierungsakt berücksichtigt werden können, der zugleich ‚auf den Namen Jesu Christi' und auf den Eigennamen der getauften Person geschieht; vgl. Christian Lange, Clemens Leonhard, Ralph Olbrich (Hrsg.), *Die Taufe. Einführung in Geschichte und Praxis*, Darmstadt: Wissenschaftliche Buchgesellschaft, 2008. Ein eigener Beitrag über Name und Person (resp. Personalität) hätte den Band bereichert.

in trifft sich Haardt mit Wenzler: Die unverletzliche Würde des Menschen entspringe bei Solov'ev dem Prinzip der Gottebenbildlichkeit der menschlichen Person.[34]

Noch strikter der juristischen Perspektive des Personalitätsdiskurses verpflichtet ist Nikolaj Plotnikovs konziser Beitrag „,Person' und ‚Eigentum'. Zur Axiomatik der Personalität in der (west-)europäischen und russischen Philosophie" (191-206). In einer explizit axiologischen Betrachtungsweise fasst er die Begriffe „Person" und „Eigentum" als Instrumente der Selbstbeschreibung moderner Gesellschaften, die ihnen auch eine Abgrenzung „demokratischer" von „totalitären" (S. 191) Sozialsystemen gestatte. Gerade diese in russischen und westeuropäischen Diskursen des 19. und 20. Jahrhunderts geläufigen Urteile gelte es philosophisch zu durchleuchten, zumal die Biotechnologie die Frage des Eigentums am eigenen Körper in ein neues Licht rücke.

Zu diesem Zweck entfaltet Plotnikov eine Typologie der Konzeptualisierung von Personalität in eine epistemologische, eine psychologische, eine religionsphilosophische, eine ästhetische sowie eine praktisch-philosophisch ethische und politische, die für seine Untersuchung die entscheidende sei. Sie verknüpfe die Person als Einzelwesen mit dem Eigentumsbegriff, indem sie diese zu ihrem eigenen Eigentümer erkläre. Dabei kämen zwei Axiome zur Geltung, das der Personalität und das der Differenz von Person und Sache, die der Person das in Macphersons Begriff „possessive individualism" gefasste Recht einräume, nach eigenem Gutdünken über Gegenstände zu verfügen. Die Entwicklung dieses Konzepts wird nun von Locke über Kant und Hegel bis zu Stirner verfolgt, der das Band zwischen Person und Eigentum in den Rang einer „Metaphysik der Subjektivität" (197) erhoben habe. Dagegen stellte Marx bekanntlich das Recht auf Privateigentum an Produktionsmitteln in Abrede.

Gegen das Vorurteil, die Ablehnung der Institution des Privateigentums in der russischen Kultur sei Erbe des Sozialismus, wendet Plotnikov ein, die Negation des Besitzindividualismus sei vielmehr gemeinsamer Bestand antiwestlicher russischer Kulturkonzeptionen gewesen. Von Kireevskij lasse sich diese Linie über Gercen bis Berdjaev verfolgen, der für das russische Bewusstsein statt des Eigentums das Verhältnis „zum lebendigen Menschen" (200) für relevant erklärt habe. Mehr Überzeugung kommt für den Verfasser der Darstellung des politischen Philosophen und Historikers Boris Čičerin zu, der auf die nichtökonomische Grundlegung des Eigentumsbegriffs in der russischen Geschichte verwiesen habe, da das Eigentum im Grunde in staatlicher Hand verblieben und nur als Entlohnung für Staatsdienste verliehen worden sei. Dagegen habe Katharina II. die Verselbstständigung des Eigentumsrechts nach westlichem Vorbild vollzo-

---

[34] Hier wünschte man sich einen Vergleich mit der auf dem Prinzip von ‚Gerechtigkeit als Fairness' gründenden Rechts- und Moralphilosophie von John Rawls.

gen und die Leibeigenen nun unter die tatsächliche Verfügung Ihrer Eigentümer gestellt. Gegen diese Verwestlichung habe die russische politische Öffentlichkeit des 19. Jahrhunderts von Kireevskij bis Lev Tolstoj, Vladimir Solov'ev und Gustav Špet die Idee der Person und der Personenrechte weiterhin in Opposition zur Institution des Eigentums gestellt. Špet mache die Konstruktion von Ich-Identität geradezu abhängig vom Kommunikationsverhältnis mehrerer Bewusstseine. So ergebe sich die allgemeine russische Auffassung, die philosophische Explikation des Eigentums lasse sich nicht aus der Relation der Einzelperson zur Sache herleiten,[35] sondern nur aus den Beziehungen zwischen mehreren Personen. Das Problem der Person-Eigentums-Beziehung, so das Resümee Plotnikovs, eröffne nicht allein Chancen für das Überdenken der Vorstellung uneingeschränkter Sachherrschaft, sondern auch für eine Debatte über Personenbegriffe, die auch Traditionen und Kulturen in den Personalitätsdiskurs einbezieht, die vom Besitzindividualismus freistellen.

Den juridischen Aspekt des Personenbegriffs greift auch Andrej Meduševskijs Beitrag „Der Staat als juristische Person. Eine vergleichende Begriffsstudie zur Theorie des Staates" (207-223) auf. Bereits der Titel zeigt an, dass sein Gegenstand quer liegt zur Grundfrage des Bandes: Hier geht es nicht um eine Klärung der Begriffe „Person" und „Personalität", sondern um die Folgen der Anwendung des Begriffs „juristische Person" auf den Staat. Für die staatsrechtliche Perspektive ist von besonderem Interesse, dass Leibniz wohl als erster und gerade mit Blick auf Deutschland den Staat als *persona civilis* definiert hat (215). Das von Kant und Hegel für den Rechtsstaat gelegte rechtsphilosophische Fundament habe Paul Laband durch die Unterscheidung von formalem und materiellem Recht für die Verfassungsdebatte anwendbar gemacht. Sie sei auch von den Staatsrechtlern Sergej Morumcev und Fedor Kokoškin 1905-1907 beim Entwurf der ersten russischen Verfassung genutzt worden.

Die Theorie des Staates als Person bildet Meduševskij zufolge den Versuch, unter den Bedingungen von Transformationsgesellschaften in der Situation einer Verfassungskrise einen rechtspolitischen Kompromiss zu finden, der ein rationales Modell des „starken Staates" (223) mit dessen rechtsstaatlicher Begrenzung verknüpft. Sie überträgt dabei Grundbegriffe des Privatrechts, nämlich der juristischen Person und des Rechtsverhältnisses, auf öffentliches Recht. Da auch hier im Grunde die Ergebnisse zweier bereits vorliegender Studien zusammengefasst werden,[36] überwiegt erneut die belehrende Haltung gegenüber dem fragenden Gestus. Der Laie im Bereich der Staatsrechtsgeschichte muss sich zu-

---

[35] Allerdings schützte die (‚Stalinsche') Verfassung der UdSSR von 1936 erstmals wieder ausdrücklich das Erbrecht am persönlichen Eigentum.
[36] Andrej Meduševskij, *Teorija konstitucionnych ciklov*, Moskau 2005; ders., *Russian Constitutionalism. Historical and Contemporal Development*, London, New York 2006.

dem beim Urteil über die Frage zurückhalten, ob das Staatsrecht im Verlauf eingreifender Änderungen der staatlichen Ordnung tatsächlich regelmäßig bestimmte Phasen durchläuft, die Meduševskij „Zyklen" nennt und denen er solchermaßen sogar einen repetitiven Charakter verleiht.

Igor Evlampievs Beitrag „Die Auffassung vom Menschen in der russischen Philosophie zu Beginn des 20. Jahrhunderts. Phänomenologische Quellen und Parallelen" (225-240) führt zurück ins Fahrwasser religionsphilosophischer Anthropologie. Er geht dabei aus von der Kritik am Entwurf des Menschen als Teil und nicht einem Ganzen des Seins, die zunächst in der russischen Philosophie der All-Einheit Solov'evs aufscheint, dann aber auch Gedanken Nietzsches, Bergsons und Husserls aufgreift und sich in Semen Franks Personalitätskonzept manifestiert.[37] Dabei beschränkt sich der Verfasser weitestgehend auf die Analyse des Personkonzepts Semen Franks, die er zudem weniger am frühen Werk *Die Seele des Menschen* (*Duša Čeloveka*, 1917) untersucht als an der späteren Arbeit *Das Unergründliche. Einführung in die Philosophie der Religion* (*Nepostižimoe. Ontologičeskoe vvedenie v filosofiju religii*, 1939[38]). Frank ergänze Husserls Phänomenologie des Seins als philosophischer Grundlage der Wissenschaften um das Projekt einer Philosophie, die als Basis „einer religiösen Weltanschauung" (233) dient. Wenn Evlampiev selbst das Vorhaben Franks dabei als „mystische Komponente" (ebda.) bezeichnet, provoziert er die Frage, ob hier nicht doch etwas ganz anderes vorliegt als in der Phänomenologie Husserls.

Evlampiev zeigt selbst, dass Husserls Begriff „absolutes Bewusstsein" ein nicht-metaphysischer Terminus ist, da dem Phänomenologen zufolge „die Immanenz Gottes im absoluten Bewußtsein nicht als Immanenz im Sinne des Seins als Erlebnis gefasst werden kann" (231). Davon hebe sich Franks Entwurf des menschlichen Bewusstseins bereits in der *Seele des Menschen* grundsätzlich ab;

---

[37] Oben (Fn. 20) wurde bereits darauf hingewiesen, dass Evlampiev hier leider die Einsichten völlig ausblendet, die er mit Blick auf die inspirierende Rolle Leibniz' ein Jahrzehnt zuvor gewonnen hatte. Im Aufsatz „Russkaja filosofija, ee charakternaja osobennost' i zadača" (in: Semen L. Frank, *Russkoe mirovozzrenie*, SPb 1996) sowie in „Wesen und Richtlinien der russischen Philosophie" (in: Gral, 1925, 8, 384-394) hat Frank selbst die Bedeutung von Leibniz' Philosophie für das russische Denken herausgestellt.

[38] Vgl. die dt. Ausgabe: Semen L. Frank, *Das Unergründliche. Ontologische Einführung in die Philosophie der Religion*. Herausgegeben und eingeleitet von Alexander Haardt, Freiburg, München: Verlag Karl Alber 1995. Es ist bedauerlich, dass Franks einschlägige spätere Arbeit *Die Realität und der Mensch. Eine Metaphysik des menschlichen Seins* (Freiburg: Alber 2004, russ.: *Real'nost' i čelovek. Metafizika čelovečeskogo bytija*, Paris: YMCA-Press 1956, M.: Respublika 1997) nicht in die Betrachtung einbezogen wurde, da hier für jeden einzelnen Menschen der ihn notwendig übersteigende Entwurf der „absoluten Person" als „Urgrund des Personenprinzips" (*Die Realität und der Mensch*, 253) entworfen wird. Zu Franks Persönlichkeitsentwurf ist jüngst erschienen: Anne Rörig, *Personalismus versus All-Einheit. Philosophie des Dialogs und der Begegnung bei Semen Frank,* Berlin usw.: Lit-Verlag 2010.

ihm sei das Vermögen zuerkannt, neben den Seinsformen der gegenständlichen Welt und des Menschen auch die des Absoluten, d.h. Gottes zu erfassen. Allerdings begreift Frank das Innere des Menschen im Grunde gar nicht als Bewusstsein, weil es als solches Bestandteil einer Relation wäre, die etwas außerhalb von sich selbst voraussetzte, ohne dass es nicht sein könnte. Dieses Andere müsse aber im eigenen Inneren präsent sein und könne überhaupt nicht durch das Bewusstsein vermittelt sein.

In der Hauptschrift über das Unergründliche bestimmt Frank das im Gegensatz zum gegenständlichen Sein entworfene innere, seelische Sein des Menschen dann als „Für-Sich-Sein des Unergründlichen" (*nepostižimoe*)[39]. Ihm komme anders als den Seinsformen der gegenständlichen Welt statt Faktizität die Potentialität des Werdens zu. Als weiteres Merkmal spricht Evlampiev dem Für-Sich-Sein „Subjektivität" (234) zu. Hier ist zu fragen, ob sich das Subjekt solcher Subjektivität nicht dadurch grundsätzlich unterscheidet vom Subjekt-Begriff traditioneller Philosophie, dass es dem Objektiven nicht strikt entgegengesetzt sein kann, weil es an der Schwelle von Sein und Nichtsein steht.[40]

Im Konzept der Unergründlichkeit findet Evlampiev insofern Spuren von Heideggers Fundamentalonologie, als die Bestimmung der Ausgangseigenschaften Unmittelbarkeit und Selbst mit dem „Sich-Vorweg-Sein" und dem „Sein-Bei" in dessen Daseins-Deutung kongruierten. Andererseits führe Frank eine Typologie des Transzendierens ein, die sich bei Heidegger nicht fände. Diese Typenlehre umfasse zwei Typen des *ideellen* und zwei des *realen* Transzendierens, wobei letztere ihren Namen daher bezögen, dass sie dem unmittelbaren Selbstsein ein Fundament setzen und es somit ebenso fundamental werden lassen wie das absolute Sein. Der eine Typ des Transzendierens verläuft dabei nach außen, hin zum anderen Ich, der andere nach innen, hinein in die „Realität des Geistes" (236). Frank zufolge ist uns die überzeitliche Einheit des Bewusstseins mit dem Gegenstand gerade nicht in Form des Bewusstseins, sondern des Seins gegeben, zumal unmittelbare Evidenz allein dem transchronischen Sein, nicht aber dem zeitgebundenen Bewusstsein zukomme.

Evlampiev schlägt vor, an den einschlägigen Stellen von Franks Diskurs den Ausdruck „Gott" durch „Gottmenschentum" (240, *bogočelovečestvo*, russ. Ausgabe 210) zu ersetzen, da dieser anders als jener auf einer „phänomenalen Grundlage" aufruhe. Dieser Eingriff geht indes an der Tatsache vorbei, dass der Mensch für Frank gerade das Wesen ist, „das sich selbst transzendiert"[41] und „in dieser Welt gleichsam der Stellvertreter eines anderen, vollkommen realen

---

[39] Frank, *Das Unergründliche*, 186.
[40] Aufschlussreich ist Franks Kennzeichnung des unmittelbaren Seins im Werden als Schatten und Traum, da sie zugleich an Platons Höhlengleichnis und Freuds Ich-Entwurf gemahnt.
[41] Frank, *Die Realität und der Mensch*, 242

Seinsprinzips ist".[42] Anders als im traditionellen Konzept des „Gottesmenschen"[43] bleibt in Franks an Nikolaus von Kues[44] anknüpfendem Entwurf des Menschen als Person die Differenz zwischen Schöpfer und Geschöpf gewahrt.

Wie für Frank die Frage nach dem Sinn des Seins einen Seinsmangel offenbart, so legt die Frage nach dem Sinn des Seins der „Person" eine solche Lücke im Hinblick auf das Sein der Person bloß. Diese kann für Frank nur eine Realität schließen, die „alles in sich hat, was das Wesen selbst unseres Ich als Person ausmacht. Denn alles Unpersönliche ist uns fremd und kann für uns nicht Zuflucht oder Heimat sein".[45]

Albert Alyoschins Aufsatz „,Die Überwindung der Persönlichkeit'. Begriffe der Personalität bei den frühen Slawophilen (Ivan Kireevskij, Aleksej Chomjakov, Konstantin Aksakov)" (321-338) wirft einen Blick zurück auf die Rolle des Persönlichkeitsbildes bei der Profilierung slavophiler Positionen im 19. Jahrhundert, wobei Aksakov im Vordergrund steht. Im Schlusssatz motiviert er diesen Rückblick mit der Nachwirkung dieser Auffassungen in der russischen Sozialphilosophe und allgemeinen Philosophie der Gegenwart. Belege für diese Feststellungen liefert er leider nicht.

Alyoschin unterscheidet zwei Bedeutungstypen des Begriffs *ličnost'* (Persönlichkeit), deren erster an Hand eines auf Rousseaus „seelenlosen" *contrat social* verweisenden Aksakov-Zitats als „vertrocknetes Prinzip" gescholten wird, das zwischen „egoistischen Persönlichkeiten" gilt (321). Das zweite basiere auf dem orthodoxen Glauben und entwerfe eine „ganzheitliche moralische Persönlichkeit" in einer harmonischen Gemeinschaft. Aus ihm sei dann auch der Begriff der utopische Züge tragenden gemeindlichen Persönlichkeit (*sobornaja ličnost'*) erwachsen. Dieser Entwurf habe in einem naivrealistischen Verständnis von Begriffen als Spiegeln der Wirklichkeit den Bezug der Persönlichkeit zum Antlitz (*lico*) verstetigt und an das Ziel der Überwindung der Persönlichkeit gebunden. Sie werde mit dem gemeinschaftlichen Ziel geleistet, die Verbindung des Menschen zu Gott zu stärken.

Für Kireevskij ist Gott Quelle und Voraussetzung aller Persönlichkeit. Er sei es, der dem Menschen seine *ličnost'* schenke. Diese mit der Kritik am Rationalismus einhergehende, den Verstand in den Dienst des Glaubens stellende Überzeugung sei auch die Grundauffassung Franks. Dabei korreliere die Seinskonstitution der Persönlichkeit stets mit der Seinsform der jeweiligen Gesellschaft. Sogar das mögliche Streben der Persönlichkeit, etwas zu erschaffen, wird ver-

---

[42] Frank, *Die Realität und der Mensch*, 250f.
[43] Frank selbst gebraucht den Ausdruck „Gottesmensch" (*Das Unergründliche*, 310, 314).
[44] Peter Ehlen, Nikolaus von Kues und Simon Frank., in: K. Reinhardt (Hg.), Cusanus-Rezeption in der Philosophie des 20. Jahrhunderts, Regensburg 2005, 161-190; russ.: Peter Ėlen, Nikolaj Kuzanskij i Semen Frank, in: *Istoriko-filosofskij ežegodnik*, 2005, 331-357.
[45] Frank, *Die Realität und der Mensch*, 246.

worfen und einzig Gott ein Sein als Einzelner zugebilligt. Kireevskij verwirft den im Westen geläufigen Anspruch auf Autonomie der Person als deren Isolierung durch „moralische Leere" (333) und als Destruktion der Gemeinschaft: Individuelle und gesellschaftliche Moral gerieten so unausweichlich in Widerspruch. Während der im Bewusstsein seiner Sünde lebende Sünder, gerechtfertigt wird, wird der Häretiker als glaubensabtrünnige Persönlichkeit verurteilt

Aufschlussreich sind Alyoschins Beobachtungen zur Kongruenz des slavophilen Persönlichkeitskonzepts mit dem Menschenbild der deutschen Romantik. So stimme Kireevskijs Auffassung von der lebendigen Einheit aller Kräfte im „inneren Mittelpunkt des Seins" (336) mit der Ansicht Schlegels überein, die Seele müsse, um zur Harmonie mit Gott zu gelangen, zuvor eins mit sich selbst sein. Andererseits gebe es auch Übereinstimmungen der slavophilen mit der marxistischen Anthropologie und Soziallehre. Der Verfasser erkennt hier die Einheit „romantischer Kapitalismuskritik" (337). Dagegen hätten die Slavophilen Kants Persönlichkeitsbegriff abgelehnt. Alyoschin erwägt nicht, ob und gegebenenfalls welche Elemente des slavophilen Persönlichkeitsentwurfs im jüngeren russischen Persönlichkeitsdiskurs ihre Fortsetzung gefunden haben.

Gleichsam die Fortsetzung dieser Profilierung des Persönlichen gegen die Persönlichkeit bildet Sergej Polovinkins Beitrag „All-Einheit und Person. Thesen zu einem zentralen Problem der russischen Religionsphilosophie" (373-388). In achtzehn Thesen referiert er, ausgehend von Solov'evs Leibnizianismus, insbesondere die Personen-Entwürfe von Nikolaj Losskij und Lev Karsavin.[46] Solov'ev habe an Leibniz' Monadenmodell die Geschlossenheit der Elemente und die Ungeordnetheit des Gesamt der Monaden kritisiert, dem er seine aus Liebe entstandene Ordnung einer „Einheit in Gemeinschaft" (*sobornoe edinstvo*, 374) gegenüberstellt.[47] Dabei werde eine frühere Alleinheit der Fülle abgelöst durch eine spätere der Leere, des ‚Nirwana'.

Losskij führt im Rekurs auf die ältere Konzeption Solov'evs ein substantielles Agens ein, dessen Selbstidentität erst die Einheit des Bewusstseins garantiere. Das Ich sei wie jedes substantielle Agens frei in Bezug auf die äußere Welt, auf die Gesetzen, die den Weltprozess bestimmen, auf seinen Körper und seinen empirischen Charakter. Es sei aber auch frei gegenüber Zielen, selbst eingegangenen Bindungen und gegenüber Gott.[48] Obgleich Losskij die Realität des Bösen anerkenne, stelle er fest, ein jeder könne gerettet werden sogar der Satan.

---

[46] Weder zu Solov'ev noch zu Losskij oder Karsavin nennt der Beitrag Sekundärliteratur. In den Abschnitten über Karsavins Personalismus bleibt auch folgende Studie ungenutzt: F.B. Melich, *Personalizm L.P Karsavina i evropejskaja filosofija*, M. 2003.

[47] Polovinkins Einwand gegen Solov'ev, die Notwendigkeit der Bildung der Alleinheit schränke die Freiheit der Monaden ein, ist dann nicht stichhaltig, wenn sich die Alleinheit folgerichtig aus dem Prinzip der in Freiheit ausgeübten Liebe ergibt.

[48] Piama Pavlovna Gajdenko (Ierarchičeskij personalizm N.O. Losskogo, in: *Vladimir Solov'ev*

Bei Karsavin, der den jüngeren Entwurf der Solov'evschen Alleinheit zum Ausgangspunkt wählte, bildet das Ich eine Leerstelle und ist die Person selbst unpersönlich. Erst die Teilhabe an der Hypostase des Gottessohnes verleihe dem Menschen Persönlichkeit. Diese Personifizierung sei eine Vergöttlichung, die in der Auflösung in Gott gipfle. Anders als der Mensch habe Gott keine Freiheit der Wahl, doch sei des Menschen Freiheit der freie Gehorsam gegenüber dem Schöpfer. Das Maß der Freiheit bemesse sich an der Anstrengung, dem Willen Gottes zu folgen. Auch in diesem Beitrag bleibt völlig offen, wie sich der spätere Personalitätsdiskurs, etwa auch der der marxistisch-leninistische mit seiner Konstruktion des sozialen Subjektes zu diesen Anschauungen verhielten.

Die diesem Diskurs gewidmeten Beiträge „‚Subjektivismus neuen Typs' oder: Wie die Vergesellschaftung des Subjekts zur Idealisierung der Persönlichkeit führte" (251-263) von Evert van der Zweerde, „Der Begriff ‚Persönlichkeit' als Indikator latenter Bürgerlichkeit im ‚spätsozialistischen' Sowjetstaat" (455-480) von Aleksandr Bikbov und „Vom ‚sozialen Subjekt' zur ‚Person'. Ein misslungener Paradigmenwechsel in der Sowjetphilosophie? (481-496) von Edward M. Swiderski sowie „Von der Unmöglichkeit des Persönlichen in der sowjetischen Kultur. Zum Problem der Autobiographie" (497-508) von Boris Dubin können hier gemeinsam besprochen werden, da sie verschiedene Aspekte der Diskurse über Person und Persönlichkeit in der Sowjetkultur abhandeln – wenn auch auf unterschiedliche Weise. Der Grundgestus der erstgenannten drei Beiträge geht (wie schon die Titel ausweisen) dahin, das Scheitern des Projektes eines vergesellschafteten Subjekts als Rückfall in den Personalismus dingfest zu machen. Die hehren Ziele einer Auflösung des Individuellen ins Gesellschaftliche respektive der Versöhnung des Persönlichen mit dem Gesellschaftlichen seien gründlich verfehlt worden. Evert van der Zweerde zeigt, dass das Subjekt in der offiziellen sowjetischen philosophischen Literatur das „klassische Subjekt der westeuropäischen Philosophie" (260) gewesen ist. Zugleich habe die „Heiligung" der im offiziellen Diskurs „fixierten Formen" die einzelnen Philosophen marginalisiert, das „falsche Bewusstsein" (S. 263) zur verbindlichen Ideologie erhoben und das Potential zur Kritik am bürgerlichen Subjektbegriff vernichtet.

Ins selbe Horn bläst Edward M. Swiderski, wenn er den Schritt vom behaupteten „sozialen Subjekt" zur angestrebten „Person" in der spätsowjetischen Gesellschaftstheorie und Philosophie als „misslungenen Paradigmenwechsel" charakterisiert. Dies habe daran gelegen, dass die Sowjetphilosophie in ihrem Kern die Reproduktionsstätte eines vorgegebenen Weltbilds gewesen und bis an ihr Ende geblieben sei und der dialektische Materialismus die Aufgabe hatte, den

---

i filosofija Serebjanogo veka, M. 2001, 211-241) hat auf die vom Vorbild des Origines zu dem von Leibniz übergehende Revision des Personenentwurfs Losskijs mit Blick auf die Reinkarnation hingewiesen.

historischen Materialismus und den wissenschaftlichen Kommunismus zu legitimieren und ein konzeptueller Wandel nur durch Rückgriff auf „vernachlässigte' Ressourcen" (484) stattfinden konnte.

In diesem Sinne beschreibt Swiderski drei Revisionen der Sowjetphilosophie, die der Chruščev-, der Brežnev- und der Gorbačev-Zeit. Bezeichnend für die Rolle der Person des jeweiligen Generalsekretärs der Kommunistischen Partei ist der Umstand, dass philosophische Umorientierungen hier mit der Herrschaft von Potentaten synchronisiert werden. Dabei rekonstruiert der Verfasser das Scheitern des Paradigmenwechsels just am Material des Personalitätsdiskurses. Im ersten Fall griff man auf Marx' Frühschriften zurück, um Widersprüche zwischen den Prinzipien Engelsscher ‚Widerspiegelung' und Marxscher ‚Praxis' anzugehen. Zu entscheiden war die Frage, inwieweit die Welt des Menschen eine vom Menschen erzeugte Welt sei.[49] Seit der Mitte der 60er Jahre wurde das handelnde Subjekt im Kontext der Wissenschaftlich-Technischen Revolution (sie hatte ihr Gegenstück in der hier nicht genannten, an Snows Konzept der ‚Zwei Kulturen' anknüpfenden Debatte über die ‚Physiker und Lyriker') Swiderski zufolge reduziert auf „eine kategoriale Ableitung des so betrachteten sozialen Subjekts" (490). Die marxistisch-leninistischen Denker seien geradezu der Illusion verfallen, die Gesellschaft mit den Augen des Individuums betrachten zu können.

Die nächste Revision, die mit Brežnevs Verkündigung einherging, man sei nun ins Stadium des ‚real existierenden' oder ‚entwickelten Sozialismus' eingetreten, hat Swiderski zufolge in der Philosophie weniger eine Restalinisierung bewirkt denn eine theoretische Lockerung der traditionellen Bindung des Überbaus an die Basis. So habe sich das soziale Subjekt zur „vielseitigen Persönlichkeit" (492) gemausert. Swiderski registriert eine „Inversionslogik" (493), der gemäß zunächst eine gebremste linguistische Wende *sans lettre* und dann eine sanfte „kulturelle Wende" (494) vollzogen worden sei.

Die dritte und letzte Kehre habe mit Gorbačevs Bekenntnis, man kenne die Welt nicht, in der man lebe, der Legitimationsfunktion der Sowjetphilosophie den Boden entzogen. Allerdings sei mit der Abwendung von der Kollektivität eine Hinwendung zur Individualität, zur Person und zu ihrem Inneren ausgelöst worden. Die Wiederentdeckung der Personalitätsphilosophie Berdjaevs habe die Rückbesinnung auf den Moralphilosophen Kant begleitet. Nach der Implosion des Sowjetreichs sei allerdings der *homo sovieticus*[50] als Person ohne Gesicht in Erscheinung getreten.

---

[49] Fabrice Bouthillon (*Brève histoire philosophique de l'Union Soviétique*, Paris: Plon 2003, 149-172) hat Chruščev geradezu als einen „Rebellen" in Jüngers Sinn charakterisiert.
[50] Vgl. Fernando P. de Cambra, *Homo sovieticus. La vida actual en Rusia*, Barcelona: Ediciones Petronio, 1975.

Aleksandr Bikbov wertet aus sozialphilosophischer Perspektive die „triumphale Rückkehr des Begriffs *ličnost'* [Persönlichkeit] in den Wortschatz der Geisteswissenschaften und der offiziellen Rhetorik um 1960" (455) als Indikator für eine der „tiefgreifenden und grundlegenden Veränderungen" des Sowjetregimes, die das Stereotyp seiner Unwandelbarkeit widerlegten.[51] Das Bemühen, einen militanten Kommunismus „mit dem Modell einer Gesellschaft des stets wachsenden individuellen Konsums" zu vereinbaren, habe den späten Sozialismus der bürgerlichen Gesellschaft angenähert und den Begriff der ‚Persönlichkeit' als „Kompromissgebilde" erzeugt. Im Parteiprogramm von 1961 figurierte indes als nationalbolschewistische Alternative zum kosmopolitischen ‚bürgerlichen' Begriff humanistischer Persönlichkeit noch der marxistisch-leninistische Kollektiv-Terminus der „sowjetischen Menschen" (sovetskie ljudi, russ. 412)![52]

Im Feld philosophischer und sozialwissenschaftlicher Forschung bringt der Verfasser den Begriff jener „Professionalität" ins Spiel, die immer offenkundiger mit der „politischen Loyalität des ‚Klassenansatzes'" (479) in Konflikt geraten sei. Welches Bild vom Menschen bekundete eine Gesellschaft, in der Berufstüchtigkeit fast ausschließlich von denen an den Tag gelegt wurde, die (deshalb) keinen Zugang zur Profession resp. ‚zum Arbeitsmarkt' erhielten? Hatte nicht Lenin selbst das Signal auf Unprofessionalität gestellt, als er 1922 auf dem berüchtigten ‚Philosophenschiff' alle als unabhängig aufgefallenen, also professionellen Intellektuellen außer Landes schaffen ließ? Und innerhalb des Imperiums wurde, wer vom Marxismus unabhängige Personen- und Persönlichkeitsforschung trieb, wie 1923 der große russische Psychologe Čelpanov[53], aus

---

[51] Der Totalitarismus-Diskurs, der einen relevanten Gegensatz zwischen dem Entwurf des Einzelnen (der Person) und des Ganzen (der Gesellschaft) thematisiert, wird hier gleich zu Beginn leichter Hand (455) aus dem Betrachtungsfeld ausgeschlossen. Vgl. zur Kontinuität der Sowjetphilosophie: G. Tichanov, Continuities in the Soviet Period, in: W. Leatherbarrow, D. Offord (Hg.), *A History of Russian Thought*, Cambridge: University Press 2010, 311-339.

[52] 1970 erschien das zweimal überarbeitete und erweiterte sowjetische philosophische Standardwerk zu „Sowjetmensch" und „sowjetischer Persönlichkeit": Georgij Lukič Smirnov, *Sovetskij čelovek. Formirovanie socialističeskogo tipa ličnosti* (M.: Politizdat 1971, 1973, 1980). Im Slang der Dissidenten erhielt der Sowjetmensch den Spitznamen „Sovok".

[53] Georgij Ivanovič Čelpanov (1862-1936) ist eines der russischen Desiderata in diesem Band. Sein Buch *Mozg i duša* (*Gehirn und Seele*, Moskau 1900, fünf Auflagen) sowie sein an Wundt angelehntes Konzept des psychophysischen Parallelismus sowie die These von der Einheit des Bewusstseins und der Identität der Person haben in den ersten beiden Jahrzehnten des 20. Jahrhunderts breite Wirkung entfaltet. Seine Entmachtung durch die Schüler und Mitarbeiter Kornilov und Blonskij ist Lehrbeispiel für den Umgang der Sowjetmacht mit intellektuellen Persönlichkeiten: Arbeitslos in einem Land ‚ohne Arbeitslosigkeit', verstarb er 1936 in bitterster Armut. Er hat sogar das Angebot zu öffentlicher Lehre ablehnen müssen, weil er nicht mehr über dazu passende Kleidung verfügte. Sein Buch *Psychologie und Marxismus* (*Psychologija i marksizm*, 1925) ist warnendes Beispiel für die Wirkung politisch forcierter Ideologie auf eine Person. Sein Sohn, ein Lateinlehrer und Mitarbeiter in GAChN,

der Universität geworfen, und wenn es den Schülern und Mitarbeitern für die eigene Karriere förderlich schien, auch aus dem von ihm gegründeten Institut! Der Begründer der russischen Psychologie war infolge ideologischer Abweichung zur *persona non grata* geworden – eigentlich eine *contradictio in adjecto*.

Vor dem Hintergrund der marxistischen Kritik am bürgerlichen Subjekt zeichnet Evert van der Zweerde die Wiederkehr nicht nur des Subjekts, sondern auch der Persönlichkeit nach. Lenin habe sich selber als Subjekt der Revolution verstanden und so das sowjetische Gesellschaftssystem auf Subjektivismus gegründet, wobei er das autonome individuelle Subjekt durch das gesellschaftliche Subjekt ersetzte. Marmardašvili habe dann gezeigt, dass ein kritisches Subjekt, wenn es wirken können soll, sich selbst nicht als Objekt gegeben sei. Zudem sei das unausweichlich individuelle Denken in Abrede gestellt und die marxistische Theorie für sakrosankt erklärt worden. So sei der einzelne Philosoph zugunsten des Personen-Kults marginalisiert, ein „falsches Bewusstsein" (263)[54] des Subjekts zur Ideologie erhoben und „die kreative Entwicklung *jener* an sich kritischen Theorie" (263) gehemmt worden, deren Grundbegriffe die Grundlage des Selbstverständnisses der Sowjetgesellschaft gebildet hätten. Hier fragt der Rezensent, ob nicht umgekehrt die Entwicklung der realen Gesellschaft gerade den Mangel an Kreativität der zugrunde gelegten (marxistischen) Begriffe von Subjekt, Person und Persönlichkeit erwiesen hat.

Vitalij Kurennojs Aufsatz „‚Person' in den Institutionen. Zum Problem der Personalität im russischen pädagogischen Diskurs Mitte des 19. – Anfang des 20. Jahrhunderts" (339-352) geht aus von überraschenden Übereinstimmungen zwischen spätsowjetischen und vorrevolutionären (Moisej Rubinštejn) Definitionen des Persönlichkeits-Begriffs. Ferner beschreibt er den Wandel des metaphysischen zu jenem bewusstseinsphilosophischen Konzept der Persönlichkeit in der Neuzeit, dem Versuche gegenübergetreten seien, den Personenbegriff im Rahmen der Terminologie juristischer und sozialer Institutionen zu definieren.

Aus dieser Perspektive sei die Isolation des pädagogischen Diskurses vom sozialpolitischen Kontext in Russland zu registrieren. Kurennoj versucht diesen Prozess durch Rückgriff auf Hernando de Sotos These zu fassen: Die Übertragung ‚legaler Vermögensverhältnisse' aus dem ‚Westen', in denen sie ein „organisches Ganzes"[55] mit den Institutionen bilde, in andere Kulturen, in denen sie einen Fremdkörper darstelle, erzeuge eine Glasglocke, unter der ein Bruchteil der jeweiligen Bevölkerung von diesem Modell profitiere. Ähnlich sei der

---

ist 1935 aufgrund fabrizierter Beschuldigungen des NKWD als Spion erschossen worden.
[54] Dieser marxistische Begriff fordert dann doch die Frage heraus, ob es ein ‚richtiges Bewusstsein' vom Subjekt, der Person und der Persönlichkeit gibt.
[55] Wer die Realverhältnisse deutscher ökonomischer und pädagogischer Institutionen kennt, wird den Rückgriff auf den romantischen Topos des „organischen Ganzen" kaum billigen.

deutsche pädagogische Diskurs im 19. Jahrhundert unter einer Glasglocke nach Russland transportiert worden. Zu dieser Zeit habe sich einerseits der Begriff der Personalität im russischen pädagogischen Diskurs konsolidiert,[56] andererseits sei das Verpflanzen westlicher Schulen nach Russland misslungen. Der Grund, den Kurennoj angibt, lässt aufhorchen: Die westlichen Pädagogen hätten – so zitiert er zustimmend Petr Kapterev – „verschwiegen, dass eine Schule den Lebensbedingungen des Volkes entsprechen muss, für das sie vorgesehen ist" (349); das klingt doch sehr nach neoslavophilem Vorbehalt.

Im Feld des theoretischen Diskurses der Pädagogik liegen die Dinge nicht einfacher. Ušinskijs Ausführungen stellten sich als just die Eigentumskomponente entbehrende Simplifizierung von Hegels *Grundlinien der Philosophie des Rechts* heraus. Das Fehlen von Institutionen erzeuge einen „amorpher Diskurs" (351), dessen personalen Lexemen es an konsistenter Referenz gebreche.

Elena Sokolova („Lev Vygotskij, Aleksej Leont'ev und die Kategorie der Persönlichkeit in der Geschichte der sowjetischen Psychologie", 439-454) geht von der These aus, die Psychologie müsse, um wieder relevante Aussagen über Erscheinungen wie die Person treffen zu können, zurückfinden zu jener Zusammenarbeit mit der Philosophie, die schon die Arbeiten von Vygotskij und Leont'ev gekennzeichnet habe.[57] Freilich seien die einschlägigen Arbeiten des letztgenannten erst in den 1960-1970-er Jahren veröffentlicht worden. Ins Auge sticht, dass Leont'ev mit „postupok" (Tat, Handlung) einen Begriff wählt, der Bachtins Ethik zugrunde lag. Die Ontogenese der Persönlichkeit sei dem Psychologen zufolge eine doppelte: Nach der Geburt entstehe die *ličnost'* während der Pubertät ein zweites Mal. In der handelnden Persönlichkeit werde sowohl das Individuum als auch die Gesellschaft in Hegels Sinne ‚aufgehoben'. Die empirische Psychologie bilde eine Naturwissenschaft, die den Menschen in Bachtins Sinne zu einem Ding erkläre, während die verstehende Psychologie eine Geisteswissenschaft sei, die ihn als Person in den Blick nehmen könne. Dabei lägen jeder unwiederholbaren Handlung jedoch wiederholbare Muster zugrunde.

Einbezogen werden auch Forschungen Vladimir Stolins, Sergej Rubinštejns und Vladimir Ivannikovs, der insbesondere über Motivationskonflikte gearbeitet hat. Besonders relevant sind die Betrachtungen zu Verhaltensformen in Grenzsituationen wie die während der Blockade Leningrads durch die Armee Hitler-Deutschlands (451f.). Sokolova schließt mit der Erwartung, das Fokussieren auf die Handlung könne, wenn man dem von Vygotskij und Leont'ev vorgeschlagenen Schema folge, die Psychologie der Persönlichkeit spürbar voranbringen.

---

[56] Dieser These kann nur zustimmen, wer Tolstojs völlig abweichenden, im Rahmen seiner Pädagogik der Gewaltlosigkeit gebildeten pädagogischen Persönlichkeitsbegriff übergeht.
[57] Den noch stärker philosophisch geprägten Zugriff Čelpanovs erwähnt sie dabei nicht.

Einen zwiespältigen Eindruck hinterlässt die Lektüre von Aleksandr Dmitrievs Beitrag „‚Schnittstellen und Übergänge'. Gesellschaft, Geschichte und Persönlichkeit im russischen Formalismus" (421-438). Statt auf Šklovskij und Tynjanov, die eine klare Gegenposition zum Biographismus der bisherigen Literaturforschung einnahmen und sich auf die Textpoetik konzentrierten, werden hier Boris Ėjchenbaum, der vom Symbolismus herkam und die Formalismus-Schülerin Lidija Ginzburg in den Mittelpunkt des Interesses gestellt. Dmitriev spürt nicht den Motiven und Kontexten für den Antipersonalismus der erstgenannten nach, sondern rekonstruiert die konventionellere Haltung der letzteren. Dabei war es gewiss ein erheblicher Gewinn, die Artefakte nicht mehr ausschließlich oder in erster Linie als Mittel zur Erforschung der Autorpersönlichkeit zu nehmen, sondern als Forschungsgegenstände mit eigener Dignität.

Die Isolation des Textes vom Autor ermöglichte es ja erst, Lyrisches Ich und Erzähler als Instanzen literarischer Texte sui generis herauszupräparieren und die Repräsentation des Autors im Text als abstrakte Autorinstanz (*obraz avtora*) abzulösen vom aktuellen Verfasser. Diese Desintegration der kreativen Persönlichkeit in Mensch, Autor- und Redeinstanz des Textes ging dem philosophischen Zweifel an der Haltbarkeit des selbstidentischen Subjektes voraus. Dass die Symbolisten die Arte-Fakt-Gestalt des Künstlers auch als Lebensform inszenierten (Valerij Brjusov und Vjačeslav Ivanov), während die Futuristen, wie Majakovskijs Poem *Das bewusste Thema* (*Pro ėto*, 1923) zeigt, die Lebensbedingungen ins Artefakt zu verlängern suchten, steht auf einem anderen Blatt. Der Titel von Jakobsons Majakovskij-Nekrolog, „Von einer Generation, die ihre Dichter vergeudet hat"[58], nimmt George Batailles These der ‚Vergeudung' (*dépense*) als spezifischer Ökonomie des Artefakts vorweg.[59] Mahnt nicht Ėjchenbaums Deklaration von 1939 zur Vorsicht, die Texte Lermontovs seien Dokumente einer „nationalen Heroik" (*nacional'noj geroiki*), und die (nun auch den stählernen Vater der Werktätigen implizierenden) „bemerkenswerten Worte" aus *Der Dolch* (*Kinžal*: „Да, я не изменусь и буду твёрд душой, / Как ты, как ты, мой друг железный") klängen jetzt als „heroische Losung"?[60]

Aufschlussreich ist an Dmitrievs Darstellung die Rekonstruktion der (auf Hegel zurückgehenden) Unausweichlichkeit jener Geschichte als Macht, die von

---

[58] Da Jakobson den Aufsatz in deutscher Sprache verfasst hat (*Slavische Rundschau*, 1930, 2, 481-495), ist der Originaltitel statt der farblosen Rückübersetzung aus dem Russischen „[...] verbraucht hat" (428) vorzuziehen.

[59] George Bataille, *La Part maudite*. Paris 1949; ders., *Essai d'économie générale*. T. 1, *La Consumation* ainsi qu'*Éponine*. *La Littérature et le Mal*, Paris 1957; ders., Das theoretische Werk I: Die Aufhebung der Ökonomie (Der Begriff der Verausgabung – Der verfemte Teil – Kommunismus und Stalinismus), München 1985.

[60] Ju. Lermontov, Chudožestvennaja problematika Lermontova, in: ders., *O poėzii*, L. 1969, 181-218, hier 214. L. Ginzburg (*Tvorčeskij put' Lermontova*, Leningrad: Gos. izd. 1940, 219f.) profilierte die Vorliebe der Slavophilen für Puškin und der Westler für Lermonotov.

den Machthabern repräsentiert wird und der sich, anders als Tynjanov und Šklovskij mit ihrem operativen, (protode-)konstruktivistischen Kunstmodell, Ėjchenbaum im Versuch des Entwurfs einer Person, die im Einklang steht mit der Geschichte, ebenso unterwarf wie Pasternak (daher dessen Stalin-Ekloge) und Ginzburg. Der Widerstand gegen den herrschenden Usus, gegen die Selbstverständlichkeit des Bestehenden, gegen die blindmachende Gewohnheit setzt die Bereitschaft voraus, sich der Macht des Faktischen zu widersetzen. Dagegen schreibt auch Ginzburg vom Ziel des Aufdeckens der abstrakten „Gesetzmäßigkeiten [sic!] des literarischen Prozesses und der realen seelischen Erfahrung" („zakonomernosti literaturnogo processa i real'nogo duševnogo opyta").[61]

In einer weiteren Gruppe sind philologisch-philosophische Beiträge zu besprechen, die den konzeptuellen Rahmen stärker auf die Ausdrucksmittel fokussieren. Marina Bobriks Studie „Zur Begriffsgeschichte des Inneren Ich (Selbst)' im Russischen" (267-297) spürt den Ausdrücken für die Innenwelt von Person und Persönlichkeit in der russischen Kultur zunächst von Vjazemskij, Bakunin und Belinskij über Odoevskij, Aksakov, Žukovskij und Gogol' bis Apollon Grigor'ev und Potebnja nach. In weiteren Schritten verknüpft sie das Konzept der Innerlichkeit mit dem im Ausdruck „vsja vnutrennjajaj moja" (mein ganzes Inneres) verkörperten religiös-orthodoxen, von Psalm 102 bzw. 103 geprägten Innerlichkeitsverständnis, dann mit dem Ausdruck für den auf den zwiespältigen – seelisch geistigen vs. animalischen – „inneren Menschen" (*vnutrennij čelovek*), und schließlich mit den Begriffswörtern *ja vnutrennIJ* (inneres Ich) und *vnutrennEE ja* (das innere Ich).

Diese bemerkenswerte detaillierte Ausdrucksgeschichte zeigt zum einen, wie die begriffliche Zentrierung des Konzeptes des einzelnen Menschen aus dem religiösen Diskurs in den philosophischen und zeitgeschichtlichen verlagert wird, und zum anderen das damit einhergehende Anknüpfen an Diskurse in der französischen, der deutschsprachigen und anglo-amerikanischen Kultur. Marina Bobrik zeichnet auch das Schwanken zwischen dem maskulinen vs. neutralen Geschlecht von russischem „ja" als Äquivalent für deutsches „Ich" (284-294) sowie zwischen „Ich" und „Selbst" (*ja* und *sam*) gegenüber dem englischen philosophischen Terminus „Self" (295) nach. Es hätte Perspektive, diese Untersuchung auf das zwanzigste Jahrhundert auch mit Blick auf Termini wie „Neuer Mensch" (*novyj čelovek*) und „Sowjet-Mensch" (*sovetskij čelovek*) auszudehnen obgleich und gerade weil Wörterbücher hierfür noch kaum Material hergeben.

Rainer Goldts Beitrag „Modelle der Person des Autors in Autobiographie und Tagebuch" (353-372) und Boris Dubins Aufsatz „Von der Unmöglichkeit des Persönlichen in der sowjetischen Kultur. Zum Problem der Autobiographie" (497-508) liegen thematisch besonders eng beieinander. Goldt fasst Autobio-

---

[61] L. Ginzburg, *O literaturnom geroe*, Leningrad 1979, 56.

graphie und Tagebuch vor dem Hintergrund der Spannung zwischen dem Hang zu differenzierender Spezifik und identifizierender Kongruenz des Ich als „Versuche schriftlicher Selbstkonstruktion". Dabei geht er aus von der Selbstwahrnehmung der Zeitlichkeit des Charakters in Ivan Kireevs Beobachtung der Ungleichzeitigkeit von Persönlichkeitsmodellen (355) und Vladimir Solov'evs Vorstellung von authentischer Individualität als Abbild der Alleinheit (356).

Der beeindruckende Reigen der sensibel analysierten Autobiographien und Diarien führt von Leonid Andreev, Aleksej Losev, Nikolaj Berdjaev, Andrej Belyj und Pavel Florenskij über Simon Dubnov, Isaak Babel', Lev Lunc und Michail Geršenzon, David Samajlov, Lazar Kaganovič bis zu Jurij Oleša und Daniil Charms. Die gewählten Beispiele[62] belegen die gezogene Summe überzeugend: Personalität sei, zumindest im 20. Jahrhundert, nur noch als „transitorische Entität zu begreifen" (371). Damit gerät (sicherlich absichtsvoll) die These von der inneren Kongruenz von Ich und/oder Subjekt ins Wanken.

Komplementär dazu handelt Boris Dubins Essay von der Verhinderung des selbstbewussten Einzelnen durch die Diskrepanz zwischen Politik und Lebenswelt, vom Verantwortung eliminierenden Bruch zwischen Vergangenheit und Gegenwart sowie von der Kluft „zwischen den Existenz- und Identifikationsebenen" (507). Dubin definiert das Verfertigen von Autobiographien eingangs als „fiktives Präsentationsmuster für die neue Wertigkeit des Subjektiven" (498). Die in der Sowjetgesellschaft zu beobachtende Beseitigung vermittelnder Instanzen zwischen der zur Führerfigur stilisierten Macht (Personenkult) und den beherrschten Einzelnen habe der Appell zur Identifikation mit dem Ganzen kompensiert. Die Abwertung der Ausdrücke „Subjekt" und „Person" sei einhergegangen mit der Bildung einer Gesellschaft „aus atomisierten Individuen" (499) und der Zerstörung des für die nichttotalitäre moderne Gesellschaft grundlegenden wechselseitigen Vertrauens. Der Einzelne sei abgewertet worden zum potentiellen Störfaktor im Ganzen. Das solchermaßen aus dem öffentlichen Bewusstsein verdrängte Persönliche setzt der Verfasser dabei gleich mit dem „Alltäglichen, Intimen, Konfliktgeladenen, Unlösbaren, ‚Psychologischen'" (500).

Dubin zufolge geht den Erzählern sowjetischer Autobiographien entweder der Maßstab des Allgemein-Menschlichen ab oder die Form repressionsfreier, konkurrierender, freiwilliger Assoziation mit anderen Personen. Dies exemplifiziert er an Evgenija Kiselevas *Ja tak choču nazvat' kino* (1996), einem Text, der zwischen den Ebenen abstrakter Moral und konkreter Handlungen keine Kompatibilität entstehen lässt und Jurij Ajchenval'ds *Poslednie stranicy* (2003),

---

[62] Trotz der Vielzahl angeführter Beispiele ist zu bedauern, dass Sergej Ėjzenštejns *Memoiren* (Sergej Ėjzenštejn, *Memuary*, 2 Bde. M.: 1997; dt.: *Yo. Ich selbst. Memoiren*, Berlin 1987) mit ihren expliziten Reflexionen über die Autobiographie ausgespart blieben, da sie die referentielle Wortlastigkeit des Bandes hätten mildern können.

in denen Ereignisse durchweg als Zufälle modelliert sind. Abwesenheit in der Gegenwart korrespondiere dem Nichtentstehen belastbarer Erinnerung (507).

Eine in mehrerlei Hinsicht bezeichnende Fallstudie bietet Gasan Gusejnovs Aufsatz „‚Mystische‘ und ‚akademische‘ Persönlichkeit. Paradoxien der Personalität bei Aleksej F. Losev" (389-420). Zum einen spiegelt Gusejnov die Ansichten des „antiliberalen" (389) russischen Philosophen über Personalität, der mit seiner Lebensfrist von 1893-1988 die einzige bemerkenswerte personale Brücke bildete von der vorrevolutionären Philosophie zu der von ‚Glasnost'‛ und ‚Perestrojka‘, stetig in den Verfahren von dessen Selbstinszenierung. Zum anderen geht es ihm mehr um das Herausstellen der unauflöslichen Widersprüche in dessen Personenentwurf als um eine systematische Rekonstruktion dieses Konzepts. Hierin schlägt sich auch das Personenverständnis des Verfassers nieder.

Gusejnov zufolge entwirft Losev sein Konzept der Person in drei Sprachkontexten: dem russischen, dem altgriechisch-lateinischen und dem deutschen. Es umfasst in Abwandlung der alten Trilogie von Geist, Seele und Leib den Intellekt, die Sophia und den Körper (telo). Dabei führt Losev das deutsche Verständnis des Menschen etymologisch auf lat. *mens* zurück und motiviert so das seines Erachtens mentale Menschenbild im deutschsprachigen Raum. Die Römer hätten dagegen, da *homo* auf *humus* zurückgehe, eher ein chthonisches Bild vom Menschen. Weiterhin gelte es, Subtexte zu eruieren, die wie die Theologie, die Logik und die Sozialphilosophie Losevs Begriff der Person konturierten. Entscheidend sei aber seine Auffassung vom Mythos als verbalisierter „Persönlichkeitsgeschichte" (393), die im Umkehrschluss die Person zum Mythos erklärt: „Jeder Mensch hat stets etwas, was keine Zahl, keine Eigenschaft, kein Ding ist – sondern Mythos, lebendige und tätige Wirklichkeit, die einen bestimmten lebendigen Namen trägt." (399) Nur fragt sich, ob dem philosophischen Denken nicht alle Mittel aus der Hand geschlagen werden, wenn Losev die Persönlichkeit statt zum Begriff zum Leben erklärt.

Seit den 30er Jahren sei Losev für mehrere Jahrzehnte vom offiziellen Diskurs abgeschnitten gewesen. Sein Anti-Hegelianismus, der auch die Integration in den Marxismus verhinderte, gründete in der Auffassung, Hegel habe Philosophie auf eine persönlich geprägte reine „Logiklehre" (395) reduziert, die er als allgemeingültig ausgab. Analog trete die blutleere Physik Newtons der lebendigen Weltsicht Einsteins gegenüber.[63] Zum Inbegriff des Personal-Negativen erklärte er die „vergöttlichte kleinbürgerlich-mittelmäßige Persönlichkeit" (414), die er wie in Rozanov so auch in Wagner und Skrjabin oder Lenin und Stalin dingfest macht. Lenin habe er, so Gusejnov, durch lange Zitate bloßgestellt. Dabei sei den Losev-Forschern dessen Grundimpetus verborgen geblieben: das Verwerfen jener westlichen Zivilisation, die in der Sowjetgesellschaft nur eine

---

[63] Zu den Zitaten S. 396-398 fehlen die Quellennachweise.

besonders irrwitzige Ausprägung erfahren habe. Freilich sei Losev, der sich in den letzten Lebensjahren „mit dem System versöhnt" (418) habe, nun selbst zum Gegenstand eines Personenkults geworden. Die mystische Persönlichkeit habe nun die akademische überragt. Es leuchtet ein: Not tue weiterhin die Kritik jener spätsowjetischen intellektuellen Kultur, deren Teil Losev gewesen sei.

Der Philosoph Evgenij Barabanov („Postsowjetische Kunstsubjektivität: Strategie vs. Reflexion", 409-529) geht aus von Foucaults These, die Beschreibung einer Aussage habe zu bestimmen, welche Position ein Individuum einnehmen müsse, um ihr Subjekt zu sein. Die künstlerischen Verortungen, Gesten und Äußerungen in der russischen Kultur der jüngsten Vergangenheit sieht er als Aneignung respektive Ablehnung ausgewählter „Elemente der westeuropäischen und später [der] nordamerikanischen Kultur" (510). Dabei trete die Kunstsubjektivität im Konflikt zwischen Strategien und Reflexionen als Selbstproblematisierung der russischen Kultur hervor.

Die Kunst des 20. Jahrhunderts zeichne sich durch einen hohen Grad an Reflexivität aus, wobei Reflexion hier „bewusste Erfahrung einer vielschichtigen Unterscheidung der Unterschiede" (511) meint. Zunächst sei ein Wechsel vom Ding zum Zeichen zu registrieren, dann ein Paradigmenwechsel hin zur Kultur des Underground, schließlich zum „westlichen Kunstsystem" (517), wobei die Auffassung von Kunst als Spiel zutage getreten sei. Kunstsubjektivität sei hier ein semiotisches Verhalten. Zugleich werde die Reflexion dem Unterscheidungssystem untergeordnet. Gegenwärtig sei man bemüht, im Rahmen des Massenkonsums den Status der Pop-Kultur zu erlangen. Dabei bestehe die Positionierung entweder in der Teilnahme am oder in der Analyse des Geschehens. Im Grunde gehe es nicht um Subjektivität im Sinne existentieller Freiheit oder des Personalismus oder symbolischer soziokultureller Zeichen, sondern um eine Subjektivität, die sich im Wandel der eigenen Artefakte, Stile, Positionen und Strategien äußert. So komme es zur Ersetzung der Reflexion durch den Reflex.

Im Rahmen einer Ausweitung der Praktiken gelte es, Subjektivitätsformen, welche die Literatur (die an die Stelle einer ersten Lebensphilosophie getreten sei[64]) im Streit mit dem akademischen Denken profiliert habe, wieder in ihr Recht einzusetzen. Hierbei sei auch das Angebot der Reflexologie als einer naturwissenschaftlichen Beschreibungsform von Verhalten zu analysieren. Der Reflex trete dabei als (scheinbar) *Natürliches* dem in einer langen russischen Tradition (Belinskij, Gercen, Turgenev, Čechov, Korolenko, Garšin) als *künstlich* abgelehnten Reflexiven gegenüber.

Ostrovskij hat so das reflexhafte Verhalten von Schauspielern als Beleg für das Gelingen ihres Spiels gewertet, da es die Deckung von gespielter Figur und

---

[64] Evgenij Barabanov, Russkaja filosofija kak literatura, in: M. Ryklin u.a. (Hg.), *Uskol'zajuščij kontekst. Russkaja filosofija v postsovetskich uslovijach*, M. 2002, 211-243.

Akteur signalisiere (527)[65]. Eben dieses Verwerfen des Künstlichen sei auch Grundelement der sowjetischen Ästhetik gewesen. Diese Opposition werde in der postsowjetischen Kultur einfach mit umgekehrten axiomatischen Vorzeichen fortgeschrieben: Nun erscheine das typisch Sowjetische als Künstliche, während das Westliche für natürlich ausgegeben werde. Die Frage, ob im Hinblick auf den russischen Personalitätsdiskurs ein stabiles Paradigma des Natürlichen gilt und die Verhältnisse in den anderen europäischen Kulturen anders liegen, markiert gewiss ein weiterführendes Kernproblem des vorliegenden Bandes.

Podoroga gelangt zur Ansicht, „dass die Aneignung der Reflexion durch die hiesige [sprich: russische] Kultur weiterhin für die Formierung von Personalität im Bereich der Kunst von ungenügender Dauer ist" (529). Das Kapital zwinge der Kunst, die eine Rolle im ‚Natürlichen' spielen wolle, den Diskurs der Selbstbeschreibung auf. Die für den Kontext des Diskurses über Entwürfe der Persönlichkeit entscheidende Frage, ob diese reflexive Kunstsubjektivität Modellcharakter erlangt für den (Selbst-) Entwurf von Person und Persönlichkeit in Russland und damit auch für seinen Beitrag und den Band insgesamt, blendet Podoroga aus. Sein Aufsatz macht das Fehlen von Beiträgen über das Menschenbild im Porträt (vgl. die leeren Gesichter auf Bildern Malevičs aus den 30 er Jahren), über den Diskurs zum Porträt[66] sowie über den Typus des ‚positiven Helden' im Film (*Čapaev*, Brüder Vasil'ev, 1934) in diesem reichhaltigen Band spürbar.

Ungeachtet dieser Lücken, die angesichts der außerordentlichen Spannweite des Themas nicht erstaunen, ist das Buch aufgrund der Reichhaltigkeit der Gesichtspunkte und des wissenschaftlichen Gehalts der Beiträge nicht nur für philosophische Forschung und Lehre von erstrangiger Bedeutung, sondern auch für die Kultur-, die Literatur-, Sozial- und Geschichtswissenschaft, insoweit sie sich mit Russland oder dem Dialog mit Russland befassen.[67] Der Begriff ‚Person' erweist sich als für die russische Kultur ebenso wichtig wie für die deutsche. Mit Spannung erwartet wird der zugehörige, alsbald erscheinende Dokumentenband: Nikolaj Plotnikov; Alexander Haardt (Hrsg.), *Gesicht statt Maske. Philosophie der Person in Rußland*. (Syneidos. Deutsch-russische Studien zur Philosophie und Ideengeschichte Bd. 1). Berlin usw.: Lit Verlag 2011, 368 S.

Rainer Grübel

---

[65] Diese Identität war das Grundprinzip von Stanislavskijs naturalistischer Schauspielkunst.
[66] Vgl. *Portret v Rossii. XX vek*. SPb. 2001; A.G. Gabričesvkij, *Iskusstvo portreta*, M. 1928.
[67] Bei einer Neuauflage sollten Fehler in Orthographie (z.B. histo*t*isch 449; Bar*t* 513), Transliteration (z.B. Mande*l*stam, 394f.; Mukaržovk*ij*, 429) und Übersetzung aus dem Russischen (z.B. „Erlebnis*sfluss*", 230; „volks*eigen*"; 332; „Soziation", 500) korrigiert werden. Insgesamt sind die terminologisch außerordentlich schwierigen Übersetzungen oft sehr gelungen.

WIENER SLAWISTISCHER ALMANACH
SONDERBÄNDE
HERAUSGEBER AAGE A. HANSEN-LÖVE UND TILMANN REUTHER

Order from:
Kubon & Sagner, Buchexport-Import GmbH, 80328 München, Deutschland
postmaster@kubon-sagner.de
(Bände ohne Preisangabe sind vergriffen. - Volumes without price are out of order.)

www.slavistik.uni-muenchen.de/Publikationen/WSA.html

78. Blickwechsel. Perspektiven der slawischen Moderne, Festschrift für Rainer Grübel, Hg. Gun-Britt Kohler, München-Berlin-Wien 2010, 511 S., EUR 48.-

77. KUKUJ, Il'ja: Koncept "vešči" v jazyke russkogo avangarda, München-Berlin-Wien 2010, 223 S., Literaturverz., EUR 32,00.-

76. Das Konzept der Synthese im russischen Denken. Künste – Medien – Diskurse. Philosophie und Literatur I, Hg. Nadezda Grigor'eva, Schamma Schahadat; Igor' P. Smirnov, München-Berlin-Wien 2010, geb. 290 S. mit Literaturverz., EUR 36,90.-

75. DEL GAUDIO, Salvatore: On the Nature of Surz'yk: A double Perspective, München - Berlin - Wien 2010, 328 S. mit Bibliogr. und CD, EUR 36,80.-

74. Diachronic Slavonic Syntax. Gradual Changes in Focus, Hg. Björn Hansen, Jasmina Grkovic-Major, München-Berlin-Wien 2010, geb., 208 S., EUR 35,90.-

73. Von grammatischen Kategorien und sprachlichen Weltbildern – Die Slavia von der Sprachgeschichte bis zur Politsprache. Festschrift für Daniel Weiss zum 60. Geburtstag, Hg. Tilman Berger, Markus Giger, Sibylle Kurt, Imke Mendoza, München-Berlin-Wien 2009, 650 S. EUR 49,80.-

72. Lexikalische Evidenzialitäts-Marker in slavischen Sprachen, Hg. Björn Wiemer, Vladimir A. Plungjan, Wien-München 2008, 396 S., EUR 48,-

71. Der dementierte Gegenstand. Artefaktskepsis der russischen Avantgarde zwischen Abstraktion und Dinglichkeit, Hg. Anke Hennig, Georg Witte, Wien-München 2008, 507 S. (i.D.) EUR 42,80.-

70. Veronika HALSER, Den Tod Schreiben. Musikalische Thanatopoetik in den späten Streichquartetten von Dmitrij Šostakovič, Wien-München 2008, 330 S., EUR 40,-

69. MEANING ⇔ TEXT THEORY 2007. Proceedings of the 3rd International Conference on Meaning-Text Theory, Klagenfurt, May 20 - 24, 2007, Eds. Kim Gerdes, Tilmann Reuther, Leo Wanner, Wien-München 2007, 468 S., EUR 32,-

68. Tanja ZIMMERMANN, Abstraktion und Realismus im Literatur- und Kunstdiskurs der russischen Avantgarde, Wien-München 2007, 380 S., EUR 42,-

67. D. A. PRIGOV, Sobranie stichov. Tom pjatyj. Gedichte. Herausgegeben und kommentiert von Brigitte Obermayr, Wien-München 2008 (i.V.) EUR 25,-

66. Sprache und Diskurs in Wirtschaft und Gesellschaft: Slawische Perspektiven, Hg. Ursula Doleschal, Edgar Hoffmann, Tilmann Reuther, Wien-München 2007, 323 S., EUR 48,-

65 Ethnoslavica. Festschrift für Professor Gerhard Neweklowsky zum 65. Geburtstag, Hg. Johannes Reinhart, Tilmann Reuther, Wien 2006, 361 S., EUR 35,-

64 The Imprints of Terror. The Rhetoric of Violence and the Violence of Rhetoric in Modern Russian Culture, Eds. Anna Brodsky, Mark Lipovetsky, Sven Spieker, Wien-München 2006, 286 S, EUR 40,-

63 Fraktur. Gestörte ästhetische Präsenz in Avantgarde und Spätavantgarde, Hg. Anke Hennig, Brigitte. Obermayr, Georg Witte, Wien - München 2006, 393 S., EUR 42,80.-

62 Nähe schaffen, Abstand halten. Zur Geschichte der Intimität in der russischen Kultur, Hg. Nadežda Grigor'eva, Schamma Schahadat, Igor' Smirnov, Wien-München 2005, 508 S., EUR 50,-

61 Julia KURSELL, Schallkunst. Eine Literaturgeschichte der Musik in der frühen russischen Avantgarde, Wien-München 2003, 344 S., EUR 40,-

60 Novyj ob"jasnitel'nyj slovar' sinonimov russkogo jazyka. 2-e izd., ispr. i dop. pod obščim rukovodstvom akademika Ju. D. Apresjana, Moskau-Wien 2004, LXVIII + 1418 S , EUR 40.-

59 A. V. ISAČENKO, Grammatičeskij stroj russkogo jazyka v sopostavlenii s slovackim. Morfologija. Čast' 1. Čast' 2. Reprint. Predislovie Tilmann Reuther, L'ubomir Ďurovič, Moskau-Wien 2003, 570 S., EUR 38,-

58 D. A. PRIGOV, Sobranie stichov. Tom četvertyj. Gedichte No. 660-845, 1978. Herausgegeben und kommentiert von Brigitte Obermayr, Wien 2003, 229 S., EUR 25,-

57 Bosanski - Hrvatski - Srpski / Bosnisch - Kroatisch - Serbisch, Hg. Gerhard Neweklowsky, Wien 2003, 326 S., EUR 40,-

56 Schriften - Dinge - Phantasmen. Literatur und Kultur der russischen Moderne, Hg. Mirjam Goller, Susanne Sträfling, Wien-München 2002, 430 S., EUR 50,-

55 Gender-Forschung in der Slawistik. Beiträge der Konferenz Gender - Sprache - Kommunikation - Kultur. 28. April bis 1. Mai 2001, Institut für Slawistik, Friedrich Schiller-Universität Jena, Hg. Jiřina van Leeuwen-Turnovcová, Ursula Doleschal, Franz Schindler, Wien-München 2002, 644 S., EUR 50,-

54 Kultur. Sprache. Ökonomie. Beiträge zur gleichnamigen Tagung an der Wirtschaftsuniversität Wien 3.-5. Dezember 1999, Hg. Wolfgang Weitlaner, Wien-München 2001, 512 S., EUR 15,-

53 Jazyk russkogo zarubež'ja, Hg. E. A. Zemskaja, M. Ja. Glovinskaja, Moskau-Wien-München 2001, 492 S., EUR 15,-

52 Bosnien - Herzegovina. Interkultureller Synkretismus, Hg. Nirman Moranjak-Bamburać, Wien-München 2001, 310 S., EUR 12,50.-

51 Minimalismus. Zwischen Leere und Exzess, Hg. Mirjam Goller, Georg Witte, Wien-München 2001, 521 S., EUR 15,-

50 Irina SANDOMIRSKAJA, Kniga o Rodine. Opyt analiza diskursivnych praktik, Wien-München 2001, 281., EUR 12,50

49 S. A. GRIGOR'EVA, N. V. GRIGOR'EV, G. E. KREJDLIN, Slovar' russkich žestov. Wien-Moskau 2001, 256 S., EUR 12,50

48   D. A. PRIGOV, Sobranie stichov. Tom tretij. Gedichte No. 402-659, 1977. hg. und kommentiert von Brigitte Obermayr, Wien-München 1999, 341 S., EUR 12,50.-

47   Il'ja KABAKOV, 60-e-70-e... Zapiski o neoficial'noj žizni v Moskve, Wien-München 1999, 267 S., EUR 12,50.-

46   G. M. ZEL'DOVIČ, Russkie vremennye kvantifikatory, Wien-München 1998, 190 S., EUR 10,00.-

45   V. V. DUBIČINSKIJ, Teoretičeskaja i praktičeskaja leksikografija, Wien-Charkov, 1998, 160 S. EUR 10.-

44   „Mein Russland". Literarische Konzeptualisierungen und kulturelle Projektionen, Beiträge der gleichnamigen Tagung vom 4.-6. März in München, Wien-München 1997, 526 S., EUR 15,-

43   D. A. PRIGOV, Sobranie stichov. Tom vtoroj. Gedichte No. 154-401, 1975-1976. Herausgegeben und kommentiert von Brigitte Obermayr, Wien 1997, 334 S., EUR 12,50,-

42   D. A. PRIGOV, Sobranie stichov. Tom pervyj. Gedichte No. 1-153, 1963-1974, Herausgegeben und kommentiert von Brigitte Obermayr, Wien 1996, 230 S., EUR 12,50.-

41   Orthodoxie, Heterodoxie, Häresie. Motiv und Struktur in den slavischen Literaturen. Beiträge der gleichnamigen Tagung 6.-9. Sept. 1994 in Friborg, Hg. Rolf Fieguth, Wien 1996, 411 S., EUR 15,-

40   N. N. PERCOVA, Slovar' neologizmov Velimira Chlebnikova. Eingeleitet von Henrik Baran, Wien-Moskau 1995, 560 S., EUR 15,-

39   I. A. MEL'ČUK, Russkij jazyk v modeli „Smysl <=> Tekst". Sbornik statej, Wien-Moskau 1995, 684 S., EUR 15,-

38/1   I. A. MEL'ČUK, Kurs obščej morfologii. Čast' 1, Wien-Moskau 1997, 406 S., EUR 15,-

38/2   I. A. MEL'ČUK, Kurs obščej morfologii, Čast' 2, Wien-Moskau 1998, 544 S., EUR 15,-

38/3   I. A. MEL'ČUK, Kurs obščej morfologii. Čast' 3, Čast' 4, Wien-Moskau 2000, 368 S., EUR 15,-

38/4   I. A. MEL'ČUK, Kurs obščej morfologii. Čast' 5, Wien-Moskau 2001, 584 S., EUR 15,-

38/5   I. A. MEL'ČUK, Kurs obščej morfologii. Čast' 6. Čast' 7, Wien-Moskau 2005, 542 S., EUR 15,-

37   Linguistische Beiträge zur Slawistik aus Deutschland und Österreich. (II. Jungslawisflnnen-Treffen Leipzig 1993), Hg. Uwe Junghanns, Wien 1995, 295 S., EUR 12,50.-

36   Russkaja literatura na francuzskom jazyke XVIII-XIX vekov / La litterature russe d'expression francaise XVIII-XIX siecles. Einleitende Artikel von Ju. M. Lotman und V. Ju. Rozencvejg, Hg. V. Ju. Rozencvejg, Wien- Moskau 1994, 454 S., EUR 15,-

35   Andrej NIKOLEV (Andrej N. Egunov), Sobranie proizvedenij, Hg. Gleb Morev, Valerij Somsikov, Wien 1993, 364 S., EUR 12,50 (= Reprint des Romans *Po tu storonu Tuly*, Leningrad 1931 sowie Erstausgabe der gesamten nachgelassenen Lyrik)

34   Walter KOSCHMAL, Vom Dialog in der Epik zum epischen Dialog. Evolution der Redeformen in der russischen Literatur des 11. bis 18. Jahrhunderts, Wien 1992, 218 S., EUR 12,50.-

33 Festschrift für V. Ju. Rozencvejg zum 80. Geburtstag, Hg. Tilmann Reuther, Wien 1992, 293 S.

32 Marina Cvetaeva. Stat'i i teksty, Hg. L. A. Mnuchin, Wien 1992, 252 S., EUR 12,50

31 Psychopoetik. Tagungsbeiträge München 1991, Hg. Aage A. Hansen-Löve, Wien 1992, 574 S, EUR 15,-

30 Svetlana EL'NICKAJA, Poėtičeskij mir Cvetaevoj. Wien 1991, 396 S., EUR 12,50

29 V. N. TOPOROV, A. S. Puškin i Goldsmith v kontekste russkoj Goldsmithiana'y (k postanovke voprosa), Wien 1992, 222 S., EUR 12,50

28 I. P. SMIRNOV, O drevnerusskoj kul'ture, russkoj nacional'noj specifike i logike istorii, Wien 1991, 196 S.

27 B. M. GASPAROV, Poėtičeskij jazyk Puškina как fakt istorii russkogo literaturnogo jazyka, Wien 1992, 396 S.

26/1 Ju. K. ŠČEGLOV, Romany Il'fa i E. Petrova. Sputnik čitatel'ja. 2 toma. 1-yj tom. Vvedenie. Dvenadcat' stul'ev, Wien 1990, 377 S.

26/2 Ju. K. ŠČEGLOV, Romany Il'fa i E. Petrova. Sputnik čitatel'ja. 2 toma. 2-oj tom. Zolotoj telenok, Wien 1991, 336 S., EUR 12,50

25 Gerhard NEWEKLOWSKY, Der kroatische Dialekt von Stinatz. Wörterbuch, Wien 1989, 220 S., EUR 12,50

24 Studies in the Life and Works of Mixail Kuzmin, Ed. J. E. Malmstad, Wien 1989, 212S.

23 Marina Cvetaeva. Bibliografičeskij ukazatel' literatury o žizni i dejatel'nosti. 1910-1941 gg. i 1942 - 1962 gg, Sost. L. A. Mnuchin, Wien 1989, 151 S.

22 Jerzy FARYNO, Poėtika Pasternaka („Putevye zapiski", „Ochrannaja gramota"), Wien 1989, 316 S.

21 Zabytyj avangard. Rossija - pervaja tret' XX stoletija. Sbornik teoretičeskich materialov, Hg. Konstantin Kuz'minskij, Gerald Janeček, Aleksandr Očeretjanskij, Wien 1988, 355 S.

20 Mythos in der slawischen Moderne. Hamburger Kolloquium, Hg. Wolf Schmid, Wien 1987, 421 S.

19 Gerhard NEWEKLOWSKY, Károly GAÁL, Totenklage und Erzählkultur in Stinatz, Wien 1986, XLVII + 315 S., EUR 12,50

18 Jerzy FARYNO, Mifologizm i teologizm Cvetaevoj („Magdalina" - „Car'-Devica" - „Pereulocki"), Wien 1985, 412 S.

17 I. P. SMIRNOV, Poroždenie interteksta (Élementy intertekstual'nogo analiza s primerami iz tvorčestva B. L. Pasternaka). Wien 1985, 205 S.

16 I. A. MEL'ČUK, Poverchnostnyj sintaksis russkich čislovych vyraženij, Wien 1985, 509 S, EUR 15,-

15 Gumilevskie ctenija. Vypusk vtoroj, Hg. V.F. Martynov, Wien 1984, 214 S.

14 I.A. MEL'ČUK, A. K. ZHOLKOVSKY, Tolkovo-kombinatornyj slovar' russkogo jazyka. Opyty semantiko-sintaksičeskogo opisanija russkoj leksiki / Explanatory Combinatorial Dictionary of Modern Russian. Semantico-Syntactic Studies of Russian

Vacabulary, Wien 1984, 2. Auflage l986, 992 S. http://www.cis.uni-muenchen.de/~wastl/Jks/

13   Protestantismus bei den Slowenen / Protestantizem pri slovencih. Beiträge zur 3. Slawistentagung der Universitäten Klagenfurt und Ljubljana 1983, Hg. Gerhard Neweklowsky, Rudolf Neuhäuser, Herta Lausegger, Klaus Detlef Olof, Martina Orozen, Ljubinica Crnivec, Wien 1984, 280 S., EUR 12,50.-

12   Boris GASPAROV, Poètika „Slova o polku Igoreve", Wien 1984, 406 S.

11   Dialog der Texte. Hamburger Kolloquium zur Intertextualität, Hg. Wolf Schmid, Wolf-Dieter Stempel, Wien 1983, 404 S.

10   Erzählgut der Kroaten aus Stinatz im südlichen Burgenland. Kroatisch und deutsch, Hg. Károly Gaál, Gerhard Neweklowsky, Wien 1983, LXX + 339 S.

9   Thomas LAHUSEN, Autour de „l'homme nouveau". Allocution et societé en Russie au XIXe siècle (Essai de sémiologie de la source littéraire), Wien 1982, 338 S.

8   Savelij SENDOROVIČ, Aleteja. Èlegija Puškina „Vospominanie" i problemy ego poètiki, Wien 1982, 280 S.

7   Marina CVETAEVA, Krysolov / Der Rattenfänger. Herausgegeben, übersetzt und kommentiert von Marie-Luise Bott mit einem Glossar von Günther Wytrzens, Wien 1982, 326 S.

6   Elizaveta MNACAKANOVA, Šagi i vzdochi. Četyre knigi stichov, Wien 1982, 216 S.

5   Alice STONE NAKHIMOVSKY, Laughter in the Void. An Introduction to the Writings of Daniii Kharms and Aleksandr Vvedenskij, Wien 1982, 191 S.

4   I. P. SMIRNOV, Diachroničeskie transformacii literaturnych žanrov i motivov, Wien 1981, 262 S.

3   Marina Cvetaeva. Studien und Materialien, Hg. Horst Lampl, Aage A. Hansen-Löve, Wien 1981, 310 S.

2   A. K. ŽOLKOVSKIJ, Ju. K. ŠČEGLOV, Poètika vyrazitel'nosti. Sbornik statej, Wien 1980, 256 S.

1   Ju. D. APRESJAN, Tipy informacij dlja poverchnostno-semantičeskogo komponenta modeli „Smysl-Tekst", Wien 1980, 125 S.

WIENER SLAWISTISCHER ALMANACH
HERAUSGEBER AAGE A. HANSEN-LÖVE UND TILMANN REUTHER

**Erscheint 2 x jährlich im Umfang von ca. 350 Seiten.
Bisher erschienen 1 (1978) bis 64 (2010)
Im Internet verfügbar!**

www.slavistik.uni-muenchen.de/Publikationen/WSA.html

WIENER SLAWISTISCHER ALMANACH - DIGITALE REIHE
HERAUSGEBER TILMANN REUTHER

1. Ю. ЯСНИЦКИЙ, И. ЯСНИЦКАЯ, Т. РОЙТЕР. Русский глагол: Вид. Время. Управление. Учебный компьютерный комплекс. Уровень 1. (Ju. Jasnickij, I. Jasnickaja, T. Reuther. Das russische Verbum: Aspekt. Tempus. Rektion. Computerkurs. Stufe 1). München - Wien 2008, 1 CD + Beiheft, 16 S. (i.D.) EUR 25,-

2. Ю. ЯСНИЦКИЙ, И. ЯСНИЦКАЯ, Т. РОЙТЕР. Русский глагол: Вид. Время. Управление. Учебный компьютерный комплекс. Уровень 2. (Ju. Jasnickij, I. Jasnickaja, T. Reuther. Das russische Verbum: Aspekt. Tempus. Rektion. Computerkurs. Stufe 2). München - Wien 2009, 1 CD + Beiheft (i.V.).